스튜어트 홀 선집

문화,
이데올로기,
정체성

일러두기

· 한글 전용을 원칙으로 하되, 필요한 경우 원어나 한자를 병기하였다.
· 한글 맞춤법은 '한글 맞춤법' 및 '표준어 규정'(1988), '표준어 모음'(1990)을 적용하였다.
· 외국의 인명, 지명 등은 국립국어원의 외래어 표기법을 따랐으며, 관례로 굳어진 경우는 예외를 두었다.
· 사용된 기호는 다음과 같다.
  논문, 신문 및 잡지 등 정기 간행물, 영화, 방송 프로그램: 〈 〉
  책(단행본): 《 》

스튜어트 홀 선집

문화, 이데올로기, 정체성

스튜어트 홀 | 임영호 편역

STUART HALL

culture look

컬처룩 총서 001

문화, 이데올로기, 정체성: 스튜어트 홀 선집

지은이 스튜어트 홀
옮긴이 임영호
펴낸이 이리라

책임편집 이여진
디자인 에디토리얼 렌즈

2015년 1월 10일 1판 1쇄 펴냄
2024년 12월 20일 1판 4쇄 펴냄

펴낸곳 컬처룩
등록번호 제2011-000149호
주소 03993 서울시 마포구 동교로 27길 12 씨티빌딩 302호
전화 02.322.7019 | 팩스 070.8257.7019 | culturelook@daum.net
www.culturelook.net

ISBN 979-11-85521-94-7 94300
ISBN 979-11-85521-17-6 94300(세트)

* 2015년 한국방송학회 학술상(번역부문)

culturelook

차례

머리말 7

스튜어트 홀과 문화연구의 정치 _ 임영호 11

1부 탈마르크스주의 문화 이론의 모색 41

1 이데올로기의 문제: 보증 없는 마르크스주의 43
2 의미 작용, 재현, 이데올로기: 알튀세르와 후기 구조주의 논쟁 79
3 문화연구의 두 가지 패러다임 125
4 포스트모더니즘과 접합: 스튜어트 홀과의 대담 159

2부 이론적 실천으로서의 문화연구 195

5 문화연구와 버밍엄 연구소: 몇 가지 문제 틀과 문제 197
6 문화연구와 그 이론적 유산 271
7 앨런 화이트를 위해: 변혁의 은유 295
8 뉴 타임스의 의미 327

3부 미디어와 이데올로기 *355*

9 '이데올로기'의 재발견:
미디어 연구에서 억압되어 있던 것의 복귀 *357*
10 기호화와 기호 해독 *415*
11 미디어 권력의 딜레마 *437*
12 뉴스 사진의 결정 *451*

4부 정체성과 문화정치 *479*

13 인종과 종족성 연구에서 그람시의 함의 *481*
14 새로운 종족성 529
15 흑인 대중문화에서 이 '흑인'이란 무엇인가 *549*

참고 문헌 *569*
스튜어트 홀의 저술 목록 *579*
찾아보기 *613*

머리말

스튜어트 홀은 현대 사회 이론에서 주요한 사상가일 뿐 아니라 문화연구를 하나의 이론적 운동이자 연구 분야로 정착시키는 데 기여한 인물이다. 홀이 설립한 버밍엄 현대문화연구소는 영국 문화연구를 넘어 세계 문화연구의 중심으로 오래전에 자리 잡았다. 하지만 홀은 학계에서 '비주류'라 할 수 있는 여러 채널에 글을 발표했기 때문에, 일반 독자들이 체계적으로 접하기란 쉽지 않다. 더구나 홀의 글은 특유의 난삽한 문장 스타일 때문에 읽기가 어려웠다. 그래서 홀이 쓴 글 중 '고전'으로 꼽히는 글을 모아 '선집' 형태로 엮었다.

더구나 2014년 2월 홀의 작고 소식을 접하면서 이 번역 작업은 그의 지적 편력을 정리하는 작업의 성격을 띠게 되었다. 이 책에 실린 홀의 글은 모두 15편으로 일부는 이전에 《스튜어트 홀의 문화 이론》으로 묶어서 낸 적이 있다. 하지만 당시 출판 과정에서 사정상 1987년 이전에 나온 글로 국한해서 실었다는 한계가 있었다. 이 책은 이전에 나온 책의 연장선에서 홀의 사상적 흐름을 파악하는 데 도움이 될 만한 글로 골라서 새로 엮고, 번역했다. 이전의 번역 역시 원문과 대조하면서 상당 부분 새로 고쳤다.

이 책에 실린 글은 편의상 네 가지 주제로 구분했다. 책 뒷부분에는 홀의 저술 목록을 덧붙여 앞으로의 연구에 참고가 되도록 했다. 책머리에 실린 "스튜어트 홀과 문화연구의 정치"는 2014년 초 홀의 작고를 맞아 그의 사상적 이력과 의미를 소개하는 내용으로 〈문화과학〉에 발표한 글인데, 독자의 이해를 돕기 위해 여기에 다시 실었다. 물론 이 책이 절대적으로 홀의 입장을 '대표'하는 글만 골라 실었다고 주장하고 싶지는 않으며, 독자의 관심사에 따라 중요시하는 글도 달라질 수 있다고 믿는다.

이미 몇 차례 번역 작업을 해 봤고, 홀의 책도 이번이 벌써 세 번째에 해당하지만, 번역은 역시 쉽지 않은 작업이었다. 특히 우리와 상당히 다른 정치적, 지적 맥락에서 쓴 글을 한국 독자들이 이해하기 쉽게 옮기는 일은 단순히 언어 문제를 넘어서는 복잡한 작업이었다. 하지만 번역자의 능력이 닿는 한 최대한 이해하기 쉬운 용어를 선택하고 문장을 고치고 주석을 다는 방식으로 이 거리를 좁히려 고심했다.

현재의 출판계 실정에서 상업성이 그다지 높지 않은 책을 이렇게 낼 수 있었던 것은 오로지 컬처룩의 배려와 안목 덕분이라고 말하고 싶다. 그뿐 아니라 성가시고 어려운 편집 작업을 인내심을 갖고 잘 마무리해 주신 편집자들에게도 다시 한번 감사드린다.

임영호

Stuart Hall

스튜어트 홀

1932. 2. 3	자메이카 킹스턴에서 출생
	자메이카대학 졸업
1951	로즈 장학금으로 옥스퍼드대학교 머튼대학 진학 후 영문학 석사 취득, 박사 과정 진학
1956/1957년경	학업 중단
1957	반핵운동(Campaign for Nuclear Disarmament) 활동
1957	〈대학과 좌파 평론〉 공동 편집인
1958~1960	런던에서 중등학교 교사
1960	〈뉴 레프트 리뷰〉 초대 편집장
1961	첼시대학 영화·미디어 담당 전임 강사
1964	캐서린 홀Catherine Hall과 결혼
1964	《대중 예술*The Popular Arts*》 출간
1964	버밍엄대학교 현대문화연구소Centre for Contemporary Cultural Studies 부임
1968~1979	현대문화연구소 소장
1975	《의례를 통한 저항*Resistance through Rituals*》 출간
1978	《위기 관리*Policing the Crisis*》 출간
1979~1997	개방대학교 사회학 교수
1988	《대처리즘의 문화정치*Hard Road to Renewal*》 출간
1992	《모더니티의 형성*Formations of Modernity*》 출간
1994	국제시각예술연구소Institute of International Visual Arts 소장
1995	〈사운딩스*Soundings*〉 창간 편집인
1995~1997	영국사회학회British Sociological Association 회장
1996	《문화적 정체성의 문제*Questions of Cultural Identity*》 출간
1997	《문화적 재현과 의미 작용 실천*Cultural Representations and Signifying Practices*》 출간
2014. 2. 10	런던에서 사망

스튜어트 홀과
문화연구의 정치

임영호

● 이 글은 〈문화과학〉(78호, 2014년 여름호)에 실린 원고를 일부 수정한 것이다.

'문화'에 대한 열기는 1990년대 이후 국내 인문·사회과학 분야에서 일어난 가장 주목할 만한 변화 중 하나로 꼽을 수 있다. 서구의 다양한 문화 이론가가 국내에 소개되었는데, 리처드 호가트Richard Hoggart, 레이먼드 윌리엄스Raymond Williams, 스튜어트 홀Stuart Hall 등 이른바 '영국 문화연구' 계열의 이론가들도 독특한 접근 방식으로 관심을 끌었다. 버밍엄대학교의 현대문화연구소는 몇 사람이 꾸려가는 조그만 대학 교내 연구소에 불과했지만 문화연구에서 '버밍엄 학파'의 본산으로 세계적인 유명세를 탔다. 특히 스튜어트 홀은 영국 문화연구가 문화연구 분야에서 주요한 흐름으로 정착하는 데 크게 기여했다.

1980년대와 1990년대 한국 대학과 지식인 사회를 휩쓴 '거대 담론' 열풍과 진보적 사회 개혁에 대한 열망은 급속히 퇴조하고 있다. 그 가운데 2014년 2월 전해진 스튜어트 홀의 작고 소식은 과거의 낭만적 시대에 대한 향수를 잠시 되살려 준다. 사회주의의 몰락 후 현실성과 호소력을 상실한 거대 담론에 대한 반발로 최근의 '문화연구'가 일상성과 의미 등 이론적이고 미시적인 작업에만 유행처럼 몰두하는 바람에, 오히려 구조와 공적 영역의 정치 등 거시적 문제는 소홀히 하지 않았나 하는 생각이 든다. 하지만 홀은 미시적 경험과 정체성의 분석이 거시적 공적 영역의 정치와 어떻게 연계되는지를 부각해 주었다는 점에서 문화연구자 계열에서도 좀 독특한 인물이다. 홀의 지적 이력은 그의 작고와 더불어 마침표를 찍었지만, 그가 남긴 이론적 유산은 현재의 한국 사회에 어떤 함의를 줄 수 있을까?

지적 독창성이라는 측면에서만 보면 홀은 다른 사상가들만큼 비중 있는 이론가라고 보기는 어렵다. 오히려 홀의 장점은 "종합하고 해석하고 대중화하며 때로는 논란을 불러일으킨"[1] 데 있다. 문화연구에 붙는 '영국'이란 수식어가 말해 주듯 홀은 안토니오 그람시Antonio Gramsci를 본받아 항상 구체적인 역사적 '국면conjuncture' 분석에 초점을 맞추었고, 이러한 지적 관심사는 또한 (넓은 의미에서의) 현실 정치 문제와 관련되어 있다. 홀의 문화 이론은 문화연구가 이론적 작업이면서 동시에 유기적 지식인의 현실 참여 양식으로서 어떤 가능성을 지닐 수 있는지 예시해 준다.

따라서 이 글은 문화 이론뿐 아니라 문화연구의 정치라는 관점에서 홀의 지적 유산을 간단히 살펴본다. 홀의 저술을 관통하는 문제의식problematic은 무엇이며, 홀의 현실관과 어떻게 관련이 있는가? 홀은 왜, 어떤 맥락에서 문화와 이데올로기 문제에 주목했으며, 이를 위해 어떤 이론적 틀을 제시했는가? 홀이 실천적 지식인으로서 추구한 '이론적 실천' 양식은 어떤 의미를 지니는가? 한국 사회에 던지는 문제의식이나 함의는 무엇인가?

1 Chris Rojek, *Stuart Hall*, Cambridge, UK: Polity, 2003, p.1.

문제의식의 형성 과정과 개인사

어떤 사상가의 이론을 공부할 때 난해한 개념으로 무장한 이론 체계의 갑옷을 뚫고 그 저변에 깔려 있는 인간적인 동기를 생생하게 읽어 내는 일은 매우 어렵다. 이론 역시 사상가가 한 인간으로서 세상에 대해 느끼는 무정형의 혹은 원초적인 인식이나 정서에서 출발한다. 따라서 가령 그 사람의 출신이나 성장 배경은 이러한 동기를 읽어 내는 실마리를 제공하기도 한다. 물론 사상가의 문제의식을 단순히 환경의 산물로 보는 일은 상당한 위험이 따르기는 하지만, 이러한 맥락화를 통한 사상의 배후 헤집기 작업은 이론의 함의를 해석하는 데 유용한 단서를 많이 준다. 홀의 이론 역시 기존의 사회 이론이나 사상사의 맥락에서 따온 추상적 개념들로 구성되고 다듬어졌지만, 저변에 깔린 문제의식은 개인적 성장 과정의 체험이나 활동 경험과 관련지어서 살펴보면 이해하기 쉽다.

우리가 읽는 '문화 이론'들은 대개 서구의 '백인' 지식인의 산물이라 보아도 무방하다. 하지만 예상과 달리 홀은 이처럼 서구 지식인의 전형적인 틀에서 벗어난 사람이다. 흑인에다 엄격한 의미에서 '영국'인도 아니었으며, 자메이카에서 대학 진학을 위해 영국으로 건너와 정착한 1세대 이민자 출신이라는 점에서 복합적 성격의 인물이다. 그런데도 영국 문화연구에서 핵심적 역할을 했다는 사실은 역설적으로 영국 문화연구의 독특한 성격을 단적으로 보여 준다. 홀이 문화연구에서 핵심적 위치를 차지한다는 사실은 역설적으로 영국 문화연구가 여러 가지 의미에서 사회적 '주변부'의 경험과 관심사를 이론적, 정치적 문제의식으로 발전시켰다는 점을 시사하는 단서로 읽을 수도 있다.

홀의 집안 내력에는 영국 식민지이던 자메이카의 역사적 흔적이 투영되어 있었고, 이는 문화연구자로서 홀의 문제의식 설정에도 상당한 영향을 끼쳤다. 홀은 자메이카의 전형적인 중산층 가정에서 태어나 성장기를 보냈다. 자메이카는 유럽 식민주의의 유산으로 백인 이주민, 원주민, 흑인 노예의 후손 등이 뒤섞인 다인종 국가였다. 홀의 가족은 모두 혼혈로, 아버지는 피부색이 흑인에 가까웠지만, 어머니는 외관상 백인처럼 보였고 스스로 백인이자 영국인이라는 정체성을 갖고 있었다. 자메이카에서 피부색이나 인종은 세분화된 신분 위계에서 중요한 결정 요인이었기 때문에, 어머니는 자신과 자식에 대해 가능하면 백인에 가깝게 정체성을 설정해 지위 상승을 이루려는 집착이 강했다. 자메이카에서 인종은 타고난 혈통 문제만이 아니라 이처럼 다양한 사회적 요인이 교차하는 정체성의 정치 문제와 직결되었다. 홀에게는 개인사의 사적 경험과 문제점이 동시에 사회 구조적인 모순의 압축판이었던 셈이다. 홀이 인종적 정체성을 문화연구에서 중요 의제로 설정하게 된 것은 이처럼 가족사의 경험과 무관하지 않다.

어떤 면에서 영국 유학은 홀에게 이러한 가족 환경에서의 도피처를 제공해 주었다. 홀은 1951년 영국 옥스퍼드대학교로 유학을 떠났다. 홀은 식민지 자메이카에서 영국식 교육을 받고 한때 작가 지망생으로서 영국 문학에 심취했다. 따라서 전형적인 '영국스러움Englishness'의 상징인 옥스퍼드나 잉글랜드의 전원 풍경을 처음 보는데도 기이하게 낯설면서도 친숙하게 느껴졌다고 한다. 하지만 자메이카의 세분화된 피부색 위계에서 홀은 적어도 중간층에는 해당했지만, 영국에서는 그냥 하층이자 외부에서 흘러들어온 주변층인 흑인으로 통할 뿐이라는 점을 체득했다. 이 경험을 통해 홀은 인종이란 타고난 피부색이 아니라 사회적으로 구성되는 현상임을 다시 한번 절감하게 되었다.

홀은 옥스퍼드대학교 재학 중 한때 서인도제도 국가 출신 학생들과 정치 활동에 가담해 식민지 해방 후 서인도 연방의 결성을 모색한다. 홀이 떠나 있는 동안 자메이카는 영국에서 독립하여 인종적으로 흑인의 정체성을 표방한 국가로 출범했는데, 이 변화로 홀은 자메이카에 대해서도 또 다른 측면에서 낯선 곳으로 느끼게 되었다. 홀은 영국이든 자메이카이든 진정한 '고향'으로 받아들일 수가 없었다. 홀은 이처럼 어느 곳에서도 정신적 '고향'을 찾지 못했기에, 이를 전 세계로 흩어져야 했던 유대인의 체험에 빗대어 '디아스포라diaspora,' 혹은 '친숙한 이방인'으로 표현했다. 홀이 보기에는 자신과 같은 흑인에겐 자메이카 역시 원래의 '고향' 아프리카에서 강제로 떠나 새로 정착해야 했던 디아스포라에 불과했다. 따라서 이후 홀은 자메이카에 대한 미련을 접고 그곳과의 연결 고리도 끊어 버렸다. 이러한 디아스포라적인 체험 때문인지 홀은 인종 문제를 연구하면서도 단순히 식민주의 지배자와 피지배자라는 이분법적 틀 안에 머물지 않았고, 인종과 피부색을 자연적, 생물학적 범주로 간주하지 않았으며, '흑인'이라는 인종 범주의 형성 과정 자체에 근본적인 의문을 제기하였다.[2]

1954년 이후 자메이카 출신 동료들이 모두 떠나고 난 뒤 홀은 영국에 정착하기로 결심한다. 홀은 좌파이지만 스탈린주의로 대표되는 교조적 마르크스주의를 거부했기 때문에 어떤 정당에도 적을 두지 않고 라파엘 사무엘Raphael Samuel, 찰스 테일러Charles Taylor 등 '독립적 좌파' 인사들과 사회주의협회를 결성해 활동했다. 이 단체에는 식민지 출신 지식인뿐 아니라 영국의 여러 마르크스주의자나 노동당 인사도 참여했다. 잉글랜드인 중에서는 노동 계급 출신, 비잉글랜드인으로는 스코틀랜드, 아일랜드, 유대인 등 인종적, 계급적, 지역적으로 주변부 출신이 많았다. 페리 앤더슨Perry Anderson과 베네딕트 앤더슨Benedict Anderson은 아일랜드계였고, 라파엘 사무엘은 유대인이었으며, 레이먼드 윌리엄스는 웨일스인으로 모두 영국 지

2 예컨대 이 책의 15장.

식인 사회에서도 비주류였다.

홀은 영국 사회의 주변인으로서 좌파 지식인과 교류하면서 신좌파 New Left의 창설 주역 중 한 사람으로 활동했다. 홀은 훗날 대학에 몸담기 전에 이처럼 영국의 좌파 정치에 깊숙이 관여하였지만, 정치적으로나 문화적으로나 완전하게 '영국화'될 수는 없었다고 진술했다. 문화적 정체성 문제 혹은 '자리 설정positionality'을 커리어 내내 정치적으로나 이론적으로나 핵심 과제로 삼은 것은, 한편으로는 변화하는 영국 자본주의의 현실에서 새로운 정치적 개혁 전략과 주체를 모색하려는 노력에서 나왔다. 하지만 다른 한편으로는 이처럼 홀 자신이 늘 사회 주변부에서 사회 모순을 진단하고 개혁을 꿈꾸며 실천하려 했던 개인적 이력과 무관하지 않다.

홀은 영국 문화연구라는 특수한 환경에서 주도적이고 대표적인 인물로 활동했지만, 그의 논의는 역설적으로 국가 경계를 넘어 글로벌한 함의를 지닌다. 홀은 주변인의 시각에서 영국 사회의 사회 모순을 분석했지만, 그가 꿈꾸고 지향하는 사회는 계급, 인종, 젠더 등 온갖 사회적 차이에 근거한 억압을 넘어서 열린 유토피아적 공동체에 가깝다. 홀의 개인적 배경은 이런 주변인으로서 왜 세상을 달리 바라보게 되었는지 이해하는 데 도움을 준다. 물론 문화연구 분야에서 자신이 모든 문제를 다루지는 않았지만, 홀은 계급, 인종, 젠더, 민족 등 다양한 사회적 범주의 측면에서 소수파의 관점을 포용하는 다원적이고 열린 사회를 꿈꾸면서 현실을 비판하고 이상 실현을 위해 행동했다.

비환원론적 마르크스주의에서 급진적 민주주의로?

홀은 전통적인 마르크스주의의 특징이던 계급 중심적 본질주의에서 탈피하는 일을 생애 내내 화두로 삼았다는 점에서, 신좌파 세대의 공통된 특징을 보여 준다. 물론 정치적으로 홀은 마르크스의 문제의식을 계승하고 이상적 사회 추구라는 유토피아적인 가치는 이론적 작업에서도 늘 규범적인 전제처럼 깔려 있다. 다만 홀은 종래의 마르크스주의가 현실 문제의 진단과 해결에는 도움이 되지 않는다고 보고, 다양한 사조를 받아들여 마르크스주의를 재구성해 현실을 다른 관점에서 진단하고 새로운 해답을 모색한다. 마르크스에게서 영향을 받은 기존의 다른 좌파 지식인처럼 홀 역시 계급 문제에서 출발했지만, 점차 인종과 정체성 정치에 주목하는 방향으로 관심사가 진화해갔다. 문화를 핵심적 관심사로 삼게 된 것 자체도 어떻게 보면 특정 학문 분과에 대한 천착이라기보다는 이러한 노력의 과정에서 형성된 것이다.

경제적 결정론에서의 탈피는 전후 서구 좌파 지식인 사회에서 일종의 시대정신처럼 수용되었는데, 홀은 자기 나름의 방식으로 이 시대정신을 구체화하였다. 1956년 영국의 수에즈 운하 침공과 소련의 헝가리 침공이라는 두 역사적 사건은 바로 이러한 사고 전환에 큰 영향을 미치는 전기가 되었다. 수에즈 침공은 자본주의의 제국주의적 폭력성을 적나라하게 드러낸 사건으로 온건 좌파 내에서 복지 국가 중심의 개량주의적이고 온건한 체제 개혁 가능성에 대한 희망에 찬물을 끼얹은 사건이다. 반면에 소련의 헝가리 침공은 그동안 소련에 우호적이던 좌파 지식인들의 환상을 깨뜨리고, 자본주의 체제의 대안으로서 현존하는 사회주의 이론과 체제를 거부하고 다른 경로를 모색하는 신좌파 운동이 출현하는 계기를 조성했다. 당대의 진보적 지식인에게 복잡한 사회 모순은 계급 관계만으로 파악할 수도 없는 문제였고, 정치적 대안 역시 자본주의와 사회주의 간의 선택 문제에 그치지도 않았다.

따라서 제국주의를 비판하면서도 반교조주의를 견지해 온 독립적 좌파들이 좌파 진영에서 주목받게 되었다. 이 당시 홀은 라파엘 사무엘 등과 함께 〈대학과 좌파 평론*Universities and Left Review*〉의 편집인을 맡고 있었다. 이 저널은 1960년에 〈뉴 리즈너*New Reasoner*〉와 합병해 〈뉴 레프트 리뷰*New Left Review*〉로 새롭게 출범했는데, 홀은 이 저널의 초대 편집인으로 2년간 활동했다. 〈뉴 리즈너〉는 E. P. 톰슨E. P. Thompson이나 랠프 밀리밴드 Ralph Miliband 등 노동 운동에 오랫동안 관여해 온 전통적 좌파 출신이 주류로 참여하면서 노동 계급의 주체성에 대한 신뢰와 노동 계급 문화에 대한 낭만주의적 시각을 견지했다. 반면에 〈대학과 좌파 평론〉은 이주민 출신 지식인이 많이 참여해 상대적으로 현대 문화 현상에 더 관심을 두었고 구조주의나 정신분석학을 비롯해 유럽의 새로운 지적 조류에 훨씬 개방적인 태도를 취했다는 차이가 있다.[3] 새로 출범한 〈뉴 레프트 리뷰〉 그룹은 "1950년대 당대 영국의 실제 상황 분석"[4]이라는 공통된 문제의식을 공유하고 활동하면서 구좌파와 차별화된 새로운 현실 개입 전략을 모색했다. 신좌파는 노동당이나 노동조합 등 기성 제도권 좌파를 비판했지만, 새 정치 조직 결성을 추진하는 대신에 새 이념을 개발하고 기존 제도권 바깥에서 적극적인 비판 활동을 통해 영향력을 행사하려 했다. 이 무렵 홀은 반핵 운동 단체인 CND(Campaign for Nuclear Disarmament)에서 이론과 정책 개발을 맡으며 핵심 인물로 활동하였다.

전후 유럽의 많은 좌파 지식인처럼 홀의 이론적 저술은 자본주의 현실을 설명하는 데 전통적인 마르크스주의가 갖는 한계를 절감하고 대안을 모색하는 과정에서 나왔다. 기존의 마르크스주의 이론이 예측한 바와 달

3 김용규, 《혼종문화론》, 소명, 2014, pp.506~507에서 재인용.

4 Jonathan Derbyshire, "Stuart Hall: 'We Need to Talk about Englishness,'" *New Statesman*, 2012. 8. 23.

리, 서구 자본주의 체제는 위기에 봉착하기는커녕 새로운 지배 구조를 정착시키면서 '안정화' 단계에 접어들고 있었다. 자본주의의 구조적 모순이라는 '객관적' 현실 앞에서 노동 계급은 왜 소비 문화의 풍요로움에 중독되어 더 무력해졌는가? 이 문제는 정치와 무관해 보이면서도 정치적 효과를 발휘하는 중요한 문제라고 홀은 보았다.

특히 초기의 홀은 계급에 대한 관심을 잃지 않으면서도 계급 관계의 구성 자체가 매우 복합적 성격을 띠며, 여기에는 문화나 이데올로기가 전략적으로 매우 중요한 역할을 한다고 보았다. 예컨대 1980년대에 등장한 대처리즘의 정치적 성격에 관한 분석은 바로 이러한 문제의식에서 시작되었다. 당시 대처리즘으로 대변되는 신보수주의의 집권은 구조적 계급 관계를 근간으로 삼는 전통적인 정치적 구분선의 붕괴를 의미했으며, 영국의 좌파 진영은 이 '이변'을 어떻게 설명하고 어떻게 대처할 것인지를 놓고 혼란에 빠졌다. 이 과정에서 홀은 전통적 마르크스주의의 이론을 새롭게 해체, 재구성하면서, 이 의문에 대한 해답의 단서를 문화, 언어 등에서 모색했다. 홀은 대처 승리의 비결은 곧 대처리즘이라는 이데올로기 전략에 의한 계급 지형의 재편과 새로운 정치 주체 형성에서 찾아야 한다고 보았다.

전통적 마르크스주의의 경제주의economism를 폐기한다는 것은 현실 문제를 진단할 때 과거의 계급처럼 가장 '본질적인' 모순의 존재를 거부한다는 뜻이다. 따라서 가령 포스트모더니스트들이 비판하듯이 어떤 추상적 이론이나 거대 담론에 따라 현실을 진단하고, 개혁의 청사진을 명쾌하게 제시하는 일은 애당초 불가능해진다. 자본주의 사회구성체의 문제점은 생산 관계에 기반을 둔 '계급' 문제로 환원해 설명할 수 없다. 그 대신에 홀은 현실에서 모순이란 어떤 사회구성체의 구체적 상황에 따라 아주 다양한 형태로 나타날 수 있고 현실 개혁 전략의 선택 역시 폭넓게 열려 있다고 본다. 이 때문에 전통적 마르크스주의 이론을 폐기하고 새로운 역사적 상황에 맞게 '보증 없는 마르크스주의'를 추구해야 한다고 주장한다.[5] 마르크스주의 이론에서 '과학적'인 부분이 있다면, 그것은 자연과학처럼 현실을 확실하게 '예측'하는 게 아니라, 정치 행동의 배경을 이루는 지형이 정치 행동에 부여하는 '한정적인determinate' 제약을 이해하고 그 안에서 구체적인 해답을 모색하려는 열린 태도에 있다고 한다. 즉 마르크스주의 이론 자체가 현실에서 유용한 분석틀로서 존속하기 위해서는 상대적 개방성, 혹은 상대적 비결정성을 근간으로 삼아야 한다고 홀은 주장했다.

예컨대, 홀은 모순이란 늘 다면적이고 복합적일 수밖에 없으므로, 실천 역시 수많은 영역에서 다양한 양상으로 전개되어야 한다고 본다. 루이 알튀세르Louis Althusser와 그람시의 관점을 수용하여, 홀은 '접합articulation'과 '국면' 개념이 현실을 이해하는 데 필수적이라고 보고, 어떤 체제의 통일성(결정성)과 다양성(자율성)을 결합한 '복합적 통일성 속의 다양성' 개념을 분석 속에 받아들인다. 이 때문에 문화와 언어, 인종, 젠더, 종족성ethnicity 등 과거 마르크스주의에서는 '부수적인' 것으로 무시해 버린 여러 영역이 이제는 계급 정치에서도 엄청난 정치적 비중을 갖게 된다. 국가, 인종, 정치 성향 등 여러 측면에서 늘 주변부에서 맴돌았던 홀의 개인적인 배경도, 아마 이처럼 사회 모순이 복합적일 수밖에 없음을 깨닫게 하는 바탕이 되었을 것이다.

이렇게 보면 서구의 다른 신좌파 지식인처럼 홀 역시 마르크스주의에서 점진적으로 탈피해 가는데, 특히 1980년대 중반을 기점으로 홀의 관심사는 뚜렷한 변화를 보였다. 이전의 홀이 마르크스주의의 문제의식이나 개념(국가, 이데올로기, 헤게모니)에 부분적으로나마 발을 담그고 있었다면, 이후

5 가령 이 책의 1장.

의 홀은 포스트모더니즘이나 페미니즘, 탈식민주의 등 당시 유행하던 다양한 사조들과 발맞추어 '디아스포라,' '잡종성hybridity,' 인종적 정체성 등 '주관성'이나 주체 문제로 초점이 옮아갔다. 이러한 관심사의 전환에서 이 정표에 해당하는 글은 1986년에 나온 〈인종과 민족성 연구와 그람시의 관련성Gramsci's Relevance for the Study of Race and Ethnicity〉[6]이다. 이 무렵의 홀은 계급이란 경제 결정론적 범주를 폐기했을 뿐 아니라 인종이나 젠더 등 다른 형태의 고전적, 집단적, 본질주의적 주체 역시 거부한다. 즉 계급이라는 일원론적 주체를 젠더와 종족성, 인종 등 다양한 형태의 집단적 주체로 다원화하는 수준을 넘어서 마치 포스트마르크스주의에서처럼 개별적이고 구성적, 유동적, 디아스포라적, 혼종적 구성 과정으로 주체를 개념화하는 급진적인 입장을 취하게 된다.

그렇지만 이 전환은 문제의식 면에서 단절이나 대체라기보다는 여전히 이전의 논의와 연속성과 연계성을 상당 부분 갖고 있다고 홀은 생각했다. 홀은 한편으로는 다양한 지적 전통을 수용하여 마르크스주의의 이론적 공간을 확대하면서도, 포스트모더니즘이나 후기 구조주의에서처럼 정치적 주체나 정체성의 형성 가능성을 아예 해체해 버리는 극단적 상대주의나 허무주의를 정치적으로 위험한 발상으로 보고 경계했다. 홀은 마르크스주의의 경직성에서 탈피해 이론적 개방성을 추구하면서도, 여전히 마르크스주의처럼 사회 변혁의 실행 가능성 모색이라는 문제의식을 버리지 않으려 했기 때문이다.

예컨대, 이데올로기·문화 이론에서 경제 결정론이나 환원론은 버려야 하지만, 포스트-주의에서처럼 결정 관계 자체를 부정하는 지나친 극단론

6 이 책의 13장.

도 위험하다고 홀은 보았다. 홀은 사회적 실천이 언어나 담론의 성격을 띤다는 데에는 동의하면서도, 구체적인 "담론의 접합에 제약, 결정 요인으로 작용하는 역사적 세력"을 함께 고려해야 한다고 역설했다. 만일 모든 확실성이나 결정성을 거부하고 의미의 완전한 자율성을 주장하게 되면, 현실의 변혁 가능성도 원천적으로 차단하고 모든 정치적 실천의 여지를 말살하는 정치적 허무주의와 냉소주의로 전락할 우려가 있다고 홀은 강조했다. 홀은 이 점에서 에르네스토 라클라우Ernesto Laclau나 샹탈 무페Chantal Mouffe 등의 포스트마르크스주의나 포스트모더니즘과 상당 부분 입장을 공유하면서도 어느 정도 거리를 둔다. 하지만 경력 후반기의 홀은 자신이 강하게 부인한 바와 무관하게 어떤 면에서는 이전에 비판한 포스트마르크스주의나 포스트모더니즘의 논의와 매우 흡사하게 보이게 된다. 바로 이 점 때문에 홀은 이론적 절충주의에 빠졌다든지, 노동 계급의 현실에서 벗어나 지나치게 관념의 세계로 흘러갔다는 식의 비판을 받기도 했다.[7]

문화연구의 두 가지 패러다임

홀의 이론 전반에서 가장 두드러진 특징은 무엇보다 이데올로기, 언어의 정치적 중요성에 주목하고 기호와 담론의 정치성을 새롭게 발견하면서 문화와 이데올로기에 관한 비판적 이론을 체계화했다는 데서 찾을 수 있다.[8] 이처럼 홀이 언어, 문화, 이데올로기 영역을 선택해 이론적으로 부각한 것은, 특히 전후 유럽에서 자본주의 체제 유지에 핵심적인 기능을 하는 등

7 테리 이글턴이나 E. P. 톰슨 등이 이러한 비판을 가하고 있다.

8 이 책의 9장.

정치적으로 중요한 전략적 위치를 차지한다고 보았기 때문이다.

홀은 문화와 언어 문제를 이론화하는 데 크게 문화주의culturalism와 구조주의structuralism라는 두 이론적 흐름을 수용했다.[9] 홀은 초기에는 호가트나 윌리엄스 등에게서 문화주의의 시각을 수용하여 (노동 계급) 문화 이용자의 경험과 실천에 초점을 두었다. 하지만 문화주의는 노동 계급의 경험을 기반으로 삼고 이들을 저항의 주체로 형성하는 데 초점을 두는데, 이 주체나 경험 자체가 지배 구조의 산물이라는 점을 간과할 수밖에 없다. 반면에 구조주의는 행위자의 경험과 의식에 작동하는 지배 구조의 제약을 잘 파악하게 해 주는 장점이 있어 홀은 구조주의를 자신의 문화 이론에 점차 수용하게 된다. 하지만 구조주의는 지배 체제의 작동 체제에 중점을 두고 설명하기 때문에, 기능주의에 흐르는 경향이 있어, 사실상 현실 개입과 변화의 가능성을 배제한다는 단점이 있다. 현실 개입과 저항의 수단으로서 문화 이론을 추구하면서 각자 뚜렷한 장단점을 지닌 이 두 흐름을 어떻게 통합해 지배와 저항을 동시에 설명할 것인지가 이후 오랫동안 홀의 주된 이론적 관심사가 된다.

초창기 홀의 문화주의적 접근을 잘 보여 주는 예로는 1964년 패디 훼널Paddy Whannel과 함께 작업해 펴낸 《대중 예술*Popular Arts*》이 있다.[10] 홀과 훼널은 노동 계급 청년 문화를 대상으로 삼아 대중문화가 계급 문화에 미친 부정적 영향을 읽어 내면서도 여기서 새로운 저항의 가능성도 탐색했다. 즉 계급 의식이라는 전통적 좌파의 문제의식을 견지하면서도 노동 계급의 경험과 문화의 중요성을 강조하고 현대 문화(특히 대중문화) 분석에서

9 이 책의 3장.

10 Stuart Hall & Paddy Whannel, *The Popular Arts*, London: Hutchinson, 1964.

저항의 가능성을 모색했다는 점에서 문화주의적 접근의 전형적 특징을 보여 준다. 이 점에서 홀은 〈뉴 레프트 리뷰〉 그룹에서도 〈뉴 리즈너〉 출신들의 노동 계급적 낭만주의의 요소와 관심사를 상당 부분 받아들였다. 하지만 문화주의는 치명적 단점도 있었다. 문화주의에서 주체와 경험의 세계는 비판적 극복의 대상이면서도 변화와 저항의 잠재력을 갖춘 장이었다. 문제는 문화주의에서는 행위자의 경험에 초점을 두기 때문에 이 저항의 배경이자 대상이 되는 지배 구조를 잘 설명해 주지 못한다는 점이었다.

이 때문에 홀은 이후 구조주의를 비롯해 유럽 대륙의 지적 자원에서 이러한 지배 구조의 특성을 규명해 줄 새로운 지적 자원을 모색하게 된다. 구조주의의 시각에서 보면 주체와 경험은 지배 구조에 오염되지 않은 노동 계급적 '진정성'의 영역이 아니라, 지배 구조의 허구적 효과로 전락하게 된다. 구조주의의 지배성 개념을 수용하면서, 문화주의의 낭만적 시각에서 근거로 삼던 주체와 경험은 설자리가 없어진다.

알튀세르는 구체적인 자본주의 사회구성체를 정치적, 경제적, 이데올로기적 심급instances으로 구성되는 '복합적이면서도 통일을 이룬' 구조로 파악했는데, 이와 비슷하게 홀은 구조주의와 언어 이론의 관점을 받아 들여, 모든 사회적 실천이 언어(담론)처럼 작동한다고 보았다. 언어나 이데올로기는 사회구성체에서 단순히 상부 구조의 한 부수적 요소가 아니라 구성체 자체가 형성되는 과정에서 핵심적인 요소라고 파악했다. 심지어 지금까지 물질적 영역에 속한다고 간주한 계급 역시 경제적 관계의 결정적 영향에서 완전히 자유로울 수 없긴 하지만 담론을 통해 형성된다고 홀은 해석했다. 더구나 일상 언어나 대중적 상식, 대중문화는 경제적 계급 관계에 부수적인 존재가 아니라 자체의 생명력과 상대적 자율성을 행사하는 전략적 중요성을 띠는 장으로 부각되었다.

그렇지만 구조주의가 지니는 기능주의적 요소는 홀이 문화연구를 정치적 실천 전략으로서 구축하는 데 큰 걸림돌이었다. 만일 알튀세르의 접근 방식에서처럼 구조주의의 시각에서 이데올로기와 지배를 이해하면, 체제에 대한 투쟁과 변화의 여지가 거의 남지 않게 된다. 만일 주체가 '생산관계의 사회적 관계를 재생산'하는 데 기여하는 지배 체제의 기능적 효과이자 허상에 불과하다면 저항과 변화가 어떻게 일어날 수 있는가? 따라서 홀은 문화연구에서 문화주의와 구조주의라는 두 패러다임의 장단점을 통합한 새로운 틀을 모색하면서 그람시에 주목하게 되는데, 이러한 노력의 흔적을 잘 보여 주는 글이 바로 〈기호화와 기호 해독Encoding/Decoding〉이다.[11] 홀은 알튀세르의 이론을 상당 부분 받아들이면서도 구조주의에 담긴 추상적 도식성, 형식주의, 비역사성이라는 결함을 극복하기 위해, 그람시처럼 역사적 국면 분석을 강조하였다. 특히 그람시의 헤게모니 개념은 자본주의 체제의 지배가 달성되고 고정된 '상태'가 아니라 '특정한 투쟁 현장의 일시적인 정복'이라는 유동적이고 잠정적인 균형에 불과하다고 파악했기 때문에 지배성과 저항의 가능성을 동시에 설명해 준다. 이러한 이론적 틀을 활용해 홀은 문화 영역에서 자본주의 체제의 '지배성'이 어떻게 구현되고 이데올로기 지배 구조가 어떻게 작용하는지 규명하면서도, 그 속에서 투쟁과 저항, 정치적 변혁의 가능성을 동시에 탐색한다.

이처럼 헤게모니적인 시각에서 보면, 문화 영역은 그람시가 말한 '진지전' 영역으로서 지배 체제의 변혁에서 필수적인 전략적 거점이 된다. 가령 미디어는 단순히 중립적이고 기술적인 전달 수단이 아니라 지배 구조의 효과가 구현되고 이에 대한 저항과 상징적 의미 투쟁이 벌어지는 전략적으로 매우 중요한 장으로 부각된다. 이와 더불어 그동안 계급 형성에서 주변적

11 이 책의 10장.

인 요소로 간과했던 현상, 가령 여성, 인종적, 성적 소수파나 히피, 펑크, 일탈자 등의 소수 집단 문화 혹은 하위문화는 지배 이데올로기의 지배성이 가장 취약하게 작용하는 지점으로서 상징적 투쟁에서 전략적 요충지로 부상한다. 홀을 비롯해 버밍엄 학파의 연구자들이 하위문화나 젠더, 인종 등의 소수파에 관한 연구에 주력한 것은 바로 이 때문이다

홀은 볼로시노프가 제시한 "언어 영역에서의 계급 투쟁"[12]이라는 개념을 여러 저술에서 원용하는데, 홀은 이 용어야말로 그람시의 헤게모니 개념을 구체적인 문화 분석에 적용한 대표적인 이론적 선례라고 평가했다. 나아가 홀은 〈기호화와 기호 해독〉에서 볼로시노프의 아이디어를 더 발전시켜 새로운 분석틀을 제시한다. '지배적-헤게모니적dominant-hegemonic,' '저항적oppositional,' '타협적-조합주의적negotiated-corporate' 해독(혹은 의미 규칙) 등의 유형화는 홀이 그람시의 헤게모니 개념을 어떻게 창조적으로 재해석하여 구조주의와 문화주의 사이의 딜레마를 해결하려고 했는지를 잘 예시해 준다.[13]

이 유형 중에서 지배적-헤게모니적 해독은 미디어의 이데올로기적 메시지가 어떻게 체제와 현상 유지에 기여하는지를 보여 준다. 알튀세르는 '이데올로기'가 생산관계의 재생산에 기여한다고 주장했는데, '지배적-헤게모니적 의미 규칙'은 바로 이때의 이데올로기 개념과 흡사하다. 이에 비해 '타협적-조합주의적' 해독 개념은, 미디어 메시지에 대한 수용자들의 순응과 저항의 측면을 동시에 설명해 준다. 미디어의 현실 재현은 대체로 체제의 정당성을 옹호하면서도, 국가에서 상대적 독립성을 유지한 채 활

12 V. N. Vološinov, *Marxism and the Philosophy of Language*, New York: Seminar Press, 1973.

13 이 책의 10장.

동하면서 저항적, 대안적 의미 규칙을 부분적으로 수용하여 제시하기 때문에, 의미 해석에서도 타협의 여지를 남겨둔다. 따라서 그람시의 헤게모니 개념에서와 마찬가지로 지배 체제의 이데올로기적 지배는 상당히 불안정하고 가변적인 균형 상태에 있어 지속적으로 달성, 재생산되어야 하며, 이 균형은 의미 영역에서의 투쟁을 통해 판도가 바뀔 수도 있다. 만일 이 투쟁이 극단적 저항으로 발전할 경우, 수용자는 미디어가 제시한 지배적 정의를 거부하고 '저항적 의미 규칙'에 따라 메시지를 정반대로 해석하게 된다.

홀이 의미 규칙·해독의 유형을 도출해낸 방식은 여전히 알튀세르를 비롯한 구조주의의 이론적 흔적을 뚜렷이 보여 준다. 하지만 그러면서도 행위자의 능동성과 실천을 강조하는 그람시나 윌리엄스의 이론을 접목해 지배와 저항을 동시에 설명하는 새로운 현실 분석틀로 발전시키려 했다. 이전에 〈문화연구의 두 가지 패러다임〉에서 홀은 문화연구 내에서 문화주의와 구조주의라는 두 상반된 흐름이 엄격하게 분리될 수 없는 것이라고 강조했는데, 이 유형화는 홀이 두 대립적인 접근 방식에서 점차 벗어나 나름대로 통합된 해결을 찾아가는 과정을 보여 준다.

영국스러움과 대처리즘 분석

홀의 이론적 유산 중에서 문화연구에 가장 독창적으로 기여한 부분은 1970년대 말에서 1980년대까지의 영국 정치 상황을 '대처리즘Thatcherism'이라는 틀로 분석한 데서 찾을 수 있다. 대처리즘이라는 용어 자체도 홀이 고안해서 대중화한 것이다. 홀의 생애 내내 그람시는 가장 뚜렷하게 영향을 미친 지적, 정치적 멘토였는데, 대처리즘 분석은 홀이 그람시를 또 다른

독창적 방식으로 현실 분석에 원용한 사례다.[14]

홀은 대처리즘을 영국의 특정한 역사적 시기에 특정 정권에만 나타난 국지적 현상으로 보지 않는다. 대처리즘은 1980년대라는 시기에 한정된 영국 우파의 단기적 정치 운동이 아니라 전후 영국 사회 체제를 관통하여 우파가 장기간에 걸쳐 추진해 온 '헤게모니 프로젝트'로 이해해야 한다는 것이다. 대처리즘은 특정한 우파 정치 세력이 단순히 정권을 탈취하여 경제적, 정치적 구조를 개조하려 한 데 그치지 않고 영국 국민 다수에게 통용되는 상식의 재편까지 노리는 장기적 흐름에 해당한다고 홀은 해석했다.

물론 대처리즘은 노동–자본 간의 대립 구조를 기반으로 하는 영국 사회에서 자본주의 헤게모니 체제의 위기에 대한 보수 세력의 대응 전략의 하나로 나타났다고 할 수 있다. 하지만 대처리즘은 단지 계급 경계라는 차원에서만 설명할 수는 없으며, 신자유주의라는 경제 이념(사익 추구, '소유적 개인주의possessive individualism,' 반국가주의)이 외관상 정치와 무관한 '보수주의'적 가치(국가, 가족, 의무, 권위, 규범, 전통주의 등의 '유기적 토리주의organic Toryism')와 결합해서 형성된 것이다. 대처리즘은 민중의 정서와 상식에서 자생적으로 생겨난 '밑으로부터의' 흐름과 국가가 주도하는 '위로부터'의 흐름이[15] 결합해서 형성되었다고 홀은 보고, 이를 '권위주의적 대중주의

14 Stuart Hall, *The Hard Road to Renewal: Thatcherism and the Crisis of the Left*, London: Verso, 1988. [임영호 옮김, 《대처리즘의 문화정치》, 한나래, 2007.]

15 홀은 국가의 '개입주의'라는 위로부터의 흐름의 역사적 기원을 추적하면서, 특히 1880년대에서 1920년대에 이르는 기간의 중요성에 주목했다. 좌파 정권의 복지국가이든, 대처리즘 같은 우파 정권의 국가이든 할 것 없이 개입주의는 영국 정치의 중요한 전통을 이루는데, 위의 기간은 바로 국가의 이러한 성격이 형성되는 시기에 해당한다고 홀은 진단한다(가령 Hall, 1988, 앞의 책을 볼 것). 이 예는 홀의 작업이 단지 이데올로기, 담론 분석뿐 아니라 역사적 분석을 포함하는 복합적이고 총체적인 접근 방식의 성격도 띠고 있음을 보여 준다.

authoritarian populism'로 규정했다. 물론 전통 좌파에게 이 이념은 사회 갈등의 '진정한' 원인에 대한 해결책이 아니라 대중을 기만하는 허구적 술책에 불과했다. 하지만 대처리즘의 득세는 이 현상이 단지 허위의식이 아니라 현실에서 물질적인 세력으로 실제로 영향력을 행사하였음을 보여 주었는데, 홀은 바로 이 점에 주목했다.

이데올로기적으로 복고주의 성향을 띠는 대처리즘에서는 영국의 국가적 정체성, 즉 '영국스러움'이란 가치나 '민족·국가 문화national culture' 모델에 어긋나는 주변적 요소는 사회 근간을 위협하는 불순 세력으로 규정된다. 이는 폐쇄적인 민족주의, 가부장제, 인종주의(영국과 비영국, 잉글랜드와 비잉글랜드의 구분) 등 전통주의적 성격을 강하게 띠고 있다. 통일된 영국스러움이나 민족 문화 관념이 '정상적'인 가치나 모델로 설정되면, 전형적인 백인 잉글랜드 중산층이 아닌 집단, 예컨대 이민자들은 자연스레 영국스러움을 희석, 위협하는 '타자'로 자리매김된다. 이민자들은 다문화 사회인 영국에서 뿌리내리고 살아온 '영국인'의 일부분이면서 동시에 영국인으로 인정받지 못하는 존재이기도 하다. 나아가 오히려 순수한 영국인과 대립된 존재로서, 도덕적 타락이나 범죄만 일으키고 '법과 질서'를 깨뜨리는 국가적 골칫거리로 규정된다. 이 담론 전략은 계급적 이익 구분이 아니라 통념과 상식에 호소해 정당 지지층의 경계를 재구획하려 하였다는 점에서 좌파의 이론은 이 현상을 설명하지 못했다. 대처리즘이 단지 우파 세력의 결집에 의존하지 않고, 전통적인 노동당 지지 세력이던 (백인) 노동 계급에 광범위한 호소력을 지닌 것은 바로 이 때문이다. 대처리즘은 우파의 프로젝트인데도 불구하고, 대중의 상식을 재편하고 노동 계급이라는 주체를 영국인이라는 새로운 인종적, 젠더적, 문화적 주체로 재구성하면서 우파의 정치적 지지 기반을 확대해 나갔다.

이와 더불어 대처리즘에 대한 홀의 접근 방식은 훨씬 이전의 작업과도 일관되게 이어지고 있음을 볼 수 있다. 대처리즘이 등장하기도 전에 홀은 《위기 관리*Policing the Crisis*》라는 공동 연구에서 (대처리즘이라는 용어는 사용하지 않았지만) 사실상 대처리즘의 등장을 예견하는 사회적 흐름을 짚어 냈다는 점에 주목할 필요가 있다.[16] 이 책은 흑인 청년의 강도 사건에 대한 과잉 보도를 단지 범죄 사건으로 보지 않고 중요한 정치적 함의를 지닌 복합적 사회 현상으로 검토하면서 여기서 전후 영국 사회에서 전개된 여러 흐름, 가령 전후 케인스주의 복지 국가의 합의 체제에서 권위주의적인 '법과 질서 사회'로의 회귀로 이행하여 가는 우파 헤게모니 체제 구축 과정의 징후를 읽어 냈다.

홀의 대처리즘 분석은 영국 우파의 장기적 기획에 대한 비판적 분석이면서 동시에 좌파, 특히 노동당과 좌파 지식인층의 무능함과 시대착오에 대한 질책으로 이어진다. 우파가 새로운 시대 상황의 변화에 대응해 계급 구분을 가로지르는 창의적 전략으로 좌파의 기반을 꾸준히 잠식한 반면에, 좌파는 19세기 산업 사회의 낡은 사고틀에 갇혀 변화된 시대 흐름을 읽지 못하고 적절한 대응책도 마련하지 못했다고 비판했다. 특히 20세기 이후의 상황에서는 영국이라는 국민 국가 내부의 백인, 남성, 제조업 정규직 종사자 중심의 전통적인 노동 계급은 이미 자본에 대응하는 주된 기층민으로 간주될 수 없을 뿐 아니라 새로운 잠재적 지지 기반인 이주민, 여성, 비정규직, 서비스업 종사자 등을 배척하는 보수적 세력으로 기능하는 측면도 있다. 따라서 이 전통적 계층을 좌파의 주체로 당연시하는 정치 전략은 이 시대에 더 이상 통용될 수 없으며, 그보다는 (노동 계급 중심의) '진보 세력' 속에 내재한 보수의 잔여적 요소(인종주의, 가부장주의, 배타적 민족주의 등)를 성

16 Stuart Hall et al., *Policing the Crisis: Mugging, the State and Law and Order Society*, London: Macmillan, 1978.

찰하고, 나아가 젠더, 계급, 인종을 가로지르는 유동적, 정치적 주체 형성 전략이 필요하다고 강조한다.

홀의 대처리즘 분석은 거시와 미시 수준을 오가면서 당대 영국 사회의 역사적 국면의 특성과 모순을 읽어낸 역작이다. 그리고 대처리즘이라는 우파 헤게모니 프로젝트에서 인종주의를 활용한 정체성 전략은 핵심 요소로 작용했다고 홀은 간파했다. 이에 대항한 좌파의 전략 역시 새로운 국면에 맞는 대안적 정체성 구축을 통한 저항 세력 형성에 의존할 수밖에 없다. 이렇게 보면 1980년대 이후 홀이 점차 탈식민주의를 비롯해 다양한 이론적 논의를 수용하여 인종적 정체성 문제를 중요한 정치적, 이론적 관심사로 삼게 된 것은 자연스러운 논리적 귀결이다.

대처리즘 분석에서와 마찬가지로 그람시식의 시각에서 당대 국면 분석으로 시대 흐름을 꿰뚫어 보는 홀의 독특한 접근 방식은 '뉴 타임스New Times'에 관한 논의에서도 잘 드러난다.[17] 전후의 세계 자본주의는 글로벌화와 더불어 포스트포드주의 경제 체제로 이행하는데, 뉴 타임스란 이처럼 자본주의 체제에서 일어난 광범위하고 심층적인 사회적, 경제적, 정치적, 문화적 변화를 의미했다. 단순화하자면 포스트포드주의가 경제적 차원에서 대표적인 변화의 징후라면 포스트모더니즘은 바로 문화 영역에서 가시화한 시대 흐름의 징후에 해당했다. 뉴 타임스라는 시대 흐름은 다양한 층으로 구성되며, 아날 학파인 페르낭 브로델Fernand Braudel식으로 표현하자면 길게는 '장기 지속long durée'[18]에서 시의적 사건의 수준에 이르기까지 변화의 속도나 지속 시간대가 다양한 여러 층위가 교차해서 형성되는 복합

17 이 책의 8장.

18 Fernand Braudel, *On History*, trans. Sarah Matthews, Chicago: The University of Chicago Press, 1980.

적 현상이다. 홀은 바로 이처럼 다층적이고 복합적인 역사적 국면에 대한 분석을 통해 새로운 현실 진단과 더불어, 개입과 저항의 가능성을 탐색하는 데 몰두한다. 대처리즘은 바로 1980년대 영국의 정치 상황에 이를 구체적으로 적용해 예시한 작업인 셈이다.

유기적 지식인 모델을 찾아서

홀은 이론을 단순히 직업 지식인의 지적인 활동으로 보지 않고 현실 참여의 한 형태로 간주했다. 이론이 현실에 대한 개입과 실천의 한 형태라면, 지식인은 이러한 실천의 주체에 해당하기 때문이다. 홀은 문화연구를 하나의 지식 영역이자 운동으로 구상하면서 그람시가 말하는 '유기적 지식인'상을 염두에 둔 듯하다. 이는 홀 자신이 '학술적 노동'과 '지적 노동'을 구분한 데서도 암시되고 있다.[19] 홀이 보기에 이론가에게 이 둘은 모두 중요한 요소다. 이론적 작업의 최전선에서 이론적 논리와 엄밀성을 동원해 다른 이념, 노선과 투쟁을 벌이면서도, 이론의 정치적 성격이나 현실과 연관성을 잃지 않아야 한다는 것이다.

하지만 홀이 구상한 것처럼 비판적 지식인이 지식 사회 구성원으로서, 특히 대학에 근거를 둔 학자로서 활동할 때에는 여러 형태의 딜레마에 처하게 된다. 연구 업적에 대한 압력, 학과 단위의 분야 구분, 재원과 연구 인력 조달, 특히 지식 활동의 개인주의화 등은 지식인의 자유로운 지적 활동을 점점 더 옥죄는 요인으로 부상하고 있다. 홀의 이력에서 주목할 만한 점

19 이 책의 6장.

은 바로 이러한 지적 활동의 한 제도적 모델을 구축하려 했다는 것이다.

홀이 주도한 영국 문화연구는 초창기부터 현실 참여를 추구하는 지식으로서 다양한 사회 문제에 대해 지속적으로 문제 제기를 시도했다. 홀은 비록 대학에 몸담고 있으면서도 다른 동료들과 함께 이 목표 실현에 좀 더 적합한 지식 생산 방식과 관행을 탐색했기 때문에, 학문 분과나 대학 학제 등 기성 제도와 갈등을 빚기도 했다. 문화연구가 자리 잡고 국제적인 명성을 얻은 후에도, 홀은 문화연구가 자칫 사회 참여와 비판의 성격을 상실한 채 현학적인 지식 놀음으로 변질할 가능성을 우려했다. 영국 문화연구는 특히 1980년대 이후 미국에 수출되어 인기 있는 연구 분야로 번창하게 되는데, 이 과정에서 드러난 문화연구의 '제도화' 현상에 대해 홀은 심각한 우려를 드러냈다.[20]

하지만 현실적으로 영국 대학 제도의 울타리 안에서 홀의 취지에 가장 가까운 제도적 구현 방안은 여러 학문 분야의 경계를 넘나드는 학제 간 연구 형태였다. 이 때문에 문화연구는 대학에 보편화된 지식 활동 단위인 학과 대신에 연구소를 기반으로 활동했고, 버밍엄대학교 현대문화연구소는 마침내 영국 문화연구의 명실상부한 본산으로 부상했다. 그러나 학문 분과나 학과 경계를 초월한 홀의 지적 실험에 대해 기존의 대학 사회는 그리 우호적이지 않았다. 다른 학문 분야 교수들은 냉소적인 태도를 보였고, 학교의 행정 지원도 미미해서 연구소의 전임 교수도 극소수에 불과했다.

지식 생산 작업과 발표 형식에서도 홀은 '문화연구다운' 방식을 실험하고 모색했다. 문화연구에서 이론의 전범典範화, 체계화를 경계하고 연구 주제나 접근 방식에서 국지적인 특수성과 구체성을 강조한 데서 예상할 수

20 같은 글.

있듯이, 홀은 늘 시의성이 높은 형식의 글을 선호했다. 홀의 글은 우리가 사상가에게서 흔히 기대하듯이 체계적이고 방대한 저술 형태와 거리가 있다. 홀이 남긴 저작 중에서 단행본, 특히 혼자 쓴 책은 거의 없으며, 대개 짧은 논문 분량이거나 공동 저작 형태로 되어 있다. 저명한 이론가로서는 독특하게 홀이 집단 작업을 선호한 것은 다양한 연구자들의 관심사와 특성을 조직화하려는 노력의 일환이었다. 홀은 영국 대학 체제 안에서 연구소를 통해 이 실험들을 제도적으로 정착시키기 위해 힘썼다.[21] 따라서 엄격히 말해 문화연구에 대한 홀의 기여는 버밍엄 학파 구성원 전체의 작업과 뚜렷이 구분하기 어렵다.

홀이 추구한 실험 정신은 연구 성과의 발표 방식에도 잘 나타난다. 종래의 학계는 개인의 업적을 주로 학술지 등의 공인된 매체에 발표하는 형식에 의존했는데 비해, 연구소에서는 학부, 대학원, 교직원 등 다양한 층이 참여해 작업했으며, 연구 성과는 학계의 주류 학술지가 아니라 〈등사판 논문*Stencilled Papers*〉, 〈연구 초고*Working Paper*〉 시리즈 등의 실험적 매체를 통해 발표했다. 이 매체들은 문화연구의 실험 정신과 창의성을 장려하고 연구의 시의성을 살리는 데도 적합했다. 하지만 문화연구가 전 세계로 확산된 후에는, 이러한 '아마추어주의'가 버밍엄 학파의 영향력을 점차 감퇴시킨 요인이 되기도 했다.

21 영국 대학이 특히 업적 평가와 경쟁력, 실용적 지식 등을 강조하게 되면서, 버밍엄 학파의 활동 방식은 큰 장벽에 부딪쳤다. 전국의 대학을 학문 분야별로 평가하는 연구 업적 평가(Research Assessment Exercise: RAE) 제도는 특정 학과의 운명을 좌우하는 요소로 작용했다. 현대문화연구소는 1990년대 중반 '문화연구학과'로 바뀌었는데, 이러한 분위기 속에서 폐지되는 운명에 처했다. 버밍엄대학교 당국은 2002년 RAE 평가 결과의 부실을 이유로 CCCS의 후신이자 유서 깊은 문화–사회학과를 폐쇄하였고, 이에 따라 기존의 교수들도 모두 쫓겨났다.

또한 홀의 글은 학술적 작업이면서도 동시에 정치적 실천과 참여 행위의 성격도 띤다. 홀은 학술적 작업을 통해 정치적 입장을 이론화했을 뿐 아니라 〈오늘의 마르크스주의*Marxism Today*〉나 〈뉴 스테이츠맨*New Statesman*〉 등 잡지나 매스 미디어를 통해서 시의적인 쟁점에 관한 진단과 의견을 제시하기도 했다. 대처리즘의 기원과 현상 비판, 영국 좌파의 시대착오적인 대응 방식에 대한 비판 등 시의적인 분석을 묶어서 낸 《대처리즘과 문화정치》는 이러한 현실 참여 과정에서 나온 대표적인 산물이다.[22] 홀은 영국 다문화주의 정책의 밑그림을 마련하는 프로젝트에 참여하기도 했고, 텔레비전 프로그램을 진행하면서 중요한 사회적 쟁점을 대중이 알기 쉬운 언어로 해설하는 작업에도 힘을 기울였다.

홀의 이론이 주는 시사점

홀은 체계적이고 추상화된 이론을 혐오했다. 그래서 그람시의 국면이라는 용어를 즐겨 사용하면서, 현실의 복합적, 역사적 성격을 늘 강조하였다. 영국 문화연구에서는 일반 이론을 함축하는 'Cultural Study'가 아니라 구체성과 개별성을 강조하는 'cultural studies'라는 복수형을 채택한 데서도 그 성격을 엿볼 수 있다. 이는 추상적이고 보편적인 이론보다는 특히 현대 사회의 문화적, 정치적 현상에 대한 구체적인 문제 분석을 선호하고, 특히 현실 개입과 참여에 이론적 작업의 목표를 두는 홀의 성향을 시사한다. 버밍엄 학파의 문화연구를 지칭할 때 붙는 '영국'이라는 수식어 역시,

22 Hall, 1988, 앞의 책.

문화연구가 기본적으로 역사적 맥락성과 구체성을 벗어날 수 없음을 상징적으로 보여 준다. 따라서 영국 문화연구가 만들어 낸 문제의식이나 개념이 다른 지역의 문화연구에서 마치 모범 답안처럼 수용되는 것은 매우 위험하다고 홀은 경고하였다.

홀은 새로운 개념과 이론을 창안하기보다는 우리에게 익숙한 이론적 시각들을 절충하고 종합해서 사용하였다. 더구나 홀은 현실을 명쾌하게 설명하는 틀을 제시하기보다는 우리의 상식을 흔들어 놓고 있다. 현실을 보는 지름길은 없으며 만일 있다면 허상이라고 역설한다. 그 대신 다른 문화연구자에게 자신이나 영국 문화연구를 모방하지 말고, 각자 처한 역사적 국면에 맞는 연구 주제나 접근 방식을 스스로 개발하라고 강조한다.

홀의 시각에서 한국 사회의 문제를 바라보면 어떤 문제가 떠오를까? 홀이 다룬 1980년대 영국 사회의 국면이 특수성을 지녔듯이, 현재 한국 사회도 독특한 갈등 구조를 안고 있다. 최근의 정치 상황은 홀이 대처리즘 분석에서 진단한 영국의 상황과 다르면서도 흡사한 특징을 많이 보여 주고 있다. 한국 정치사에서 첫 진보 정권의 실험은 진보와 보수 간의 독특한 갈등, 대립 구조를 만들어 냈다. 하지만 한국적인 보-혁 구도는 서구의 이념적, 계급적 구분선에 따라 파악하기 어려우며, 계급 격차, 수도와 지방, 지역과 지역, 정규직과 비정규직, 세대 간, 원주민과 이주민 등 다양한 축에 걸쳐 복합적으로 형성, 축적된 역사적 모순과 갈등 구조에 기반하고 있다. 더구나 격렬한 감정적 갈등 양상과는 달리 과연 진보와 보수의 의미가 무엇이며, 이러한 갈등 관계의 성격을 어떻게 규정해야 할 것인지는 숙제로 남아 있다. 더 멀리 보자면 압축 성장의 결과, 한국 사회의 권력 구조는 제왕적 권력 독식, 대의 민주제, 권위주의적 대중주의가 혼재하는 체제로서 갈등 조정에 취약한 독특한 구조로 되어 있다. 홀이 현실 문제를 놓고 고민하며 탐색한 과정은 바로 우리 사회의 구체적인 문제에 관한 해법을 모색하는 데에도 참고할 가치가 있다.

또한 오랫동안 문화적, 인종적 동질성을 특징으로 하던 한국 사회가 다문화, 다인종화하면서 정체성에 관한 홀의 논의 역시 점차 시의성이 높아지고 있다. 아시아 지역 이주민과 '다문화 가정'이 급증하고 국가 간, 문화 간 교류가 활발해지면서, 문화적, 인종적 갈등, 특히 '민족적,' 종족적 정체성 문제는 중요한 사회적, 정치적 쟁점으로 부상하고 있다. 홀의 논의는 이러한 상황에 관한 이론적 분석에도 적지 않은 시사점을 던져줄 것 같다.

또 한 가지 주목할 점은 홀의 이론적 작업은 '문화에 관한 이론'이기 이전에 '현실 개입의 정치 전략'의 일환으로 만들어졌다는 점이다. 홀은 문화연구를 한 특수 영역에 관한 이론적 관심사로만 여기지 않고, 현대 자본주의, 특히 자신이 위치한 영국 사회의 특수한 모순을 극복하고 새로운 개혁 주체와 전략을 모색하는 장으로 삼았다. 1990년대까지만 해도 한국 대학에서는 지식인이라면 대부분 어설프지만 이상주의와 거대 담론을 논하고 공동체의 미래를 놓고 고민해야 했다. 하지만 최근 지식은 사회 개혁과 이상 실현의 장이라기보다는 점차 입신양명과 자기 마케팅, 밥벌이를 위한 기능적 도구로 퇴색해 가고 있다. 어떤 면에서 한국의 사회과학은 사회를 연구하는 학문이 아니라, 특정 학문 분야의 지식만 대상으로 삼는 지식 놀음으로 전락해, 현실에 해답을 제공하기를 기대하기 어렵다는 자조도 나오고 있다. 홀의 부고를 접하면서 과연 우리는 그처럼 치열한 지식인으로서 삶을 보내고 있는가 하고 반성하게 된다.

물론 홀은 주로 영국 사회, 나아가 서구 사회의 맥락에 독특한 국지적인 화두와 씨름해왔다는 점에서 홀의 이론 역시 한국적 사회-문화 이론을 만들어 가는 데 적합한 '해답'을 줄 수 없을지도 모른다. 하지만 홀의 이론이 우리에게 가장 크게 시사해 주는 부분은 바로 지식인이 현실에 접근할 때 취해야 할 유기적 지식인으로서의 '자세'에 관한 것이다. 즉 우리 사회가 직면한 구조적 문제점에 대한 해답은 이론이라는 편리한 지름길을 통해 그냥 주어지지 않으며, 구체적인 현실 국면 분석을 통해서만 또 공동체에 대한 치열한 열정과 고민을 통해 조금씩 찾아내고 만들어 가야 한다는 것이다. 그람시는 헤게모니 개념을 통해 현실을 보는 그러한 자세를 일깨워 주었고, 스튜어트 홀은 바로 영국 사회와 문화 현실에 관한 실제 작업을 통해 이러한 접근 방식의 한 모델을 '예시'해 주었다. 현실에서 우리 자신의 문제를 발굴하고 해답을 찾는 일은 이제 우리에게 넘어왔다.

1부

탈마르크스주의 문화 이론의 모색

1

이데올로기의 문제:
보증 없는 마르크스주의

The Problem of Ideology: Marxism without Guarantees

● "The Problem of Ideology: Marxism without Guarantees," in David Morley & Kuan-Hsing Chen (eds.), *Stuart Hall: Critical Dialogues in Cultural Studies*, London: Routledge, 1996, pp.25~46. 이 글은 원래 Betty Matthews (ed.), *Marx: 100 Years On*, London: Lawrence & Wishart, 1983, pp.57~84에 실린 것이다.

지난 20~30년 동안 마르크스주의 이론은 눈에 띌 정도로 되살아났는데, 이러한 부활은 한쪽으로 치우치고 불균등한 데 그쳤다. 마르크스주의 이론은 한편으론 '부르주아' 사회 사상에 맞서 주된 저항 세력 구실을 했다. 다른 한편으로는 수많은 지식인이 이처럼 부활한 사상을 맹목적으로 재빨리 학습한 후 이를 거쳐 **지나가** 바로 그 반대편으로 되돌아가 버렸다. 하지만 이것이 그 전말의 전부는 아니다. **포스트**마르크스주의는 현대의 이론적 학파 가운데 아직 가장 크고 번성하는 학파다. 포스트마르크스주의자들은 마르크스주의 개념이 부적합함을 계속 보여 주면서도 여전히 마르크스주의 개념을 이용한다. 사실 이들은 자신이 방금 확실히 파괴해 버린 바로 그 이론의 어깨 위를 딛고 서 있는 것처럼 보인다. 마르크스주의를 다시 한번 '해체'한다면 앞으로 '해체주의자'에게 더 많은 일거리를 줄 수 있기 때문에, 만일 마르크스주의가 존재하지 않았다면 '포스트마르크스주의'는 그런 것을 지어 내기라도 해야 했을 것이다. 흥미롭게도 이 모든 것이 마르크스주의가 사후에 삶을 얻도록 해 준다. 마르크스주의는 계속적으로 '초월'되고 동시에 '보존'된다. 이데올로기 영역만큼 이 과정을 잘 관찰해 볼 수 있는 장소는 없다.

이러한 최근의 논쟁이 정확히 어떤 우여곡절을 거쳐 왔는지 다시 한번 훑어볼 생각은 없으며, 거기에 따르는 복잡한 이론화 과정을 추적할 의도도 없다. 그 대신 이데올로기에 관한 논쟁을 전체 마르크스주의 이론의 폭넓은 맥락 속에서 살펴보고자 한다. 이 논쟁은 정치와 전략 문제이기도 하기 때문에, 일반적인 **문제**, 즉 이론의 문제로 제기하고 싶다. 고전 마르크스주의의 이데올로기 공식에서 가장 뚜렷한 약점과 한계를 찾아내어, 어떤 소득이 있었고, 어떤 것을 버려야 하며, 제기된 비판에 비추어 보아 어떤 게 보존할 — 그리고 아마도 재검토할 — 필요가 있는지 평가해 보고 싶다.

그러나 먼저 왜 이데올로기 문제가 최근 마르크스주의 논쟁에서 그렇게 두드러진 위치를 차지하게 되었는가? 페리 앤더슨은 서구 마르크스주의의 지적 풍경을 오만할 정도로 일소하는 글(Anderson, 1976)에서 이 진영의 지식인들이 철학, 인식론, 이데올로기, 상부 구조와 관련된 문제에 극도로 집착해 왔다고 보았다. 앤더슨은 이야말로 명백히 마르크스주의 사상의 발전사에서 기형적인 현상이라고 간주했다. 마르크스주의에서 이 문제에 특권적 위치를 부여하는 것은 서구 마르크스주의 지식인이 일반적으로 대중적 정치 투쟁과 조직의 시급한 현안에서 고립되었고, "프롤레타리아 수용자와의 직접적이거나 적극적인 관계라는 지배적인 긴장"에서 격리되었고, '대중적 실천'과 거리를 두며, 계속해서 부르주아 사상의 지배 아래 있음을 반영한다고 주장했다. 이 때문에 후기의 원숙한 마르크스와 마르크스주의가 제기한 고전적 주제와 문제에서 일반적으로 이탈하는 결과가 나왔다고 주장했다. 지나치게 이데올로기에 집착하는 것은 이 점을 웅변해 주는 표시로도 해석할 수 있을 것이다.

아마 최근 범람하는 '서구 마르크스주의Western Marxism' 이론 지상주의자들의 공세를 견뎌낸 사람이라면 잘 알겠지만, 이 주장에는 많은 것이 담겨 있다. '서구 마르크스주의'가 강조하는 것을 보면, 이데올로기 문제가

어떤 방식으로 구축되었고, **어떻게** 논쟁이 수행되었으며, 사변적 이론의 고고한 영역 속으로 **어느 정도** 추상화되었는지 당연히 설명할 수 있을 것이다. 그러나 '서구 마르크스주의'가 만들어 낸 왜곡이 아니었다면 마르크스주의 이론은 이데올로기 문제를 종속적이고 부차적인 위치에 버려둔 채 이미 정해진 의제를 따라 지정된 경로를 편안히 진행할 수 있었을 것이라는 식의 의견을 내비쳐서는 결코 안 될 것 같다. 이데올로기 문제가 두드러지게 부상한 데는 좀 더 객관적인 근거가 있다. 첫째는 '문화 산업'의 엄청난 성장을 비롯해 대중 의식을 형성하고 변화시키는 수단에서 현실적으로 진행된 발전을 들 수 있다. 둘째는 유럽 선진 자본주의 사회에서 노동 계급 대중이 체제에 '동의'를 표하였고, 따라서 모든 사람의 기대에 어긋나게 부분적으로 안정화했다는 골치 아픈 문제가 있다. 물론 '동의'가 이데올로기 메커니즘을 통해서만 유지되지는 **않는다**. 하지만 이 둘은 분리할 수 없다. 이는 또한 원래의 마르크스주의 이데올로기 공식에 실제로 어떤 이론적 약점이 있음을 보여 준다. 그리고 이는 선진 자본주의 사회의 정치 전략에서 가장 중요한 몇몇 쟁점과 사회주의 운동의 정치에도 시사점을 준다.

이러한 문제 가운데 몇 가지를 간략히 검토하면서 나는 이데올로기 이론보다 이데올로기 **문제**problem를 우선하고자 한다. 이데올로기 문제는 사회 관념이 어떻게 생겨나는지를 유물론적 이론 안에서 설명하는 것이다. 사회를 변화시키고 사회의 사회주의적 변혁을 향한 길을 열어 주기 위한 투쟁에 이론적 도움을 주기 위해서는, 특정한 사회구성체 안에서 사회 관념이 어떤 역할을 하는지 이해할 필요가 있다. 나는 이데올로기라는 용어를, 사회가 돌아가는 방식을 이해, 정의, 파악, 설명하기 위해 다양한 계급과 사회 집단이 사용하는 정신적인 틀 — 언어, 개념, 범주, 사유의 상, 재현representation 체제 — 이란 뜻으로 사용한다.

그러므로 이데올로기 문제는, 다양한 종류의 관념이 대중의 마음을 사로잡아 '물질적인 힘'으로 작용하는 방식에 관한 것이다. 이처럼 좀 더 정치화된 시각에서 볼 때 이데올로기 이론은 어떻게 특정한 관념의 집합이 그람시적인 의미에서 어떤 역사적 블록historical bloc의 사회적 사고를 지배하게 되는지를 분석하는 데 도움이 된다. 따라서 그러한 블록을 내부에서 결집하여 그 블록이 사회 전체에 대한 지배와 주도권을 유지하도록 하는 데도 도움이 된다. 특히 이데올로기 문제는 특정한 권력과 지배 형태를 안정시키거나 다수 민중을 사회구성체 내에 각자의 종속된 위치에 회유시키고 적응시키는 구실을 하는, 실제적 사유의 개념–언어와 관계가 있다. 이데올로기 문제는 또한 다수 민중을 움직여 지배 체제에 대항해 역사적 행동을 취하게 하는 새로운 의식 형태와 세계관이 등장하게 되는 과정과도 관련이 있다. 이러한 문제는 광범위한 사회적 투쟁에서 **현안**이 된다. 단지 이론이 필요한 데 그치지 않고 우리가 설명하려는 현상의 복잡성에 걸맞은 이론이 필요한 것은, 이데올로기 투쟁 영역을 더 잘 파악하고 장악할 수 있도록 이 문제를 설명하려 하기 때문이다.

마르크스와 엥겔스의 저작에서는 그러한 이론이 잘 마련되지 않았다. 마르크스는 사회 관념이 어떻게 작용하는지에 관해서, 자본제 생산 양식의 경제적 형태와 관계에 관한 역사 이론에 필적할 만큼 일반적인 설명을 발전시키지 못했다. 마르크스가 이 영역에서 언급한 부분은 결코 '법칙 같은' 지위를 갖도록 의도되지 않았다. 마르크스주의에서 이데올로기 문제는 이 언급을 좀 더 완전하게 이론화된 명제로 착각한 데서 처음 시작되었다고 보아도 무방할 것이다. 사실 이 주제에 관한 마르크스의 이론은 좀 더 특수한 성격을 띤다. 따라서 마르크스가 사용한 이 용어의 용도는 기복이 아주 심하다. 위에서 제시한 정의에서도 볼 수 있듯이 이 시대에는 '이데올로기'란 용어가 고전 마르크스주의 텍스트에서보다 더 폭넓고, 기술적descriptive이며, 덜 체계적인 의미를 지닌다. 우리는 **지금** 이 용어를 **모든** 조직화된 사회적 사유 형태를 지칭하는 데 사용한다. 이는 이데올로기가 '왜곡'되는 정도와 성격을 규정하지는 않는다. 확실히 이데올로기는 단지 잘 다듬어지고 내부적으로 일관성 있는 '사유 체계'라기보다 실질적인 사유와 추리 영역을 (결국 대다수의 관념이 이러한 형태로 대중의 마음을 사로잡고 행동으로 이끌기 쉽다) 지칭한다. 즉 사람들은 이론적 지식뿐 아니라 실천적 지식을 통해 사회를 '파악'할 수 있으며, 이러한 지식의 범주와 담론 안에서 사회관계 내에서의 자신의 객관적 위치를 '체험'하고 '경험'하게 되는데, 우리가 이데올로기라는 용어로 의미하는 바는 바로 이러한 지식이다.

마르크스는 여러 곳에서 '이데올로기'란 용어를 실질적으로 이렇게 사용했다. 이 용어를 이러한 의미로 사용했다는 것은 마르크스의 저작에 의해 사실상 승인된 부분**이다**.

따라서 마르크스는 가령 한 유명한 구절에서 "인간은 이데올로기 형태를 통해…… 갈등을 인식하고, 끝까지 투쟁을 벌이게 된다"(Marx, 1982: 21)고 말했다. 《자본론*Capital*》에서 마르크스는 자본주의 기업가의 '일상적 의식'이나 '자본주의의 상식'에 관해 자주 언급한다. 마르크스가 이 용어로 의미한 것은, 자본가가 자본주의 체제의 작동을 파악하고 그 체제와 실질적인 관계를 맺고 '체험할'(즉 진정으로 경험할) 때 취하게 되는 자발적인 사유 형식이다. 추측컨대 그 후 마르크스를 통해서는 입증될 수 없을 것이라고 많은 사람이 믿는 그러한 의미로 이 용어가 왜 사용되었는지에 대한 단서도 이미 거기에 있다. 가령 '실제적인 부르주아 의식'의 자연 발생적 형태는 현실적이지만 **적절한** 사유 형태가 될 수 없다. 자본주의 체제에는 이러한 속류의 범주로는 '사유'하거나 설명할 수 없는 측면 — 가령 잉여 가치의 생산 — 이 존재하기 때문이다. 반면 이러한 실제 부르주아 인간들은 자신이 관여하는 일을 더 정교하거나 '더 진실하게' 이해하지 않고서도 충분히 이윤을 얻고, 체제를 움직이며, 그 관계를 유지하고 노동을 착취할 능력이 있는 것으로 보인다. 그렇기 때문에 부르주아 의식의 자연 발생 형태는 어떤 단순한 의미에서도 **허위**일 수 없다. 또 다른 예를 들면, **동일한** 관계의 집합 — 자본제 순환 — 이라 할지라도 몇 가지 **다양한 방식**으로, 혹은 (현대적인 학파의 용어로 표현하자면) **다양한 담론 체제 내에 재현될 수 있다**고 마르크스의 말에서 추론해내도 별 무리는 없다.

세 가지만 꼽는다면, 우선 '부르주아 상식'의 담론이 있고, 둘째로 마르크스에게 많은 가르침을 준 데이비드 리카도David Ricardo 같은 고전파 정치경제학자의 정교한 이론이 있고, 물론 마르크스 자신의 이론적인 담론, 즉《자본론》자체의 담론도 있다.

마르크스를 종교적, 교조적으로 해석하는 자세에서 벗어난다면, 고전파에서 사용한 그 용어의 의미와 이후의 세련된 이론 사이의 차이는 오늘날 이론주의자의 논쟁술이 우리에게 납득시키려 하는 것처럼 그리 뚜렷하지 않다.

그럼에도 불구하고 마르크스가 부르주아 사상의 구현 형태와, 무엇보다 (부르주아 사상의) 부정적이고 왜곡된 특징을 구체적으로 지칭하기 위해 '이데올로기'란 용어를 아주 빈번히 사용한 것은 사실이다. 또한, 마르크스는 — 가령 엥겔스와 공저로 펴낸《독일 이데올로기*The German Ideology*》에서 — 자신이 생각하기에 박식하고 체계적이면서도 부정확한 관념(오늘날 실제적 지식의 범주, 혹은 그람시가 '상식'이라고 부른 것에 대비되는 개념으로서 '이론적 이데올로기,' 혹은 그람시의 용어를 따르자면 '철학'이라고 부를 수 있을 만한 것)과 투쟁하는 데 그 용어를 사용하는 경향이 있었다. 마르크스는 헤겔주의의 사변적 신비화에 대항하고, 종교와 종교 비판에 대항하며, 관념론적 철학과 속류적이고 타락한 변종의 정치경제학에 대항하는 비판적 무기로 그 용어를 사용했다.《독일 이데올로기》와《철학의 빈곤*The Poverty of Philosophy*》에서 마르크스와 엥겔스는 부르주아 사상과 투쟁을 벌였다. 이 두 사람은 이러한 사상이 지배하는 데 밑바탕이 된 반유물론적 철학과 투쟁했다. 두 사람은 주장을 선명하게 부각하기 위해 공식 가운데 많은 부분을 단순화하였다. 부분적으로는 이와 같은 논쟁술상의 뒤집기를 마치 확실한 일반 이론화 작업의 토대처럼 취급한 데서 문제점이 생겨난 것이다.

마르크스는 이처럼 광범위한 용법의 틀 안에서, 이른바 고전 형태의 이론적 토대를 형성하게 된, 좀 더 완전히 다듬어진 명제를 전개한다. 첫째는 유물론적 전제다. 관념은 그 생성 배경이 된 물질적 여건과 환경에서 생겨나고 그 환경을 반영한다. 관념은 사회관계와 그 모순을 사유 속에 표현한다. 관념이 역사의 추진력을 제공한다거나, 물질적 관계와 무관하게 진행된다거나, 그 자신의 자연 발생적 효과를 만들어 낸다든가 하는 생각이야말로 바로 부르주아 이데올로기 중에서 사변적이며 환상인 부분이라고 단언할 수 있다. 둘째는 결정성의 명제다. 관념은 사회구성체의 궁극적으로 결정적인 수준, 즉 최후 심급에서의 경제the economic in the last instance에 의존하는 효과에 불과하다는 것이다. 따라서 경제에서 일어난 변화는 조만간 관념에서 이에 대응하는 변화로 나타날 것이다. 셋째는 사회 경제적 영역에서의 지배와 이데올로기적인 지배 사이에는 고정된 상응 관계가 성립한다는 것이다. 즉 '지배적 관념'은 '지배 계급'의 관념이며, 지배 계급의 계급적 위치가 둘을 짝지어 주고 서로 일치하도록 보장해 준다.

고전 이론에 대한 비판은 바로 이 명제들을 겨냥했다. 관념이 '단순한 반영'이라고 말하면 관념의 유물론적 성격은 확실히 해 주지만, 관념이 구체적인 효과를 발휘하지 못하게 해 관념을 순전히 종속된 영역으로 전락시킨다. 관념이 '최후의 심급에서' 경제에 의해 결정된다고 말하면 경제적 환원론의 길을 따라 나서게 된다. 결국 관념은 그 진실의 본질에 해당하는 경제적 내용으로 환원할 수 있다. 이 최종적인 환원론에 도달하기 전의 유일한 정거장은 '매개mediation'의 숫자를 늘려 환원론을 약간 지체시키고 어느 정도 운신의 공간을 확보하려는 시도에서 생겨날 뿐이다. 만일 어떤 계급의 '지배성'이 어떤 관념에게 지배적 위치를 보장해 준다고 주장하면, 그 관념이 전적으로 그 계급에만 속하는 속성이라고 보게 되고 특정한 의식 형태가 그 계급 특유의 것이라고 정의하게 된다.

이러한 비판은 직접적으로 이데올로기 문제에 관한 공식을 겨냥한 것이긴 하지만, 결과적으로 고전 마르크스주의 자체를 향해 전개된 좀 더 일반적이고 폭넓은 비판의 알맹이를 — 가령 고전 마르크스주의의 엄격한 구조적 결정성, 계급과 경제 두 가지 형태의 환원론, 사회구성체 자체를 개념화하는 방식을 — 집약했다는 데 주목해야 한다. 마르크스의 이데올로기 모델은 사회구성체를 다양한 실천으로 구성된 결정적이고 복합적인 구성체로 개념화하지 않고 **단순한** (혹은 알튀세르가 《마르크스를 위하여*For Marx*》와 《자본론 읽기*Reading Capital*》[Althusser & Balibar, 1970]에서 불렀듯이, "표현적인 expressive") 구조로 개념화했기 때문에 그동안 비판을 받았다. 알튀세르가 이 용어로 의미한 것은 한 가지 실천, 즉 '경제'가 다른 모든 실천을 직접 결정하며, 다른 모든 수준에서도 경제에 대응하여 단순하게 동시적으로 각각의 효과가 재생산(즉 '표현')된다는 것이다.

관련 문헌과 논쟁에 해박한 사람이라면, 이러한 입장에 대항하여 갖가지 방향에서 구체적으로 어떤 수정안이 제시되었는지, 주요한 흐름은 쉽게 파악할 수 있을 것이다. '마르크스가 (특히, 후기의 왕복 서한에서) 의미한 바가 무엇인지'에 관해 엥겔스가 단 주석에서 나타나듯이, 이들은 그렇게 단순한 상응 관계가 존재한다거나 '상부 구조'가 구체적인 효과를 전혀 미치지 못한다든지 하는 식의 견해를 거부한다. 엥겔스의 주석은 아주 생산적이고 시사점이 많으며 건설적이다. 이 주석은 이데올로기 문제에 대한 해결책은 아니더라도 그 문제를 진지하게 생각해 보는 출발점을 제공해 준다. 마르크스가 이같이 공식을 단순화한 것은 당시 사변적 관념론과 투쟁 중에 있었기 때문이었다고 엥겔스는 주장했다. 이는 논쟁술의 필요성 때문에 일방적으로 왜곡되고 과장된 것이다. 죄르지 루카치György Lukács처럼 실제로는 마르크스의 원래 공식에 함축된 환원론과 경제주의의 충동을 약화시키거나 대체시킬 수 있도록 광범위한 '매개, 중개 요인'을 도입하면서도, 논쟁을 통해 특정한 '헤겔주의적' 마르크스 해독만이 정통이라고 엄격하게 고수하려는 마르크스주의 이론가의 화려하게 장식된 이론에까지도 이러한 비판은 해당된다. 접근 방향이 다르긴 하지만 여기에는 그람시도 포함되는데, 그의 기여는 이 글 뒷부분에서 논의할 것이다. 이러한 비판은 알튀세르와 알튀세르주의자의 아주 정교한 이론적 개입, 가령 경제적, 계급적 환원론과 '표현적 총체성expressive totality'식 접근 방식에 대한 비판으로 집대성된다.

알튀세르의 수정안은 (《마르크스를 위하여》와 특히 《레닌과 철학 및 기타 에세이*Lenin and Philosophy and Other Essays*》의 〈이데올로기적 국가 장치Ideological State Apparatuses〉라는 글에서) '왜곡된 관념'과 '허위의식false consciousness'이라는 식으로 이데올로기에 접근하던 방식에서 단호하게 벗어나야 한다고 주장했다. 이 때문에 좀 더 언어적이거나 '담론적인' 이데올로기 개념으로 가는 문이 열렸다. 나아가 이데올로기가 어떻게 내부화되는지internalized, 우리 외부에 있으며 더 정확히 말해 우리를 통해 사고한다고 말할 수 있는 사유 범주의 한계 안에서 우리가 어떻게 해서 '자발적으로' 말하게 되는가 하는, 그동안 소홀히 했던 쟁점이 제기되었다. (이것은 이데올로기 담론의 중심부에 있는, 이른바 주체의 호명interpellation 문제다. 이 때문에 개개인이 어떻게 언어의 이데올로기적 범주에 들어가게 되는지를 정신분석학적으로 해석하는 방식이 마르크스주의에 도입된다.) (가령 〈이데올로기적 국가 장치〉에서) 이데올로기가 생산의 사회적 관계를 재생산하는 기능을 하며, (《자아비판론*Essays in Self-Criticism*》에서는) 토대와 상부 구조의 비유는 그 자체로 가치 있다고 주장하면서, 알튀세르는 고전 마르크스주의 지형에서 일종의 최후의 재결집을 시도했다.

그러나 알튀세르의 첫 번째 수정안은 지나치게 '기능주의적'이었다. 만일 이데올로기의 기능이 체제의 '요구 사항'에 따라 자본제 생산 관계를 '재생산'하는 것이라면, 체제 전복을 추구하는 관념이나 이데올로기 투쟁은 어떻게 설명할 것인가? 그리고 두 번째 것은 너무 '정통적orthodox'이었다. '토대/상부 구조'의 비유를 그렇게도 철저히 몰아 낸 것은 바로 알튀세르 자신이었다! 사실 알튀세르가 열어 준 문은 많은 사람이 고전 마르크스주의 이데올로기 이론의 문제 틀problematic[23]을 통째로 내다 버린 배출구 구실을 했다. 이들은 마르크스가 《독일 이데올로기》에서 했던 것처럼 '지배적 계급'과 '지배적 관념'을 짝짓기 했던 특정한 방식을 포기했을 뿐 아니라, 계급이 이데올로기를 어떻게 구조화하며 헤게모니 생성과 유지에서 이데올로기가 어떤 역할을 하는지에 관한 관심 자체도 포기했다.

담론 이론과 정신분석학 이론은 원래 이론의 수정과 발전이라는 비판적 작업에 이론적 도움을 줄 것이라 여겼지만, 이전 패러다임의 범주를 대신하는 범주가 되어 버렸다. 따라서 바로 '객관주의적' 마르크스주의 이론에서 실제적 틈과 공백, 즉 알튀세르가 (프로이트에게서 빌려 온) '호명'이란 용어와 (라캉에게서 빌려 온) '자리매김positioning'이란 용어를 사용해 제기하려 한 의식의 양식과 이데올로기의 '주관화' 문제가 전적으로 연습 대상이 되었다. 이데올로기에 관한 유일한 문제는 어떻게 이데올로기 주체가 정신분

23 문제 틀은 알튀세르가 사용한 개념이다. 어떤 단어나 개념은 그 자체만으로 고립해서 파악해서는 안 되며, 그 개념이 사용된 이론적 또는 이데올로기적 틀, 즉 그 문제 틀 속에서 다른 개념과 연관해서 파악해야 한다는 것이다. 어떤 개인이나 시대의 사상의 본질을 파악하기 위해서는 그것을 경험적으로 검토하고 거기서 일반화해서 연역해내는 식의 해독 방식으론 불충분하다. 문제 틀에서는 텍스트 속에 어떤 개념이 존재하는 것 못지않게, 왜 어떤 개념이 존재하지 않는가 하는 문제도 매우 중요하다. — 옮긴이

석학적 과정을 거쳐 형성되는가 하는 것이었다. 그러고 나서 이론적 긴장이 풀어졌다. 바로 여기서 '수정주의' 이데올로기 이론의 긴 계보가 시작되며, 결국 (푸코에 이르러) '이데올로기'란 범주는 완전히 폐기되기에 이른다. 아주 세련된 수정주의 이론가들은 마치 이론적 기계 속에 아직도 덜그럭대는 마르크스 유령에 홀린 것처럼 — 이유는 분명치 않지만 — 자신이 '진정으로' 유물론적이고 정치적이며 역사적이라는 등등의 주장을 계속하고 있다.

여기에 관해 상세히 추측하고 논박할 생각은 없기 때문에, 이 이야기를 최대한 압축해서 정리했다. 그 대신에 적어도 이데올로기에 관한 고전적 명제를 상당 정도 수정하는 데 이들이 힘과 설득력을 행사했다는 점은 인정하기 때문에 그 가닥만은 잡아 보려 한다. 나아가 여기에 비추어 마르크스의 몇몇 초기 공식을 재검토하고, 그동안 제기된 비판을 긍정적으로 고려하여 — 대다수의 좋은 이론은 그러한 능력을 갖추어야 하듯이 — 이들이 원래 갖추었던 몇 가지 본질적인 질과 통찰력('합리적 핵심'으로 불리던 것)은 살린 채 개조하거나 발전시킬 수가 있는지 생각해 보려 한다. 투박하게 표현한다면 — 내가 보여 주려 하는 바와 같이 — 제기된 비판 가운데 많은 부분이 엄청난 설득력을 지닌다는 점은 인정하기 때문이다. 그렇지만 이들이 모두 유물론적 이데올로기 이론에 더할 나위 없이 유용한 통찰력과 본질적인 출발점을 제공해 준다고 확신하진 않는다. 최근 유행하는 기준에 의하면, 무섭게 발전된 날카롭고 그럴 듯한 비판에 비추어 볼 때 남는 것이라곤 영구적인 '해체deconstruction' 노동뿐이라면, 원컨대 이 글은 의례적인 정통성 문제 때문에 지나치게 손상을 입지 않고 다소 겸손하게 '재건reconstruction' 작업에 전념했으면 한다.

예컨대, 극히 까다로운 문제인 이데올로기의 '왜곡'이 생겨나게 되는 토대 문제와 '허위의식' 문제를 예로 들어 보자. 그런데 왜 마르크스 비판자들이 이러한 부류의 공식으로 마르크스를 깔아뭉개게 되었는지 그 이유를 찾기란 어렵지 않다. '왜곡'이라는 용어는 당장 다음과 같은 질문을 제시하게 해 준다. 말하자면 우리는 우월한 지혜나 제대로 된 개념을 통해 이데올로기가 왜곡되었다는 사실을 파악할 수 있는데, 왜 특정한 사람, 즉 왜곡된 이데올로기의 범주를 통해 자신의 존재 조건과의 관계를 체험하며 사는 사람은 그렇게 하지 못하는가 하는 의문이다. '왜곡'이란 단지 허위에 불과한가? 왜곡은 의도적으로 보증된 허위인가? 만일 그렇다면 누구에 의해? 이데올로기는 정말 의식적인 계급 선전처럼 기능하는가? 그리고 만일 이데올로기가 공모자 집단보다는 '구조'의 산물이나 기능이라면, 어떻게 경제 **구조**가 이데올로기적 효과가 생겨나도록 보장하는가? 이 용어는 현 상태로는 도움이 되지 않는다는 점은 분명하다. 이 개념은 대중과 자본가 모두 판단력을 갖추지 못한 바보처럼 보이게 만든다. 또한 이러한 틀에서는 결과적으로 대안적 의식 형태의 형성을 특이한 시각에서 보게 된다. 아마도 사람들이 자신의 잘못을 깨닫거나 마치 꿈에서 깨어나듯이 깨달을 때, 또 갑자기 빛을 보고 사물을 투명하게 직접 꿰뚫어서 그 본질적인 진실과 그 은폐된 구조적 과정까지 보게 될 때 이 대안적 의식 형태는 생겨날 것이다. 이는 마치 다소 뜻밖에 다마스쿠스 가도를 따라 걷다가 계시를 받은 사도 바울식의 모델에 근거해서 노동 계급 의식의 발전 과정을 설명하는 것이나 마찬가지다.

우리 나름대로 발굴 작업을 약간 해 보자. 헤겔이 사변적 부르주아 사상의 정상이었고, '헤겔주의자들'이 그의 사상을 속류화하거나 공상화했다는 이유 때문에 헤겔을 다룰 만한 사상가가 못 된다거나 배울 가치가 없는 인물이라고 마르크스는 단정하지 않았다. 스미스에서 리카도까지 이르는 고전파 정치경제학은 더욱 그러한데, 여기서는 어떤 이데올로기 구성체의 다양한 수준 사이의 구분이 다시 중요해진다. 우선 마르크스가 '과학적'이라 부르는 고전파 정치경제학이 있고, 다음으로는 이를 속류화해서 '단지 변증'에만 몰두하는 자들이 있다. 마지막으로는 실제 부르주아 기업가가 [경제 활동을 하면서] 승산을 계산할 때 취하는 '일상적 의식'이 있는데, 이 기업가은 이러한 의식 속에서 리카도나 스미스가 이 주제에 관해 발전시킨 사상에 따라 결정하면서도 (대처리즘이 등장했을 때까지는) 이를 의식하지 못했다. 좀 더 도움이 되는 것은 (1) 고전파 정치경제학은 강력하고 뛰어난 과학적 저작이었지만 (2) **그럼에도 불구하고** 본질적으로 이데올로기적 한계, 왜곡을 포함했다는 마르크스의 주장이다. 마르크스에 의하면, 이 왜곡은 이 학자들의 주장에서 기술적 실수나 빠진 부분이 있었다는 뜻이 아니라 더 폭넓은 제약과 관련이 있다. 구체적으로 말해 왜곡된 혹은 이데올로기적인 특징은 이들의 다음과 같은 인식에서 발생했다. 이 학자들은 부르주아 정치경제학의 범주를 모든 경제적 계산의 토대로 **가정하면서**, 자신의 출발점과 전제가 역사적으로 결정된다고 보는 것을 거부했으며, 다른 한편으로는 자본제 생산으로 경제 발전이 단지 역대 최고(여기에 대해서는 마르크스도 동의했다)에 그치지 않고 최종 결론과 정점에 달했다고 가정했다. 만일 그렇다면 그 이후에는 어떠한 새로운 경제적 관계 형태도 생겨날 수가 없다. 그 형태와 관계는 영원히 지속될 것이기 때문이다. 그럼에도 불구하고 엄격히 말해 더 '과학적'인 부르주아 이론의 이데올로기 내에서의 왜곡은 현실적이고 실제적인 것이었다. 고전파 정치경제학이 갖는 과학적 타당성의 많은 측면이 이 왜곡 때문에 부정되지는 않으며, 따라서 고전파 정치경제학이 단지 부르주아 사상의 한계와 지평 안에 국한되었다고 해서 '허위인' 것도 아니다. 반면 이러한 왜곡은 고전파 정치경제학의 과학적 타당성과, 일정 한도를 넘어 발전할 수 있는 능력, 그 내부의 모순을 해결할 능력, 그 속에 반영된 사회관계의 껍데기 바깥에서 사고할 힘 등을 제한했다.

마르크스와 고전파 정치경제학 사이의 관계를 이렇게 파악하면 과학적 사고방식 **내부에서** 수많은 마르크스 비판자가 가정한 것보다 훨씬 복잡한 방식으로 '진리'와 '거짓'의 관계를 제기할 수 있게 된다. 비판 이론가들은 좀 더 큰 이론적 활기나, '과학'과 '이데올로기'의 절대적인 구분이나, '부르주아' 사상과 '비부르주아' 사상 사이의 깔끔한 인식론적 단절을 추구하는 과정에서 마르크스가 주장보다 실천을 통해(실제로 마르크스는 고전파 정치경제학을 자신의 지지자인 동시에 적대자로 이용했다는 점에서) 확립한 관계를 스스로 지나치게 단순화해 버렸다. 마르크스가 비판한 정치경제학의 '왜곡'에 새로운 이름을 붙인다면, 이를 이후에 다른 곳에도 일반적으로 적용할 수 있다는 것을 알 수 있다. 마르크스는 그러한 왜곡이 사실상 어떤 구체적인 역사적 시기에 나타나는 관계를 영구화eternalization하고 자연화naturalization할 때 발생하는 효과라고 했다. 자연화란 구체적인 역사 발전의 산물이 마치 보편적으로 타당하며, 역사 과정이 아니라 이를테면 자연 자체에서 생겨났다고 간주하는 것이다.

그간 가장 많이 비판받은 사항 가운데 하나인 이데올로기의 '허위성'이나 왜곡은 다른 시각에서 검토해 볼 수도 있다. 마르크스가 속류 부르주아 사상의 자연 발생적인 범주가 자본제 순환의 '표면 형태'에 근거한다고 본 것은 잘 알려져 있다. 구체적으로 마르크스는 상품이 팔리고 이윤이 창출되는 곳인 시장과 시장 교환의 중요성을 발견했다. 마르크스의 주장에 의하면, 이러한 접근 방식은 자본제 생산 자체라는 중요 영역, 즉 '숨겨진 거처'를 도외시했다고 한다. 이 주장에서 마르크스의 가장 중요한 몇몇 공식이 파생되어 나온다.

요약하자면, 마르크스의 주장은 다음과 같다. 시장 교환은 자본주의 경제 과정을 지배하고 규제하는 것처럼 보인다. 시장 관계는 수많은 요소에 의해 유지되며, 이러한 시각에서 자본제 순환을 설명하려는 모든 담론에서 나타나고 거기에서 재현된다. 등가 교환의 조건에서 시장은 시장의 '숨겨진 손'을 감안할 때 서로 알지 못하고 알 필요도 없는 소비자와 생산자를 서로 엮어 준다. 이와 비슷하게 **노동** 시장은 팔 것(노동력)이 있는 사람과 (임금으로) 구입하려는 사람을 묶어 주고, 이렇게 해서 '공정한 가격'이 정해진다. 시장은 욕구를 조화시키고 '맹목적으로' 만족시키는, 말하자면 마법에 의해 가동되기 때문에 거기에는 어떤 강요도 없다. 우리는 사고팔고, 혹은 그렇게 하지 않기로 '선택'(그리고 아마도 그 결과를 받아들이는 선택까지도 가능할 것이다. 물론 시장 담론은 시장 선택의 **부정적** 결과보다 **긍정적** 측면에 관해 더 잘 다듬어졌기 때문에, 시장 담론에서 이 부분은 그렇게 잘 나와 있지 **않다**)할 수 있다. 판매자나 구입자가 시장의 게임에서 성공하기 위해서는 선의나 이웃에 대한 사랑, 동료애에 따라 움직일 필요가 없다. 사실 거래 당사자가 노골적으로 자기 이익만 고려할 때 시장은 가장 잘 작동한다. 시장은 현실적이고 실제적인 자기 이익의 명령만 따르는 체제다. 하지만 시장은 모든 사람에게 일종의 만족을 성취하게 해 준다. 자본가는 노동력을 고용하여 이윤을 창출하고, 지주는 재산을 빌려 주고 지대를 얻으며, 노동자는 임금을 받아 원하는 상품을 구입할 수 있다.

이제 시장 교환은 다소 다른 의미에서도 '모습을 드러낸다.' 시장 교환은 모든 사람이 쉽게 볼 수 있으며, 부분적으로는 모두 날마다 경험하는 자본제 순환의 일부다. 화폐 경제에서 구입과 판매가 없다면, 우리는 모두 물리적으로나 사회적으로나 순식간에 정지해 버릴 것이다. 우리가 자본제 과정의 다른 측면에 깊이 관여하지 않는다면, 자본이 가치화되고 전체 과정이 재생산-확대되기 위해서 필요한 순환의 다른 부분에 관해 반드시 많이 알 필요는 없을 것이다. 하지만 상품이 생산되지 않는다면 팔 것이 없어지고, 또 마르크스가 주장했듯이 생산이 착취당하는 것은 먼저 생산 자체에서다. 반면 시장 이데올로기를 가장 잘 파악할 수 있는 종류의 '착취'는 '폭리 취득,' 즉 시장 가격에서 너무 많이 남기는 행위다. 따라서 시장은 체제 중에서 가장 보편적으로 접하고 경험할 수 있는 부분이다. 시장은 분명하고 가시적인 부분, 즉 계속적으로 **보이는** 부분이다.

그런데 만일 시장 교환에 근거한 이 풍부한 범주에서 추론을 이끌어 내면 이를 다른 사회생활 영역에도 확대할 수 있으며, 다른 영역 역시 비슷한 모델에 따라 구성되는 것을 볼 수 있다. 마르크스는 다음과 같은 — 유명한 것이 너무나 당연한 — 구절에서, 실제도 바로 이와 같다고 주장한다.

> 이 영역의 경계 내에서 노동력의 매매가 이루어지는데, 우리가 버리고 떠나는 이 영역은 사실 천부 인권의 낙원이다. 우선 상품이 있다, 가령 노동력의 구매자와 판매자는 단지 자신의 자유 의지의 제약만을 받기 때문에 거기에서만 자유, 평등, 재산, 벤담Bentham이 지배한다. 이들은 자유 행위자로서 계약을 맺으며, 그들이 도달하는 합의는 그들의 공동 의지에 법률적 표현을 부여한 형태에 불과하다. 그다음엔 평등이 있다. 각각은 타인과 단지 상품 소유자로서 관계를 맺으며, 이들은 등가물을 등가물로 교환하기 때문이다. 그리고 재산도 있다. 각각은 자신의 것만을 처분하기 때문이다. 그리고 벤담도 있다. 각자 자신에게 의지하기 때문이다. 그들을 결합시키고 서로 관계를 맺어 주는 유일한 힘은 각자의 이기심, 이득, 사적인 이해관계다(Marx, 1954: 172).

요컨대 '자유,' '평등,' '재산,' '벤담'(즉 개인주의) 등의 관념은 부르주아 용어의 지배적인 이데올로기 원칙이자 핵심적인 정치적 주제로서, 대처 여사와 신보수주의의 후원 아래 우리 시대의 이데올로기 무대에 영향력 있고 설득력 있게 부활한 것인데, 시장 경제에 관해 우리가 실제적이고 상식적으로 사고할 때 사용하는 범주에서 파생되어 나왔을지도 모른다. 이처럼 일상적이고 세속적인 경험에서 부르주아의 법적, 정치적, 사회적, 철학 사상의 영향력 있는 여러 범주가 생겨난다.

이것은 논쟁에서 핵심적인 표준구locus classicus인데, 마르크스는 이데올로기 이론이라는 논란거리의 영역을 이루는 몇 가지 명제를 바로 여기서 이끌어 냈다. 첫째, 마르크스는 자본의 경제적 순환 중 특정한 지점이나 계기를 '관념'이 생겨나는 **원천으로** 정한다. 둘째, 마르크스는 어떻게 해서 경제적 범주에서 이데올로기적 범주로 — 가령 '등가물의 시장 교환'에서 '자유'와 '평등'이라는 부르주아 관념으로, 또 각각은 교환 수단을 소유해야 한다는 사실에서 재산권의 법적 개념으로 — 옮아가는 효과가 발생하게 되는지 예시해 준다. 셋째, 마르크스는 자신이 '왜곡'을 어떤 뜻으로 사용하는지 좀 더 엄밀히 정의한다. 이처럼 자본의 재순환 가운데 교환 지점에서 '비약'하는 것이야말로 이데올로기 과정이기 때문이다. 이는 또 다른 종류의 관계를 '숨기고 은폐하고 은닉'하는데, 이 용어는 모두 마르크스의 텍스트에 나온다. 이 관계는 표면에는 나타나지 않고 생산이라는 '숨겨진 처소'에 은폐되는데, 재산, 소유, 임노동 착취, 잉여 가치 전유는 모두 여기서 발생한다. 이데올로기적 범주는 이처럼 그 밑에 깔려 있는 현실을 '은폐'하고, 그 대신에 시장 관계의 '진실'로 **대체**한다. 그렇다면 이 구절은 이른바 고전 마르크스주의 이데올로기 이론의 모든 원죄가 집약된 것이 된다. 이 구절은 경제적, 정치적, 이데올로기적 요소 사이에 지나치게 단순한 상응 관계를 가정하는 경제적 환원론, 진실과 거짓, 현실과 왜곡, '참된' 의식과 허위의식의 구분 등의 오류를 다양한 방식으로 포함하고 있다.

하지만 오늘날 수많은 비판자의 시각에서 나타나는 것처럼, (a) 원작의 심오한 통찰력을 대부분 유지하면서도 (b) 더 최근에 개발된 몇몇 이데올로기 이론을 이용해 원작을 발전시키려는 식의 관점에서 위의 구절을 '재해독'하는 것도 가능해 보인다.

마르크스의 용어에서 자본제 생산은 순환으로 정의된다. 이 순환은 생산과 소비뿐 아니라 **재생산**, 즉 순환이 지속하게 해 주는 여건이 유지되는 방식도 설명해 준다. 각 계기는 가치가 생성되고 실현되는 데 필수적이며, 다른 계기에 대해 어떤 한정적determinate 여건을 조성한다. 즉 각 계기는 다른 계기에 의존하거나 다른 계기에 한정적으로 작용한다. 따라서 만일 판매를 통해 실현되는 이윤 가운데 일부가 노동에게 임금으로 지불되지 않으면, 노동은 물리적으로나 사회적으로나 재생산되지 못해, 다음날 다시 노동과 구매에 종사할 수 없게 되는 결과가 나타난다. 비록 마르크스는 분석에서 생산 관계에 우선적인 가치를 두어야 한다고 주장하는 경향이 있기는 하지만, '생산' 역시 '소비'에 의존한다. (이 주장은 본질적으로 심각한 결과를 가져왔다. 이 때문에 마르크스주의자는 '생산'을 우선하게 되었을 뿐 아니라 마치 '소비와 교환'의 계기는 이론적으로 아무런 가치나 중요성이 없는 것처럼 주장하게 되었기 때문이다. 이는 치명적이고 일방적인 생산 만능주의적productivist 해독이다.)

그런데 이 순환은 이데올로기적으로 다양한 방식으로 해석할 수 있다. 속류 마르크스주의의 관점에서는 경제적 관계와 그 관계가 관념 속에 '표현'되거나 재현되는 방식 사이에 확립된 고정 불변의 관계에서 이데올로기가 생겨난다고 보는데, 현대의 여러 이데올로기 이론가는 이에 대항하여 바로 이처럼 다양한 방식으로 해석해야 한다고 주장한다. 현대의 이론가들은 언어와 담론의 속성에 관한 최근 저작에서 도움을 받아, 이와 같이 경제가 이데올로기를 결정한다는 단순한 관점과 단절하려는 경향을 보였다. 언어는 사물을 사유 속에 '재현'하는 수단이자, 이에 따라 이데올로기를 생성하고 변형시키도록 해 주는 매체로서 가장 두드러진 것이다. 그러나 언어 속에서는 동일한 사회관계도 **다양하게** 재현되고 해석될 수 있다. 그리고 이런 현상이 발생하는 이유는, 언어의 속성이 지칭 대상과 일대일 관계로 **고정되지 않고** '다수의 것을 지칭multi-referential'하기 때문에, 즉 언어는 외관상 동일한 사회관계나 현상에 대해서도 다양한 의미를 구성할 수 있기 때문이라고 이들은 아마 주장할 것이다.

지금 논의 중인 구절에서, 마르크스는 시장 관계와 그것이 사유 속에 전유되는 방식 사이에 고정되고 한정적이며, 불변의 관계가 있다는 뜻으로 이야기하고 있을 수도 있고 그렇지 않을 수도 있다. 그러나 지금까지 내가 말한 내용에서 여러분들은 내가 그렇게 믿지 않고 있음을 파악했을 것이다. 내가 이해하는 바로는 속류 부르주아 정치경제학과 실제 부르주아 인간이 보유한 자연 발생적 의식에서 의미하는 '시장'과 마르크스주의 경제 분석에서 말하는 시장은 전혀 다르다. 따라서 내 주장은, 시장이 존재하고 시장 교환이 경제 생활을 지배하는 세계에서 우리가 관련지어 생각하고 말하고 행동할 수 있게 해 주는 **범주**가 전혀 없다면 아주 이상할 것이라고 마르크스가 암시한다는 그러한 내용이 될 것이다. **그러한** 의미에서 — 부르주아적이건 마르크스주의적이건 — 모든 경제적 범주는 기존의 사회관계를 표현한다. 그러나 **또한** 시장 관계는 항상 똑같은 사고 범주에 의해 재현되지 않는다는 주장 역시 이 주장에서 파생되어 나온다고 생각한다.

실제의 시장과 이 시장이 이데올로기나 설명의 틀 안에서 해석되는 방식 사이에는 고정되고 불변의 관계란 전혀 성립하지 않는다. 심지어 《자본론》의 목적 가운데 하나가 바로 부르주아 정치경제학 담론 — 시장은 가장 일반적으로 또 분명히 이 담론 속에서 이해된다 — 을 **추방**하고 그 대신에 다른 담론, 즉 마르크스주의 틀에 잘 들어맞는 시장 담론으로 대체하는 것이다. 그러므로 만일 주장을 너무 글자 그대로 강요하지 않는다면, 이데올로기를 이해하는 두 가지 종류의 접근 방식은 서로 완전히 모순되지는 않는다.

그렇다면 부르주아 정치경제학이 이데올로기로서 초래하는 '왜곡'은 어떻게 할 것인가? 여기에 대해, 마르크스가 부르주아 정치경제학을 '왜곡된' 것이라 불렀으니 이는 **허위**임에 틀림없다고 해석할 수도 있다. 전적으로 (부르주아 정치경제학의) 사유와 경험의 범주 안에서 경제 생활과 관계를 맺으며 사는 사람은 '허위의식' 속에 있다고 정의할 수 있다. 다시 말해 여기서 너무 쉽게 이길 수 있는 논쟁은 조심해야 한다. 한편 마르크스는 '속류'적인 정치경제학과, 마르크스에 따르면 리카도처럼 분명히 '과학적 가치가 있는' 좀 더 발전된 정치경제학이라는 중요한 구분을 제시한다. 그러나 이 맥락에서 마르크스는 '허위'와 '왜곡'을 어떤 뜻으로 쓰고 있는가?

'시장'이 존재하지 않는다는 뜻으로 마르크스가 말했을 리는 없다. 사실 시장은 **너무나도 현실적인** 것이다. 어떤 시각에서 보면 시장은 바로 자본주의의 활력의 근원이다. 시장이 없었다면 자본주의는 봉건제의 틀을 결코 깨뜨리고 나오지 못했을 것이다. 또 시장이 끊임없이 지속되지 않는다면 자본의 순환이 갑자기 정지해 버리는 참사가 발생할 것이다. 서로 연관된 여러 계기로 구성된 경제적 순환에 관해 이 계기 가운데 **하나**의 위치에서라도 설명해 보려 할 때에만 비로소 이러한 틀을 이해할 수 있을 것이다. 우리의 설명에서 만일 한 계기에만 특권적 위치를 부여하고, 그 계기가 부분으로 속해 있는 분화된 전체나 '총체'를 고려하지 않는다면, 그리고 만일 그런 한 가지 계기에만 적절한 사유의 범주를 사용해 전체 과정을 설명한다면, 여기엔 마르크스라면 (헤겔을 본떠) '일방적one-sided'인 설명이라고 불렀을 그러한 설명으로 전락할 위험이 도사리고 있는 셈이다.

일방적인 설명은 항상 왜곡에 불과하다. 이 설명이 체제에 관해 거짓말을 하고 있다는 뜻에서가 아니라 '절반의 진실'은 완전한 진실이 될 수 없다는 뜻에서 그렇다. 이러한 식의 관념으로는 항상 전체의 일부만 나타낼 수 있을 뿐이다. 그리하여 **부분적**으로만 적절하고, 그러한 의미에서 '허위의' 설명을 하게 될 것이다. 또한 만일 '시장의 범주와 개념'만으로 자본제 순환 전체를 이해한다면, 글자 그대로 보지 못하는 측면이 많이 생기게 된다. 그러한 뜻에서 시장 교환의 범주는 자본제 과정에 대한 이해를 막고 신비화한다. 즉 이러한 범주는 보이지 않는 다른 측면을 파악하거나 공식화하지 못하게 한다.

자본제 생산과 순환의 관계를 전적으로 '공정한 가격'과 '공정한 임금'의 범주를 통해서만 체험하고 사는 노동자는 '허위의식' 속에 있는가? 만일 허위의식이라는 용어를 다음과 같은 뜻으로 사용한다면, 이 노동자는 분명히 허위의식 속에 있다. 즉 노동자가 사용하는 범주로 파악할 수 없는 상황이 존재한다거나, 기존의 개념으로는 여러 측면을 가진 계기 가운데 일부분밖에 파악할 수 없기 때문에 전체 과정 가운데 체계적으로 은폐되는 부분이 존재한다는 뜻에서 허위의식이란 용어를 사용하는 경우다. 하지만 자본주의하에서 진행되는 현상에 관해 노동자가 완전히 기만당하고 있다는 뜻에서라면 허위의식에 갇혀 있는 것은 분명 아니다.

따라서 허위성은 시장이 환상이나 속임수, 마법이라는 사실에서가 아니라, 과정에 관한 **부적절한** 설명이라는 뜻에서만 생겨난다. 허위성은 또한 전체 대신에 과정의 일부로 대체했는데, 이 절차는 언어학에서는 '환유metonymy,' 인류학과 정신분석학, 마르크스의 저작에서는 (매우 특별한 의미로) **물신화**fetishism로 알려져 있다. 하지만 순환에서 '상실된' 다른 계기들은, 의식으로 드러나지 않게 억압되었다는 프로이트적인 의미에서가 아니라, 우리가 당연시하며 사용하는 개념과 범주로는 눈에 보이지 않는다는 뜻에서 무의식적이다.

이러한 개념 정의가 없었더라면 극도로 혼란스러웠을 《자본론》의 용어 사용법을 설명하는 데도 이는 도움이 된다. 가령 '표면에 나타나는' 것(이는 '단지 현상적인,' 즉 그다지 중요하지 않은, 실재하지 않는 것이라고들 종종 말한다), 표면에 있지 않고 '밑에 숨겨져' 있으며 구조 속에 뿌리박고 있는 것 등의 표현을 들 수 있다. 하지만 시장 교환과 생산의 예에서 밝혀졌듯이, '표면'과 '현상'은 일상적인 단어의 뜻에서처럼 허위나 환상을 의미하지는 않는다는 점을 꼭 알아야 한다. 시장은 다른 측면, 가령 생산만큼이나 '현실적'이다.

마르크스의 용어에서 생산이란 단지 분석적으로 순환 분석의 출발점으로 삼아야 하는 장소에 불과한데, "이 행위를 통해 전체 과정은 다시 그 경로를 밟게"(Marx, 1973: 94) 되기 때문이다. 그러나 시장에서 창출된 이윤과 고용된 노동은 다시 생산으로 흘러들어가야 하기 때문에, 생산은 순환에서 독립된 것이 아니다. 그래서 '현실적'이란, 마르크스주의 분석이 생산에 부여하는 약간의 이론적 우선순위를 표현할 뿐이다. 또 다른 의미에서 시장 교환은 어떤 다른 부분만큼이나 물질적으로 현실적인 과정이고 절대적으로 '현실적인' 체제의 필요 사항이다. 즉 이것들은 모두 "동일한 과정의 여러 계기"(Marx, 1973: 94)다.

또한, '외관appearance'과 '표면'은 용어로서 문제가 있다. 외관은 '허위'를 함축할 수도 있으며, 표면 형태는 '심층 구조'만큼 깊이가 없어 보인다. 이러한 언어적 함축 때문에 불행하게도 다양한 계기를 현실성과 중요성의 정도에 따라 순위를 매기게 하는 효과가 발생하게 된다. 그러나 다른 시각에서 보자면 표면에 있는 것, 계속적으로 나타나는 것은 우리가 항상 보는 것, 날마다 만나는 것이며, 명백하고 드러난 과정의 형태로 당연시하는 것이다. 그렇다면 자본주의 체제를, 우리가 계속해서 대면하는 구체적인 부분이나, 명시적으로 구현되는 구체적인 형태의 관점에서 즉흥적으로 **사고하게** 되는 것은 놀랄 일이 아니다. 호주머니 속의 임금, 은행 예금, 동전 구멍 속의 동전, 서랍 속의 돈 같은 엄연한 사실과 비교해 볼 때, '잉여 노동' 추출이라는 개념이 이길 가능성은 어느 정도 될까? 19세기의 경제학자인 낫소 시니어Nassau Senior조차도 노동자가 생계가 아니라 잉여를 위해 일하는 시간에는 실제로 손을 댈 수가 없었다.

화폐 교환이 깊숙이 침투해 있고 어디서나 화폐에 의해 매개되는 세계에서 '시장' 경험은 누구에게나 **가장** 직접적이고 일상적이며 보편적으로 경제 체제를 체험하는 방식이다. 그러므로 시장을 당연시하면서, 어떻게 시장이 가능해졌는지, 시장의 토대나 전제가 무엇인지 의문을 품지 않는다 해도 놀랄 일은 아니다. 대다수 노동자가 그 과정을 다른 시각에서 꿰뚫어 보거나, 대안적 질문을 구상해내고, 시장의 압도적인 인위성이 계속 감추는 것을 폭로할 수 있는 개념을 갖추지 못했다 해도 그리 놀랄 일은 아니다. 실제적 의식 속에는 이러한 근본적 범주에 맞는 일상적 단어, 구절, 관용적 표현이 존재한다는 점을 감안하면, 이러한 근본적인 범주에서 다른 사회적, 정치적 관계의 **모델**을 만들어 내야 하는 이유는 분명하다. 따지고 보면 이 관계 역시 동일한 체제에 속하는 것이며, 같은 원형에 따라서 움직이는 것으로 보인다. 따라서 시장의 '자유 선택'에서는 더 추상적인 자유의 물질적 상징을 발견할 수 있고, 시장 우위의 고유한 특징인 자기 이익과 경쟁성에서는 인간성 자체에 관한 자연적이고 정상적이며 보편적인 '재현'을 볼 수 있다.

그렇다면 좀 더 최근에 나온 비판과 새로운 이론에 비추어 마르크스의 구절이 갖는 의미를 '재해독'하고, 거기서 몇 가지 잠정적인 결론을 이끌어 내려 한다.

분석은 이제 더 이상 '현실'과 '허위'의 구분 위에서 진행되지 않는다. 이데올로기의 은폐, 혹은 신비화 효과는 더 이상 속임수나 마법적인 환상의 산물로 간주되지 않는다. 또한, 그 효과는 불쌍하고 몽매하며 비이론적인 프롤레타리아들이 영원히 갇혀 있는 허위의식에서 비롯하지도 않는다. 인간이 존재하면서 맺는 관계는 '현실 관계'이며, 이들이 사용하는 범주와 개념은 그 관계를 사유 속에서 파악하여 구체화하는 데 도움이 된다. 그러나 여기서 보통 '유물론'으로 연상되는 시각에서 강조하는 바와 반대 방향으로 갈 수도 있는데, 경제적 관계 자체는 이데올로기를 개념화하는 데 단일하고 고정되며 불변의 방식을 정해 줄 수가 없다는 것이다. 이데올로기는 다양한 이데올로기 담론 내에 '표현될' 수 있다. 나아가 이러한 담론들은 개념적 모델을 채택하여 다른 영역, 좀 더 엄격히 말하자면 '이데올로기적인' 여러 영역에 옮겨 놓을 수도 있다. 가령 이것은 강제로부터의 자유에서 '자유'라는 지고한 가치를 연역해내는 담론을 — 가령 훗날의 통화주의 — 개발해서 사람들을, 다시 말해 모든 노동 시간을 노동 시장에 이끌어낼 수도 있다. 우리는 또한 '허위' 대 '진짜'의 구분도 버리고, 다른 더 정확한 용어, 가령 '부분적' 대 '적절한'이나 '일방적인' 대 '분화된 총체성 속에서' 등의 용어로 대체했다. 이론적 담론 덕분에 구체적인 관계를 '사유 속에서' 적절히 파악할 수 있게 되었다는 것은, 그 담론 덕택에 그 관계를 구성하는 모든 다양한 관계와 그 관계의 존재 조건을 이루는 수많은 결정을 좀 더 완전하게 파악할 수 있게 되었다는 뜻으로 보아도 좋다. 우리의 이해가 빈약하고 일방적인 추상이기보다 구체적이고 전체적이라는 뜻이다. 일방적 설명이란 부분적인, 즉 부분으로 전체를 대신하는 유형의 설명 방식으로, 이러한 설명에 의존하면 한 가지 요소(가령 시장)만 추출해 설명하게 되는데, 이 설명은 **바로 이러한 이유 때문에** 부적절한 것이다. 이러한 이유만으로도 이 설명은 '허위'라고 간주할 수 있다. 하지만 우리가 염두에 두는 것이 참과 거짓, 혹은 과학과 이데올로기 중에서 단순하게 하나를 선택할 수 있는 그런 구분이라면, 엄격히 말해 그 용어는 오해의 소지가 있다. 불행이든 다행이든, 사회적 설명이 그렇게 명쾌하게 분류 항목에 맞아떨어지는 일은 드물다.

'재해독'을 하면서 우리는 또한 좀 더 최근의 '이데올로기' 이론에서 파생된 수많은 부차적 명제를 검토하고, 이 명제들이 마르크스의 공식과 얼마나 양립할 수 없는지를 보려 했다. 이미 살펴보았듯이, 그 설명들은 **사유를 통해** 사회 과정의 어떤 측면을 파악하는 데 활용하는 개념, 관념, 용어, 범주, 또한 아마도 이미지와 상징(화폐, 임금, 자유) 등에 관한 것이다. 이러한 개념적 도구 덕분에, 체제가 어떻게 돌아가며 왜 지금의 방식으로 기능하는지를 우리 자신과 다른 사람에게 설명할 수 있다.

동일한 과정 — 자본제 생산과 교환 — 이라도 다양한 '재현 체제'를 사용하면, 전혀 다른 이데올로기적 틀 안에서 표현할 수 있다. 가령 '시장' 담론, '생산' 담론, '순환' 담론이 각기 정의하는 체제는 서로 다르다. 또한, 각 담론은 우리의 위치도 노동자, 자본가, 임금 노동자, 임금 노예, 생산자, 소비자 등으로 각기 다르게 정의한다. 따라서 각 담론은 우리를 사회적 행위자나 어떤 사회 집단 구성원으로서 과정과 특정한 관계를 맺는 **맥락에 두며**, 우리에게 어떤 사회적 정체성을 규정해 준다. 다시 말해 사용되는 이데올로기 범주는 담론에서 설명하는 과정 내에서 우리가 차지하는 **위치를 정해 준다**. 자본제 과정 내에서 자신의 존재 조건을 '소비자' — 말하자면 그러한 문을 통해 체제에 들어가는 사람 — 로 설정하는 노동자는, 그 체제에서 '숙련 노동자'로 규정된 사람, 혹은 '주부'의 위치 말고는 아무 위치도 규정받지 못한 사람과 다른 실천 방식으로 과정에 참여한다. 이 모든 규정은 현실적인 효과를 낳는다. 어떤 상황에서 어떻게 행동할지는 그 상황을 어떻게 정의하는지에 달려 있기 때문에, 이러한 규정은 물질적인 차이를 만들어 낸다.

이데올로기에 관한 또 다른 명제, 즉 관념이 계급적으로 결정되고 '지배적 관념'과 '지배적 계급' 간에 직접적 상응 관계가 있다는 주장은 최근 격렬한 비판을 받았는데, 이것 역시 비슷하게 '재해독'할 수 있다고 믿는다. 계급 자체가, 고정되고 위치가 정해진 계급 이데올로기의 주체가 될 수 없음을 에르네스토 라클라우는 뚜렷이 보여 주었다(Laclau, 1977). 라클라우는 또한 특정한 관념과 개념이 어떤 특정 계급에 전적으로 '속한다'는 명제도 해체했다. 라클라우는 어떤 사회구성체도 이와 같이 귀속된 계급 이데올로기의 그림에 들어맞지 않는다는 점을 상당히 효과적으로 보여 준다. 특정 관념이 어떤 특정 계급에 영구히 고정되었다는 생각이, 언어와 담론의 속성에 관한 최근의 지식과 왜 배치되는지를 라클라우는 그럴듯하게 보여 준다. 관념과 개념은 언어나 사유 속에서 그 내용과 지칭물이 확고하게 고정된 채 단일하고 고립된 방식으로 생겨나지는 않는다. 어떤 언어든지 그 의미와 지칭물을 역사적으로 획득해 왔기 때문에, 가장 넓은 의미에서 언어는 실질적 추론, 계산과 의식을 담아낸다. 그러나 언어가 어느 정도 설득력을 갖는가 하는 것은 연결된 의미의 연쇄 속에서 — 사회적인 함축적 의미와 역사적 의미가 농축되고 서로 반향하는 곳에서 — 여러 명제를 서로 연결해 주는 '논리'에 달려 있다. 더구나 이러한 연쇄의 내부적인 의미 체계의 측면에서 볼 때나, 그 의미 체제가 '속한' 사회 계급과 집단 측면에서 볼 때, 이 연쇄는 결코 영구히 정해지지 않았다. 만일 그렇지 않다면 어떤 마르크스주의 과업의 정치에서도 중심적 문제인 이데올로기 투쟁이나 의식 변혁이란 관념은 공허한 속임수이거나 죽은 수사학적 인물들이 추는 춤에 그칠 것이다.

볼로시노프가 표현했듯이, 이는 바로 사유와 이데올로기적 계산의 매체인 언어가 "여러 강조점을 갖기multi-accentual" 때문이다. 즉 이데올로기의 장은 항상 "교차하는 여러 강조점"과 "지향점이 다른 사회적 이해관계가 교차하는" 장이 되기 때문이다.

> 따라서 다양한 이질적 계급은 하나의 동일한 언어를 사용할 것이다. 그 결과 모든 이데올로기적 기호에서는 지향점이 다른 여러 강조점이 교차한다. 기호는 계급 투쟁의 영역이 된다…… 사회적 압력 때문에 철회된 기호, 말하자면 계급 투쟁의 범위 밖으로 벗어난 기호는 반드시 힘을 잃게 되고 알레고리로 전락하여, 생생한 사회적 삶 속에서 이해할 수 있는 대상이 아니라 철학적 파악의 대상으로 바뀐다(Vološinov, 1973: 23).

이러한 접근 방식은 고정된 이데올로기적 의미와 계급 귀속적인 이데올로기 개념 대신에 이데올로기 투쟁 영역과 이데올로기적인 변혁 과제라는 개념을 사용한다. 이데올로기 영역에서 마르크스주의적 사고의 발전사에서 그람시가 매우 중요한 인물이 된 것은, 대체로 이와 같이 추상적인 이데올로기의 일반 이론에서 벗어나 특정한 역사적 상황에서 관념이 어떻게 "인간 대중을 조직하며, (어떻게) 인간이 운동하고 자신의 위치에 대한 의식을 얻고 투쟁을 벌이곤 하는 지형을 만들어 내는지"(Gramsci, 1971: 337)를 좀 더 구체적으로 분석하는 방향으로 옮아갔기 때문이다.

이러한 부류의 수정주의적 작업의 결과, 이데올로기의 계급적 결정이나 사회적 투쟁에 이데올로기가 개입하는 방식이라는 **문제** 자체를 완전히 폐기하는 사례도 자주 있었다. 흔히 이러한 접근 방식은 이데올로기가 각각 구간을 지어 계급에 귀속된다는 부적절한 견해 대신에, 모든 이데올로기적 요소와 담론이 완전히 자유롭게 작동한다고 암시하는 식으로 똑같이 불만족스러운 '담론적' 입장으로 대체한다. 한때 니코스 폴란차스Nicos Poulantzas가 표현했듯이 등에 이데올로기적 번호표를 붙인 채 자신에게 귀속된 이데올로기의 짐을 지고 투쟁의 장을 향해 진군하는 경직된 계급적 군대의 이미지는 여기서 무한하게 미묘한 차이로 대체되는데, 이러한 차이를 통해 담론 요소들은 담론 작용 자체 이외에 어떠한 물질적 제약도 받지 않은 채 자발적으로 서로 결합하고 재결합하는 것으로 보인다.

이제 '민주주의' 개념은 전적으로 부르주아적인 정치 대의제 형태의 담론에만 귀속될 수 있는 확고하게 고정된 의미를 갖지 않는다고 주장해도 무방하다. '자유 서방 진영'의 담론에 나오는 '민주주의'는 '민중 민주주의적' 투쟁이나 정치 생활의 민주적 내용의 심화 등을 거론할 때의 민주주의와 똑같은 의미를 갖지 않는다. 이 단어가 우파의 담론에 완전히 수용되도록 내버려 둘 수는 없는 일이다. 그래서 그 대신 이 개념 자체를 둘러싸고 전략적 싸움을 개발해낼 필요가 있다. 물론 이것은 단순히 '담론적' 작전은 아니다. 이처럼 아주 긍정적인 정치적 의미를 가진 강력한 상징과 슬로건은, 언어나 이데올로기적인 재현에서만 이편저편으로 왔다 갔다 하지 않는다. 그래서 일련의 논쟁술을 개발하고, 특정한 형태의 이데올로기 투쟁을 전개해, 우파가 그 개념을 독차지하지 못하게 막아야 한다. 즉 개념의 어떤 한 가지 의미를 공공 의식의 영역에서 떼어 내어 다른 정치 담론의 논리 안에 접목해야 할 것이다. 이데올로기 투쟁은 완전하고, 통일된 계급적 사고 양식 대신에 다른 완전한 형태의 관념 체제로 대체하는 식으로 생겨나지 않는다고 그람시는 주장했다.

> 중요한 것은 그러한 이데올로기 복합체가 새로운 역사 단계의 초창기 대표자에게서 받게 되는 비판이다. 이전의 이데올로기 요소가 지녔던 상대적 비중이 분화되고 변화하는 과정이 가능하게 되는 것은, 이러한 비판 때문이다. 이전에는 이차적이고 종속적인 — 혹은 심지어 우연적인 — 데 불과하던 것이 이제는 일차적인 것으로 받아들여져 새로운 이데올로기적 혹은 이론적 복합체의 핵심이 된다. 종속적인 것이 사회적으로 발전되는 등의 이유로, 이전의 집단적 의지는 그것을 구성하는 서로 모순된 요소로 해체될 것이다(Gramsci, 1971: 195; Mouffe, 1979: 191에 인용).

요컨대 그람시의 이데올로기 투쟁 개념은 '진지전war of position'적인 것이다. 이 용어는 연관된 관념의 전체 연쇄 속에서 다양한 '민주주의' 개념을 접합시키는 것을 뜻한다. 그리고 이와 같은 이데올로기적 해체와 재구성 과정을, 일련의 조직된 정치적 입장에 접목하고 특정한 사회 세력과 접합시키는 것을 뜻한다. 이데올로기가 물질적 힘으로 효과를 발휘하게 되는 것은 완전히 모양을 갖춘 사회 계급의 욕구에서 유래하기 때문이 아니다.

물론 관념과 사회 세력의 관계가 정반대 방향으로 작용하기는 하지만, 그 역도 성립한다. 어떤 이데올로기적 개념도 정치적, 사회적 세력의 장에 접합되고 관련된 다양한 세력 사이의 투쟁에 접합되지 않는다면, 또 그렇게 될 수 있을 때까지는 결코 물질적 효과를 미칠 수 없다.

분명히 우리는 관념을 일정하게 고정된 결합 형태로 계급 위치에 귀속시킬 수는 없다. 그렇지만 사회 집단과 계급이 처한 물질적 여건에서 관념이 **생겨나고** 그 여건을 **반영할 수도 있다**고 말한다고 해서, 반드시 속류 유물론의 한 형태로 빠지지는 않는다. 이러한 뜻에서 — 역사적으로 — 가령 '소상인'의 위치에서 현대 자본주의 발전 과정과 관계를 맺는 사람과, 따라서 이들이 전체 선진 자본주의 경제를 이 '소상인' 방식으로 개념화할 수 있을 것이라고 생각할 성향의 존재 가능성 사이에는 어떤 **경향적 일치** tendential alignments가 당연히 성립할 수도 있다. 마르크스가 《브뤼메르 18일*Eighteenth Brumaire*》에서 프티부르주아적 관념에 끌리는 사람이 되기 위해 실제로 오랫동안 프티부르주아 구성원으로 삶을 영위할 필요는 없다고 말했을 때 의미한 바는 바로 이 점인 것 같다. 그럼에도 불구하고 그 계급 분파의 객관적 위치와, 그들이 '자발적으로' 끌릴 만한 사상의 한계와 지평 사이에는 어떤 관계나 경향이 있다고 마르크스는 주장했다. 이 주장은 사회 구조 내의 어떤 위치에 이상형으로 적합한 '특징적 사유 형태'에 관한 판단이었다. 그렇지만 실제 역사 현실에서 계급 위치와 관념이 단순하게 일치한다는 뜻은 분명히 아니었다. '경향적인 역사적 관계'라는 표현의 요점은 거기에 불가피하거나 필연적이거나 영구히 고정된 것이 없다는 점이다. 경향적인 역선力線은 단지 역사적 지형이 (기정사실로) **주어져 있음**을 규정해 줄 뿐이다.

이 경향 선은 역사적으로 지형이 어떻게 구조화되었는지를 지칭한다. 따라서 '국가'라는 관념이 진보적인 의미와 함축을 갖고, 그람시가 주장한 것처럼 민족적, 민중적 집단 의지를 구현할 가능성도 얼마든지 존재한다. 그럼에도 불구하고 영국 같은 사회에서 '국가'라는 관념은 꾸준히 우파 쪽으로만 접합되었다. '민족 정체성'과 '민족의 위대함'이란 관념은 국왕 주권과 밀접하게 연계되었고, 인종주의적인 함축적 의미를 풍기며, 4세기 동안의 식민지화, 세계 시장 지배, 제국 팽창, 세계 도처의 원주민 지배의 역사에 근거를 둔다. 그러므로 '영국'이라는 관념에 사회적으로 급진적이거나 민주적인 준거를 부여하기는 훨씬 더 어렵다. 모든 경우에 이러한 연상이 주어지지는 않는다. 그러나 이 특정한 사회구성체의 이데올로기 지형은 이전의 역사에 의해 이런 방식으로 아주 강하게 구조화되었기 때문에 그 연상을 깨기가 어렵다. 이 역사적인 함축적 의미는 어떤 특정 사회의 이데올로기 지형을 그리는 방식을 한정해 준다. 이 의미는 그람시가 언급한 '흔적 traces'인 셈이다. 즉 "대중 철학에서 층져 쌓인 퇴적물"(Gramsci, 1971: 324)로서 더 이상 사용되지는 않지만, 이데올로기 투쟁이 가동될 **가능성이 있는** 장을 정하고 정의해 준다.

그러한 지형은 우선 그람시가 '상식'이라고 부른 지형이었는데, 이는 자연적 혹은 보편적, 자발적인 대중적 사유 형태가 아니라 역사적인 것이며, 반드시 "단편적이며 탈골되고 삽화적이다." 상식의 '주체'는 아주 모순된 이데올로기적 구성체로 이루어진다.

> 이는 석기 시대의 요소, 첨단 과학의 원칙, 지나간 모든 역사 단계에서 국지적인 수준에 남겨진 편견, 전 세계적으로 통일된 인류의 것이 될 미래 철학의 통찰력을 포함한다(Gramsci, 1971: 324).

하지만 이와 같이 이전의 흔적과 상식의 요소의 연결망이 대중의 실제 사고 영역을 이루기 때문에, 이데올로기 투쟁은 바로 이 지형에서 가장 흔히 일어났다고 그람시는 주장했다. '상식'은 이데올로기 투쟁이 쟁취 대상으로 삼는 것 가운데 하나가 되었다. 결국 "상식과 철학 상층부 사이의 관계는 '정치'에 의해 확정된다……"(Gramsci, 1971: 331).

관념은 결국 특정한 사회 세력의 결집체와 **연결될** 때에야 효과를 발휘한다. 그러한 의미에서 이데올로기 투쟁은 지배와 주도권, 요컨대 헤게모니를 차지하기 위한 일반적인 사회적 투쟁의 일부다. 그러나 그람시적인 의미에서 '헤게모니'가 확립되려면, 완전한 형태의 '철학'을 갖춘 어떤 계급 전체가 단순히 권력을 장악하는 데 그치지 않고, 어떤 사회 세력들이 결집한 역사적 블록이 구축되고 그 블록의 부상이 확보되는 **과정**이 필요하다. 그래서 '지배적 관념'과 '지배적 계급' 간의 관계를 개념화하는 방식은 '헤게모니적 지배' 과정이라는 관점에서 생각하는 것이 가장 좋다.

반면에 '지배' — 헤게모니, 지배와 권위 — 문제를 제기하던 종래의 방식이 불만족스럽기 때문에 그 문제를 폐기하는 것은, 목욕물과 함께 아기까지 버리는 격이다. 지배적 관념이 이미 지배적 계급과 짝지어져 있다고 해서 지배적으로 되리라는 보장은 없다. 오히려 특정 시기에 헤게모니 권력을 차지한 역사적 블록에 지배적 관념을 효과적으로 짝짓기 하는 일이야말로 바로 이데올로기 투쟁을 통해 **확보하고자 의도하는** 것이다. 이 작업은 이미 작성되고 결론까지 내려진 각본에 따라 연출하는 것이 아니라 실천의 대상이다.

비록 지금까지 이데올로기 문제와 연결 지어 주장을 전개했지만, 이러한 논의가 마르크스주의 이론 전체를 발전시키는 데 훨씬 폭넓은 함의를 준다는 점은 분명하다. 일반적으로 쟁점이 되는 문제는 특정한 '이론' 개념, 즉 일련의 확실한 보장을 해 줄 수 있는 이론이다. 또 다른 쟁점이 되는 것은 특정한 '결정' 개념이다. 자본제 생산 과정의 경제적 측면은 생산의 순환을 이데올로기적으로 **파악할 수 있게** 하는 범주에 현실적으로 한계와 제약 효과(즉 결정성)를 미친다. 또한 그 반대도 성립한다는 것은 지금까지 제시한 '해석'에서 뚜렷이 드러난다. 경제는 사유 속에 사용될 범주의 선택 범위를 제공한다. 하지만 경제는 (1) 어떤 특정 시기에 특정한 사회 계급이나 집단의 특정한 사유 **내용**을 제공할 수는 없고, (2) 어떤 계급이 어떤 관념을 사용할 것인지를 항상 정해 주거나 보장하지도 않는다. 그러므로 경제가 이데올로기를 결정한다는 것은 단지 사유가 작동하는 지형을 정의하고 사유의 '원료'를 정하는데, 경제가 한계를 설정해 준다는 측면에서일 뿐이다. 물질적 환경은 사회에 관한 실질적 사유와 계산이 처한 제약의 그물망, 즉 '존재 조건'이다.

이러한 '결정성' 개념은 보통 말하는 '경제적 결정론'이나 어떤 사회구성체 내의 다양한 실천 사이의 관계를 표현적 총체성식으로 파악하는 입장에서 주장하는 개념과 다르다. 이처럼 다양한 수준 사이의 관계는 정말 **한정적**, 즉 상호 결정력을 행사한다. 그러므로 사회적 실천의 구조 — 그 총체 — 는 자유롭게 작동하는 것도 비물질적인 것도 아니다. 그러나 이 구조는 전적으로 토대에서 일방적으로 올라가며 효과를 전달하는 타동적 인과성transitive causality의[24] 구조로 파악할 수도 없다. 경제는 이데올로기 영역에서 결과를 항상 보장한다는 식으로 엄격한 의미에서 최종적인 마감 효과를 낼 수는 **없다**. 특정 계급이 체제 내에서 차지하는 경제적 위치에 따라 항상 특정한 상응 관계가 맺어진다는 보장은 없으며, 그 계급이 자신의 경제적 위치에 걸맞은 특정한 추리 양식을 갖는다는 보장도 없다. 왜냐하면 바로 (1) 이데올로기 범주 역시 주어진 재료로 만들어지기는 하지만, 각각의 발전 법칙에 따라 개발, 생성, 변형되기 때문이다. 또한 (2) 역사 발

24 A가 B를 결정한다는 식의 인과관계를 말한다. — 옮긴이

전은 실천과 투쟁에 반드시 '개방'되어 있기 때문이다. 정치적인 실천은 다른 모든 수준의 실천을 농축하여 특정 권력 체제에서 기능하도록 해 주는 수준인데, 이 정치적 실천은 정말로 비결정적 성격을 띤다는 사실을 인정해야 한다.

이러한 상대적 개방성이나 상대적 비결정성은 마르크스주의 자체가 이론으로 존립하는 데 필수적이다. 마르크스주의 정치 이론에서 '과학적인' 부분이 있다면, 정치 행동의 배경을 이루는 지형이 정치 행동에 가하는 한계를 이해하려 한다는 점이다. 이 지형은 자연과학과 같은 확실성으로 예측할 수 있는 세력에 의해 정의되지 않고, 현존하는 사회 세력 간의 균형, 구체적인 국면conjuncture의 특수한 성격에 의해서 정의된다. 마르크스주의 정치 이론은 자신을 한정적인 것으로 이해하고 이론적으로 잘 무장한 실천을 개발해내려고 하기 때문에 '과학적'이다. 그러나 마르크스주의는 정치적 산출과 정치적 투쟁의 수행이 초래하는 결과가 경제라는 별자리에 운명처럼 새겨졌다는 뜻에서 '과학적인' 것은 **아니다**.

특정한 결과의 절대적인 예측이라는 관점보다는 한계 설정, 테두리 정하기, 작동 공간의 정의, 구체적인 존재 조건, 사회적 실천의 '기정사실화'라는 관점에서 '결정성'을 이해하는 것이야말로 '최종적인 보증 없는 마르크스주의'의 유일한 토대다. 이러한 접근은 마르크스주의 이론화의 **열려진 지평**, 즉 보증된 결론 없는 결정성을 정착시킨다. 완전히 폐쇄되고, 모두 예측 가능한 사상 체계의 패러다임은 종교나 점성술이지 과학이 아니다. 이러한 시각에서 볼 때, 마르크스주의 이론의 '유물론'은 '최초의 심급에서 경제에 의해 결정'된다는 관점에서 파악하는 게 더 나을 것이다. 마르크스주의는 모든 관념론에 대항해, 어떤 사회적 실천이나 관계도 주변의 구체적 관계가 미치는 결정적 효과에서 자유로울 수 없다고 주장하는데, 이 주장은 분명히 옳기 때문이다. 하지만 '최후 심급에서의 결정'에는 이론적 확실성에 대한 잃어버린 꿈이나 환상이 오랫동안 깃들어 있었다. 그리고 이 결정 개념을 받아들이는 데는 상당한 대가가 따랐다. 확실성은 정통파를 자극해 생겨나게 하고, 이미 발견된 진리를 경직되게 의례화하고 되뇌게 하며, 신선한 통찰을 줄 수 없는 이론의 모든 다른 속성을 낳기 때문이다. 말하자면 이 때문에 **이론화 과정**이 종말을 고했을 뿐 아니라, 사고가 살아 있음을 나타내는 유일한 기호이자 새로운 역사 현실에서 아직 무엇인가 진리를 도출해 파악할 수 있게 해 주는, 새로운 개념과 설명을 발전시키고 다듬는 능력이 소멸되었다.

2

의미 작용, 재현, 이데올로기:
알튀세르와 후기 구조주의 논쟁

Signification, Representation, Ideology: Althusser and the Post-Structuralist Debates

● "Signification, Representation, Ideology: Althusser and the Post-Structuralist Debates," *Critical Studies in Mass Communication*, vol. 2, no. 2, 1985, pp.91~114.

마르크스는 전체 역사를 구성하는 총체적 관계 — 마르크스의 '총체성' — 를 기본적으로 단순한 구조가 아니라 복합적인 구조로 개념화했다고 알튀세르는 나를 설득시켰고, 나는 아직도 그렇게 믿고 있다. 그러므로 그 총체성 안에서 여러 다른 수준 — 가령 (알튀세르의 표현대로) 경제적, 정치적, 이데올로기 수준 — 사이의 관계는 단순하거나 직접적일 수가 없다. 따라서 사회적 실천의 다양한 수준에 있는 온갖 부류의 사회 모순을 단순하게 해석해 사회 경제 조직을 지배하는 한 가지 원칙이 있다고 본다든지(고전 마르크스주의의 용어로 '생산 양식'), 아니면 어떤 사회구성체의 다양한 수준을 해석하면서 여러 실천 사이에 일대일 상응 관계가 성립한다고 보는 것은 그다지 유용하지도 않을 뿐더러, 따지고 보면 마르크스가 사회적 총체성을 개념화한 방식도 아니다. 물론 어떤 사회구성체는 단순히 모든 요소가 다른 모든 요소와 상호 작용하기 때문에 복합적으로 구조화된 것이 아니다. 이러한 시각은 그 속에 아무런 결정의 우선순위가 없는 전통적 사회학의 다요인적multifactorial 접근 방식이다. 사회구성체는 '지배 내 구조structure in dominance'[25]다. 여기에는 어떤 뚜렷한 경향이 존재하고, 어떤 정형도 있으며, 확실한 구조화도 보인다. '구조'라는 용어가 계속 중요한 것은 이 때문이다.

하지만 이 구조는 한 가지 수준의 실천을 다른 것으로 쉽게 환원할 수 없는 복합적인 구조다. 고전적 형태의 마르크스주의 이데올로기 이론에 나타나는 두 가지 환원론적 경향에 대한 저항은 아주 오랫동안 전개되었다. 사실 이러한 수정주의 작업을 시작한 것은 바로 마르크스와 엥겔스 자신이었다. 알튀세르는 이 문제에 관해 현대적인 이론을 내놓은 핵심 인물로서, 해묵은 의례와 깨끗이 헤어지고 크게는 마르크스주의의 문제 틀 안에 머무르면서도 설득력 있는 대안을 제시했다. 알튀세르가 이룬 비약적 업적을 오늘날 아무리 비판하고 수정하려한다 해도, 커다란 이론적 업적임에는 분명하다. 이것이 바로 마르크스가 가장 정교한 방법론적 텍스트인 《정치경제학 요강 *Grundrisse*》(Marx, 1973)의 "1857년 서문"에서 사실상 사회구성체를 이론화한 방식이라고 보는 알튀세르의 주장 역시 옳다고 생각한다.

알튀세르가 이룩한 또 하나의 일반적 진전은 다양성difference 문제를 해결할 수 있게 해 주었다는 점이다. 알튀세르는 일원론적 마르크스주의에서 벗어나기 위해 다양성을 이론화할 필요성이 있었다. 즉 기원이 다양한 온갖 사회 모순이 있고, 역사 과정을 추진하는 모순이 늘 똑같은 곳에서 나타나지도 않으며, 항상 똑같은 역사적 효과를 낳지도 않는다는 점을 인식해야 했다. 다양한 모순의 접합, 이 모순이 취하게 되는 다양한 특수성과 모순이 작용하는 시간적 길이, 모순이 기능하면서 취하는 다양한 형태modalities에 관해서도 생각해 보아야 한다. 많은 저명한 마르크스주의자는

25 알튀세르의 관점에 따르면 '총체성'은 서로 불균형하게 관련되면서도 자율적인 요소(심급)로 — 가령 정치적, 경제적, 이데올로기적 요소 등 — 구성된다. 이 중에서 다른 모든 요소를 설명해 주는 핵심적인 요소 — 가령 경제 — 의 존재를 알튀세르는 거부한다. 그럼에도 불구하고 그 가운데 하나가 지배적인 역할을 하는데, 이것이 바로 '지배 내 구조'다. 그러나 지배적 요소는 고전 마르크스주의에서처럼 항상 고정되지 않고 모순의 중층적 결정과 불균등 발전에 따라 변화한다. — 옮긴이

최종적으로 통일성이 보장되는 한도 안에서 복잡성을 도입하기 위해 다양성 개념을 주물럭거린다. 하지만 이들의 작업에는 일원론적 습관이 뿌리 깊게 남아 있다고 본 알튀세르의 지적은 옳은 것 같다. 그러나 이와 같이 단순히 목적론을 지연시킨 입장을 넘어서 상당한 진전을 이룬 사례는 이미 《정치경제학 요강》의 "1857년 서문"에서 볼 수 있다. 가령 거기서 마르크스는 모든 언어에는 어느 정도 공통점이 있다고 말한다. 그렇지 않다면, 이 언어가 똑같은 사회 현상에 속한다고 판단할 수 없을 것이다. 그러나 이상과 같은 발언은 매우 일반적인 추상화 수준, 즉 '언어 일반'의 수준에서 언어에 관해 말한 것일 뿐이다. 연구는 이제 막 시작되었을 뿐이다. 더 중요한 이론적 문제는 다양한 언어의 구체성과 다양성을 고려하고, 구체적인 분석에서 특정 언어나 문화 구성체를 이루는 수많은 결정, 또 이러한 구성체를 서로 뚜렷이 구분해 주는 구체적인 측면을 검토하는 것이다. 비판적 사유는 추상abstraction에서 시작해, 수많은 결정의 결과인 사유 속의 구체concrete-in-thought로 옮겨 간다고 본 마르크스의 통찰력은 가장 심오하면서도 그간 푸대접받은 인식론적 명제 중 하나다. 이 명제는 알튀세르 자신조차 다소 잘못 이해하고 있다(Hall, 1974 참고).

하지만 알튀세르 덕분에, 때로는 그를 창시자로 인정하는 이후 전통과도 다소 다른 특수한 방식으로 '다양성'을 볼 수 있게 되었다는 점도 밝혀 둔다. 가령 후기 구조주의나 미셸 푸코Michel Foucault 같은 담론 이론discourse theory[26]을 살펴보면, 실천에서 담론으로 옮겨 갔을 뿐 아니라 차이

26 '담론 이론'이란 일반적 용어는 언어학, 기호학과 정신분석학 이론에서 최근 이루어진 수많은 서로 관련된 이론적 발전을 가리킨다. 이 이론은 1970년대에 바르트와 알튀세르의 저작을 비롯해 구조주의 이론이 시작한 (이론적) '단절break'을 뒤따라 나왔다. 영국의 예를 들면, 최근 〈스크린*Screen*〉지에 발표된 영화와 담론 관련 저작, 라클라우와 푸코의 영향을 받은 비판적이고 이론적인 글, 자크 데리다Jacques

에 대한 강조가 지나쳐 엉뚱한 방향으로 변질했음을 발견할 수 있다. 즉 담론의 다양성, 의미의 영원한 가변성, 기표의 끊임없는 미끄러짐 따위를 지나치게 강조하다보니, 복합적인 통일의 필연적인 불균등함이나, 심지어 복합적인 구조에서 '다양성 속의 통일unity in difference'을 이론화할 수 없을 정도로 극단화해 버렸다. 푸코는 여러 이질적 요소가 서로 연결, 통합되는 것을 인정하지 않을 수밖에 없는 위기에 처하게 될 때마다(가령 푸코는 프랑스에서 역사적으로 지식의 변천이 이루어진 과정을 정리하는데, 이러한 변천은 구체제[앙시앵 레짐]에서 현대로 변화하는 것과 우연히 일치한다), 어떤 것도 다른 어떤 요소와 꼭 들어맞지 않는다는 점을 서둘러 납득시키려 하는데, 푸코가 그리하는 것도 아마 이 같은 이유 때문인 것 같다. 상상할 수 있는 어떤 국면으로부터도 끊임없이 미끄러짐이 전행된다고 푸코는 항상 강조하게 된다. 푸코가 왜 노련하게 국가 문제에 침묵하는지 달리 이해할 방도는 없는 것 같다. 물론 푸코는 국가의 존재는 자신도 안다고 말할 것이다. 하지만 국가의 존재를 모르는 프랑스 지식인이 도대체 어디 있겠는가? 하지만 푸코는 국가를 추상적이고 공허한 공간 — 수용소로서의 국가 — 으로, 즉 마찬가지로 추상적인 저항에 대비된 채 존재하거나 존재하지 않는 타자로 설정하는데 그칠 뿐이다. 푸코가 만든 의례적 틀은 "국가뿐 아니라 분산된 권력의 미시 물리학microphysics of power"을 말하지만, 실제로는 계속 후자에 더 큰 비중을 두면서 국가 권력의 존재를 무시한다.

물론 국가라는 것은 일종의 단일한 대상, 즉 오늘 어디서 모임을 갖고 있든지 간에 지배 계급 위원회의 통일된 의지에 불과하다고 파악하는 마르크스주의자가 여전히 많다는 푸코(Foucault, 1980)의 주장은 지극히 옳다.

Derrida 이후의 해체주의deconstructionism 등이 될 것이다. 미국에서는 지금 이 경향 가운데 많은 부류가 '포스트모더니즘'이라는 이름으로 불린다.

이러한 개념에서 모든 것을 '한군데에 예속시키려는' 관점이 필연적으로 생겨나게 된다. 국가를 더 이상 그렇게 볼 수 없다는 데는 나도 동의한다. 국가라는 것은 모순된 구성체인데, 이는 국가의 행동 양식은 다양하며 국가는 수많은 다양한 영역에서 활동한다는 뜻이다. 즉 국가는 다수의 중심과 다수의 차원으로 되어 있다. 국가는 매우 두드러진 지배적 경향을 띠지만, 외곬으로 새겨진 계급적 성격만 띠지는 않는다. 반면에 국가는 현대 자본주의 사회구성체에서 가장 중요한 영역 가운데 하나로, 여기서 다양한 종류의 정치적 실천이 **농축된다**. 부분적으로 국가의 기능은 바로, 다양한 장소에서 권력의 전달과 변형에 관계하는 폭넓은 정치적 담론과 사회적 실천을 결합시키거나, 복합적으로 구조화된 심급에 접합시키는 것이다. 이러한 실천 가운데 일부는 정치 영역 자체와 아무런 관련이 없으면서도, 가령 가족 생활이나 시민 사회, 성, 경제 관계처럼 국가에 접합된 다른 영역과 관계를 맺는다. 국가는 농축condensation이 시행되는 심급으로서, 바로 국가 때문에 사회 내에서 다양한 실천이 교차하는 장이 규제, 규칙과 규범, 정상화 등의 체계적인 실천으로 변형될 수 있다. 국가는 매우 다양한 사회적 실천을 농축해서, 특정 계급과 다른 사회 집단에 대한 통치와 지배의 가동으로 바꾸어 준다. 그러한 개념화에 도달하려면 통일성 대신에 통일성의 거울 같은 반대 개념인 다양성으로 대체하는 데 그치지 않고 두 가지를 새로운 개념, 즉 접합[27]의 관점에서 다시 파악해야 한다. 푸코는 바로 이 단계를

27 여기서는 '접합'이라는 용어를 법칙이나 사실처럼 모든 경우에 반드시 주어진(혹은 기정사실화된) 연관이나 연결의 뜻으로 쓰지 않는다. 이러한 연결은 반드시 특정한 존재 조건의 등장을 요구하고, 구체적인 과정에 의해 적극적으로 유지되어야 하며, '외부적'인 것이 아니라 지속적으로 갱신되어야 하며, 어떤 상황에서는 사라지거나 뒤집힐 수도 있다. 이 경우 예전의 오래된 연결이 해체되고 새로운 연결 — 재접합re-articulation — 이 이루어질 수도 있다. 다양한 실천 사이의 접합이란 이 실천이 모

거부한다.

따라서 알튀세르가 이룩한 진전은 단지 — 데리다식의 해체를 다 함께 외치는 것처럼 — '다양성'을 주장했다는 점이 아니라, 통일과 **동시에** 다양성을 함께 고려할 필요성을 느꼈다는 사실이다. 즉 다양성 자체만을 지나치게 강조하는 폐단에 빠지지 않고, 복합적 통일성 **속의** 다양성을 생각할 필요성을 느꼈다고 보아야 한다. 만일 기표가 늘 고정되지 않고 끊임없이 움직이며 계속적으로 '연기deference'가 이루어진다는 데리다(Derrida, 1977)의 주장이 옳다면, 어느 정도 자의적인 '고정fixing' 혹은 내가 '접합'이라고 부르는 것 없이는 의미 작용이나 의미도 전혀 불가능할 것이라는 주장도 옳다. 정확히 말하면 선택과 결합으로 등가물equivalences의 연쇄를 만들어 내어 의미를 고정시키는 이러한 작업을 제외한다면 이데올로기에 남는 것이 무엇인가? 전형적인 라캉주의에, 신푸코주의에, 데리다의 선구자격인 알튀세르의 텍스트, 즉 〈이데올로기적 국가 장치〉(Althusser, 1971)가 아니라, 이론적으로 다소 덜 세련되었지만 내가 보기에 아마도 더 잠정적인 텍스트이기에 더 생산적이고 창의적인 《마르크스를 위하여》(Althusser, 1969)를 많은 결함에도 불구하고 소개하고 싶은 것은 이 때문이다. 그중 특히 〈모순과 중층적 결정Contradiction and Overdetermination〉(pp.87~128)은 단순한 통일로 환원시키려는 환원론에 빠지지 않고 복잡한 종류의 결정성에 관해 엄밀하게 생각하기 시작한다. (좀 더 완성되고 구조주의적인 《자본론 읽기》보다 《마르크스를 위하여》가 늘 내 마음에 들었다. 이러한 편애는 《자본론 읽기》를 관통

두 똑같아진다거나 하나가 다른 것으로 융해된다는 뜻이 아니라는 점도 중요하다. 각 실천은 그 특유의 결정과 존재 조건을 유지한다. 하지만 일단 접합이 이루어지면, 두 실천은 (마르크스의 "1857년 서문"의 표현을 쓰자면) "직접적인 동일성immediate identity"으로서가 아니라 "통일 속의 차이distinctions within a unity"로서 함께 기능할 수도 있다.

하는 스피노자류의 구조주의적 인과성의 틀을 탐탁지 않게 여기기 때문만이 아니라, '가장 최근의 것'이 반드시 '최선'이라는 식의 시류를 좇는 지적 가정을 내가 아주 나쁘게 보기 때문이기도 하다.) 여기서 《마르크스를 위하여》의 절대적인 이론적 엄밀성은 내 관심사가 아니다. 이론적 절충주의의 위험을 감수하고라도 '엄밀하지만 틀리기'보다 '옳지만 엄밀하지 못한' 것을 택하고 싶다. 《마르크스를 위하여》에서는 《자본론 읽기》에서 얻지 못한 것을 발견했는데, 바로 다양한 수준과 종류의 결정에 관해 생각할 수 있게 되었다는 점이다. 이 책 덕분에 바로 현실의 역사적 사건이나 구체적인 텍스트, 특정한 이데올로기 구성체(휴머니즘)를 하나 이상의 구조에 의해 결정된 것으로 이론화할 수 있게(즉 중층적 결정overdetermination[28] 과정을 사고할 수 있게) 되었다(Marx & Engels, 1970). '모순'과 '중층적 결정'은 매우 **의미심장한** 이론적 개념이며, 알튀세르가 프로이트와 마르크스에게서 기꺼이 '빌려 온' 것 가운데 하나라고 생각한다. 내 소견으로는 알튀세르 자신이 이 개념들을 적용한 방식 때문에 그 개념들이 주는 의미심장함이 고갈되었다고 보는 것은 옳지 않다.

다양성과 통일을 접합시키면, 마르크스주의의 핵심 개념인 결정determination을 아주 다른 방식으로 개념화하게 된다. 마르크스주의 이데

28 프로이트는 주로 단일한 이미지 속에 수많은 사유가 농축되거나 정신 심리적 에너지가 특히 강력한 사유에서 외관상 사소한 이미지로 이전되어(대체displacement) 꿈속의 사유dream-thoughts가 이미지 속에 재현되는 것을 지칭하기 위해 이 용어를 사용했다. 알튀세르에게 이 용어는 사회구성체를 이루는 각 실천 속의 모순이 사회구성체 전체에 미치는 영향을 묘사한다. 또한, 어떤 주어진 역사적 계기의 지배 내 구조에서 지배, 종속과 모순의 적대성과 비적대성의 유형을 규정하면서, 각 실천과 모순에 다시 영향을 미치는 사회구성체의 효과를 의미하기도 한다. 좀 더 정확히 말해 어떤 모순의 중층적 결정이란 그 속에 복합적 전체 내에서 존재하는 그 모순의 존재 조건이 반영된 것, 다시 말해 복합적 전체 속에 다른 모순이 반영된 것으로 모순의 불균등한 발전을 말한다. — 옮긴이

올로기 이론을 지배해 온 토대/상부 구조의 몇몇 고전적 공식은, 바로 기본적으로 사회구성체 수준 간에 필연적인 상응 관계necessary correspondence가 성립한다는 관점에서 결정을 보는 방식이다. 직접적인 일치성이 있든 없든 간에 조만간 정치적, 법적, 이데올로기적 실천은 '경제'라고 불리는 실천에 순응하기 때문에, (경제적 실천과) 필연적으로 서로 일치하게 될 것이라고 이 공식에서는 생각하는데, 이는 틀린 것이다. 그런데 후기 구조주의의 발전된 이론화에서는 예절상 필요한 일인지 모르지만, 흔히 그랬듯이 철학적 흐름이 '필연적인 상응 관계'에서 후퇴하면서 멈추지 않고 완전히 반대 방향으로 미끄러져 넘어가 버렸다. 즉 이전과 거의 같은 말처럼 들리지만 실제로는 완전히 다른 것으로, 다시 말해 "아무런 상응 관계가 없는 것이 필연적"이라는 선언이 나오기에 이르렀다. 가장 정교한 포스트마르크스주의 이론가 중에서 폴 허스트Paul Hirst는 바로 이 치명적인 변화에 상당한 비중과 권위를 부여했다. "아무런 상응 관계가 성립하지 않는 것이 필연적"이라는 주장은 바로 담론 이론에서 핵심적인 개념, 즉 어떤 것도 다른 것과 아무런 관련을 맺지 않는다는 개념을 표현한다. 심지어 특정한 담론 구성체 분석에서 어떤 종류의 담론이 다른 것보다 압도적이거나 열세임이 끊임없이 드러날 때에도, 필연적으로 아무런 상응 관계가 성립하지 않는다는 원칙을 반복해서 주장하는 것만이 중요할 뿐이다.

이와 같이 단순한 뒤집기는 용납할 수가 없다. **필연적인 상응 관계가 없다**는 것은 이와는 다른 의미에서 그렇다는 점은 밝혀진 것 같은데, 그렇다면 이러한 공식은 제3의 입장에 해당한다. 어떤 계급의 이데올로기가 이미 분명히 주어지거나 그 계급이 자본제 생산의 경제적 관계에서 차지하는 위치에 그 이데올로기가 상응하도록 보장해 주는 아무런 법칙이 존재하지 않는다는 뜻이다. 또한 '아무런 보증이 없다no guarantee'는 주장은 목적론과 단절하는 것으로, 필연적인 비상응 관계도 성립하지 않는다는 것을 암시한다. 즉 결코 어떤 경우에도 이데올로기와 계급은 어떤 방식으로든 접합될 수 없다든지, 계급 투쟁에서 자각적인 '행동 통일'을 달성하는 사회 세력을 결코 만들어 낼 수 없으리라는 것 역시 보장할 수 없다. 실천과 투쟁의 열린 가능성을 전제로 하는 이론적 입장이라면, 실천의 **효과**가 반드시 그 기원에 상응하지는 않는다는 관점에서, 실천 때문에 생겨날 수 있는 결과의 하나로 접합을 받아들여야 한다. 이를 더 구체적으로 표현해 보자. 가령 1917년 러시아의 사건에 특정한 사회 세력이 효과적으로 개입한 데 대해, 러시아 혁명이 단일한 혁명 이데올로기(이는 분명 사실이 아니었다) 아래 단결한 전체 러시아 프롤레타리아의 산물이었다고 반드시 말해야 할 필요는 없다. 이러한 개입의 사회적 토대를 이룬 노동자, 농민, 군인, 지식인 동맹(동시에 이들의 접합)의 결정적 성격은 러시아 사회 구조에서 이들이 귀속된 장소와 위치, 또한 이들이 갖춘 혁명적 의식의 필연적 형태에 의해 보장되었다. 그럼에도 불구하고 1917년의 혁명은 레닌이 놀라우리만치 잘 관찰했듯이, "극도로 독특한 역사 상황의 결과로, **절대적으로 다른** 흐름들, **절대적으로 이질적인** 계급적 이해관계, **절대적으로 상반된** 정치적, 사회적 투쟁들이…… 놀랄 정도로 '조화로운' 방식으로…… 합쳐졌을" 때에 일어났다. 알튀세르가 《마르크스를 위하여》에서 이 구절에 관해 논평하면서 상기시켜 주었듯이, 이것은 만일 어떤 모순이 "가장 강력한 의미에서 작용하고, 단절의 원리ruptural principle가 되려면, 그 기원과 의미가 무엇이든 간에…… 단절의 통일성a ruptural unity으로 '용해'되도록 상황과 흐름의 축적이 이루어져야 한다"(Althusser, 1969: 99)라는 사실을 가리킨다. 이론으로 무장된 정치적 실천의 목표는 분명 사회적 혹은 경제적 세력과, 이들이 실천에서 진보적인 방식으로 역사에 개입하도록 유도할 가능성이 큰 정치와 이데올로기 형식 사이에 접합을 조성하거나 구축하는 것이 되어야 한다. 이러한 접합은 이상의 세력들이 최초에 어떻게 구성되는지에 의해 보장되지 않기 때문에, 실천을 통해 **만들어져야** 하는 접합이다.

이 때문에 모델은 고전적 입장보다 훨씬 더 비결정적이고, 결과가 열려 있으며, 상황 의존적이게 된다. 사회 경제 관계의 구조에서 어떤 계급(혹은 어떤 계급 부문)이 원래 차지하는 위치에서, 그 계급의 이데올로기를 '바로 읽어 낼' 수 없다는 뜻이다. 그러나 투쟁의 실천을 발전시켜 여러 계급이나 계급 분파, 혹은 다른 종류의 사회 운동을 집단적 사회 행위자로서 역사적 영향을 행사할 수 있도록 해 주는 정치와 이데올로기 형태에 접합시키는 일이 불가능하다고 이 모델에서 주장하지는 않는다. '필연적 상응 관계의 거부'가 이룩한 주된 이론적 뒤집기는, 결정성을 어떤 사회 내의 계급이나 다른 사회 세력의 유전학적 기원으로 보던 관점을 버리고, 이를 어떤 실천의 효과나 결과로 보게 해 주었다는 것이다. 그래서 알튀세르의 논의 중에서도 《자본론 읽기》나 니코스 폴란차스의 《정치 권력과 사회 계급*Political Power and Social Classes*》(1975)의 시작 부분에 나타난 완전히 구조주의적인 인과성보다는 내가 해석하기에 '구조'와 '실천' 간의 이중적 접합을 유지하는 것으로 보이는 그 부분을 찬성하고 싶다. '이중 접합double articulation'이란 것은 구조 — 주어진 존재 조건이나 어떤 상황에서의 결정 구조 — 를 다른 시각에서 본다면 단순히 이전의 실천의 결과로 이해할 수도 있다는 것을 의미한다. 구조란 이전에 구조화된 실천이 결과로 만들어 낸 것이라고 말할 수 있다. 이 실천은 새로운 실천의 바탕이 되는 '주어진 조건'이나 필연적인 출발점을 이룬다. 어떤 경우에도 '실천'을 투명하게 의도적인 것으로 간주해서는 안 된다. 즉 우리는 역사를 만들지만, 우리가 만들어 내지 않은 과거의 조건 위에서 그렇게 한다. 실천이란 어떤 구조가 능동적으로 재생산되는 방식을 말한다. 하지만 만일 역사를 내부적으로 자기 추진력을 갖춘 구조주의적 기계 장치의 산물로만 취급하려는 함정을 피하려 한다면 두 가지 용어가 다 필요하다. '구조'와 '실천'이라는 구조주의적 이분법은

— 이와 관련된 '공시성synchrony'과 '통시성diachrony'의 구분처럼 — 분석 목적에는 편리하지만, 엄격하고 상호 배제적인 구분으로 물신화해서는 안 된다.

사회 집단, 정치적 실천과 이데올로기 구성체 간의 접합이 이루어져야 할 필연성 문제가 아니라, 그러한 접합의 결과로 자본제 생산 양식의 바로 그 구조와 법칙에 이미 각인되어 있지도 않고 보장되지도 않은 역사적 단절과 추이가 생겨날 가능성 문제에 관해 조금 더 생각해 보자. 이는 우리가 사회관계의 구조 안에 위치하는 데서 생겨나는 경향이 전혀 없다는 주장으로 해석해서는 안 된다. (그 효과의 측면에서) 실천의 상대적 자율성을 인정하는 것이 지나쳐 실천을 물신화해서는 안 된다. 바로 이러한 지나침 때문에 후기 구조주의자들은 잠시 마오주의자였다가 이내 프랑스 우파의 최신 유행인 '신철학New Philosophy'의 신봉자로 빠지게 되었다. 구조는 경향 — 제약을 주고 형태를 정하고 흐름을 유도하고 또 이러한 뜻에서는 '결정'한다고 할 수 있는 역선力線이나 시작과 끝 — 을 보여 준다. 그러나 구조는 절대적으로 고정하거나 보장한다는 강한 의미에서 결정하지는 않는다. 사람들에게 **필연적으로 가져야 하는** 생각이 돌이킬 수 없이 또 지울 수 없이 각인되지는 않는다. 말하자면 사람들이 **필연적으로 취해야 하는** 정치(노선)가 이들의 사회학적 유전 인자에 이미 새겨진 것도 아니다. 문제는 어떤 불가피한 법칙의 전개가 아니라, 그보다는 이루어질 수도 있지만 반드시 그렇게 되어야 할 필연성은 없는 **연결**이다. 폴란차스가 생생하게 묘사했듯이, 계급이 등에 번호판을 붙인 채 지정된 장소에 나타날 것이라는 보장은 전혀 없다. 다양성을 하나의 집단적 의지에 접합해 주는 실천을 개발하거나, 넓은 범위의 다양한 함축을 농축한 담론을 만들어 낼 때에만, 이 사회 세력을 자신들이 통제할 수 없는 다른 관계에 의해 자리매김된 '즉자적 계급class in itself'으로 만들 뿐 아니라, **또한** 역사적 세력으로 개입할 수도 있고 새로운 집단적 과제도 수행할 수 있는 '대자적 계급class for itself'으로도 만들 수 있도록, 다양한 사회 집단의 분산된 실천 여건을 효과적으로 결집**할 수도** 있다.

내가 보기에 이상의 것들은 알튀세르의 저작이 가져다 줄 수 있는 이론적 진전인 것 같다. 알튀세르의 저작에서 처음 등장했을 때 추종자의 관심을 끌었던 다른 많은 특징보다는 이처럼 기본 개념을 뒤집어 본 것이 훨씬 더 큰 가치가 있다고 생각한다. 가령 클로드 레비스트로스Claude Lévi-Strauss류의[29] 요소가 가미된 구조주의를 교묘하게 적용하여, 마르크스의 저작에 함축된 구조주의 사상의 흔적을 체계적으로 변형시키면 완전한 구조주의가 만들어질 수 있는가 하는 문제 — 이는 《자본론 읽기》의 문제틀이다 — 도 많은 관심을 끌었던 특징 가운데 하나다. 혹은 이른바 자율성을 가지는 '이론적 실천theoretical practice'을 구분하려는 명백히 관념론적인 시도라든지, 역사주의historicism와 '역사성the historical'을 혼동한 것도 예로 들 수 있다. 후자의 경우 알튀세르의 추종자들이 반역사적인 이론주의적 사변을 무수하게 쏟아 내도록 공공연하게 허가해 준 셈이다. 혹은 마르크스주의 장치에서 헤겔의 망령 대신에 스피노자로 대체하려는 헛된 작업도 예로 들 수 있다. E. P. 톰슨이 쓴 알튀세르 비판서인 《이론의 빈곤*The Poverty of Theory*》에 담긴 주된 결함은 알튀세르의 작업에서 나타난 이상과 같은, 또 그 밖의 다른 근본적인 방향 착오를 나열한 것 — 이는 톰슨이 처음은 아니다 — 이 아니라, 많은 착오에도 불구하고 알튀세르의 저작이 동시에 가져다준 현실적인 진전이 무엇인지 깨닫지 못했다는 점이다. 톰슨의 비판은 알튀세르에 대해, 또 부수적으로는 이론적 작업 일반에 대해 비

29 이러한 생각은 *Cultural Studies*(Hall, 근간)의 3장에서 설명한다.

변증법적인 평가를 낳았다. 따라서 약점이 있음에도 불구하고 알튀세르의 업적은 다시는 퇴행할 수 없을 정도로 이론적 발전 정도를 앞당겼음을 여기서 다시 한번 강조할 필요가 있다. 〈모순과 중층적 결정〉이란 글이 나온 후, 마르크스주의에서 사회구성체와 결정성에 관한 논쟁은 다시는 이전과 같을 수 없을 것이다. 그것은 본질적으로 '엄청난 이론적 혁명'이다.

이데올로기

이제는 이데올로기라는 구체적인 문제로 돌아가 보자. 알튀세르의 이데올로기 비판은 위에서 대략 설명한 바와 같이, 자신이 고전 마르크스주의 문제 틀의 일반적인 입장을 비판한 방식을 많이 따른다. 다시 말해 알튀세르는 이데올로기에서 계급 환원론에 반대한다. 즉 어떤 사회 계급의 이데올로기적 입장은 사회적 생산 관계에서 그 계급이 차지하는 위치에 항상 상응하리라는 것이 어느 정도 확실하다는 생각을 거부한다. 여기서 알튀세르는 고전 마르크스주의 이데올로기 이론을 개척한 텍스트인 《독일 이데올로기》(Marx & Engels, 1970)에서 사람들이 따온 매우 중요한 통찰을 비판한다. 고전 마르크스주의 이데올로기 이론에 의하면, 지배적인 관념은 항상 지배적인 계급 위치에 상응하며, 지배 계급 전체는 어떤 특정 이데올로기 안에 위치하는 그 자신의 관념을 갖고 있다는 것이다. 이러한 이론은 실제로 알려진 모든 지배 계급이 왜 현실 역사 여건에서는 다양한 이데올로기에 의존하거나 이데올로기를 수시로 바꾸어 진전을 이룩했는지 납득시키지 못하는 어려움이 있다. 또한 모든 주요한 정치 구성체 내에서는 지배 계급의 이익을 확보하기 위한 도구 구실을 하기에 적절한 '관념ideas'이 어떤 것인지를 놓고 왜 내부 투쟁이 벌어지는지도 설명해 주지 못한다. 또 다양한 역사적 사회구성체에서 피지배 계급이 자신의 이익을 해석하고 정의하는 데 왜 '지배적 관념ruling ideas'을 상당 정도로 이용해 왔는지도 의문으로 남는다. 이 모든 것을 단순히 이 자유 시장이 처음 등장한 이래 아무런 문제없이 재생산되며 꾸준히 전진해 온, 단일한 지배 이데올로기로 묘사한다면, 이는 구체적인 역사 분석이 부인하는데도 계급과 이데올로기가 경험적으로 동일하다는 생각을 근거 없이 강요하는 데 불과하다.

알튀세르가 두 번째로 비판의 표적으로 삼는 것은 '허위의식' 개념이다. 알튀세르의 주장에 따르면, 이 개념은 계급마다 진정하게 귀속되는 한 가지 이데올로기가 있으며, 그것이 명시화되지 못하는 것은 주체와 그 주체가 처한 현실 관계 사이에 막이 쳐져 있어 자신들이 진정으로 갖추어야 하는 관념을 인식하지 못하게 된 탓이라고 가정한다. '허위의식' 개념은 지식에 대해 경험주의적 관계를 전제로 한다고 알튀세르는 말하는데, 이는 아주 적절한 지적이다. 사회관계는 지각하고 생각하는 주체에게 그 자신의 명쾌한 지식을 제공하며, 주체가 처한 상황과 주체가 인식하고 알게 되는 방식 사이에는 투명한 관계가 성립한다고 이 관점은 가정한다. 따라서 진정한 지식은 은폐되어 있어야 하는데, 이러한 은폐가 생겨나는 원인은 밝히기 매우 어렵지만, 어쨌든 사람들로 하여금 '현실을 인식'하지 못하게 한다. 이러한 개념에서는 허위의식에 빠진 사람, 지배 이데올로기에 홀린 사람, 역사에 기만당한 사람은 우리가 아니라 항상 다른 사람이다.

알튀세르의 세 번째 비판은 이론을 보는 관점에서 발전되어 나온다. 그는 지식이란 어떤 특정한 실천의 결과로 생산되어야 한다고 주장한다. 지식은 이데올로기든 과학적이든 실천이 생산해낸 것이다. 지식은 현실이 담론이나 언어 속에 반영된 것이 아니다. 사회관계가 의미를 얻기 위해서는 '말과 언어 속에 재현되어야' 한다. 의미는 이데올로기적 혹은 이론적 작업의 결과로 생산된다. 의미는 단순히 경험주의적 인식론의 결과가 아니다.

그 결과 알튀세르는 이데올로기적 실천이 구체성을 띠며, 다른 사회적 실천과 차이가 있다고 판단한다. 알튀세르는 또한 이데올로기적 실천 수준을 사회구성체의 다른 심급에 접합시키는 '복합적인 통일'을 고안해내고자 한다. 그래서 알튀세르는 과거의 전통적인 이데올로기 개념에 대한 비판을 이용해 몇 가지 대안을 제시하려는 작업을 시작한다. 알튀세르에게 이러한 대안이 무엇인지 간단히 살펴보겠다.

'이데올로기적 국가 장치'

〈이데올로기적 국가 장치〉에서는 모두 잘 아는 주장이 제시된다. 이 글에서 알튀세르가 제시한 몇 가지 명제는 이후의 논쟁에서 아주 강력한 영향과 반향을 불러일으켰다. 먼저 알튀세르는 이데올로기와 다른 사회적 실천 간의 관계를 재생산 개념이란 측면에서 파악하려 한다. 이데올로기의 기능은 무엇인가? 바로 생산의 사회적 관계를 재생산하는 일이다. 생산의 사회적 관계는 어떤 사회구성체나 생산 양식이 물질적으로 존속하는데 필수적이다. 그러나 어떤 생산 양식의 요소나 수행자, 특히 그들의 노동이라는 중요한 요인은 계속 생산되고 재생산되어야 한다. 자본주의 사회구성체에서는 점차 노동이 생산의 사회적 관계 자체의 내부에서가 아니라 그 외부에서 재생산된다고 알튀세르는 주장한다. 물론 그는 노동이 생물학적으로나 기술적으로뿐 아니라 사회적, 문화적으로도 재생산된다는 사실을 지적하려 한다. 노동은 상부 구조 영역에서, 즉 가족이나 교회 같은 제도에서 생산된다. 여기에는 생산 자체와는 직접 연결되지 않지만 현대의 자본제 생산 양식에 반드시 필요한 어떤 일정한 도덕적, 문화적 측면을 노동 측에 '계발'하는 중요한 기능을 하는 미디어, 노조, 정당 등과 같은 문화 기관이 필수적이다. 학교, 대학교, 훈련원과 연구소는 선진적인 자본제 생산 체제에 필요한 노동의 기술적 능력을 재생산한다. 그러나 알튀세르는 기술적으론 능력을 갖추었지만 정치적으로 순종하지 않는 노동력은 자본에게 아무런 노동력이 될 수 없다는 점을 일깨워 준다. 그러므로 더 중요한 과제는 자본제 발전의 어떤 단계에서든지 경제적 생산 양식의 규율, 논리, 문화와 강요에 도덕적으로나 정치적으로 순종할 능력과 의지가 있는 그러한 부류의 노동, 즉 지배 체제에 영구히 예속될 수 있는 노동을 계발하는 일이다. 따라서 이데올로기가 다양한 이데올로기적 장치를 통해 수행하는 것은 넓은 의미에서 생산의 사회적 관계를 재생산하는 것이다. 이것이 알튀세르의 첫 번째 공식화다.

이러한 의미에서 재생산은 물론 마르크스에게서 발견할 수 있는 고전적인 용어다. 알튀세르가 이 용어를 찾기 위해 《자본론》(Marx, 1970) 이외에 추가로 찾아볼 필요는 없었겠지만, 사실 알튀세르가 재생산을 매우 좁게 정의하고 있기는 하다. 마르크스에게 재생산이란 소유와 착취의 사회적 관계, 나아가 생산 양식 자체의 재생산을 포함하는 훨씬 넓은 개념인 반면, 알튀세르는 노동력의 재생산만을 지칭한다. 이는 알튀세르에게 아주 전형적으로 나타나는 측면이다. 알튀세르가 마르크스주의 보따리 속에 뛰어들어 마르크스주의에 넓은 반향을 주는 용어나 개념을 가지고 나올 때는 흔히 그 용어에 구체적으로 자신만의 특유한 제한된 색채를 가미한다. 이렇게 해서 알튀세르는 마르크스에게서 보이는 구조주의적 사상들을 계속 '굳혀 나간다.'

이러한 입장에는 문제가 있다. 이 글에서 말하는 이데올로기는 실제로는 지배 계급의 이데올로기인 것으로 보인다. 만일 피지배 계급의 이데올로기가 있다면, 자본제 생산 양식 안에서 지배 계급의 기능과 이해관계에 완벽히 적응한 이데올로기인 것으로 보인다. 이 점에서 알튀세르의 구조주의는 은밀한 마르크스주의 기능주의라는 비난을 받을 여지가 있고, 실제로도 그런 비난을 받았다. 이데올로기는, 어떤 반대 경향에도 부딪히지 않고(이는 마르크스가 재생산에 관해 논의할 때마다 항상 보이는 제2의 개념으로서 바로 《자본론》의 분석을 기능주의와 구별해 주는 개념이다), 자신에게 요구되는 기능을 효과적으로 수행하며(즉 지배 이데올로기의 지배성을 재생산하고), 또 계속해서 수행하는 것처럼 보인다. 이데올로기의 모순된 장에 관해, 어떻게 피지배계급의 이데올로기가 생산되고 재생산되는지에 관해, 또한 저항, 배제, 일탈 등등의 이데올로기에 관해 의문을 제기할 때, (알튀세르의) 이 글은 아무런 해답도 주지 못한다. 알튀세르의 설명에 따르면, 그렇게 효과적으로 사회구성체에 봉합된 이데올로기가 왜 저항이나 모순을 생산해내는지도 이 글은 설명하지 못한다. 그러나 자본에 대해 기능적으로만 설정되어 있고, 반대되는 경향과 모순을 포함하지 않는 재생산 개념은 계급 투쟁의 영역이 아니며, 마르크스의 재생산 개념과 전혀 무관한 것이다.

〈이데올로기적 국가 장치〉에서 두 번째로 유력한 명제는, 이데올로기가 실천이라는 주장이다. 즉 이데올로기는 구체적인 장치나 사회 제도, 조직 의례ritual 내에 자리 잡은 실천에서 나타난다. 여기서 알튀세르는 경찰이나 군대 같은 억압적 국가 장치repressive state apparatuses와 교회, 노조, 미디어처럼 국가가 직접 조직하지 않는 이데올로기적 국가 장치를 구분한다. 특히, 너무 좁게 혹은 논쟁적으로 해석하지만 않는다면, '실천과 의식'을 강조하는 것은 환영할 만한 일이다. 이데올로기란, 세계에 관한 사유와 계산의 틀, 즉 사회 세계가 어떻게 움직이며, 그 속에서 자신이 차지하는 위치는 어디이며, 무엇을 해야 하는지 파악하기 위해 사람들이 사용하는 '관념'이다. 그러나 유물론적 혹은 비관념론적 이론이 풀어야 할 문제는 정신적 사건이며, 따라서 마르크스가 말했듯이 "사유 속에서, 머릿속에서"(여기가 아니라면 어디서?) 발생하는 관념을 어떻게 하면 비관념론적이고 비속류 유물론적인 방식으로 처리하는가 하는 문제다. 알튀세르의 강조는 철학적 딜레마에서 벗어나는 데 도움이 될 뿐 아니라 내가 보기에 올바른 견해라는 장점도 있어 유용하다. 알튀세르는 관념이 어디서 사회 현상으로 나타나며, 어디서 정신적 사건이 사회 현상으로 표현 혹은 실현되는지에 초점을 둔다. 물론 이것은 주로 언어(기호 사용을 포함하는 의미 작용 실천이라는 뜻에서, 또 기호학적 영역에서는 의미와 재현 영역)에서 이루어진다. 또한, 이데올로기가 각인되는 사회 행동이나 행위의 의식과 실천에서도 이러한 현상이 생겨난다는 점도 이와 마찬가지로 중요하다. 말하자면 언어와 행위는 이데올로기가 물질적으로 표현되는 미디어이자 이데올로기가 기능하는 양식이다. 이러한 의식과 실천은 항상 사회적 장소에서 사회적 장치와 연결되어 발생한다. 이 때문에 언어나 행위 속에 각인된 이데올로기적 사고 유형을 읽어 내려면 언어와 행위를 분석하거나 해체해 보아야 한다.

이데올로기는 절대로 '관념'이 아니라 실천이며, 이 점이 어떤 이데올로기 이론의 유물론적 성격을 보장해 준다고 주장하는 이론가도 있는데, 지금까지 이데올로기에 관한 사고방식에서 이룩한 발전이 이런 사람들 때문에 가끔 무색하게 되었다. 이러한 주장에는 찬성하고 싶지 않다. 이 주장은 '구체성을 잘못 파악한' 결함을 갖고 있다고 생각한다. 유물론은 정신적 사건(즉 사유)의 정신적 성격 — 현실적 효과는 말할 것도 없고 — 을 부정한다는 주장을 마르크스주의의 유물론의 근거로 삼을 수는 없다. 바로 이것이야말로 (〈포이에르바흐에 관한 명제Theses on Feuerbach〉[Marx, 1963]에서) 마르크스가 일방적인 혹은 기계적 유물론이라 부른 주장의 오류이기 때문이다. 사유가 발생할 때는 물질적 형식을 취하며, 사유는 현실적이고 물질적인 효과를 발휘한다는 사실에 유물론은 근거한다. 어쨌든 이렇게 해서 나는 자주 인용되는 알튀세르의 다음 주장에서 깨달음을 얻었다. "이데올로기는 실천 속에 각인되어 있기 때문에" 그 존재가 물질적이라는 것이다. 자신의 주장 끝 부분에서 알튀세르는 해괴하게도 "관념이라는 용어는 사라진다"라고 표현하는데, 이처럼 지나치게 극화되고 농축된 공식 때문에 얼마간 타격을 입는다. 알튀세르는 큰 업적을 남겼지만, 관념과 사유의 존재를 부정한 것은 아무리 편리하고 위안이 되는 일이라 해도 동의할 수가 없다. 알튀세르가 보여 준 것은 관념이 물질적으로 존재한다는 사실이다. 알튀세르 자신의 말을 빌리면, "어떤 인간 주체의 '관념'은 그의 행동 속에 존재한다." 이와는 다른 "이데올로기 장치의 물질적 존재 내부에서 이루어지는 의례에는 실천이 각인되고, 이 의식이 지배하는 실천 속으로 (행동은) 삽입된다"(Althusser, 1971: 158).

그럼에도 불구하고 알튀세르의 학술 용어에는 여전히 심각한 문제점이 있다. '이데올로기적 국가 장치'는 시민 사회의 많은 '자율적인' 부문과 국가가 아무런 문제없이 동일하다고 가정한다. 반대로 이러한 접합은 그람시의 헤게모니 문제에서 중심적인 부분이다. 그람시는 국가와 시민 사회의 경계를 공식화하는 데 어려움을 겪는다. 이 경계는 단순하지도 않고 모순이 없는 것도 아니기 때문이다. 발전된 자유 민주주의 체제에서 중요한 문제는 언뜻 국가 자체가 직접 작동하는 영역 바깥에 있는 것처럼 보이는, 이른바 시민 사회의 **사적인** 제도 — 동의가 이루어지는 곳 — 에서 어떻게 이데올로기가 재생산되는가 하는 것이다. 만일 정도 차이는 있을망정 모든 것이 국가 감독 아래 있다면, 재생산되는 유일한 이데올로기는 지배적인 이데올로기뿐이라고 보기 쉬울 것이다. 그러나 이보다 어렵기는 하지만 훨씬 더 직접 관련된 문제는, 어떻게 해서 어떤 사회가 날마다 국가의 지휘나 강제 없이 이데올로기 장에서 시민 사회 기구의 상대적 자유가 작동되도록 **허용**해 주는가, 또 그럼에도 불구하고 왜 시민 사회가 매우 복잡한 재생산 과정을 거쳐 '자유로이 작동'한 결과 지속적으로 이데올로기를 '지배 내 구조'로 재구성해내는가 하는 점이다. 이것은 설명하기 훨씬 어려운 문제이며, '이데올로기적 국가 장치' 개념은 이러한 쟁점을 아예 사전에 봉쇄해 버린다. 다시 말해 이러한 관점은 생산 양식이 요구하는 것과 이데올로기의 기능 사이에는 기능적 상응 관계가 반드시 필요하다고 가정하는 넓은 의미의 '기능주의적' 봉쇄에 해당한다.

따지고 보면, 민주 사회에서는 미디어가 어떤 것을 지면에 싣거나 텔레비전에 방영할지에 대해 국가의 지시를 받기 때문이라는 식의 관점으로는 미디어의 구조화된 편향을 제대로 설명할 수 없는데, 그렇게 주장한다고 해서 자유에 대한 환상을 갖는 것은 아니다. 그러나 '자유롭게' 출판하고 비난받는 수많은 언론인이 근본적으로 똑같은 이데올로기 범주 안에서 구축된 세계관을 강제 없이도 아주 자발적으로 계속 재생산하는 것은 무엇 때문인가? 언론인이 이데올로기 장 안에서 제한된 선택 범위만을 계속해서 사용하는 것은 무엇 때문인가? 폭로 저널리즘muckraking 전통 안에서 활동하는 언론인이라면 의식적으로 특정한 이데올로기에 헌신하지는 않겠지만, 흔히 이데올로기는 심지어 이들조차도 '이데올로기에 의해 각인된 글 쓰는 도구'로 활용하는 것처럼 보인다.

이것이야말로 자유주의적 자본주의 이데올로기에서 가장 설명이 필요한 측면이다. 사람들이 "물론 여기는 자유 세계이며, 언론은 자유롭다"고 말할 때, "아니오, 언론은 국가의 강제를 통해서만 움직일 뿐이오" 하는 대응이 말도 안 되는 것은 이러한 이유 때문이다. 그렇게 간단히 설명할 수 있었으면 좋겠다! 만일 그렇다면 그 가운데 네댓의 핵심적인 통제자를 끌어내고 우리 편을 앉히기만 하면 된다. 사실 이데올로기적 재생산을 개개인의 성향이나 노골적인 강제(사회 통제)로 설명할 수 없는 것은 경제적 재생산을 직접적인 힘에 의해 설명할 수 없는 것과 마찬가지다. 두 가지 설명은 서로 비슷한데, 모두 《자본론》의 출발점에서, 즉 순환 과정의 '자발적 자유'가 실제로 어떻게 작동하는지 분석하는 데서 시작해야 한다. '이데올로기적 국가 장치' 개념은 이러한 문제를 단순히 사전 봉쇄해 버린다. 알튀세르는 (이후에 폴란차스[Poulantzas, 1975]가 이 구분은 '부르주아 이데올로기' 내에서만 가능하다는 식으로 그럴듯하게 주장한 것과 똑같은 근거로) 국가와 시민 사회의 구분을 거부한다. 그람시라면 "시민 사회의 참호와 요새"라고 부를 만한, 현대 사회구성체에서 사회의 엄청난 복잡성에 대해 알튀세르의 용어는 충분한 비중을 두지 않는다. 자본주의가 기술적으로 자신의 직접적인 통제 아래 있지 않는 시민 사회를 정리하고 조직화해 나가야 하는 과정이 얼마나 복잡한지를 알튀세르의 이론은 설명하지 못한다. '이데올로기적 국가 장치'의 공식은 이데올로기와 문화의 장에서 이처럼 중요한 문제를 회피하도록 부추긴다.

알튀세르의 세 번째 명제는, 이데올로기가 '주체subject'라는 범주의 구성 덕에 존재한다는 주장이다. 이것을 설명하자면 아주 길고 복잡해지겠지만, 여기서는 시간상 아주 일부만을 반복할 수밖에 없다. 《자본론 읽기》가 논리 전개 방식에서는 레비스트로스나 다른 비마르크스주의 구조주의자와 아주 비슷하다고 다른 곳에서[30] 밝힌 적이 있다. 레비스트로스(Lévi-Strauss, 1972)처럼 알튀세르도 사회관계를 주체 없는 과정으로 설명한다. 이와 비슷하게 계급은 단지 경제적 사회관계의 '담당자와 지지자bearers and supports'라는 알튀세르의 주장은, 레비스트로스처럼 과거 서구의 고전적 인식론에 나오는 행위자/주체 대신에 페르디낭 드 소쉬르Ferdinand de Saussure의 언어 개념을 사용해 실천 일반의 영역에 적용한 것이다. 여기서 알튀세르의 입장은 신화가 신화 창조자를 통해 '말하듯이' 언어가 우리를 통해 말한다는 관점과 대개 일치한다. 이러한 입장은 주관적인 정체성 형

30 이는 S. Hall et al., *Cultural Studies*, 5장(근간)에서 다룬 주제다.

성의 문제와 개개인이나 집단이 어떻게 이데올로기를 말하게 되는가 하는 문제를 차단해 버린다. 그러나 알튀세르는 이데올로기 이론을 발전시켜 나감에 따라 점차 이데올로기가 단순히 주체 없는 과정에 불과하다는 생각에서 벗어나게 된다. 이 주체와 주관성의 영역을 단지 빈 공간으로 내버려 둘 수는 없다는 비판에 동조하는 것 같다. 구조주의의 주요 과제 가운데 하나인 '주체의 탈중심화'는 어떻게 이데올로기가 주체로 되며 주관화되는가 하는 문제를 여전히 해결하지 못했다. 주관적 노력 과정도 아직 설명하지 못했다. 만일 주체나 주관성이라는 것이 없다면 어떻게 구체적인 개개인이 특정한 이데올로기 내의 장소에 속하게 되는가? 반면에 이 문제는 경험주의 철학 전통과는 다른 방식으로 재검토해야 한다. 알튀세르는 〈이데올로기적 국가 장치〉에서 모든 이데올로기는 주체 범주를 통해 기능하며, 주체는 이데올로기 속에서 이데올로기를 위해서만 존재한다고 주장하는데, 이 주장은 아주 긴 발전 과정의 출발점에 해당한다.

이 '주체'를 생생한 역사적 개개인과 혼동해서는 안 된다. 이것은 주체 — 이데올로기적 발화에서 나에 해당하는 것 — 가 구성되는 범주이며 위치다. 이데올로기적 담론 자체가 우리를 담론의 주체로 구성한다. 알튀세르는 자크 라캉Jacques Lacan(1977)에게서 빌려 온 '호명' 개념을 통해 이 과정이 어떻게 작동하는지 설명한다. 이 개념은 우리를 이데올로기의 '창조자author,' 즉 이데올로기에 필수적인 주체로 채택하려는 이데올로기에게서 우리가 부름 혹은 호명을 받는다는 뜻이다. 의미 작용의 연쇄는 이데올로기적 의미의 의미 작용이 발생하는 데 없어서는 안 되는 부분인데, 의미 작용의 연쇄와 우리 사이에 인식과 고정이 이루어지는 위치에서, 우리는 무의식적인 이데올로기 과정에 의해 구성된다. (마침내 마르크스주의 문제 틀에서 벗어나) 알튀세르가 정신분석학과 후기 구조주의에 빠져드는 긴 여로가 전개되는 것은 바로 이러한 주장의 전환에서 비롯한다.

이 〈이데올로기적 국가 장치〉라는 글의 형태에는 아주 중요하면서도 심각할 정도로 유감스러운 점이 있다. 이는 바로 1, 2부로 나뉜 그 글의 구조와 관계가 있다. 1부는 이데올로기와 생산의 사회적 관계의 재생산을 다룬다. 2부는 주체 구성과 상상계the Imaginary 영역에서 이데올로기가 우리를 어떻게 호명하는지에 관한 내용이다. 이 두 측면을 별도로 나누어 다룬 결과 치명적인 탈골이 생겨났다. 원래 이데올로기의 일반 이론에서 중요한 한 가지 요소로 구상했던 것 — 주체의 이론 — 이 환유적으로 전체 이론 그 자체의 자리를 대신 차지하게 된 것이다. 이 때문에 이후에 발전시킨 엄청나게 정교한 이론은 모두 다음과 같은 두 번째 문제에 관한 것이다. 다양한 담론과의 관계 속에서 주체는 어떻게 구성되는가? 무의식적인 과정이 이와 같은 자리매김에서 수행하는 역할은 무엇인가? 이것이 담론 이론과 언어학적으로 영향을 받은 정신분석학의 대상이다. 아니면 어떤 특정한 담론 구성체의 발현 조건을 연구할 수도 있다. 이는 푸코의 문제 틀이다. 혹은 주체와 주관성 자체가 구성되는 무의식 과정을 연구할 수도 있다. 이것은 라캉의 문제 틀이다. 그래서 〈이데올로기적 국가 장치〉의 2부가 다룬 주제는 이론화가 상당히 이루어졌다. 그러나 1부 영역에서는 아무것도 없다. 아무것도! 단지 생산의 사회적 관계의 재생산에 관해 알튀세르가 내놓은 부적합한 공식 때문에 연구가 중단되었을 뿐이다. 이데올로기라는 어려운 문제의 두 측면이 그 글에서는 쪼개졌고, 그 이후로 두 가지 다른 축으로 분류되었다. 재생산 문제는 마르크스주의 (남성의) 축에 맡겨졌고, 주관성 문제는 정신분석학적 (페미니스트의) 축에 맡겨졌다. 그 이후로 두 부분은 다시 만나지 못했다. 후자는 사람들의 '내면'에 관한 문제, 정신분석학과 주관성, 성에 관한 문제로 틀이 지워졌고, 그러한 주제를 '취급하는' 이론으로 이해되었다. 바로 이러한 방식으로, 그리고 이 영역에서 점차 페미니즘과의 연관이 이론화되었다. 전자는 사회관계, 생산, 생산 체제의 '딱딱한면'을 '취급하는' 것이고, 마르크스주의와 환원론적 계급 담론에서 '다루는' 것이기도 하다. 이와 같이 이론적 과제를 양분화한 것은 이후 이데올로기의 문제 틀이 불균등하게 발전되는 참혹한 결과를 낳았고, 이에 따른 정치적으로 치명적인 효과는 언급할 필요조차 없다.

《마르크스를 위하여》에 나타난 이데올로기

이 두 가지 길 중에서 하나를 택하는 대신에, 이러한 곤경을 잠시 접어두고, 그 대신 알튀세르에게서 내가 생각하기에 여전히 유용한 진전을 이끌어 낼 수 있는 다른 출발점을 찾아보고자 한다. 〈이데올로기적 국가 장치〉에 나타난 '진전된' 입장에 도달하기 아주 오래전 알튀세르는 《마르크스를 위하여》의 짧은 구절에서(Althusser, 1969: 231~236) 이데올로기에 관해 되씹어 보고 생각해 볼 만한 가치가 있는 단순한 사실을 언급했다. 여기서 알튀세르는 이데올로기란 약간 고쳐 쓰자면, 개념, 관념, 신화 혹은 이미지로 구성되는 재현 체제로서 이를 통해 인간은 현실의 존재 조건과 상상적 관계imaginary relation를 맺고 산다고 정의했다. 이 명제는 조금씩 나누어 검토해 볼 가치가 있다.

이데올로기를 '재현 체제'로 구상한 것은 이데올로기가 근본적으로 담론적이고 기호학적 성격을 띤다는 점을 인정한 것이다. 재현 체제는 인간이 세계를 자신에게나 다른 사람에게 재현할 때 도구로 삼는 의미 체제다. 이는 이데올로기적 지식이 구체적인 실천, 즉 의미 생산에 관여하는 실천의 결과임을 인정한다. 그러나 의미의 (기호학적) 영역 바깥에서 일어나는 사회적 실천이란 없기 때문에 모든 실천이 단순히 담론에 해당하는가?

여기서는 발걸음을 매우 신중히 옮길 필요가 있다. 억압된 용어 혹은 배제된 중간 부분이 또 하나 눈앞에 놓여 있다. 알튀세르는 관념이 단지 빈 공간에서 떠다니지 않는다는 점을 일깨워 준다. 관념은 사회적 실천에서 구체화되고 사회적 실천을 깨우쳐 주기 때문에 존재한다는 사실은 분명하다. 이러한 뜻에서 사회적인 것은 결코 기호학적인 것과 무관하게 존재하지 않는다. 모든 사회적 실천은 의미와 재현이 상호 작용하는 가운데 구성되며, 그 자체도 재현될 수 있다. 달리 말해 이데올로기를 벗어나는 사회적 실천은 없다. 하지만 그렇다고 해서, 모든 사회적 실천이 담론 속에 있으므로 사회적 실천에는 담론**밖에** 없다는 뜻은 아니다. 보통 지칭하는 과정을 실천으로서의 관념이라는 측면에서 설명할 때 어떤 것이 기정사실화되는지는 안다. '실천'은 구체적으로 느낀다. 실천은 특정한 장소와 장치 — 가령 교실, 교회, 강당, 공장, 학교, 가정 등 — 에서 발생한다. 그리고 이러한 구체성 때문에 이 실천이 '물질적'이라고 주장할 수 있게 된다. 하지만 다양한 종류의 실천 간의 차이점도 언급해야 한다. 한 가지 예만 들겠다. 만일 현대 자본제 노동 과정의 한 부분에 종사하는 사람이라면, 어떤 생산 수단과 함께 — 어떤 가격에 구입한 — 노동력을 이용해 원료를 어떤 산물, 즉 상품으로 변형시키려 한다. 이는 어떤 실천, 즉 노동의 실천에 관한 정의다. 이 실천은 의미와 담론 바깥에 있는 것인가? 분명히 그렇지 않다. 만일 노동이 재현과 의미 영역 속에 있지 않다면, 수많은 사람이 어떻게 이러한 실천을 배우거나, 날마다 분업 속에서 다른 사람과 노동력을 결합할 수 있겠는가? 그렇다면 바로 이러한 변형의 실천은 담론일 뿐인가? 물론 아니다. 모든 실천이 이데올로기 **속에** 있거나 이데올로기에 의해 각인된다고 해서 모든 실천이 이데올로기**일 뿐**이라는 결론은 나오지 않는다. 주목적을 이데올로기적 재현에 두는 그러한 실천은 구체성을 띤다. 이는 상품을 생산하는 다른 실천과 다르며, 그렇게 보아야 의미가 통하고 명료하다. 미디어 종사자는 이데올로기적 재현 영역 자체를 생산, 재생산하고 변화시키고 있는 셈이다.

이들이 이데올로기 일반과 맺는 관계는, 물질적 상품 — 그럼에도 불구하고 이것 역시 이데올로기에 의해 각인된다 — 세계를 생산, 재생산하는 사람과 다르다. 이미 오래전 롤랑 바르트Roland Barthes는 모든 사물이 의미 작용을 한다고 보았다. 후자 형태의 실천은 이데올로기 속에서 작용하긴 하지만 그 대상이 구체성을 띤다는 점에서 이데올로기적이지는 않다.

이데올로기는 실천 속에 구체화된(물질화된) 재현 체제라는 견해를 고수하고 싶긴 하지만, '실천'을 물신화하고 싶지는 않다. 그동안 이러한 이론화 수준에서 나온 주장은 너무 흔히, 사회적 실천을 사회적 담론과 동일시하는 경향이 있었다. 담론을 강조하는 것은 의미와 재현의 중요성을 지적한다는 점에서 옳지만, 이 때문에 바로 정반대로 비약해 마치 모든 실천이 이데올로기에 불과하다고 보는 논의가 나올 수 있다. 이러한 주장은 단순히 (기존의 입장을) 뒤집은 데 불과하다.

알튀세르가 '하나의 체제system'가 아니라 '여러 체제systems'라고 말한 데 주목하라. 재현 체제에서 중요한 점은 유일하지 않다는 것이다. 어떤 사회구성체에서든 재현 체제는 여러 개가 존재한다. 이들은 복수다. 이데올로기는 단일한 관념을 통해 작동하지 않는다. 이데올로기는 담론의 연쇄를 이루며, 무리를 지어 여러 의미의 장에서, 여러 담론 구성체에서 작동한다. 어떤 이데올로기의 장에 들어가서 어떤 한 부분의 재현이나 관념을 고르고 나면, 즉시 함축적 의미 연상의 전체 연쇄가 하나 새로 시작하게 된다. 이데올로기적 재현은 서로 함축, 즉 호출한다. 그래서 어떤 사회구성체에서든 다양한 이데올로기 체제나 논리를 동원할 수 있다. **유일한** 지배 이데올로기와 종속적 이데올로기라는 개념은, 현대의 발전된 사회에서 다양한 이데올로기 담론과 구성체 간의 복잡한 상호 작용을 재현하는 방식으로는 부적절하다. 이데올로기 영역이 상호 배제적이고 내부적으로 자족적인 담론적 연쇄들의 장으로 구성되는 것도 아니다. 이들은 서로 투쟁하기도 하고, 흔히 공통적으로 공유하는 개념의 레퍼토리에 의존하며, 차이나 동일성의 다양한 체제 안에서 이 개념들을 재접합하고 해체하기도 한다.

알튀세르의 이데올로기 정의에서 다음 부분, 즉 인간이 들어가서 **체험하고 사는** 재현 체제 부분으로 넘어가겠다. 여기서 알튀세르는 맹목적인 생물학적 혹은 유전학적 삶이 아니라 문화, 의미, 재현 내에서 체험하는 삶을 의미하기 때문에, 체험이라는 단어를 강조했다. 이데올로기를 없애 버리고 단지 현실만 체험하는 것은 불가능하다. 현실을 우리 자신과 다른 사람에게 재현하는 체제는 늘 필요하다. '체험'에서 두 번째로 중요한 점은, 이 단어를 폭넓게 이해해야 한다는 것이다. 알튀세르가 '체험'이라는 단어로 의미하는 바는, 인간이 자신의 존재 조건을 경험하고 해석하고, '의미를 깨치기' 위해 다양한 재현 체제를 사용한다는 것이다. 그 결과 이데올로기는 똑같은 현실 세계의 이른바 대상이나 객관적 조건을 다르게 정의할 수 있게 된다. 사회관계나 실천의 여건과 그것이 재현되는 다양한 방식의 숫자 사이에는 '아무런 필연적인 상응 관계가 없다.' 그러나 그렇다고 해서, 담론 이론에서 몇몇 신칸트주의자가 가정했듯이 '이데올로기 속에서'가 아니면 사회관계를 알거나 경험할 수 없기 때문에, 사회관계는 재현 장치와 무관하게 존재할 수 없다는 주장은 이끌어 낼 수 없다. 이 점은 이미 마르크스가 "1857년 서문"에서 잘 밝힌 것인데, 슬프게도 알튀세르 자신조차 이를 잘못 해석했다.

아마도 '체험'이라는 용어에 담긴 가장 혁명적인 함의는 경험의 영역을 함축한다는 것일 게다. 세계를 '경험'하는 것은 문화 재현 체제 속에서, 또 이 체제를 통해서다. 경험은 이해의 의미 규칙과 해석틀의 산물이다. 따라서 재현이나 이데올로기 범주 **바깥에** 있는 경험은 없다. 인간의 머리는 허위 관념으로 가득하다. 절대적인 증명의 계기인 '현실'에 자신을 내맡길 때 이 허위 관념을 완전히 깨뜨릴 수 있다는 생각은 아마 가장 이데올로기적인 관념일 것이다. 바로 이렇게 '인식'하게 되는 순간, 의미는 재현 체제의 개입에 달려 있다는 사실조차 사라지고, 우리는 자연주의적 태도에 확고하게 걸려드는 것처럼 보인다. 이는 극단적인 이데올로기적 폐쇄가 이루어지는 순간이다. 여기서 우리는 극도로 이데올로기적인 구조, 즉 상식과 '당연시'의 체제의 철저한 지배 아래 놓이게 된다. 지각은 재현 체제를 생산하는 것이라는 사실을 간과하는 순간, 자연 그 자체가 아니라 자연주의적 환상에 빠지게 된다. 이 환상이야말로 바로 이데올로기의 최고 형태, 혹은 가장 심오한 이데올로기다. 따라서 이데올로기와 경험, 혹은 환상과 참된 진리를 대비되는 것으로 보면, 어떤 특정한 사회의 '현실적 관계'를 그 사회의 문화적, 이데올로기적 범주 밖에서 경험할 수 없다는 점을 깨닫지 못하게 된다. 모든 지식이 단지 권력을 향한 의지의 소산이라는 뜻은 아니다. 특정한 관계에 관해 다른 것보다 더 적절하거나 심오한 지식을 주는 이데올로기적 범주도 몇몇은 있을 수 있다.

우리가 체험하며 사는 사회적 존재 여건과 그 여건을 경험하는 방식은 일대일 관계가 아니기 때문에, 알튀세르가 이 관계를 '상상적imaginary'이라고 부른 것은 당연하다. 말하자면 그 관계를 현실과 혼동해서는 결코 안 된다. 이 영역이 엄격히 라캉적[31] 의미에서 '상상계'가 된 것은 그 이후의 저작에서였다. 이 초기의 글에서 알튀세르가 이미 라캉을 염두에 두었을 수도 있지만, 알튀세르는 라캉이 가정한 특정한 정신분석학적 과정을 통해서만 앎과 경험이 가능하다는 것을 확인하는 데는 아직 관심이 없었다. 이데올로기를 상상적인 것으로 기술한 것은 단지, '현실적 관계'가 자신의 의미를 스스로 뚜렷이 선언한다는 주장과 구분하기 위해서다.

31 라캉에게 '상상계'는 이미지에 대해 충만한 관계의 전조가 된다. 이는 '현실계the Real,' '상징계the Symbolic'와 반대된다.

마지막으로 "존재의 현실적 여건"이란 구절을 어떻게 사용했는지 살펴보자. 여기서 알튀세르는 사회관계가 이데올로기적 재현이나 경험과 별도로 실재한다는 견해를 고수하는데, (오늘날의 문화 이론 내에서는) 말도 안 되는 주장이다. 사회관계는 존재하며, 인간은 태어나면서 그 속에 들어간다. 이 관계는 우리 의지와는 상관없이 존재한다. 그 관계의 구조와 경향도 현실적인 것이다. 우리는 그 여건을 어떤 식으로든 우리에게 재현하지 않고는 사회적 실천을 시작할 수 없다. 그러나 재현이 미치는 효과는 끝이 없다. 사회관계는 정신이나 사유와 상관없이 존재하지만 오로지 사유와 머릿속에서만 개념화될 수 있다. 마르크스는 《정치경제학 요강》의 "1857년 서문"에서 바로 이러한 방식으로 표현했다. 알튀세르는 비록 후기 저작에서 아주 다른 이론화의 근거를 제공하기는 했지만, 사회구성체에서 생산 양식을 구성하는 현실적 관계가 객관적 성격을 띤다고 인정했다는 점이 중요하다. 이후에 칸트주의적 혹은 스피노자적인 입장을 밝힌 데 비교한다면, 여기서 알튀세르의 철학적 입장은 '현실주의realist'에 가깝다.

이제 지금까지 설명한 특정한 구절을 넘어서, 이 공식과 연관된 일반적인 사항을 두세 가지 더 발전시켜 보려 한다. 알튀세르는 이 재현 체제가 근본적으로는 무의식적인 구조에 근거한다고 말한다. 다시 말하자면, 이전의 글에서 알튀세르는 레비스트로스가 신화의 법칙과 범주라는 측면에서 신화의 의미 규칙이 무의식적이라고 정의한 것과 비슷한 방식으로 이데올로기의 무의식적 성격을 파악하는 것 같다. 우리는 어떤 이데올로기적 명제를 내뱉을 때, 이데올로기의 분류 규칙과 체제를 스스로 인식하지는 못한다. 그럼에도 불구하고 이 체계는 언어 규칙과 마찬가지로, 중단과 해체의 방식에 의해 합리적 검토와 분석을 쉽게 할 수 있으며, 이러한 방식을 통해 어떤 담론을 그 뿌리까지 밝혀내고, 이데올로기를 만들어 낸 범주를 검토할 수 있다. 영국 국가의 가사를 알더라도, 행사에서 울려 퍼지는 단순한 노래에 진한 효과를 가져오는 그 심층 구조 — 국가라는 개념, 제국주의 역사의 위대한 전쟁, 전 세계적 지배와 패권에 관한 가정, 다른 민족의 예속화에 필수적인 타자 — 는 '의식하지 못할' 수도 있다. 이와 같은 함축적 의미의 연쇄는 의식 수준에서 쉽게 변화하고 재구성할 수 있는 것이 아니다. 그렇다면 이 의미 연쇄는 정신분석학적 의미에서 구체적인 무의식 과정과 기제의 산물이라는 결론이 나오는가?

이 부분에서, 주체가 어떻게 이데올로기 속에서 스스로 인식하는가 하는 문제가 다시 떠오르게 된다. 개별 주체와, 구성된 특정 이데올로기적 담론의 위치 사이에는 어떠한 관계가 있는가? 이데올로기적 장에서 어떤 일차적 위치의 규정뿐 아니라, 언어 속에 개개인이 기본적으로 자리매김되는 과정 중 일부는 초기 형성 단계에서 정신분석학적 의미의 무의식 과정을 통해 구성된다. 그리고 이러한 과정은 우리가 이후 삶에서 발생하는 이데올로기적 담론에서 자리 잡는 방식을 결정하는 데 근본적인 영향을 미친다. 그러한 과정이 유아기 초기에 작용하여, 다른 사람이나 외부 세계와 관계를 맺을 수 있게 해 준다. 이 과정은 첫째로 무엇보다 성적 정체성의 성격이나 발달과 뗄 수 없이 얽혀 있다. 반면에 이러한 자리매김만이 모든 개개인을 이데올로기 속에 자리 잡게 해 주는 기제를 구성한다는 주장은 제대로 증명된 적이 없다. 우리가 "생물학적 존재에서 인간 존재로 이행" (Althusser, "Freud and Lacan," 1971: 93)하는 바로 그 계기에서만, 역사적으로 위치한 이데올로기 담론의 복잡한 장과 관계를 맺는 위치로 완전히 봉합되는 것은 아니다. 삶의 전 기간의 다양한 단계에서 우리는 다양한 방식으로 위치와 입장이 정해질 가능성이 있다.

그 이후의 자리매김은 오이디푸스 콤플렉스의 해결 단계에서 정해지는 일차적인 위치를 단순히 요약할 뿐이라고 주장하는 이도 있다. 주체는 유아기의 무의식 과정의 해결을 통해서만 이데올로기의 장과 관계를 맺도록 자리매김되지는 않는다고 말하는 것이 더 정확할 것이다. 주체는 구체적인 사회구성체의 담론적 형성에 의해서도 자리매김된다. 주체는 다양한 범위의 사회 영역과 다양한 관계를 맺는 위치에 있다. 개개인의 발언이나 표현 자체를 가능하게 해 주는 과정, 즉 언어 자체가 특정한 사회 내의 다양한 구체적인 재현 체제 내에서 개개인이 자신을 특정한 성, 인종, 사회적인 성 역할 등을 갖춘 개인으로 표현하게 해 주는 과정과 똑같다고 가정하는 것은 잘못된 듯하다. 호명의 보편적 메커니즘이 언어에 필요한 일반적 여건을 제공해 줄 수도 있지만, 역사적으로 구체적이고 분화된 이데올로기를 표현하는 데 충분한 구체적 여건을 제공한다고 시사하는 것은 아직까지는 사변이나 주장에 불과하다. 주관성을 라캉의 무의식 과정이라는 관점에서 설명하는 것 자체가 바로 이데올로기 이론의 전부나 마찬가지라고 담론 이론은 일방적으로 주장한다. 이전의 마르크스주의 이론은 그렇게 하지 못했지만, 이데올로기 이론이라면 확실히 주체와 주관성 이론도 개발해야 한다. 이데올로기 이론은 이데올로기 담론 안에서 이루어지는 자아의 인식을 설명해야 하며, 주체가 담론에서 자신을 인식하고 담론의 저자로서 그 담론을 자발적으로 말하게 해 주는 것은 무엇인지도 규명해야 한다. 그러나 라캉이 언어학적 방식으로 재해석한 프로이트의 틀을 사회구성체 내의 이데올로기에 관한 적절한 이론으로 받아들여야 한다는 뜻은 아니다.

알튀세르 자신은 일찍이(1964년에 집필해 1971년에 출판한 〈프로이트와 라캉Freud and Lacan〉이란 글에서) 라캉의 명제가 잠정적이고 추리적인 성격을 띨 수밖에 없다고 인식한 것 같다. 알튀세르는 라캉의 주장을 지탱하는 골격인 '정체성'의 연속적 단계를 똑같이 사용했다. 즉 이 단계는 생물학적 존재에서 질서의 법칙Law of Order과 밀접한 관련이 있는 인간적 존재로 이행한다는 것인데, 여기서 질서의 법칙은 "그 형식적 본질에서는 언어의 질서와 혼동되는"(Althusser, 1971: 193) 문화의 법칙Law of Culture과 동일한 것이라고 본다. 그러나 알튀세르는 각주에서 다음과 같이 밝힘으로써 이러한 상동 관계적 유사성이 지니는 순수하게 **형식적인** 성격을 포착한다. "형식적으로 볼 때 문화적 법칙은 최초에는 언어로 도입되지만…… 언어가 그 법칙의 전부는 아니기 때문이다. 언어의 내용은 이 구조에 각인된 사람들이 그 속에서 자신들의 기능을 수행하며 사는 그러한 현실적 친족 구조와 명확한 이데올로기적 구성체로 되어 있다. 서구의 가족이 가부장적이고 족외혼 제도라는 점을 아는 것으로는 충분하지 않다…… 또한 아버지다움, 어머니다움, 부부 생활, 어린이다움을 규정하는 이데올로기적 구성체도 산정해내야 한다…… 이러한 이데올로기 구성체에 관해 앞으로 많은 연구가 이루어져야 한다. 이것이 사적 유물론의 과제다"(p.211). 그러나 이후의 공식화에서는 (이후에 잇따라 생겨난 라캉주의의 홍수에서는 더욱더 그렇다) 맹목적인 수용의 열기 속에서 이러한 경고가 망각되었다. 이미 잘 알려진 오류를 거쳐, "무의식은 언어처럼 구조화되어 있다"가 "무의식은 언어, 문화, 성적 정체성, 이데올로기 등에 들어가는 것과 동일하다"로 바뀌었다.

지금까지 내가 하고자 한 것은 이데올로기에 관해 훨씬 단순하고 좀 더 생산적인 사고방식으로 되돌아가는 거다. 비록 가장 멋지고 최신의 것은 아니지만 알튀세르의 저작에서 이러한 방식을 발견할 수 있다. 이러한 문제와 관련해 이 점을 깨닫고 나면, 멀고 어려운 길을 떠나는 출발점에는 서게 된 셈이다. 비록 실질적인 이해나 실제 연구, 진정하게 '개방된'(즉 과학적인) 방식의 지식으로 나아간다는 측면에서, 우리의 개념적 장치는 극히 정교하고 '발전된' 것이긴 하지만 말이다. 이러한 '긴 장정'에서 《마르크스를 위하여》는 〈이데올로기적 국가 장치〉에 난무하는 상상력과 때때로 보이는 공상보다 일찍 나온 것이다. 하지만 이러한 이유만으로 이를 뒷전에 내팽개쳐서는 안 된다. 〈모순과 중층적 결정〉은 그리 엄밀하게 이론화되지는 않았지만, 《자본론 읽기》보다 더 풍부한 결정 개념을 포함하고 있다.

《마르크스를 위하여》는 〈이데올로기적 국가 장치〉만큼 포괄적이지는 않지만, 훨씬 완전한 이데올로기 개념을 갖추었다.

이데올로기 장의 해독

알튀세르의 일반적인 이데올로기 개념에 관해 지금까지 말한 몇 가지를 받아들인다면, 특정한 이데올로기 구성체를 어떤 시각에서 볼 수 있게 되는지 보여 주기 위해 짤막한 사적인 예를 들겠다. '흑인'이라는 용어를 둘러싸고 생성된 이데올로기, 즉 정체성, 장소, 민족, 사회구성체 등에 얽힌 특정한 담론 복합체에 관해 생각해 보려 한다. 그러한 용어는 '어떤 하나의 언어처럼 기능하는데,' 정말 그렇다. 카리브 연안 지역과 영국에서 겪은 나 자신의 개인적 경험에 근거해서 논의의 맥락으로 삼는 사회구성체는 미국의 상황과 정확히 일치하지 않기 때문에 사실 복수의 언어라고 해야 한다. 이 여러 언어가 똑같아지는 것은 언어 일반적인 '무질서' 수준에서뿐이다. 사실 서로 연관되긴 하지만 다양한 역사 내에서 다양성과 구체성만 볼 수 있을 뿐이다.

영국에서 지낸 30년 동안 다양한 시점에서 나는 '유색 인종,' '서인도인,' '깜둥이,' '흑인,' '이주민' 등으로 '부름' 혹은 호명되었다. 때로는 거리에서, 때로는 길모퉁이에서, 때로는 독설적으로, 때로는 친근하게, 때로는 모호하게. (학생 시절에 이웃에 살던 흑인 친구 하나는 백인 이웃을 경악시키려고 한밤중에 우리 집 창밑에까지 차를 몰고 와서는 길 한복판에서 "깜둥이!"라고 매우 크게 외쳐 주의를 끌곤 했다. 이 행동 때문에 그 친구는 소속 조직에서 '인종주의'라고 비난받았다!) 이 용어는 모두 피부색, 민족, 인종 등의 범주로 정체성을 구성해 주는 의미 작용의 연쇄 안에서 내가 속할 '자리'를 정해 준다.

젊은 시절과 성년기를 보낸 자메이카에서 나는 계속 '유색 인종'으로 불렸다. 인종과 민족이란 문장 구조 속에서 이 용어가 다른 용어와 접합되는 방식은, 그 효과로서 '비흑인'이란 의미를 생산해내게 된다. '흑인'은 그 나머지, 즉 대다수의 민중, 보통 사람이다. '유색'이라는 것은 나머지보다 다소 나은 갈색 중산 계급의 '혼합된' 서열에 속하는 것 — 현실에서 그렇지 못하더라도 소망으로라도 — 이었다. 우리 가족은 이처럼 세분화된 소속 구분에 큰 비중을 부여했고 — 계급, 지위, 인종, 피부색의 구분에서 속하는 위치가 갖는 의미 때문에 — 앞서 말한 위치에 속한다고 주장했다. 우리 식구는 마치 마지막 생명선이기나 한 것처럼, 필사적으로 거기에 매달렸다. 영국에 왔을 때 영국인들이 보기에 나는 사실상 '흑인'이었기에 '유색'이라고 불렀음을 알고는 우리 가족이 얼마나 실망했는지 상상도 할 수 없을 정도였다! 요컨대 똑같은 용어라도, 서로 다른 '차이와 동일성의 체제' 안에서 작용하기 때문에 아주 다른 함축적 의미를 지닌다. 어떤 고립된 용어와 색깔 분포에서의 지칭적 위치 간의 글자 그대로의 고정된 상응 관계가 아니라, 다양한 의미 작용의 연쇄 속에서의 위치에 따라 '의미'는 정해진다.

카리브 연안 지역의 체제는 식민주의 인종 담론의 세분화된 위계적 분류 체제를 통해 조직되었는데, 맨 꼭대기에 완전한 '백인'이란 용어를 두고 밑에서부터 단계적으로 올라가는 식으로 배치되었다. 여기서 백인이란 항상 손이 닿지 않는 곳에 있으며, 얻을 수 없고, '결여된' 개념으로, 이러한 속성의 존재-부재에 따라서 전체 연쇄가 구조화되어 있다. 종속된 사회의 특징인 치열한 지위 확보 투쟁에서 잣대의 모든 눈금은 엄청난 중요성을 띤다. 반대로 영국의 체제는 식민지 지배자의 질서에 적합하게 더 단순한 이분법적 구분 — 백인과 비백인 — 을 중심으로 조직되었다. 의미란 언어 속에 세계를 투명하게 반영하지 않으며, 세계를 분류하고 그렇게 해서 사회적 사유와 상식 속에 수용 가능하게 해 주는 용어, 범주, 준거 체제의 차이를 통해 발생한다.

실제 삶을 영위하는 개인으로서 나는 이 호명 중 어디에 해당하는가? 이 가운데 나의 삶을 완전히 포괄해 주는 호명이 하나라도 있는가? 사실 나는 시기에 따라 이러한 재현 방식에 모두 속하기도 했고, 아직도 어느 정도는 이 가운데 몇몇에 해당하기는 하지만, 이 재현 방식의 어느 하나에만 '해당하지는' 않는다. 그러나 본질적이고 통일된 '나'란 없으며, 나는 단지 단편적이고 모순된 주체로 될 뿐이다. 먼 훗날 '유색 피부' 문제와 다시 부딪히게 된 적이 있는데, 이번에는 피부색을 초월한 다른 편에서였다. 아들이 색채를 배울 무렵 그에게 '흑인'이라고 가르치려 했는데, 아들은 계속 자신이 '갈색'이라고 말했다. 물론 아들의 피부색은 **두 가지** 다였다.

나는 성년기를 영국에서 보냈지만, 분명 서인도 출신이다. 실제로 '서인도인'과 '이민자'의 관계는 나에게 매우 복잡한 것이다. 1950년대에는 두 용어가 동일한 것이었다. 오늘날 '서인도'란 매우 낭만적인 용어다. 서인도는 레게 음악, 콜라를 탄 럼 칵테일, 선글라스, 망고, 코코넛 나무에서 딴 열대 과일 샐러드 깡통을 함축한다. 이러한 서인도는 이상화된 '나'에 해당한다. (더 오랫동안 그렇게 느꼈으면 좋겠다.) '이민자'에 대해서도 나는 잘 안다. 여기엔 조금도 낭만적인 구석이 없다. 이 단어는 이민자를 **실제로는 다른 어떤 곳에** 속하는 존재로 위치 매김한다. "그리고 언제 다시 고국에 돌아갈 겁니까?" 이는 대처 여사가 "다른 세상에서 온 쐐기alien wedge"라고 부른 집단의 일부분이다. 사실 나는 생애에서 비교적 늦게야 이 단어가 나를 어떻게 자리매김하는지 이해하게 되었다. 그리고 이 경우의 '부름'은 예기치 않은 방향에서 왔다. 잠깐 고향을 방문하던 중 어머니가 "거기 사람들이 너를 이민자 가운데 한 사람으로 착각하지 않았으면 좋겠는데" 하고 말했을 때였다. 이 경험은 바로 깨달음이 주는 충격이었다. 또한 나는 또 다른, 결여된, 무언의 용어, 결코 나타나지 않는 용어, 대문자 'N'만으로도 모욕적인 '미국의' 용어[니그로]를 여러 번 '들었다.' 이 용어를 둘러싼 '침묵'은 아마 다른 어떤 용어보다도 표현력이 풍부한 것이었다. 긍정적으로 표시된 용어는 결여된, 표시되지 않은, 내뱉지 않은, 차마 말할 수 없는 용어와의 관계 때문에 '의미 작용을 한다.' 의미란 존재와 부재의 이데올로기 체제 내의 관계에 의해 발생한다. "바로 그런 식으로 전개되는 것이다."

알튀세르는 〈이데올로기적 국가 장치〉의 논란이 많은 구절에서, 우리는 "항상-이미" 주체라고 말한다. 사실 허스트 같은 이는 이에 대해 반박했다. 만일 우리가 "항상-이미" 주체라면, 인식 구조와 더불어 이미 형성된 언어로 자신의 위치를 정할 수 있는 수단을 갖추고 태어났어야 한다. 알튀세르가 끌어다 쓰는 라캉은 프로이트와 소쉬르를 이용해 이러한 인식 구조가 (거울 단계와 오이디푸스 콤플렉스의 해결 등을 통해) 어떻게 형성되는지 설명한다. 하지만 이데올로기에 관해 더 큰 진리가 알튀세르의 주장에서 함축되고 있기 때문에, 이러한 반대를 잠시 제쳐 두기로 하자. 우리는 마치 이데올로기가 우리 내부에서 자유로이 자발적으로 발산되는 것처럼, 또 마치 우리가 '우리 힘으로 움직이는' 자유로운 주체인 것처럼 이데올로기를 경험한다. 사실은 심지어 출생 때부터 우리를 기다리며, 우리가 태어나자마자 들어가서 자리 잡게 되는 이데올로기 담론 속에서 (이데올로기를 위해, 이데올로기에 의해) 부름을 받는다. 알튀세르가 해석한 라캉에 따르면, 아직 문화의 법칙 안에 자리 잡을 수단을 습득해야 하는 신생아는 (아버지의/어머니의/부부의/형제의) '이데올로기 형태에 의해' 이미 기대되고, 이름 붙여지고, 미리 자리매김된다.

이러한 관찰을 제시하다 보니 이와 관련된 이전의 경험이 떠오른다. 집안에서 자주 되풀이해 들은 이야기인데, 나에게는 전혀 우습지 않았지만, 집안에 내려온 유머가 넘치는 이야기의 일부다. 어머니가 병원에서 태어난 나를 집에 갓 데려왔을 때, 누이가 침대 속을 들여다보고는 "이 쿠울리 아기는 어디서 났어요?" 하고 말했다는 것이다. 자메이카에서 '쿠울리Coolies'란 동인도인을 말하는데, 노예 제도 폐지 이후 농장 노동에서 노예를 대체하기 위해 이 나라에 데려온 계약 노동자에서 유래한다. 만일 그렇게 하는 것이 가능하다면 '쿠울리'는 인종 담론에서 '흑인'보다 한 단계 낮다. 혼혈 가정에서 흔히 일어나는 일인데, 내가 우리 집안의 평균보다 훨씬 검은 피부로 태어난 데 대해 누이식으로 언급한 것이다. 이 이야기가 정말 일어난 일인지, 가족이 지어 낸 이야기인지, 혹은 아마 내가 꾸며 낸 뒤 언제 왜 그랬는지조차 잊어버린 것인지는 알 수가 없다. 그러나 나는 때때로 그 용어에 의해 나의 '위치'로 부름을 받은 것처럼 느꼈다. 그 순간부터 이 준거틀 안에서 나의 위치는 내내 문제투성이였다. 내가 왜, 어떻게 해서 결국 처음 지명을 받은 대로, 말하자면 집안의 '쿠울리,' 부적응자, 국외자, 그 모든 엉뚱한 사람과 거리를 배회하며 그 모든 웃기는 사상을 갖고 성장한 사람. 즉 타자로 되고 말았는지 설명하는 데 도움이 된다.

이러한 종류의 이데올로기 장을 생성해내는 **모순**은 무엇인가? '자본과 노동 간의 주된 모순'인가? 이상과 같은 의미 작용의 연쇄는 분명 구체적인 역사적 계기 — 노예제의 계기 — 에서 시작되었다. 그래서 영원하거나 보편적이지 않다. 이러한 의미 작용은 서아프리카 연안 왕국의 노예들이 신세계에서 강제 노동 생산의 사회관계에 끼어들게 된 것을 이해하는 방식이다. 노예 사회의 생산 양식이 '자본제적'이냐 '전자본제적'이냐, 혹은 글로벌 시장 내에서 양자가 접합된 것이냐 하는 성가신 문제는 잠시 접어 두자. 발전의 초기 단계에서 사실상 인종 체제와 계급 체제는 중첩되었다. 이 체제는 '등가 체제'였다. 오늘날 인종과 민족 범주는 계속해서 지배와 착취 구조가 '체험'되는 형태 역할을 한다. 이러한 뜻에서 이 담론들은 '생산의 사회적 관계를 재생산하는' 기능을 한다. 하지만 오늘날 카리브 연안의 사회에서 두 가지 체제는 완벽하게 일치하지 **않는다**. 사다리의 꼭대기에는 '흑인'도 있으며, 이 중 일부는 다른 흑인 노동의 착취자이며 일부는 미국의 굳건한 친구다. 세계는 사회적 범주와 자연적 범주로 깔끔하게 구분되지 않으며, 이데올로기 범주도 반드시 거기에 맞는 '적당한' 의식의 양식을 생산해내지는 않는다. 그러므로 두 담론 체제 사이에는 복잡한 접합이 존재한다고 말해야 할 것이다. 이 체제 사이의 등가 관계는 고정되지 않고 역사적으로 계속 변화했다. 또한 이 체제는 한 가지 원인에 의해 '결정된' 것이 아니라 '중층적 결정'의 결과다.

따라서 분명히 이러한 담론들은 자메이카 사회를 인종, 피부색, 민족성 범주를 둘러싸고 조직된 사회적 차이의 장으로 구성한다. 여기서 이데올로기는 이 범주를 둘러싸고 조직된 특정 분류 체계 속에서 전 주민에게 자리 배당하는 기능을 한다. 계급 담론과 인종-피부색-민족성 담론 사이의 접합(그리고 이 사이에서 효과로 생겨나며, 접합으로 가능하게 되는 대체)에서 후자가 '지배적' 담론으로 구성된다. 후자는 보편적인 의식 형태를 생성하는 범주이며, 인간들이 "움직이고, 자기 위치를 의식하고, 투쟁 등의 행위를 하는"(Gramsci, 1971: 377) 지형이며, 사람들이 "자신의 현실적 존재 조건에 대한 상상적 관계를 체험"(Althusser, 1969: 233)할 수 있게 해 주는 재현 체제이기도 하다. 이 분석은 학술적 작업이 아니라 이론적, 분석적 구별의 목적으로만 가치가 있다. 계급과 인종의 중층적 결정은 자메이카와 곳곳에 흩어진 자메이카 흑인의 정치에 가장 엄청난 결과를 가져오는데, 물론 부분적으로는 아주 모순된 효과를 낳기도 한다.

그렇다면 적어도 세 가지 다른 모순(계급, 인종, 성)에 의해 생겨난 상호담론의 장interdiscursive field이라는 측면에서 자메이카와 영국의 사회관계의 장을 검토해 볼 수 있다. 이 세 가지 모순은 각각 그 역사와 작용 방식이 다르며, 각기 세계를 다른 방식으로 분할하고 분류한다. 그렇다면 어떤 사회구성체에서든 계급, 인종과 성이 서로 접합하여 특정한 농축된 사회적 위치를 확립시키게 되는 방식을 분석할 필요가 있다. 여기서 사회적 위치는 '이중 접합'에 노출되어 있다고 말할 수 있다. 정의에 따르면, 이 위치는 중층적으로 결정된다. 이 위치 사이의 중복이나 '통일'(융합), 즉 이들이 이데올로기의 장에서 차이를 접합할 때 서로 함축적 의미로 포함하거나 불러내는 방식에 주목한다고 해서, 각각의 구조가 행사하는 **특정한 효과**를 사전에 부정하지는 않는다. 작동 중인 다양한 접합 가운데 그 시점에서 어떤 것이 지배적인지에 따라, 매우 다양한 방식으로 동맹을 끌어낼 수 있는 정치 상황을 생각해 볼 수 있다.

그렇다면 '흑인'이라는 용어를 별개의 용어로서보다는 특정한 의미론적 장이나 이데올로기 구성체 안에서, 즉 그 단어의 함축적 의미의 연쇄 속에서 생각해 보자. 예를 두 가지만 들겠다. 첫째는 아주 구체적인 역사적 시기, 즉 노예제 시대에 흑인에 대한 — 흑인은 게으르고 악의에 차고 교활하다는 — 인식에서 흘러나온 연쇄다. 비록 이러한 특정한 연쇄에 의해 접합되는 '흑인/백인'의 구분이 단지 자본–노동의 모순에 의해 주어지지는 않지만, 이러한 구체적인 역사적 시기에 특징적인 사회관계가 이 특정한 담론 구성체에서 지칭 대상임을 이 사례에서 알 수 있다. 서인도의 경우 이러한 함축적 효과를 갖춘 '흑인'이란 용어는 독특한 종족적 성격을 띠는 민중이 어떻게 해서 우선 생산의 사회적 관계에 삽입되었는지를 보여 준다. 그러나 물론 이러한 함축적 의미의 연쇄가 유일한 것은 아니다. 카리브 지역인을 그렇게 괴롭힌 강력한 종교적 담론 — 밝음은 신과 영혼을 연상시키고, 어두움이나 '검은색'은 지옥, 악마, 죄, 저주를 연상시키는 것 — 내에서 완전히 다른 또 하나의 함축적 연쇄가 생성된다. 어린 시절 할머니 한 분이 나를 교회에 데려갔을 때, "주여, 우리의 어둠을 밝히소서" 하고 흑인 목사가 기도했는데, 이는 개인적 차원에서 신의 도움을 아주 구체적으로 요청하는 것이라고 생각했다.

이데올로기 투쟁

어떤 특정한 이데올로기적 연쇄의 의미 작용이 발생하는 의미의 장을 검토하는 것은 중요한 일이다. 마르크스는 과거의 관념이 산 자의 머리를 악몽처럼 무겁게 누르고 있다고 일깨워 준다. 역사적 형성의 계기는 어떤 의미의 장에도 중요하다. 이러한 의미 구역은 특정한 역사적 시기에 형성된다. 가령 17세기와 18세기 영국 부르주아 개인주의의 형성이 한 예다. 이 의미 구역은 원래 지칭하던 사회관계가 사라진 오랜 뒤에도 관련성의 흔적을 남긴다. 이 흔적은 이후의 단계에서, 심지어 담론이 일관되거나 유기적인 이데올로기로서는 파편화해 버린 때도 다시 활성화될 수 있다. 상식적 사고는 그람시가 '알맹이 없는' 이데올로기의 흔적이라고 부른 부분을 포함한다. 가령 스스로 세속적이라고 믿고, 따라서 세속적 관념에서 '성스러움'을 박탈한 세계에서도 여전히 남아 있는 종교적 사고의 흔적을 생각해 보라. 비록 종교적인 용어 해석의 논리는 깨졌지만, 종교적 레퍼토리는 계속 지속하면서 새로운 역사적 맥락에서 이용될 수도 있고, 외관상 더 '현대적인' 관념을 보강하고 지지하기도 한다.

이러한 맥락에서 이데올로기 투쟁의 가능성을 찾아낼 수 있다. 사람들이 특정한 이데올로기적 연쇄를 완전히 새로운 대안적 용어로 바꿔 대체, 파괴, 거부하려 할 때뿐 아니라, 이데올로기의 장을 중단시키고 거기서 연상되는 의미를, 가령 부정적인 데서 긍정적인 것으로 변화시키거나 재접합하여 의미를 변화시키려 할 때에도, 특정한 이데올로기의 연쇄는 투쟁의 장소가 된다. 흔히 이데올로기 투쟁은 실제로 기존의 용어나 범주에서 어떤 새로운 의미를 얻어 내려는 시도, 또 그 용어가 의미 작용 구조에서 차지하는 위치에서 그 용어를 분리(탈접합dis-articulating)하는 작업으로 구성된다. '흑인'이란 용어는 가장 경멸받고, 곤궁하고, 계몽되지 않고, 미개하고, 교양 없고, 교활하고, 무능함을 함축한다는 바로 그 이유 때문에 이 의미를 거부하고 변형시킬 수 있으며, 여기에 긍정적인 이데올로기적 가치를 부여할 수도 있다. '흑인'이란 개념은 어떤 특정 사회 집단이나 어떤 개별 담론에 전적으로 속하는 속성이 아니다. 라클라우(Laclau, 1977), 라클라우와 무페(Laclau & Mouffe, 1984)의 용어를 사용하자면, 그 용어는 강력한 효과를 발휘하는데도 불구하고 필연적인 '계급 귀속성'이 없다. 이 용어는 과거 인종 차별과 학대의 담론 속에 깊이 삽입되어 유지되었다. 즉 오랫동안 사회적, 경제적 착취 담론과 실천 속의 위치에 고착된 것으로 보인다. 자메이카 역사에서 민족 부르주아가 식민 지배 세력에게서 공식적인 정치 독립을 쟁취 — 이 투쟁에서는 대중이 아니라 지역 부르주아가 주도적인 사회 세력으로 부상했다 — 하기 위해 대중과 공동 전선을 펴려고 했던 시기에, '흑인'이란 일종의 위장이었다. 1960년대 후반과 1970년대에 자메이카를 휩쓴 문화 혁명 때에야 민중은 처음으로 아프리카-노예-흑인의 후예임을 인정하고 받아들였으며, 사회의 지주나 무게 중심이 '뿌리'로, 즉 '자메이카인다움'(이것은 정치적 급진화, 대중 동원, 다른 흑인 해방 투쟁과 연대, '흑인 형제들'과 '소울 음악' 그리고 레게 음악, 밥 말리Bob Marley[32]와 라스타파리아니즘Rastafarianism[33]등이 생겨나는 계기다)의 문화적 본질을 재현하는 도시·농촌

32 밥 말리(1945~1981)는 자메이카 레게 음악의 영웅이다. 1962년 자메이카에서 본격적으로 음악 활동을 시작해 그룹 웨일러스The Wailers를 이끌며 많은 앨범을 발표했다. 히트곡으로는 *I Shot the Sheriff*(1972), *No Woman No Cry*(1973), *Roots, Rock, Reggae*(1976) 등이 있다. 음악 활동 외에도 흑인의 아프리카 회귀 운동을 주장한 마커스 가비Marcus Garvey의 열렬한 지지자였고, 자메이카에서는 화폐에 그의 초상을 실을 정도로 국민적 영웅이었다. — 옮긴이

33 라스타파리 운동은 1930년대 자메이카에서 생겨난 카리브의 토착적인 영적 이데올로기를 지칭한다. 기독교적 성격을 강하게 띠고 있지만, 엄격히 말해 종교보다는 삶의 방식과 관련된 운동에 더 가깝다. 그래서 이념적 주의를 지칭하는 라스타파리

흑인 하층 계급의 삶과 공통 경험으로 옮아갔는데, 이 시기에 '흑인'은 정반대로 재구성되었다. 이때의 흑인은 '통일,' '흑인으로서의 경험'에 대한 긍정적 인식이 구축되는 장소, 즉 **새로운** 집단적 주체, '투쟁하는 흑인 대중'이 구성되는 계기가 되었다. 의미, 위치, '흑인'의 준거가 이처럼 변화한 것은, 이 무렵 자메이카에서 일어난 흑인 문화 혁명을 좇아 그 혁명을 반영한 것은 아니다. 이 변화는 이 새로운 주체가 **구성되는** 방식 중 하나였다. 민중, 즉 구체적인 개개인은 항상 그곳에 있었다. 그러나 이 민중은 역사의 새 시대를 위해 투쟁 중인 주체로서는 처음 등장했다. 이데올로기는 거의 태고적의 범주를 통해 이 민중의 대항적 구성체를 구성하고 있었다.

따라서 단어의 역사는 오래되고 쉽게 벗겨 낼 수 없는 것이지만, 단어 자체가 구체적인 계급적 함축을 의미하지는 않는다. 사회 운동에서 특정한 강령을 둘러싼 투쟁이 전개되면, 영원히 변하지 않을 듯이 고정된 것처럼 보이던 의미도 변하기 시작했다. 요컨대 '흑인'을 부정적으로 구성해 인종주의를 가능하게 해 준 함축적 의미 연쇄와 사회적 실천을 둘러싸고 **투쟁**을 벌인 결과, 개념의 의미가 변했다. 흑인 운동은 부정적 정의의 핵심부를 공격해 그 용어 자체의 파괴력을 장악하려 했다. '흑인'이란 한때 존경받지 못하던 모든 것을 의미했지만, 이제는 '아름다운' 것으로, 우리 사이에 자부심을 요구하고 자부심을 주는 긍정적인 사회적 정체성의 토대로 인정받

아니즘이라는 용어를 싫어한다. 라스타파리 운동은 대마초의 영적 사용, 물질주의, 억압, 감각적 쾌락 등을 거부하는 삶의 방식을 주장한다. 하지만 이와 동시에 두 기독교 국가인 자메이카와 에티오피아의 토착적 요소가 결합해 탄생했다는 점에서 아프리카 중심적이고 범아프리카적인 정체성 운동의 성격도 띤다. 가령 에티오피아 셀라시에 황제를 제2의 구세주로 숭배한다든지, 에티오피아를 시온 땅으로 이상화해서 귀환 운동을 벌인다든지 하는 점이 이에 해당한다. 라스타파리아니즘은 20세기 말 레게 음악에 힘입어 전 세계에 확산되었다. — 옮긴이

을 수 있다. 따라서 '흑인'이란, 그 의미의 연쇄를 둘러싼 싸움과 그 싸움에 관여하는 사회 세력과의 관계 속에서만 이데올로기적으로 존재한다.

집단을 조직하고 동원했으며, 부상하는 사회적 실천이 전개되는 축 구실을 한 것이라면, 어떤 핵심 개념이나 범주, 이미지라도 예로 들 수 있었을 것이다. 그렇지만 사회 전체에 엄청난 영향을 미치는 용어를 선택하고 싶었으며, 우리가 살아 온 시대의 역사에서 사회적 투쟁과 정치 운동의 전체 방향을 바꿔 놓은 축이 된 그런 용어를 택하고 싶었다. 어떤 용어를 이데올로기 이론 내에서 비환원론적 방식으로 사고한다면, 다음과 같이 시야를 좀 더 넓힐 수 있다는 점을 보여 주고 싶었다. 즉 '좋은' 의미냐 '나쁜' 의미냐 하면서 관념론적으로 티격태격하는 논쟁이나, 담론 내에서만 진행되는 투쟁이나, 특정한 무의식 과정이 유아기에 해결되는 방식 때문에 의미가 영구히 고정되는 것 따위 이상으로 나아갈 수 있게 된다. 이데올로기의 장에는 그 자체의 메커니즘이 있다. 이 장은 '상대적으로 자율적인' 구성, 규제, 사회적 투쟁의 장이다. 물론 결정에서 자유롭거나 독립된 것은 아니다. 그러나 이 장은 사회구성체의 어떤 한 수준이 다른 수준을 결정하는 단순한 결정 구조로 환원될 수 없다. 이러한 구조에서는 흑백 구분이 정치적으로 관련성이 있으며, 이 구조를 통해 인종의 전체 '무의식'이 접합된다. 이 과정은 전체 사회구성체가 이데올로기적으로 재생산되는 방식에 실제로 영향과 효과를 미친다. 만일 '흑인다움'을 둘러싼 투쟁이 충분히 힘을 얻는다면, **바로** 그 투쟁의 효과로 사회가 과거 방식대로 기능적으로 재생산되지 못하게 된다. 말하자면 사회적 재생산 자체가 투쟁 과정이 된다.

알튀세르의 주장이 강조하는 것과는 반대로, 이데올로기는 '생산의 사회적 관계를 재생산하는' 기능만 하지는 않는다. 이데올로기는 또한 지배 내 사회society-in-dominance가 손쉽고 매끄럽게 기능적으로 재생산되는 정도에 **한계를 설정해 준다**. 이데올로기가 항상–이미 각인되어 있다고 간주한다면, 언어와 이데올로기에서 강조점이 왜 이동하는지를 — 볼로시노프(Vološinov, 1973)가 "이데올로기적 기호의 다강조점" 혹은 "언어 영역에서의 계급 투쟁"이라고 부른 것 — 제대로 파악할 수 없게 된다.

3

문화연구의 두 가지 패러다임

Cultural Studies: Two Paradigms

● "Cultural Studies: Two Paradigms," *Media, Culture and Society*, 2, 1980, pp.57~72.

진지하고 비판적인 지적 작업에는 어떤 '절대적인 출발점'도 없으며, 단절 없는 연속성도 거의 없다. 절대적인 관념의 역사History of Ideas에서 그렇게 좋아하던 '전통'의 끊임없는 전개도 옳지 않고, 알튀세르주의자들이 한때 선호했듯이 사상을 '잘못된' 부분과 '올바른' 부분으로 구분한 '인식론적 단절'이라는 절대주의도 타당치 않다. 그 대신에 그다지 깔끔하지는 않지만 특징이 있는 불균등한 발전만 볼 수 있다. 중요한 것은 의미 있는 단절인데, 여기서는 과거의 사고 경향이 붕괴되고 오래된 체제가 대체되며, 과거와 현재의 요소는 새로운 전제나 주제에 따라 재구성된다. 문제 틀의 변화는 제기되는 질문의 성격이나 그 질문이 제기되는 형식, 그 질문에 적합한 답변 형식도 상당히 변화시킨다. 이러한 관점 변화는 내면적인 정신 노동의 산물만이 아니라, 현실의 역사적 발전과 변화가 사상 속에 전유되는 방식까지도 반영한다. 그리고 이 변화는 사상의 '정확성'을 보장할 수 있게 해 주기보다는, 사상이 근본적으로 지향하는 방향이나 그 존재 조건을 파악할 수 있게 해 준다. 사유와 역사적 현실이 이처럼 복잡하게 사상의 사회적 범주 속에 반영되고, '지식'과 '권력'이 계속 변증법적으로 관계를 맺기 때문에, 단절이란 기록할 만한 가치가 있다.

문화연구는 1950년대 중반, 이러한 계기에서 뚜렷한 문제 틀로 등장한다. 그러나 이 연구에 특징적인 문제가 그때 처음 논의되기 시작한 것은 분명히 아니다. 오히려 그 반대였다. 이 새로운 지형을 개척하는 데 기여한 두 책 — 호가트의 《읽고 쓰는 능력의 이용*The Use of Literacy*》과 윌리엄스의 《문화와 사회*Culture and Society*》 — 은 각기 방식은 다르지만 둘 다 (부분적으로는) 복구적인 저작이었다. 호가트의 책은 '대중 사회'에 관한 논의와 F. R. 리비스F. R. Leavis, 〈스크루티니*Scrutiny*〉로 대표되는 연구 전통 속에서 오랫동안 지속된 '문화 논쟁cultural debate'을 참고로 했다. 《문화와 사회》는 오래 지속된 전통을 재구성한 것인데, 요컨대 윌리엄스는 이 전통이 "우리가 사회적, 정치적 삶의 변화에 대해 보여 준…… 수많은 중요하고 지속적인 반응의 기록"으로 구성되며, "그 변화의 성격을 파헤칠 수 있는 수단이 되는, 특이한 종류의 지도"를 제공해 준다고 정의했다(Williams, 1961: 16). 이 책들은 처음에는 단지 이러한 초기 관심사를 전후 세계와 관련시켜 새롭게 수정한 데 불과한 것처럼 보였다. 돌이켜 보면 그들이 처해 있던 사유 전통과의 '단절'은 그 전통과의 연속성보다 더 중요하지는 않을지라도 그것만큼이나 중요한 것 같다. 《읽고 쓰는 능력의 이용》은 실제 비평practical criticism의 전통을 상당히 따라 노동 계급 문화의 유형과 배열 형태 속에 구체화된 가치와 의미를 찾기 위해, 노동 계급 문화를 마치 일종의 '텍스트'처럼 '해독'하기 시작했다. 그러나 이런 방법을 살아 있는 문화에 적용하고, (고급/저급 문화의 구별을 둘러싸고 양극화된) '문화 논쟁'의 틀을 거부한 것은 하나의 철저한 새 출발이었다. 《문화와 사회》는 — 이와 같이 하나의 동일한 운동 속에서 — 하나의 전통('문화와 사회'의 전통)을 수립했고, 전통이 '통일성'(여러 입장이 공통적이라는 점에서가 아니라, 거기에 특징적인 관심사와 연구 방법이 통일되었다는 점에서)을 갖는 것으로 규정했다. 또 그 자체로 오늘날의 시점에서 기존 전통에 대해 두드러지게 공헌했으며, 그 전통의 묘비명까지도 작성했다.

뒤이어 나온 《기나긴 혁명*The Long Revolution*》(1965)에서 윌리엄스는 '문화와 사회'적인 반영 양식은 다른 곳으로 — 상당히 다른 종류의 분석으로 — 옮아가야만 완성되고 발전될 수 있을 것이라고 분명하게 지적했다. 《기나긴 혁명》은 사고방식이 완고하게 경험적이고 특수주의적인 전통을 배경으로 '이론화'를 시도했다. 그 책의 개념들은 경험적으로 '풍부'하며, 주장 방식은 일반화를 추구했다. 따라서 그 책의 일부는 전개하기가 아주 어려웠는데, 이러한 어려움은 부분적으로는 이와 같이 [이론적으로 입장을 고정시키지 않고] **계속 변화해 나가려는** 의지에서 비롯된 것이다. (가장 최근에 나온 《정치와 문학*Politics and Letters*》에까지 이르는 윌리엄스의 저술은 바로 이러한 발전주의developmentalism를 지속적으로 보여 주는 예다.) 《기나긴 혁명》에서 '좋은' 부분과 '나쁜' 부분은 모두 '단절'의 작업이라는 위치에서 생겨난다. E. P. 톰슨의 《영국 노동 계급의 형성*The Making of the English Working Class*》(1968)에 대해서도 똑같이 말할 수 있는데, 이 책은 시기적으로는 다소 더 늦게 나왔다 할지라도 분명히 이 '계기'에 속한다. 이 저술 역시 어떤 두드러진 역사적 전통, 즉 영국의 마르크스주의 역사학이나 경제사와 '노동'사 속에서 만들어진 '사상'이었다. 그렇지만 문화, 의식과 경험 문제를 우선시하고 행위자를 강조하여, 가령 일종의 기술론적 진화론, 환원론적 경제주의, 조직적 결정론과 단호히 결별했다. 이 세 권의 책은 무엇보다도 '문화연구'가 생겨날 수 있는 중간 휴지休止에 해당했다.

물론 이 책들은 문화연구의 기원이 되었고 문화연구를 구성하는 텍스트였다. 그렇지만 어떤 의미에서 보더라도 단순히 새로운 학문의 하위 분야를 개척해 준 '교과서'가 아니었으며, 아마 그런 성격의 작업을 추진할 생각은 꿈에도 없었을 것이다. 초점을 역사적인 데 두든 현대적인 데 두든, 그 책들 자체는 집필된 시기와 사회가 당면한 절박한 사안에 의해 초점이 정해졌고, 그 사안을 통해 조직되었으며, 그러한 사안에 대한 반응이었다.

그 책들은 '문화'를 진지하게, 말하자면 과거든 현재든 역사적 변혁에 관해 적절히 사고하는 데 필수적인 차원으로 받아들이는 데 그치지 않았다. 그 책들 자체는 《문화와 사회》적인 의미에서 '문화적'이다. 이 책들은 다음과 같은 명제에 독자들이 주목하도록 해 주었다. "산업, 민주주의와 계급 변동이 나름대로 대변하는 거대한 역사적 변화에 의해 직접 제기된 문제들이 **문화**라는 단어에 집중되었는데, 예술에서의 변화 역시 그러한 변화와 밀접하게 연관된 반응"(Williams, 1961: 16)이라는 것이다. 이것은 1860년대와 1870년대의 문제일 뿐 아니라 1960년대와 1970년대의 문제이기도 했다. 그리고 아마도 주목해야 할 점은 이러한 사고 방향이 이른바 초기 신좌파의 '의제'와 거의 비슷하며, 이 저자들은 어떤 의미에서는 신좌파에 속했고 이 책들은 신좌파의 텍스트였다고 할 수 있다는 것이다. 이러한 연관성 때문에 '지적 작업의 정치성'은 문화연구가 시작될 때부터 바로 그 중심에 자리 잡았는데, 다행히도 문화연구는 이러한 관심사에서 해방된 적도 없고, 결코 해방될 수도 없다. 심오한 의미에서는 《문화와 사회》에서의 '과거 청산,' 《기나긴 혁명》의 첫 부분, 노동 계급 문화의 몇 가지 측면에 관한 호가트의 아주 개별적이고 구체적인 연구, 그리고 1790~1830년의 기간 중 계급 문화와 대중적 전통 형성에 관한 톰슨의 역사적 재구성은 그 자체가 단절이었고, 새로운 연구와 실천 영역이 시작될 수 있는 공간을 마련해 주었다. 지적인 영향과 강조점이라는 측면에서, 만일 그러한 것을 찾을 수 있다면 이는 문화연구식으로 '재건'하는 계기에 해당했다. 문화연구의 제도화는 손익이 뚜렷이 엇갈리는 상태에서 우선 버밍엄의 연구소와 그 후 다양한 출처와 장소에서 나온 강좌와 출판물에서 이루어졌는데, 이는 1960년대와 그 이후에 속하는 사건이다.

문화는 수렴의 장소였다. 그러나 이 여러 저작에서 핵심적인 개념에 관해 어떤 정의가 나오게 되었는가? 그리고 이런 사고 방향이 분명히 문화연구를 형성해 왔으며 가장 고유한, 혹은 '토착적인' 전통의 요소에 해당한다는 점을 감안할 때, 그 연구의 관심사와 개념은 어떤 영역을 중심으로 통합되었는가? 사실 여기서 '문화'에 관해 단일하고 의문의 여지가 없는 개념 정의는 발견할 수 없다. 그 개념은 복잡한 것, 즉 논리적으로나 개념적으로 명시화될 수 있는 관념이라기보다 여러 관심사가 수렴되는 장으로 남아 있다. 문화연구 분야에서 이런 '풍부함'은 곧 긴장과 어려움이 지속되는 원인이 된다. 그러므로 문화 개념이 지금처럼 (불)확정성을 띠게 해 준 특징적인 강조점과 중요점을 간략히 요약해 보는 것이 적절할 것이다. (다음과 같이 특징을 지적하는 것은, 세심하게 분석적이라기보다 필연적으로 투박하고 지나치게 단순화될 수밖에 없는 통합 작업의 성격을 띤다.) 여기서는 두 가지 주요한 문제 틀만 논의한다.

레이먼드 윌리엄스의 《기나긴 혁명》에 나타나는, 시사점이 풍부한 도식에서 '문화'를 개념화하는 두 가지 다소 상이한 방식을 이끌어 낼 수 있다. 첫 번째 방식은 문화를 그 사회의 공통된 경험을 이해하고 반영할 수 있게 해 주는 가능한 모든 기술記述 체계 전체와 연관짓는다. 이 정의는 '관념'을 강조하던 예전의 입장을 받아들이면서도 철저하게 재구성한다. '문화' 개념 그 자체는 민주화되고 사회화된다. 문화란 더 이상 '지금까지 생각하고 말해 왔던 것 가운데 최고'의 집대성도 아니고, 성취된 문명의 정상이나 예전에 사용되던 때에는 모두 열망하던 완벽함의 이상으로 여겨지던 그러한 것도 아니다. 이전의 틀에서는 최고의 가치를 지닌 문명의 시금석으로서 특권적 지위를 부여받았던 '예술'조차 이제는 일반적인 사회 과정에서 단지 하나의 특수한 형태로 다시 규정된다. 그러한 사회 과정이란 의미를 주고받는 것, 그리고 '공통된' 의미, 즉 공통 문화를 점진적으로 발전시키는 것을 말한다. 이런 특수한 의미의 '문화'는 (레이먼드 윌리엄스가 자신의 일반적 입장을 널리 이해하기 쉽도록 만들어 낸 도식의 하나를 빌리자면)

'일상적인' 것이다. 심지어 문학 작품에서 보이는 가장 세련된 최고의 기술 체계조차도 "관습과 제도를 만들어 내는 일반적 과정의 한 부분이며, 이 과정을 통해 공동체가 소중히 여기는 의미가 공유되며 활성화된다" (Williams, 1965a: 55)라고 한다면, 이러한 과정을 역사적 과정의 다른 실천과 따로 구별하거나 분리할 수 없을 것이다. "우리가 사물을 보는 방식은 글자 그대로 우리의 생활 방식이므로, 커뮤니케이션 과정은 사실상 공동체의 과정이다. 이 과정은 공통된 의미, 따라서 공통된 활동과 목적을 공유하는 것이고, 새로운 의미를 주고받고 비교하는 행위이며, 그 결과 긴장이 생기기도 하고 성장과 변화가 이루어지기도 한다"(Williams, 1965a: 55). 따라서 이렇게 이해하는 한, 기술 체계의 커뮤니케이션을 따로 분리하여 다른 사물과 표면적으로 비교할 수는 없다. "만일 예술이 사회의 일부라면, 그 외부에는 우리가 제기하는 질문 형식에 따라 우선권을 주어야 할 만한 확실한 실체라고는 전혀 없다. 예술은 생산, 거래, 정치, 가족 양육과 더불어 하나의 활동으로서 존재한다. 그 관계들을 적절히 연구하기 위해서 그것들을 적극적으로 파악하고, 모든 활동을 인간 에너지의 특수하고 현대적인 형태로 보아야 한다."

만일 이러한 첫 번째 방식이, '문화'라는 단어가 '관념' 영역과 연관되는 내포적 의미를 가지는 점에 주목하고 이를 재구성해내는 데 초점을 둔다면, 두 번째 강조점은 더 의도적으로 인류학적이며, '문화' 중에서도 사회적 **실천**을 지칭하는 측면을 강조한다. 바로 이러한 두 번째 강조점에서 약간 단순화된 정의 — "문화는 총체적인 삶의 방식이다culture is a whole way of life" — 가 다소 지나칠 정도로 깔끔하게 추상화되어 나왔다. 윌리엄스는 문화 개념의 이러한 측면을 그 용어의 더 '사실 기록적documentary'인 — 기술적이고 민속학적이기까지 한 — 의미와 연관시켰다. 그러나 내가 보기에 전자의 개념 규정 속에는 '삶의 방식'이 통합되어 있기 때문에 전자가 더 중심적인 개념 정의로 보인다. 이 주장에서 중요한 요점은, 일반적으로 분리된 요소나 사회적 실천 사이에 능동적이고 긴밀한 관계를 설정한다는 데 있다. '문화의 이론'이 "총체적인 삶의 방식 안에 있는 요소 사이에 존재하는 관계에 관한 연구"로 정의되는 것은 바로 **이러한** 맥락에서다. '문화'는 **하나의** 실천이 아니다. 인류학에서 흔히 정의하듯이, 단지 사회의 '관습과 습속'의 기술적인 합계도 아니다. 문화는 **모든** 사회적 실천을 관통하며, 그 실천의 상호 관계의 합계다. 그렇다면 무엇을 연구할 것이며 어떻게 연구할 것인가 하는 문제는 저절로 해결된다. '문화'는 **모든** 사회적 실천 내부에서, 혹은 그 저변에서 "예상치 못하게 불연속적으로" 나타날 수 있을 뿐 아니라 "예상치 못하게 일치하고 부합되어"(Williams, 1965a: 63) 나타나는 것을 볼 수 있는, 인간 에너지의 조직 형태이며 인간 에너지의 특징적인 형태다. 그렇다면 문화 분석이란 "이러한 관계의 복합체인 조직의 본질을 발견하려는 시도"다. 그것은 '특징적인 유형을 발견'하려는 데서 시작한다. 그러한 패턴은 개별적인 활동으로 취급되는 예술, 생산, 거래, 정치, 가족 양육 속에서가 아니라, "특정한 사례 속에서 일반적인 조직을 연구"(Williams, 1965a: 61) 할 때 발견할 수 있을 것이다. 분석적으로 보자면 "이러한 유형 사이의 관계"를 연구해야 한다. 분석의 목적은, 어떤 특정한 시기에 이러한 모든 실천과 유형 사이의 상호 작용 전체가 어떻게 체험되고 경험되는지 파악하려는 것이다. 이것이 그 시기의 '감정의 구조structure of feeling'다.

만일 윌리엄스가 제기한 문제가 무엇이며 피하려 한 함정은 무엇인지 이해한다면, 그가 무엇을 의도했으며, 왜 이러한 방향으로 나가야 했는지 더 쉽게 알 수 있을 것이다. 이것이 특히 필요한 이유는 《기나긴 혁명》이 (윌리엄스의 다른 많은 저작처럼), 원하는 대로 뚜렷이 파악하기 어려운 대안적인 입장과 늘 은밀하고 거의 '말 없는' 대화를 나누고 있기 때문이다. 분명히 윌리엄스는 '관념론적인' 문화 정의와 '문명화civilizing' 유형의 문화 정의와도 연관을 맺고 있다. 관념론적 전통을 따라 '문화'를 관념과 동일시하면서도, 동시에 '문화 논쟁'에서 엘리트주의적인 관점에 일반화되었듯이 문화를 어떤 **이상**에 융합시키기도 했다. 그러나 또한 윌리엄스는 특정한 부류의 마르크스주의와 좀 더 광범위하게 연결되어 있는데, 윌리엄스의 개념 정의는 의식적으로 이러한 마르크스주의를 겨냥하고 나왔다. 윌리엄스는 토대/상부 구조의 비유를 글자 그대로 적용하는 데 반대했다. 고전 마르크스주의에서 이 비유는 관념과 의미의 영역이 '상부 구조'에 속한다고 보았고, 상부 구조 자체는 나름대로 사회적 효과를 미치지 못하고 단순히 '토대'를 반영하고 토대에 의해 단순하게 결정된다고 파악했다. 말하자면 윌리엄스의 주장은 속류 유물론과 경제적 결정론에 대항하여 만들어졌다. 그 대신에 윌리엄스는 급진적 상호작용론을 제시하는데, 그 결과 모든 실천은 다른 실천 속에서 또 다른 실천과 상호 작용하는 가운데 이루어져 결정성 문제를 피할 수 있게 되었다. 모든 구체적 실천practices을 실천 일반praxis, 즉 일반적인 인간 행동과 에너지의 변종 형태로 간주하여 실천 간의 구분을 극복한다. 어떤 구체적인 사회의 구체적인 시기에 실천의 복합체에 내재하면서 그것들을 구분해 주는 기초적인 유형은, 그 자체의 기반이 되고 따라서 개별적으로 식별할 수 있는 특징적인 '(실천 일반의) 조직 형태'다.

이러한 초기 입장은 그 후 여러 번 근본적으로 수정되었는데, 각 입장은 문화연구가 어떠한 것이며 어떠한 것이 되어야 하는지 새롭게 정의하는 데 크게 기여했다. 윌리엄스가 수행 중인 과제는 이전의 주장을 계속 재고하고 수정해 나가는, 즉 계속 사고해 나가는 과정에 있음을 보여 주는 예로서의 성격을 띤다는 데 우리는 이미 동의했다. 그럼에도 불구하고, 뚜렷한 연속성이 이처럼 여러 차례의 획기적인 수정을 꿰뚫고 흐르고 있음은 놀라운 일이다. 그러한 계기의 하나는 바로 윌리엄스가 뤼시앵 골드만Lucien Goldman 저작의 중요성을 발견하게 되고, 그를 통해 상부 구조 형태에 특히 주목한 여러 마르크스주의 사상가를 만나게 된 것이다. 이들의 저작은 1960년대 중반에 처음으로 영어 번역판이 나오기 시작했다. 골드만과 루카치 같은 저술가의 기반이 된 다양한 대안적인 마르크스주의 전통을 윌리엄스의 고립된 입장과, 그가 끌어다 쓸 수밖에 없던 빈약한 마르크스주의 전통과 비교해 보면 그 차이는 뚜렷이 드러난다. 그러나 윌리엄스의 이전 주장과 완전히 어긋나지는 않으면서도 — 그들이 반대한 것뿐 아니라 주장한 것까지 포함해서 — 이러한 차이가 수렴되는 지점을 찾아낼 수는 있다. 이들이 다 같이 부정하는 점을 보면 다음과 같은데, 윌리엄스는 이 점에서 자신의 저작이 골드만과 연결된다고 본다. "나는 마르크스주의 전통이라고 알고 있던 것, 즉 사회적 총체성의 이론을 개발해내려는 시도를 포기하거나 적어도 내버려 두어야 한다고 믿게 되었다. (그 대신에) 문화연구를 총체적인 삶의 방식에서 요소 간의 관계에 관한 연구로 보고, 특정한 예술 작품과 형식뿐 아니라 더 일반적인 사회적 삶의 형식, 관계와 접촉을 유지하며 그것들을 설명해 줄 수 있는…… 구조 연구 방식을 찾아내며, 토대와 상부 구조의 도식 대신에 불균등하기는 하지만 서로 결정적으로 작용하는determining 세력의 장이라는 좀 더 능동적인 관념으로 대체해야 한다고 믿게 되었다"(Williams, 1971). 그리고 긍정적인 면은 윌리엄스의 '감정의 구조'와 골드만의 '발생적 구조주의genetic structuralism' 간에 서로 두드러지게 수렴하는 지점이 있다는 것이다. "내 저작에서 감정의 구조라는 개념을 발전시켜야 한다는 것을 깨달았다…… 그러고 나서 골드만이 사회적 사실과 문학적 사실 간의 관계를 자체 속에 포함하는 구조 개념에서…… 출발한다는 사실이 눈에 들어왔다. 이 관계는 내용 문제가 아니라 정신적 구조 문제, 즉 '특정한 사회 집단에 관한 경험적 의식을 조직화하면서, 동시에 작가가 창조해낸 상상의 세계도 조직화하는 범주'의 문제라고 윌리엄스는 주장했다. 정의에 따르면, 이 구조는 개인이 아니라 집단의 창조물이다." 여기서는 실천 간의 상호작용성과 그 밑에 내재하는 총체성, 그리고 그러한 총체성 간의 유사성을 강조하는 것이 특징이고 또 중요하다. "작가가 쓴 내용과 (실제) 세계가 내용상 일치하느냐 하는 문제는 조직이나 구조의 일치라는 이 문제보다 중요성이 떨어진다."

두 번째 '계기'는 톰슨이 《기나긴 혁명》에 가한 비판(Thompson, 1961을 보라) — 어떠한 '총체적인 삶의 방식'에서든 대립적인 삶의 **방식** 사이에 투쟁과 대립의 차원이 없는 경우는 없다는 비판 — 을 윌리엄스가 진지하게 받아들여, 결정과 지배라는 핵심적인 쟁점을 그람시의 '헤게모니' 개념을 통해 새롭게 생각해 보려고 시도했다는 점이다. 〈마르크스주의 문화 이론에서 토대와 상부 구조Base and Superstructure in Marxist Cultural Theory〉라는 논문(Williams, 1973b)은 특히 지배적dominant, 잔여적residual, 부상하는 emergent 문화적 실천 개념을 정교화하였고, 결정성을 '한계와 압력'으로 보는 문제 틀로 되돌아갔다는 점에서 획기적이다. 그럼에도 불구하고 다음과 같이 이전의 강조점이 다시 강력하게 나타난다. "문학과 예술이 아주 특수하고 별개의 법칙의 지배를 받는다고 할 수 있을 정도로, 그것들을 다른 종류의 사회적 실천에서 분리할 수는 없다." 그리고 "어떤 생산 양식, 어떤 지배적인 사회나 사회 질서, 어떤 지배적인 문화에서든, 현실에서 인간의 실천, 인간의 에너지, 인간의 의도가 간여할 여지가 고갈된 곳은 없다." 윌리엄스가 최근 자신의 입장을 가장 일관되면서도 간결하게 정리한 명제, 즉 《마르크스주의와 문학*Marxism and Literature*》의 뛰어난 (이론적) 정리에서도 이 점은 다시 등장하며 철저하게 강조된다. 구조주의는 실천의 구체성과 '자율성'을 강조하고, 사회를 분석적으로 별개의 심급으로 구분한 데 반해, 윌리엄스는 '구성 활동constitutive activity' 일반을 강조하며, 루트비히 포이에르바흐Ludwig Feuerbach에 관한 마르크스의 첫 번째 '명제'에서 따온 "실천으로서의 감성적 인간 활동," 또 "분리할 수 없는 전체적 실천"으로 파악되는 여러 실천, 그리고 총체성을 강조한다. "따라서 마르크스주의의 어느 발전 경로와는 반대로, 연구해야 할 필요가 있는 것은 '토대'와 '상부 구조'가 아니라 특수하면서도 분리할 수 없는 현실적 과정이다. 그리고 마르크스주의 관점에서 볼 때 그 속에서 결정적인 관계는 '결정'이라는 복잡한 개념에 의해 표현되는 관계다"(Williams, 1977: 30~31, 82).

어떤 점에서는 극단적이고 도식적이며 이분법적으로 이론화하려는 관점에서 볼 경우에만 윌리엄스와 톰슨의 저작이 똑같은 문제 틀의 틀 속에 수렴된다고 말할 수 있을 것이다. 톰슨의 저작을 구성하는 지형 — 관계로서의 계급, 대중적 투쟁, 의식의 역사적 형태, 역사적으로 특수한 형태로 나타나는 계급 문화 — 은 전형적으로 좀 더 반성적이고 '일반화를 추구하는' 방식으로 작업하는 윌리엄스에게는 낯선 것이다. 두 사람 사이의 대화는 첨예한 대립에서 시작한다. 톰슨은 《기나긴 혁명》의 비평을 통해 다음과 같은 이유로 윌리엄스를 통렬히 비판했다. 윌리엄스는 '총체적인 삶의 방식'으로서의 문화를 진화론적인 방식으로 개념화했고, 계급 문화 간의 갈등을 확대된 '대화'의 차원으로 흡수하려는 경향이 있었고, 마치 계급 간의 투쟁에 초연한 듯한 비인격적 어조를 풍겼으며, '문화' 개념이 독선적일 정도로 싹쓸이했다는 점도 비판 대상이 되었다. (이 개념은 이질적인 것을 모두 그 개념의 궤도 속에 싹쓸이해 넣었다. 여기서 문화란 모든 실천에 깔린 에너지와 조직 형태 사이의 상호 관계에 관한 연구였기 때문이다. 그러나 — 톰슨은 반문했다 — 바로 여기에서 역사가 등장하게 되는 것이 아니겠는가?) 윌리엄스가 이러한 비판을 감안하기 위해 원래 패러다임의 틀을 어떻게 점차 끈기 있게 고쳐 나갔는지 볼 수 있다. 하지만 이 작업은 (윌리엄스에게 흔히 그렇듯이) 간접적으로, 즉 직접적으로 수정하기보다 그람시를 특정하게 수용함으로써 이루어진다.

또한 톰슨은 윌리엄스보다 더 '고전적인' 입장에 가깝게, '사회적 존재'와 '사회적 의식'을 — 톰슨은 유행하는 '토대와 상부 구조'라는 용어보다 마르크스에게서 따온 이 용어를 훨씬 선호한다 — 구분한다. 따라서 윌리엄스는 모든 실천을 '현실적이고 분리될 수 없는 실천'의 총체성 속에 흡수해야 한다고 주장하는 반면, 톰슨은 오래된 구분에 따라 '문화인' 것과 '문화가 아닌' 것을 구별한다. "문화 이론이라면 문화와 문화가 아닌 것 사이의 변증법적 상호 작용 개념을 포함해야 한다." 하지만 결국 문화에 관한 톰슨의 정의는 윌리엄스의 다음과 같은 정의에서 그다지 멀리 벗어나지 않는다. "삶의 체험의 원료가 한 극단에 있다고 가정하자. 그러면 명시적이든 비명시적이든, 제도 속에 공식화되었든 혹은 거의 비공식에 가깝게 분산되어 있든, 이 원료를 '처리하고' 전달하거나 왜곡하는, 무한하게 복잡한 모든 인간적 규율과 체제는 다른 극단에 있다고 가정해야 한다." 이와 비슷하게 모든 개별적 실천에 내재하는 '실천'의 공통성에 관해 톰슨은 다음과 같이 주장한다. "내가 주장하는 것은 능동적인 과정 — 이는 동시에 인간이 자신의 역사를 만들어 가는 과정이기도 하다 — 이다"(Thompson, 1961: 33). 그리고 두 사람이 뚜렷하게 부정하는 어떤 면과 긍정하는 면에서 이 두 입장은 또다시 아주 흡사해진다. 두 사람이 공통적으로 부정하는 것은 '토대/상부 구조'의 비유와 결정성에 관한 환원론적 혹은 '경제주의적' 정의다. 첫째로 "사회적 존재와 사회적 의식 사이의 — 혹은 '문화'와 '문화가 **아닌 것**' 사이의 — 변증법적 상호 교섭은 마르크스주의 전통 내에서 역사 과정을 이해하려는 어떤 입장에서든 그 핵심에 자리 잡고 있다…… 그 전통이 변증법을 계승하는 것은 옳지만, 특정한 기계적인 비유를 사용해 표현한 것은 잘못이다. 건축 공학에서 따온 이 비유는…… 어떤 경우에든 갈등의 흐름, 변화하는 사회적 과정을 기술하는 데에는 부적합하다. 흔히 제시되는 비유는 모두 정신을 도식적으로 유도하고, 존재-의식의 상호 작용을 외면하게 만드는 경향이 있다." 그리고 '환원론'에 관해서는 다음과 같이 밝혔다. "환원론이란, 정치적 혹은 문화적 사건을 그 행위자의 계급적 소속이라는 관점에서 '설명'하는, 역사적 논리의 오류다…… 그러나 '이해관계'와 '신념' 사이의 매개는, 톰 네언Tom Nairn이 말한 '상부 구조의 복합체complex of superstructures'를 통해서가 아니라 사람들 자신을 통해 이루어졌다"(Thompson, 1965: 351~352). 그리고 좀 더 긍정적으로 보면 다음과 같은 주장은 《영국 노동 계급의 형성》에서 시작해서 《휘그와 사냥꾼*Whigs and Hunters*》(1975), 《이론의 빈곤》, 그리고 이후의 저작에까지 톰슨의 역사 저술 전체의 입장을 사실상 규정하는 단순한 명제라고 볼 수 있다. 즉 "자본주의 사회는 동시에 경제적, 도덕적, 문화적 착취 형태에 토대를 둔다. 본질적으로 규정하는 요인인 생산 관계를 택해서는…… 여러 각도에서 바라보라. 그러면 그것은 어떤 한 가지 측면(임금 노동)으로 보이다가, 이제는 다른 측면으로(물질 취득에 관한 정신으로) 보이기도 하고, 그러다가는 또 다른 측면으로(노동자가 생산에서 역할을 수행하는 데 필요치 않은 지적 능력의 소외로) 나타난다"(Thompson, 1965: 356).

여기서 여러 중요한 차이에도 불구하고 문화연구에서 중요한 한 가지 사고 방향, 즉 지배적 패러다임이라고 부를 만한 것의 윤곽이 드러난다. 이 사고 방향은 '문화'에 잔여적이고 단순히 반영하는 역할을 부여하는 데 반대한다. 그 대신에 다양한 방식으로 문화가 모든 사회적 실천과 서로 얽혀 있는 것으로 개념화하며, 이 실천을 다시 인간 활동의 공통된 형식, 다시 말해 인간이 역사를 만들어 가는 활동인 감성적인 인간 실천 일반으로 개념화한다. 이 사고 방향은 관념적 힘과 물질적 힘 간의 관계를 토대와 상부 구조식으로 공식화하는 데 반대하고, 여기서도 특히 '토대'를 단순한 의미에서 '경제'에 의한 결정으로 정의하는 데 반대한다. 그 대신에 뚜렷한 극단으로 분리할 수 없는 사회적 존재와 사회적 의식 간의 변증법(이 이외의 대안적인 공식으로는 '문화'와 '문화가 아닌 것' 사이의 변증법)이라는 좀 더 폭넓은 공식화를 선호한다. 이 시각에서는 한편으로는 '문화'를 특수한 사회적 집단과 계급에게 주어진 역사적 조건과 관계의 토대 위에서 이 집단 사이에 생겨나는 의미와 가치로 정의하는데, 이를 통해 이 집단들은 존재 조건을 '감당'하고 거기에 반응한다. 이와 **동시에** 문화는 이러한 '이해'가 표현되고 구체화되는 매체가 되는 체험된 전통과 실천으로도 정의된다. 윌리엄스는 '문화'라는 개념 자체 속에 이 두 가지 측면을 — 개념 정의와 삶의 방식 — 함께 포함시킨다. 톰슨은 '경험'이라는 개념 속에 두 가지 요소를 — 의식과 조건 — 포함시킨다. 두 가지 입장에서 채택한 이 핵심적인 용어는 어느 정도 차이는 있으나 모두 문제점이 있었다. 윌리엄스는 '경험의 정의'를 '삶의 방식'에 완전히 흡수해 버리고, 이 둘을 분리할 수 없는 하나의 현실적이고 물질적인 실천 일반에 포함해 버리기 때문에 '문화'와 '문화가 아닌 것'의 구분을 없애 버렸다. 톰슨은 때때로 '의식'을 더 일상적인 의미에서 인간이 자신에게 주어진 조건과 삶의 원료를 '처리, 전달, 혹은 왜곡'하는 집단적인 방식이라는 뜻으로 쓰기도 하고, 때로는 '조건'과 '문화' **사이의** 중간인 '체험'의 영역이라는 뜻으로도 쓰고, 때로는 의식의 특정한 양식과 평형을 이루는 객관적 조건 자체라는 뜻으로도 사용한다. 그러나 용어가 무엇이든 간에 두 입장은 모두 관계의 구조를 그것이 어떻게 '체험되고' '경험되는가' 하는 관점에서 해석하는 경향이 있다. 외관상 양립할 수 없는 것처럼 보이는 요소들을 신중하게 압축해 놓은 윌리엄스의 '감정의 구조' 개념이 특징적인 것이다. 그러나 비록 인간이 필연적으로 또 타의에 의해 받아들이고 맺게 되는 관계와 조건이 '주어진 것'이거나 구조화된 것임을 훨씬 완전하게 역사적으로 파악했고, 자본주의의 생산 관계와 착취 관계의 결정성에 좀 더 뚜렷이 주목하기는 했지만, 톰슨에게도 똑같은 평가를 내릴 수가 있다. 이러한 것은 분석에서 문화, 의식과 경험에 아주 중심적인 위치를 부여하면서 생겨난 결과다. 이 패러다임이 **경험에 우위를 두는 것**, 창조적인 면과 역사적 행위자를 강조하는 것은, 지금까지 대략 설명한 입장들이 취하는 **휴머니즘**에서 두 가지 핵심 요소에 해당한다. 따라서 각 입장은 어떤 문화 분석에서든지 '경험'에 진리임을 입증하는 위치를 부여한다. 결국은 경험에서 또 경험을 통해서 사람들은 자신의 삶의 조건을 경험하고 정의하며 거기에 반응한다. 그렇기 때문에 톰슨에게 모든 생산 양식은 문화이기도 하며, 모든 계급 간 투쟁은 항상 문화적 양식 간의 투쟁이기도 하다. 그리고 윌리엄스에게 경험은 궁극적으로 '문화 분석'이 무엇을 제공해야 하는지를 규정해 주었다. (비록 불균등하고 상호 결정적인 방식으로 이루어지기는 하지만) '경험'에서 모든 다양한 실천이 교차하며, '문화' 속에서 다양한 실천이 교차한다. 이와 같이 문화적 총체성, 즉 **전체** 역사 과정에 관한 의식은 여러 심급과 요소를 구분하려는 어떤 시도도 거부한다. 어떤 주어진 역사적 조건에서 이 요소들이 현실적으로 서로 연관을 맺듯이 '사유 속에서' 또 분석에서도 총체화하려는 움직임이 있어야 한다. 거기에 맞추어 이러한 시각은 여러 실천을 구분하는 분석적 추상화도 거부하며, 혹은 복잡하게 얽혀 있으며 특수한 '실제의 역사적 움직임'을 좀 더 일관성 있는 논리적 혹은 분석적 틀을 통해 검증하려는 어떤 형태의 분석적 추상화에도 반대하는 입장의 가장 강력한 원형을 보여 준다. 이러한 입장, 특히 좀 더 구체적인 역사적 묘사 형태를 취하는 입장(《영국 노동 계급의 형성》, 《시골과 도시*The Country and The City*》)은 구체적인 현상 밑에 내재하는 본질을 모색하는 헤겔주의의 입장과 정반대다. 하지만 이 입장은 여러 구체적 실천들을 실천 일반으로 환원하려 하고, 외관상 가장 분화된 영역 밑에 내재하는 공통적이고 유사한 '형식'을 찾으려는 경향이 있기 때문에, 이들의 움직임은 '본질을 추구하는' 경향을 띤다. 이 입장은 총체성totality을 어떤 특정한 방식으로 이해하는데, 이들이 파악한 총체성은 소문자 't'로 표기되는 것으로 구체적이고 역사적으로 한정된 것이며, 그 부분들은 서로 불균등하게 상응한다. 이러한 입장은 총체성을 '표현적인 것으로' 이해한다. 더 전통적인 분석 대상을 경험 수준 쪽으로 돌리거나, 다른 구조와 관계를 해석하면서 그것이 어떻게 '체험되는가' 하는 관점에서 내려다본다. 따라서 지나치게 성급한 '이분법적인 이론화'를 피하려고 온갖 주의와 단서를 단다 해도, 이들의 강조점은 '문화주의자culturalist''라고 보는 게 (적절하거나 완전하지는 않더라도) 당연하다.[34]

'문화주의적' 문화연구의 흐름은 '구조주의'가 지적 현장에 등장하면서 잠시 중단되었다. 구조주의는 아마도 '문화주의'보다 좀 더 다양하기는 하겠지만, 그럼에도 불구하고 하나의 표제 밑에 지정할 수는 있을 정도로, 어떤 입장과 지향점을 공통적으로 갖고 있었다. '문화주의' 패러다임은 반드시 '이데올로기'(물론 이 **단어**는 나타나지만 핵심적 개념은 아니다)라는 용어와 개념적으로 관련짓지 않고도 정의할 수 있지만, '구조주의적' 개입은 대개 '이데올로기' 개념을 중심으로 표현되었다고들 한다. 구조주의는 좀 더 완전히 마르크스주의적인 전통을 따르기 때문에, '문화'는 그렇게 두드러지게 나타나지 않는다. 이 점은 마르크스주의적 구조주의자에게는 적용될지 모르나, 구조주의적 과업 자체에는 잘 들어맞지 않는 이야기다. 그러나 오늘날 구조주의적인 과업을 마치 알튀세르나 그의 영향을 받아 뒤따라 생겨난 것 — 여기서 '이데올로기'는 아주 중요하기는 하지만 제한된 역할을 했다 — 에만 전적으로 국한해 레비스트로스의 중요성을 생략하는 것은 흔히 범하는 오류다. 하지만 엄격히 역사적인 관점에서 보자면, 최초로 단절을 단행한 것은 레비스트로스와 초기 기호학이었다. 그리고 비록 마르크스주의적 구조주의가 이 선구자들을 대신했다 할지라도, 레비스트로스의

34 '문화주의'에 관해서는 이 패러다임의 운용에 관해 리처드 존슨이 쓴 두 획기적 논문 — Johnson(1979a; 1979b) — 을 참고하라. '이분법적 이론화'가 초대할 수도 있는 위험성에 관해서는 Barrett et al.(1979)의 서론을 보라.

저작에 엄청난 이론적 빚(과거에서 정통성을 찾는 과정에서 종종 각주로 넘겨지거나 격하되기도 한다)을 졌고, 지금도 계속해서 지고 있다. 소쉬르를 본떠 언어적 패러다임을 수용하여, '문화의 인문과학'을 완전히 새로운 방식으로 과학적이고 엄밀하게 탈바꿈시킬 수 있는 패러다임의 가능성을 열어 준 것은 바로 레비스트로스의 구조주의였다. 그리고 알튀세르의 저작에서 좀 더 고전적인 마르크스주의 주제가 부활되었을 때에도, 마르크스가 언어적 패러다임의 관점을 통해서 '읽히고' 재구성된 것은 사실이다. 가령 《자본론 읽기》에서 생산 양식은, 구절 하나를 새로 만들어 내자면 (불변의 요소의 선택적 결합을 통해) '언어처럼 구조화된' 것으로 볼 때 가장 잘 파악할 수 있을 것이라는 주장이 나온다. '문화주의'가 역사성을 강조한 것과는 반대로 (구조주의가) 비역사성과 공시성을 강조하는 것도 비슷한 근거에서 나왔다. '사회성the social 자체'에 대한 편중도 마찬가지다. 이 용어는 형용사가 아니라 명사적으로 쓰였는데, 이 용법은 레비스트로스가 마르크스가 아니라 에밀 뒤르켐Emile Durkheim(미국 구조 기능주의의 시조가 된 《분업론*The Division of Labour*》의 뒤르켐이라기보다는, 가령 《원시적 분류 체계》에서 사상의 사회적 범주를 분석한 뒤르켐)에게서 끌어낸 것이었다.

레비스트로스도 가끔 일종의 마르크스주의 공식을 탐색한 적이 있었다. 그래서 "마르크스 자신은 아닐지라도 마르크스주의는, 아주 흔히 마치 구체적 실천이 실천 일반에서 직접 도출되는 것처럼 추론했다. 분명히 하부 구조가 우선적이라는 것을 의심하지는 않지만, 실천 일반과 구체적 실천 사이의 매개자에 해당하는 개념적 도식이 항상 존재한다고 믿는다. 이러한 개념적 도식을 작동시키면 결코 어느 쪽도 독립된 존재라 할 수 없는 내용과 형식이 구조로, 즉 경험적이면서도 이해 가능한 실체로 실현된다." 그러나 이것은 — 또 한 구절을 지어 내자면 — 대개 '제스처에 불과한' 것이다. 이러한 구조주의는 문화주의와 마찬가지로 《독일 이데올로기》의 더 단순한 부분에서 유래한 토대/상부 구조라는 비유의 관점과 근본적으로 단절했다. 그리고 레비스트로스는 '바로 마르크스가 거의 손대지 않은 상부 구조의 이론'에 기여하고자 하긴 했지만, 레비스트로스의 기여는 '문화주의자들'이 했던 것만큼이나 결정적이고 최종적으로 그 준거틀 전체와 근본적으로 단절할 정도로 컸다. 여기서는 알튀세르도 포함해서 문화주의자와 구조주의자는 지금까지 '상부 구조적'이라고 정의하던 영역이 구체성과 효과, 우선적인 구성 역할을 한다고 보았는데, 그 결과 문화주의자나 구조주의자나 모두 '토대'와 '상부 구조'의 준거틀에서 벗어나게 되었다. 레비스트로스와 알튀세르 역시 사상적 경향의 측면에서는 반환원론자이자 반경제주의자였고, 아주 오랫동안 '고전 마르크스주의'로 행세해 온 타동적 인과성을 비판적으로 공격했다.

레비스트로스는 일관되게 '문화'라는 용어를 가지고 분석했다. 레비스트로스는 '이데올로기'를 중요성이 훨씬 떨어지는 것, 즉 단순히 '부차적인 합리화secondary rationalizations'에 해당한다고 간주했다. 윌리엄스나 골드만처럼, 레비스트로스는 어떤 실천 내용 간의 상응 관계라는 수준이 아니라 그것의 형식과 구조의 수준에서 분석했다. 그러나 그것들을 개념화하는 방식은 윌리엄스의 '문화주의'나 골드만의 '발생적 구조주의'와 달랐다. 이러한 차이는 세 가지 방식으로 확인할 수 있다. 첫째 레비스트로스는 '문화'를 사고와 언어의 범주와 틀로 개념화했는데, 이 틀을 통해 다양한 사회는 자신의 존재 조건을 — 그중 무엇보다 (레비스트로스는 인류학자였기 때문에) 인간 세계와 자연 세계 사이의 관계를 — 분류한다고 보았다. 둘째 레비스트로스는 이 범주와 정신적 틀이 생산되고 변형되는 방식과 실천을, 주로 — '문화'의 주요한 미디어인 — 언어 자체가 작동하는 방식에 비유해서 파악했다. 레비스트로스는 그러한 방식이나 실천에서 특유한 점을 찾아내고, 그것들이 작동하는 것을 '의미 생산,' 즉 무엇보다 **의미 작용**

실천signifying practices으로 보았다. 셋째 초기에는 뒤르켐이나 마르셀 모스 Marcel Mauss처럼 사고의 사회적 범주라는 개념을 가지고 시도했지만, 이후 레비스트로스는 의미 작용 실천과 비의미 작용 실천 사이의 — 다른 용어를 쓰자면 '문화'와 '문화 아닌 것' **사이의** — 관계라는 문제를 거의 포기하고, 의미 작용 실천 내에서 의미 범주 생산의 수단이 되는 내부적 관계에 집중했다. 이 때문에 결정성과 총체성 문제는 거의 중단되었다. 구조주의적 인과성, 즉 **배열**, 내부적 관계, 구조 내부의 부분 간의 접합 논리가 채택되고, 인과적 결정성 논리는 폐기되었다. 알튀세르와 마르크스주의적 구조주의자들이 마르크스의 '엄청난 이론적 혁명'에 준거틀의 기반을 새롭게 두게 된 후에도, 구조주의적 인과성의 여러 측면은 이들의 저작에서 긍정적으로 묘사된다. 이데올로기에 관한 알튀세르의 획기적인 공식 가운데 하나 — 인간은 주제, 개념, 재현을 통해 상상적 관계 속에서 현실적 존재 조건과의 관계를 '체험'하게 되는데, 이러한 주제, 개념, 재현 등을 이데올로기라 정의한다는 공식 — 에서, 레비스트로스의 '실천 일반과 여러 실천 사이의 개념적인 도식'에 관한 대략적인 윤곽을 발견할 수 있다. 여기서 '이데올로기'는 관념의 내용과 표면적 형태로 정의되지 않고, 조건이 재현되고 체험되는 미디어가 되는 무의식적인 범주로 정의된다. 이미 앞서 알튀세르의 사고에서 언어적 패러다임 — 위에서 밝힌 두 번째 요소 — 이 적극적으로 나타나고 있다고 언급했다. 그리고 그의 가장 획기적이고 생산적인 기여 가운데 하나인 '중층적 결정' 개념에서 알튀세르는 여러 실천 **사이의** 관계 문제와 결정성 문제로 되돌아가기는 했지만(덧붙여 말하자면 알튀세르는 여기서 완전히 새롭고 아주 시사적인 재공식화를 주장했는데, 지나칠 만큼 제대로 주목을 끌지 못했다), 전형적으로 내부의 부분들이 서로 유사해지고 일치되는 '표현적인' 총체성 개념을 버리고, 다양한 실천과 이 실천의 내부적 특수성, 조건, 효과의 '상대적 자율성'을 강화하는 경향이 있었다.

완전히 다른 지적, 개념적 세계를 배경으로 이러한 대안적 패러다임이 생겨났다는 사실을 별도로 하더라도, 문화주의와 구조주의는 외관상 중복되는 점이 있기는 하지만 몇 가지 점에서 날카롭게 대립했다. 이러한 첨예한 대립 가운데 하나가 바로 '경험' 개념과 각 시각에서 그 용어가 차지하는 역할을 둘러싸고 일어나고 있음을 볼 수 있다. '문화주의'에서 경험은 의식과 여건이 교차하는 기반 — '체험'의 지형 — 인 반면, 구조주의에서는 인간은 문화의 범주, 분류 체계와 **틀 속에서 또** 틀을 **통해서만** 자신의 여건을 '체험하고' 경험할 수 있을 것이기 때문에, '경험'이란 개념 정의상 어떤 것의 기반도 될 수 없을 것이라고 주장했다. 하지만 이 범주는 경험에서나 경험 속에서 생겨난 것은 아니고, 오히려 경험이 그 범주의 '효과'로 생겨난 것이었다. 문화주의자는 의식과 문화 형태를 집단적인 것으로 정의했다. 그러나 문화와 언어에서 주체가 문화의 사유 범주에 관해 '능동적으로 말하는 것speaking them'이 아니라, 그러한 범주가 주체를 통해 말한다spoken by는 급진적인 주장에까지는 미치지 못했다. 하지만 이 범주는 단지 개인적 생산물이라기보다 집단적 생산물이라는 데 머물지 않고, 더 나아가 **무의식적인** 구조였다. 비록 레비스트로스는 '문화'만 이야기했지만, 그의 개념이 알튀세르에 의해 다음과 같이 이데올로기의 개념적 틀로 쉽게 옮겨질 수 있었던 것은 바로 이러한 이유 때문이다. "이데올로기는 '재현' 체제이지만, 대개 이 재현은 '의식'과 아무 관계가 없다…… 사람들의 '의식'을 통해서가 아니라 무엇보다 구조로서 대다수의 인간에게 부과된다…… 이러한 이데올로기적 무의식 속에서 인간은 자신과 세계 사이의 '체험된' 관계를 변화시킬 수 있고, '의식'이라 불리는 새로운 형태의 특수한 무의식을 얻게 된다"(Althusser, 1969: 233). 이러한 의미에서 '경험'은 진리임을 확인해 주는 출처가 아니라 효과로 파악했고, 현실의 반영이 아니라 '상상적인 관계the imaginary relation'로 파악했다. 어떻게 이 '상상적인 관계'가

피지배 계급에 대한 지배 계급의 지배뿐 아니라 (생산 관계의 재생산을 통해, 또 노동력을 자본주의적 착취에 적합한 형태로 구성함으로써) 생산 양식 자체의 확대 재생산에 기여하는지에 관한 설명을 발전시키는 단계에까지 거의 도달한 셈이다. 이 점이야말로 〈이데올로기적 국가 장치〉 논문보다 《마르크스를 위하여》가 더 뛰어난 점이다. 다음과 같이 두 패러다임 사이의 다양한 차이는 이 점에서 비롯한다. 가령 '인간'을 스스로 역사를 만들어 가는 능동적인 행위자라기보다 그들을 표현 도구로 쓰고 그들의 위치를 정해 주는 구조의 담당자라는 개념으로 파악한 것이 그렇다. 또한, 역사적 '논리'보다는 구조적 논리를 강조한 것, 비이데올로기적이고 과학적인 담론을 — '이론' 속에 — 구성하려는 작업에 몰두한 것, 따라서 개념적 작업과 보증된 절대적인 이론Theory에 특권적 위치를 부여한 것, 역사를 구조의 행진(《이론의 빈곤》의 여러 곳을 참조하라), 말하자면 구조주의적 '기계'로 재구성한 것 등도 그러한 차이점이다.

문화연구의 이 '거장 패러다임' 중 어느 하나에서 발전, 파생되어 나온 무수한 가닥을 일일이 설명할 지면은 없다. 두 패러다임이 비록 문화연구에서 채택한 많은 전략을 모두, 혹은 대부분 설명해 준다고는 결코 말할 수 없지만, 그 분야의 주요한 발전 방향을 규정했다고는 할 수 있다. 초기의 논쟁은 연구 주제를 둘러싸고 양극화되었다. 그러나 이 패러다임 중 하나를 특정한 문제점이나 자료에 적용해 보려는 노력에서 몇몇 뛰어난 구체적인 연구가 나왔다. 특징적인 면을 보자면, 현재 영국의 비판적인 지적 작업에는 분파주의적이고 독선적인 풍토가 펴져 있고, 연구의 종속성도 아주 두드러지기 때문에 논쟁과 토론은 아주 흔히, 그리고 지나치게 극단적으로 양극화되었다. 이처럼 극단적 형태로 나타나는 논쟁과 토론은 흔히 상대편의 거울 같은 반영이거나 정반대로만 구현될 뿐이다. 지금까지 설명의 편의를 위해 사용한 광범위한 유형화는 여기서 사고의 감옥으로 변한다.

양자를 손쉽게 통합할 수 있다고 주장하지는 않더라도, 현 시점에서는 '문화주의'든 '구조주의'든 현재의 상태로는 문화연구를 개념적으로 명확하고 이론적으로 풍부한 연구 영역으로 만들려는 과제에 적합하지 않다고 말하는 것이 적절할 것이다. 그럼에도 불구하고 각 관점의 장점과 한계를 대략 비교해 보면 근본적인 사항은 드러난다.

구조주의의 커다란 장점은 '한정적 조건'을 강조한다는 점이다. 만일 어떤 특정한 분석에서든 다음과 같은 명제 — "인간은 자신이 만들지 않은 조건의 토대 위에서…… 역사를 만든다" — 의 두 부분 사이에 변증법적인 관계가 유지되지 않는다면, 그 결과는 불가피하게 순진한 휴머니즘으로서 필연적으로 주의론적이고 대중주의적인 정치적 실천을 낳게 될 것이라는 점을 구조주의는 일깨워 준다. '인간'이 자신이 처한 조건을 의식할 수 있고, 그 조건에 대항해 싸우기 위해 조직할 수 있고, 또 사실 그것을 변화시킬 — 만일 그러한 것이 불가능하다면 능동적인 정치를 실천하는 것은 고사하고 구상해 볼 수조차 없을 것이다 — 수 있는 것은 사실이다. 그렇다고 해서 자본주의 사회에서 인간이 자신을 행위자로 구성하는 관계 속에 들어가 자리매김된다는 사실조차 무시해서는 안 된다. 소박한 영웅주의적 긍정보다 '지성의 비관주의, 의지의 낙관주의'가 출발점으로 더 좋을 것이다. 구조주의는 — 마르크스가 주장했듯이 — 구조의 관계를 '사람들' 사이의 관계로 환원하지 않고 오히려 이와는 다른 기반 위에서 구조의 관계를 파악할 수 있게 해 준다. 이것이 바로 마르크스가 가장 중시한 추상화 수준인데, 마르크스는 이것을 통해 (이전의) 이른바 '정치경제학'이 — 명백하기는 하지만 부정확한 — 출발점으로 삼았던, 적나라한 개개인과 단절할 수 있었다.

그러나 이 장점은 두 번째 장점과 연결된다. 구조주의는 추상화가 '현실의 관계'를 파악하는 사고의 도구로서 필수적이라고 인식했을 뿐 아니라, 마르크스의 저작에서는 **서로 다른 추상화 수준 사이**에 지속적이고 복잡한 운동도 존재한다고 보았다. 물론 '문화주의'에서 주장하듯이, 역사적 현실에서는 여러 실천이 각각 뚜렷이 구분된 별개의 심급으로 나타나지는 않는다. 하지만 복잡한 현실에 관해 생각해 보거나 분석하기 위해서는 사고라는 실천 행위가 필요하다. 그리고 소박한 눈에는 보이지 않고 스스로 드러내거나 증명해 보이지도 않는 관계와 구조를 보여 주고 해명해 주기 위해서는, 추상화와 분석의 힘을 반드시 사용해야 하고 또 복잡한 현실 속에 파고들어갈 수 있는 개념을 반드시 형성해야 할 필요가 있다. "경제적 형태의 분석에서는 현미경도 화학적 시약도 도움이 되지 않는다. 추상화의 힘이 이 둘을 대신해야 한다." 물론 구조주의는 흔히 이 명제를 지나치게 극단적으로 받아들였다. '추상화의 힘' 없이는 사고가 불가능하다는 이유로 구조주의는 이를 개념 형성의 수준에 — 그리고 추상화에서 최고도의 추상적인 수준에만 — 절대적인 우선권을 부여하는 것과 혼동했다. 이렇게 되면 절대적인 이론이 판사요 배심원이 된다. 그러나 이것은 바로 이제 막 마르크스 자신의 실천에서 얻은 통찰을 버리는 것이다. 가령 《자본론》의 방법론은 — 물론 이것은 '사유 속에서' 진행되는 것이긴 하지만("1857년 서문"에서 마르크스가 "그렇지 않으면 어디서?" 하고 물었듯이) — 추상화의 단순한 실행이 아니라, 주장 내에서 추상화의 **상이한 수준** 사이에 계속 설정하는 운동과 관계에 의존하고 있음은 분명하기 때문이다. 각 추상화 수준에서 작용하는 전제는 — 주장의 편의상 — 불변의 것으로 가정해야 하는 다른 전제와 구분해야 한다. (현미경의 비유를 들자면) 다른 확대 배율의 수준으로 이동하기 위해서는 이전의 좀 더 추상적인 수준에서는 제시되지 않았던 존재 조건을 더 구체적으로 밝혀야 한다. 이와 같이 서로 확대 배율의 수준이 다른 추상화를 계속해 나감으로써 '사유 속의 구체concrete in thought'를 어떤 종류의 사고의 효과로 **점차** 구성하고 **재생산해** 나가려 하는 것이다.

구조주의에서 택한 이론적 실천의 절대주의에서도, 또 이에 대한 반발로 문화주의가 취하게 된 것처럼 보이는 반추상주의적인 '이론의 빈곤'식의 입장에서도 이 방법은 제대로 실현되지 않았다. 그럼에도 불구하고 이 방법은 본질적으로 **이론적**이며, 또한 그래야만 한다. 여기서 사유는 현실을 반영하는 것이 아니라 현실과 접합된 것이고 현실을 전유한다는 구조**주의**의 주장을 출발점으로 삼을 필요가 있다. 이 주장의 함의를 잘 검토해 보면, 지금까지 구조주의/문화주의의 특징이라고 보았고 또 그 양자의 장점을 훼손시켰던, 추상화/반추상화 틀 안의 선택, 혹은 이론주의 대 경험주의라는 잘못된 이분법 내에서 영원히 맴돌던 데에서 벗어날 수 있는 방법을 찾을 수 있을지도 모른다.

구조주의의 또 하나의 장점은 '전체'라는 개념을 갖췄다는 것이다. 문화주의는 실천이 근본적으로 특수성을 갖는다고 계속 주장하지만, 문화주의가 '총체성'을 개념화하는 방식의 배후를 보면 그것은 복잡한 것 같으면서도 단순한 표현적 총체성에 가깝다. 그 총체성의 복잡성이란 측면은 여러 실천이 유동적으로 서로 침투해 있기 때문에 생겨난 것이다. 그러나 이 복잡성은 개념적으로 실천 일반 — 인간 활동 자체 — 의 '단순성'으로 환원될 수 있는데, 이 속에서 똑같은 모순이 각각의 실천 속에 계속 유사한 모습으로 반영되어 나타난다. 구조주의는 '구조'를 강조하는 것이 너무 지나쳐 구조라는 기계에 자기 발생적인 성향(이는 말하자면 그 기능이 그 효과의 합계에 불과한 '스피노자적인 영원성'으로서, 진정으로 구조주의적인 변종이라 보아야 할 것이다)을 부여하고, 구조가 자체적으로 뚜렷이 구분되는 심급들을 보유하게 해 주었다. 하지만 구조주의는 구조의 통일성이 필연적으로 복잡성(이러한 복잡성을 파악하는 데는 구조주의적 인과성처럼 결합에 의해 불변하는 개념보다 중층적 결정이 더 적합할 것이다)을 갖는다고 인식했다는 점에서 문화주의보다 더 발전된 것이다. 더구나 구조주의는 여러 실천 사이의 유사성보다 **차**

이를 통해 만들어지는 통일성을 개념적으로 파악할 수 있다. 여기서 구조주의는 다시 한번 마르크스의 방법론을 비판적으로 꿰뚫어 보았다. 《정치경제학 요강》의 "1857년 서문"의 복잡한 구절을 생각해 볼 수 있는데, 여기서 마르크스는 어떻게 해서 어떤 사회구성체의 '통일성'이 동일성이 아니라 **차이**로부터 구성된 것이라고 파악할 수 있는지를 보여 주려 한다. 물론 차이를 강조하는 바람에, 모든 구조 개념과 총체성 개념이 상실될 정도로 구조주의 내부의 근본적인 개념은 이질화될 수도 있고, 실제로도 그렇게 되었다. 푸코와 다른 후기 알튀세르주의자들은 실천이 필연적으로 이질적일 수밖에 없으며 '필연적으로 비상응 관계를 이룬다'는 우회적인 입장을 거쳐, 결국에는 실천이 절대적인 — 상대적인 것이 아니고 — 자율성을 갖는다는 입장에 이르렀다. 그러나 차이 속의 통일성, 복잡한 통일성, 바로 마르크스가 말한 '수많은 결정의 통일'로서의 구체성에 대한 강조는 또 다른, 궁극적으로 좀 더 생산적인 방향, 즉 상대적 자율성과 '중층적 결정'의 문제 틀과 **접합**의 연구로 이를 수도 있다. 접합 역시 극도의 형식주의에 빠질 위험을 안고 있다. 그러나 접합은 (모두 똑같은 방식으로, 동일한 지점에서, 똑같은 계기에서 생겨나지 않는 그러한 모순을 둘러싸고 나타난) 특수한 개별적 실천들을 **함께** 파악할 수 있게 해 주는 상당한 이점도 있다. 따라서 구조주의 패러다임은 제대로 발전시키기만 한다면, 개별적 실천이 모여서 이루는 조화를 놓치지 않으면서도, (분석상으로 구분되고 추출된) 다양한 실천의 특수성을 개념화할 수 있게 해 준다. 문화주의는 다양한 실천의 특수성, 즉 '문화'가 '경제' 속에 흡수되어서는 안 된다는 점을 계속 주장하지만, 문화주의는 이 특수성을 이론적으로 적절하게 정립하는 방법을 갖추지 못했다.

구조주의가 보여 주는 세 번째 장점은 '경험'을 탈중심화하고 '이데올로기'라는 그간 소홀히 한 범주를 정교화하는 획기적인 작업을 시작한 데 있다. 마르크스주의 패러다임 안에서 고안된 문화연구로서, '이데올로기' 범주를 포함하지 않은 연구를 상상하기는 어렵다. 물론 문화주의는 계속해서 이 개념을 언급하기는 하지만, 사실 이데올로기는 문화주의의 개념적 세계에서 중심부에 있지 않다. '경험'을 진리 보장적인 힘으로 인정하고 자주 언급하는 바람에, 문화주의와 적절한 '이데올로기' 개념 사이에는 어쩔 수 없이 장벽이 생기게 된다. 하지만 이데올로기 없이는 '문화'가 특정한 생산 양식의 재생산에 미치는 영향을 파악할 수 없다. 좀 더 최근의 구조주의자들이 '이데올로기'를 개념화하는 방식에는, 이데올로기를 기능주의적으로, 즉 사회구성체에 필수적인 접합제로 해석하려는 경향이 두드러진 것은 사실이다. 문화주의가 올바로 지적했듯이, 이러한 입장에서 보면 개념 정의상 '지배적'이지 않은 이데올로기나 투쟁 개념은 생각할 수도 없다. 후자의 개념이 알튀세르의 유명한 논문 〈이데올로기 국가 장치〉에 등장하는 것은, 또 하나 구절을 만들어 본다면 대개 '시늉 수준에 불과하다.' 그럼에도 불구하고 이데올로기 장을 투쟁의 지형으로 적절히 개념화할 수 있는 방법을 제시하는 작업이 (그람시의 저작과, 좀 더 최근에는 라클라우의 저작을 통해) 이미 진행되고 있는데, 이 저작들은 문화주의보다는 구조주의의 입장에 가깝다.

문화주의의 장점은 이미 지적한 구조주의적 입장의 약점에서, 또 후자가 전략적으로 비워 둔 것과 침묵을 지키는 것에서 거의 도출해낼 수 있다. 문화주의는 의식적 투쟁과 조직의 발전이 — 이것이 구조주의 패러다임에서는 줄곧 평가절하당한 것과는 반대로 — 역사, 이데올로기와 의식 분석에 필요한 요소로서 긍정적인 계기가 된다고 주장했으며, 이 주장은 옳다. 여기서 대체로 '무의식적'이고 이미 정해진 문화적 '상식'의 범주를 좀 더 능동적이고 조직적인 이데올로기에 연결해 주는, 즉 상식과 대중적 전통의 기반 속에 개입하고 이러한 개입을 통해 대중을 조직화할 수 있는 이데올로기에 연결해 주는 좀 더 세련된 일련의 틀을 제공해 준 사람은 역시 그람시였다. 이러한 뜻에서 문화주의는 문화적 범주의 무의식과 의식적인 조직화 계기 사이의 변증법을 **적절하게** 복구한다. 물론 그 특징적인 움직임에서 문화주의는 지나치게 포괄적으로 '의식'을 강조해, 구조주의가 '조건'을 지나치게 강조한 것과 대비되는 경향이 있었다. 그러므로 문화주의는, 주로 경제적 관계가 '인간'을 행위자로서 자리매김해 주는 방식에 의해 정해지는 즉자적 계급이 능동적인 역사적·정치적 세력, 즉 대자적 계급으로 만들어지는 과정을, 말하자면 어떤 분석에서든 필요한 계기로 복구시킨다. 그뿐만 아니라 문화주의는 자신의 반이론적 양식에도 어긋나게, 각 계기가 제대로 발전될 경우, 분석이 행해지는 추상화 수준의 관점에서 이 계기를 이해해야 한다고 **요구한다**. 그리고 그람시는 "구조와 복합적 상부 구조 영역 사이의 경로"와 그것의 뚜렷한 형태와 계기에 관한 논의에서 이러한 잘못된 양극화를 넘어서는 방법을 제시하기 시작했다.

이 논의에서는 주로 문화연구에서 사용되는 두 가지 기본적 패러다임으로 보이는 것들의 특징을 정리하는 데 중점을 두었다. 물론 두 가지만 사용되는 것은 결코 아니다. 이 두 가지를 준거로 해서는 새로운 발전이나 사고 방향을 결코 제대로 포착할 수가 없다. 그럼에도 불구하고 어떤 의미에서는 대안적인 집결 지점을 자처하는 패러다임들의 근본적인 약점이나 부적합성으로 보이는 것을 평가하는 데 이 패러다임들을 사용할 수 있다. 여기서는 세 가지만 간략히 살펴보겠다.

첫째는 레비스트로스, 초기 기호학과 언어적 패러다임의 관점에서 파생된 것인데, '의미 작용 실천'에 중점을 두며 정신분석학적 개념과 라캉을 거쳐 사실상 문화연구의 전 지형을 '담론'과 '주체'라는 용어에 다시 중점을 두고 근본적으로 재편한 것이다. 이러한 사고 방향을 이해하는 방식 중 하나는 (마르크스주의뿐 아니라 비마르크스주의적 변종의) 초기 구조주의의 공백을 메우려는 시도로 보는 것인데, 그 초기에 나온 담론[혹은 연구]에서는 '주체'와 주관성이 이후에 등장하리라 기대했을 법한데, 그 작업은 끝내 이루어지지 않았다. 물론 이것은 바로 문화주의가 구조주의의 '주체 없는 과정'이란 개념을 겨냥해 신랄한 비판을 퍼부은 핵심적인 요점 가운데 하나다. 차이점이 있다면, 문화주의는 (집단적이든 개인적이든) 의식의 통일된 주체를 '구조'의 중심부에 복귀시켜 초기 모델의 초구조주의hyperstructuralism를 수정하려 한 반면, 담론 이론은 프로이트적인 무의식 개념과 또 주체가 (상징계와 문화의 법칙 속으로 들어가) 언어 속에서 어떻게 형성되는지에 관한 라캉의 개념을 통해, **탈중심화된** 주체, 모순된 주체를 언어와 지식 속의 일련의 위치로 — 문화는 여기에서 발현되는 것처럼 보일 수 있다 — 복원시킨다는 점이다. 이 접근 방식은 분명 구조주의뿐 아니라 마르크스주의 자체의 공백까지도 찾아낸다. 문제는 이 문화의 '주체'를 개념화하는 방식이 초역사적이며 '보편적' 성격을 띤다는 점이다. 이 방식은 역사적으로 한정된 사회적 주체 혹은 사회적으로 한정된 특정한 언어가 아니라 주체 일반을 제기한다. 따라서 지금까지의 경험으로 볼 때, 이 방식은 일반적 명제를 구체적인 역사적 분석 수준으로 발전시킬 수 없다. 두 번째 어려움은 — 초기 구조주의에서는 완전히 '구조' 수준에 있다고 본 — 모순과 투쟁 과정이 이제는 정반대로 뒤집기를 통해 전적으로 주체의 무의식 과정의 수준에 있는 것으로 파악된다는 점이다. 문화주의가 흔히 주장하듯이 '주관성'은 그러한 분석에서는 언제나 필요한 계기일 수도 있다. 그러나 이것은 특정한 생산 양식과 사회구성체의 사회 과정 전체를 해체해서 전적으로 무의식적인 정신분석학적 과정 수준에서만 재구성해야 한다는 주장과는 전혀 다른 것이다. 이 패러다임 내에서 그리고 새 패러다임을 정의하고 발전시키기 위해 중요한 연구가 진행되었지만, 이 패러다임에서 주장하듯이 좀 더 적절한 개념으로 이전의 **모든** 패러다임의 틀을 대체했다는 주장은 지나친 욕심인 듯싶다. 이 패러다임이 마르크스주의를 좀 더 적절한 유물론에 통합했다는 주장은 대체로 개념적이라기보다 의미론적 주장에 그친다.

두 번째로 개발된 패러다임은 좀 더 고전적인 문화의 '정치경제학'의 관점으로 되돌아가려는 시도다. 이 입장은 지금까지의 연구가 문화적, 이데올로기적 측면에 지나치게 집중했다고 주장한다. 그래서 이전의 '토대/상부 구조'의 관점을 부활시켜, 최종 심급에서 경제에 의한 문화-이데올로기의 결정 속에서 두 대안적 시각에 결여된 결정의 위계를 찾으려 한다. 이 입장은 문화 생산의 경제적 과정과 구조가 문화적 이데올로기적 측면보다 더 중요하다고 주장한다. 그리고 이러한 과정과 구조는 이윤, 착취, 잉여 가치와 같은 좀 더 고전적인 용어 속에서, 또 상품으로서의 문화에 대한 분석 속에서 아주 적절히 파악할 수 있다는 것이다. 이 입장은 이데올로기를 '허위의식'으로 보는 관점을 유지한다.

물론 방식은 다르지만 구조주의와 문화주의는 모두 문화적 이데올로기적 생산의 경제적 분석을 게을리했다는 주장에도 어느 정도 장점은 있다. 하지만 이러한 '고전적인' 지형으로 되돌아가게 되면 그 지형이 안고 있던 수많은 문제도 다시 등장한다. 문화적 이데올로기 차원의 효과가 지니는 특수성은 또다시 사라지는 경향이 있다. 이는 경제적 수준이, 문화적 이데올로기적 효과를 설명하는 데 '필요하고도' '충분한' 조건이라고 여기는 경향이 있다. 마찬가지로 이 입장은 상품 형태 분석에 초점을 두기 때문에, 여러 실천 간에 조심스럽게 설정된 모든 구분을 깨뜨려 버린다. 주목 대상이 되는 것은 상품 형태의 가장 포괄적인 측면이기 때문이다. 그러므로 이 입장의 추론은 대체로 획기적인 추상화 수준에 국한된다. 상품 형태에 관한 일반화는 자본주의 시대 전체를 통틀어 타당하다. 이와 같이 '자본의 논리'라는 식의 고도의 추상화 수준에서는 구체적인 국면 분석을 통해 이끌어 낼 수 있는 것이 거의 없다. 또한 이는 그 나름대로 기능주의 — '구조'나 역사의 기능주의보다는 '논리'의 기능주의 — 로 흐르는 경향이 있다. 이 접근 방식 역시 충분히 검토해 볼 만한 가치가 있는 통찰력을 갖고 있다. 그러나 이 시각은 손실을 보충해 줄 만큼 설명력을 제고하지도 못하면서, 지금까지 고통스럽게 성취한 것을 너무 많이 희생한다.

세 번째 입장은 구조주의 계열과 밀접하게 연관되는데, '차이'를 강조하는 입장의 경로를 따라서 가다가 마침내 근본적인 이질성을 주장하게 된 것이다. 오늘날 영국의 지식인은 푸코의 저작을 무비판적으로 추종해, 프랑스에서는 철이 지난 사상에 종속되고 있다. 그렇지만 푸코의 저작은 대단히 긍정적인 영향을 미쳤다. 무엇보다 푸코는 거의 해결이 불가능한 결정 문제를 보류하여, 특정한 이데올로기와 담론 구성체의 구체적인 분석과 그것을 정교화하는 작업으로 되돌아갈 수 있게 해 주었기 때문이다. 푸코와 그람시의 저작은 현재 이 분야에서 수행되는, 구체적인 분석에 관한 대다수의 생산적인 연구가 나오도록 하는 데 크게 기여했다. 이렇게 해서 이들은 항상 구조주의의 주요 장점 가운데 하나였던, 구체적인 역사적 심급에 대한 자각을 강화해 주고 — 역설적으로 — 지지해 주었다. 그러나 푸코의 예는 그의 일반적인 인식론적 입장을 통째로 받아들이지 않을 경우에만 긍정적이다. 사실 푸코는 아주 단호하게 판단을 보류했고, 여러 실천 사이에 대체로 우연적인 것 이외의 어떤 결정성이나 관계를 설정하는 데에도 철저하게 냉소적이어서, 이 문제에 관해서 불가지론자가 아니라 모든 실천 상호 간에 필연적인 비상응 관계를 확신한다고 볼 수도 있기 때문이다. 그러한 입장에서는 사회구성체도 국가도 제대로 파악할 수 없다. 푸코는 정말이지 자신이 파 놓은 함정에 계속 빠져드는 셈이다. 만일 — 자신이 그간 잘 방어한 인식론적 입장과는 어긋나게 — 어떤 '상응 관계'가(가령 감옥, 성, 의료, 수용소, 언어와 정치경제학처럼, 자신의 모든 연구에서 추적한 모든 주요한 이행의 계기는, 산업 자본주의와 부르주아가 운명적이고 역사적인 랑데부를 하게 되는 바로 그 지점에서 수렴되는 것처럼 보인다는 단순한 사실이) 성립하는 사례를 만나게 될 경우, 푸코는 자신이 다른 곳에서 주장한 정교한 입장을 완전히 부인하는

속류 유물론에 빠지게 되기 때문이다.[35]

내가 보기에는 그람시의 저작이 정교화한 몇몇 개념을 통해 구조주의와 문화주의 진영에서 가장 좋은 요소들을 발전시켜 **전향적으로 사고하려고** 하는 문화연구 노선이야말로, 이 연구 분야가 필요로 하는 것을 가장 잘 충족시켜 줄 수 있다는 사실을 이만하면 충분히 설명한 것 같다. 그리고 지금쯤이면 그 이유도 분명해졌을 것이다. 구조주의든 문화주의든 자기 충족적인 연구 패러다임으로서 충분하지는 않지만, 이들은 다른 경쟁적 패러다임과 달리 이 분야에서 중심적인 위치를 차지한다. 두 노선은 (공통적인 부분에서뿐 아니라 차이를 보이는 부분에서도) 문화연구의 **핵심 문제**임에 틀림없는 그러한 문제를 제기한다. 이 두 패러다임은 문화/이데올로기라는 서로 밀접하게 연관되지만 상호 배제적이지는 않은 개념들에 의해 구획된 지형으로 계속 되돌아가게 해 준다. 이들은 다양한 실천의 특수성과 더불어, 이 실천이 모여 구성하는 접합된 통일성의 형태를 **동시에** 파악하려 하는 데서 생겨나는 문제를 제기한다. 비록 결함이 있는 개념이기는 하지만, 토대/상부 구조의 비유로 두 패러다임은 계속 되돌아간다. 비환원론적 결정성에 관한 모든 문제를 압축한 이 문제야말로 문제의 핵심이라는 그들의 주장은 옳다. 또한 문화연구가 과연 관념론과 환원론 사이에서만 끊임없이 맴돌던 데에서 벗어날 수 있느냐 하는 것도 이 문제의 해결 여부에 달려 있다는 이들의 주장 또한 옳다. 비록 방식은 근본적으로 서로 정반대지만, 두 패러다임은 조건과 의식의 변증법이라는 문제와 씨름한다. 또 다른 수준에서 두 패러다임은 사고의 논리와 역사적 과정의 '논리' 사이의 관계라는 문제를 제기한다. 두 패러다임은 올바른 유물론적 문화 이론이 가능하리라

35 말하자면 푸코는 자신이 최근에 앞문으로 추방해 버린 계급을 뒷문으로 들여올 수도 있다.

는 희망을 계속 품고 있다. 양자는 상대방에 대해 계속해서 적대감을 갖고 있고, 이 적대감은 갈수록 강화되고 있어, 통합이 쉽게 이루어지리라고 기대하지는 않는다. 그러나 이들은 만일 가능하다면 그러한 통합이 이루어질 수 있는 공간은 어디에 있으며 그 한계는 어느 정도인지를 규정해 준다. 이 두 패러다임이야말로 문화연구에서 '가장 핵심'에 해당한다.

4

포스트모더니즘과 접합: 스튜어트 홀과의 대담

On Postmodernism and Articulation: An Interview with Stuart Hall

● "On Postmodernism and Articulation: An Interview with Stuart Hall," in David Morley & Kuan-Hsing Chen (eds.), *Stuart Hall: Critical Dialogues in Cultural Studies*, London: Routledge, 1996, pp.131~150. 원래 *Journal of Communication Inquiry*, vol. 10, no. 2, 1986, pp.45~60에 실린 것이다.

이 글은 스튜어트 홀이 1985년 9월 미국 아이오와대학교 언론학부에서 S. 엘리자베스 버드, 매릴린 스미스, 패트릭 오브라이언, 첸광싱Kuan-Hsing Chen과 대담한 내용(포스트모더니즘 부분)과 1985년 8월 일리노이대학교의 비평 해석 이론 과정에서 게리 넬슨, 로런스 그로스버그Lawrence Grossberg 등과 한 대담(접합 부분) 중에서 발췌한 것이다. 녹취록은 첸광싱과 마이클 그리어가 작성했다.

이른바 '포스트모더니즘'이라 불리는 연구가 지금 폭발적으로 늘어나고 있다. 여기에 대해 당신의 관심사와 관계를 어떤 식으로 규정할 것인지 묻는 데에서 시작하겠다. 복잡하게 얽힌 이 담론에 손대기 시작하는 한 가지 방안으로, 위르겐 하버마스Jürgen Habermas와 장프랑수아 료타르Jean-François Lyotard 간 논쟁에 관한 당신의 입장이 어떠한지를 이야기해 달라.

스튜어트 홀 나는 여러 가지 이유로 그 문제에 관심이 있다. 우선 미국에서 포스트모더니즘이 엄청나게 인기를 끌었고, 포스트마르크스주의나 후기 구조주의에 비해 개념으로서 즉각 성공을 거두었다는 점은 매우 흥미롭다. '포스트모더니즘'은 현재로서는 가장 큰 성공담이다. 그리고 포스트모더니즘은 본질적으로 바로 미국 문화에 대한 혹독한 비판이기 때문에 그처럼 대중성을 누린다는 게 우스워 보인다. 이는 마치 세계의 종말을 어느 정도 참을 수 있는지, 이러한 대충격에서 어느 정도 충격을 피할 수 있는지 묻는 것과 같다. 하지만 이와 별도로 이 조류를 받아들일 수밖에 없다. 이 개념은 현대 문화의 양상과 경향에 관해 핵심적인 문제를 제기한다. 포스트모더니즘은 유럽에서 논쟁의 중심점으로 부상하고 있고, 여기엔 아주 심각한 여러 쟁점이 관련되어 있다. 하버마스와 료타르 사이에 벌어진 논쟁의 구체적인 문제를 고려해 보겠다.

요컨대 나는 그 어느 쪽의 견해에도 동의하지 않는다. 계몽 사상과 모더니즘의 과제에 대한 하버마스의 방어가 가치 있고 용기 있다고 생각하지만, 포스트모더니즘 이론이 아주 타당하게 주목한, 현대 문화의 깊이 모순된 몇 가지 경향을 충분히 다루지는 못한 것 같다. 그러나 료타르와 축하 의례적celebratory 양식의 장 보드리야르Jean Baudrillard는 저항을 그냥 무시해 버렸다고 생각한다. 이 사람들은 단지 새로운 추세나 경향, 새로운 문화적 지형을 찾아내는 데 그치지 않고 거기에 애정을 느끼는 법을 배우는 데 열중한다. 이들은 이 두 가지 단계 — 분석과 처방 — 를 하나로 융합시켜버린 것 같다. 이 점에서 포스트모더니즘의 선구자 겸 예언자인 마셜 매클루언Marshall McLuhan과 어느 정도 비슷하다. 마셜 매클루언은 미디어에 관해 처음 글을 쓰기 시작할 무렵, 확고한 리비스주의 비평가로 케임브리지대학교를 갓 졸업한 상태였다. 매클루언의 첫 번째 책인 《기계적 신부*Mechanical Bride*》는 새로운 테크놀로지에 매우 비판적이었다. 사실 매클루언은 이 책을 "매스 미디어의 낙진에 대비한 민방위"로 지칭했다. 그러나 환멸은 곧 그 반대, 즉 축하 의식으로 바뀌었고, 후기 저작에서는 아주 다른 입장을 취해 그냥 편히 드러누운 채 미디어가 자신을 압도하게 내버려 둔다. 매클루언은 한때 자신이 가장 격렬히 공격했던 것을 자축했다. 포스트모던 공론가 사이에서도 이와 비슷한 일이 일어났다고 생각한다. 이처럼 미국의 시대의 자축 이면에서는, 파리 좌파 문학 지식인의 깊은 환멸을 엿볼 수 있을 것이다. 따라서 하버마스의 비판 이론에서 표출되는 여전히 지나치게 통합된 입장과 관련하여, 포스트모더니스트들이 계몽 시대적 과제의 쇠퇴, 모더니즘에서 벌어지는 급격한 변동 등을 언급하는 것은 아주 옳은 일이다. 그러나 특히 미국에서 수용되는 '포스트모더니즘'이란 이름표는(이는 바로 어떻게 전 세계가 '미국화'되는 꿈을 꾸는지에 관한 것이다) 비판할 점이 두 가지 더 있다. 포스트모더니즘은 현대 문화가 어떻게 돌아가는지를 지적해 줄 뿐 아니라, 다음 두 가지도 주장한다. 첫째는 다른 그 어떤 중요한 것도 없으며, 모순되는 세력이나 반대 경향도 없다는 것이다. 둘째는 이러한 변화는 아주 좋은 것이며, 우리는 단지 거기에 맞추기만 하면 된다는 것이다. 내 소견으론, 포스트모더니즘은 본질주의적이고 무비판적인 방식으로 전개되고 있다. 게다가 전반적인 인식에서 구제불능일 정도로 유럽 혹은 서구 중심적이다.

그래서 우리는 받아들일 수 없는 두 가지 선택 사이에 갇혀 있는 셈이다. 하나는 하버마스식으로 오래된 계몽 시대의 과제에 대한 방어적 입장이고, 다른 하나는 료타르식으로 포스트모던적인 붕괴를 유럽 중심적으로 자축하는 것이다. 충분히 과거로 되돌아가 다시 살펴본다면, 이처럼 지나치게 단순화된 두 가지 선택이 나온 이유는 매우 이해하기 쉽다. **유일한** 모더니즘의 충동 같은 것이 있다고는 생각지 않는다. 모더니즘 자체는 분명히 '서구적' 현상이다. 모더니즘은 늘 통합할 수도 없고 동질적이지도 못한, 수많은 다양한 과제로 구성되었다. 사실 이 과제들은 흔히 서로 갈등 상태에 있었다. 가령 테오도르 아도르노Theodore Adorno와 발터 벤야민Walter Benjamin을 생각해 보라. 두 사람은 현대성의 이론가였고 어떤 면에서는 각자 취한 공식도 서로 아주 비슷했다. 또한 두 사람은 몇 가지 핵심 문제에서는 서로 격렬하게, 또 깊이 대립했다. 그렇다면 '모더니즘' 같은 개략적인 용어가 일상적 의사소통에서는 매우 유용할 수도 있다고 보지만, 분석적으로는 모더니즘이 취했을지도 모를 단일한 과제가 무엇이었는지 모르겠다. 그리고 만일 모더니즘이 단일한 과제가 전혀 아니었다면, 역사적으로 발전해 나감에 따라 거기서 항상 일련의 다양한 경향이 파생되어 나왔음을 깨닫는 것은 매우 중요하다. 이 지적은 〈뉴 레프트 리뷰〉 최근호에서 페리 앤더슨이 마셜 버먼Marshall Berman의 《확실한 것은 모두 소멸되다*All That Is Solid Melts into Air*》를 비판한 글의 배후에 깔린 주장과 비슷한 것 같다. 버먼의 책이 매우 마음에 들고, 페리 앤더슨의 반응에는 다소 전통주의적인 모더니즘관이 배어 있다고 생각하기는 하지만, 시대 구분에 관한 중심적인 주장에서는 버먼보다 앤더슨의 견해에 동의한다. 버먼이 묘사하는 내용은 새로운 시대가 아니며 그보다는 — 만일 우리가 모더니즘의 복잡한 역사를 제대로 이해한다고 가정하면 — 모더니즘이 부상한 이래 지나치게 발전된 '서구' 문화에서 매우 불균등하게 작동해 온 어떤 중요한 경향을 강조한 데 불과하다고 생각한다.

이제 포스트모더니즘으로 돌아와서, 내가 알고 싶은 부분은 포스트모더니즘이 글로벌한 현상이냐, 아니면 '서구적' 현상이냐 하는 것이다. 포스트모더니즘이란, 모더니즘 과제 속에 있던 수많은 요소가 재배열되고 새로운 형태로 만들어진 데 붙이는 단어인가? 혹은 포스트모더니즘 이론가들은 아마 이렇게 주장하려고 하는 것 같은데, 과거와 새로운 종류의 절대적인 단절, 완전히 새로운 글로벌 시대의 시작인가? 이것은 단지 단절을 어디에다 설정하는가 하는 형식적인 문제가 아니다. 만일 동일한 시대, 즉 대략 1880년에서 1920년 사이의 제국주의, 대중 민주주의, 대량 소비, 대중문화의 시대가 시작되는 시기에 있는 사람이라면, 단절뿐 아니라 연속성과 변형도 있을 것이라고 기대해야 한다.

이른바 '현실성the real'의 붕괴 혹은 파멸에 관한 포스트모더니스트의 주장을 들어 보자. 인류의 4분의 3은 우리가 기꺼이 '현실성'이라고 부르는 시대에 아직 들어서지도 못했다. 더구나 서구 내에서도 현대의 매스 미디어가 발전하고 대규모로 문화 생산에 도입되며 문화 산물의 수용자에게 영향을 미치게 된 이래, '현실'의 절대주의나 리얼리즘의 거대 담론, 사실주의나 합리주의의 친숙한 보증, 일정한 유형의 재현 형태의 지배/보편화 등이 쇠퇴하게 된 것을 그간 목격했다. 새로운 담론과, 본질에서는 이른바 '모더니즘'에 해당하는 이것들 사이의 관계가 1980년에도 1900년과 똑같다고 주장할 생각은 없다. 그러나 '포스트모더니즘'이 지난 세기의 전환기[즉 19세기 말, 20세기 초]에 일어난 단절과 완전히, 또 근본적으로 다른 어떤 것인지는 모르겠다. 그때와 지금 사이에 엄청난 질적 변화를 겪었다는 사실을 부인할 생각도 없다. 그러므로 지금 현대 문화에는 초기 모더니즘 시기에 만들어진 비판적이고 이론적인 개념으로 분명 파악하기 어려운 몇 가지 아주 당혹스러운 특징이 있다. 그런 뜻에서 우리 이론을 계속 새로 바꾸어 나가고 새로운 경험을 다루어야 한다. 또 이러한 변화가 사람들에게 새로운 주체로서의 위치와 사회적 정체성을 구성해 줄지 모른다는 점도 인정한다. 그러나 포스트모던한 조건이라는, 절대적으로 새롭고 통일된 것이 존재한다고는 생각하지 않는다. 그런 것은 미국 문화에 특징적인 역사적 건망증, 즉 새로운 것의 독재의 또 다른 형태다.

사람들이 이러한 '조건'을 지적할 때 경험적으로 혹은 이데올로기적으로 무엇을 뜻하는지는 안다. 하지만 그러한 조건이 다른 것보다 훨씬 두드러지게 부상 중인 추세나 경향이긴 하지만, 아직 완전히 구체화하지는 않았다고 본다. 가령 영국의 극작가 데이비드 헤어David Hare의 대본으로 만든 〈웨더비*Wetherby*〉라는 아주 흥미로운 영화가 있다. 어느 시골 마을의 중년 여교사(바네사 레드그레이브Vanessa Redgrave가 역을 맡았다)에 관한 아주 관습적인conventional 영화다. 분명치 않은 이유로 마을에 머무르던 어느 학생이 여교사의 생일 파티에 나타난다. 여교사는 친구들이 그를 초대했다고 생각했고, 친구들은 여교사가 그랬을 거라고 여겼기 때문에 이 학생은 집에 들어와 대접을 받고 대화에 참여하는 등등의 과정이 진행된다. 파티 중간에 이 학생과 여교사 사이에 성공하지는 못했지만, 짧은 성적인 접촉이 있었고, 다음 날 그는 다시 교사의 집에 나타나 식탁에 앉아 대화를 시작한다. 그리고 자살한다. 영화의 나머지 부분은, 어디서 왔는지 알 수 없는 이 사람이 누구이며, 왜 거기서 자살했는지, 그 사건이 여교사의 인생 어느 부분과 연관이 있는지에 관한 것이다. 그런데 이 영화에서 흥미로운 점, 또 내가 그것을 언급하는 까닭은 이 영화가 부상 중인 '포스트모더니즘'의 요소를 담았기 때문이다. 즉 예전의 의미에서와 같은 스토리가 없다는 점 때문이다. 자살한 남자가 어디서 왔는지도 모르고, 그에 관해 전할 완전한 스토리도 없다. 그 남자의 여자 친구가 나타나는 상황에서도 이 여자는 왜 자신이 거기에 왔는지 잘 모른다. 이 여자는 그냥 장례식에 와서 며칠 동안 묵는다. 그러나 그 남자가 죽은 이유를 설명하는 데 포함되는 것을 꺼려한다. 그래서 그 영화는 아주 관습적인 구조를 갖추었기는 하지만, 그 중심에는 두드러지게 포스트모더니즘적 경험이라 할 만한 부분이 있다. 어떤 점에서 본다면 영국 영화에서 이러한 특징은 질적으로 새로운 것이다. 그러나 총체적 경험의 해체, 혹은 자아가 통일된 역사를 갖춘 완전한 인격으로서 겪는 체험의 해체와 전혀 다른 새로운 것이 아니다. 이러한 인격의 삶은 어떤 고정되고 안정된 위치에서 볼 때 의미를 파악할 수 있는데, 그러한 고정된 위치는 프로이트, 피카소, 제임스 조이스, 브레히트, 초현실주의 이래로 '위기에 처하게' 되었다.

그래서 포스트모더니즘이란, 이처럼 오래된 확실성이 1900년대 이래로 위기에 처하기 시작한 방식에다 오늘날의 이름을 붙인 데 불과하다고 말하고 싶다. 그러한 의미에서 포스트모더니스트들이 지적하는 새로움 가운데 몇몇은 부인하지 않겠다. 이 새로운 현상은 대단히 중요하며, 전통적인 하버마스주의자의 방어도 여기서는 통하지 않을 것이다. 그러나 그 현상을 모두 단일한 기호 아래 결집하려는 시도 — 이는 현대와 일종의 최종적인 단절이나 결별을 암시한다 — 에서는 포스트모더니즘의 작동이 아주 구체적으로 이데올로기화된다. 이 주장이 시사하는 바는 지금이 세계의 종말이라는 것이다. 우리 시대에 역사는 끝나며 이후에는 더 이상 갈 곳이 없다. 그러나 **이것은** 역사에서 결코 일어나지 않을 일이라는 말이 나올 때마다, 이 주장은 바로 좁은 의미에서 이데올로기화, 즉 마르크스가 '영구화'의 효과라고 부른 현상이 작용한다는 기호가 된다. 전 세계는 대부분 시기적으로 현대에 아직 제대로 들어서지도 못했는데, 도대체 '미래가 없다'는 사람은 누구인가? 만일 역설을 허용해 준다면, '미래가 없다'는 기간이 앞으로 얼마나 더 지속할 것인가? 타이타닉호가 가라앉고 있다면,[36] 시간이 얼마나 걸릴 것인가? 만일 폭탄이 이미 폭발하기 시작했다면, 영구히 '폭발'할 수 있는가? 계속 세계의 종말에 직면한 채 한 세기를 더 살아갈 수는 없다. 세계의 종말이라는 사실을 하나의 임박한 가능성으로 받아들인다면, 현대의 어떤 입장과 관념이 심각히 손상되고, 말하자면 점차 취약해진다는 점을 시사하는 비유로 (세계의 종말을) 여기면서 살아갈 수는 있다. 이는 급진적일 정도로 새로운 역사적 사실**이며**, 내 생각엔 우리를 모두 탈중심화해 버렸다. 그러한 뜻에서 포스트모던 시대의 사랑과 인간관계는 매우 다르다고, 즉 좀 더 일시적이고 잠정적이며 우연적이라고 느낀다. 그러나 여기서 검토하는 것은 바로 '모더니즘'이라 불리는 '현대'와의 단절을 만들어 낸 바로 그 근본적인 문화적, 역사적 경향이 심화되고 연장된 것이다. 이러한 경향의 장기적 역사 — 장기 지속[37] — 를 지칭하는 데 '모더니티'란

36 "타이타닉호로 여행하실 때는 일등석을 타세요"라는 슬로건을 지칭한 것. — 로런스 그로스버그

37 프랑스 아날 학파의 역사학자인 페르낭 브로델은 역사를 행위자 중심의 사건사로 기술하는 데 반대했다. 그 대신에 역사적 현상의 부침과 함께 저변에 흐르는 장기적 구조에 초점을 맞추는 역사 서술 방식을 제시했다. 브로델에 따르면 역사적 시간은 동질적인 단일 시간대로 이루어지지 않으며, 다층적이고 상대적인 복합 시간대로 구성된다. 이처럼 역사를 구성하는 여러 층위의 시간대 중 맨 아래 존재하는 것이 '장

용어를 계속 사용할 수 있었으면 좋겠다.

이른바 포스트모던 이론가들의 두드러진 특징 가운데 하나는 의미나 재현, 의미 작용, 이데올로기 등의 쟁점을 폐기했다는 점이다. 이러한 전환에 대해 어떻게 생각하는가?

홀 여기서는 입장이 아주 뚜렷하게 양극화되었다. 포스트모더니스트들이 모든 의미의 붕괴나 파열을 이야기하곤 하지만, 의미 없이 언어를 개념화할 수 있다고는 생각하지 않는다. 보드리야르는 모든 재현 행위와 의미 작용 행위가 종말을 맞았다고 하지만, 나는 아직도 재현과 의미 작용을 거론하고 있다. 푸코는 이데올로기 차원이 포함되지 않은 담론성에 관해 논하지만, 나는 아직 이데올로기를 논하고 있다. 아마도 이러한 점에서 나는 공룡이나 상습범 정도에 해당하겠지만, 이 세 가지 지향점을 포기한다면 현대 사회와 사회적 실천을 이해하기는 어렵다고 본다. 이 지향점을 거부하면서 나온 이론적 주장은 아직도 납득할 수가 없다.

첫째, 푸코가 이데올로기성에 대항하여 내세운 담론성의 주장을 검토해 보자. 이에 대한 푸코의 주장은 담론 체제의 제도화를 통해 수많은 경쟁적 진리 체제regimes of truth가 정착되고, 이 체제 내에서 그가 정상화, 규제, 감시라고 부르는 실천을 통해 권력이 작동한다는 것이다. 이는 속임수에 불과한 것처럼 보이지만, 진리 체제와 정상화/규제/감시를 결합한 것은 내가 분석하려는 이데올로기 내의 지배성이란 개념과 그다지 큰 차이가 없다. 그래서 아마 푸코의 주장은 사실 분석적이기보다는 논쟁술적인 것으로, 이

기 지속'인데, 이는 거의 변화하지 않거나 아주 완만히 변화하는 구조사라고 할 수 있다. — 옮긴이

용어들을 훨씬 선형적인 토대/상부 구조 모델 내에서 특정한 방식으로 이해하는 데 저항하는 것인지 모른다. 오래된 토대/상부 구조 패러다임에서 벗어나 담론성의 영역으로 옮겨 가는 것은 아주 긍정적이라고 생각한다. 그러나 이러한 의미에서 지식과 권력의 관계에 관해 푸코에게서 많이 배웠지만, 그가 하듯이 이데올로기 내에 지배성이 어떻게 구성되는가 하는 문제에 직면하지 않고도 '저항' 개념을 어떻게 유지할 수 있는지 모르겠다. 푸코는 저항이 어디서 이루어져야 하는지 요구하지 않는다는 바로 그 점에서 전형적인 아나키즘의 입장을 취하는데, 그가 저항 문제를 회피하는 것은 이러한 입장의 핵심과 관련이 있다. 저항이 어디서 오는지는 아무도 모른다. 다행히도 저항은 항상 보장된 상태로 거기에 있다. 권력이 존재하는 한 저항은 존재한다. 그러나 그 권력이 얼마나 강한지, 저항은 얼마나 강한지, 권력 균형은 어떻게 변하는지 알고 싶은 순간이 되더라도 판단할 수는 없다. 푸코의 모델에서는 그러한 세력의 장이 개념화되지 않았기 때문이다. 왜냐고? 사회를 통일체가 아니라 '구성체formation'로 개념화하지 않는다면, 다양한 진리 체제 간의 권력 균형을 개념화할 방법이 전혀 없기 때문이다. 만일 푸코가 진리 체제가 지배 이데올로기의 동의어로 전락하는 것을 막으려 한다면, 사회구성체 내에 다양한 진리 체제가 존재한다는 사실을 인식해야 한다. 그리고 이 진리 체제는 단순히 '복수'로 존재할 뿐 아니라, 이데올로기적인 세력의 장을 정의한다. 비록 지배적인 인식의 일부는 아니지만, 종속된 주체에게는 어느 정도 납득이 가고 설득력 있는 종속된 진리 체제가 존재한다. 달리 말해, 어떤 담론 구성체를 단지 단일한 규율 체제가 아니라 **구성체**로 보기 시작하는 순간, 지식의 장이 가지는 상호담론성inter-discursivity이나 상호텍스트성intertextuality을 구조화하는 권력 관계를 언급해야 한다. 그것을 이데올로기로 부르든 말든 상관하지 않겠다. 중요한 것은 용어가 아니라 개념화다. 어느 시점의 사회구성체에서 다양한 진리 체제의 상대적 권력과 분포

— 이는 사회 질서 내에서 권력의 유지에 어떤 효과를 미치는데 — 바로 이것이야말로 내가 '이데올로기 효과'라고 부르는 것이다. 내가 '이데올로기'란 용어를 계속 사용하는 것은 이 용어 덕분에 그 문제에 관해 계속 생각할 수 있기 때문이다. 그 용어를 버림으로써 푸코는 이데올로기를 더 급진적인 방식으로 다시 이론화해야 하는 덫에서 벗어났다고 생각한다. 푸코는 권력을 주장해 스스로 '정치성'은 유지하지만, 그에게는 '세력 관계' 관념이 없기 때문에 스스로 정치를 부정한다.

의미의 재현과 파열에 관한 보드리야르의 주장을 검토해 보자. 이 주장은 사물이 순전히 사실성facticity을 갖는다 — 사물은 바로 표면에 보이는 **그대로다** — 는 가정에 의존하는 것으로 보인다. 사물은 어떤 것을 의미하거나 의미 작용하지 않는다. 사물을 '읽어 낼' 수도 없다. 우리는 해독, 언어, 의미를 초월해 있다. 현재적/잠재적 식의 구분에 의존하는 오래된 해석학적 분석을 비판하려는 보드리야르의 시도에는 찬성한다. 하지만 푸코의 저작에서 이러한 해석학적 입장은 마치 토대/상부 구조 모델과 같은 위치를 차지하는데, 이는 바로 비판받고 대체되어야 할 부분이다. 지상과 지하라는 방식은 표면 현상appearance을 구조적 세력과 연관지어 사고하는 데 그리 유용한 방식은 못 된다. 문화연구에서 몇몇 경향이 그러한 방향으로 갔다는 점은 나도 인정한다. 가령 현상 형태/실제 관계의 구분은 이에 대해 많은 단서를 달았음에도 불구하고, 사물의 표면이 그것을 꿰뚫고 그 밑에 깔린 규칙과 의미 규칙에 도달할 수 있을 때에만 중요성을 띤다고 암시한다. 그래서 보드리야르는 거기에 존재하는 것, 즉 삶의 사실성, 표면, 구경거리 등등으로 되돌아가도록 해 주었다는 점에서 아주 옳다. 영국에서 이것은 정치적으로 일종의 좌파 '리얼리즘'을 함축하게 되었는데, 이 입장은 대중이 표면적으로 생각하는 것처럼 보이는 것 배후로 뚫고 들어가 실제 생각이 무엇인지 항상 알아 낼 수는 없다고 주장한다. 대중이 세상을 이해하는 방식에도 타당성은 있다고 인정해야 한다. 그러나 보드리야르의 입장은 극도로 확대된 일종의 초현실주의라고 생각한다. 보드리야르는 현실성을 인식하는 과정에서 직접적으로 표면에 드러난 것 외에는 **아무것도 존재하지 않는다**고 말한다. 물론 이른바 포스트모던 사회에서 생산해낼 수 있는 표면의 다양성, 다원성은 너무도 압도적일 정도라고 느껴지며, 현대 문화 생산에서 끊임없이 모방, 재생산, 반복, 요약을 가능하게 해 주는 풍부한 기술적 토대도 인정해야 한다. 그러나 하나의 최종적이고 절대적인 의미, 즉 궁극적인 기의signified란 없으며 단지 끊임없이 움직이는 의미 작용의 연쇄만 있다는 주장과, 의미란 존재하지 않는다는 주장 사이에는 엄청난 차이가 있다.

벤야민은 상당히 오래전에 몽타주가 독특하고 하나뿐인 예술 작품의 후광을 영원히 파괴할 것이라고 일깨워 주었다. 반복할 수 있다고 해서 유일한 예술 작품의 후광을 파괴하고 나면, 전통적인 이론적 개념을 사용해서는 이전과 똑같은 방식으로 접근할 수 없는 새로운 시대로 접어들게 된다. 결론이 나오리라는 위안도 없이 의미 분석을 수행해야만 하게 될 것이다. 오히려 그보다는 벤야민이 제안한 의미론적 급습semantic raids에 근거해 조각을 찾아 조립할 방법을 강구하고, 어떻게 하면 거기에 수술칼을 들이대어 문화 생산의 도구와 수단을 이리저리 결합하고 재결합할 수 있을지 궁리해야 한다. 현대를 시작하게 하는 것은 바로 이것이다. 그러나 비록 이렇게 해서 유일하고 참된 의미는 파편화하게 되고 무한하게 다양한 의미 규칙의 우주 속에 내팽개치게 되지만, 항상 자의적인 '마감'의 강요를 수반하게 마련인 기호화 과정까지 파괴되지는 않는다. 오히려 의미를 자연적인 행위가 아니라 자의적인 행위, 즉 이데올로기가 언어 속에 개입한 것으로 이해하게 되기 때문에, 확실히 기호화 과정은 풍부해진다. 그러므로 문화적인 의미 규칙이 다원화했기 때문에 재현이 끝났다고 하는 보드리야르의 주장에는 동의할 수 없다. 그보다 지금은 기호화의 무한한 다양성의 시대라고 생각하는데, 이는 상당히 다른 이야기다. 역사적으로 볼 때 우리는 모두 뛰어난 기호화 능력을 갖춘 기호화 행위자가 되었다. 우리는 이처럼 해독과 담론의 다양성 속에 있으며, 이는 새로운 형태의 자의식과 성찰 능력을 만들어 냈다. 이러한 팽창의 결과 질적으로, 그리고 환상적으로 문화 생산과 소비 양식은 바뀌었지만, 그렇다고 해서 재현 자체가 붕괴되었다는 뜻은 아니다. 재현은 논란의 여지가 훨씬 더 큰 과정이 되었지만 이것이 재현의 종말을 뜻하지는 않는다. 다시 말해, 새로운 게 무엇인지를 인식하고 그것이 어떻게 나오게 되었는지를 어느 정도 역사적으로 이해하려고 고심해야 하는 긴장을 덜어 준 것은 바로 '포스트모더니즘'이란 용어 자체다. 포스트모더니즘은 역사가 끝났으니 다시 역사를 되돌아볼 필요가 없다고 말해 과거를 종결시키려 한다. 현재만이 남아 있으며, 이제 우리가 할 수 있는 것은 현재와 함께 하면서 그 속에 푹 빠지는 것뿐이다.

그렇다면 당신은 자신이 어느 정도 이러한 포스트모던한 경향을 파악하려는 모더니스트라고 생각하는가? 모더니즘에 내재하는 비판적 범주들이 오늘날 문화 생산과 수용의 형태와 조건을 어느 정도 분석할 수 있는가? 가령 모더니즘은 MTV를 어느 정도 설명할 수 있는가?

홀 MTV는 아주 놀라운 현상이라고 생각한다. MTV 현상은 단편화, 의미 작용의 다원화를 새로운 위치로 고양시킨다. 그러나 확실히 그것이 설명할 수 없는 현상이라고 말할 수는 없을 것 같다. 각각의 이른바 무의미한 단편에 함축적 의미가 풍부하게 담긴 것 같다. MTV가 어디서 유래했는지는 아주 명백한데, 바로 그것이 '예측 불가능'하다는 점은 거의 확실하게 예측할 수 있다. 예측 불가능성은 MTV에 담긴 메타메시지다. 지난 100년간 대중문화의 경향에 관해서는 충분히 알기 때문에 MTV가 마치 외계에서 온 것 같은 현상은 아니라는 점 정도는 알 수 있다. 내 말을 오해하지 말라. 포스트모더니즘이 이러한 새로운 문화적 추세와 세력에 앞설 정도로 참으로 '개방적인' 점은 높이 평가한다. 그러나 포스트모더니즘이 이 현상으로부터 우주에 관한 추정을 끌어낸 것은 자신의 비유를 글자 그대로 받아들인 것으로 — 이는 어리석은 실수다 — 지나치게 과장되고 이데올로기적인 것이라 할 수 있다. 어떻게 본다 하더라도 이러한 경향이 모두 진보적이진 않으며, 그중에는 아주 모순된 것도 많다. 가령 오늘날 초대형 이벤트 같은 대중 현상은 — 라이브에이드Liveaid, 농민 돕기 공연Farmaid[38]이나 브루스 스프링스틴Bruce Springsteen의 성공 같은 것 — 그 속에 포스트모던적인 요소를 많이 포함한다. 하지만 그렇다고 해서 그 현상이 완전히 새로운 시대를 명확하게 문화적으로 표현한다고 볼 수 있다는 뜻은 아니다. 바로 그러한 이벤트는 크게 그 자체의 다양성과 모순된 다원성에 의해 정의되는 것으로 보인다. 스프링스틴은 적어도 두 가지 상반된 방식 가운데 어느 쪽으로든 똑같이 자신 있게 해석할 수 있는 현상이다. 그의 수용자는 다섯 살부터 쉰 살까지 걸쳐 그를 다양한 방식으로 열심히

38 농민 돕기 공연(Farmaid 혹은 Farm Aid)은 1980년대 미국의 농업 위기Farm Crisis 때 시작된 자선 프로그램을 말한다. 특히, 레이건 행정부 시절 많은 자영농의 농장이 폐쇄되거나 은행에 넘어갔다. 이 때문에 영화계나 대중음악계의 스타들이 자선 이벤트를 열어 거기서 조성된 기금을 농촌 살리기에 사용하려는 운동이 시작되었다. 이 운동에서 가장 적극적이었던 사람들은, 컨트리 음악 가수인 윌리 넬슨Willie Nelson을 비롯한 연예인이었다. 여러 가수와 밴드가 모여 자선 음악회를 연 사례가 많았는데, 1995년 여름에도 이 같은 콘서트가 열렸다. 라이브에이드도 비슷한 성격과 형태를 띠는데, 차이가 있다면 주로 아프리카 등지의 난민이나 굶주리는 사람을 돕기 위한 행사로 국제적인 성격을 띤다는 점이다. — 옮긴이

해독하는 사람으로 구성된 것 같다. 그 상징들은 철저히 미국적이며, 거기에 담긴 모호성은 대중주의적populist 성격을 띤다. 스프링스틴은 백악관 편이기도 하고 동시에 진보 진영의 편이기도 하다. 1960년대에는 이편이든 저편이든 하나를 택해야 했다. 스프링스틴은 어쩐 일인지 양쪽에 동시에 속한다. 이것이 바로 내가 파편화fragmentation란 용어로 의미하는 것이다.

그런데 만일 모더니즘이 최초로 이름 붙이려 했던 다양성과 파편화 과정이 훨씬 더 진행되어 기술적으로 새롭게 보강되고, 대중 의식에 더 깊이 침투했다는 등의 주장을 포스트모더니즘이 내세운다면, 나는 동의하겠다. 그러나 그렇다고 해서 지금이 완전히 새로운 시대라는 뜻은 아니며, 현대 문화의 중요한 추세를 이해할 수 있는 도구가 없기 때문에 우리가 할 수 있는 것이라고는 벌렁 드러누워 그것을 사랑하는 수밖에 없다는 뜻도 아니다. 포스트모더니즘에서 사람들이 지적하는 것이 우리의 비판 이론을 부적절하게 만들 만큼 완전히 능가한다는 생각도 들지 않는다. 문제는 이론이 일련의 폐쇄된 패러다임으로 구성된다고 가정하는 것이다. 물론 만일 패러다임이 폐쇄적이면 새로운 현상을 해석하기 아주 어려울 것이다. 새로운 현상은 새로운 역사적 조건에 의존하며, 새로운 담론적 요소를 포함하기 때문이다. 그러나 만일 이론화를, 몇 가지 기본 개념의 자기장 안에서 움직이지만 새로운 문화적 실천 형태로서 참으로 독창적이고 새로운 것에 계속 새롭게 적용되며, 주체가 스스로 다양하게 다시 자리매김할 능력을 깨닫는 열린 지평으로 이해한다면 그렇게 좌절할 필요가 없다. 사실 고전적 이성주의의 거대 담론, 합리주의 행위자나 주체의 거대 담론의 설명력은 이전보다 훨씬 약하다. 어떤 목적론적이고 점진적인 역사 발전을 전제로 하는 거대한 진화론적 설명의 연쇄도 마찬가지다. 그러나 지금처럼 하이테크와 기업, 국제 경제, 글로벌 커뮤니케이션 네트워크 시대에 합리주의 시대는 끝났다고 주장하는 것은, 효과를 위해 과장된 비유가 아니라면 도

대체 무슨 뜻인가? 문화의 물질적, 기술적, 경제적 존재 조건을 추상해 버린 채 '문화'를 논하는 자만이 그러한 입장을 고수할 수 있을 것이다.

내가 생각하기에 포스트모더니스트는 나의 반응을 지나치게 자기만족적인 것으로 볼 것 같고, 아마도 그러한 뜻에서 여러분이 나를 모더니스트로 특징짓는 것 같다. 모더니즘이 역사적으로, 미학적으로 브라크, 피카소, 조이스, 클레, 바우하우스, 브레히트, 하트필드, 초현실주의, 다다 등의 계기로 동시에 나타났을 때가 바로 모더니스트 과제의 초창기 단계인데, 이 단계가 20세기 역사에서 가장 환상적일 정도로 흥미로운 지적 운동 가운데 하나라고 생각한다는 점에서 나는 모더니스트임을 인정한다. 물론 이 운동이 제한된 것이었고 대중성과 직접 맞붙어 변혁시키지 못했다는 사실은 나도 안다. 하지만 어떻게 하면 그렇게 할 수 있을까? 어떻게 문화가 그 기반이 되는 사회적, 정치적, 경제적 지형을 초월할 수 있을까? 분명 모더니즘의 급진적 약속이 실패한 후 많은 모더니스트적인 충동은 좀 더 엘리트주의적 형태로 되돌아갔다. 부상 중인 움직임이 어떻게 지배적인 움직임에 동화되는지를 윌리엄스는 오래전에 설명해 주었다. 그렇다고 해서 모더니즘이 현대의 인식 방식과 급진적인 단절에 해당한다는 사실이 약화되지는 않는다. 그 이후로 모더니즘과 대중성의 관련성은 급속하지만 불균등한 경로를 따라서 진행되고 있다. 이러한 접합은 완성된 상태가 결코 아니라 이제 막 시작했을 뿐이다. 포스트모더니즘의 많은 요소를 긍정적으로 보지 않는다는 뜻이 아니라, 모더니즘이 하나의 틀 속에 통합시키려 했던 서로 분리되고 다양한 수많은 가닥이 다시 한번 분리되었다는 것이다. 그래서 지금은 미학적인 포스트모더니즘이 있고, 건축학적인 포스트모더니즘이 있고, 포스트모더니즘 이론이나 포스트모더니즘적인 영화 제작도 있다. 포스트모던 문화는 서로 분리된 일련의 전문 분야로 변했다. 모더니즘이 시작하던 무렵, 낡은 패러다임이 붕괴하고 새로운 패러다임이 태어나던 아주 모순된 시절에 나는 아직도 대단히 매력을 느끼는 것 같다. 모더니스트 과제의 중심이던, 한 요소에서 다른 요소로 이동할 수 있는 능력, 수많은 요소를 서로 연결시키고 여러 강조점을 둘 수도 있는 능력 때문에 생겨나는 직접적인 지적 흥미에 나는 매력을 느낀다. 그렇지만 취향이 모더니스트 쪽으로 기우는 경향이 있다고 해서, 내가 모더니즘의 이론적 과제에 속한다고 말할 수 있을지는 모르겠다.

당신의 접합 이론 — 그리고 거기에 담긴 정치적 함의 — 에 대해 가장 강력하게 제기된 도전은, 대중을 "더 이상 대변될 수도 없고, 접합이나 재현될 수도 없는" 폭발적인 힘으로 묘사한 보드리야르의 주장인 것으로 보인다.

홀 그 명제 속에는 미테랑 시절 비판적인 프랑스 지식인층의 완전한 붕괴라는 현상이 깊이 각인되었다고 생각한다. 이제 언제 또 누구를 위해 역사가 끝날 것인지, 어떻게 하면 대중을 대변할 수 있는지(혹은 없는지), 언제 대중이 진정한 역사적 세력이 될 수 있는지(혹은 없는지), 프랑스의 혁명적 전통에 의해 언제 신화처럼 대중의 힘을 빌릴 수 있을(혹은 없을) 것인지 등을 판단하는 역할을 프랑스 지식인이 편안한 방식으로 떠맡고 있다는 사실에 정치적 분노를 느끼지 않을 수 없다. 프랑스 지식인은 항상 자신의 지적인 입장에 기름을 붓거나 보강하기 위해 추상적인 '대중'을 이용하는 경향이 있다. 이 지식인은 비판적 사상을 버렸기에 대중과는 오로지 추상적으로만 운명을 같이하는 데도 불구하고, 아주 거리낌 없이 대중을 위해 비판적 사상을 버렸다고 말한다. 지식인이 이제서야 발견한 말 없는 다수가 포스트모더니스트적인 파괴의 원동력이 된다는 것은 역설적이다. 모든 서유럽 자본주의 사회와 마찬가지로 프랑스도 심각한 곤경에 처했다. 그리고 프랑스 지식인이 그렇게 오랫동안 유지해 온 혁명적 신화와는 반대로, 발전된 서구 산업 사회에서 계속 직면하는 문제는, 지배적인 문화 실천 내에서 대중이 종속된 위치에 삽입되어 있다는 점이라고 보아야 더 정확할 것이며, 그러한 문제는 지금도 지속된다. 그러한 역사가 오래 지속되었다고 볼수록, 대중문화는 필연적으로 오염된 것으로 간주될 가능성이 크다. 허위의식이나 대중문화의 진부화 등의 관점에서 타자, 즉 대중을 설명하려는 유혹에 종종 빠진 것은 바로 자신의 문화적 엘리트주의에 갇힌 비판적 지식인이다. 따라서 대중과 매스 미디어를 중요한 역사적 요소로 인식하는 것은 포스트모더니즘의 (잘못된) 인식을 바로잡는 데 유용하다. 그러나 대중은 현대의 산업 대중 사회의 탄생에 기여한 역사적, 경제적, 정치적 세력의 수동적인 반영에 불과하다는 발언에서 생겨나는 정치는 역사적으로 부정확하고 정치적으로도 부적절한 것 같다.

오히려 정반대로 말하고 싶다. 말 없는 다수는 **사고한다**. 만일 이 다수가 말하지 않는다면, 할 말이 없어서가 아니라 이들의 발언을 막고 표현 수단을 박탈했기 때문일 것이다. 민중은 결코 어떤 완전한 의미에서도 20세기 문화 실천의 주체-생산자가 될 수 없었는데도, 일종의 수동적인 역사적, 문화적 세력으로 계속 존재했다는 점은 다른 모든 것을 가로막고 제한하고 분쇄하는 기능을 했다. 그것은 마치 대중이 계속 자신만의 비밀을 지키는 동안, 지식인은 떼 지어 돌아다니면서 그 비밀이 무엇인지 또 어떻게 세상이 돌아가고 있는지 알아내려 애쓰는 것과 마찬가지다.

역사를 가로막는 것은 단지 새로운 기계적 재생산 수단이 아니라 대중의 역사적 존재라고 말했을 때 벤야민이 의도한 것은 바로 이 점이다. 대중이 즉시 세계를 인수해 자신의 이미지에 따라 현대 문화를 재구성할 것이라고 확신한다는 의미로 벤야민이 이렇게 말한 것은 아니다. 벤야민이 뜻한 바는, 대중이 이제는 되돌릴 수 없을 정도로 확고히 역사의 무대에 자리 잡았으며, 대중의 '존재'를 고려하지 않고는 — 지배적인 문화 산업을 포함해서 — 어떤 것도 더 이상 진행될 수 없다는 것이다. 기존의 교육 관행의 지형 안에서 대중의 경험과 상대적으로 어느 정도 격리되었는지를 깨닫지 못한다면, 어떤 것도 고급 예술로 구성될 수 없다. 민중의 경험, 의미 규칙 등과 타협하지 않는 그 어떤 것도 대중성을 띨 수 없다.

대중성을 띠려면 투쟁이 수반된다. 그람시가 일깨워 주었듯이 대중화는 결코 단순한 과정이 아니다. 결코 자연적으로 생겨나지지도 않는다. 보통 사람의 직접적인 실제 의식이나 상식과 그것이 변화해 구현될 수 있는 것 사이에는 항상 어느 정도 거리가 있을 수밖에 없다는 뜻이다. 역사가 끝났다고는 생각하지 않으며, 포스트모더니즘의 핵심을 이루는 그 주장은 그 열렬한 숭배자의 용서할 수 없는 민족 중심주의, 즉 유럽 중심주의를 무심코 드러냈다고 본다. 역사적으로 끝난 것은 서구에서 또 전 세계에 걸쳐 행해진 이들의 문화적 지배다. 대중은 성가신 존재로, 반드시 거쳐 지나가야 할 지점이다. 그리고 포스트모더니즘은 아직 그 지점을 거쳐야 하며, 실제로 대중 문제를 숙고하고 그 문제와 씨름해야 한다고 생각한다. 보드리야르는 대중 속에 들어가 한 60~70년 동안 침묵하면서 느껴 볼 필요가 있다고 생각한다. 따라서 포스트모더니즘에 대한 나의 정치적 반대와 비판은 바로 대중의 정치적 가능성 문제라는 영역에서 가장 뚜렷이 드러난다.

몇몇 포스트모던 이론가는 스스로 '접합'이라고 부르는 데 관심을 두는데, 가령 질 들뢰즈Gilles Deleuze와 펠릭스 가타리Felix Guattari는 욕망 생산의 접합을 강조한다. 이데올로기와 이데올로기 투쟁에 관한 당신의 이론을 설명해 달라.

홀 비록 내가 그 단어에 부여하는 의미가 제대로 이해되는지는 모르겠지만, 나는 항상 '접합'이라는 단어를 사용한다. 영국에서는 이 단어('articulate')에 뚜렷이 말을 내뱉고 발언한다는 뜻도 있기 때문에, 멋진 이중적 의미를 갖는 셈이다. 접합은 언어 구사, 표현 등의 뜻을 포함한다. 그러나 또한 '접합된' 트럭이란 말도 쓰는데, 여기서 앞부분(운전실)과 뒷부분(트레일러)은 서로 연결할 수는 있지만, 반드시 그렇게 해야 할 필요는 없다. 두 부분은 서로 연결되지만, 다시 끊을 수도 있는 구체적인 고리를 통해 연결된다. 따라서 접합이란 어떤 조건 아래 두 개의 다른 요소를 서로 통일시킬 **수 있는** 연결 형태다. 접합은 항상 필연적이거나, 결정된, 절대적인, 필수적인 것이 아닌 연결이다. 과연 어떤 조건에서 연결 지을 **수 있을** 것인가 하고 반문해 보아야 한다. 그래서 어떤 담론의 '통일성unity'이란 사실 다양하고 서로 구분되는 요소를 접합한 것인데, 이 요소들은 아무런 필연적인 '소속'이 없기 때문에 다양한 방법으로 재접합할 수 있다. 이렇게 접합된 담론은 일정한 역사적 조건하에서는, 물론 반드시 그리할 필요는 없지만, 사회 세력과 연결될 수도 있는데, 중요성을 띠는 '통일성'이란 바로 이 담론과 사회 세력 간의 연계를 말한다. 따라서 접합 이론이란, 한편으로는 어떻게 해서 일정한 조건하에서 이데올로기 요소들이 담론 내에서 서로 일관성을 띠게 되는지를 이해하는 한 가지 방식이면서, 다른 한편으로는 이 요소들이 어떻게 구체적인 국면에서 어떤 정치적 주체에 접합되거나 혹은 되지 않거나 하는지를 반문해 보는 방식이기도 하다. 이를 달리 표현해 보겠다. 접합 이론은 주체가 자신에게 필연적으로 또 불가피하게 속하는 사상을 어떻게 사고하게 되는가 하는 문제보다 어떻게 이데올로기가 이데올로기의 주체를 발견해내는가 하는 문제를 제기한다. 이 이론은 역사적 여건에 대한 사람들의 이해 형태를 주변의 사회 경제적, 계급적 위치나 사회적 지위로 환원하지 않으면서도, 어떻게 사람들이 그러한 여건을 이해하는 능력을 이데올로기에서 얻는지 파악할 수 있게 해 준다.

내가 사용하는 접합 이론은 에르네스토 라클라우가 《마르크스주의 이론의 정치와 이데올로기*Politics and Ideology in Marxist Theory*》라는 저서에서 개발한 것이다. 이 책에서 라클라우의 주장은 이데올로기적 요소에 담긴 정치적인 내포적 의미에는 아무런 필연적인 소속이 없으며, 따라서 다양한 실천 사이의 (이데올로기와 사회적 세력 사이, 이데올로기 내의 다양한 요소 사이, 어떤 사회 운동을 구성하는 다양한 사회 집단 사이 등의) 연결은 우연적이고 비필연적이라고 파악할 필요가 있다는 것이다. 라클라우는 고전 마르크스주의 이데올로기 이론에 그렇게 붙어 다녔던 필연주의적이고 환원론적인 논리와 결별하기 위해 접합 이론을 사용한다.

가령 종교에는 필연적이거나 정치적으로 내포된 의미가 전혀 없다. 현대 문화의 정치에 관심이 있는 사람이라면, 우리의 합리적 체제보다 훨씬 역사가 오래되었으며 때로는 인류가 세계를 이해하는 유일한 문화적 자원이기도 했던, 이 문화 형식이 현대 생활에서 계속 힘을 행사하고 있음을 인정해야 한다. 역사적, 사회적 구성체가 바뀜에 따라 종교가 특정 권력 구조를 문화적으로, 이데올로기적으로 돕는 지주로서 특정한 방식으로 결속되고 아주 직접적으로 관계를 맺어 왔다는 점을 부인하려는 의도는 없다. 이는 역사적으로 분명한 사실이다. 그리고 그러한 사회에서는 그 종교적 구성체를 정치적, 경제적, 이데올로기적 구조에 접합시켜 주는 '경향적 역선lines of tendential force'이라 부를 만한 것들이 강력하고도 엄청나게 강하게 존재한다. 그래서 만일 그 사회로 옮겨 갈 경우 종교를 그 역사적 기반에서 쉽게 떼어 내 단순히 다른 장소에 둘 수 있을 것이라고 여긴다면 이는 어리석은 생각이다. 따라서 연결이 '필연적이 아니라'고 말할 때, 이는 종교가 (아무런 구속 없이) 자유롭게 움직인다는 뜻은 아니다. 종교는 역사적으로 특정한 구성체 내에서, 수많은 다양한 세력과 아주 직접적인 관계를 맺은 채 존재한다. 그럼에도 불구하고 종교에는 필연적이고 고유한, 범역사적인 소속이 전혀 없다. 종교의 (정치적, 이데올로기적) 의미는 바로 어떤 구성체 안에서 차지하는 위치에서 나온다. 그 의미는 종교가 그 밖의 다른 어떤 것과 접합되었는지에 따라 정해진다. 이러한 접합은 불가피하지도 필연적이지도 않으며 잠재적으로 변형될 수도 있다. 따라서 그 종교는 한 가지 이상의 방식으로 접합될 수 있다. 역사적으로 종교는 오랜 기간에 걸쳐 특정한 방식으로 특정한 문화에 삽입되었기 때문에, 저지하기 매우 어려운 경향의 자기선magnetic lines of tendency을 이룬다고 주장하고 싶다. 지리학적 비유를 쓰자면, 그 나라의 종교를 둘러싸고 투쟁을 벌이려면 이데올로기적 지형과 지층을 파악할 필요가 있다. 그러나 "그렇게 되니까, 항상 그럴 것"이라고 주장하는 것은 아니다. 물론 만일 이러한 역사적 연결의 경향과 단절, 투쟁하거나 중단시키려 한다면, 언제 역사적 구성체에 맞서 개혁을 시도할 것인지 파악해야 한다. 종교를 변화시키고 새로운 방식으로 재접합시키려면, 그동안 이미 종교에 접합된 모든 관례와 부닥치게 될 것이다.

그럼에도 불구하고 현대의 발전 중인 세계를 훑어보면 종교 구성체가 실제로 행한 역할이 엄청나게 다양하다는 것을 발견할 수 있다. 그동안 종교가 대중적 사회 운동에 엄청난 문화적, 이데올로기적 활력을 불어넣었다는 사실도 안다. 말하자면 특정한 사회구성체에서는 종교가 모든 다양한 문화적 가닥을 반드시 포함해야 하는 **가치화된**valorized 이데올로기 영역인데, 그러한 사회에서는 어떤 정치 운동도 종교적 지형과 타협하지 않고서는 대중성을 확보할 수 없다. 사회 운동은 종교를 변혁시키든지, 그 속에 편입되든지, 굴절시키든지, 발전시키든지, 명확히 하든지 해야 하지만, 또한 종교와 맞붙어 씨름해야 한다. 그러한 사회구성체에서는 종교 문제를 건드리지 않고는 대중 정치 운동을 만들어 낼 수 없다. 이 공동체는 이 종교의 영역에서 어떤 종류의 의식에 도달하게 되었기 때문이다. 이 의식은 한계가 있을 수 있으며, 사회 운동이 스스로 역사를 재창조하는 데 큰 도움은 안

되었을 수도 있다. 그러나 이 운동은 그동안 대중적 종교의 담론에 의해 '언어화languaged'되었다. 이 운동은 처음으로 종교를 이용해 — 아무리 빈약하고 순수하지 못하다 해도 — 어떤 내러티브를 구성했고, 과거와 현재를, 즉 자신의 유래를 현재 위치나 미래의 지향점, 존재 이유 등과 연결시켰다.

자메이카 라스타파리안Rastafarian의 사례를 보자. 라스타Rasta는 이 집단에게 속하지 않는 텍스트, 즉 성서에서 빌려 온 우스운 언어다. 라스타파리안들은 그 텍스트를 뒤집어서 자신의 경험에 맞는 의미를 얻어야 했다. 그러나 텍스트를 뒤집으면서 이들은 자신을 재구성했다. 즉 새로운 정치적 주체로 다르게 자리매김했다. 라스타파리안은 자신을 신세계의 흑인으로 재구성했다. 그들은 오늘의 그들로 **된** 것이다. 그리고 라스타파리안은 자신을 그렇게 자리매김하면서 새 언어를 구사하는 법을 배웠다. 이 사람들은 철저하게 그 언어를 구사했다. 말하고 노래하는 법도 배웠다. 나아가 그렇게 하면서 자신이 보유한 문화적 자원이 과거에만 있다고 가정하지 않았다. 마치 그렇게 하는 것이 말을 배우는 유일한 방법인 것처럼, 라스타파리안들은 역사의 손이 닿지 않는 절대적으로 순수한 '민속 문화'로 되돌아가서 찾으려 하지 않았다. 아니, 이들은 자신의 메시지를 널리 전달하기 위해 현대의 미디어를 이용했다. "우리에게 숲 속의 북소리에 관해 이야기하지 말라. 우리는 새로운 음악을 만드는 데 새로운 메시지와 더불어 새로운 접합과 생산 수단을 이용하고 싶다." 이것은 문화적 변혁이다. 물론 완전히 새로운 것은 아니다. 하지만 과거로부터 단절 없이 연속적으로 이어지는 그 어떤 것도 아니다. 그보다는 어떤 문화적 실천의 요소, 즉 본질적으로 어떤 정치적인 내포적 의미도 필연적으로 갖지 않는 요소를 재조직화하여 생겨나는 변혁이다. 정치적 혹은 이데올로기적인 내포적 의미를 갖는 것은 어떤 담론의 개별 요소가 아니라, 이 요소가 어떤 새로운 담론 구성체에서 결합되는 방식이다.

이제 사회적 세력 문제를 논해 보겠다. 이 이데올로기는 민중의 의식과 자의식, 역사적 상황을 변형시킨다. 이 이데올로기는 비록 문화적으로 파열되기는 하지만, 스스로 **직접** 사회적, 문화적 세력화하지는 않는다. 모든 종교적 설명 형식이 그러하듯 여기엔 한계가 있다. 그러나 사회적 세력은 사회 운동, 즉 민중의 운동에 접합된다. 그리고 이전에 그 역사적 블록에 속한 적이 없던 집단을 거기에 결속시키거나 끌어들이도록 작용했다. 사회적 세력은 계급인가? 라스타파리안 운동의 경우, 자메이카 사회에서의 경험, 위치, 경제적 삶의 결정을 그 중심에 포함한다. 즉 그 핵심에 계급 구성체를 포함한다. 사회적 세력은 계급에 불과한가? 아니다. 사회적 세력은 단지 이미 통일된 계급에 불과한, 역사적 혹은 정치적 세력이 될 수는 없었을 것이다. 이는 통일된 이데올로기를 갖춘 통일된 계급이었던 적이 없다. 사회적 세력은 다양한 결정과 이데올로기가 깊숙이 교차하는 횡단로다. 사실 사회적 세력은 통일을 유도하는 이데올로기 속에서 자신을 집단적 주체로 구성할 때에만 통일된 사회적 세력이 **된다**. 그래서 함께 공유하는 집단적 상황을 설명해 주는 이해 형식을 갖추기 시작할 때까지는 하나의 계급이나 통일된 사회적 세력이 되지 못한다. 그리고 그러한 경우에도 그 장소와 통일을 결정하는 것을 경제적 계급이라는 의미에서의 관계로 환원할 수는 없다. 다양한 사회적 세력을 이루는 다양한 부문은 그러한 계기에서 이 특정한 이데올로기에, 또한 그 속에 접합된다. 그러므로 사회적 세력, 계급, 집단, 정치 운동 등이 객관적인 경제 관계에 의해 통일된 형태로 구성되고, 그러고 나서 통일된 이데올로기가 생겨난다고 볼 수 없다. 그 과정은 아주 정반대다. 가령 다양한 사회 집단은 자신을 구성하는 이데올로기 속에 통일된 세력으로 반영되는 자신의 모습을 비추어보고는, 일시적으로 일종의 정치적, 사회적 세력에 참여하고 세력을 결성하기도 하는데, 바로 이 과정도 살펴보아야 한다. 사회적 세력과 이데올로기의 관계는 절대적으로 변증법적이다. 이데올로기적 비전이 생겨나면서, 집단도 생겨난다. 아마 마르크스라면 라스타파리안이 즉자적인 집단group in themselves으로서는 빈곤층이었다고 말할 것이다. 그러나 이들은 가난하다는 **이유 때문에** 통일된 정치 세력을 이루지는 않는다. 사실 지배 이데올로기는 라스타파리안을 '빈곤층'으로서가 아니라 무능력자, 부랑자, 하층 계급으로 이해할 것이다. 이들은 새로운 정치 주체로 구성되는 한에서만 정치적 세력을 구성한다. 말하자면 그렇게 해서 어떤 역사적 세력으로 **생성된다**.

따라서 새로운 사회적 위치와 정치적 위치, 새로운 사회적, 정치적 주체 군을 역사의 무대에 등장시키기 시작하는 것은, 한편으로는 스스로 형성되어 가는 사회적 세력과 다른 한편으로는 사람들이 겪는 과정을 이해할 수 있게 해 주는 이데올로기나 세계관, 이 양자 간의 접합, 혹은 비필연적인 연결이다. 그러한 뜻에서 이데올로기나 문화적 세력과 사회적 세력 사이의 연관성을 부인하지는 않겠다. 다만 어떤 유기적 이데올로기의 대중적인 힘은 항상 그 힘에 접합될 수 있고 그 힘을 접합할 수 있는 사회 집단에 달려 있다는 점을 주장하고 싶을 따름이다. 바로 여기에서 접합의 원칙을 찾아야 한다. 그러나 연결이란 사회 경제적 구조나 위치에서 **필연적으로** 주어지지 않고, 바로 **접합**의 결과로 생겨나는 것이라 생각하고 싶다.

당신의 접합 이론은 분명히 담론 이론이나 담론 분석과 밀접하게 연관된다는 점을 감안할 때 — 당신의 접합 이론은, 어떤 사회구성체의 요소가 언어처럼 작동하는 것으로 보아야 한다고 주장하는 것 같다 — 사회 자체를 서로 경쟁하는 일련의 언어로 분석할 수 있다고 주장하는, 일종의 후기 구조주의적 입장을 당신이 어느 정도 받아들일지 궁금하다. 여기서 나는 특히 라클라우와 무페가 최근에 낸 《헤게모니와 사회주의적 전략*Hegemony and Socialist*

Strategy》을 염두에 두고 있는데, 이 두 사람과 당신의 입장 사이에 어떤 유사성과 차이점이 있다고 보는지 궁금하다.

홀 실천을 담론적으로, 즉 언어처럼 작동하는 것으로 재해석하는 노선을 따름으로써 내가 매우 큰 도움을 얻었다는 당신의 말은 절대적으로 옳다. 그 비유는 그동안 나에게 엄청나게 건설적이었으며, 내 사고에 깊숙이 스며들어 있다고 생각한다. 만일 우리 시대의 이론적 혁명에 해당하는 것을 하나만 지적해야 한다면, 바로 그 비유라고 생각한다. 천 갈래의 다양한 방향으로 가 버리긴 했지만, 이 비유는 우리의 이론 세계도 재편해 버렸다. 이 비유 덕분에, 담론성이 중요하며 특정한 종류의 분석에 유용하다는 사실을 발견했을 뿐 아니라, 비유적으로 다른 종류의 실천도 몇 가지 중요한 측면에서 언어처럼 작동하는 것으로 다시 개념화할 수 있게 되었다. 예컨대, 때때로 이른바 '경제'라는 현상도 담론적으로 작동한다고 설명해 보면 큰 도움이 될 수 있다고 생각한다. 담론적인 시각은 특히 이데올로기 영역에서 매우 중요한 통찰력, 즉 주관성의 전반적인 차원을 부각했다. 마르크스주의와 구조주의는 경험적, 사회학적 주체라는 전통적 개념과 이미 뚜렷이 갈라섰다고 생각한다. 그리고 아마도 이 두 사조는 '주체 없는 역사,' 발언자 없는 언어의 이론이라 불려 왔던 것을 택해야 했을 것이다. 하지만 분명히 이는, 다른 곳으로 향하는 길목에서 잠시 멈춰 서는 곳에 불과했다. 주체 없이 역사를 만드는 것은 절대적으로 불가능하다. 담론적 시각에서는, 주관적 차원을 비통일적이고 비일원론적인 방식으로 재도입하고 재통합할 방안을 강구해야만 했다. 이러한 시각에서 볼 때, 라클라우와 무페가 정치적 주체 구성에 관해 남긴 선구적인 저작을 무시할 수 없고, 통합된 발언자이자 안정된 발언의 주체이기도 한, 통합된 자아에서 정치적 주관성이 흘러나온다는 관념을 이들이 부수어 버린 것도 무시할 수 없다.

따라서 담론의 비유는 극도로 의미심장한 것이며, 엄청난 정치적 결과를 가져다준다. 가령, 이른바 '자아'는 차이에서 또 차이에 의해 구성되고, 계속 모순된 것으로 남으며, 또 이와 마찬가지로 문화적 형태는 그러한 점에서 결코 총체적이지도, 결코 완전히 닫히거나 '봉합'될 수 없다는 점을 이 비유는 문화 이론가들에게 깨우쳐 주었다.

문제는 그러한 주장을 확대해서, 실천에는 담론적 측면밖에 없다고까지 말할 수 있는가, 또 실제로도 그렇게 주장하는가 하는 점이다. 이들은 최근의 책에서 바로 이렇게 주장하는 것 같다. **모든** 실천을 단지 담론으로, 또 모든 역사적 행위자를 담론적으로 구성된 주관성으로 개념화하려 하고, 자리매김positionalities은 언급하지만 위치에 관해서는 언급하지 않는다. 이는 구체적인 개개인이 주체의 다양한 자리매김에서 어떻게 호명을 받을 수 있는지에만 주목하려는, 참으로 일관된 철학적 노력이다. 따라서 그 책은 이러한 이론이 추구하는 정치가 어떠한 형태가 될 수 있을 것인지 찾아내려는 과감한 시도다. 이 모든 게 다 중요하다고 생각한다. 하지만 아직도 《헤게모니와 사회주의적 전략》보다는 《마르크스주의 이론의 정치와 이데올로기》가 더 마음에 든다. (참고로 나는 자신도 놀랄 정도로, 사람들이 후기에 쓴 성숙하고 완성된 저작보다 덜 완성된 저작을 선호하는 경향이 있다는 점을 밝혀야 할 것 같다. 나는 《자본론》 제2권보다 《브뤼메르 18일》이 더 좋다. 알튀세르의 《자본론 읽기》보다 《마르크스를 위하여》가 더 마음에 든다. 청년기의 이상주의를 극복했지만 사고가 아직 체계로 굳어지지 않은, 그러한 중간기를 매우 좋아한다. 그리고 환원론에서 벗어나는 길을 찾으려 몸부림치며, 마르크스주의 범주를 담론적인 양식으로 재개념화하기 시작하던 때의 라클라우도 좋아한다.) 그러나 마지막 책에서는 왜 어떤 것이 다른 어떤 것과 잠재적으로 접합할 수 있거나 할 수 없는지 정해 놓을 근거가 없다고 본다. 환원론에 대한 비판 때문에 사회를 완전히 열린 담론의 장으로 보는 시각이 나온 것 같다.

다음과 같이 좀 더 논쟁적인 형식으로 표현해 보겠다. 사회적인 것은 언어**처럼** 움직인다고 나는 말하고 싶지만, 그들의 마지막 책은 세계, 사회적 실천이 곧 언어라고 생각한다. 언어의 비유는 많은 근본적인 문제를 새롭게 생각해 보는 최선의 방식이기는 하지만, 언어의 비유가 쓸모 있고 위력 있음을 인정하는 것이 지나쳐, 말하자면 언어가 곧 현실의 작동 방식이라는 주장으로 빠져 버렸다. 사람들은 최초의 입장을 정하고 나면, 이론적으로 논리적인 귀결대로 계속 나아가려는 경향이 아주 두드러지게 나타난다. 아마도 이론적으로는 그들이 나보다 훨씬 일관성이 있을 것이다. 논리적으로 볼 때는, 일단 문을 열고 나면 문을 지나 반대편의 세상이 어떻게 보이는지 살펴보는 것이 합리적이다. 그러나 이러한 시각은 때로는 그 나름의 환원론으로 빠지고 만다. 완전히 담론적인 입장은 경제주의와 마찬가지로 밑으로 향한 환원론이라기보다 위로 향한 환원론이라고 단언하고 싶다. 어떻게 된 거냐 하면, 조잡한 유물론에 대한 반발 때문에, x는 y처럼 움직인다는 비유가 $x = y$로 환원되고 만 것 같다. 실제 작동에서 이론적 환원론을 강하게 연상시키는 아주 극적인 농축이 존재한다. 예컨대 라캉의 정신 분석을 재구성한 데에서 이 점을 가장 뚜렷이 볼 수 있다.

그리고 알튀세르의 이론은 이 부분에서 이론적으로 잘못되었다고 생각한다. 사실 나 자신 속에 남아 있는 오래된 유물론적인 측면은 다음과 같이 극도로 다듬어지지 않은 말을 그대로 뱉어 내고 싶어 한다. "당신이 한 말을 취소하게 만들고 싶다." 이것을 좀 더 진지한 다른 방식으로 표현해 보겠다. 사적 유물론의 이전 공식으로 되돌아가 보자면, 마르크스는 항상 사회적, 문화적 구조가 자연적인 구조를 어떻게 중층적으로 결정하는지에 관해 이야기한다. 인간은 계속 자연적인 존재이며, 자연 속에 계속 존재한다고 마르크스는 인식한다. 마르크스가 주장하는 것은 사회적, 문화적 조직의 발달이 이러한 자연적인 구조를 완성해 준다는 점이다. 인간의 유전학적 구성은 그 결과가 놀랄 정도로 열려 있는 것이며, 따라서 인간이 되기 위한 필요조건이긴 하나 충분조건은 아니다. 역사적으로 볼 때 지금은 사회적인 것이 엄청나게 복잡해지고 있고, 자연적인 것은 사회적, 문화적인 것에 의해 중층적으로 결정되고 있다. 그러므로 자연이란 더 이상 유물론을 궁극적으로 보장해 줄 수가 없다. 이미 19세기에 마르크스는 그러한 종류의 속류 유물론을 비판했지만, 정통 마르크스주의자에게는 자연 속에서 손으로 만져 볼 수 있을 때만 궁극적으로 현실이라고 보는 인식이 이전에도 있었고 아직도 남아 있다. 그러한 방식으로는 더 이상 유물론자가 될 수 없다. 그러나 어떻게 해서 여전히 이데올로기적/문화적/담론적 실천이 물질적 관계와 자연 수탈 — 이 두 가지는 완전히 다른 문제다 — 이라는 결정적인 자력선 내에 계속 존재하는지는 숙고해 보아야 한다고 생각한다. 물질적 여건은 모든 역사적 실천의 필요조건이지만 충분조건은 아니다. 물론 물질적 여건은 어떤 고정된 절대적인 형태가 아니라, 한정적인 담론 형태로 파악할 필요가 있다. 담론적 위치는 물질적 실천과 역사적 여건에 대한 지칭 관계를 잃어버릴 위험을 종종 안고 있는 것 같다.

당신이 그러한 오류의 위험성을 설명한 데는 두 가지 서로 다른 문제가 관련된 것 같다. 하나는 어떻게 그러한 분석이 정치적, 역사적으로 구체성을 띨 수 있느냐 하는 것이고, 또 하나는 담론 영역을 설정하게 되면 반드시 환원론에 빠지게 되는가 하는 문제다. 그러한 오류는 지나치게 추상화, 관념화하는 바람에 특정한 담론이 서로 접합될 수 있는 방식을 제약하는 정치적, 역사적 요인과 멀어지면서 생겨난 결과가 아닌가? 만일 사회구성체를 열린 담론의 장으로 만드는 바람에 어떤 역사적 필연성의 존재를 의식하지 못하게 되거나, 언어가 사회구성체 내에서 서로 나란히 자리 잡을 때 겪는 특정한 한계를 의식하지 못하게 되는 문제가 생긴다면, 그것은 훨씬 제한된 종류의 문제다. 이 문제를 라클라우와 무페의 사례에 간단히 적용해 본다면, 이들의 입장에는 정치적인 억양이 짙지 않다고 말할 수 있을 것이다. 그렇다고 해서 이들이 사회를 담론 구성체로 보는 시각으로 가는 문을 열어 주었으므로 필연적으로 환원론으로 빠지게 된다고 반드시 주장할 수는 없다.

홀 담론의 장으로 가는 문을 연다고 해서 반드시 그 방향으로 가지는 않는다고 생각한다. 나의 경우 그렇게 되지는 않았다. 그래서 나라면 당신의 첫 번째 공식을 선택하고 싶다. 《마르크스주의 이론의 정치와 이데올로기》에서 라클라우는 계급을 마르크스주의 분석에 선험적으로 끼워 넣는 것을 비판한다. 그러한 철학적인 선험적 추론을 뒷받침할 수 있는 방법이 없기 때문이다. 하지만 라클라우는 계급을 역사적 결정 요인으로 다시 도입한다. 이제 그것을 문제 삼기는 어렵다. 내가 보기에 정치적 억양 문제는 완전히 담론적인 경로를 택한 많은 사람에게는 매우 현실적인 문제다. 그렇지만 라클라우와 무페에게 그러한 비판을 가하고 싶지는 않다. 그들이 새로 낸 책은 그러한 입장에서 완전히 새로운 정치를 만들어 내려 **노력한다**는 점에서 아주 인상적이다. 그러한 점에서 그 책은 아주 책임감 있고 독창적이다. 담론의 문으로 들어가자, 하지만 그러고 나서도 여전히 정치적으로 행동해야 한다고 책에서는 말한다. 두 사람의 문제점은 정치가 아니라 역사다. 현재를 만들어 냈고, 담론의 접합에 계속 제약과 결정 요인으로 작용하는 역사적 세력 문제를 라클라우와 무페는 빠뜨렸다.

그렇다면 두 책의 차이점은 추상화 수준의 문제인가?

홀 엄정하게 정리된 일반 이론 형태로 이러한 새로운 입장을 표현할 수 있게 되기 전에는, 국지적 예나 국면 분석 등의 실용적인 데 꼼짝 못 할 정도로 푹 빠져 있게 된다고 이들은 이 새 책에서 말했는데, 이는 아주 용기 있는 행위였다고 생각한다. 비록 나 역시 그 수준에서는 잘하지 못하지만, 때때로 '이론적 실천'이라 불리는 것의 중요성을 부인하고 싶지는 않다. 이론적 실천은 몇몇 알튀세르주의자가 주장하려 한 것처럼 자율적인 실천은 아니지만, 그 나름대로 원동력을 갖고 있다. 많은 중요한 측면에서 《자본론》은 바로 그러한 수준에서 작업하는데, 그것은 필요한 추상 수준이다. 그래서 그 과제 자체는 잘못된 것이 아니다. 그러나 그 작업을 수행하면서 기존의 역사적 구성체의 제약을 반드시 인식해야 하는데도 라클라우와 무페는 거기서 벗어나는 경향이 있다. 두 사람은 자신의 입장이 정치적으로 영향을 미친다는 사실을 매우 분별력 있게 인식하기는 하지만 — 여러분이 그들의 견해에 동조하든 하지 않든지 간에 — 특정한 정치적 국면으로 내려오게 될 때 결정의 다른 수준을 분석에 재통합시키지는 않는다. 그 대신 두 사람은, 고도의 철학적 수준에서 매우 엄밀하고 개념적인 방식으로 개발되고 다듬어진 추상화를 택해, 지금 이곳에 끼워 넣는다. 두 사람은 거기에 결정의 다양한 수준을 덧붙이고, 덧붙이고, 덧붙이고 하지 않고, 철학적으로만 구체성을 생산해내는데, 거기 어딘가에 내가 말하는 그런 유형의 분석적 오류가 도사리고 있다고 생각한다. 두 사람의 이론적 틀 안에서는 좀 더 적절한 일련의 정치적 입장을 발전시키는 일이 이론적으로 불가능하다는 뜻이 아니라, 어쨌든 그들은 지금까지 택한 경로 때문에 그렇게 해야만 하는 압력을 피할 수 있다는 것이다. 가령 자본이 접목되면서 생겨나는 구조화의 힘, 경향의 선은 그냥 사라져 버린다.

문화 이론에서 흔히 사용하는 다른 두 가지 용어는 '포스트마르크스주의'와 '후기 구조주의'다. 다양한 시점에서 이 두 가지는 모두 당신의 저작을 묘사하는 데 쓰였다. 이러한 범주와 당신의 관계를 설명해 달라.

홀 정통 마르크스주의, 혹은 역사 법칙에 의해 보증되는 마르크스주의 개념을 반드시 넘어서야 한다고 인식한다는 점에서만 나는 '포스트마르크스주의자'다. 그렇지만 아직도 나는 마르크스주의 입장의 담론적 제한이라고 파악하는 것 내부 어딘가에 속해 있다. 구조주의에 대해서도 똑같은 식으로 느끼고 있다. 나의 저작은 알튀세르의 입장을 거부하지도, 옹호하지도 않는다. 알튀세르의 입장 가운데 어떤 것은 거부하지만, 분명히 알튀세르는 그의 유행이 지나간 뒤에도 수많은 긍정적인 방식으로 내 사고에 엄청난 영향을 미쳤다는 사실은 인정한다. 그래서 나에게 '포스트post'란, 일련의 확정된 문제, 즉 문제 틀problematic의 토대 위에서 계속 사고하는 것을 뜻한다. 포스트란 그 지형을 버리기보다는 자신의 준거점으로 이용한다는 뜻이다. 그래서 나는 그러한 뜻에서만 포스트마르크스주의자이며 후기 구조주의자다. 포스트마르크스주의와 후기 구조주의는 내가 가장 지속적으로 관계를 맺었다고 느끼는 두 가지 담론이기 때문이다. 이 두 가지는 나의 공식에 중심적인 요소이며, 마치 새로운 이론을 티셔츠처럼 갈아입듯이, 최신 이론가를 차례차례로 끝없이 유행에 따라 재활용할 수 있다고는 믿지 않는다.

문화연구가 미국에서 새롭게 상당한 성공을 거두고 있음은 분명하다. 이러한 최근의 성공이 문화연구를 제도화하고 성문화codify하는 데 대해 어떻게 느끼는지 궁금하다.

홀　　아마도 당신이 사용하는 두 가지 용어를 서로 구분하는 것이 좋을 것 같다. 조직의 계기를 거치고 — 이것은 여러 제도를 거쳐 가는 대장정이다 — 사람을 모으고, 일종의 집단적인 지적 과제를 설정하는 일은 필요하기 때문에, 제도화에는 찬성한다. 그렇지만 비록 내가 지금까지 관여해 온 일이라 할지라도, 성문화라면 부아가 치민다. '버밍엄 학파Birmingham school'[39]라고들 이야기하는데, 들어보면 모두 버밍엄에서 한 적이 없는 주장밖에 없다. 우린 결코 한 학파였던 적이 없다. 4~5명 정도라면 모르지만 결코 우리를 모두 통일할 수 있는 입장도 없었고, 우린 그런 부류의 정통파를 만들어 내는 일도 원치 않았다. 아마도 논란의 여지가 있을지는 모르겠지만 이제 버밍엄에서의 활동과 문화연구 일반이 미국에서 어떻게 수용되었는지에 관해 이야기해 보겠다. 거기에는 흥미롭게도 몇 가지 있는 것과 없는 것을 볼 수 있기 때문이다. 가령 영국에서는 누구도 기호학이 완전한 방법이 될 수 있으리라고 믿지 않는 것 같은데, 미국에서는 도식적인 기호학이 급속하게 일종의 대안적 해석 방법론으로 부상했다는 점이 흥미로웠다. 기호학을 채택하면, 방법론적인 요구 사항도 수용하게 된다. 즉 **왜** 또 **어떻게** 그것이 어떤 문화적 형식이나 실천의 의미라고 말할 수 있는지 보여 주어야 한다. 우리가 '의미'라고 부르는 것이 텍스트적으로 구성되는 것을 예시해 주는 일은 기호학적 필수 사항이다. 하지만 공식적인 혹은 정교한 **방법론**으로서, 기호학은 우리가 보기엔 그런 것이 아니었다. 미국에서 기호학의 채택은 당연히 구조주의의 이데올로기적 사고방식 전체를 받아들인다는 뜻으로 보였다. 이와 비슷하게 알튀세르주의적 계기가 거기에 담긴 마르크스주의적 함축이 빠진 채로 문학 연구에

39　버밍엄대학교 현대문화연구소The Centre for Contemporary Cultural Studies. — 로런스 그로스버그

지금 아주 급속히 수용되는 것을 볼 수 있다. 그람시의 저작에서도 똑같은 현상을 볼 수 있다. 어느 날 갑자기 그람시가 여기저기서 인용되고 있다. 더 당혹스러운 점은 그람시를 이용해서 피하고자 한 바로 그러한 몇몇 사항 바로 그 자리에 그람시의 개념을 직접 인용해서 쓰고 있다는 사실이다. 예컨대, '헤게모니'가 마치 이데올로기적 지배와 동의어나 되는 것처럼 이야기들 한다. '헤게모니'가 바로 그렇게 해석되는 것을 막으려고 나는 지난 20년 동안 싸웠다.

문화연구를 거론하면서 이와 유사하게 아무 생각 없이 개념을 끌어다 쓰는 일도 가끔씩 있는 것 같다. 문화연구는 기존의 학과나 지적 분과, 학문 분야 교과 과정의 토대 위에서 아주 빠르게 정착하는 것 같다. 문화연구는 진정 비판적이고 해체적인 칼날을 갖추는 대신에 일종의 '수용된 지식'으로 변하고 있다. 하지만 그렇다고 해서 어찌해야 할지는 나도 모르겠다. 어떻게 성공을 거부할 수 있겠는가? 미국에서 문화연구는 때때로 그냥 또 하나의 패러다임으로 통하는 것 같다. 알다시피 지금까지 15개의 접근 방식이 나왔는데, 이번에는 문화연구의 접근 방식을 표방하겠다는 식의 태도가 왜 생겨나는지는 이해가 간다. 문화연구는 그 시각이 절충주의적이고 상대적으로 개방적인 성격을 띠지만, 어떤 의미에서든 거기에는 시각이 존재하기 때문이다. 문화연구는 그동안 어떤 하나의 시각으로 통합되려고 노력했다. 집단 연구에 사람을 동원할 때마다 그러한 일은 불가피하다. 연구자들은 구체적인 문제에 대해 해답을 얻으려 애쓰는 동안 서로 협력해야 하기 때문이다. 따라서 과제가 진행되고 저작이 나옴에 따라, 불가피하게 성문화하려는 움직임이 싹트게 된다. 이런 식으로 표현해 보자. 강의실에서 가르치려면 어떤 입장에 대한 확신이 있어야 하지만, 다음 주 강의 때쯤이면 아마 생각을 바꿀 것이라고 인정할 정도로 충분히 열린 자세를 취해야 한다. 하나의 전략으로서는, 어떤 입장을 생각해낼 수 있을 만큼 확고한 자세를 유지하면서도 항상 열린 이론화를 지향하는 방식으로 표현한다는 뜻이다. 적어도 문화연구가 계속 비판적이고 해체적인 과제로 남으려 한다면, 그러한 자세를 유지하는 것은 문화연구에서 절대적으로 필요하다. 문화연구는 항상 자기 반성적으로 스스로 해체하며, 지속적인 이론화의 욕구가 진전과 후퇴를 거듭하면서 작용하는 기반 위에서 늘 전개된다는 뜻이다. 절대적인 이론Theory는 그다지 구미가 당기지 않으며, 내 관심사는 계속해서 이론화해 나가는 데 있다. 이는 또한 문화연구가 외부적인 영향, 예를 들면 신사회 운동의 등장, 정신분석학, 페미니즘, 문화적 차이에 대해 개방적이어야 한다는 뜻이다. 그러한 영향은 문화연구에서 다루는 내용이나 채택되는 사고방식과 이론적 문제 틀에 강한 영향을 미칠 것 같고, 또한 그렇게 되도록 해야 한다. 그러한 뜻에서 문화연구가 학술적 영역에서 그러한 외부적 영향에서 스스로 고립된다면 아마도 계속 번영을 누릴 수는 없을 것이다. 따라서 그 모든 점에서, 문화연구가 열려 있어야 한다고 말하는 것은 단지 개인적인 편애 때문이 아니라 충분히 이유가 있다고 생각한다. 문화연구는 완성된 이론적 패러다임이 최종적인 것이라고 믿지 않는다는 점에서, 포스트모던한 맥락에서 이론화한다 말해도 좋을 것이다.

2부

이론적 실천으로서의 문화연구

5

문화연구와 버밍엄 연구소:
몇 가지 문제 틀과 문제

Cultural Studies and the Centre: Some Problematics and Problems

"Cultural Studies and the Centre: Some Problematics and Problems," in S. Hall, D. Hobson, A. Lowe, & P. Willis (eds.), *Culture, Media, Language: Working Papers in Cultural Studies*, 1972~1979, London: Hutchinson/CCCS, 1980, pp.15~47.

〈문화연구 초고*Working Papers in Cultural Studies*〉는 1972년에 첫 호가 나왔다.[40] 많은 측면에서 우리가 취한 접근 방식의 틀을 정하기 위해 "초고"라는 제목을 의도적으로 사용했다. 이 저널은 이 분야의 학술지가 **아니었고**, 그러한 학술지는 아직 존재하지도 않았다.[41] 우리는 그 저널에 대해 소유권을 주장하지도 않았다. 만일 문화연구Cultural Studies가 '시작'된다면, 버밍엄 센터(당시에는 현재 규모의 절반에도 미치지 못했다) 내부에서 재생산할 수 있는 것보다 훨씬 다양한 접근 방식을 도입할 수 있으리라고 생각했다. 또한 버밍엄에서 여러 학문 분야를 특정한 방식으로 '혼합'해서 문화연구의 지적인 토대로 삼는다고 해서, 다른 곳에서도 반드시 그대로 따라하지는

40 이론적 강조점의 다양성은 이미 저널의 첫 호에서부터 반영되었다. 가령 첫 호에 실린 앨런 셔틀워드Alan Shuttleworth("People and Culture")와 스튜어트 홀("A Reply") 간의 논쟁을 보라.

41 아직 '이 분야만 전담하는 저널'은 없다. 저널이 없다는 것은 이 분야를 '개방적'으로 유지하는 데 도움이 되었을지는 모르나, 분야가 일관성 있게 발전하는 데는 장애가 되었을 수도 있다. 오랫동안 문화연구에 관심 있는 사람들은 미로처럼 얽힌 내부의 참고 문헌에서 원하는 부분을 찾아내야 했다.

않을 것이라고 보았다.[42] 문화연구에서는 (문자로 된) 텍스트 대신에 영상 텍스트를 사용하고, (사회학 대신에) 사회 인류학에 근거를 두며, 이전에 비해 역사적 연구를 훨씬 많이 하더라도 사실상 이전과 마찬가지로 학위를 주거나 연구할 수도 있을 것이라고 예상했다. 그 이후로 그러한 강좌는 실제로 개설되었고, 눈부신 성공을 거두었다.[43] 어쩔 수 없이 연구소는 가까이서 구할 수 있는 지적인 자원으로 꾸려 가야 했다. 연구소는 적은 교수진으로도 지도할 수 있다고 판단한 영역만 전문적으로 맡기로 했다.[44] 연구소는 당시 버밍엄대학교에서 교수진과 학생을 모두 갖춘 좀 더 정착된 학문 분야에서 출발해 학제적interdisciplinary 연구 문제를 접근했다.[45] 그러나 상대적으로 통제하기 어려운 이 출발점을, **이론적으로 풍부한** 문화연구의 정의 자체와 혼동하는 실수를 범하지 않으려고 노력했다. 따라서 구체적으로 이 저널은 처음부터 한정된 혹은 절대적인 방식으로 문화연구의

42 처음에 연구소는 영문학과의 일부였고, 지금도 인문 대학 소속이다. 이것은 이 분야가 확장되어 사회학적, 역사적, 인류학적 접근 방식을 포괄하는 데 다소 장애가 되었을지도 모른다. 오랫동안 연구소의 이미지와 연구소가 실제로 수행하는 작업의 종류 사이에는 격차가 있었다. 부분적으로 저널은 이 틈을 메우는 데 도움이 되도록 설계되었다.

43 가령 포츠머스대학교 CNAA의 학사 학위는 역사와 문학에 기반을 두었고, 노스이스트 런던 폴리테크닉은 혁신적 성격의 사회학을 강조했다. 커뮤니케이션 연구 역시 학문 분야로서는 '잡종'이었지만, 생산적인 학문 분야의 토대를 제공해 주었다.

44 실제 지도 대상 학생 수나 분야의 복잡성, 취급한 주제의 범위에 맞게 연구소의 직원 규모가 제대로 확보된 적은 없다. 연구소는 '육성' 대상 영역으로 지정되지도 못했으며 그 과제에 걸맞은 규모의 외부 재원을 끌어올 수도 없었다. 경기가 좋지 못한 시절에는 고등 교육에서 이러한 종류의 혁신 계획을 실행에 옮기기가 더욱 어려울 것이다.

45 초창기에 연구소 소속 학생은 대부분 문학 전공 출신이었다. 그러나 1970년대 초반 무렵 연구소는 '인문과학' 혹은 '사회과학' 분야의 학생을 거의 같은 숫자로 받아들였다. 아직도 그것이 일반적인 양상이다.

범위와 활동 영역을 규정하는 미디어가 되는 것을 거부했다. 요컨대 그 분야를 **기술적**記述的으로 정의하거나 규정하지 않기로 했다.[46] 그 결과 이 저널은 스스로 문화연구에 대해 확정적으로 규정하지는 않았지만, 첫 호부터 이러한 거부 행위에 따른 결과, 말하자면 지속적인 이론적 규명 작업의 필요성과 직면해야 했다.

반면 이 저널은 하나의 지적인 **개입**으로 인식되었다. 따라서 어떤 공간을 정의하고 차지하는 데 목표를 두고 의도적으로 '기관지house journal'로, 말하자면 경향성 있는 저널로 설계하였다. 이 저널의 기고자는 대부분 연구소 구성원이었다.[47] 저널의 목표는 문화연구를 지적인 지도상에 올려놓는 데 있었다. 그리고 이 분야에서 비판적 연구를 발전시키는 데 강력히 관심을 표명했다. 하지만 이미 목격했듯이 '초고'라는 구절은 이러한 과업이 잠정적 성격을 띠고 있음을 강조했다.

현실적인 여건에서 이 저널의 출판과 제작은, 초기에 연구소의 독립적인 재정 지원을 위해 앨런 레인Allen Lane 경과 펭귄 북스Penguin Books가 조건 없이 기부한 소액의 교육 기부금으로 이루어졌다.[48] 그렇지 않았다면 이

46 특히 우리 식의 사고에 익숙하지 않은 사람에게는 실제로 이 구분을 항상 유지하기는 쉽지 않았다. 그들은 이 분야를 기술적으로 정의하는 것이 타당하다고 가정했는데, 이는 우리가 보기에 옳지 않다.

47 이 저널이 지속되는 동안은 '외부 기고자'의 글을 거의 싣지 않았는데, 기고자는 모두 연구소와 밀접한 관련이 있었고, 연구소 행사에서 비슷한 글을 세미나 논문으로 발표했다.

48 앨런 레인 경은 사망하기 직전에 너그럽게도 다시 지원을 해 주었다. 이 지원금의 커다란 가치는 용도가 '지정'되지 않았다는 것이다. 그러므로 새로운 사업을 시작하는 데 그 돈을 사용할 수 있었다. 액수는 많지 않았지만, 연구소 발전이라는 측면에서 보면 아주 소중한 재원이었다. 만일 그 돈이 없었다면 연구소는 다소 유사한 주제를 연구하는 대학원생으로 이루어진, 느슨하게 연결된 집단으로 남아 있었을 것이다.

저널은 아무런 공식적인 후원이나 재정적 지원을 얻지 못했을 것이다. 저널은 자체적으로 재원을 조달하고 자체 제작하는 식으로 운영되었다. 저널은 구상과 실행에서 집단 작업이었으며, 교수진과 학생의 공동 작업의 산물이었다. 거의 동시에 시작된 〈등사판 논문〉 시리즈와 더불어 이 저널은 필연적으로 연구소와 문화연구를 널리 알려지게 해 주었다.[49] 첫 호는 연구소에서 처음으로 배출한 박사 중 한 사람인 트레버 밀럼Trevor Millum이 학위 논문을 끝낸 직후에 디자인하고 감독해서 만들었다.[50]

연구소와 문화연구의 발전 과정은 다양한 방식으로 요약할 수 있다. 이 소개 논문에서는 세 가지 측면을 검토한다. 첫째는 1970년대에 이르기까지 연구소 역사에서 두드러지게 나타나는 이론적 시각과 주요한 문제 틀의 변천이다. 두 번째는 연구소가 중점적으로 수행한 다양한 구체적인 연구 영역 문제, 셋째는 그 작업을 실제로 실현할 수 있게 해 주는 조직 양식, 분석과 연구의 지적 관행이다.

문화연구의 토대

기원을 찾는 일은 매력적이긴 하지만 환상에 불과하다. 지적인 문제에서 절대적인 시작이란 거의 찾을 수가 없다. 그 대신에 연속성과 단절이 있음을 볼 수 있다. 새로운 개입은 어떤 학문 분야 외부에서 일어나는 사건을 반영하지만 그 분야 내부에도 영향을 미친다. 이 작업은 흔히 일련의 문제

49 〈등사판 논문〉은 특히 대학교나 대학, 학교 등의 여러 강좌에서 실제 교재로 널리 사용되었다.

50 트레버 밀럼의 학위 논문은 이후에 Millum(1975)으로 출판되었다.

나 연구 영역을 새롭게 조직해내게 된다. 이 작업은 기존 지식을 새로운 문제의 표지 아래 재구성한다. 또한 기존 요소를 새로운 형태로 재배열하고 출발점을 새로 정해 주기도 한다. 현재 제도화된 형태의 문화연구는 1960년대에 일어난 단절의 결과다. 그러나 이러한 개입이 이루어진 장은 원래 1950년대에 구성되었다. 이 이전의 설립 계기는 초창기 텍스트, 즉 이 분야 초창기 '교과 과정'의 측면에서 보면 구체적으로 잘 드러난다. 이러한 교과 과정에 포함할 만한 텍스트로는 호가트의 《읽고 쓰는 능력의 이용》(1958), 레이먼드 윌리엄스의 《문화와 사회》(1961)와 《기나긴 혁명》(1965), E. P. 톰슨이 《기나긴 혁명》을 비판하면서 좀 더 역사적인 방식으로 관련된 문제의 '예'를 보여 준 《영국 노동 계급의 형성》(1968) 등을 들 수 있다.[51]

이 저술들은 높은 수준의 훈련된 지적 작업의 결과였지만, 새로운 학문 분야를 출범시키기 위한 교과서는 아니었다. 이 책들은 어떤 확고한 역사적 해석에 대해 다양한 반응 형식으로 나왔다. 이 저술들은 잘 훈련된 사고를 도입해, 출간 당시의 시대를 이해하는 데 영향을 미치려 했다. 물론 중립적이거나 학술적이지만은 않았으며, 나름대로 문화적 개입이었다. 이 저작들은 긴 기간에 걸쳐 회고적이며 역사적인 시각의 틀에서, 영국의 사회와 문화에서 전개되는 장기적인 추세를 다루었다. 이 책 저자들이 다양한 방식으로 다룬 것은 바로, 전면전의 소용돌이에서 막 벗어나 변화와 발전의 — 이 변화와 발전은 전후의 '안정화settlement'라는 척도로 평가할 수 있다 — 시대에 접어들던 전후 영국 사회였다. 불황과 전쟁은 이전의 발전 양상과는 어떤 중요하고 획기적인 단절을 이룬 것처럼 보였다. '안정화'는 자본주의적 생산, 복지 국가 설립, '냉전' 등에 의해 규정되는데, 경제적, 정

51 윌리엄스에 대한 톰슨의 획기적인 비판(Thompson, 1961)은 *New Left Review*, no. 9, 10에 실렸으며, 연구소에 큰 영향을 미친 텍스트였다.

치적, 문화적 세력을 새로운 관계와 평형 상태로 유도한 것처럼 보였다. 그러나 이 변화는 과거와 어떤 종류의 질적인 단절을 이루었는가? 영국이 이전의 산업 자본주의적 발전 단계를 거쳐 오는 동안, 이러한 '특이한' 경로를 형성하는 데 기여한 결정적인 역사적 세력과 결정적으로 단절하게 된 것인가, 아니면 단순히 그 세력들이 새로운 연속성으로 재구성된 것인가? 영국은 여전히 자본주의 문명이었는가, 아니면 '탈자본주의' 문명이었는가? 복지 자본주의는 근본적인 사회 재편이었는가, 아니면 단순히 피상적인 재편이었는가? 이전의 산업 자본주의의 여러 발전 단계는 복잡하지만 두드러진 유형의 사회구성체를 만들어 냈다. 그렇다면 이제는 어떤 유형의 사회구성체가 만들어지고 있는가? 과거 그러한 변혁은 엄청난 문화적 변화와 지각 변동을 가져왔다. E. P. 톰슨이 언급했듯이 초창기 '이행' 단계에서 진행된 시간에 관한 사회적 인식의 엄청난 변화를 검토해 보면, "경제적 성장으로서, 동시에 문화의 성장과 변화에 해당하지 않는 것은 없다……" (Thompson, 1967). 지금 진행되는 변화로서 그러한 문화적 변화에 해당하는 것은 무엇인가? 지금까지 바로 문화적 질서 자체의 토대였던 전통적인 계급 관계, 계급 구성체, 계급 문화에 이러한 변화가 미치는 영향은 어떤 것인가? 새롭게 부상 중인 문화적 세력이나 경향은 있었는가? 무엇보다도 이러한 역사적 과정을 어떻게 질적으로 이해하고 평가할 것인가?

당시에는 이러한 쟁점에 관한 토론이 널리 전개되었다. 이 쟁점들은 가령 위에서 열거한 기고자 가운데 다수가 관련된 초창기 '신좌파'의 의제에도 포함되었다. 이 쟁점들은 전후 '문화 논쟁'의 틀을 정해 주었는데, 논쟁의 초점은 많이 바뀌었지만 지금도 계속되고 있다. 이 쟁점들은 또한 문화연구가 생겨날 공간도 규정했고, 문화연구의 목표와 의제도 규정했다. 문화연구는 출범 당시부터 '사회 참여적인' 학문 분야로서, 현대 사회와 문화에 관해 엉성하지만 관련된 쟁점을 제기했기 때문에 다른 연구 분야처럼 때때로 시간이 경과해야만 가능한 학문적 관망이나 거리 두기의 장점을 누리지 못한 경우가 많았다. 만일 그렇지 않다면 우리의 준거틀을 지나치게 협소하게 규정했겠지만, '현대'란 개념 정의상 다루기가 어려웠다. (대략 '정치적' 관심사와 지적인 관심사라고 부를 수 있는 것 사이의) 이 긴장은 그 후 문화연구의 형태에도 영향을 미쳤다. 위에서 언급한 책들은 방식은 다르지만 이러한 긴장을 담고 있었다. 이 책들은 분석 양식이 '역사적'일 경우에도 결정적인 국면에 의해 정해진 문제를 다루었다. 그리고 지적 탐구 전통 내부에서 참신한 지침을 찾으려 했고, 찾아낸 것을 발전시키고 변형시켰다. 이 책들은 자신이 제기한 쟁점에 걸맞게 복잡하고 진지한 해답이 나와야 한다고 주장했다. 또한 이러한 해답을 발견한다면 그 해답은 지적 논쟁의 한계를 넘어 광범위하게 영향을 미칠 것이라고 기대했다. 이러한 긴장 때문에 필연적으로 문화연구는 기존의 지식 분업, 분야뿐 아니라 고등 교육 내에서 정당화되는 학술 규범과 불편한 관계를 맺게 되었다. 이와 같이 그 기원상의 특징으로 볼 때, 문화연구는 어떤 의미에서든 학문적 하위 분과가 하나 더 생겨난 것으로 볼 수 없었다. 이 때문에 문화연구는 지식의 사회적 분업 속으로 쉽게 흡수되거나 동화될 수 없었다. 또한 이 때문에 문화연구 진영은 권력층의 눈에 처음부터 문젯거리로 비치게 되었는데, 이는 때로는 문화연구의 과업 전체에 거의 치명적인 영향을 미쳤다.

한 가지 중요한 문제는 문화연구와 문화연구의 문제를 새롭게 검토하는 다른 학문 분야 사이의 관계다. 잘 훈련되고 분석적인 방식으로 이러한 작업을 추구하면서도, 이 작업이 이루어지는 지적 분야의 토대가 되는 몇몇 명제와 단절할 수 있을까? 위에서 언급한 각 텍스트는 스스로 또 독자로 하여금 기존의 사고 전통을 참조하게 했다. 도시 노동 계급의 전통적 문화 내부에서 진행되는 변화 과정을 파악하려 한 《읽고 쓰는 능력의 이용》은 리비스와 〈스크루티니〉의 비평가들이 개발한 것과 비슷한 방법을 채택하고 이들의 연구 절차와 방법을 개조해서 살아 있는 계급 문화에 적용하려 했다.[52] 이 목적은 원래 '리비스주의' 비평에서 착상한 의도와는 완전히 달랐고, 따라서 그 '주인'은 물론 이를 거부했다. 그럼에도 불구하고 양자 간의 연속성은 남아 있었다. 왜냐하면 '실제 비평'("이 단어들은 이러한 순서로"라는 식으로)을 강조하는 배후를 보면, 리비스주의가 문화에 대해 내린 정의는 아주 보수적이고, 근본적으로 반민주적이며 무한한 퇴행을 통해 과거의 가상적인 '유기적 문화organic culture'에서 어떤 안정된 준거점을 찾으려는 역사적으로 의심스러운 작업에 의존했다 할지라도,[53] 리비스주의 비평은 항상 나름대로 문화적 맥락과 '텍스트'의 하위 텍스트 문제에 아주 세심하게 주의를 기울였기 때문이다.[54] 리비스 자신은 항상 '위대한 전통'에서 선호되는 텍스트에 관한 경험이 언어를 통해 내부적으로 조직화하는 방식과, 그가 문화의 패러다임으로 삼은 일반적인 '언어의 상태' 사이의 뒤엉킨 관계를 강조했다.[55] 〈영국 학파를 위한 스케치Sketch for an English School〉에서 리비스는 특이하기는 하지만 심오한 역사 감각도 보여 주었다.[56] 《읽고

52 연구소에서 발간한 〈등사판 논문〉의 초창기에 실린 Hoggart(n.d.)를 보라. 그러나 Hoggart(1958)는 이 방법을 실제로 적용한 표준구다.

53 Williams(1973a)는 끊임없이 되살아나고 있는 '유기적 사회'를 결정적으로 해체했다.

54 그중에서도 Leavis & Thompson(1933), Leavis(1943; 1952)를 보라. 그리고 물론 〈스크루티니〉의 여러 글도 포함된다. Leavis(1932) 역시 이러한 점에서 획기적인 텍스트다.

55 리비스가 언어에 대해 가졌던 관심은 에즈라 파운드Ezra Pound의 초기 저작에서도 나타난다. 어떤 면에서는 가령 카를 크라우스Karl Kraus와 발터 벤야민Walter Benjamin의 저술과 근본적인 차이가 있는 다른 저작에서도 유사한 주제가 나타난다. 구조 언어학 때문에 '언어'는 아주 다른 의미에서 문화의 패러다임이 되었다. 이 글의 '구조주의'에 관한 절을 보라.

56 이 글은 Leavis(1943)에 실렸다.

쓰는 능력의 이용》은 리비스에 뿌리박힌 문화적 판단의 상당 부분을 거부했다. 그러나 이 책은 문학 비평을 이용해서 노동 계급 생활의 상징, 용어, 사회적 불문율, 체험된 문화와 '언어'를 특정한 종류의 '텍스트'이자, 가장 중요한 문화적 증거로 '해독하려' 했다. 이러한 뜻에서 이 책은 실제로 '어떤 전통'을 변형시키려 하면서도 계승했다.

《문화와 사회》는 결론 부분에서만 현대에 관해 서술했다. 이 책은 영국적인 사상과 글쓰기의 전통, 즉 영국 문화와 사회에 관한 비판적 사고의 한 흐름을 계승하고 추적해서, 19세기와 20세기 초반의 어떤 사회 사상가와 작가, 지식인에까지 거슬러 올라갔다. 이제는 흔히 학술적인 교과 과정 속에 얌전히 보존된 이 글들이, 그 당시에는 문화와 산업, 민주주의와 계급 사이의 관계를 둘러싸고 벌어진 핵심적인 논쟁에 관한 사회 참여적이고 비판적인 개입이었다는 점을 윌리엄스는 보여 주었다.[57] 윌리엄스의 견해에 의하면, 이렇게 다양한 작가를 '문화와 사회'라는 **하나의** 전통으로 묶어 준 것은 이들의 특수하고 흔히 아주 다양하기도 한 실제 입장과 판단이 아니라, 과거의 역사적인 변혁이 문화에 미치는 영향과 같은 질적인 문제를 검토하면서 이들이 지속적으로 취한 사고 양식이었다. 매슈 아널드Matthew Arnold의 《문화와 무정부*Culture and Anarchy*》와 리비스의 《대중 문명과 소수 문화*Mass Civilization and Minority Culture*》는 둘 다 매우 사회 참여적이고 전투적인 문화 비평으로서, 절대적인 문화로 이름 붙은 고정된 기준을 고수하는 입장의 배후에 당파성이 숨겨져 있음을 윌리엄스는 입증했다. 윌리엄스는 이처럼 비판적 부르주아 사상에서 아주 문학적인 전통을 강조했기 때문에, 문학적 틀에 쉽게 들어맞지 않는 좀 더 대중적, 급진적, 예술가적 문

57 이 핵심적인 용어 간의 관계에 관해 논의하는 Williams(1961)의 서론과 Williams(1976)를 보라.

화에서 나온 좀 더 급진적인 대안적 전통과 증거의 중요성을 과소평가했을 수 있다는 점도 사실이다. 톰슨은 어느 중요한 비판에서 《기나긴 혁명》을 겨냥해 이렇게 비판했고, 《영국 노동 계급의 형성》에서 이와 대비되는 예를 당당히 보여 주었다. 그럼에도 불구하고 《문화와 사회》는 '과거'의 사상이 현재의 논쟁에서도 바로 참고되고 함축적 의미를 갖게 함으로써, 이러한 과거의 사상이 이전처럼 영문학 강의 계획서 속에서나 머무르던 데에서 벗어날 수 있게 해 주었는데, 이는 실로 엄청난 영향을 미친 셈이다.

하지만 윌리엄스는 이 전통을 재구성하면서도 어떤 의미에서는 결정적으로 종결시켰다. 거의 그 직후에 잇따라 나온 《기나긴 혁명》은 전후 영국의 지적 생활에서 획기적인 사건이었다. 이 책은 과거와 현재를 놀랄 정도로 다른 방식으로 보기 시작했다. 이는 문학적, 도덕적 준거점을 갖는다는 점에서 '문화와 사회'의 전통과 연결되었다. 그러나 이론적 양식과 야망에서는 분명히 그 전통과 단절했다.[58] 이 책은 돌이킬 수 없을 정도로 특수하고 경험적이며 도덕적인 측면을 강조하는 담론의 관용 어법과 양식에 그 자신의 고도로 개인적인 성격의 '이론화'를 접목하려 했다. 이 책은 논쟁의 토대 전체를 문학적, 도덕적 문화 개념에서 인류학적 문화 개념으로 옮겨 놓았다. 그러나 이 책은 후자를 의미와 정의가 사회적으로 구성되고 역사적으로 변형되는 '전체 과정'으로 정의하고, 문학과 예술은 특히 중요한 사회적 커뮤니케이션의 한 종류에 불과하다고 보았다. 이 책은 또한 많은 부분이 대체되기는 했지만, 마르크스주의 전통과 더불어 문화와 다른 사회적 실천 사이의 관계에 관한 마르크스주의적 묘사 방식을, 좀 더 토착적인 전통 대신에 유일하게 실현 가능성 있는 (그러나 현재 영국에서 존재하는 형태로

58 이 관점에서 보면 Williams(1965a)의 1부가 가장 중요한 부분이다.

는 불만족스러운) 대안으로 끌어들였다.[59] 《기나긴 혁명》의 일부 문장이 어렵고 다소 추상적인 것은 이 책이 주로 '단절의 텍스트'로서의 성격을 띠기 때문인 것으로 볼 수 있다. 이 책을 구상하고 집필한 '냉전' 시기의 문화적, 지적 풍토를 감안한다면, 이 작업 전체가 지적으로 대담하다는 점은 인정할 만하다.[60]

이 책이 나온 후 곧 톰슨의 비판과 《영국 노동 계급의 형성》이 뒤따라 나왔다. 톰슨의 책은 급진적 민주주의를 강조하는 데다, 지금까지 거의 상실된 대중적인 정치 문화를 진지한 역사적 저술로 복원한 영웅적인 작업으로, 전후 시기의 사회사에서 가장 획기적인 저작이다. 이 책처럼 '문화적 차원'을 지속적으로 설명하지 않는다면, 1790년대부터 1830년대 사이에 새로운 체제가 형성되던 역사적 '이행기'를 설명할 수는 없을 것이라는 인식이 이 책 전체를 관통했다. 물론 이 책 서두의 '계급 관계'에 관한 짤막한 부분은 간결하면서도 공감을 주는 문장으로서, 방식이나 의도는 이론적이지 않지만 효과는 '이론적'이다. 그럼에도 불구하고 이 책은 엄밀하면서도, 가장 좋은 의미에서 '경험적으로' 역사적 특수성에 토대를 두었다. 톰슨은 독특한 계급 형성이 이루어질 수 있게 해 주는 역사적 행위자의 차원을 강조했고, 제목에 능동태의 시제['형성making']를 붙인 것은 전적으로 의도적이었다. 톰슨의 문화 개념은 더 넓은 역사적 의미에서 계급을 형성하는 집단적 경험에 근거했다. 이 책은 문화를 '사회적 존재'와 '사회적 의식' 사이의 변증법이라는 맥락 속에 두었다. 그렇게 함으로써 이 책은 종래 '노동사

59 Williams(1961)의 "리비스"라는 장은 1930년대 영국 마르크스주의의 약점에 관해 논의했다.
60 Thompson(1961)의 비판은 이 시기 윌리엄스 저술의 정치적 맥락에 관해 언급한다. 이 부분은 Williams(1979)에서 좀 더 완전하게 해명된다.

labour history'의 특징이었고 연구의 발전에 장애가 되었던, 일종의 경제적 결정론과 제도적 시각과 단절했고, 이전의 시각을 효과적으로 대체했다. 이 책은 또한 간접적으로, 말하자면 예를 통해 때때로 윌리엄스의 《기나긴 혁명》에서 드러난 다소 진화론적인 접근 방식을 비판했을 뿐 아니라, 리비스주의 전통이 소중히 고수한 편협하고 엘리트주의적인 '문화' 개념에 도전했다. 이 책은 역사 저술이 현재를 분석하는 과업과 연관이 있다고 직설적으로 단언했다. 톰슨은 문화가 역사적 특수성을 띠며, 문화의 정의는 복수(cultures)이지 단수(Culture)가 아니라고 주장했다. 무엇보다 여러 문화 간에는 투쟁, 긴장, 갈등이 필연적이며 문화는 계급 문화, 계급 형성과 계급 투쟁 — '**하나의** 생활 방식'의 진화라기보다 '여러 생활 방식' 사이의 투쟁 — 에 연결된다고 주장했다. 톰슨의 논의는 문화 개념에 획기적인 단서를 붙인 것이다.

따라서 이 모든 저작은 이전의 개념화와 근본적으로 단절한다는 것을 의미했다. 과거에는 '문화'라는 용어를 텍스트/맥락의 구분을 유지하면서 불변의 '시대period'라는 인식틀 속에서 파악했으나, 이 책들은 이러한 의미를 변화시켜 더 폭넓은 사회적 실천과 역사 과정의 장으로 확대하였다. 처음에는 이러한 단절이 어떤 학문 분과에 속하는지 정확한 위치를 정해 주기가 어려웠다. 이러한 단절이 기존 학문 분야의 관할 영역에 침투하고 파고들어 간 방식은 아주 특색 있어 보였다. 이는 물론 '정규적인' 사회학으로 인정되지는 않았지만, 한동안 넓은 의미의 '사회학적'인 것으로 정의되었다.

사회학과의 단절

이 무렵 '정규' 사회학 내부의 몇몇 분야는 비슷한 주제에 몰두하고 있었다. 예를 들면 공동체연구소Institute of Community Studies의 저술이나 학계 전반에서 '공동체community'라는 개념에 몰두하고 있던 연구를 생각해 볼 수 있다. 이는 사회학 분야 중에서는, 다른 곳에서 부상 중이던 문화에 대한 관심에 해당한다고 간주할 수 있다.[61] 그러나 대개 영국의 사회학은 이런 부류의 문제를 좋아하지 않았다. 이 무렵, 즉 1950년대는 영국 사회학이 미국의 이론과 모델에 크게 의존하던 시기였다. 그러나 미국 사회학은 파슨스류의 이론화든 구조 기능주의적 방법론이든, 이러한 쟁점을 이론적으로 해결할 수 없었다.[62] 미국식 사회학은 체계적으로 기능주의적이었고 시각은 통합적이었다. 더구나 모순의 범주를 없애 버렸고, 그 대신에 '역기능dysfunctions'이나 '긴장 관리'에 관해서만 논의했다. 미국식 사회학은 과학이라는 보호막을 갖추었다고 주장했지만, 그 전제와 성향은 매우 이데올로기적이었다. 사실 미국식 사회학은 위에서 제기한 문제, 즉 지금 존재하는 것은 어떤 종류의 사회인가 하는 문제에 아주 구체적인 역사적 해답을 제시하는 식으로 반응했다. 후기 자본주의의 모든 후기 산업 사회는 아메리칸 드림의 모델, 다시 말해 어떤 대표적인 저작에서 표현했듯이 "최초의 새로운 국가"를 지향한다는 것이다. 미국식 사회학은 '전체주의 사회'와 계속 대립 상태에 있는 '다원주의 사회'의 승리를 자축했다. 이러한 대비는

61 '공동체' 개념에 대한 최근의 비판으로는 Work Group(1976)이 있다.

62 종합을 시도하는 텍스트로는 Parsons(1949; 1951)가 있다. 가장 영향력 있는 중범위 사회학 이론가로는 Merton(1957)과 폴 라자스펠드Paul Lazarsfeld의 저서 곳곳을 보라.

결론이 내려진 과학적 사실처럼 제시되었지만, 대단히 이데올로기적인 비교에 불과하다. 미국식 사회학은 극도로 비관주의적인 변종인 '대중 사회/대중문화' 가설의 관점에서 문화를 다루었을 뿐 '문화'는 도외시했다. 그 대신에 단일한 '가치 체계'라는 개념을 채택하고, 다원주의의 토대 위에서 — 에드워드 실즈Edward Shils가 설득력 있게 표현했듯이 — 대중의 '야만적 문화'가 그 가치 체계 속으로 점차 성공적으로 통합되도록 되어 있다고 보았다.[63] 미국식 사회학은 결사적으로 이데올로기 개념을 거부했다.[64] 이제 앞서 말한 내용을 좀 더 보충할 필요가 있을 것 같다. 결국 미국식 사회학은 제기되는 문제에 일종의 해답을 제공했다. 하지만 그 문제를 자신의 아주 독특한 이론적 틀 속으로 **바꾸어** 놓았다. 동시에 시대에 아주 뒤떨어진, 강경하게 경험주의적이고 계량적인 자연과학을 본뜬 방법론, 즉 **올바른** 사회과학 방법론을 채택했다.

그러한 사회학은 '총체성' 개념을 만들어 낼 수 없을 것이고, 총체성 개념 없이는 '문화' 개념도 불가능할 것이라고 페리 앤더슨은 (뛰어나고 통찰력 있는 논문인 Anderson, 1969에서) 주장했는데, 이는 우리가 보기에 매우 타당한 주장이다. 영국에서 이러한 '중심부의 공백'은 '총체성' 개념을 부분적으로 갖춘 다른 학문 분과에 의해 채워졌지만, 변형된 형태로만 이루어졌을 뿐이라고 앤더슨은 주장했다. 앤더슨은 인류학과 문학 비평을 언급하는데, 이제 여기에 '새로운' 사회사도 추가할 수 있을 것이다. 문화연구를 이처럼 변형된 여러 전통이 수렴된 지적 공간으로 파악할 수도 있다. "분명히 어떤

63 파슨스의 공동 연구자였던 실즈는 이 주제에 관해 많은 글을 썼다. 그중에서도 Shils(1961b)를 보라.

64 몇몇 예외 가운데 하나는 이데올로기에 관한 머튼(Merton, 1957)의 논문이다. 머튼은 이 글의 서두에서 제기한 문제를 지속적으로 논의하지는 않았다. 이 공백은 Hall(1978a)에서 논의된다.

관습 때문에 쫓겨난 총체성 개념은 전혀 예상치 못한 연구 분야에서 피난처를 발견했다……"

이 이야기는 단순히 상상해낸 게 아니다. 이는 문화연구가 시작되던 순간부터 발을 담근 학계 정치와 직접 연관된다. 버밍엄 연구소 프로그램의 시작을 공표한 호가트의 취임 강연인 〈영국 사회와 현대 사회의 학파Schools of English and Contemporary Society〉는 이러한 문제를 촉발한 문서다(Hoggart, 1970에 재수록). 여기서 이 분야에 대한 주된 인식 방식이 다른 분야의 학문적 자존심을 건드리지는 말았어야 했다. 이 강연은 문화연구가 주로 대중문화와 매스 미디어 등 지금까지 '소홀히 한' 자료에 관심을 둔다고 지적했고, 이러한 자료는 현대 문화의 새로운 초점과 방향을 보여 주는 중요한 증거가 된다고 주장했다. 이 주장 때문에, 연구소가 추진하기 시작한 작업은 '문학적 색채'를 띤 것처럼 보이게 되었고, 《읽고 쓰는 능력의 이용》은 이러한 성격을 실제로 보여 주는 업적이었다. 이 강연은 문학 비평적 방법을 텍스트 해독에 응용해서 질적인 문화적 증거를 찾아내도록 권장했다. 이는 돌이켜 보면 신중한 제안이었는데 어찌 보면 지나치게 신중했다. 그러나 이 제안이 상대적으로 '보수적인 입장'을 취한 것은, 전통적인 학계의 틀 안에서는 허용되지 않던 이러한 문제를 제기할 수 있게 하는 데 역사적인 타협이 꼭 필요했다는 사실을 보여 준다. 그럼에도 불구하고 이 주장은 그러한 쟁점에 관심은 없지만 그 영역에 대해 소유권이 있던 사회학의 격렬한 공격을 유발했다. 가령 연구소가 문을 열자 사회과학자 두 사람은 편지를 보내 일종의 경고를 했다. 문화연구가 본래의 경계를 넘어서 '진정한' 과학적(즉 준과학적인) 통제 없이 (현대 사회의 텍스트 연구에 그치지 않고) 현대 사회에 관한 연구를 한다면, 부당하게 영역의 한계를 넘은 데 대한 보복을 초래할 것이라는 내용이었다.

지금 '주류' 사회학은 엄청난 혼란을 겪고 있기 때문에, 영국 사회학이 자신의 주장과 타당성에 대해 그렇게 확신한 시절이 있었다는 점을 기억하기가 아주 어려울지도 모르겠다. 하지만 이는 전혀 근거 없는 협박은 아니었다. 사정을 더 잘 이해하리라 기대한 '인문주의자'(결국에는 이들 역시 당시 부상 중이던 기술주의적technicist 실증주의에게서 그만두라는 통고를 받았다) 역시 똑같이 보수적인 반응을 보였기 때문에 문제는 더 복잡해졌다. 인문주의자들은 '문화'가 자신이 공부하던 텍스트나 자유주의적 학문의 가치 속에 이미 새겨져 있다고 간주했다. 이보다 더 현대적인 것은 그 어떤 것이든, 개념 규정에 따르면 문화적 쇠퇴나 타락의 표시였다. 현대의 문화 형태를 분석하는 데 시간을 보내는 것은 '현대병'과 적극적으로 공모하는 행위였다. 인문주의자들은 리비스처럼 문화와 민주주의는 고칠 수 없을 정도로 대립적인 것이라고 가정했다. '유기적 문화'는 돌이킬 수 없는 과거에 존재했다. 그 밖의 것은 모두 '대중문화'였다. 이처럼 리비스가 "진단"이라 부른 것과 일치하는 영역도 있었지만, 이들은 리비스의 도덕적 진지함과 힘든 프로그램이 자신의 취향에는 너무 전투적이라고 거부했다. 그렇다면 다음과 같은 점을 지적하는 것은 너무 통속적으로 보인다. 문화에 대한 이러한 정의 전체는 아주 구체적이고 특이한 역사적 조건 속에서 틀이 형성되었다는 점, 이 정의에는 그 나름대로 특이한 역사 해석이 수반되었다는 점, 이 정의는 자신의 의심스러운 이데올로기적 판단을 '진리'인 양 간직했다는 점, 또한 그러한 문화관은 실천에서는 전투적인 엘리트주의였다는 점 등이다. 그렇다면 문화연구는 가망 없을 정도로 비과학적이거나 자신이 진단하려 한 바로 그 질병의 산물에 해당하는 것이었는데, 어느 쪽이든 지식인에 대한 배신 행위였다. 연구소가 출범하면서 비교적 조심스러워하고 불안을 느낀 것은 이와 같이 비우호적인 풍토에 기인하는 바도 적지 않다. 여러 해 동안 문화연구는 — 둘 다 방식은 다르지만 — 이 두 가지 뿌리 깊은 속물주의적이고 반지성주의적인 입장 사이에서 교묘하게 어려운 고비를 넘기면서 생존해야 했다.

이에 따른 현실적 효과도 없지 않았다. 연구소는 1930~1964년 사이의 대중 언론의 검토를 통한 사회 변동 연구로 첫 번째 프로젝트[65]를 수주했을 때, 다음과 같은 내용으로 신청했다. '진정한 의미에서의 사회학적' 연구를 수행할 능력을 갖추지 못했으므로, 문화적 해독 방법으로 '텍스트'를 분석하고, 나중에 사회과학자를 고용해, 우리의 (엄격하지 않은) 가설을 적절한 (엄격한) 과학적 방법으로 '검증'할 수 있을 것이라고 썼다. 사회과학연구평의회Social Science Research Council에 연구비를 신청했을 때에도 이와 별 차이가 없는 주장을 폈는데, 결국 이 자금을 얻어 폴 윌리스Paul Willis가 과제를 수행했다(연구 결과는 후에 《노동자 되기*Learning to Labour*》로 나왔다). 로운트리Rowntree 보고서의 경우, 이와 같이 과중한 부담을 지우는 전략으로는 아무도 재원을 얻지 못했고, 작업 전체를 그냥 우리끼리 마쳐야 했다. 실제로 과제 자체에서 이 두 가지 양립할 수 없는 대안이 수렴하는 기반은 사회학적 방법론보다는 구체적인 역사적 연구로 돌아가면서 마련되었다. 실제로 이때 처음으로 역사적 문제가 연구소의 실천에서 확고한 역할을 하게 되었다. 이러한 방법론적 장벽을 부순 결과물이자, 문학적 방법 대 사회학적 방법이라는 잘못된 대비를 해체한 책인 《신문의 목소리*Paper Voices*》는 원래 계획한 방식대로 만들었을 때보다 훨씬 더 나은 책이 되었다. 그리고 이 책의 기반이 된 것은 문학적 작업과 역사적 작업의 결합이었다(Smith et al., 1975). 분명히 초창기의 이 시점에서 연구소는 '하녀' 역할을 그만두고 좀 더 독립적이고 야심차고 잘 통일된 자신의 영토 공간을 계획하기 시작했다.

65 로운트리기념재단에서는 너그럽게도 이 과제를 지원해 주었다.

'사회학적인 만남'은 많은 다양한 방식으로 서술할 수 있을 것이다. 이 만남 덕분에 연구소 내에 아주 새로운 범위의 작업이 탄생했고, 이전의 작업 범위 외에 '체험된 문화lived cultures'라는 새로운 초점이 추가되었다. 예를 들면, 청년 문화연구라든지, 하위문화subculture에 관한 관심과 일탈 연구, 학교 교육 기관과 작업장 내의 관계에 관한 관심 등이 이에 해당한다. 또한 쟁점이 된 것은 우리가 가려는 길에 대해 소유권을 주장할 가능성이 있어 보이는 지배적인 학문 분야와 이론적으로나 그 밖의 적절한 방법으로 어떻게 대결해야 할 것인가 하는 점이었다. 이것은 단순히 외부에서 사회학을 문화연구에 접목시키는 방식으로 — 비록 때때로 '학제적' 연구가 이러한 뜻으로 받아들여지는 사례가 많기는 했지만 — 이루어질 수는 없었다. '문화'의 의미를 텍스트와 재현 외에도 체험된 실천, 신념 체계, 제도로 확대하면서, 사회학의 주제 중 어떤 부분도 위의 범위 안에 포함되었다. 하지만 이 관계를 구조 기능주의 내에서 파악하려는 지배적인 개념화 방식 때문에 이러한 문제를 올바르게 제기할 수는 없었다.

하지만 분명히 사회학의 왕국 내에는 그 보호자들이 주장한 것보다 영지가 더 넓었다. 따라서 연구소는 사회학 내부에서 사회학을 수용하기 시작했다. 우리는 '고전적' 텍스트와 문제를 통해 나름대로 노선을 설정했다. 여기서 사회학 자체 내에서 대안적 전통이 모습을 드러내기 시작했다. 구조 기능주의는 과학 자체가 아니라, 아주 특수한 역사적 계기, 즉 미국이 세계 문화의 헤게모니를 장악하던 시기에 구성된 특정한 종류의 이론적 복합 개념과 종합이라는 점이 드러났다. 그러나 사회적 행동과 제도를 '객관화된 의미 구조'로 취급하려고 **시도한** 다른 전통도 있었다. 이 전통은 역사상의 사회 유형을(가령 '자본주의' 사회), 그 사회가 보유한 이데올로기적 구성체(가령 '프로테스탄트 윤리')의 시각에서 검토했다.[66] 이들은 문화 현상에 대해 두 가지 유형의 사회학적 설명을 제시했다. 하나는 문화적 현상을 만들어 낸 사회적, 역사적 세력의 관점에서 보는 것이고, 다른 하나는 이 현상을 '의미와의 연관성'이란 측면에서 분석하는 것이다.[67] 방식은 서로 아주 다르지만, 이 접근 방식들은 《기나긴 혁명》에서 설명한 커뮤니케이션 이론과 연결되었고, 《읽고 쓰는 능력의 이용》에서 시도했듯이 노동 계급의 삶을 '체험된 의미'라는 관점에서 '해독'하려는 과제와도 연결되었다.

돌이켜 보면 이러한 사고 방향이 지향한 곳은 분명하다. 이 노선은 문화연구를 두드러지게 '베버주의적'으로 해석하는 경향이 있었다. 이 노선은 베버의 저작에서도 분명히 드러난다. 그러나 또한 다른 곳, 즉 독일 관념론적 전통에서도 비슷한 노선을 발견할 수 있고, 독일 사회학이 처음 시작하는 계기가 된 저 유명한 '방법론 논쟁'에서도 찾을 수 있다.[68] 이 노선은 초기 역사 사회학과 정신과학적Geistwissenschaft 접근 방법 일반의 (여기서는 빌헬름 딜타이Willhelm Dilthey와 게오르크 지멜Georg Simmel이 대표적인 인물이다) 특징인 이해verstehen와 '해석적interpretative' 해석학의 측면을 강조하는 입장과 같은 것으로 볼 수 있다.[69] 이처럼 고전 사회학에서 소홀히 하던 전통을 발굴하기 시작한 것과 같은 시기에 사회학 자체 내에서도 이에 버금가는 복구 운동이 시작되었다. 사회학자들은 베버와 뒤르켐을 대비시키면

66 Weber(1930)가 선구적인 예인데, 똑같은 현상에 대해 마르크스주의적인 설명과는 명백히 반대되는 입장을 취했다는 장점도 있다.

67 Weber(1949)에서는 이 주장에 관해 깊이 있게 논의한다.

68 이 텍스트 가운데 상당수는 영어판으로 나오지 않았으며, 2차 문헌에서도 잘 다루어지지 않았다. 그러나 레이몽 아롱Raymond Aron의 《독일 사회학*German Sociology*》과 Giddens(1974)를 보라. 최근의 논의로는 Benton(1977), Hirst(1976), Hall(1978a)을 보라.

69 '해석interpretation'에 관해서는 Truzzi(1974)를 보라. 딜타이에 관해 최근에 나온 유용한 연구로는 Rickman(1979)이 있다.

서, "두 가지 사회학"이라고 이야기하기 시작했다.[70] 점차 이러한 주제는 '주류' 사회학 자체 내에서도 다시 수용되기 시작했다. 피터 버거Peter Berger와 토마스 루크만Thomas Luckman의 "현실의 사회적 구성social construction of reality"식의 접근 방식을 연상시키고, 알프레드 슈츠Alfred Schutz 저작의 재발견에 토대를 두고 재개된 현상학에서도 이 주제를 발견할 수 있다.[71] 이후에는 사회적 행동의 '상식'적 토대에 관심을 두며, 언어와 대화 분석이 일종의 사회적 행동 자체의 패러다임이라고 보고 거기에 초점을 두는 민속학적 방법론ethnomethodology에서도 이러한 주제가 발견된다.[72]

우리에게 좀 더 중요한 것은 '사회적 상호작용론'의 복귀였다. 사회적 상호작용론은 미국 주류 사회학 내에서 — 특히, 조지 허버트 미드George Hebert Mead와 '시카고 학파'의 저작에서 — 주변적이긴 하지만 뛰어난 역사를 자랑했다.[73] 그러나 이 이론은 최근 하워드 베커Howard Becker와 여러 하

70 '두 가지 사회학'이란 구절은 앨런 도Alan Dawe가 사회학적 전통에 관한 비판적 개관에서 처음으로 사용했다. 베버와 뒤르켐을 대비시킨 입장 가운데 중요한 텍스트 중 하나는 베버의 범주를 사용해서 뒤르켐의 《자살론*Suicide*》을 재해석한 Douglas(1967)다.

71 이 기간에 슈츠 전집이 헤이그의 마르티누스 네이호프Martinus Nijhoff 출판사에서 재판으로 나왔다. 또한 Berger(1963), Berger & Luckmann(1966)도 보라. 이러한 재구성 작업과 초기 마르크스주의의 관계에 관해서는 Berger & Pullberg(1966)를 보라.

72 여기서 핵심적인 텍스트는 Garfinkel(1967)이었다. 해럴드 가핑클Harold Garfinkel과 슈츠가 '일상적 지식'의 사회적 토대에 관심을 기울인 것은 '이데올로기'란 용어를 상식적 범주에 적용하는 데 획기적인 역할을 했다. 특히, 하비 색스Harvey Sacks의 저작에서 민속학적 방법론을 대화 전략 분석에 적용한 것은 중요성이 크다. 하지만 사회학자들은 자신이 어떻게 지식을 얻게 되었는지에 지나치게 몰두하는 바람에 자기 성찰self-reflexivity의 문제는 논리적인 귀결상 극단으로 치달아 곤경에 빠지게 되었다.

73 '시카고 학파'에 관한 개관으로는 Faris(1967)를 보라.

위문화 이론가의 글에서 부활되었다.[74] 이들은 좀 더 민속학적인 수준을 선택해 거기서 작업을 했다. 이 이론가들은 하위문화를 지배 문화와 구별해 주는 '체험된' 가치와 의미의 차이에 주의를 기울였다. 특히 사회적 행위자가 삶의 조건을 스스로 정의하는 방식 — '상황에 대한 정의' — 의 중요성을 강조했다. 그리고 질적인 방법론을 채택했다. 이와 같이 질적인 작업을 강조한 것은 문화연구가 형성되는 데 영향을 미쳤으며, 이러한 강조는 초기의 청년 문화연구, 폴 윌리스의 학교와 노동 문화연구, 좀 더 최근에는 여성, 여성의 노동과 경험 연구에서 흔적을 발견할 수 있다.[75] 이러한 입장은, '체험된' 문화에 관한 어떤 연구 과제에서든 경험의 계기는 다른 것으로 환원해서 설명할 수 없는 요소로서의 지위를 갖는다는 점을 제기했다.[76] 경험에 관한 이러한 설명과 구조적, 역사적 결정에 관한 더 거시적인 설명 사이의 긴장은 그 후 연구소의 이론화와 논쟁에서 핵심적인 영역이 되었다(가령 Johnson, 1979a; Johnson, 1978을 보라). 더구나 민속학적 전통은 문화연구를 적어도 두 가지의 다른 관련 저작과 연결시켰다. 하나는 어떤 유형의 사회 인류학에서처럼 기술적인 측면을 강조한 연구다(가령 사회 집단이 자신의 존재 조건에 의미를 부여하기 위해 채택하는 해석틀이나 '민속적 이데올로기'에 관한 인류학적 연구).[77] 또 하나는 새로운 사회사의 특징인 '밑으로부터의 역사'에 관한 연

74 여기서 Becker(1963)는 획기적인 텍스트였다.

75 Willis(1977; 1978)를 보라. 하위문화 이론과 그 방법론에 관한 논의는 Hall & Jefferson(1976)에서 볼 수 있다. 앤젤라 맥로비Angela McRobbie와 제니 가버Jenny Garber는 Hall & Jefferson(1976)에서 전통의 남성 중심적 성격을 논의했다. 여성의 위치에 관한 최근의 연구로는 Women's Studies Group(1978)과 연구소에서 이후에 나올 연구를 보라.

76 구조적 분석에서 경험이라는 증거의 지위 문제는 Willis(1977)에서 자세히 논의한다. 또한, Willis(1980)도 보라.

77 여기서는 델 하임즈Dell Hymes가 종합적으로 개관한 바 있는 '민속학적 의미론

구인데, 가령 '구전사oral history' 운동이나, 센터프라이즈Centerprise와 〈역사 워크숍History Workshop〉의 저작, 상당수의 페미니스트 역사 서술(가령 쉴라 로우보텀Sheila Rowbotham의 저작), 톰슨의 《영국 노동 계급의 형성》의 영향으로 나온 연구 전체가 이에 해당한다.[78]

하지만 이 노선에 쉽게 동화되지 않은 측면이 하나 더 있었다. 사회적 행위자가 자신의 경험에 부여하는 '체험된 설명'은 그 맥락 안에서 파악해야 했다. 이 행위자는 나름대로 한정된 조건 속에 처해 있다. 의식에는 항상 이데올로기 요소가 주입되어 있고, 이해의 사회적 틀에 관한 분석이라면 관련된 '잘못된 인식'의 요소를 고려해야 한다. 또한 이들을 어떤 완전한 '중심적인 출처authenticity'가 되지 못하게 하는 물질적, 역사적 여건도 작용한다. 인간은 역사를 만들지만, 자신이 만들지 않은 조건 속에서 그렇게 한다. 이러한 좀 더 '구조적'인 접근 방식은 바로 구조 기능주의가 권유한 것이었다. 문제는 구조 기능주의가 행위자와 조건 사이의 변증법을 회피하는 방식으로 '구조적' 시각을 확보했다는 점이다. 구조 기능주의는 '구조'를 점진적이고 순응적인 의미에서 모순되지 않고 통합적이며 기능주의적으로 파악했다. 베버는 '의미' 차원을 구출했지만, 이해하기 쉽게 사회적 행동을 개인적 동기화로 환원하는 희생을 치렀다. 바로 이것이 베버의 '방법론적 개인주의'다. 슈츠와 현상학자들은 베버의 '의미 구성'에 좀 더 사회적인 차원을 부여하려 했지만, 문화의 물질적 토대를 포함해서 모든 것을 사고와 언어 속에 흡수해 버리는 대가를 치렀다. 이러한 관점에서 보면, 역

ethnosemantics'과 '민속언어학ethnolinguistics' 분야의 연구를 생각해 볼 수 있다. 가령 Hymes(1966; 1972), Douglas(1970a; 1970b; 1973).

78 이 역사적 전통에 관해서는 CCCS/Hutchinson 시리즈로 간행될 《역사와 이론 *History and Theory*》에서 좀 더 자세하게 논의될 것이다. 이 전통의 맥락을 이루는 '문화주의적' 문제 틀은 Johnson(1979b)에서 비판적으로 개관한다.

사상의 사회에 관한 연구는 일종의 '지식 사회학'으로 변해 버렸다.[79]

이러한 강조점의 상당 부분은 독일 관념론적인 사상 중 칸트주의나 신칸트주의에 토대를 두는 데에서 유래했다. 그러나 베버, 지멜과 '하이델베르크 학파Heidelberg Circle'에 관한 언급은 똑같은 지적 공간에서 형성된 또 다른 획기적인 사상가, 즉 죄르지 루카치를 떠올리게 한다. 루카치의 이름은 똑같은 대다수의 문제를 칸트주의가 아니라 '헤겔주의'의 토대 위에서, '경험적 사회과학'의 맥락에서가 아니라 '서구 마르크스주의'의 맥락에서 대안적으로 풀어 가는 방식을 보여 주는 지표가 된다.[80] 이 용어는 제2인터내셔널과 제3인터내셔널의 속류 환원론적인 마르크스주의에 의식적으로 대비된 바로 그 복합적인 마르크스주의를 가리킨다. 서구 마르크스주의는 문화, 이데올로기와 '상부 구조' 문제에 몰두했으며, 최근 앤더슨이 그 계통을 다시 추적한 바 있다(Anderson, 1976; *New Left Review*, 1977). (윌리엄스는《문화와 사회》에서 당시 영국에서 '마르크스주의'로 행세하던 기계적 환원론과 맞선 논쟁에서 리비스와 〈스크루티니〉가 '승리'했을 뿐 아니라 이길 자격이 있었다고 언급했다. 윌리엄스가 이렇게 말한 것은 1930년대 영국의 지적 현장에는 이러한 종류의 마르크스주의가 없었기 때문이다.) 그러므로 오랫동안 잊혔거나 알려지지조차 않았던 '서구 마르크스주의' 텍스트 다수가 바로 이 시점에서 대부분 뉴 레프트 북스New Left Books와 멀린 출판사Merlin Press에서 번역판으로 나오기 시작한 것은 아주 중요한 사실이다. 영국의 문화연구는 자신의 특징적인 문제를 해결하기 위해 처음으로 마르크스주의 내부에서 대안적인 자원을 찾아야 했

79 이 점은 Berger & Luckmann(1966)에서 두드러지게 나타난다. 또한 Hall(1978a)을 보라.

80 Lichtheim(1970)과 Stedman-Jones(1971)는 — 논쟁적 성격을 띠기는 하지만 — 이러한 연결에 관해서 노련하게 개관했다.

다. 루카치의 문학사적인 저술, 골드만의 《숨은 신*Hidden God*》, 발터 벤야민의 첫 번째 번역물, '프랑크푸르트 학파'의 초기 텍스트(미국의 '대중 사회 이론가들'이 아도르노의 비관주의적 비판을 성공적으로 물리친 것처럼 보였다는 이유로. 프랑크푸르트 학파는 이전에도 알려져 있었다), 사르트르의 《방법의 문제*Question of Method*》 등이 여기에 속한다.[81]

이 텍스트들은 문화연구에서 두 번째의 결정적인 '단절'인 복합적인 마르크스주의로의 진입에 해당했다. 이 책들은 문화에 관한 논쟁에서 고전적인 이데올로기 문제를 둘러싼 이론을 부활시켰다. 그리고 문화와 이데올로기의 한정적 성격, 예컨대 문화나 이데올로기의 물질적, 사회적, 역사적 존재 조건이라는 핵심 문제를 다시 의제에 올려놓았다. 필연적으로, 이 책들은 비관념론적 혹은 유물론적 문화 이론에서 결정적인 쟁점인 '토대'와 '상부 구조'라는 고전 마르크스주의의 문제를 개조하기 시작했다. '토대/상부 구조'라는 비유의 토대 위에서 문화연구를 개조한 것은 아주 중요한 계기였고, (가령 미디어 연구, 역사 연구, 이데올로기 분석 방법론에 관한 논쟁, 당시 연구소의 일반 이론 세미나에서 — 여기는 이 쟁점을 계속 철저히 토의하는 곳이었다 — 진행된 이론적 논쟁 등에서 이루어지는) 연구소 작업의 성격을 형성하는 데도 큰 영향을 미쳤다.

81 멀린 출판사는 이 무렵 《역사 소설*The Historical Novel*》의 번역을 필두로 루카치의 저작을 다시 찍어 내기 시작했다. Goldmann(1964)과 그의 영향력 있는 논문인 Goldmann(1967)을 보라. 하이네만Heinemann 출판사에서 아도르노와 하버마스의 번역서를 내기 시작한 것도 이 무렵이다. 사르트르의 《변증법적 이성 비판*Critique of Dialectical Reason*》에 나오는 주장은 〈뉴 레프트 리뷰〉나 쿠퍼와 랭의 저작(Laing & Cooper, 1971)에 자주 인용되면서 널리 알려졌지만, 그 책은 아직 번역되지 않았다. 그러나 사르트르가 일찍이 《변증법적 이성 비판》에 포함한 방법론에 관한 장은 이미 출간되어 잘 알려진 중요한 텍스트였다(Sartre, 1963).

바로 여기서 '이론주의theoreticism'란 비난이 처음 나왔다. 그리고 한동안 연구소가 이러한 어려운 이론적 쟁점에 지나치게 몰두했음은 의심할 여지가 없다. 하지만 현장에서 구체적인 작업을 시도함과 동시에 이론적 정의와 규명 작업을 수행하는 것 외에는 아무런 대안이 없었다는 점은 밝혀 두어야겠다. 두 가지는 분리될 수 없었다. '문화'라는 용어는, 그냥 다른 사상의 전통에서 빌려 와 무한히 확장해서, 계속 전개되는 새로운 대상에 슬쩍 적용할 수 있는 것이 아니다. 문화는 그냥 경험적으로는 '검증'할 수 없다. '문화'라는 용어에 관해서는 다양한 정의가 나와 있었다. 어떤 정의를 택하는지에 따라 작업 프로그램이 달라질 수 있었다. 각 정의는 서로 관련된 개념과 명제의 행렬 중 한 용어에 불과했다. 한 분야를 새로 설립하려면 이전의 문제 틀과 단절하고 새로운 문제 틀을 구성하는 작업이 필요했다. 더 최근에 와서 이전의 이데올로기적 문제 틀과 '인식론적으로 단절'하면 어떻게 새로운 지식이 발전되는지를 보여 준 알튀세르의 논의는 그러한 단절의 절대주의를 지나치게 과장했고, 그 결과 텍스트를 '징후 해독식으로symptomatically' 읽어 그 밑에 내재하는 문제 틀을 찾아낼 뿐 아니라, 실제로 텍스트가 그러한 문제 틀로 **환원되는** 식의 실천을 유도하는 데 기여했다.[82] 하지만 알튀세르의 일반적인 주장은 여전히 유효하다. 용어와 개념

82 '인식론적 단절epistemological rupture'이라는 개념은 가스통 바슐라르Gaston Bachelard와 조르주 캉길렘George Canguilhem에게서 따와 Althusser(1969)에 도입된 것인데, Althusser & Balibar(1970)에서는 '징후 해독' 이론과 더불어 이를 좀 더 절대주의적인 방향으로 상당히 발전시켰다. 이 두 가지가 실제 적용에서 가치를 지니려면 근본적으로 변형시켜야 했다. 알튀세르는 이후(Althusser, 1976)에 스스로 입장을 바꾼다. 이와 같이 '이론적' 수준을 우선시한 데 대해 전반적으로 비판한 Thompson(1978)의 신랄한 반알튀세르적 논증을 보라. 연구소에서는 텍스트를 읽으면서 그 밑에 깔린 '문제 틀'을 해독하는 것이 유용하다고 보았지만, 텍스트를 그 속에 내재한 일종의 지식의 정수episteme로 환원하는 방식에 매몰되지는 않았다. 그리고 우리는 어떤 텍스트

은 개별적으로 취급하거나 변경할 수 없다. 각 개념은 개념의 집합 — '문제 틀' — 속에서 차지하는 위치에 비추어 판단해야 하며, "기존의 이데올로기적 장이라는 영역을 이루는 유효한 사상들이 구성하는 통일성"과 관련지어 판단해야 한다(Althusser, 1969). 이 구절을 인용한 것은 이론의 온갖 우여곡절을 일일이 옹호하기 위해서가 아니다. 그러나 경험적 상식의 명백함과는 반대로 우리의 과업은 **필연적으로** 이론적 성격을 띨 수밖에 없는 이유를 이 구절은 설명해 준다.

복합적인 마르크스주의로 들어서게 된 것은 주류 형태의 사회학 내부에서 창의적인 분열이 생겨났기 때문에 — 비록 더 쉽게 된 것은 아니더라도 — 가능해졌다. 한동안 방법론적 확실성의 시대를 거친 후 사회학 역시 이론적 고뇌에 들어가기 시작했다. 선진 자본주의 사회의 자기 조절적 성격에 관한 이론은 극도로 이데올로기적인 개념으로 가득 차 있음이 드러났다. 더 중요한 것은 자유주의, 다원주의 사회의 — 당시에는 미국이 이러한 사회의 전형적인 예였다 — '긴장 관리' 능력이 1960년대 후반 미국 사회의 정치적 사건과 격변의 영향으로 점차 위태로워 보이기 시작했다는 점이다. 여기서 진전은 단순히 사상의 수용을 통해서가 아니라, 현실의 역사적 사건이 특정한 지식 구조에 두드러지게 영향을 미치는 방식으로 이루어졌다. 마르크스의 《정치경제학 요강》[83]을 번역한 마틴 니콜라우스Martin

의 문제 틀을 '역사주의자,' '경험주의자,' '루카치주의자' 등으로 단정할 수 있다는 이유만으로 그 텍스트를 낙인찍는 따위의 태도를 적극적으로 비판했다.

83 니콜라우스가 번역한 카를 마르크스의 《정치경제학 요강》에 니콜라우스의 획기적인 소개 논문을 추가해 처음 출간된 일은 중요한 사건이었다. 무엇보다 마르크스의 가장 깊이 있는 방법론적 텍스트로서 대단히 중요한 "1857년 서문"은 방법론적 기준점을 제공해 주었다. 그뿐만 아니라 알튀세르와 발리바르가 이 글에서 엮어 냈던 지나치게 이론주의적 인식론을 이 글에 비추어 비판할 수 있게 되었다. Hall(1974)을

Nicholaus가 미국의 여러 저명한 동료 사회학자에게 "연구 대상이 정지해 있을 때에만 성립하는 이 과학이 어떻게 과학인가?" 하고 물은 적이 있다. 그때 니콜라우스는 또 하나의 방법론적 위기의 극복에 관해 말한 것이 아니라, 어떤 사고 구조가 설명할 수 없는 역사적 사건의 힘에 눌려 붕괴되고 있음을 지적했다. 이 단절에서 '문화의 정치'(1968년과 이후의 문화 혁명으로 요약되는 그 모든 것)에 관해 새로운 종류의 질문이 등장했다. 이 때문에 연구소의 작업은 새로운 동력을 얻었고, 현대 선진 사회에서 부상하는 모순과 새롭게 연관성을 맺게 되었다. 물론 연구소 혼자 힘만으로 이러한 반전을 가져온 것은 아니었다. 구조 기능주의라는 철갑선이 보기보다 항해하기에 적합하지 않다는 것을 아주 일찍이 깨닫는 선견지명이 우리에겐 있었다. 그러나 이 배를 침몰시키기 위해 우리가 적절한 타격을 가한 것은 아니다. 단지 듣기에만 좋은 '이데올로기의 종언'을 전망해 주었을 뿐인 어떤 '과학'에 대해 — 말하자면 사회학에 대항해서 — 어떤 '사회학적' 질문을(예를 들면 이데올로기의 문제) 제기할 수 있게 되었을 뿐이다. 만일 이 질문에 따라 발생한 혼란이 사회학 진영에 경악을 불러일으켰다면, 이와 더불어 이 덕분에 지적인 에너지가 방출되고 사람들이 새로운 종류의 작업을 자유롭게 수행할 수 있게 되는 효과도 생겨났다.[84] 확실히 문화연구는 우리에게 꼭 필요한 이론적 숨 쉴 공간을 마련해 주었다. 장기적으로 보면, 문화연구는 엄청

보라.

84 이 때문에 처음으로 연구소와 사회학자 집단 사이에 구체적인 연계 관계가 맺어질 수 있게 되었고, 이러한 연계를 통해 다른 중요한 연결 관계도 생겨났다. 가령 연구소가 전국일탈협회National Deviancy Conference와 연결되고, 따라서 '새로운 범죄학'적 사고와 연계될 수 있게 된 것이 적절한 예다. 주류의 커뮤니케이션 연구가 이전의 기능주의적 입장을 버림에 따라 미디어 연구 영역에서도 이와 유사하게 수렴이 이루어졌다.

난 지적 해방 효과를 가져왔다.

문화의 새로운 차원과 '구조주의'의 영향

이 시점 이후 문화연구는 종속된 지적 식민지 위상에서 벗어났다. 문화연구는 방향, 연구 대상, 일련의 주제와 쟁점, 그 나름의 독특한 문제 틀을 갖추었다.

첫째, 이전의 문화 개념에서 새로운 공식으로 옮겨 갔다. 문화는 더 이상 일련의 텍스트와 작품을 의미하지 않았다. 이 텍스트와 작품을 배치하고 연구하고 가치를 매기는 식의 '선택적 전통'을 의미하는 것은 더더구나 아니었다.[85] 특히, 문화란 그러한 텍스트를 **통해** 표현하기로 된 가치와 이상을 의미하지 않았으며, 더구나 그 가치와 이상이 텍스트가 역사적 시간 중 특정 사회에서 투사된 것일 때에는 더욱 그러했다. 문화는 또한 (널리 퍼져 있는 가정인) 문화적 쇠퇴의 필연적인 과정을 측정하는 잣대가 되는 '이상적 질서'(윌리엄스가 "최고 법원"이라고 부른 것)에 해당하는 가치와 이상을 뜻하지도 않았다. 그러한 이상화된 문화는 바로 현존하는 '인문과학적' 문화 개념에 해당했다. 문화를 그렇게 정의하는 것은 구체적인 사회적, 역사적 맥락의 관점에서만 이해할 수 있는 추상적 가치에 일반적이고 보편적인 기능을 부여하는 것처럼 보였다. 요컨대 그러한 문화 개념은 이데올로기적 정의로서, 그 개념이 은폐한 것은 보여 준 것만큼이나 중요하다. 이 정의는 흉측한 신조어를 사용하자면, '문제화되어야problematized' 했다.

85 윌리엄스는 이와 같이 '선택적 전통'에 관한 중요한 연구를 Williams(1965a; 1973a)에서 시작했고, Williams(1975)에서 이를 '헤게모니'와 연관지어 발전시켰다.

텍스트를 만들어 낸 사회적 **실천**과 텍스트가 정교화되는 제도적 영역에서 텍스트를 분리해 추상화하는 것은 비록 그 작업이 적절한 사회적 영향을 미친다 할지라도 물신화에 해당한다.[86] 이러한 행위는 특정한 문화 질서가 어떻게 생산되고 유지되었는지를, 말하자면 '선택적 전통'의 작용에 의해 자연스럽게 받아들여지고 '당연하게' 여겨진 문화 생산의 환경과 조건을 은폐했다. 그러나 배치ordering 과정(배열, 규제)은 항상 구체적인 일련의 실천과 관계의 결과다. 이 과정은 특정한 문화 질서를 '지배적인' 것으로 구성하면서, (비록 이 점은 거의 검토되지 않았지만) 다른 대안을 적극적으로 굴복시키고, 지배적인 구조 내에서 주변화하고 그 안에 통합하게 된다. 따라서 규제의 결과 생겨나는 저항, 대립, 투쟁까지도 주변화하고 통합하게 된다.[87] 놀라운 것은 저항, 대립, 투쟁 등의 개념이 완전히 누락되어 있다는 것이다. 이 개념들은 존재하지 않는 것이 '당연한 것처럼 간주되었다.' 그러므로 문화를 문제화하는 것은 이처럼 결여된 존재를 가시적인 존재로 부각하는

86 Williams(1977)는 '텍스트'와 '실천' 간의 관계에 관한 주장을 잘 정리했다.

87 마르크스주의 구조주의자들은 '지배성dominance'은 검토했지만, '투쟁과 저항'은 검토하지 않았다. 그람시의 저작을 통해 다듬어진 '헤게모니' 개념은 이 시각을 발전시킨 중요한 계기가 되었다. 윌리엄스의 논문 〈마르크스주의 문화 이론에서 토대와 상부 구조〉(Williams, 1973b)는 포섭적incorporative, 부상 중, 잔여적 요소라는 관점에서 헤게모니 개념을 해석하는 방식을 제시했는데, 이 글은 나중에 Williams(1977)에 다시 실렸다. 이와는 다소 다른 접근 방식은 개관적인 논문인 Clarke et al.(1976)에서 발견할 수 있다. 사회사에서 중요한 연구도 똑같은 방향으로 나갔다. 가령 R. Johnson, "Educating the Experts: Education and the State 1833~1837"이 실린 Donajgrodski(1977)의 연구 모음집을 보라. 그러나 일탈 사회학에서의 유사한 경향과 마찬가지로 이 역사적 연구 중 몇몇은 지배 문화의 '기능주의'에 대한 보상으로 너무 쉽게 '사회 통제'적인 시각에 빠져들었다. 이에 대한 비판으로는 *History Workshop*, no. 5에 실린 Stedman-Jones의 글과 Fine(1979)에 실린 조크 영Jock Young의 글을 보라.

것을 의미했다. 지배적인 문화 질서가 '선호되는' 과정은 어떤 것이었는가?[88] 누가 다른 질서 대신에 이 질서를 선호했는가? 어떤 사회구성체의 문화를 특정하게 배치하는 것은 위계화된 다른 사회적 제도에 어떤 영향을 미쳤는가? 선호된 문화 질서는 특정한 사회구성체의 '특정한 삶의 형태'를 유지하는 데 어떤 기여를 했는가? 여러 사회는 어떻게, 또 왜 문화적으로 '지배 내 구조화'되었는가? 일반적으로 말하자면 여기에는 두 가지 단계가 포함되어 있다. 첫째는 (지나칠 정도로 구체화해 본다면) '인류학적' 문화 개념, 즉 문화적 **실천**으로서의 문화 개념으로 옮아간 것이다. 둘째는 문화적 실천을 좀 더 역사적으로 정의하는 입장으로 옮아가게 된 것인데, 여기서는 사회구성체, 문화적 힘, 지배와 규제, 저항과 투쟁 개념을 사용해서 인류학적 의미에 의문을 제기하고 그것의 보편성 여부를 캐묻게 된다. 물론 이러한 움직임은 텍스트 분석을 배제하지는 않았지만, 텍스트를 과거가 기록된 자료로 간주했고 텍스트 분석을 원래의 중심적인 위치에서 끌어내렸다. 이제 텍스트는 여러 증거 가운데 하나에 불과하게 되었다.

둘째는 특정한 사회구성체 내의 문화적 실천과 다른 실천 사이의 관계

88 벤야민의 글은 문화적 실천이 표현되지 않고 '생산'된다는 견해가 생겨나는 데 가장 일찍부터 영향을 준 저작 중 하나다. 초기 기호학에서 개발해낸 '의미 작용signification'과 '의미 작용 실천signifying practice'이라는 용어는, 의미가 주어지지 않고 만들어지는 것이라는 견해를 강화해 주었다. 이러한 견해는 구조 언어학에서 잘 설명했듯이 기호와 그 지칭 대상 사이의 자연화된 관계를 파괴하는 데서 출발했다. 가령 미디어 연구에서 지배적 정의가 '선호'되도록 하는 전략을 밝혀 낸 분석은 기호의 '다강조점'이라는 볼로시노프의 개념에 근거했다(Vološinov, 1973을 보라). 따라서 의미란 "언어 영역에서 의미를 둘러싸고 벌어지는 투쟁"의 산물이었다. 그중에서 특히 Hall(1980a), Hall, Connell, & Curti(1977), *Screen* vol. 18, nos. 1 & 4(1977~1978) 등에서 카워드, 코넬, 커티, 체임버스, 제퍼슨, 홀 등이 이 문제에 관해 벌인 논쟁을 보라.

문제다. 여기서 우리는 '문화'와 다시 편의상 경제적, 정치적, 이데올로기적 심급이라고 부를 수 있는 것 사이의 관계라는 쟁점을 제기했다.[89] 이것은 유물론적 문화 개념을 발전시키려는 과제의 일부였다.[90] 이것은 즉시 '토대/상부 구조'와 결정 문제를 끌어들였다. 그러나 이 비유의 고전적인 틀이 이제는 부적절하다는 점은 분명했다(이러한 문제점에 관한 간략한 개관으로는 Hall, 1977을 보라). 여기에 대한 수정 작업은 이미 시작되었다.

톰슨은 다음과 같은 문제에 주의를 환기시켰다.

> [그것은] 문화와 문화가 아닌 것 사이의 변증법적 상호 작용[의 문제다]. 삶의 경험이 되는 원료가 한쪽 극단에 있다고 가정하자. 그러면 명시적이든 비명시적이든, 제도 속에 공식화되었든지, 거의 비공식에 가깝게 분산되어 있든지 간에 이 원료를 '처리하고' 전달하거나 왜곡하는, 무한하게 복잡한 모든 인간적 규율과 체계는 다른 극단에 있다고 가정해야 한다. 내가 주장하는

89 여기서는 알튀세르주의적인 '심급instances'의 공식을 의도적으로 일반적인 의미로 사용한다. 그러므로 분석적 수준에서뿐 아니라 구체적인 역사적 사회들의 특징으로 확인할 수 있는, 뚜렷하게 구분되고 분리 가능한 심급이라는 개념은 찬성할 수 없다. 그러한 구분은 어떤 구체적인 역사적 예에서 보거나 '경험상'으로 볼 때도 항상 서로 연결되어 나타나는 것을 분석적으로 구분하기 때문에 잘못된 추상화라는 몇몇 주장(Thompson, 1978; Williams, 1977)도 최근 나왔다. 그렇지만 뚜렷이 명시된 추상화 수준에서 **약간의** 분석적 구분을 할 필요는 있다고 본다. '상대적 자율성' 개념이 성립하기 위해서도 그러한 개념은 필요한 것 같다.

90 물론 '유물론적'이라는 용어 자체에도 논란의 여지가 있다. 어떤 경우에는 그것이 단순히 '경제주의'를 임기웅변적으로 은폐한 데 불과하기도 했다. 또한 이 용어는 결코 '유물론적'인 것으로 정의될 수 없는 상반된 입장을 지지하는 데 동원되기도 했다. 하지만 문화연구 내에서 관념론 쪽으로 가려는 엄청나게 강한 견인력이 존재하는 현실에서 유물론적 문화 이론의 과제는 어떤 최소한의 이론적 입장의 한계 — 가령 '관념'의 한정적 성격 — 를 정해 준다.

> 것은 능동적인 과정인데, 이것은 동시에 인간이 자신의 역사를 만들어 가는 과정이기도 하다(Thompson, 1961).

문화에 나름대로 특수성, 장소, 한정적인 효과를 부여하려는 노력으로서 《기나긴 혁명》은 또한 '토대/상부 구조'의 비유를 근본적으로 수정하자고 제안했다. 그렇게 되면 모든 실천 — 경제적, 정치적, 이데올로기적, 문화적 실천 — 이 서로 영향을 미치며 상호 작용하게 된다고 이 책은 말했다. 이는 문화가 다른 세력의 단순한 표현에 불과하던 잔여적인 위치에서 문화를 구출해 주었지만, 결정 문제를 회피하면서 급진적인 상대주의에 빠지는 대가를 치렀다. 다른 관련된 전통은(이 단계에서 윌리엄스는 자신의 저작과 골드만과 루카치의 저작이 수렴한다고 말했다)(Williams, 1971), 오래된 '토대/상부 구조'의 구분을 계속 유지했지만, 후자(문화 – 이데올로기는 이 속에 확고하게 자리 잡고 있다)가 전자에 대해 갖는 복잡성과 '상호적인 효과'를 확대했다. 이러한 식의 설명은 결정성을 유지했지만, 그러한 결정성은 지연된 형태로 '최종 심급에서만' 작용하는 것이었다. 이 정도의 수정으로도 충분했는가? 사르트르는 **의미 작용** 측면을 특히 문화적인 요소로만 분리해 보는 식으로 이 공식을 넘어서려 했다.

> 우리는 인간이기 때문에, 또 인간의 세계, 노동과 갈등의 세계에 살기 때문에, 주변의 모든 대상은 기호다. 그 기호는 우리를 위해 그 대상을 만들었고 그 대상을 통해 우리와 대화하려는 사람들의 진정한 의도를 감추지는 못한다. 따라서 의미 작용은 인간과 인간의 계획에서 비롯하는 것이지만, 사물 속에 또 사물의 질서 속에 어디에나 새겨져 있다……(Sartre, 1963).

이러한 수정 작업에서는 모두 인간 활동이라는 공통적이고 일반적인 실천 — '인간이 역사를 만드는 과정' — 의 토대 위에서 '토대/상부 구조'의 양극단에 분산된 것을 다시 결합시키려는 경향이 있었다. 이 새로운 도식에서도 각 요소가 다양한 수준의 효과적 결정성을 행사하도록 배정해 주기는 하지만, 그렇다고 해서 거짓된 추상화를 암시하지 않도록 했다.[91] 이는 마르크스가 《독일 이데올로기》에서 "의식/존재"의 변증법을 주장하면서, 모든 추상화는 — "바로 인간의 활동에 불과한 것인" — 일반적인 역사 과정 자체로 해소될 수 있을 것이라고 단언했을 때 취한 입장에 가깝다. 또한 근본적으로 역사화한 철학적 인류학에 토대를 두었다. 이에 따라 아주 특수하게 총체성을 개념화하는 방식이 나오게 되는데, 이 총체성 개념에서는 어떤 '전체' 속에서 각 사회적 실천이 다른 모든 실천을 매개하거나, 윌리엄스의 독특한 해석을 따르자면 실천 일반praxis을 인간 에너지의 본질적인 형태로 간주한다. 이 개념은 또한 사회를 '표현적 총체성'으로 파악했다.

그러므로 이후에 주로 이루어진 이론적 발전 단계는 이처럼 통일성과 거기에 내재하는 '총체성' 찾기를 차단한 모든 영향력 있는 이론으로 이루어진다고 보아야 한다. 이 이론들은 사회적 총체성을 달리 파악하는 입장과 연결되었는데, 여기서 총체성은 필연적으로 '복합적인 구조'로서 통일성을 표현하지 않고 '지배 내 구조화'된다. 마르크스가 "1857년 서문"에서 주장했듯이 여기서 통일성은 "수많은 결정의 결과"이고 유사성과 상응 관계의 산물이라기보다 구분과 차이가 특정하게 접합해 생겨난 산물이다.[92] 결

91 이 주장은 최근 Thompson(1978)에 다시 아주 설득력 있게 나와 있다.

92 이것은 마르크스의 "1857년 서문"에서 나온 획기적인 주장 중 하나였다. 이에 대해서는 Hall(1974)을 보라. 그러나 지금 단계에서는 무엇보다도 '차이의 체제systems of difference'란 개념이 가능해진 것은 구조 언어학에서 발전시킨 언어 체계 모델이 광범위하게 사용되었기 때문이다. 이와 같이 어떤 '총체성' 개념과 단절한 것

정성은 사회적 총체성의 한 수준에서, 가령 '토대'에서 단선적으로 파생되는 것이 아니라 '중층적 결정'으로 파악해야 했다.[93] 따라서 문화연구의 문제 틀은 문화적 실천의 '상대적 자율성' 문제와 밀접하게 관련되었다. 이것은 급진적인 단절이었다. 물론 구조주의가 주요한 방식으로서 이 문제를 전면에 부각하는 데 큰 역할을 하기는 했지만, 이 단절은 '구조주의'의 영향을 훨씬 넘어선다. 그러나 실제로 구조주의적 사유 방식이 미친 가장 큰 충격은 급진적인 다양성, 즉 담론의 이질성, 심급의 자동화, '상대적으로 자율적인' 통일성까지도 포함해서 **모든** 통일성과 전체의 효과적인 분산 등을 주장한 것이다.[94] 그래서 '상대적 자율성'의 문제 틀은 더 정확히 말하자면 '구조주의'와 마르크스주의가 자신의 이론적 한계에서 서로 부닥치는 장소로 특징지을 수 있다.[95] 엥겔스는 바로 이 접점에서, 당시 정통파로 자리 잡은 경제주의적이고 기계적인 마르크스주의의 적용을 '수정'하기 위해 길고 어려운 획기적인 작업을 시작했다. 엥겔스는 단지 비환원론적 마르크스주의의 핵심 문제를 식별해내고 가능한 '해결책'의 요소를 제시했을 뿐이었

이야말로 '구조주의'의 두드러진 특징 가운데 하나다. 이론화 방식에서 이루어진 이와 같은 단절을 아주 공식적으로 정교화한 것으로는 Foucault(1972)의 1부를 보라.

93 '중층적 결정'이란 용어는 알튀세르가 프로이트에게서 빌려 와 〈모순과 중층적 결정〉이란 획기적인 논문에서 사용했다(Althusser, 1969).

94 다양한 실천의 자율성이라는 이 개념은, 수많은 중요한 이론적 경향에서 취하는 입장이다. 가령, 푸코의 "Orders of Discourse"와 Foucault(1978), Cutler et al.(1977/1978), 또한 〈스크린〉, 〈*M/F*〉, 〈이데올로기와 의식*Ideology and Consciousness*〉 등의 저널로 대표되는 경향을 들 수 있다. 이 문제와 다른 관련된 문제에 관한 논쟁으로는 *Ideology and Consciousness*, no. 3(1979)의 편집진과 홀 간의 논쟁을 보라. 이러한 시각에서 '상대적 자율성'을 비판한 글로는 Hindess(1977; 1978)와 Hirst(1979)를 보라.

95 이러한 이론적 대립에 관해서는 초기에 *On Ideology*의 여러 곳, 특히 Hall, Lumley, & McLennan(1978)에서 논의했다.

다. 그러나 엥겔스가 제시한 해결책은 (놀랍게도 최근에 알튀세르와 톰슨 둘 다 인정했듯이)[96] 만족스럽지 못했다. 그러므로 '상대적 자율성'은 확고한 위치에 있지 못하고/했고, 이후에 나올 이론가들의 공격에서 이론적으로 안전하지도 못했다. 어느 편이냐 하면 엥겔스식 처방의 부적절함은 '상부 구조' 문제 전체에 관한 고전 마르크스주의 이론에 큰 **공백**이 있음을 일반인에게 더 확고히 주지시켰을 뿐이다. 엥겔스의 처방은 이미 완성된 도식을 적용했다기보다 앞으로 나올 작업, 앞으로 만들어져야 할 지식을, 즉 열린 마르크스주의를 예고했다.

구조주의가 이 문제를 특히 시급한 형태로 강조했다 하더라도 분명히 그것만이 유일한 문제는 아니었다. 그리고 구조주의의 '해결책' 자체에도 심각한 문제가 있었다. 구조주의의 형식주의와 합리주의, 고도화된 추상화를 절대적인 '이론'의 유일한 작동 방식으로 우선시한다는 점, 인식론적 쟁점에 집착한다는 점 등은 구조주의가 스스로 제기한 문제를 해결하는 데 엄청난 장벽이 되었다. 그러므로 구조주의의 영향을 언급하는 것은, 이후에 나온 모든 작업에 색깔을 입히고 영향을 준, 영향력 있는 개입을 예고하는 셈이다. 그러나 그렇다고 해서 우리가 무비판적으로 지지하는 고정된 정통파의 계보를 그리려는 것은 **아니다**. 사실 단일한 영향력이 아니라 계승과 연속이 존재한다. 여기서 구조주의에 대한 비판과 거부는 구조주의에서 받아들인 영향과 우리가 인정한 구조주의적 입장만큼이나 중요하다. 여기서는 이 주장을 뒷받침하는 네 가지 대표적인 예를 들면서, 이 형성 단계를 평가하고 그것이 복잡한 성격을 지닌다는 점을 간단히 보여 주려 한다.

96 알튀세르의 〈모순과 중층적 결정〉(Althusser, 1969)과 톰슨의 반알튀세르주의 논박(Thompson, 1978)을 조심스럽게 비교해 보면, 이처럼 놀랄 정도로 일치점 — 이것이 결코 유일한 것은 아니지만 — 을 이끌어 낼 수 있다.

첫째는 레비스트로스와 바르트의 초기 저작이 초창기에 미친 영향이다. 두 사람은 구조 언어학의 모델을 문화의 과학적 연구를 위한 (이를 다른 영역에도 무한히 확장할 수 있다고 말하는 이도 있을 것이다) 패러다임으로 채택했다. 사실 그 이후로 언어는 잠재적으로 모든 사회적 실천의 분석 도구로 삼을 수 있는 패러다임 형태로 사용되었고, 그 결과 동시에 엄밀하고 과학적이며 비환원론적이고 비실증주의적인 분석 양식의 가능성에 대한 — '인간 과학'이 오랫동안 이루지 못한 — 희망을 제시해 주었다. 의미 생산의 미디어인 언어는 질서가 있고 구조화된 '표현' 체제이자 표현 수단이다. 언어는 엄밀하고 체계적으로 연구할 수 있지만, 일련의 단순한 결정성의 틀 안에서는 그렇게 할 수 없을 것이다. 오히려 언어는 다양한 가능성의 구조로, 의미 작용 속에 여러 요소가 배열된 것으로, 세계를 표현하는(말하자면 세계를 언어 속에 반영하는) 실천이 아니라 세계 위에 접합되고 세계를 접합하는 실천으로 분석해야 했다. 레비스트로스는 이 모델을 사용해서 '원시' 사회의 언어(신화, 요리 관행 등)를 해독했다.[97] 바르트는 덜 형식적인 '기호학'을 제시해서 현대 사회의 언어, 의미 규칙과 일상적 관행 속에 나타난 기호와 재현 체제를 연구했다.[98] 두 사람은 '문화'라는 용어를 원래의 추상적인 높은 곳에서 '인류학적인' 일상적인 수준으로 끌어내렸다.

위에서 간단히 설명한 입장들의 단점이 문화를 다시 사회와 역사 속으로 **해소시키는** 경향에 있다면, 구조주의가 주로 강조한 것은 문화의 특수성과 환원 불가능성이었다. 문화는 더 이상 다른 실천을 단순히 관념 영

97 가령 Lévi-Strauss(1966; 1969b)와 신화에 관한 그의 여러 책에서 이 작업을 수행했다. 구조주의가 구조 언어학에서 유래한다는 것은 Lévi-Strauss(1972)의 언어에 관한 장에서 잘 예시된다.
98 가령 Barthes(1967a; 1967b; 1972). 또한 중요하면서도 잘 알려지지 않은 Barthes(1970)도 보라.

역에 반영한 것이 아니었다. 문화 자체가 하나의 실천 — 의미 작용의 실천 — 이고 그 자신의 한정된 산물, 즉 의미를 낳는다. 문화의 특성을 파악하는 일은 구조주의의 견해에 따르면, 문화를 하나의 실천으로 정해 주는 것, 예컨대 문화의 내부적인 형식과 관계, 문화의 내부적인 구조화를 다루는 것이었다. 소쉬르나 로만 야콥슨Roman Jakobson을 비롯한 구조 언어학자의 견해를 따르자면, '의미 작용'은 언어 속에서 여러 요소가 선택되고 결합되고 접합되는 방식이다. 그러므로 다양한 문화의 실체적인 내용에서 그 내용의 배열 형식으로, 다시 말해 문화 체제의 **내용**what에서 **방식**how으로 강조점이 옮아갔다.[99]

이것은 급진적인 새 출발이었다. 사르트르가 보기에는 의미 작용과 실천 일반의 연결은 인간의 의도적이고 표현적인 과제에 (이는 '사물의 질서' 속에 객관화하고 소외되어 나타나기 때문에 물신화되고 은폐된다. 위의 설명을 보라) 이론적으로 토대를 둔다. 반면에 현대의 구조주의는 인간이 자신의 문화에 관해 말할 뿐 아니라 이 문화가 인간을 통해 말하는 것으로, 즉 문화가 그 의미 규칙과 체제를 통해 말하는 것으로 파악해야 한다고 제안했다. 개인적인 발화utterances(파롤parole)보다는 후자의 측면(언어적 체제, 언어의 사회적 부분, 랑그langue)이야말로 체계적인 연구가 가능한 것이었다. 다른 곳에서처럼 여기서도 레비스트로스는 뒤르켐이 《사회학적 방법의 규칙*Rules of Sociological Methods*》에서 처음 제안한 '사회의 과학'이 되기 위한 조건 가운데 다수를 구조주의 내에 되풀이하였다(가령 뒤르켐에게는 개인적 자살이 아니라 자살률이야말로 바로 제대로 구성된 '사회적 사실'이었다).[100] 똑같은 방식으로 레비스트로스

99 구조주의의 이러한 초점 변화에 관해 가장 명쾌하게 논의하는 대표적인 글은 Lévi-Strauss(1969b)의 펭귄판에 실린 로저 풀Roger Poole의 소개 논문이다.

100 그럼에도 불구하고 Durkheim(1938)은 사회학적 실증주의를 창시한 텍스트로

는 질서가 정해진 모든 인간 체제를 구성하는 데는 '규칙'이 중심적이라고 보았다. 레비스트로스는 이전에 상응 관계와 통일이 존재하던 곳에 '차이'와 '구분'을 부과했다(골드만이 《숨은 신》에서 보여 준 문학 사회학의 원형과 비교해 보라).

이렇게 해서 구조주의는 '인간의 과제'에서 핵심 저자의 자리를 차지하던 문화 과정을 근본적으로 탈중심화했다. 문화는 문화의 존재 조건을 구성하는 만큼이나 그 조건에 의해 구성되었다. 구조화된 실천을 분석하면서, 구조주의는 표현과 행위자와 더불어 제약과 규제를 확립했다. 이렇게 해서 구조주의는 이론적 휴머니즘의 지배적인 형태와 근본적으로 단절했다. 구조주의는 '의식'과 '의도'라는 용어를 한 부류로 취급했다. 문화는 다양한 사회에서 사회생활을 '분류하는' 기준이 되는 목록이나 민간 분류법으로 이해하는 편이 더 나았다. 문화는 '의식'의 산물이라기보다 역사적으로 일정한 의식 형태를 생산하는 미디어가 되는 무의식적 형태와 범주였다.[101] 이러한 정의 때문에 '문화'라는 용어는 확장된 이데올로기 개념과 비슷하게 되었다. 물론 이제 이러한 이데올로기 개념은 이전에 이 용어가 갖고 있던 '허위의식'이라는 내포적 의미를 포함하지 않는다.

레비스트로스는 뒤르켐의 저작을 부활시켜 그를 계승한 계보가 다양하다는 것을 보여 주는 데 기여했다. 파슨스는 《자살론》의 뒤르켐을 거쳐 구조 기능주의적 종합을 지향하는 작업을 했지만, 레비스트로스는 뒤르켐과 모스의 《원시적 분류 체계*Primitive Classification*》에 눈을 돌렸고, 이

통했다.

101 "인간이 자신과 자신의 존재 조건 사이의 '체험된' 관계를 변화시키고, '의식'이라고 불리는 새로운 형태의 구체적 무의식을 얻을 수 있게 되는 것은 바로 이러한 이데올로기적 무의식 속에서다"(Althusser, 1969: 233).

들이 구조 기능주의의 '미완성 프로그램'을 구성하는 한 부분이라고 보았다(Lévi-Strauss, 1967에 실린 그의 취임 강연에서). 레비스트로스는 논쟁적인 방식으로 공시적synchronic 분석 수준을 통시적diachronic인 수준보다 우선했는데, 이는 처음부터 그리 만족스럽지 못한 반역사적인 역전이었다. 이 때문에 분석 수준을 설득력 있게 '체제'와 '구조' 수준으로 다시 옮겨 놓는 데는 성공했지만, 이전의 입장에서 올바르게 거부했던, 구조 기능주의의 근본적인 몇몇 입장을 (가령 '체제의 체제'로서의 사회) 재구성하는 (그 추종자들이 제대로 고려하지 않았던) 희생을 치렀기 때문이다. 문화연구는 이러한 대가를 동시에 고려해야 했다. 넓은 의미에서 레비스트로스는 지적인 무게 중심을 독일의 영향과 모델에서 프랑스의 영향과 모델로, 또 신헤겔주의에서 독특한 신칸트주의적 변종 쪽으로 두드러질 정도로 옮겼다.[102] 하지만 다시 한번 반복하지만, 구조주의의 입장이 무조건적으로 수용되지는 않았다. 물론 주요한 이론적 개입이 이루어졌다는 점은 인정해야 한다. 구조주의가 할 수 없는 것이 무엇이든 간에, 구조주의는 문화의 과제에서 완전한 의도를 갖춘 중심부의 자리를 차지하던 '인간 일반'을 밀어 냈다. 이리하여 이후에 구조주의 이론에 대해 어떤 비판이 나왔든지 간에, 구조주의는 이론적 무죄 영역을 없애 버렸다. 구조주의는 문화를 표현적인 의미에서 볼 때 조건부적인

102 프랑스 구조주의자들이 루카치, 골드만과 '프랑크푸르트 학파'를 급격하게 밀어 내고 등장한 것은 영국의 최근 지성사에서 가장 흥미로운 사건 가운데 하나다. '헤겔주의'에 대한 알튀세르의 비판, '소외'와 《1844 경제 철학 수고*1844 Manuscript*》의 마르크스와 대비되는 《자본론》의 마르크스의 복권은 가장 중요한 두 가지 요인이었다. 이 때문에 영국의 마르크스주의 이론과 미국, 독일, 스칸디나비아 좌파 지식인들의 마르크스주의 사이에 두드러진 위상 변화가 생겨났다. 흔히 그랬듯이 이러한 단절에서 헤겔과 칸트의 유령은 계속 번갈아 가며 그림자처럼 따라다녔다. Stedman-Jones(1971)를 보라.

것으로 만들었다. 문화 역시 조건 지워진 것이기 때문이다. 구조주의는 '문화'를 일련의 실천으로 새롭게 파악하게 해 주었고, 의미 작용의 물질적 조건과 필연적으로 한정적인 성격에 관해 생각하게 해 주었다.

레비스트로스는 '문화'의 **내부적** 관계에 아주 절대적으로 집중해 결정성의 쟁점을 부수적인 것으로 만들었기 때문에, 이러한 해석이 이상하게 보일지도 모르겠다. 레비스트로스는 인지적 차원에서 **모든** 문화적 실천에 공통되는 일련의 보편적 요소와 규칙을 언급해 문제를 해결했는데, 이 실천이 인간 정신의 구조 자체에서 유래한다고 보았다.[103] 이러한 뜻에서 — 폴 리쾨르Paul Ricoeur가 지적했고 레비스트로스 자신도 인정했듯이 — 그는 "초월적 명령transcendental imperative(즉 신) 없는 칸트주의자"로 남아 있었다. 깊은 뜻에서만 그렇기는 하지만 레비스트로스는 또한 '뒤르켐주의자'로서, 문화의 기반을 생산이 아니라 상호적인 교환 수준에 두었다.[104] 레비스트로스의 저작은 또한 일관된 형식주의의 예를 보여 주었는데, 이는 형태에 주목한 데 따른 적절한 대가였다. 그럼에도 불구하고 레비스트로스의 저작 중심부 가까이 어딘가에는 한정적인 실천 개념이 자리 잡고 있었다. 그러한 실천 개념은 칸트주의와 뒤르켐주의의 울타리 안에서 오랫동안 갇혀 있을 수는 없었는데, 이것이 바로 레비스트로스의 구조주의의 한계였다.

이 점은 급속히 뒤이어 나타난, 즉 알튀세르를 대표적인 인물로 들 수 있는 마르크스주의 구조주의자들이 뚜렷하게 보여 준다. 마르크스주의적

103 Lévi-Strauss(1966)는 이러한 인지 보편주의cognitive universalism의 표준구다.

104 뒤르켐과 그 '학파'(Mauss, 1970을 보라)에서 설명한 바와 같이, 사회성의 정의에서 이처럼 '교환의 상호성'을 강조한 것은 이후에 나온 연구(가령 몇몇 페미니스트 인류학자와 라캉주의자의 연구)에서 두드러진 특징이 된다.

구조주의는 처음에는 일종의 공개적인 인수 선언처럼 보였다. 그러나 구조주의를 뒤르켐주의적 변형에서 마르크스주의적 변형으로 몰아간 내부적 논리를 반드시 살펴보아야 한다. 언어가 사회적 실천이라면, 언어를 개별적 발언자의 단순한 합계나 언어 속의 개인적 발화로 환원하는 것은 적절하지 않다. 언어는 이러한 개인적 개입을 가능하게 해 주고 구조화하고 결정하고 제한하는 '관계의 체계'라는 관점에서 정의해야 한다. 뒤르켐과 마르크스의 근본적인 차이에도 불구하고 두 사람 사이에는 공통된 출발점이 있는데, 바로 관계에서 시작해야 한다고 한 마르크스의 주장과, 사회과학의 대상은 "사회성 자체"라고 한 뒤르켐의 주장이다. '구조'는 개별적 구성 요소의 의식적인 의도로 환원할 수 없다는 점에서는 **두 사람 모두** 의견 일치를 보이는데, 적어도 이와 같이 필요한 추상화 수준에 관한 한 그렇다. 두드러진 양립 가능성은 거기서 끝난다. (뒤르켐을 본떠 레비스트로스가 '문화적 측면'을 추상화했듯이) 뒤르켐은 '사회적 측면'을 고립시킨 반면, 마르크스는 '사회'를 총체로 파악하면서 물질적 관계 **사이의** 관계를 역설했다. 그리고 레비스트로스는 분석의 중심을 '규칙,' 즉 의미 규칙과 형식적 대립항에 둔 반면, 마르크스는 관계와 모순으로부터 작업했다. 그럼에도 불구하고 알튀세르가 구조주의를 마르크스주의 토대 위에서 새롭게 파악하려 한 방식은, 알튀세르 자신이나 추종자들이 인정한 것보다 훨씬 더 크게 레비스트로스에게(그리고 레비스트로스를 통해 불가피하게 뒤르켐에게) 빚지고 있다.

알튀세르의 영향을 만족스러울 만큼 자세히 설명하기는 더욱 어렵다. 여기서는 어떤 핵심적인 주제만 선별해 볼 수밖에 없다. 첫째는 어떤 사회구성체 내의 다양한 실천 사이의 관계를 표현적이고 총체화하는 방식으로 파악하던 데에서 벗어난(단절한) 점이다(이러한 단절은 초기의 《마르크스를 위하여》에서 설득력 있게 확립되었다). 이러한 사고방식의 변화가 알튀세르의 저작에서 여러 방식으로 나타난다는 점은 잘 알려져 있다. '상대적 자율성'

과 '중층적 결정' 개념에서 나타나듯이, 사회를 필연적으로 복잡하고 불균등하게 결정적이며 한정적인 실천으로 보는 시각이 있다. 《자본론 읽기》에서는 완성된 '구조적 인과성'이 나타나는데, 여기서 각 실천은 구조 전체가 농축된 효과에 불과하다. 이러한 입장 간의 차이에 관해 여기서 더 자세히 논평할 수는 없다. 대략적으로 볼 때 중요한 혁신은 어떤 사회구성체의 '통일성'을 접합이라는 관점에서 파악하려 한 점이다. 이 혁신은 다름 아니라 문화적, 이데올로기 수준의 '상대적 자율성'의 쟁점과 새로운 사회적 총체성 개념 — 복합적인 구조로서의 총체성 — 을 제기했다.

둘째는 위의 지적과 밀접하게 연관되는데, 알튀세르는 결정성 문제를 비환원론적 방식(혹은 방식들)으로 새롭게 공식화하려고 시도했다. 셋째, 알튀세르가 **이데올로기**를 정의한 방식은 다양했으며, 때로는 내부적으로 일관성이 없기까지 했다. 이데올로기에 관한 이 작업은 문화연구에 특별히 연관성이 있다. 이 작업은 이전의 두 가지 강조점을 부활시켰고 새롭게 두 가지를 추가했다. 나아가 이데올로기가 관념의 체계가 아니라 실천이라고 보는 관점을 거듭 주장했다. 여기서는 인간에게 자신이 처한 물질적 조건을 해석하고, 이해하고, 경험하고 '체험'할 수 있게 해 주는 이해틀을 제공해 주는 것으로 이데올로기를 정의했다.[105] 이 두 번째 강조점은 레비스트로스의 '문화' 개념에 아주 가까웠다. 그러나 여기서는 좀 더 마르크스주의적인 함축적 의미를 채택해서, 사회적 존재의 틀짜기와 분류에서는 잘못된 인식이 어느 정도 생겨날 수 있다고 강조했다.[106] 따라서 알튀세르에게 이데

105 Althusser(1971)의 〈이데올로기적 국가 장치〉에서 가장 완전하게 발전된 형태로 나타나긴 하지만, 획기적인 공식은 Althusser(1969)의 〈마르크스주의와 휴머니즘〉에서 처음 나타난다.
106 '문화'와 '이데올로기'라는 용어의 관계에 관해 자세한 논의로는 Johnson(1979a; 1979b)을 보라.

올로기란, 인간이 상상적인 방식으로 자신의 존재 조건과 맺는 현실적 관계를 '체험'하는 미디어가 되는 이미지, 재현, 범주였다. 알튀세르는 좀 더 논란의 여지가 큰 명제를 두 가지 더 여기에 추가했다. 이데올로기는 물질적으로 자리 잡고 있고, 따라서 이데올로기의 실제적, 사회적 효과는 이데올로기를 정교화하는 제도적 영역과 장치(ISAs)를 통해 가장 잘 검토할 수 있다.[107] 그러나 또한 이데올로기는 '주체'를 구성하거나 호명하는 방식으로 작동한다. 의식의 보금자리이자 이데올로기 담론의 토대인 '나'는 데카르트적인 통합된 사유의 중심이 아니라 이데올로기 담론 자체에 의해 구성되는 모순된 담론적 범주였다. 이미 프로이트에게서 개념을 (가령 '중층적 결정' 개념처럼) 전략적으로 빌려온 알튀세르는 이제 또다시 모호하게 라캉의 정신분석학적 저작에서 좀 더 전술적으로 '빌려 왔다.'[108]

이러한 핵심적인 이론적 쟁점에 관한 (또 과학과 이데올로기, 지식과 '현실'의 관계에 관련된 인식론적 문제에 관한) 알튀세르주의 공식의 문제점은 이미 여러 번 논의되었고, 여기서 되풀이할 수는 없다. 그러한 설명을 할 때는 연구소

107 이 영역을 '이데올로기적 국가 장치'로 본 것은 늘 논쟁과 논란거리였다. 그러나 이데올로기 영역과 실천, 그리고 이데올로기의 실천적·사회적 효과에 초점을 맞춘 방식은 바로 그람시에게서 나온 것이다. 그람시의 공식은 덜 정교하지만 바로 이 점에서 특히 뛰어나다. 이 점에 관한 논의로는 Hall, Lumley, & McLennan(1978)을 보라.

108 알튀세르는 '주체the Subject'에 관한 자신의 논의가 라캉과 얼마나 유사한지에 대해 애써 모호한 태도를 취했다. 이 분야에서 나온 상당수의 후기 알튀세르주의 이론은 알튀세르가 데카르트식의 통일된 주체를 폐기하기는 했지만, '주관화subjectification' 문제를 공백으로 남겨 두었다고 주장해 진척을 보았다. 이 공백은 라캉에게서 더 많이 빌려 와 채웠다. 가령 〈스크린〉에 실린 Heath, McCabe, Brewster의 글과 Coward & Ellis(1977)를 보라. 이 점에 관해서 비판적인 논쟁으로는 *Ideology and Consciousness*, no. 3에 실린 홀과 편집진 간의 논쟁을 보라. 호명 개념은 Laclau(1977)가 라캉적인 함축을 배제한 채 생산적으로 발전시켰다.

자체 내에서 나온 실질적인 비판을 항상 포함해야 할 것이다.[109] '상대적 자율성'과 '중층적 결정' 개념은 이론적으로 결코 탄탄하지는 않지만(상대적이란 무슨 뜻이며, '자율성'이란 어떻게 자율적인가?), 기본적으로 생산적이라는 점이 드러났고, 이후에 계속 개선되었다. '구조주의적 인과성'이란 그냥 또 하나 대규모의, 자기 충족적이고 자가 발전식의 '표현적 총체성'에 불과하다는 것은 충분히 드러났다. 비록 이러한 총체성은 헤겔주의적 변종이라기보다 스피노자적인 변종이라 할지라도, 그 자체가 모든 실천의 합계인 구조 속에 총체성의 모든 효과가 이미 정해져 있다. 결국 구조주의적 총체성의 성격은 형식주의적이고 기능주의적임이 밝혀졌고, 이후 톰슨이 알튀세르의 '구조'를 일종의 자가 발전적인 기계로 풍자적으로 묘사하게 된 근거를 제공했다. 자신의 초기 저작의 형식주의와 이론주의에 비판적이었던, 알튀세르의 후기 저작은 좀 더 수긍할 만한 입장으로 돌아가지만, 이러한 입장 변화는 이론적으로보다는 기술적記述的으로 달성된다(Althusser, 1976을 보라).

그렇다면 통합된 형태의 '알튀세르주의'는 내부적으로 일관성 없는 입장으로 남아 있었다. 실제로 연구소의 입장에서 볼 때 알튀세르주의는 완전히 정통적인 형태로 존재한 적이 전혀 없다. 비록 《자본론 읽기》가 다른 곳에서는 한동안 교조적인 지위를 얻기도 했지만, 그 책을 통째로 받아들인 사람은 별로 없었다. 그러나 다시 말하지만 알튀세르의 영향은 단순히 찬성의 문제가 아니었다. 알튀세르는 이전부터 존재해 온 어떤 사고 방향을 단호히 중단시켰다. 알튀세르의 '단절' 이후에 그의 이론을 계속 더 발전시킨 사람들은 그럼에도 불구하고 여전히 알튀세르의 그림자 속에서 계속 작업하고 사고하고 있다. 확실히 알튀세르를 비판한 많은 사람조차도 여전

109 그중에서도 Hall(1974), Johnson, McLellan, & Schwarz (n.d.), *On Ideology*의 관련 논문, Johnson(1978; 1979a; 1979b).

히 그의 어깨를 딛고 서 있는 셈이다.

알튀세르가 미친 영향 가운데 마지막 한 가지 측면도 주목해야 할 것이다. 이는 알튀세르 자신과 그의 영향을 받은 사람들이 이데올로기/문화와 계급 구성체 간의 관계라는 중심적인 쟁점을 어떻게 재편했는지에 관한 문제다. 문화를 특정한 사회의 사회 집단의 체험된 실천으로 파악하는 바람에, 불가피하게 산업 자본주의 사회의 주된 사회구성체, 즉 계급 구성체에 초점을 두게 된 것이다. 여러 면에서 초기의 마르크스주의 전통은 — 여기서는 루카치와 골드만이 좋은 예다 — 구체적인 문화 구성체를 분석하면서 주로 특정한 계급의 '세계관'이 문화적, 이데올로기 수준에 나타난 산물이나 표현으로 파악했다. 계급 구조, 계급 지배와 계급 모순은 또한 문화와 이데올로기의 수준에서 상응하는 구성체, 즉 계급 이데올로기를 만들어 냈다. 알튀세르는 '이데올로기적 심급'의 특수성을 경제적 토대의 단순한 효과로 환원하려는 시도를 비판하는 데 그치지 않고('중층적 결정'과 불균등한 관계와 상대적 자율성), (주로 경제적 관계에 의해 결정되는) 계급 구성체와 문화적 구성체 사이의 단순한 상응 관계를 가정하는 표현적인 개념까지도 비판했다. 알튀세르는 사회구성체의 구조화된 복잡성 내에서 그것들이 서로 효과를 미치고 있음을 부인하지는 않았지만, 그 사이에 어떤 단순한 투명성과 상응 관계도 존재하지 않는다고 보았다. 여기서는 두 가지 단계가 관련되어 있었다. 첫째는 계급이 단순히 '경제적' 구조가 아니라 모든 다양한 경제적, 정치적, 이데올로기적 실천과 그 실천 간의 상호 효과에 의해 구성되는 구성체라는 주장이다('모순'과 '중층적 결정'은 알튀세르가 환원론적 마르크스주의의 경제주의에 반대해서 엥겔스의 편지에서 이끌어 낸 이 명제를, 자신이 보기에 이론적으로 좀 더 적합한 토대 위에서 '사고'하려는 시도였다). 둘째, 계급은 일관성 있게 통합된 구성체가 아니며, 폴란차스가 표현했듯이 등 뒤의 번호판처럼 이미 규정되고 정해진 자신의 이데올로기를 포함하지는 않는다는 것이다.[110] 알튀세르가 이 관계를 새롭게 공식화하려 한 방식은 광범위한 비판 대상이 되었다. 그러나 연구 분야의 일반적인 원형으로서, 문화/계급 문제를 제기할 때 지닌 설득력을 과대평가해서는 안 된다. 간단히 말해 만일 문화/이데올로기를 계급으로 환원하는 것을 피하려 한다면, 양자의 관계를 어떻게 파악할 것인가 하는 질문을 알튀세르는 던졌다.

요컨대 구조주의는 문화연구를 위해 절대적으로 중요한 어떤 문제에 만족스러운 답변을 제공했다기보다는 오히려 문제를 제기했다고 말할 수 있을 것이다. 물론 이와 같이 요약된 명제는 여기서 다룰 수 있는 것보다 훨씬 세부적으로 나눌 수 있을 것이다. 구조주의는 유물론적이고 비환원론적인 문화 이론의 문제에 관해 앞으로 해야 할 과제를 제기해 주었다.

알튀세르의 〈이데올로기적 국가 장치〉의 중요성은 앞서 지적한 바 있다(Althusser, 1971). 여기서는 이데올로기 개념은 새로 나온 좀 더 다양한 문화 개념을 포괄했고, '관념'보다 '실천'을 강조했기 때문에 이 영향력 있는 글은 중요하다. 또한 이 글은 고전 마르크스주의처럼, 이데올로기가 계급사회의 생산 양식에 필요한 조건과 관계의 재생산에서 수행하는 '기능'을 강조했다는 사실 때문에도 영향력이 있다. 이 세 번째 강조점은 이데올로기를 계급으로 환원하지 않으면서도, 이데올로기와 계급 구조화된 사회구성체 사이의 관계에 관해 (즉 재생산을 통해) 사고하는 방식을 고안하기 시작했기 때문에 중요하다.[111] 말하자면 이데올로기 생산을 '지배 이데올로기'와

110 이 주장은 Poulantzas(1975)에서 가장 잘 발전된 형태로 전개되었다.

111 '재생산' 개념으로 대체한 것은 한동안 다양한 실천과 그 '존재 조건' 사이의 관계를 비환원론적으로 제기하는 유용한 방식으로 통했고, 마르크스의 《자본론》에서도 근거가 있는 것처럼 보였다. 알튀세르는 재생산 개념을 비록 노동력의 이데올로기적 조건의 재생산에만 국한하기는 했지만, 이것은 알튀세르의 논의 출처이기도 했다. '존재 조건'이란 공식은 아직 널리 사용되기는 하지만(가령 Cutler, Hindess, Hirst, &

연관시켰고, 국가와 시민 사회 기구(교회, 노동조합, 가족, 사회적, 문화적 장치 등등) 속에 위치시키면서 사회의 이데올로기적 구조를 생산하고 재생산하는 모든 장치와 연관시켰다.[112] 그렇지만 이 관계가 주어진 지배적인 사회적 관행 체제를 '기능적으로 지지'한다고 개념화하는 경향이 있었다. 따라서 이 글은 문화적 모순과 투쟁 개념의 중요성을 지속적으로 깎아 내렸다. 사실상 알튀세르에게 이데올로기 영역은 '**지배** 이데올로기'의 영역이었다.[113] 알튀세르는 이 글의 각주에서 이데올로기를 "투쟁"으로 묘사하여 기능주의적 불균형을 바로잡으려 했지만, 주장의 이론적 구조에 관한 한, 이 막판의 수정은 단지 "시늉에 불과"했다.[114] 이것은 연구소가 알튀세르의 저작을 처음 접했을 때부터 발전시키기 시작한 비판이다(가령 알튀세르에 관한 논문인 McLennan, Molina, & Peters, 1977에서). 그리고 이 비판의 중요성은 또 다른 영향력 있는 인물인 안토니오 그람시를 거명할 때 잘 드러난다. 알튀세르는 마르크스주의적 구조주의의 '극단적인 사례'를 제공해 주었다 할 수 있으며, 그의 저작은 다른 방식으로 연구소에 광범위하게 영향을 끼쳤다.

구조주의자와 마찬가지로 그람시는 문화적, 이데올로기적 문제를 계급적, 경제적 문제에 일목요연하게 맞추려는 어떠한 시도도 완강히 거부

Hussain, 1977/1978을 보라), 점차 자율성 이론의 엄호 역할을 하는 공허한 공식으로 변해 가는 듯하다.

112 이 목록은 물론 그람시의 글에서 직접 따왔다.

113 라캉의 정신분석학을 빌려 이데올로기 문제를 전적으로 '주체의 자리매김' 수준에서만 제기한 후기 알튀세르주의 이데올로기 이론은, 방향은 다르지만 이러한 오류를 되풀이하는 경향이 있다. 여기서도 모든 이데올로기는 지배 이데올로기다. 이 입장에서는 대항 이데올로기를 이론화할 수가 없다(Morley, 1980: 163~173을 보라).

114 이것은 알튀세르가 좋아하던 구절이다. 그러나 어떤 용어를 표면적인 주장에 끼워 넣는다고 해서, 그 용어가 어떤 텍스트의 문제 틀에 이론적으로 영향을 미치지는 않는다고 주장한 사람은 바로 알튀세르였다.

한다. 그람시의 저작은 다음과 같이 특정 형태의 환원론, 특히 '경제주의'를 철저하게 거부하는 입장을 고수한다. "특정 시기의 역사에서 작용하는 세력을 올바르게 분석하고 그 사이의 관계를 결정하려면, 구조와 상부 구조의 관계 문제를 정확하게 제기하고 해결해야 한다"(Gramsci, 1971: 177). 그람시는 다음과 같은 작업을 통해 이러한 연관과 특수성을 정교화한다. 예컨대 발전된 자본주의 사회의 국가와 시민 사회의 성격에 관한 광범위한 저술을 통해, '정치적인 것의 특수성'에 관한 논의에서, '국민적-대중성 national-popular' 문화와 지식인의 역할과 형성에 관한 저작에서, 다양하게 조직화된 이데올로기가 개입하는 토대인 '상식'의 분석에서, 대중의 조직화와 동원에서 이데올로기가 행하는 실제적-사회적 역할에 대한 강조에서, 무엇이 '계급'을 구성하는지에 관해 제시한 복잡한 개념과 어떤 역사적 블록 내에서 계급 동맹의 복합적인 역할에 관해 제시한 복잡한 개념 속에서 그러한 연결과 구체성은 정교화된다.

그람시는 이러한 착상을 '헤게모니' 개념의 틀 속에서 결합시키는데, 이 개념은 문화연구에서 획기적인 역할을 했다.[115] 이것은 확장된 복합적 개념이다. 핵심적으로 이 개념은 '결정적인 경제적 핵심부'에 대한 지도권을 확보한 어떤 기본적 사회 집단이 (그람시는 통일되고 문제없는 '지배 계급'이 아니라 계급층 간의 동맹에 관해 논의한다) 이 지도권을 시민 사회와 국가 전반에 걸친 사회적, 정치적, 문화적 리더십과 권위의 계기로 확대하여, 일련의 '국가적 과제'를 통해 사회구성체를 통일하고 재구성해 유기적 경향을 달성할 수 있게 되는 모든 과정을 지칭한다. 그람시는 이와 같이 어떤 경향을 문명으로 발전시키는 것은 "구조에서 복합적인 상부 구조로의 이행," 즉 새로운 종류

115 연구소 내에서 결코 보편적으로 사용되지는 않았지만, '헤게모니' 개념은 연구소의 계통을 이루는 개념 중 하나였다.

와 새로운 수준의 개입을 필요로 하는 형성과 연결의 계기라고 본다.

> 거기서는 이전에 생겨난 이데올로기들이 '당사자'가 되어 대립과 갈등 속에 들어가고, 마침내 그 가운데 하나 혹은 적어도 그것들의 결합이 지배하거나 우세해지며 사회 전반에 퍼지게 된다. 따라서 경제적, 정치적 목표 간의 조화뿐 아니라, 지적, 도덕적 통일까지도 초래하게 되며 격렬한 투쟁의 대상이 되는 모든 문제를 단체의 수준에서가 아니라 '보편적' 수준에서 제기하며, 그렇게 해서 어떤 기초적인 집단이 여러 종속된 집단에 대해 갖는 헤게모니를 창출해낸다(Gramsci, 1971: 181~182).

여기서 우리는 그람시가 복잡한 사회구성체와 그 구성체의 다양한 측면 간의 관계를 서로 연결시키면서도 비환원론적으로 파악하고 있다는 점을 발견할 수 있다. '헤게모니'는 사회의 생산적 삶이 조직화되는 방식에 토대를 둔다.[116] 그러나 이 경우 헤게모니가 사회구성체 전체의 — 시민 생활과 정치, 문화와 이데올로기 구조의 — 근본적인 수정의 토대가 되려 할 때에 필요한 형성과 교육의 과제가 중요한 것으로 제기된다. 중요한 요점은 구체적인 사회 형태, 경쟁 세력 간의 세력 균형과 역사적 국면 여하에 따라 그러한 '계기'는 다양한 성격을 띨 수도 있고, 성공의 정도도 다양할 수 있으며, 다양한 시간에 다양한 종류의 질적 도전을 유발할 수도 있다는 것이다. 이 점 때문에 그람시는 구조주의 이론의 비역사적이고, 아주 추상적이

116 연구소에서 사용하는 '헤게모니' 개념은 헤게모니를 '문화 권력'과 이데올로기 문제에 국한하는 자들과 이 점에서 차이가 있다. 그람시를 '프랑크푸르트 학파'에 포함하는 경향 등 강조점이 전혀 다른 견해로는 Boggs(1976)를 보라. 또 Williams(1977)의 논의도 보라.

고, 형식적이며, 이론주의적인 경향을 대대적으로 수정한다. 그람시의 사고는 항상 역사적으로 구체적이며 "국면적이다conjunctural."[117] 헤게모니는 두 가지 의미에서 국면적이다. 우선 항상 특수한 국가 사회의 특정한 역사적 단계를 구체적으로 지칭하고 만들어진다. 그러나 나아가 헤게모니 개념은 구체적으로 선진 자본주의 사회와 관련지어 정교화되는데, 그러한 사회에서는 국가와 시민 사회 기구가 아주 복잡한 단계에 도달했고, 특정한 경향이 득세하기 위해서는 대중의 동원과 동의가 필수적이며, 그 사회에서 '개혁'을 추진하기 위해서는 사회를 새로운 목표와 목적에 따라 재편하기 위한 투쟁, 정복, 타협, 변혁이라는 지속적이고 복잡한 과정이 필요하다. 따라서 그람시의 사고는 우리 사회와 같이 의회와 대의 정치 체제를 통해 정치적, 문화 권력이 안정되고, 복잡한 국가 구조를 갖추었으며, 시민 사회의 문화적 기구가 엄청나게 발달된 곳에 특히 적절하다.

그람시에게 '헤게모니'란 사건의 영원한 상태도 아니며 저항이 없는 상태도 아니다. 그람시는 《독일 이데올로기》에 나오는 '지배 계급/지배 관념' 명제를 멀리 할 뿐 아니라, 알튀세르의 논문에 보이는 기능주의적인 '지배 이데올로기' 개념과도 거리를 둔다. '헤게모니'란 항상 특정한 투쟁 현장의 일시적인 정복일 뿐이다. 헤게모니는 어떤 투쟁의 장에서 대립하는 세력 사이의 배치 변화이자 그 장을 어떤 경향 속에 접합시키는 것을 말한다. 그러한 경향은 어떤 지배 계급이나 자본의 일부에 직접 '이득'이 되지는 않지만, 사회와 국가가 넓은 의미에서 어떤 국가적, 역사적 형성 과제에 부합하

117 우리는 그람시 이론에서 역사적/국면적인 측면을 핵심적인 것으로 강조한다. 이는 그람시의 사상이 '실천적 상태'로 남아 있음을 보여 주는 것이 아니라, 그 사상이 적절한 추상화 수준에서 — 구체적인 계기의 구체적인 역사적 사회에서 — 제대로 이론화된다는 사실을(물론 완전하게 발전시킨 것은 결코 아니라 하더라도) 말한다.

게 해 주는 조건을 조성한다. 따라서 특정한 결과물은 어떤 투쟁과 개혁의 현장에서든지 항상 세력 관계의 균형에 달려 있다. 이것은 그람시의 사고에서 필연주의적 논리의 흔적을 모두 제거해 주며, 허상에 불과한 경제적 토대에서 정치적, 이데올로기적 결과물을 '바로 읽어 내려는' 어떤 유혹도 몰아낸다. 이 개념 덕분에 어떻게 문화적 문제를 비환원론적 방식으로 다른 수준에 연결시킬 수 있나 보여 줄 수 있는 효과가 나타났다. 그래서 이제는 사회를 필연적으로 모순되고 항상 역사적으로 구체적인 복합적 구성체로 파악할 수 있게 되었다.

물론 그람시는 유물론적 이론의 기본틀 속에 남아 있다. 그러나 우리가 하는 작업 영역에서는 이러한 준거틀을 넘어서는 사고 방향을 취한, 다른 영향력 있는 조류도 있었다. 여기서는 초기의 기호학적 언어 모델 비판에서 유래한, 어렵지만 중요한 저작을 생각해 볼 수 있고, 이와 더불어 정신분석학 이론의 수용에 바탕을 두고 진행된 발전도 생각해 볼 수 있다. 이 경향을 대표하는 인물로 편의상 푸코를 들 수 있는데,[118] 그의 저작에서는 '담론적 실천' 개념을 통해 결정적 요인 간의 위계를 가정하는 어떠한 모델과도 단절하려는 훨씬 더 급진적인 시도를 발견할 수 있다. 여기서 푸코의 이름은 첫 단계의 기호학 이론과 구조 언어학에서 선포된, 초기 언어 모델 비판에 근거한 이론적 발전 전체가 '의인화personifying'된 것으로 받아들여야 한다. 대다수의 다른 입장은 어떤 형태로든 실천의 의미 작용 ('담론적') 측면과 '담론 외적' 측면을 구분하는 것 같은데, 푸코의 '담론' 개념은 이러한 이

118 '초기'의 푸코와 '후기'의 푸코는 차이가 있는 것 같다. Foucault(1971; 1973)를 Foucault(1977a; 1978)와 비교해 보라. Foucault(1972; 1977b)는 단절기에 해당한다. 후자는 '지식'과 '권력'의 관계를 새로운 개념으로 파악하지만, 그 관계는 아주 일반적인 데 그쳤으며, 구체적으로 명시되지는 않는다. 이에 대한 비판으로는 Poulantzas(1979), Dews(1979)를 보라.

분법을 어느 정도 파괴한다.[119] 이 저작은 비록 새로운 방식은 아니지만, 텍스트 자료의 연구를 우선시하고, 어떤 사회의 '담론적' 실천이 구성되는 장을 중시한다. 성적 관행이나 처벌에 관한 푸코의 분석은 이러한 관행의 대상이 다양한 시기에 어떤 규칙과 일관성을 갖고 공식화되고 정교화되는지 검토한다. 방식은 아주 다르지만 레비스트로스처럼 푸코는 어떤 지식 분야에든지 존재하는 내부적 관계와 규칙에 주목한다. 푸코는 그 관계와 규칙을 일반적으로 결정하는 조건이나, 그 '진리' 여부에 대해서는 불가지론적 입장을 유지한다. 그 대신에 주로 '위상학적' 혹은 계보학적 시점에서 그 현상을 검토하면서 대상 현상의 배열과 배치, 상호 개입, 접합과 변형을 연구한다. 다시 말해 이러한 접근은 결정이라는 어려운 문제를 회피하지만, 다양한 지식과 실천의 분야를 철저하게 구체적으로 연구할 수 있는 토대를 제공해 주었다.[120] 푸코는 나아가 사회적 실천과, 그 실천이 이데올로기와 담

119 하지만 '담론' 개념은 여전히 아주 모호하다. 오늘날 담론은 '실천practice'과 거의 동의어로 쓰이지만, 예전의 의미("문장보다 큰 단위를 여럿이 결합해서 이루어지는 언어의 확장된 접합")를 조용히 흡수하면서 양자의 차이와 공통점이 뚜렷하지 않다. 따라서 다음과 같은 핵심적인 쟁점이 흐려진다. 만일 모든 '실천'이 언어에 의해 매개된다면, 실천 가운데 언어가 아닌 측면은 무엇인가? 그리고 담론 개념은 다양한 의미를 확실히 구분하지 않고 오히려 그 의미 사이의 이동을 선호한다. '초담론적extra-discursive'이라는 푸코의 다듬어지지 않은 개념에 대해서도 똑같은 질문을 던질 수 있다. 도대체 그것이 무엇인가? 최근에 나온 글에서도 이 쟁점은 해결되지 않았다. 그럼에도 불구하고 이 글에서는 그 개념이 이론적으로 확고한 위치를 차지했다고 간주한다. 예를 들면 MacCabe(1979)를 보라.

120 가장 중요한 인식론적 문제를 해결할 수 없었던 많은 이론가는 푸코가 남긴 선례 덕분에 해방될 수 있었기 때문에 특정한 담론 구조 분석에 빠져드는 것처럼 보였다. 그러나 담론 구조 사이의 관계에 관한 푸코의 불가지론은 계속 논란거리이며 모호하기도 하다. 계급 구조와의 관계는 종종 다른 문으로 다시 그의 텍스트에 들어오며, 때로는 변화되지 않고 '속류' 형태로 재등장하기도 한다. 가령 다음 구절을 보라. "자본 축적의 새로운 형태, 새로운 생산 관계와 재산권의 새로운 법적 지위가 등장함

론, 특정 지식 체제 속에 재현되는 방식 사이의 이분법적 구분을 무너뜨리는 데 기여했다. 푸코는 그동안 수많은 이데올로기 이론과 상징적 재현에 관한 이론의 토대가 되었던 '재현' 자체에 대해 다시 문제를 제기했다.

여기서는 의도적으로 이 시기에 연구소에서 나온 연구의 모든 이론적 스펙트럼을 요약하지 않으려고 했다. 그 대신에 대표적인 예를 선택해 몇몇 주요한 전환점을 지적했다. 이같이 요약된 설명을 이론이라는 대륙을 관통하는 연속적이고 일관성 있는 '대장정'인 것처럼 받아들여서는 안 된다. 위에서 설명한 다양한 이론가와 입장은 각기 연구소의 다양한 연구 영역에서 어느 정도 영향을 미쳤다. 이 다양한 이론이나 입장이 서로 어느 정도 수준의 논쟁과 토론을 일관되게 지속적으로 벌인 것은 사실이지만, 어느 정도는 이론적 '다원주의'가 필요하고 또 불가피했다. 따라서 예를 들면, 연구소의 언어 연구는 (이 글 뒷부분을 보라) 기호학적 모델에 대한 소쉬르 이후의 비판을 철저히 탐색했고, 데리다, 푸코, 줄리아 크리스테바Julia Kristeva, '텔켈Tel Quel' 그룹과 라캉의 정신분석학 등이 활동한 지형에서 매우 일관성 있게 작업했다(Hall et al., 1980에 실린 여러 글은 이 점을 잘 보여 준다). 이와 대조적으로, 라캉이 제시한 수정된 정신분석학(이 글의 뒷부분을 보라)이 취한 입장과 보편주의에서는 '자율성'을 암시했는데, 연구소의 미디어 그룹은 이에 대해 비판적이었다. 이와 같이 이론적 시각에는 실제적인 차

에 따라, 은밀하고 일상적이며 허용된 형태를 띠는지 혹은 폭력적 형태를 띠는지에 따라 권리로서 불법적인지가 판가름되던 모든 대중적 실천이 이제는 강제에 의해 재산권으로서 불법적이냐 아니냐 하는 문제로 전락했다. 혹은 달리 표현하자면, 불법성의 경제학은 자본주의 사회가 발전함에 따라 재구성되었다……"(Foucault, 1977a: 86~87). "혹은 달리 표현하자면"이라는 구절로 꾸미지 않더라도 이것은 당혹스러울 정도로 낯익은 것이다. 특히 푸코의 저작이 그의 다른 추종자와 이론적으로 차이가 있다면, 바로 그렇게 표현하기를 거부했다는 점이기 때문이다.

이가 있음에도 불구하고, 두 그룹은 상대편에게서 서로 많이 배웠다. 또 다른 예를 들자면 연구소의 노동 연구 그룹Work Group의 분석은 처음부터 항상 관찰 방법의 중요성을 강조했고, 행위자 자신의 경험에 관한 설명을 강조했다. 그럼에도 불구하고 이 연구는 점차 노동 과정의 구조적 여건을 나름대로 독특한 방식으로 개념화하는 쪽으로 옮아갔다(가령 폴 윌리스의 《노동자 되기》 2부). 더욱 발전된 페미니스트 시각을 반영해서, 이제 이 연구의 상당 부분은 여성의 노동에 관련된 것이지만(이 글의 뒷부분을 보라), 이 연구 안에는 **두 가지** 종류의 강조점이 모두 존재한다(이 점은 《여성이 이슈를 제기하다*Women Take Issue*》에서 논의된다). 페미니스트 연구에서는, 더 일반적으로 경험과 의식을 강조하는 흐름과(가령 쉴라 로우보텀의 저술) '알튀세르주의'와 레비스트로스식의 접근을 강조하는 흐름(가령 줄리엣 미첼Juliet Mitchell의 《정신분석학과 페미니즘*Psychoanalysis and Feminism*》 혹은 〈*M/F*〉 저널의 라캉주의 입장)이 첨예하게 대립한다. 예를 하나 더 들자면 연구소의 역사 연구 그룹History Group은 원래 역사와 이론에서 최대한 합리주의적 입장을 추구했는데, 이후에는 이 입장에 대해 가장 잘 다듬어지고 영향력 있는 비판을 가하게 되었다. 연구소 내에서 이론적 개방성을 유지하는 일은 결코 쉽지 않았지만, 연구소는 — 사전에 규정되어 모두 고수해야 하는 일련의 입장이라는 의미에서 — '정통파'를 확립하려는 어떠한 시도도 의식적으로 차단하려고 노력했다.

페미니즘의 영향

지금까지 '여러 구조주의'가 미친 복잡하고 불균등한 영향을 추적해 보았다. 하지만 문화연구의 '정통파'를 확립하려는 시도에 대한 가장 커다란 도전은 의심할 여지없이 연구소 안에 페미니즘 연구가 등장하면서 비롯되었다. 남성 지향적인 모델과 가정, 지나치게 남성적인 소재와 주제가 오랫동안 문화연구의 지형인 것처럼 (완전히 무의식적으로 또 비반성적으로) 가정했는데, 페미니즘은 여기에 도전해 문화연구에 뚜렷한 영향을 끼쳤다. 페미니즘 덕분에 모든 실질적인 연구 영역에서 기본적인 것을 새롭게 파악하게 되었다. 그러나 그 영향은 결코 이러한 실질적인 재구성에만 국한할 수 없다. 페미니즘 내부의 시점에서 본다면 환원론적 문화 이론을 유지하기란 애당초 불가능하다. 여성의 위치와 여성 억압, 가부장적 관계의 중요성이라는 관점에서 사회구성체의 모든 영역을 새롭게 파악할 필요가 있다고 문제 제기하여, 페미니즘은 '물질적 조건'이라는 용어에 전적으로 경제주의적이거나 '생산 지상주의적'인 의미를 부여할 만한 여지가 있는 어떤 시도와도 단절하도록 유도했다. 성적 모순의 원인과 효과를 어떻게 파악해야 하는가 하는 문제를 제기하면서, 페미니즘은 계급 모순만을 문화 분석의 안정된 준거점으로 삼으려는 시각을 영원히 추방해 버렸다. 비록 '계급'과 접합된다는 점을 보여 줄 수는 있겠지만, 계급과 구분해서 '성'의 구체성을 파악하려는 시각과 관련된 모든 것은, 문화연구를 복잡한 계급 환원론의 경향에서 벗어나게 해 주었다.[121] 알다시피 지금까지 '결정' 문제는 이 영역에서 주요한 이론적 작업의 원동력 가운데 하나였다. 하지만 성을 구조화하는 원칙과 성적 차이와 가부장적 관계라는 문제에 주목하게 되자, 다양한 종류의 모순은 '최초'든 '최후'라는 의미에서든 단순하게 지정된 '경제'로 환원될 수 없으며, 이 모순은 본질적으로 이질적이며 필연적으로 복합적일 수밖에

121 물론 직접 가부장적 관계에 관해 쓴 것은 아니지만, 모든 모순을 계급적 모순으로 '필연적으로 환원시킬 수는 없다'는 명제는 Laclau(1977)에 의해 가장 세련되게 표현되었다. Women's Studies Group(1978)도 전반적으로 훑어보라.

없다는 입장에서 후퇴할 수 없게 되었다.

따라서 페미니즘은 '생산'뿐 아니라 '재생산'을, 문화적 구조를 정교화하는 핵심 영역으로 확립했을 뿐 아니라, '생산' 개념 자체를 완전히 새롭게 파악하게 하는 역할을 했다. 그람시와 알튀세르는 모두 학교와 가족을 '헤게모니' 구성에서 핵심적인 심급으로 인용했다. 그러나 학교든 가족이든 성적 분업, 성적 역할, 정체성과 관계 구성, 성적 차이의 원칙을 고려하지 않고는 진지하게 검토할 수 없다. 국가와 시민 사회 기관은 그 성격과 작동 양식이 '자본주의적'이면서 '가부장적'이다. 그러나 자본주의와 가부장제는 역사와 존재 조건이 서로 다르며, 서로 다르게 얽힌 효과와 결과를 낳기 때문에, 서로 깔끔하게 일치하거나 상응하게 될 수가 없다. 가부장적 지배와 억압 구조를 설명할 수 없는 문화 이론은 페미니즘 때문에 재고할 가치조차 없게 되었다. 그러나 가부장적 관계는, 바로 이 문제만 아니라면 대체로 타당한 다른 이론을 단순히 연장하거나 주변적인 단서를 달거나 부분적으로 수정하면 해결되는 문제가 아니다. 바로 이 이론들의 이론적 구조 속에는 성적인 차이 문제가 결여되어 있기 때문에, 문제 틀을 완전히 새로 짜야 했고 그 전제에 대해서도 근본적인 의문을 제기해 보아야 했다.

그러므로 페미니즘은 문화연구의 지형을 근본적으로 바꾸어 놓았다. 물론 페미니즘은 기존의 연구를 재편했을 뿐 아니라 문화연구 내에 완전히 새로운 구체적인 탐구 영역과 새로운 조사 영역도 형성했다. 그러나 페미니즘이 더 크게 영향을 미친 것은 이론적이며 조직 차원의 것이었다. 말하자면 분야 전체를 아주 다른 모순의 위치에서 새로 파악하도록 했다. 그 결과 연구소의 연구 대상과 방법에도 영향을 미쳤는데, 이렇게 되면 새로운 지적 실천의 조직이 필요하다는 뜻이다. 이러한 문제들이 지향하는 방향에 단순히 동의를 표하는 데 그치지 않고, 이 문제들을 정말로 설명해 보려는 시도는 때때로 고통스러운 작업이었다(연구소의 여성 연구자들이 쓴 《여성이 이슈를 제기하다》의 설명을 읽은 사람이라면 쉽게 이해할 것이다).[122] 다시 말해, 저항이 전혀 없지는 않았지만 초창기부터 지지한 취지가 위기에 처하게 된 것이라기보다는 연구소의 실천과 지적 작업의 양식을 근본적으로 변화시키기가 어려웠다는 뜻이다. 억압되어 있던 것의 깊이와 정도가 심했고, 어렵게 달성한 확실성이 — 물론 이는 정당하고 필연적이다 — 도전받고 손상을 입었기 때문에 저항은 더욱 강해졌다. 페미니즘 덕분에 연구소의 모든 작업 영역에서는 이미 확실성과 정통성을 갖추었다고 여긴 것을 하나하나 원점에서 재검토해야 했다. 페미니즘은 비판적 지적 활동의 모든 영역을 서서히 다시 설계해 가면서 문화연구의 지도를 다시 그렸다. 페미니즘이 가져온 변혁은 엄청나고 멈출 수 없는 것이었다.

구체적인 연구

이상과 같이 문제 틀에 관한 대략적인 설명을 듣고 난 다음, 문화연구를 좀 더 잘 정의하고 거기에 더 확고한 이론적 토대를 굳히려는 시도에 어떤 뜻이 담겨 있는지를 독자들이 어느 정도 감을 잡길 바란다. 하지만 앞에서의 설명은 어떤 입장이 힘겹게 자리 잡자마자 이내 방법론적인, 또 이론적인 재탕에 파묻히고 만다는 인상을 주었을지도 모르겠다. 사실은 그렇지 않았다. 연구소 안에 엄격하게 강요되는 일관된 이론적 입장이 존재한 적은 없었다. 항상 일반적인 과제 — 문화와 사회구성체에 관한 비환원론적 이론을 정교화하는 일 — 와 정의된 '담론 영역'이 있었을 뿐이고, 그러

122 특히 Women's Studies Group(1978)의 서론 부분을 보라.

한 틀 속에서 다양한 입장과 강조점이 서로 비판을 받았다.

다양한 노선의 구체적 저작과 연구는 앞에서 주장한 것처럼 다양한 패러다임을 도입했고 강조점도 서로 달랐다. 폴 윌리스의 저작은 폭넓은 관계의 결정적 영향력을 점차 고려하기는 했지만, 비판적 민속학에 근거를 두며, 이렇게 제약받는 행위자 집단의 경험과 이해를 '부활'시킨 입장에 근거한다. 이 저작은 이 계기가 다른 어떤 폭넓은 '구조적' 설명의 틀로 환원될 수 없다고 주장한다. 초창기에 나온 하위문화연구는 이러한 경향에 확실하게 근거하는 연구의 예다. 그러나 그 이후에 나온 연구에서는 그람시의 '헤게모니' 개념이 도입되고 역사적으로 구체적인 저항 형태에 관해 지속적으로 나온 연구의 영향을 받으면서 수정되고 재구성되었다. 이와 대조적으로 미디어 연구는 — 텍스트 분석이 중심이기 때문에 — 다른 영역보다 언어적, 기호학적 전통의 영향을 계속해서 엄청나게 더 받았다. 국가, 교육과 가족에 관한 최근의 연구는 '새로운 사회사'의 영향과 구조주의, 페미니스트 이론의 영향을 받았다. 언어에 관한 연구는 '담론적 실천'과 그 실천의 규제적 속성에 새롭게 관심을 둔 것이 인상적인 특징이었다. '문화사 cultural history'는 전후의 역사적 전통과 이 대안적 전통에서 제기된 역사와 이론 사이의 관계 문제를 다루었다. 따라서 이론적인 문제 자체로부터 연구소의 구체적인 연구 쪽으로 눈을 돌리면, 어떤 점이 계속 반복해서 강조되고 있음을 볼 수 있다. 그뿐만 아니라 불가피하게 압축된 이 설명은 각 조류가 마치 동질적인 것 같은 인상을 주었을지도 모르나 그보다는 훨씬 다양한 접근 방식이 존재한다.

새로운 영역이 개시된다고 해서 어떤 문제가 그냥 사라지거나 대체되지는 않으며, 다른 새로운 문제 틀 안에서 변형되고 발전되기 때문에, '공생'했다고 하는 게 때로는 더 적절한 용어인 듯싶다. 연구소의 작업은 이와 같은 부활과 반복으로 가득 차 있다. 초창기에는 연구소의 연구가 주로 미디어, 문학 분석, 대중문화 등의 세 영역에 집중되었다. 미디어 연구는 내내 지속되었다. 그러나 시각과 문제 틀의 변화는 상당한 것이었다(이 변화에 관해서는 이후에 더 자세히 설명하겠다). 앞서 살펴보았듯이, 문화연구의 역사에는 다소 기복이 있다. 그러나 이 역사는 모든 면에서 연구소와 문학 연구가 공유하는 역사다. 다시 말해 이 분야 내부의 변혁에 관해서는 관련된 절에서 아주 자세히 논의한다. 대중문화는 항상 문제가 많은 영역이었다. 그 영역은 주로 기술적으로 정의되고(종종 잔여적인 관습과 형식을 단순히 나열하는 데 그치기도 한다), '문화 논쟁'('대중문화/고급 문화' 간의 논쟁)의 부적절한 틀 속에서 규정된다. 하지만 대중적인 텍스트 분석은 최근 미디어 연구와 영문학 연구 분야에서 부활했다. 그리고 이러한 발전과 더불어 근본적으로 새로운 의미에서 '대중성'에 아주 새롭게 관심을 갖게 되었다. 국민적 대중성the national popular의 문화 전통, 대중 이데올로기 등에서 볼 수 있듯이, 더 발전되고 조직화된 '철학'이 개입하는 상식의 토대로서의 대중성이라든지, 헤게모니와 동의를 얻기 위해 벌어지는 투쟁의 대상으로서의 대중성(가령 정치 담론에서 대중주의적/대중 민주주의적 요소와 그 요소가 다양한 계급적 실천과 접합한 것)이 이에 해당한다.[123] 더 발전된 국가 이론의 틀 안에서 이러한 관심사를 구체적인 역사적 국면 분석의 시도와 결합했을 때, 연구소의 집단적인 사업이 탄생했고, 결국에는 《위기 관리》라는 책으로 출판되었다(Hall et al., 1978).

이 작업은 정치 구성체, 국가와 시민 사회 기구, 제도적 정책과 실천에

123 이러한 단절에서 핵심적인 텍스트는 Macherey(1978)다. 아직 번역되지 않았지만 르네 발리바르Renée Balibar와 도미니크 라포르테Dominique Laporte의 두 저서인 *Les Français Fictifs*와 *Le Francais National*, 또 Eagleton(1976)도 중요하다. Williams(1967)와 Bennett(1979)의 최근 논의도 보라.

좀 더 직접적으로 관심을 갖는, 완전히 새로운 단계의 구체적 연구의 시작에 해당했다. 그것은 또한 역사적인 시대 규정 문제에 새롭게 관심을 두기 시작하고 나름대로 구체적인 역사적 국면에 주목하게 되었음을 말한다. 연구소가 이전에는 우리가 보기에도 부적절한 다소 이론주의적인 실천에 치중했는데, 이러한 실천을 완전히 '역사화'하는 작업이 진행되었다. 이제 이 덕분에 잠정적인 결과가 나오기 시작했다. 즉 1880년대에서 1920년대 사이와 1930년대의 국가 구성체에 관해 곧 나올 연구라든지, 1945년 복지 국가와 전후 안정기의 여건, 1930년대와 1950년대의 문학적 구성체와 여성 저술, 전후의 성性 관련 법제, 여성 노동의 재구성, 노동 과정과 전후 인종 관계의 역사에 관해 나올 연구가 이에 해당한다. 가장 보편적으로 미친 영향은, 이 모든 연구가 — 현대에 관한 것이든 '역사적'인 연구든 간에 — 역사적 구체성과 현 국면에 관한 인식을 지향하도록 촉구했다는 점이다. ('역사적'이란 용어를 순진하게 과거를 지칭하는 것으로 받아들일 때에만, 이 두 가지는 상반되고 대립적인 것을 강조하는 것처럼 보인다. 그러나 이처럼 무능하고 고지식하며 타성에 젖은 정의를 단호하게 버리려고 애썼다).

이미 앞에서 페미니즘의 영향에 관해 언급했다. 페미니즘 역시 구체적인 연구 영역과 방향에 영향을 미쳤다. 한동안 이 영역의 연구는 여성 연구 그룹Women's Studies Group 내에서 이루어졌다. 그러나 초기 단계가 지나간 후에는 이 방식을 버리고, 그 대신에 성과 가부장적 관계 문제를 연구소에서 모든 연구 집단의 중심적인 관심사로 삼았기에, 더 이상 여성만 책임질 사안은 아니었다. 이에 따라 오늘날 다음과 같은 연구가 이러한 관심사를 잘 발전시키고 있다. (예컨대) 학교 교육이 소녀에게 미치는 영향이나, 유급/무급 가사 노동이 여성에게 미치는 영향 분석, 문학이나 미디어 담론에 나타난 여성상 분석, 여성의 정치적 대변(발언권) 연구, 가부장적 형태를 강하게 띠는 여성 관련 국가 정책과 전략 검토, 학교와 가족 관계 등을 들 수 있다. 좀 더 일반적으로 말해서 성과 계급 관계의 접합은 오늘날 연구소의 모든 작업에서 일관되게 등장하는 주제다.

구체적 연구 영역 차이에 따라 각기 방법론적 강조점도 달라졌다. 어떤 연구는 민속학적 필드 작업과 인터뷰를 강조했고, 어떤 연구는 텍스트와 담론, 재현의 실천을 중시했다. 어떤 연구에서는 공식적인 이데올로기에서 초점을 옮겨 그 이데올로기가 어떻게 역사적으로 '생생하게' 실행되는지, 특히 제도적 관행과 정책에서 어떻게 실행되는지로 옮아가게 되면서 방법론 역시 어렵게 바뀌었다. 또 어떤 연구는 문서 기록, 다큐멘터리와 기타 자료에 관한 역사적 연구 방법을 도입했다. 위에서 살펴본 내용상의 주제와 마찬가지로, 방법론은 특정 연구 집단 소속으로 깔끔히 분류되지 않고 여러 집단에 걸쳐 구체적인 연구 대상에 맞추어 결합되고 재결합되어 사용된다. 이 내용상의 주제 영역 사이에는 지속적으로 대화와 토론이 이루어지며, 문제에 적합한 방법을 도입하려는 시도도 이루어진다. 여기에는 미묘한 균형의 문제, 즉 주제나 방법론적인 전문화 영역을 더 깊이 탐구하려는 노력과, 더 통일된 연구 스타일을 개발하려는 노력 사이에 긴장이 존재한다. 이렇게 폭넓고 구체적인 영역을 다루어야 하는 연구소에는 불가피하게 일종의 '영역주의regionalism'가 존재했다. 각 '영역region'은 그 분야의 지배적인 관행에서 정해진 전략과 방법, 연구 결과를 파악하고 비판적으로 맞붙어 싸워야 할 지적인 책임을 계속 진다. 하지만 각 영역은 또한 자신의 '영역' 내부에서 이룰 수 있는 진전을 다른 집단이 공개적으로 이용할 수 있게 하고, 그리하여 문화연구를 발전시키고 하나의 연구 영역으로 진전시킬 책임도 진다. 이와 같이 '영역별' 강조점과 전체적인 강조점의 결합은 연구소의 조직화된 지적 과업에서 중심적이고 전략적인 과업 가운데 하나다. 연구소는 오랫동안 이 과업에 많은 노력과 자원을 투자했고, 연구소 구성원에게 그 과업에서 집단적인 책임을 지도록 요구했다.

지적 작업 관행의 개발

지금까지는 연구소의 역사에서 두드러진 이론적 문제와 구체적인 연구를 다루었다. 그러나 어떤 실천을 조직화하는 실제적인 문제를 어느 정도 직접 다루려 하지 않는다면, 이 설명은 불완전한 데에 그치고 말 것이다. 목표, 목적과 의도가 실제적으로 또 효과적으로 실현되는 (혹은 실현되지 못하는) 것은 오로지 '실천 속에서'만 가능하다. 여기서는 이러한 측면을 가장 나중에 지적하기는 했지만, 여러 면에서 그것은 그동안 연구소가 가장 우선시했던 부분이며, 연구소의 두드러진 특징이었다. 여기서 연구소는 그동안 우리가 보기에, 또 우리 입장을 비판하는 입장에서 보기에도 때로는 '거의 불가능한' 것을 달성하려고, 즉 엄밀하면서도 **동시에** 개방적이려고, 또한 이론적이면서도 **동시에** 구체적이려고 노력했다. 어떤 비판적이고 자기 반성적인 자세를 취하게 된 것은, 아무런 뚜렷한 선례나 정해진 준거점, 학문적 정통파가 존재하지 않는 연구 분야에서 작업하면서 생겨난 필연적인 결과다. 다른 사람이라면 당연하게 받아들일 수 있는 것도 의문시해야 했다. 기존에 나온 여러 이론과 방법론 배후의 전제와 가정을 파고들어야 했고, 따라서 말하자면 우리 자신의 출발점에 계속 의문을 제기하는 습관을 갖게 되었다. 때때로 이것이 일종의 이론적 자기 탐닉으로 비쳤다면 우리는 그냥, 자신의 연구 영역에서 이론적 원형을 만들어 내고, 필드작업을 하고, 응답자에게 설문을 돌리고, 문서를 읽고, 설명과 연구 결과를 만들어 내곤 했던, 그리고 사실상 세계 전체가 '남성적'이라는 검토되지 않은 전제 위에서 이 모든 작업을 수행했던 고상한 연구와 정교한 이론이 거기에 해당한다고 말하겠다. 이와 같이 맹목적으로 명백하게만 받아들이는 자세의 문제점을 직시한다면, 단지 '좋은 경험적 연구'에만 더 치중하는 것이 올바른 방향이었다고 누가 감히 주장하겠는가?

분명히 '이론주의'라는 쟁점은 여기서 무관하지 않다.[124] 모방에 의존하기 시작했고, 혹은 이론적 논쟁 때문에 구체적 작업과 예시라는 절대적으로 필요한 검증 작업이 빛을 잃기 시작한 계기가 된 수많은 전환점을 우리는 알고 있다. 지난 5년 동안 연구소는 (연구소 자신의 입장을 포함해서) '이론주의적' 입장을 나름대로 비판하면서, 동시에 연구소의 작업이 구체적이고 역사적인 토대를 상당히 더 갖추게 하려고 애썼다. 비록 모든 분과에서 성공을 거두었다고 주장하려는 것은 아니지만, 우리가 하는 작업의 이론적 측면과 구체적 측면이 5년 전에 비해 좀 더 훌륭하고 생산적으로 균형을 이루게 했다고 확신한다. 가장 훌륭하고 이론적으로 무장된 구체적 실천을 달성하기 위한 이러한 투쟁은 계속되며, 이 투쟁은 우리가 의식적으로 가장 최우선시하는 것 중 하나다. 그래서 우리가 하는 작업의 체계를 그러한 관점에 비추어 검토하고 거기에 따라 바꾸려고 지금까지 노력했다. 이렇게 최선의 '실천 방식'을 달성하려고 노력하면서 생겨나는 긍정적 효과가 미래의 작업에서는 드러날 것이라고 믿는다. 우리가 알기로는 그것이야말로 자명한 것만을 단순히 재생산하는 데 그치지 않고, 진정한 지적 실천을 개발해낼 수 있는 유일한 방식이다. 이 때문에 연구소는 이 분야가 '필연적으로 복합적 성격'을 띨 수밖에 없다고 확신하게 되었다. 또한 이 때문에 지식이 생산되기 위한 실제적 여건을 진지하게 고려해야 했고, 우리 자신의 전략을 — 그람시의 용어를 빌리자면 — 필연적으로 "조직적이며 상호 연관적

124 때때로 이러한 논쟁을 손상시키기도 했던 아주 격앙된 분파주의적 분위기 때문에 중요한 구분을 놓치기도 했다. 가령 한편으로는 분석에서 '경험적empirical' 계기와 '경험주의Empiricism'의 구분이 이에 해당하고, 다른 한편으로는 '이론적theoretical'인 것과 '이론주의Theoreticism'의 구분이 이에 해당한다. 이것들은 나중에 보면 거울에 비친 상대방의 이미지와 같은 것이다. 그러나 이 구분을 극복하는 일이 항상 쉽지만은 않았다.

인" 방식으로 구상해 보아야 했다. 그람시는 다음과 같이 주장했다.

> 모든 연구는 자신의 특유한 방법론을 갖추어야 하고 그 나름대로 특유한 과학을 만들어 내야 한다. 이러한 특유한 연구와 과학이 발전되고 정교화됨과 더불어 방법론이 발전되고 정교화되어야 하며, 그것들이 모여 단일한 전체를 이루어야 한다. 어떤 다른 분야에서 표준화된 연구 방법이 좋은 연구 결과를 낳는 것은, 그 방법이 거기에 당연히 잘 들어맞게 만들어졌기 때문이다. 그렇다고 해서 그러한 표준화된 연구 방법을 어떤 과학적 연구 작업에 적용하면 성과를 진전시킬 수 있다고 생각하는 것은 과학과는 아무런 관계가 없는 망상에 불과하다. 하지만 전문 분야가 무엇이든 간에 모든 과학자의 비판적 의식을 구성한다고 주장할 수 있는 어떤 일반적인 기준은 존재한다. 따라서 만일 어떤 과학자가 가진 특정한 기준이 확고하지 못한 것이 밝혀질 경우, 그가 사용하는 개념을 완전히 이해하지 못한 경우, 그가 다루는 문제의 기존 현황에 관해 충분한 정보를 갖지 못하고 제대로 이해하지 못했을 경우, 또 그가 주장하는 데 아주 조심스럽지 못할 경우, 만일 그가 필연적인[논리적 귀결에 따라] 주장을 전개하지 않고 자의적이고 연결이 되지 않게 주장을 전개할 경우, 그 사람은 과학자가 아니라고 말할 수 있다. 만일 그 과학자가 기존의 지식에 존재하는 공백을 설명할 수 없다면, 또 만일 어떤 명제는 다시 검토하고 발전시키는 등의 조치를 취해야 할 잠정적인 입장에 불과하다고 진술하지 않고 그것을 덮어 버린 채 순전히 언어적으로만 해결하고 연관 짓는 데 만족한다면, 그는 과학자가 아니라고 말할 수 있다 (Gramsci, 1971: 438~439).[125]

125 그람시의 저작과 예가 미친 영향이 두드러지게 보이는 이 논문의 마지막 부분은 저자의 입장을 아주 많이 반영한다. 일반적인 관점을 제외하고 이것이 곧 연구소

이 구절에서는 어떤 지적 실천의 실제 형태를 강조한 것이 중요한 점이다. 이는 지적인 작업이란 것이 단지 연구 대상, 사용된 이론이나 방법론, 혹은 잠정적으로 얻어진 연구 결과로만 이루어지지는 않는다는 점을 일깨워 준다. 지적인 작업은 **실천 자체**, 즉 지적인 작업이 어떻게 수행되느냐 하는 것과도 관계가 있다. 연구소는 위에서 대략 설명한 그러한 종류의 과제 외에도, 이 기간에 새로운 종류의 지적인 실천을 만들어 내고 거기에 조직적인 형태를 부여하려고 노력했다. 연구소는 특히 연구소의 모든 구성원과 직원, 학생을 그러한 실천을 형성하는 데 관여시키고, 그러한 실천을 구체적인 조직 상황에서 실행하는 결정 과정과 책임에도 관여시키는 방법을 모색했다. 하지만 그러기 위해서는 항상 그동안 비판이나 대체 혹은 변화의 필요성이 있던 기존의 지배적인 실천을 설명해야 한다.

그렇다면 인문·사회과학에서 연구를 구상하고 수행할 때 대개 채택되는 고립되고 격리된, 개인화된 경쟁적-소유적 형태를 우선 생각해 볼 수 있다. 이것은 — 연구소에 가장 최근에 들어온 사람까지 포함해서 — 우리 대다수가 지식 생산 양식을 습득하는 과정에서 배운 방식이다. 이 방식은 우리가 보기에 대체적으로 쓸모없고 케케묵은 종류의 '지식 생산'(수공업적 혹은 예술가적 양식의 지식)이었고, 오늘날 지적 작업의 여건이나 지적 작업에서 시행되는 실제적인 분업 현실에도 완전히 뒤떨어진 것이었다. 그래서 다양한 방식으로 이것을 대체하려고 노력했다. 그러나 어떤 실천 방식을 거부하는 것은 실제로 그것을 다른 대안적인 실천으로 대체하는 것과는 다르고, 그렇게 대체하는 것보다 쉽다. 다른 경우에도 그렇듯이 지적인 문제에서도 어떤 다른 방향으로 가려고 하는 의지가 있다는 것이 곧 변

의 입장을 대표하는 것처럼 받아들여서는 안 된다.

화되거나 변형된 실천 방식을 유지한다는 뜻은 아니다.[126] 일반적으로 여기서는 실제로 지적인 작업을 수행하는 형태를 좀 더 집단적인 형태로 만들려는 노력이 필요했는데, 그것은 배낭 속에 든 바통처럼 각자의 논문 주제를 갖고 서로 경쟁하는 여러 지식인 집단 위주가 아니라, 작업 집단 단위로 연구와 연구 과제를 엮어 내려는 노력이었다. 그러기 위해서는 또 각자 나름대로 방식과 관심 영역에 따라 연구하면서도 동시에 지식 영역 전체를 발전시킬 책임을 지겠다는 일반적인 각오를 현실화하려는 노력이 필요했다. 또 그러기 위해서는 진정으로 지식을 공유하고, 어떤 아이디어가 형성되는 초창기의 중요한 단계에서 그 아이디어를 발표해야 하는 어려운 일을 해내야 하고, 나아가 집단적인 연구와 글쓰기를 시도해야 하는 더욱더 힘든 과업을 수행해야 한다.

연구소의 지적 실천이 특정한 조직 형태로 자리 잡은 것은 이러한 필요성의 결과로 생겨났다. 한동안은 그다지 두드러진 연구 집단이 생겨나지 않았다. 학생 개개인은 개인적 연구 주제를 통해 이 분야와 연관을 맺었다. 처음에는 '일반적인 이론' 세미나를 통해, 나중에는 '수행 중인 연구 과제'를 정기적으로 발표하는 모임을 통해 위의 사업은 틀이 짜였다. 어떤 때에는 '일반적 이론' 세미나는 취지에 비해 너무 방대하고 감당하기 벅찬 것이었다. 세미나에는 기존 참가자가 너무 많아 새로운 참가자가 들어오기 어려워졌으며, 엄청난 사전 지식이 필요했고 어려운 담론을 구사했으며, 쓸

126 이것은 깨닫기 어려운 진실이긴 하지만 피할 수 없는 엄연한 사실이다. 급진적인 지적 작업에까지 뿌리박혀 있는 '관념론'이 바로 여기서 실제적인 실천의 조건과 부닥치게 된다. 당연히 변화가 이루어지기를 학수고대하는 젊은 연구자에게는 새로운 목표 형성과 실제 실천의 변화 사이의 격차를 인정하기가 쉽지 않다. 그 결과 때로는 비관론과 낙관론 사이를 오가야 했는데, 여기에 관해 그람시는 아주 설득력 있는 설명을 통해 '지성의 비관론과 의지의 낙관론'을 가져야 한다고 주장했다.

데없이 세련된 수준의 추상화를 추구했다. 지금에 이르기까지 연구소에서 실천의 골격을 대략 정해 준 혁신적인 변화가 이 시점에서 도입되었다. 여러 연구 집단이 작업을 나누어 맡았고, 각 집단은 특정한 주제나 분야를 중심으로 조직되었다. 이와 같은 집단 형성은 우선 각 영역에서 개인적인 논문 주제를 한데 묶는 데에서 시작되었다. 이 집단은 공통적인 강독, 토론과 연구의 틀 역할을 하도록 설계되었고, 그 틀 속에서 개인적 관심사와 집단적인 관심사가 좀 더 적절하게 통합될 수 있도록 했다. 그러나 이러한 '집단화' 덕분에 기존의 연구 분야와 영역, 그 영역의 특징적인 문제 틀이 서로 좀 더 지속적으로 연관을 맺을 수 있게 되었다. 이와 같이 '국지적인' 연구에서 필요한 전문화를 추진함과 더불어, 연간 결산 보고서를 통해 각 연구 집단은 1년 동안 수행한 작업을 정리해서 연구소 전체에 보고했다. 오늘날 연구소의 정규적인 연례행사가 된 이 연간 결산 보고에서 집단 간의 공통적인 주제를 확인할 수 있었고, 똑같은 접근 방식을 각각의 특수한 연구 영역에서 어떻게 다르게 받아들이는지 찾아내고 토론할 수도 있었다. 이와 같이 전문화된 연구와 일반적인 연구를 구분하면서 지적인 생산성은 엄청나게 높아졌다. 가령 이 덕분에 여러 연구 집단의 전문화된 연구에 근거를 둔 — 비록 거기에 국한된 것은 아니지만 — 특정한 주제에서 우리 저널, 그리고 좀 더 최근에는 우리가 내는 단행본 시리즈에서 다루는 특정한 쟁점을 발굴할 수 있게 되었다. 집단 구성원은 이 집단에서 개별적 연구 과제를 개발해냈으며, 이전에 자신이 관심을 둔 특정한 연구와 논문 주제를 재정리해서 자신이 속한 집단의 집단적 관심사와 좀 더 유기적으로 관련을 짓고, 어느 정도 서로 집단적인 도움도 주었다. 우리가 투쟁 끝에 개설하기 시작한 석사 과정은 비교적 통합된 방식으로 문화연구라는 영역을 간략하게 소개하고, 문화연구를 하나의 분야로 설명하려는 첫 시도였다. 그러나 석사 과정 학생들은 또한 각자 특수한 전문 영역에 따라 연구 집단에 소속되었고, 그렇게 함으로써 각 학생의 소속 방식이나 수준이 무엇이든 간에 석사 수준의 연구를, 연구소 내에 문화연구 전반을 확장시키려는 유기적 과정과 통합시키려 노력하였다. 이후에는 전문화가 훨씬 더 진척되었음에도 불구하고, 이와 같은 뜻에서 우리는 자신의 입장이나 연구를 조직화하는 방식을 개선하려고 구체적인 노력을 기울였다. 그것은 우리의 개별적인 실천과 집단적인 실천을 통해 더 일반적인 실천도 — 문화연구를 하나의 분야로 발전시키는 일 — 함께 지속될 수 있게 하기 위해서였다.

실제로 그러한 실험을 하면서 부딪치게 된 어려움과 제약은 헤아릴 수 없이 많다. 학생들은 여전히 어떤 재정적 지원이든 개인적으로 받았으며, 연구 계획도 개인적으로 승인받았고, 최종 완성물도 완전히 개인 단위로 평가받는다. 지식의 위계, 연령, 경험과 지적 구조의 차이, 이론적 성향이나 초점의 실제적인 차이는 이러한 실험을 시도하는 데 장애가 되는 한정적 조건으로 작용했다.[127] 지적 분업에는 성적인 분업이 깊이 뿌리박혀 있는데, 이것은 집단 작업이라는 요술 지팡이를 한번 휘두른다고 해서 사라지지 않는다. 그럼에도 불구하고 다른 모델과 비교해 볼 때 상당한 진전을 이룩했다고 주장하고 싶다. 이러한 실험의 약점이자 장점은 모두 쉽게 파악할 수 있는 것인데, 바로 특히 이러한 아이디어를 가장 자유롭게 실천에 옮길 수 있는 곳, 즉 저널이나 연구 초고, 단행본, 논문 등의 연구 출판 부문에 있었다. 장점은 설명하지 않아도 모두 쉽게 알 수 있을 것이다. 하지만

127 지금은 이러한 요인이 어떻게 장애가 되었으며, 이 요인이 때때로 어떠한 위기와 단절을 촉진했는지 자세히 논의할 때도 장소도 아니다. 그러나 어떤 종합적인 설명에서든지, 이 요인들이 실제로 미치는 효과를 과소평가해서는 안 된다. 이 요인들은 분열을 조장했고 지금도 그러하며 간단히 해결할 수 있는 지름길도 없다. 우리와 유사한 방향으로 계획을 추진하는 사람이라면 이 요인들이 가져다주는 손실을 결코 과소평가해서는 안 된다.

단점은 적당히 얼버무려서는 안 된다. 말하자면 집단적인 과제에서는 철저하게 집중하거나 확실하게 파악하기가 어렵고, 인지적 조직화에서 개인 스타일을 유지하기 어렵다. 집단적으로 집필한 글은 개인 작업에 비해 글의 힘과 간결함을 갖춘 경우가 드물다. 그러한 글은 글의 조직이 다소 느슨하고 지적인 응집력이 어느 정도 떨어지는 경향이 있다. 하지만 적어도 새로운 집단적인 지적 실천 형태를 만들어 내려는 시도가 어떤 것인지는 알았으며, 이러한 시도의 결과로 생겨나는 문제점도 검토해 보았다고 자부한다. 이것이 지적 작업의 실제적인 조건으로서 무엇을 의미하는지도 어느 정도는 안다. 이러한 의미에서 과거에서 넘어온 어려운 문제가 아니라 미래에 생겨날 몇몇 어려운 문제를 예견하기 시작했다는 느낌을 갖게 된다. 여기서 이러한 연구 작업 방식 때문에 생겨난 긴장과 모순을 과소평가하려고 해서는 결코 안 되며, 그렇게 할 수도 없을 것이다. 그러한 긴장과 모순은 주관적인 문제일 뿐 아니라, 우리의 상황에서는 객관적인 것이기도 하며 대가를 치르지 않고서는 해결할 수 없다. 그러나 그러한 문제는 적어도 '우리 시대의 것'이다. 말하자면 현재에도 속하는 문제다. 이 문제들은 아주 옛적의 것도 아니며, 학문적 관습상의 문제였다가 대대로 전승되어 온 것도 아니다.

물론 이러한 계획이 꼭 성공하리라는 보장은 없다. 다른 영역과 마찬가지로 연구소에도 냉혹한 논리로 강제되는 기존의 지적 분업 구조 내에서 우리 역시 활동하고 있다. 그러한 논리에 맞서야 할 때, 이론과 실천의 '통일'이란 다소 공허한 구호처럼 들린다.[128] 첨단 학제적인 영역에서 진지한 지

128 이 구호는 어느 한쪽에서 다른 쪽이 어떤 일 — '사고'나 '행위' — 을 하지 못하게 막는 데 흔히 사용된다. 이것은 경험주의와 이론주의의 숙명적인 구분을 반영하며, 그 배후에는 사회적 분업을 반영한다. 다소 오래전에는 — 아마도 '순수의 시대'

적 작업을 하는 동시에 바로 이해하기 쉽게 글을 쓰고 연구 성과를 만들어 내는 일은 매우 어렵다. 이것은 개인적인 언어로 후퇴하기 위한 변명이 아니다. 연구소는 사용하는 언어가 어렵고 모호하다는 비판을 여러 차례 받았다. (때때로 이러한 비판을 하는 측에서는 의기양양하게 기뻐하며 이런 식의 비판을 하는 것 같기는 하지만) 그럼에도 불구하고 이 비판은 타당하다. 이러한 문제점은 지나치게 반성을 모르는 맹목적인 실천 때문에 생겨난다. 그러나 또한 우리가 연구를 하고 있는 지형과 제도 때문에 불가피한 것이기도 하다. 부분적으로 이러한 문제점은 아직 윤곽이 잡히지 않은 분야에서 훌륭하고 진지한 작업을 추구하는 데에서 생겨난다. 다른 한편으로는 기존의 언어를 사용하고 그 의미와 개념을 변형해, 기존의 상식적 지식의 창고에서 그냥 따올 수 없는 목적에 이용해야 할 필요성이 있기 때문에 문제점이 생겨난다. 그러나 이러한 문제점이 생겨나는 가장 첨예한 이유는 지식이 단편화하고 서로 폐쇄적인 칸막이로 융통성 없이 구분되어 있기 때문이며,

적에는 — 이론과 실천이 뗄 수 없이 통일되어 있었는데, 양자를 제멋대로 나누어 놓는 것은 어느 한쪽의 '잘못된' 신념이라고 가정하는 데서 이러한 오류가 생겨난다. 사실 현재의 사회적 분업에서 이론과 실천은 가차 없이 분리되고 구분되어 있어, 양자의 '통일'은 **결과로서만** 만들어질 수 있을 뿐이다. 그 통일은 효과적인 접합의 결과로 생겨나는 것인데, 사전에 그 결과를 보장할 수는 없다. 그러나 다른 곳에서도 그렇듯이 여기서도 목적론적 사고의 흔적이 뚜렷이 보이는데, 좌파에서도 그러한 경향은 적지 않다. 그 결과 모두 지식인의 역할과 지적 작업의 위치를 제대로 파악할 수가 없게 되었다. 이론을 전부인 것처럼 여겨 지식인에게 걸맞지 않은 전위 역할을 맡긴다든지, 그렇지 않으면 실천이 전부인 것처럼 여겨 지식인은 '다른 층'(노동자, 선동자, 도시 게릴라)으로 행세하며 자신의 기능을 부정하는 결과가 생겨났다. 연구소가 떠맡은 심오한 주제 가운데 하나는 우리 사회에서 '지식인 기능'이 차지하는 위치, 가능성, 한계와 조건에 관해 타당하고 짜임새 있는 이론을 발견해서 유지하는 것이었다(그람시가 정의했듯이 '지식인의 기능'의 중요성은 지식인이 사회적 범주로서 갖는 중요성과 똑같은 것이 아니다!).

이 지식이 *doxa*[진정한 지식, 현실이 아니라 '견해,' '판단'의 영역에 속하는 지식]와 정통적 지식으로 구분되어 나누어지고 정치적으로 옹호, 감시, 규제받았기 때문이며, 나아가 이 때문에 더 광범위하게 [기존의] 지적 분업이 재생산되기 때문이다.

이러한 상황에서도 좀 더 통일된 상태를 지향하며 노력했는데, 물론 이러한 통일을 무無에서, 혹은 '지식에의 의지'만으로 마법처럼 불러낼 수 있을 것이라고 기대하지는 않는다. 이 점에서 볼 때 우리의 목표는 좀 더 '유기적인' 지식인을 형성하려는 투쟁으로 정의할 수 있을 것이다. 그람시는 기존의 지식 패러다임을 발전시키고 정교화하는 임무를 맡는 '전통적' 지식인과, 사회 내의 새로운 혹은 부상 중인 경향과 좀 더 '유기적인' 관계를 맺는 중요한 역할을 하는 지식인의 구분에 관해 논의했다. 후자의 지식인은 이러한 세력과 하나가 되려 하고, 이 세력과 연관을 맺으며, 비전문가적이고 비엘리트주의적이라는 좀 더 폭넓은 의미에서, 그람시가 '지적인 기능'이라고 부른 기능을 이 지식인들에게 부여할 수 있다. 또한 그람시는 '유기적인' 지식인이 되고자 하는 사람에게 두 가지 임무를 지정해 주었는데, 하나는 '가장 정교화된 형태'를 띠는 현대의 이데올로기에 도전하는 일이고, 다른 하나는 대중 교육의 임무를 맡는 것이다. 하나가 아니라 두 가지 임무이며, 특히 이것은 둘 다 동시에 실현하기가 어렵다. "이 점을 감안할 때, 언어 일반의 문제와 기술적인 의미에서 여러 언어의 문제는 가장 먼저 탐구해야 할 대상"이라고 그람시는 말했다.

연구소는 처음 문을 연 이래 내내 이 엄연한 진리를 직시했다. 가능한 한계와 주어진 자원 내에서 이 어려운 과제의 두 가지 측면을 모두 시도했다. 우선, 중심적이고 관련된 문제와 쟁점을 제기해 공식화하기 위해서는 바로 접근하기 어려운 전문가적 언어를 필수적으로 익혀야 했음에도 불구하고, 이러한 문제와 쟁점을 제기하려 노력했다. 또한 우리는 할 수 있는 한 우리의 어휘를 좀 더 많은 사람이 사용하는 어휘로 옮기는, 결코 쉽지 않은 임무를 수행하려 했다. 이 두 가지의 결합을 시도해 본 사람이라면, 후자가 더 이상 기술적인 작업이 아님을 알 것이다. 이 작업은 사실상 존재하지도 않는 '공통적인 경험'을 불러내는 일이 아니라 지식과 실천의 통일을 능동적으로 구축하고 만들어 내려는 시도와 관련이 있기 때문이다. 그람시라면 이 작업을 본질적으로 '조직화의' 임무와 기능 — '유기적' 지식인에 의한 조직화와 연결 기능 — 이라 불렀을 것이다. 위에서 대략 설명한 가혹한 여러 대안을 조화시키기가 어려웠기 때문에, 연구소는 (뚜렷한 증거가 있음에도 불구하고) 자신이 이미 유기적 지식인임을 인정하려 하지 않고, **좀 더 유기적으로 되기 위해** 계속 노력했다. 그러기 위해서는 어떠한 지식의 사회적 구분도 존재하지 않는 것처럼 가장할 것이 아니라, 그러한 구분에 좀 더 조직적이고 효과적으로 개입하는 것이 반드시 필요했다. 가장 넓은 의미에서 지식인의 기능이 존재하지 않는 사회 조직은 없다고 그람시는 주장했다. 유기적 지식인의 구체적인 존재 형태 가운데 어떤 경우에도, "이론과 실천의 연결 관계 중에서 이론적 측면이, 관념을 개념적이고 철학적으로 정교화하는 일을 '전문으로 하는' 집단의 존재에 의해 구체적으로 구분되지 않는" 경우는 없다. 그러나 "대중 쪽에서도 더 높은 문화 수준으로 올라와…… 전문적 지식인과 다소 중요성을 갖는 생산자…… 집단 계층에 대해 대중의 영향권을 확장하려는 식의 유사한 움직임"이 없는 경우도 없다. 이러한 상호적인 의미에서 점차 좀 더 '유기적'으로 되는 연구 성과를 내는 것이 그동안 연구소의 일관된 과제요 목표였다. 그러나 그람시도 지적했듯이 "지식인을 만들어 내는 과정은 길고도 어려우며, 모순과 전진, 퇴각, 해산과 재집결로 가득한 것으로, 그 속에서 흔히 대중의 충성심을 시험해 보는 쓰라린 체험을 하게 된다"(Gramsci, 1971: 334).

6

문화연구와
그 이론적 유산

Cultural Studies and Its Theoretical Legacies

● "Cultural Studies and Its Theoretical Legacies," in David Morley & Kuan-Hsing Chen (eds.), *Stuart Hall: Critical Dialogues in Cultural Studies*, London: Routledge, 1996, pp.262~275. 이 글은 원래 Lawrence Grossberg et al. (eds.), *Cultural Studies*, London: Routledge, 1992, pp.277~286에 수록된 것이다.

이 글의 제목인 "문화연구와 그 이론적 유산"은 회고적인 시선을 통해 문화연구의 현재와 미래에 관해 살펴보고 생각해 보기 위해 과거를 되돌아 본다는 뜻이다. 그래서 아카이브를 대상으로 약간은 발생학적이고 고고학적 작업을 할 필요가 있어 보인다. 하지만 아카이브 문제는 나에게 대단히 어려운 부분이다. 왜냐하면 문화연구에 관한 한, 마치 과거의 영혼이 부활하여 기원의 권위를 주장하는 극적인 장면 같은 느낌이 들기 때문이다. 따지고 보면, 결국 문화연구란 내가 레이먼드 윌리엄스를 처음 만났을 때나 리처드 호가트와 시선을 교환하던 그 순간 어디선가 등장한 게 아니었는가? 그 시점에 문화연구가 탄생했다면, 머리부터 완전히 커 버린 상태에서 등장한 셈이다! 과거에 관해 이야기하고는 싶지만, 분명 그런 식으로는 아니다. 가부장적 방식으로, (나에게는 어쨌든 아주 어색한 기표이긴 하지만) 영국 문화연구가 문화연구의 양심의 수호자로서 여러분이 (그런 게 어떤 것인지 알기만 한다면) 원래의 진정한 모습으로 되돌아가도록 관리하는 역할을 하려고 했던 것처럼 이야기하고 싶지는 않다. 말하자면 사람들이 짊어지고 다니는 수많은 재현의 부담을 나는 스스로 벗어 버리고 싶다. 나는 이런 짐을 적어도 세 개는 지고 다닌다. 나는 문화연구를 위해서뿐 아니라 전체 흑인을 위해, 또한 때때로 영국 정치를 위해, 모든 이론적, 비판적 등등의 문제에 관해 발언할 것이라는 기대를 안고 있다. 이게 바로 흑인의 짐으로 알려진 것인데, 이 순간에는 그 짐을 벗어 버리고 싶다.

역설적으로 이는 자서전적으로 발언해야 한다는 뜻이다. 자서전은 보통 진정성의 권위를 장악하는 것으로 간주된다. 그러나 권위를 주장하지 않기 위해서라도 나는 자서전적으로 발언해야만 한다. 문화연구에서 어떤 이론적 유산과 계기에 관해 나 자신의 의견을 들려주고자 하는데, 그것이 진리이거나 역사에 관해 이야기하는 유일한 방법이어서가 아니다. 나 자신은 이전에 수많은 다른 방식으로 이야기했고, 나중에는 또 다른 방식으로 들려주고자 한다. 그러나 이 순간, 이 국면에서는 실천으로서의 문화연구, 우리의 제도적 입장, 그 프로젝트 등에 관해 약간의 성찰을 시작할 목적으로 문화연구의 '거대 서사'에 관해 어떤 입장을 취하고 싶다. 몇몇 이론적 유산이나 이론적 계기를 언급하는 식으로 그 작업을 하고자 하지만, 아주 독특한 방식을 취할 예정이다. 이는 문화연구에서 다양한 이론적 입장의 장점이나 유효성에 관한 논평(이런 작업은 다른 곳에서 할 몫이다)이 아니다. 이는 문화연구에서 특정한 이론적 계기들이 우리에게 어떤 영향을 미쳤는지를 약간 논의한 후, 그 위치에서 이론의 정치성이라는 일반적 문제에 관해 몇 가지 견해를 밝히려는 시도다.

푸코의 관점에서 문화연구란 담론적 구성체에 해당한다. 문화연구에 그런 이름이 붙던 어떤 시점에 우리 중 몇몇은 거기 있었지만, 문화연구에는 단순한 기원이란 게 없다. 문화연구가 성장하는 기반이 된 저작 중 상당 부분은 내 경험으로는 다른 사람들의 저작 속에도 이미 존재했다. 레이먼드 윌리엄스는 〈문화연구의 미래The Future of Cultural Studies〉(1989)라는 에세이에서 문화연구의 뿌리를 초기 성인 교육 운동에서 발견하면서, 똑같은 지적을 했다. "어떤 프로젝트와 구성체 간의 관계는 늘 결정적이다." 왜냐하면 양자는 "구체화하는 방식은 다르나…… 에너지와 방향의 공통된 성향을 다른 방식으로" 구현한 데 불과하기 때문이다. 문화연구에는 복수의 담론이 존재하며, 수많은 다양한 역사가 공존한다. 문화연구는 여러 구성체의 총체다. 여기엔 나름대로 다양한 국면과 과거의 계기도 존재한다. 문화연구는 수많은 다양한 유형의 작업을 포괄했다. 나는 바로 이 점을 고수하고 싶다! 문화연구는 늘 여러 불안정한 구성체로 구성되었다. 문화연구는 잠시 후 내가 정의하고자 하는 특수한 유형의 방식으로, 인용 부호 속에서만 '중심화'되었다. 문화연구에는 수많은 궤도가 존재했고 수많은 사람들은 다양한 경로로 문화연구를 수행했으며 지금도 그렇게 하고 있다. 문화연구는 수많은 이질적인 방법론과 이론적 입장이 모두 서로 논쟁을 벌이면서 구축되었다. 현대문화연구소의 이론적 저작은 이론적 잡음으로 부르는 게 더 적절했다. 거기서 배출된 저작에는 수많은 나쁜 감정, 주장, 불안정한 불안, 분노의 침묵이 뒤따랐다.

이제 문화연구란 관리된policed 학문 영역이 아니라는 결론이 나오는가? 사람들이 하는 게 무엇이든 스스로 문화연구라고 부르고, 문화연구의 프로젝트와 실천 안에서 스스로 자리 잡기만 하면 모두 문화연구라는 식의 결론은 어떤가? 이런 공식화 역시 맘에 들지 않는다. 비록 프로젝트로서의 문화연구가 열린 공간이긴 하지만, 그런 식의 다원주의는 전혀 아니다. 그렇다, 문화연구는 어떤 부류이든 모범 담론이나 메타담론이길 거부한다. 그렇다, 문화연구는 자신이 아직 알지 못하고 이름붙일 수 없는 부분에 대해 항상 열려 있는 프로젝트다. 그렇지만 서로 연계를 맺고자 하는 약간의 의지는 갖고 있으며, 자신의 선택에 어떤 이해관계도 있다. 문화연구가 이런 모습이 될지, 혹은 저런 식으로 갈지는 매우 중요한 문제다. 특정한 깃발 아래 행군하려고 한다 해서 아무것이나 다 문화연구가 될 수는 없다. 문화연구는 진지한 사업, 혹은 프로젝트이며, 이 점은 때때로 문화연구의 '정치적' 측면이라 불리는 부분에 각인되어 있다. 한 가지 정치가 그 속에 이미 각인되어 있다는 뜻은 물론 아니다. 그러나 내가 생각하기에, 그리고 희망하기에 수많은 다른 아주 중요한 지적, 비판적 실천에는 정확히 적용되지 않는 방식이기는 하지만, 문화연구에는 중요한 무엇인가가 걸려 있다. 여기서는 한편으로는 분야를 봉쇄하고 관리하는 데 대해 거부하는 입장과, 동시에 다른 한편으로는 어떤 입장을 고수하고 옹호하려는 결심, 이 양자 간에 생겨나는 긴장을 들 수 있다. 이 글 내내 무수하게 다양한 방식으로 말하고자 하는 바는 바로 이 긴장, 즉 이론에 대한 대화론적dialogic 접근이다. 지식이 닫혀있다고 믿지는 않지만, 내가 '자의적 마감the arbitrary closure'이라는 부른 것 없이는, 또 호미 바바Homi Bhabha가 자의적 마감으로서의 사회적 행위자라고 부른 것 없이는 정치가 불가능하다고 믿는다. 말하자면 이 세계에서 차이 구현을 추구하는 실천이라면 당연히 차이나 구분의 지점을 설정해야 하는데, 이는 매우 중요한 일인데도 그러지 못하는 게 이해가 안 된다. 이는 위치 설정 문제다. 그런데 이 위치 설정은 결코 최종적일 수 없으며 절대적일 수도 없다는 게 사실이다. 이것들은 한 국면에서 다른 국면으로 그대로 옮겨 놓을 수 없다. 하물며 똑같은 데 고정되어 있을 것이라 기대할 수도 없다. 문화연구가 '제 몫을 요구'하게 된 그 계기, 위치가 중요성을 띠기 시작한 계기로 돌아가 보려 한다.

이는 에드워드 사이드Edward Said의 용어를 빌리자면 문화연구에서 '어휘성wordliness'의 문제를 제시하는 한 가지 방안에 해당한다. 여기서 강조하고자 하는 부분은 어휘성의 세속적인 함축적 의미가 아니라 문화연구의 어휘성이다. 문화연구의 '오염,' 이렇게 표현해도 된다면 기호학적 게임이 오염되었음을 강조하고자 하는 것이다. 나는 문화연구의 프로젝트를 의미와 텍스트성, 이론의 청정 상태에서 저 밑바닥의 더러운 무엇인가로 되돌려 놓으려 한다. 여기에는 문화연구에서 몇몇 핵심적인 이론적 변환이나 계기를 검토하는 힘든 작업이 따른다.

내가 해체하고 싶은 첫 번째 흔적은, 흔히 영국 문화연구가 어떤 순간에 마르크스주의의 비판적 실천으로 되었다는 사실에 의해 차별화된다는 견해와 관련이 있다. 문화연구를 마르크스주의 비판 이론으로 규정한다는 것은 정확히 무슨 의미인가? 그러한 계기에서는 문화연구를 어떻게 파악해야 하는가? 우리는 과연 어떤 계기에 관해 말하는가? 마르크스주의가 문화연구에 계속해서 미치는 이론적 유산, 흔적, 파생 효과에 대해 그러한 계기가 의미하는 바는 무엇인가? 역사에 관해 이야기를 풀어가는 방법은 무수하게 있으며, 내가 이것을 유일한 스토리인 것처럼 제안하는 것은 아니라는 점을 일깨워 주고 싶다. 그렇지만 여러분에게는 다소 뜻밖의 것으로 보일 수도 있는 방식으로 이야기를 구성하고 싶다.

나는 신좌파를 통해서 문화연구에 입문했는데, 신좌파는 마르크스주의를 항상 문제이자 골칫거리, 위험으로 간주했지, 해결책으로는 보지 않았다. 왜냐고? 이는 이론적 문제 자체, 혹은 순수한 이론적 문제와는 무관했다. 그보다는 현재 우리가 처한 것과 역사적으로 아주 흡사한 계기, — 이 문제를 다룬 사람이 그렇게 적다는 사실은 놀라운 일이다 — 즉 어떤 유형의 마르크스주의의 해체라는 계기에서 나 자신의 (그리고 신좌파의) 정치적 구성체가 형성되었다는 사실과 관련이 있다. 사실 최초의 영국 신좌파는 1956년 모든 역사적-정치적 프로젝트가 해체되던 계기에서 등장했다. 그러한 의미에서 보면 나는 뒷걸음으로, 말하자면 부다페스트를 침공한 소련의 탱크에 대한 저항으로 마르크스주의에 뛰어든 셈이다. 이것이 의미하는 바는 분명히, 나도 그렇고 당시의 문화연구 역시 처음부터 이론적 프로젝트로서의 마르크스주의가 올려놓은 의제에 큰 영향을 받지 않았다는 것이다. 가령 전 지구적 도달력과 역사를 바꿔 놓은 능력까지 갖춘 자본의 힘이라든지, 계급 문제라든지, (비록 착취보다는 문화 담론에 자리 잡기 더 쉬운 용어이긴 하나) 권력과 착취 간의 복잡한 관계가 그러한 의제다. 나아가 비판적 성찰을 통해 다양한 삶의 영역, 정치와 이론, 이론과 실천, 경제적, 정치적, 이데올로기적 문제 등을 비판적 방식으로 서로 연결지을 수 있는 일반 이론의 문제도 있으며, 비판적 지식 개념 자체와 실천으로서 비판적 지식 생산 문제도 들 수 있다. 마르크스주의와 그리 멀지 않은 거리 안에서, 마르크스주의를 대상으로 작업하고, 마르크스주의에 대항해 작업하고, 마르크스주의를 수단으로 작업하며, 마르크스주의를 발전시키려 작업한다고 할 때에는 바로 이러한 중요하고도 중심적인 질문을 의미한다.

문화연구와 마르크스주의가 이론적으로 완벽하게 맞아떨어졌던 순간은 이전에 한 번도 없었다. 우리가 가장 중시한 연구 대상, 즉 문화, 이데올로기, 언어, 상징에 관해서 마르크스는 언급하지 않았거나 제대로 이해하지 못한 듯했다. 이 문제들에 관한 한, (당분간 이러한 화법을 사용하자면) 처음부터 마르크스주의는 항상-이미 이론적으로든 정치적으로든 엄청나게 부적합했거나, 완벽하게 침묵하거나, 철저하게 회피했다. 그 대신 다음과 같은 특징이 사고 양식으로서, 비판적 실천 행동으로서 마르크스주의를 빈틈없이 옭아매었는데, 정통파주의, 교조적 특성, 결정론, 환원론, 불변의 역사 법칙, 메타서사로서의 지위 등이 바로 그 예다. 말하자면, 영국 문화연구와 마르크스주의의 만남은 무엇보다 어떤 이론과 만난 것이 아니라 문제점과 씨름하게 된 것으로 이해해야 하며, 어떤 문제 틀과 만나게 된 것은 더더욱 아니었다. 내가 생각하기에 어떤 환원주의와 경제주의는 마르크스주의의 외부적 문제가 아니라 본질적 요소라고 보는데, 문화연구는 여기에 대한 비판으로 시작해 그러한 비판을 통해 발전한다. 또한 지금까지 속류이든 정교한 마르크스주의든 모두 토대와 상부 구조 모델을 통해서 사회, 경제, 문화 간의 관계를 파악하려 했는데, 문화연구는 이 모델과도 투쟁을 벌인다. 문화연구는 허위의식 문제와 필수적이고 장기적이면서도 끊임없는 투쟁 속에 위치하고 있었다. 나 개인적으로는 마르크스주의 이론의 엄청난 유럽 중심주의와 아직도 끝나지 않은 투쟁을 반드시 벌여야 했다. 나는 이 점을 명확하게 밝히려 한다. 이는 단순히 마르크스가 우연히 출생한 장소나, 그가 말한 내용의 문제가 아니라, 마르크스주의 이론의 가정 발전된 부분의 중심에 자리 잡은 모델의 문제였다. 이 모델에서는 마치 자본주의가 자신의 변혁 내부로부터 유기적으로 진화해 온 것처럼 암시하고 있다. 그런데 나는 정복과 식민화에 의해 자본제 사회, 경제, 문화의 엄청난 외피가 강제로 부과된 그런 사회 출신이다. 이는 이론적 비판이지 속류의 비판이 아니다. 마르크스가 태어난 장소를 이유로 그를 비난하지는 않는다. 마르크스의 이론이 유럽 중심주의라는 모델을 중심으로 구체화했기 때문에 그의 이론에 의문을 제기하는 것이다.

이론적 작업에 대해서는 다른 비유, 예컨대 투쟁이라든지 천사와 씨름하기라는 비유를 제안하고 싶다. 유일하게 채택할 가치가 있는 이론은 싸워서 물리쳐야 할 이론이지, 아주 유창하게 구사하는 이론이 아니다. 지금의 문화연구가 놀랄 정도로 유창하게 이론을 구사하게 된 데 대해 나중에 몇 마디 언급하려 한다. 마르크스주의에 확실히 해당하는 부분이지만, 이론에 대한 나 자신의 경험은 천사와 씨름하기와 같다. 이 비유는 여러분이 원하는 만큼 곧이곧대로 받아들여도 좋다. 알튀세르와 분투했던 기억이 난다. 《자본론 읽기》에서 '이론적 실천' 개념을 보고는 '나는 이 책에서 적절한 만큼 진척을 이루었다'고 생각했던 기억이 난다. 알튀세르가 나를 때려눕히고 전의를 꺾어 놓지 않는 한, 고전 마르크스주의에 관한 이 엄청난 해석 오류, 이 초구조주의식의 잘못된 번역에 한 치도 양보하지 않으리라고 느꼈다. 알튀세르가 나를 설득시키려면 나를 밟고 지나가야 할 것이다. 그래서 알튀세르와 끝까지 사투를 벌였다. 마르크스의 1857년도 《정치경제학 요강》 '서문'에 관해 쓴 길고 횡설수설하는 글(Hall, 1974)에서 나는 마르크스의 인식론에 나타난 구조주의와 알튀세르의 구조주의의 차이를 규정하려 했는데, 이 글은 이처럼 오랜 작업에서 빙산의 일각에 불과했다. 그리고 이는 결코 사적 문제에 그치지 않는다. 문화주의에서 반이론주의나 이론에 대한 저항이 극복되고 한참 지난 뒤, 현대문화연구소에서 우리는 매우 비영국적인 방식이긴 하지만 이론에 뛰어들어야겠다고 결심했다. 어떤 형태로든 시대정신에 단순히 굴복해 마르크스주의자가 되지 않기 위해, 우리는 5~6년 동안 유럽 사상의 전 범위를 섭렵했다. 독일 관념론을 읽었고, 베버를 뒤집어 가며 읽었고, 헤겔식의 관념론에 관해서도 공부했으며, 관념론적 예술비평도 섭렵했다. (이 문제에 관해서는 Hall, 1980c; 1980d에서 썼다.)

그러니 마르크스주의와 문화연구가 손쉽게 제자리를 찾아, 서로 유사성을 발견하고는 어떤 목적론적 혹은 헤겔식 융합의 계기에서 서로 손을 잡게 되자, 문화연구가 창설되는 계기가 마련되었다는 생각은 완전히 잘못된 것이다. 이는 더 할 수 없이 사실과 어긋난 생각이다. 그리고 마침내 1970년대에 영국 문화연구가 마르크스주의의 문제 틀 안에서 — 물론 아주 다양한 방식으로 이루어졌다는 점은 밝혀야겠다 — 진전을 거두었던 부분에 관해서는, 문제 틀이라는 용어를 그냥 형식론적-이론적 방식이 아니라 진정한 방식으로 해석해야 한다. 이때 문제 틀이란 문제를 의미하며, 이 문제는 반드시 제기해야 하는 필수적인 질문들에 관해서 만큼이나 그 모델의 제약과 한계에 대한 투쟁에 관해서도 다루어야 한다. 그리고 이후의 저술 작업에서는 그람시의 이론적 장점에서 배우면서 그 장점을 활용하려고 노력했는데, 이는 그람시의 저작이 다음과 같은 여러 문제에 대응해 수많은 다양한 방식으로 어떤 탈출 전략을 반드시 필요로 했다는 점 때문이다. (이론적 작업에 대한 또 하나의 비유를 들자면) 이론의 난관이라 부를 수밖에 없는 것, 아마 마르크스주의라면 해답을 줄 수 없을 부분, 그람시가 계속 자신의 작업에서 틀로 삼았던 마르크스주의라는 거대 이론의 이론적 틀 안에서는 미해결 상태라고 본 현대 사회의 현상들이 바로 이러한 문제의 예다. 어떤 지점에서는 내가 간단히 제기하고 싶지만, 그람시를 통해 우회하지 않고서는 접근이 불가능한 질문도 있었다. 그람시가 그 문제들을 해결했기 때문이 아니라 적어도 그중 많은 부분을 제기한 사람이 그람시이기 때문이다. 특정한 시기에 영국의 맥락에서 문화연구가 그람시에게 배운 게 무엇이라고 내가 개인적으로 생각하는지 일일이 설명하고 싶지는 않다. 문화 자체의 성격, 국면에 관한 학문, 역사적 구체성의 중요성, 헤게모니라는 엄청나게 생산적인 비유 등에 관해 방대한 지혜를 배웠고, 왜 계급 관계 문제는 오로지 총체와 블록이라는 대안적 개념을 통해서만 파악할 수 있는지도 배웠다. 이것들은 그람시를 거쳐 '우회'한 데서 얻은 구체적인 소득이지만, 그 문제에 관해 더 이상 언급하지는 않겠다. 이 맥락에서 그람시에 관해 말하고 싶은 바는 이렇다. 물론 그람시는 마르크스주의의 문제 틀에 속했고 지금도 여전히 그렇다. 하지만 그람시가 영국 문화연구의 이 계기에 중요한 이유는 바로 문화연구에서 마르크스주의의 일부 유산을 아주 급진적으로 수정했다는 데 있다. 지금 우리는 포스트마르크스주의 시대로 접어드는데도, 그람시에 의한 마르크스주의 '수정'이 지니는 급진적 성격을 사람들은 아직 이해하지 못했고, 아마 앞으로도 제대로 평가해 주지 않을 것 같다. 역사나 지적 유행의 움직임이란 원래 그런 것이다. 그러나 그람시는 문화연구에 다른 기여도 했는데, 그 부분에 관해 약간 이야기해 볼까 한다. 왜냐하면 이는 내가 보기에는 문화연구의 제도적 위치와 지적 실천에 관한 성찰의 필요성과 관련이 있기 때문이다.

우리가 연구소에서 시작한 부류의 지적 작업으로 추진하려 한 게 무엇이었는지는 이미 여러 군데서 밝혔으며, 영국 문화연구와 연구소에 몸담은 다른 사람도 여럿이 그렇게 했다. 고백컨대, 그람시보다 더 세련되고 정교한 설명은 많이 읽었지만, 내 생각에 우리가 하려 한 바를 가장 가깝게 표현한 이는 여전히 그람시인 것 같다. "유기적 지식인의 배출"이라는 그람시의 구절에 문제가 있다는 점은 인정한다. 그러나 문화연구에서 유기적 지식인을 배출해낼 만한 제도적 실천을 발견하려 우리가 애썼다는 점에는 의심의 여지가 없다. 1970년대 영국의 맥락에서 그게 무슨 의미를 지닐지 이전에는 몰랐고, 우리가 가까스로 그런 인물을 배출해낸다 해도 알아볼 수 있을지 확신이 들지 않았다. 유기적 지식인 개념에서 문제점은, 부상하는 역사적 움직임에 지식인을 정렬시키는 것처럼 보인다는 것이다. 그리고 그런 부상하는 역사적 움직임을 어디서 발견해야 할지 그 당시에는 깨닫지 못했고, 지금도 거의 알지 못한다. 우리는 어떤 유기적 준거점도 없는 유기적 지식인이었다. 그리고 어떤 시점에서 그러한 국면이 등장하기만 한다면 그러한 부류의 관계를 위한 지적 작업을 할 준비가 될 것이라는 (그람시가 다른 맥락에서 사용한 구절을 사용하자면) 노스탤지어, 의지, 혹은 희망을 지닌 유기적 지식인이었다. 더 정직하게 말하자면, 우리는 그러한 관계가 부재한 상태에서 그 관계를 상상하고, 구상하고, 가장할 준비가 되어 있었다. 즉 '지성의 비관론, 의지의 낙관론'이었던 셈이다.

그러나 이러한 질문을 둘러싼 그람시의 사상은 분명히 우리가 하려던 일의 일부만 포착했을 뿐이라는 점이 아주 중요하다고 생각한다. 지적 노동에 관한 그람시의 정의는 늘 프로젝트로서의 문화연구라는 개념과 근접한 어딘가에 위치했다. 이 지적 노동 개념의 두 번째 측면은, '유기적 지식인'은 동시에 두 가지 전선에서 한꺼번에 그리고 동시에 작업해야 한다는 그람시의 요구였다. 한편으로는 그람시가 말했듯이, 전통적 지식인보다 더 많이 알아야 하는 게 유기적 지식인의 임무이기 때문에, 우리는 지적인 이론적 작업의 최첨단 지점에 있어야 한다. 말하자면 진정으로 알아야 하고 아는 체해서는 안 되며, 지식의 편익을 얻기 위해서가 아니라 깊이 근본적으로 아는 것을 목적으로 삼아야 한다. 그래서 마르크스주의에게 지식이란 종종 순수한 깨달음이며, 늘 알고 있던 지식을 다시 생산하는 일이다! 만일 헤게모니 게임 속에 뛰어들었다면, '그들'보다 더 영리해야 한다. 그러니까 문화연구가 도달한 후 되돌아서게 하는 이론적 한계치는 없다. 그러나 두 번째 측면 역시 마찬가지로 중요하다. 바로 유기적 지식인은 지적 기능을 통해 그러한 아이디어와 지식을 직업적으로 지식 계급에 속하지 않는 이들에게 전파하는 책임을 회피할 수 없다는 사실이다. 그리고 만일 이 두 전선이 동시에 작동하지 않거나, 적어도 이 두 야망이 문화연구라는 프로젝트의 일부가 되지 못하면, 정치 프로젝트 수준에서는 조금도 관여하지 않은 채 이론적 수준에서만 괄목할 만한 진전을 이룩하는 결과가 나올 것이다.

여러분이 내 말을 반이론주의 담론으로 해석할까봐 극도로 신경이 쓰인다. 이는 이론에 대한 반대가 아니라, 지적이고 이론적인 작업을 정치적 실천으로 발전시키는 데에서의 조건이나 문제점과 관련이 있다. 이는 이 두 요구 사항 사이의 긴장을 해소하기보다는 긴장을 안은 채 살아간다는 점에서 대단히 어려운 길이다. 그람시는 이 갈등을 해결해야 한다고 권유하지 않았으며, 오히려 갈등을 안은 채 살아가는 실질적 방안을 예시해 주었다. (할 수만 있다면 그리 했겠지만) 연구소에서는 유기적 지식인을 양성하지 않았다. 그 부상하는 역사적 움직임과 연계를 맺지도 않았다. 그것은 단지 은유적인 행동에 불과했다. 그럼에도 불구하고, 은유는 중요한 문제였다. 사람의 실천에 영향을 미치기 때문이다. 나는 그러한 긴장을 안은 채 끊임없이 지속되어야 하는 이론적 작업으로 문화연구를 새롭게 묘사하려 한다.

형성 과정의 역사 중간에서 이미 단절을 겪은 문화연구에 또 다른 단절을 초래한 두 가지 다른 이론적 계기를 살펴보려 한다. 이러한 진전의 일부는 말하자면 외부의 공간에서 유래했다. 이 진전은 내부에서 생성된 것이 전혀 아니며, 내적으로 전개되는 일반 문화 이론의 일부도 아니었다. 게

다가 이른바 문화연구의 전개는 단절이나 실제적 균열에 의해서도, 외부의 힘에 의해서도 단절을 겪었다. 이는 이를테면 새로운 아이디어가 초래하는 단절로서, 단순한 축적에 불과한 것처럼 보이던 작업 관행을 주변화해 버렸다. 이론적 작업에 관한 또 하나의 은유는 바로 단절로서의 이론적 작업이다.

현대문화연구소의 작업에서는 적어도 두 번의 단절이 있었다. 첫 번째는 페미니즘과, 두 번째는 인종 문제와 관련이 있다. 페미니즘의 개입이 영국 문화연구에 가져다준 이론적, 정치적 진전과 결과를 요약하려는 것은 아니다. 그런 작업은 다른 시점에 다른 곳에서 할 일이다. 그러나 그 계기에 관해 아무런 형식 없이 자유롭게 이야기하고 싶지도 않다. (많은 다른 이론적 프로젝트뿐 아니라) 문화연구에서도 페미니즘의 개입은 구체적이고 결정적인 역할을 했다. 그 개입은 단절적이었다. 그리고 아주 구체적인 방식으로 분야를 재편했다. 첫째, 사적인 문제를 정치적 문제로 부각하기 시작하고 그 결과 문화연구에서 연구 대상이 변화하게 된 것은 이론적으로나 실제적으로나 완전히 혁명적인 일이었다. 둘째, 지금까지 권력 개념은 대부분 공의 개념이나 공적 영역의 틀 안에서 발전시키는 데 그쳤는데 비해, 이 개념을 급진적으로 확장하게 되면서 이전에 헤게모니라는 문제 틀에서 핵심이던 권력이란 용어를 이전과 같은 방식으로는 사용할 수 없게 되는 효과가 발생했다. 셋째는 젠더와 섹슈얼리티 문제가 권력 자체를 이해하는 데도 중심적인 역할을 하게 되었다. 넷째, 이전에는 주관성과 주체라는 위험한 영역과 관련해 폐기했다고 여겼던 수많은 문제가 새로 부각되면서, 이론적 실천으로서의 문화연구에서 중심적인 자리를 차지하게 되었다. 다섯째, 사회 이론과 무의식 이론, 즉 정신분석학 사이에 한때 폐쇄되었던 경계가 열려 교류가 '재개'되었다는 점이다. 페미니즘, 정신분석학, 문화연구 사이에 형성된 관계 — 혹은 더 정확히 말하자면 재클린 로즈Jacqueline Rose

가 아직 '해결되지 않은 관계'라고 부른 것 — 라든지 실제로 그 관계가 수행되는 방식에 대해 이처럼 문화연구에서 미지의 대륙 개척이 지니는 중요성은 이루 형언하기도 어렵다.

우리는 알고 있지만, 페미니즘이 어떻게, 어디서 등장했는지는 일반적으로 알려져 있지 않다. 나는 의도적으로 이 은유를 사용한다. 말하자면 한밤중의 도둑처럼 페미니즘은 들어왔다. 그러고는 혼란을 가져오고 꼴사나운 소음을 일으키고 기회를 포착하고는 문화연구를 엉망으로 만들어 놓았다. 이 새벽의 급습이 처음 감행된 책의 제목 —《여성이 이슈를 제기하다》— 은 시사하는 바가 많다. 왜냐하면 페미니즘은 두 가지 의미에서 '이슈를 제기'했는데, 그해의 작업을 장악하고 분쟁을 시작했다. 그러나 이 문제에 관해서는 다른 이야기를 들려주고 싶다. 1970년대 아주 초기에 페미니즘 작업의 중요성이 점차 커지고 외부에서는 페미니즘 운동이 싹트기 시작했기 때문에, 물론 주로 남성이긴 했지만 연구소의 다수는 문화연구에서 좋은 페미니즘 작업이 이루어질 때가 되었다고 생각했다. 그리고 실제로 페미니즘을 수용하고, 수입하며, 좋은 페미니즘 학자를 유치하려고 노력했다. 여러분도 예측할 수 있겠지만, 문화연구에서 다수 여성들은 이 선의의 프로젝트에 그다지 관심을 보이지 않았다. 우리는 페미니즘 연구로 가는 문을 열어 주고, 호의적이며 변화한 남성이 되고 있었다. 그렇지만 페미니즘이 창문을 깨고 들어오자, 모든 예기치 않은 저항이 표면에 부상해, 스스로 부정했다고 믿었던 가부장적 권력을 완전히 정착시켰다. 여기에는 아무런 지도자도 없었으며, 우리는 모두 대학원생이자 동시에 직원으로서 문화연구를 실천하는 법을 공부하고 있다고 말하곤 했다. 스스로 결정하고 싶어 하는 게 있다면 무엇이든 그렇게 할 수 있다. 하지만 독서 목록 문제에 이르게 되자…… 바로 여기서 나는 권력의 젠더화한 속성을 진정으로 발견하게 되었다. 언어를 구사하는 법을 배우고 난 후 아주 한참이나 지나고 나서야, 나는 지식과 권력의 개인적 상호작용성에 관해 푸코가 심오한 통찰력을 보여 준 바로 그 현실과 직면하게 되었다. 권력의 포기에 관해 논의하는 일은 강제로 침묵을 강요받는 경험과 근본적으로 다른 것이다. 이는 이론을 파악하는 또 다른 방식이자 또 다른 은유다. 페미니즘은 바로 이런 식으로 문화연구를 흔들어 놓았고 거기에 침투했다.

그다음엔 문화연구에서 인종 문제가 있다. 나는 문화연구가 형성되는 데 중요한 역할을 한 '외부적' 원천에 관해 이야기했다. 예컨대, 내가 신좌파의 계기라 부른 곳, 그리고 신좌파가 마르크스주의와 처음부터 갈등을 벌인 데서 문화연구는 싹텄다. 하지만 물론 이는 근본적으로 잉글랜드적, 혹은 영국적인 성격을 띠는 계기였다. 실제로 문화연구가 문화정치의 핵심 문제에 해당하는 인종, 인종의 정치, 인종주의에 대한 저항이라는 중요한 문제를 자신의 의제로 상정하도록 하는 일 자체가 엄청난 이론적 투쟁이었는데, 《위기 관리》는 흥미롭게도 이러한 투쟁의 최초이자 최근의 사례다. 이는 연구소뿐 아니라 나 자신의 이론적, 지적 작업에서도 결정적 전환점에 해당했다. 게다가 이는 철저하면서도 무의식적인 침묵에 대항해 장기적이며 때로는 치열한 — 분명히 치열한 각축을 벌이는 — 내부 투쟁의 결과로서만 성취되었다. 이 투쟁은 현대문화연구소의 아주 중요한 저서 중 하나인 《제국의 역습*The Empire Strikes Back*》이라는 재구성된 역사 형태로 기록되어 이후에 계속 알려지게 되었다. 하지만 실제로는 폴 길로이Paul Gilroy를 비롯해 이 책을 집필한 집단에게는 연구소 내에서 이 프로젝트를 수행하는 데 필요한 이론적, 정치적 공간을 확보하기가 극도로 어려웠다.

이 두 가지 사례가 함축하듯이, 운동은 이론적 계기를 촉발한다는 생각을 고수하고 싶다. 그리고 역사적 국면은 이론을 강조한다. 역사적 국면은 이론의 진화에서 실제적인 계기가 된다. 그러나 여기서 발걸음을 멈추고 과거를 되짚어 봐야겠다. 여기엔 이유가 있다. 어리석은 반이론적 대중주의는 필수적인 지연, 혹은 이론을 통한 우회라고 부를 수 있는 그러한 작업의 핵심적 중요성을 존중하거나 인정하지 않는다. 그런데 자칫하면 내가 새롭게 서사화하려는 모든 움직임의 지점마다 일종의 반이론적 대중주의를 주장하는 것처럼 내 말이 해석될 수도 있을 것 같다. 이 '필수적 지연'에 관해 잠시 이야기하고자 한다. 분명히 현대문화연구소와 어느 정도는 영국 문화연구 일반에서 안정된 경로를 흔들어 놓고 초점을 분산시키는 결과를 초래한 것은 때때로 '언어학적 전환'이라 불리는 변화, 즉 담론성과 텍스트성의 발견이다. 이러한 이름 때문에 연구소에서 다른 희생자도 발생했다. 내가 앞서 열심히 설명한 것과 똑같은 방식으로 연구소는 이 문제들과 씨름했다. 그러나 이 문제들을 탐색하면서 나온 소득은 이 작업에서 이론이 어떻게 진전을 이룩하게 되었는지 이해하는 데에 대단히 중요한 부분이다. 하지만 내 소견으로는 그러한 이론적 '소득'은 결코 자기 충족적인 계기로 그칠 수가 없다.

그런데 구조주의, 기호학, 후기 구조주의 저술과 접하면서 성취한 이론적 진전은 다음과 같이 그중 몇몇을 열거하는 정도 외에는 여기서 더 다룰 수가 없다. 어떤 문화연구이든 언어나 언어적 은유가 핵심적 중요성을 지닌다는 것, 의미의 원천이자 의미를 회피, 지연시키는 원천으로서 텍스트와 텍스트성 개념을 확장한 것, 의미의 이질성과 복수성을 인정하고, 의미를 넘어서는 무한정한 의미 작용semiosis을 자의적으로 마감하려는 투쟁의 중요성을 인식한 것, 텍스트성과 문화 권력, 재현 자체를 권력과 규제의 장으로 인정한 것, 상징계를 정체성의 원천으로 인식한 것 등이 이에 해당한다. 물론 그동안 언어 문제는 늘 주목받기는 했지만(기호학 혁명이 일어나기 아주 오래전에, 거기서 레이먼드 윌리엄스는 핵심적 인물이었다), 앞서 언급한 것은 모두 엄청난 이론적 진전이었다. 그렇지만 언어와 텍스트성의 은유를 통해 문화 문제를 사고하게 된 결과로 이론의 재구성이 일어났는데, 이제 문화연구는 늘 반드시 이 지점을 넘어선 위치에서 자리 잡아야만 하게 되었다. 담론성, 텍스트성의 은유는 내가 생각하기에 문화 개념에 항상 함축되어 있는 필수적 지연이나 대체를 예시해 준다. 만일 문화에 관해서 작업한다면, 혹은 만일 다른 어떤 정말 중요한 문제로 작업을 하려다가 다시 문화로 되돌아가게 되었다면, 만일 어쩌다 보니 문화가 당신의 영혼을 사로잡게 되었다면, 늘 대체의 영역에서 작업하게 되리라는 점을 깨달아야 한다. 문화의 미디어나 언어, 텍스트성, 의미 작용에는 그것을 다른 구조와 직접적으로, 또 즉각적으로 연계하려는 시도에서 벗어나거나 회피하려는 탈중심화된 무엇인가가 늘 존재한다. 하지만 동시에 저 다른 구성체의, 각자의 제도적 위치에 자리한 여러 텍스트 간의 상호텍스트성의, 권력의 원천으로서 텍스트의, 재현과 저항의 장으로서 텍스트성의 그림자, 자국, 흔적 등도 있는데, 이 모든 문제는 문화연구에서 결코 지워 버릴 수 없다.

지금까지 군데군데 강조점을 찍어 가며, 매우 산만하고 분절된 방식으로 문화연구라는 분야가 어떻게 끊임없이 방향을 전환해 왔는지를 묘사했다. 그런데 문제는 정치적인 프로젝트로 정의되는 이 분야가 스스로 일종의 일관성 있는 이론적 개입으로 발전하려 한다면 어떻게 되는가 하는 점이다. 혹은 같은 질문을 뒤집어서 표현하자면, 학술적, 이론적 사업이 여러 개인과 집단의 적극적인 참여를 유도하는 교육에 종사하려 하고, 스스로 위치한 제도적 세계에서 차별성을 구현하려 한다면 어떻게 될까? 우리에게 던져진 질문은 동시에 '그렇다'와 '아니다'라고 말할 수 있는 문제이기 때문에, 대단히 해결하기 어려운 쟁점이다. 여기서 문화는 항상 텍스트성을 통해서 작동할 것이라고 가정할 수밖에 없지만, 이와 동시에 텍스트성만으로는 결코 충분하지 않다. 그러나 도대체 뭐가 충분하지 않은가? 무엇을 위해 충분하지 않은가? 이는 대답하기 대단히 어려운 질문이다. 왜냐하면 텍스트와 맥락의 측면에서 보든, 상호텍스트성의 측면에서 보든, 아니면 문화적 실천이 처한 역사적 구성체 측면에서 파악하든 간에, 문화연구의 이론적 분야에서는 문화의 관계와 그 효과에 관해 적절한 이론적 설명 같은 것을 확보하는 게 항상 불가능했기 때문이다. 문화연구는 이 긴장, 즉 모든 텍스트 관련 실천에 따르는 긴장과 더불어 사는 법을 배워야 한다. 사이드는 이 긴장을 텍스트가 속한 '제도, 기관, 기구, 계급, 학계, 기업, 집단, 이데올로기적으로 규정된 정당과 전문직, 국가, 인종, 젠더' 등과 관련지어 검토하는 것으로 묘사한다. 그런데 문화연구가 이러한 긴장과 더불어 사는 법을 배우기 전에는, 혹은 그렇게 하지 못한다면, 그 '세속적' 소명을 저버리게 될 것이다. 말하자면 문화의 필연적인 대체를 인정하지 못하면서도 다른 중요한 질문, 정교화된 비판적 텍스트성으로 완전히 감당하지 못하고 결코 감당할 수도 없는 다른 문제와 조화를 이루지 못하는 점이 늘 신경에 거슬린다면, 하나의 프로젝트, 개입으로서의 문화연구란 불완전한 상태에 머물게 된다. 만일 긴장에서 손을 떼게 된다면, 아주 훌륭한 지적 작업을 수행할 수는 있지만, 정치로서의 지적 실천을 잃어버리게 될 것이다. 이러한 제안을 하는 이유는, 문화연구가 반드시 그리 해야 한다거나, 연구소가 어찌어찌해서 그 일을 잘 해왔기 때문도 아니고, 단지 전반적으로 그 점이 문화연구를 하나의 프로젝트로서 규정하는 것이라고 생각하기 때문이다. 영국과 미국의 맥락에서 모두 문화연구는 주목을 끌었는데, 이는 문화연구가 때때로 현란한 내부적인 이론의 발전을 거두었기 때문이 아니라, 이론적, 정치적 질문들을 비록 풀기는 어렵지만 영구적인 긴장 상태로 유지하기 때문이다. 문화연구는 어떤 최종적인 이론적 마감을 주장하지 않은 채, 끊임없이 한 가지 질문이 다른 질문을 자극하고 괴롭히고, 교란시키도록 내버려둔다.

나는 지금까지 주로 이전의 역사에 비추어 이야기를 전개했다. 그러나 에이즈AIDS에 관한 논의는 이 긴장에 관해 아주 설득력 있게 일깨워 주었다. 에이즈는 우리가 비판적 지식인으로서 세상에 실질적 효과를 유도하는 데 얼마나 주변적인 존재에 불과한지 확실히 깨우쳐 주는 문제 중 하나다. 하지만 에이즈는 지금까지 흔히 우리에게 여러 가지 모순된 방식으로 재현되었다. 사람들이 거리에서 죽어가는 이 시급한 상황에서 도대체 문화연구란 게 무슨 소용인가? 만약 환자들이 약을 복용해야 하는지(그렇다면 당연히), 이틀 후나 몇 달 일찍 사망하게 되는지 알고 싶어 하는데, 이들에게 무슨 말을 해야 하는가 하는 문제에 기여하지 못한다면 재현을 연구하는 게 무슨 소용이 있는가? 바로 이 순간, 지적 실천으로서 진지하게 문화연구에 뛰어든 사람이라면 누구든 문화연구란 게 덧없고, 알맹이가 없으며, 기여하는 바도 너무나 적으며, 실제로 변화를 달성하거나 사람들의 참여를 유도하는 능력조차 미미했다는 점을 본능적으로 절감할 것이라고 생각한다. 만약에 여러분이 하는 작업에서 하나의 긴장으로서 그런 느낌을 갖지 못한다면, 이론의 굴레에서 벗어난 것이다. 반면에 궁극적으로는 우리에게 딜레마가 흔히 제기되는 방식에는 동의할 수가 없다. 왜냐하면 그것은 단순히 사람들이 거리에서 죽어 간다는 사실보다는 더 복잡하고 새롭게 구성된 문제이기 때문이다. 에이즈 문제는 대단히 중요한 투쟁과 저항의 지형이다. 지금 죽어 가고 있거나, 이미 사망했거나 앞으로 사망할 사람이 있다는 사실은 이미 알지만, 이들 외에도 전혀 언급되지 않은 채 죽어가는 사람이 무수하게 있다. 에이즈 문제는 또한 누가 재현되고 누가 재현되지 못하는가 하는 문제이기도 하다는 데 대해 어떻게 이의를 달 수 있겠는가? 에이즈라는 장에서는 성정치에서 그간 이룩한 성취가 물거품으로 돌아가고 있다. 이 장에서 만일 어떤 특정한 은유가 살아남지 못하거나 잘못된 방식으로 살아남는다면, 여기서는 장차 사람만 죽어 갈 뿐 아니라 욕망과 즐거움 역시 죽어 갈 것이다. 우리가 이러한 긴장 속에서 활동하지 않는다면, 문화연구가 할 수 있는 일, 지금 할 수 없는 일, 앞으로도 결코 할 수 없는 일이 무엇인지, 또한 해야 할 일, 오로지 문화연구만이 수행할 능력을 갖춘 일이 무엇인지 알 길이 없다. 문화연구는 재현 자체의 구성적, 정치적 성격에 관해, 재현의 복잡성에 관해, 언어의 효과에 관해, 그리고 사활이 걸린 장으로서 텍스트성에 관해 특정한 사안을 분석해야 한다. 바로 이것이야말로 문화연구가 다룰 수 있는 사안들이다.

이러한 예를 든 이유는 완벽한 예라서가 아니라, 구체적인 예이고, 구체적인 의미를 지녔기 때문이다. 그리고 그 예는 문제 자체의 복잡성 때문에 우리에게 어려운 숙제를 던져 주고, 그 과정에서 진지한 이론적 작업의 미래에 관해 많은 가르침을 주기 때문이다. 이 사례에는 지적 작업과 비판적 성찰의 본질적 속성, 이론이 정치적 실천에 가져다줄 수 있는 더할 나위 없는 통찰력, 즉 다른 방식으로는 도저히 도달할 수 없는 통찰력이 담겨 있다. 그리고 동시에, 이 사례를 통해 이론이란 존재가 필연적으로 한계를 지닐 수밖에 없으며 지적 프로젝트로서 문화연구 역시 그럴 수밖에 없다는 점을 깨달을 수 있다.

두 가지 방식으로 결론을 맺고자 한다. 첫째, 이 두 가지 구성물, 즉 영국 문화연구와 미국 문화연구의 제도화 문제를 제기하고 싶다. 그러고 나선 내가 도입하려 하는 이론적 작업에 관한 은유에 기대어, 문화연구 분야를 어떻게 정의해야 하는지에 관해 몇 마디 이야기해 보려 한다. (물론 내가 시작하려는 이 작업이 유독 권위가 있거나 원조라고 주장할 의사는 없으며, 이 작업은 반드시 논쟁적, 잠정적, 정치적 방식으로 수행되어야 한다고 생각한다.)

미국 문화연구에 관해서는 무슨 말을 해야 할지 모르겠다. 미국 문화연구에 대해서는 너무나 당혹스러움을 느낄 수밖에 없다. 영국의 맥락에서는 문화연구가 제도권에 진입하기 위해 어떤 철저한 위장하에 겨우 서너 사람 몫의 일자리를 확보하려고 투쟁하는 형태를 취한 데 비해, 미국에서는 급속하게 제도화가 진행되고 있어 대비가 된다고 생각한다. 이 비교는 문화연구에만 해당하지는 않는다. 영국에서는 페미니즘 역사나 이론에서 중요한 성과가 나왔지만, 이 여성 중 평생 대학에서 정규직을 얻은 적이 있거나 얻을 가능성 있는 사람이 몇이나 되는지 아는가? 이는 페미니즘이 정말 얼마나 주변적인 존재였는지 일깨워 준다. 따라서 비록 우리는 버밍엄 같은 대학에서 주변화한 연구소를 세우는 일조차 안간힘을 써야 했지만, 미국에서 문화연구가 엄청나게 팽창하고, 급속하게 전문직화, 제도화한 일은, 우리 중 누구도 단순하게 아쉬워할 수 있는 계기는 아니다. 하지만 이 사례가 우리에게 일깨워 주는 점에 관해 아주 확신을 갖고 말할 수 있다. 영국에서 제도화가 얼마나 엄청난 위험의 계기가 될 수 있는지 늘 깨달아야 한다는 것이다. 그러니까 우리가 위험에서 도망쳐서는 안 되며, 위험과 맞서야 한다고 지금까지 말했다. 그래서 솔직히 말해 내가 느끼기로는 학계에서 다른 형태의 비판 이론과 함께 문화연구의 폭발적 성장은 대단히 엄청난 위험의 계기에 해당한다는 점을 모두 알았으면 한다. 왜 그렇냐고? 글쎄, 이런 문제에 관해 이야기한다는 게 지나치게 저속해 보일지는 모르겠다. 가령 일자리가 얼마나 있고, 가용 예산이 어느 정도 있는가 하는 문제, 승진과 업적 같은 이해관계에도 신경을 쓰면서 동시에 비판적인 정치적 작업과 비판적 부류의 지적 작업이라 여기는 일을 사람들이 하도록 압력이 어느 정도 작용하는가 하는 따위의 문제 말이다. 그 대신에 이전에 내가 했던 주장으로 되돌아가 보겠다. 즉 미국의 문화연구에서 나타난 현상을 나는 이론적 유창함theoretical fluency이라 이름을 붙였는데, 이는 경악할 만한 현상이다.

그런데 이론적 유창함의 문제는 난해하고 도발적인 은유인데, 여기에 관해 딱 한마디만 하겠다. 얼마 전 (해체주의적 전환과 비교하면) 해체주의의 홍수라 부를 수밖에 없는 현상이 형식주의적 양식으로 미국의 문학 연구를 휩쓰는 것을 보면서, 나는 두 가지 유형의 작업을 구분하려 했다. 하나는 해체주의가 문화연구에서 가능성을 열어 준 대단히 중요한 이론적, 지적 작업이고, 다른 하나는 가끔씩 진지한 지적 작업 행세를 하는 단순 반복, 일종의 모방이나 해체주의적 복화술 같은 작업이다. 그 당시 내가 두려워한 부분은, 만일 문화연구가 미국의 맥락에 상응한 방식으로 제도화하게 된다면, 권력, 역사, 정치라는 중요한 문제도 거의 비슷하게 형식화해서 제거해 버리게 될 것이라는 점이었다. 역설적이지만, 내가 이론적 유창함이라는 용어로 의도하는 바는 이와 정반대다. 지금 미국 문화연구에서도 정치, 인종, 계급과 젠더, 종속, 지배, 배제, 주변성, 타자성 등등, 권력을 이론화할 수 있는 계기는 방대하고 거의 무한할 정도로 많다. 문화연구에서 그렇게 이론화되지 않는 부분은 거의 없다. 하지만 이처럼 문화연구 자신의 담론을 압도적으로 텍스트화하면 아무래도 권력과 정치를 오로지 언어와 텍스트성 자체의 문제로만 구성하게 될 것이라는 우려가 남아 있다. 그런데 이는 권력과 정치성의 문제가 재현 내부의 문제이어야 하며 실제로도 그렇다든지, 또한 항상 담론의 문제라고 생각하지 않는다는 뜻은 아니다. 그럼에도 불구하고 권력이란 자유롭게 떠다니는 기표로서, 여기서는 어떤 의미 작용도 전혀 없이 권력이 행사되고 권력과 문화 간의 연계가 이루어진다는 식으로 권력을 구성하는 조잡한 견해도 여럿 있다. 이처럼 극도로 희귀종화하고 엄청나게 정교화했으며 재원도 풍부한 미국 학계의 직업 세계에서 문화연구가 제도화되는 데 따르는 위험의 계기라고 생각하는 것은 바로 이 부분이다. 이는 문화연구가 영국 문화연구를 더 닮아가는 것과 전혀 아무런 관련이 없으며, 오히려 그러한 시도를 해야 한다고 주장하는 것은 완전히 잘못되고 공허한 일이다. 구체적으로 말해 내가 과거에 관해 이야기하는 이유는 현재와 미래를 관리, 규제하기 위한 목적이 아니다. 그러나 마지막으로, 과거에 관해 구성한 서사로부터 나 자신의 작업과 아마도 여러분 중 몇몇의 작업을 위한 몇 가지 가이드라인을 도출하려 한다.

지적 작업은 극도로 진지한 일이라는 사실로 나는 되돌아오게 된다. 이는 말할 수 없이 진지한 문제다. 지적 작업과 학술적 작업 간의 중요한 구분으로도 다시 돌아오게 된다. 이 둘은 중복되기도 하고, 서로 경계를 맞대고 있고, 서로 자양분을 제공하며, 한쪽이 다른 쪽을 수행할 수단을 제공해 주기도 한다. 그러나 양자는 똑같지 않다. 문화적, 비판적 실천은 일종의 유기적 지식인의 정치적 작업을 해내기 위한 것이며, 제도권 내에서 성취된 지식이라는 거창한 메타서사 안에 스스로 자리매김하려 하지 않는다. 이처럼 진정한 문화적, 비판적 실천을 실행에 옮기는 일이 어렵다는 점도 다시 깨닫게 된다. 이론과 정치, 이론의 정치 문제로도 다시 돌아오게 된다. 이러한 이론은 진리를 향한 의지로서의 이론이 아니라 투쟁의 대상이자 국지화한 일련의 국면적 지식으로서의 이론으로, 대화적 방식으로 논쟁해야만 하는 지식이다. 그러나 또한 하나의 실천으로서 현실에서 어떤 차이를 구현하고, 어떤 효과를 미치기 위해, 항상 세상에 대한 개입에 관해 생각하는 지식이기도 하다. 마지막으로는 지적 겸손함의 필요성을 이해하는 실천이다. 지적 작업의 정치를 이해하는 일과 지적 작업으로 정치를 대체하는 일 사이에는 정말 엄청난 차이가 있다고 생각한다.

7

앨런 화이트를 위해:
변혁의 은유

For Allon White: Metaphors of Transformation

● "For Allon White: Metaphors of Transformation," in David Morley & Kuan-Hsing Chen (eds.), *Stuart Hall: Critical Dialogues in Cultural Studies*, London: Routledge, 1996, pp.287~305. 이 글은 원래 서섹스대학교 기념 강연 원고로서 A. White, *Carnival, Hysteria and Writing*, Oxford: Clarendon Press, 1993에 수록된 것이다.

위반. 마치 이전에 한때 모순의 경험이 변증법적 사고에서 결정적인 역할을 했듯이, 아마 언젠가는 위반이 우리 문화에서 결정적 역할을 하고, 그 토양에서 매우 중심적인 부분이 될 것이다. 위반은 사물을 서로 대립시키려 하지 않는다. …… 이는 거울의 다른 면을 …… 반짝이는 면으로 변형시키지도 않는다…… 위반의 역할은 스스로 경계의 한복판에 조성한 과도한 거리를 측정하고, 경계를 생겨나도록 유도하는 번쩍이는 선을 추적하는 일이다(M. Foucault, "Preface to Transgression," in *Language, Counter-Memory, Practice*).

문화 변동에 관한 우리의 사고는 수많은 다양한 종류의 은유를 통해서 전개된다. 이 은유 자체도 변화한다. 어떤 은유는 우리의 상상력을 사로잡고 한동안 문화적 변혁의 시나리오와 가능성에 관한 생각을 지배하지만, 곧 새로운 은유에 자리를 내주며, 이 새로운 은유 덕분에 우리는 어려운 문제를 새로운 관점에서 사고할 수 있게 된다. 이 글은 최근 비판적 이론화에서 일어난 그러한 한 가지 변화에 관해 다룬다.

변혁의 은유는 적어도 두 가지 기능을 해야 한다. 지배적인 문화적 가치가 도전을 받아 변화하고, 해묵은 사회적 위계가 전복되고, 이전의 기준과 규범이 사라지거나 '혁명의 축제'에서 소비되며, 새로운 의미와 가치, 사회적 문화적 지형이 사라지기 시작하면 어떤 일이 발생할지 이 은유는 상상할 수 있도록 해 준다. 하지만 그러한 은유는 분석적 가치도 갖추어야 한다. 변혁 과정에서 사회적, 상징적 영역 간의 관계에 관해서 사고할 수 있는 방법을 어떻게 해서든 제공해야 한다. 이처럼 어떻게 비환원론적 방식으로 '사회적,' '상징적' 영역 간의 관계에 관해 '사고'할 것인가 하는 문제는 문화 이론에서, 혹은 적어도 고상하지만 공허한 형식주의에 안주하지 않는 모든 문화 이론(그리고 이론가)에게는 중요한 전형적인 문제로 남아 있다.

변혁의 고전적인 은유는 '혁명적 계기'를 기반으로 삼아 만들어졌다. '혁명의 축제'와 같은 용어는 역사적으로 볼 때 급진적 상상력에 대단히 중요성을 지녔던 은유군에 속한다. 이 은유는 사회적, 상징적, 혹은 문화적 요소를 대략적인 상응 관계 속에서 서로 봉합되는 것으로 개념화한다. 따라서 사회적 위계가 전복되고 나면, 조만간 문화적 가치와 상징의 전복이 확실히 뒤따르도록 되어 있다. 지금은 유명해진 (아마도 악명이 높기도 한) 다음 구절에서 마르크스는 "어떤 시대에서든 지배 계급의 이념은 지배적 이념이다"라고 썼다. "즉 사회의 **물질적** 지배 세력은 동시에 그 사회의 **지적인** 지배 세력이기도 하다." 여기서 특징적인 부분은 변혁을 전복과 대체의 측면에서 '사고'한다는 점이다. '속박 외에는 잃을 게 없는' 계급이 '물질적, 정신적 삶의 수단을 독점한' 계급을 타도할 때에는, 문화적 가치 혁명에서도 이전의 이념과 가치를 전복하고 새로운 대안적 이념과 가치로 대체하게 된다. 이는 '거꾸로 뒤집힌 세계'의 이미지, 트로츠키가 말한 '그들의 도덕과 우리의 도덕'의 이미지, 또는 루카치와 골드만 같은 비평가들이 아주 극적으로 제시했듯이 대립적 계급 문화 간의 상호 배타적인 '세계관'의 이미지에 가까운데, 바로 이러한 이미지가 지금까지 변혁의 고전적인 은유를 지배해왔다. 이러한 공식화에 담긴 야만적일 정도의 단순함과 자의적으로 짜 맞춘 상응 관계는 지금 보면 경악할 정도로 문제가 많다. 하지만 최근까지만 해도 사회적, 상징적 혹은 문화적 변혁에 관해 동시에 사고하거나 상상할 때는, 항상 사고의 틀이 그러한 은유의 그늘에서 벗어나지 못했다.

이러한 은유는 더 이상 통하지 않는다. 문화 이론은 그처럼 극적인 단순화와 이분법적 뒤집기와 단호하게 결별했다. 문제는 문화정치를 상상하는 데 어떤 대안적 은유가 있는가 하는 것이다. 일단 변혁의 고전적 은유라는 단순화한 관점을 폐기하고 나면, 사회적 요소와 상징적 요소 간의 관계, 권력과 문화 간의 '작용'이라는 문제도 폐기해야 하는가? 최근의 비판 이론의 진전을 숙지하고 거기서 영향을 받아, 이 질문을 제기한 가장 도발적인 텍스트 중 하나는 피터 스탤리브래스Peter Stallybrass와 앨런 화이트Allon White의 《위반의 정치와 시학*The Politics and Poetics of Transgression*》이다(Stallybrass & White, 1988). 이 주목할 만한 독창적인 책은 유럽 내에서 문화적, 사회적 영역을 '고급'과 '저급'이라는 상징적 범주로 자리매김하는 관행이 지속되는 현상을 탐구한다. 이 책은 어떻게 해서 "부르주아 엘리트에 의해 억압되어 대중문화에서 지속적으로 배제되었던 카니발적인 세력이 문학과 정신병리학에서 모두 병적 혐오와 억압된 욕망의 대상으로서 대체되고 왜곡된 형태로 재등장하게 되었는지"에 관해 풍성하게 발전시킨 주장을 담았다. 이 책은 또한 어떻게 해서 "르네상스 이후 유럽 문화에서 두드러지게 부르주아적이고 정화된 자아 개념이 등장하면서, 다양한 사회 영역이 '저급하고' '혐오스러운' 대상으로 구축되었는지"도 다루었다(Stallybrass & White, 1988: back cover). 저자 중 한 사람인 앨런 화이트의 때 이른 사망 소식을 접했을 때, 사실 나는 그 책을 읽는 중이었다. 그런데 이 책은 문화연구의 '이정표적 텍스트'라 할 만한데, 왜 그렇게 인정받지 못했을까 하는 의아한 생각이 들었다.

나보다 앨런 화이트와 더 친하게 지냈고 더 긴밀하게 작업했으며, 따라서 그의 지적 기여의 자질과 중요성에 관해 이야기하기 훨씬 좋은 위치에 있는 동료와 친구는 많다. 하지만 나는 화이트의 커리어 초기 형성기에 그를 알게 되는 즐거움과 영광을 얻었다. 화이트는 버밍엄대 영문학과 학부를 졸업한 후 얼마 동안 현대문화연구소에서 지내다가 케임브리지대학교 박사과정에 진학했다. 내가 진짜로 화이트를 알게 된 것은 바로 이 기간 동안이었다. 화이트는 헤겔의 변증법, 특히 《현상학》에 등장하는 유명한 주인-노예의 구절에 흥미를 갖고 있었고, 만일 누군가 화이트의 석사 논문을 '지도'했다고 친다면 내가 그 역할을 한 셈이다. 우리 중 누구도 제대로 된 헤겔 전문 학자는 아니었다. 하지만 화이트는 정확하게 자신이 발견하고자 하는 것을 아주 명쾌하게 파악하고 있었다. 게다가 믿을 수 없을 정도로 온유하면서도 과단성 있는 외골수 기질을 이미 갖추고 있었는데, 이후에야 나는 이것이 화이트의 작업에서 특징임을 깨달았다. 그의 풍부하고 다양한 재능, 풍부한 유머 감각, 폭넓은 독서, 비판적 감수성의 섬세함, 열정적인 지적 호기심 등에 대해 처음에는 경탄하다가 곧 존경하게 되었다.

우리가 마지막으로 만났을 때, 화이트는 또 한 차례 질병에서 막 회복한 상태에 있었다. 하지만 화이트는 원기가 넘치고, 희망에 가득 차 있었으며, 아이디어로 넘쳐나고 있어 유난히 좋아 보였다. 그의 에너지는 식탁 주변에 '카니발적'인 분위기를 조성했는데, 여기서 수많은 친구들은 진정한 라블레식으로 함께 음식을 들고 있었다. 우리는 화이트에게 그렇게 엄청난 영향을 미친 미하일 바흐친의 저작을 포함해서 많은 주제에 관해 이야기를 나누었다. 서섹스대학교에서 마련한 앨런 화이트 기념 강연에 첫 번째 연사로 초청을 받았을 때, 나는 어떻게 해서든 '카니발'이란 상징을 중심으로 화이트의 지적 커리어에서 다음과 같은 두 가지 계기를 동시에 다루면서 양자 간의 연계에 관해 성찰해 보고자 했다. 하나는 화이트가 남긴 문화연구 분야의 작업이었고 다른 하나는 화이트가 바흐친의 저작과 맺는 풍부하고 복합적인 관계였는데, 이처럼 양자를 연계시킨 것은 놀랄 만한 일이면서도 그간 주목을 받지 못했다.

바흐친은 보통 문화연구보다는 문학 이론에 더 큰 영향을 미쳤다고 간주되며, 직접적인 영향의 측면에서 보면 이 판단은 아마 옳을 것이다. 하지만 바흐친에 관한 한 양자 간의 관계는 많은 사람이 상상하는 것보다 훨씬 가까울 수도 있다. 어쨌든 나는 직접적인 이론적 영향을 추적하는 일보다는 '선택적 인접성elective affinities,' 특히 수많은 이질적이면서도 관련 있는 작업 분야에서 거의 동시에 일어나는 어떤 이론적 변화를 식별해내는 데 더 관심이 있었다. 그리고 돌이켜 볼 때 바흐친의 저작이, 혹은 그보다는 바흐친의 저작이 다양하게 전유되고 재구성되는 방식이 어떤 곳에서 결정적 가치를 발휘하게 되었는지에도 흥미를 느꼈다. 앨런 화이트가 친구이자 대화 상대이자 전우인 피터 스탤리브래스와 쓴 《위반의 정치와 시학》을 다시 읽으면서, 저자들이 이 책에서 프로이트와 바흐친과 함께 '변혁의 은유,' 또 문화 과정에서의 경계와 위반의 상호 작용에 관해 나눈 비판적 대화에 관해 생각해 본다. 언뜻 무관해 보이는 연구 영역들의 문화 이론에서 거의 동시에 진전이 이루어지고 이 이론들이 여러 지점에서 흥미롭게도 수렴하는 양상을 보이는데, 이것 역시 많은 시사점을 던져 주기 시작했다. 첫 번째 앨런 화이트 기념 강연이라는 행사는 이 문제에 관해 성찰해 볼 수 있는 적절한 기회로 보였다. (이 텍스트는 그 행사에서 발언한 내용을 요약한 것이다.)

재산 집계에 근거한 과세군에 따라 시민을 사회적으로 구분한 것은 작가와 작품의 권위와 등급을 분류하는 토대가 되었다고 에른스트 로베르트 쿠르티우스Ernst Robert Curtius는 《유럽 문학과 라틴 중세*European Literature and the Latin Middle Ages*》(1948/1979)에서 지적했다.[129] 스탤리브래스와 화이트의 책은 바로 이 관찰을 출발점으로 삼는다.

문학 장르나 작가를 사회 계급과 유사한 위계로 서열화하는 것은 훨씬 광범위하고 복잡한 문화 과정을 보여 주는 특히 뚜렷한 예다. 바로 이러한 과정에 따라 인간의 신체, 심리 형태, 지리적 공간, 사회구성체 모두 고급과 저급이라는 상호 관련되고 의존적인 위계 내에 구축된다(Curtius, 1979: 2).

이처럼 '고급'과 '저급'의 분류에 따라 사회적, 문화적 영역을 함께 '모델화'하는 방식은, 후기 고전주의 시대에서 쿠르티우스가 처음 관찰한 계기에서부터 현재에 이르기까지 수많은 부침을 겪게 된다. 그러나 리비스 같은 인물과 〈스크루티니〉는 상업화한 대중문화의 저급한 영향이 문명과 '소수 문화'에 미치는 위협에 집착했는데, 이러한 방식은 이 문제에 관한 20세기의 논쟁에서 아직도 여전히 작동하는 요소다. 이와 비슷하게 프랑크푸르트 학파와 미국의 개량주의적 비평가 사이에서 '대중문화'에 관해 벌어진 논쟁에서도 이러한 모델화 방식은 적용된다.[130] 실로 그것의 변종은 〈뉴욕 리뷰 오브 북스*New York Review of Books*〉, 〈런던 리뷰 오브 북스*London Review of Books*〉의 지면이나 그 밖에도 이른바 '다문화주의'와 전범 형성에 관한 논쟁에서도 여전히 건재하다.

스탤리브래스와 화이트가 포착한 부분은 바로 이러한 문화적 분류 관행이 많은 다양한 영역에 걸쳐 끊임없이 초코드화되는 과정이다. 이들의 주장에서 골자는 다음과 같다.

129 원문에는 《유럽 문학과 중세*European Literature and the Middle Ages*》라고 되어 있는데, 표기 오류인 듯하다. — 옮긴이

130 가령 F. R. Leavis, 1948; Leavis, 1932; Leavis & Thompson, 1933을 보라. '대중문화' 관련 논쟁으로는 Adorno, 1956; MacDonald, 1956; Howe, 1956을 보라.

> 고급/저급, 사회적/미학적이라는 문화적 범주뿐 아니라…… 물리적 신체와 지리적 공간의 범주도 결코 완전히 분리할 수 없다. 문학 장르나 작가를 사회 계급과 유사한 위계로 서열화하는 것은 훨씬 광범위하고 복잡한 문화 과정을 보여 주는 특히 뚜렷한 예다. 바로 이러한 과정에 따라 인간의 신체, 심리 형태, 지리적 공간, 사회구성체 모두 고급과 저급이라는 상호 관련되고 의존적인 위계 내에 구축된다. 이 책은 이러한 상호 연계된 위계의 일부를 자리 부여하려는 시도다. 더 구체적으로 이 책은 이러한 위계 형성뿐 아니라 저급이 고급에게 골칫거리가 되는 과정에도 주목한다(Stallybrass & White, 1988: 2~3).

스텔리브래스와 화이트의 '위반' 개념은 바흐친의 '카니발' 개념에 근거한다. "오늘날 문학 연구와 문화연구의 어디서든 '카니발'이 하나의 모델이자 이상, 분석적 범주로 부상하고 있음을 볼 수 있다"(Stallybrass & White, 1988: 6). 카니발이란 일시적으로 허용되는 질서의 중단과 역전, 저급이 고급으로 바뀌고 고급이 저급으로 전락하는 시간, 전복, '세계가 거꾸로 뒤집히는' 순간에 대한 은유다. 라블레를 연구하면서 바흐친은 '대중성'의 완전한 대안 영역과 미학의 존재를 고려하게 되었다. 장터, 잔치, 참회 화요일 전야제mardi gras를 비롯해 여러 다른 축제 형태의 중요성에 관한 연구에 근거하여, 바흐친은 위계와 가치의 상징적 범주가 전복되는 모든 형태, 수사, 효과를 지칭하기 위해 '카니발'이란 용어를 쓴다. '카니발성'에는 시장의 언어 — 예의바른 발언의 특권화된 질서를 무너뜨리는 욕설, 음담패설, 비속어, 방언 등 — 의례, 게임과 구연 등이 포함된다. 여기서는 생식기, '물질적인 신체 아래 부위,' 그리고 그곳에 속하는 모든 것이 숭상되며, 공식적이고 예의바른 행위와 담론 형태는 격하된다. 예컨대, 왕이나 노예 소유주는 밀려나고 바보나 노예가 일시적으로 '지배'하게 되는 대중적 축제 형태라든지,

신체와 그 기능의 기괴한 이미지가 품위 있는 행동과 고전적인 이상의 모델을 전복시키게 되는 다른 의식도 여기에 속한다.

바흐친의 '대중성'은 '모순 어법적 조합'의 — 사물을 잘못 뒤집어 놓거나 안팎을 바꿔 놓기, '웃기 위해 울고 눈물을 흘리기 위해 웃는' 신부, 언어적 유희와 어리석은 언행식의 언어적 '짝짓기' — 실천과 수사로 특징지어진다. 이러한 조합은 바흐친이 모든 상징적 질서의 내부적 전복 가능성이라고 보는 것을 활용한다. 스스로 '비공식적 스피치unpublicized speech'라 부른 현상과 다른 의식적인 비논리성 게임에 관한 글에서, 바흐친은 이렇게 지적한다.

> 이는 마치 단어가 의미의 족쇄에서 풀려나 완전한 자유의 유희 기간을 즐기면서 자신들 사이에 이례적인 관계를 확립한 것과 같다. 대다수의 사례에서는 어떤 일관된 연계가 새로 형성되지는 않지만, 이러한 단어, 표현, 대상이 통상적인 논리적 조건을 벗어나 잠시나마 공존한다는 것은 이 언어가 본질적으로 모호성을 지니고 있음을 드러낸다. 정상적 조건에서라면 나타나지 않았겠지만, 이 단어에서 복수의 의미와 잠재력 역시 구현된다(Bakhtin, 1984: 423).

바흐친이 보기에, 이처럼 상징적 질서의 전복은 대중성 — '하층,' '하층 세계,' '왕관 없는 신들의 행진' 등 — 의 영역에 대한 접근을 가능하게 해 준다. 카니발성은 또한 에너지, 생명, 활력의 새로운 원천, 예컨대 출생, 성교, 풍요, 다산, 과잉 등과의 연계를 나타낸다. 실로, '카니발'을 사회적, 상징적 변혁의 강력한 은유로 만드는 것은 바로 이처럼 카니발의 계기와 관련된 리비도적 에너지 분출이라는 의미다.

프레드릭 제임슨Fredric Jameson은 자신의 책 《정치적 무의식*The Political*

Unconscious》에서 변혁의 은유에서는 다음과 같이 두 가지 버전이 공존하는데 주목한다.

> 집단성의 승리라는 이미지와 '영혼'이나 '영적 신체'의 해방이라는 이미지가 공존하고, 한편으론 생시몽식의 사회적, 집단적 공학의 비전이 존재하고, 다른 쪽에는 리비도의 충족이란 푸리에식 유토피아가 있다. 한쪽에선 '소비에트 플러스 전기 보급'이라는 1920년대 레닌주의식의 공산주의 공식화가 있고, 다른 쪽에서는 어떤 좀 더 본격적인 1960년대 마르쿠제식의 본능적 '신체 정치body politic'의 자축이 존재한다(Jameson, 1981: 73).

바흐친은 분명히 후자 진영에 속한다. 그다운 일이지만, 제임슨은 이 두 가지 버전 중에서 우선순위를 매긴다. "리비도 혁명의 강령은 그 자체가 사회적 혁명의 상징이 되는 한에서만 정치적이다." 따라서 바흐친에 관해 직접 논의하는 데 이르게 되면, 마르크스주의 해석학은 '카니발성'에 우선한다고 제임슨은 주장한다. 제임슨은 마르크스주의 해석학에 대해 "문학적, 문화적 텍스트의 이해 가능성을 위한 궁극적인 **의미론적** 전제 조건 같은 존재로…… 옹호하려" 한다. 여기서 카니발성은 마르크스주의 해석학의 '국지적' 심급으로 간주되고, 바흐친의 '대화성dialogic'은 헤겔식 변증법과 모순이라는 고전적인 틀에 융합되고 포섭된다(Jameson, 1981: 75).

사실, 문화적, 상징적 변혁의 은유로서 바흐친의 '카니발성'에서 인상적이면서 독창적인 부분은 고급과 저급 간의 이분법적 분화 구조를 유지하면서도 단순히 '고급' 대신에 '저급'을 대체하는 식의 역전의 은유에 그치지 않는다는 점이다. 바흐친의 '카니발'에서 위반하게 되는 것은 바로 이 이분법적 구분의 순수성이다. 저급은 고급에 침범하여, 부과된 위계적인 질서를 흐려 놓으며, 단순히 한 가지 미학에 대한 다른 미학의 승리가 아니라

'기괴함grotesque'이라는 불순하고 혼종적 형태를 조성한다. 그리고 저급이 고급에, **반대로** 고급이 저급에 상호 의존하고, 모든 문화적 삶이 떼 놓을 수 없을 정도로 혼합되고 양가적 성격을 띠며, 문화적 형태, 상징, 언어, 의미에 역전 가능성이 있다는 점을 드러내 준다. 나아가 모든 경계, 전통, 전범 구조의 구축, 그리고 문화적 폐쇄의 모든 위계적 원칙의 작동은 문화 권력, 단순화, 배제라는 메커니즘에 토대를 두는데, 이러한 작동의 자의성도 폭로한다.

이는 내가 생각하기에는 '변혁의 은유'에서 결정적인 변화로 보이는데, 스탤리브래스와 화이트는 자신의 책에서 이 점을 확장하고 발전시킨다. 두 사람도 명확히 밝히고 있듯이, 이들의 주된 주제는 '상징적 위계의 모순된 성격'이다. 따라서 고전적인 혁명의 은유에서처럼 저급이란 고급을 대체할 때를 기다리며 대기하는, 고급의 거울 이미지의 주체가 더 이상 아니라, 다음과 같이 모범적인 은유에 붙어 다니면서 그 전조 구실을 하며, 관련성은 있으나 이질적인 또 하나의 상징이다. '갈등하는 욕망과 상호 양립 불가능한 재현의 장'으로서의 저급 말이다.

> (신체든, 문학이든, 사회든, 장소이든) 저급한 층의 재현에 대해 인상적일 정도로 이중적 태도의 존재를 되풀이해서 발견할 수 있는데, 여기서 저급한 층은 동시에 멸시와 욕망의 대상이 된다. 혐오와 매혹은 동일한 과정의 두 축으로서, 여기서는 저질스러운 '하층'을 거부하고 제거해야 한다는 **정치적인** 당위가 타자에 대한 욕망과 강력하게 또 예측 불가능하게 갈등을 일으키게 된다(Stallybrass & White, 1988: 5).

제임슨이 설정한 은유의 두 유형 사이에서는 교대와 종속의 패턴이 생겨나기는커녕, 제임슨의 용어로는 '욕망의 형이상학'과 경계 위반이, 더 고전적인 은유 형태의 이분법적 틀을 침범하고, 전복하고, 돌이킬 수 없을 정도로 복잡하게 만들고 있음을 볼 수 있다.

《위반의 정치와 시학》을 다시 읽으면서 가장 인상적이었던 부분은 이런 것이었다. 서로 관련성은 있지만 점차 이질적으로 바뀌어 가는 두 가지 변혁의 은유 사이의 이 변화 과정은 단지 두 저자의 '국지적인' 해석의 통찰력이 아니라, 최근 수십 년간의 비판 이론적 작업뿐 아니라 우리의 문화적, 정치적 삶에서 일어난 주요한 추이의 징후를 보여 준다. 바로 이 부분에서 1970년대 현대문화연구소에서 진행된 비판 이론 분야의 작업과 일정한 '선택적 친화성'이 드러나기 시작했다.

예시를 위해 세 가지 예를 들 수 있다. 첫째는 문화연구의 '설립의 계기'에 속하는 문화적 논쟁이고, 둘째는 청년 하위문화와 대중성에 관한 작업이고, 셋째는 이데올로기 담론 분석에서 따온 예다.

버밍엄의 문화연구가 문화적 논쟁의 고급/저급 범주에 대한 검토로 '시작'했다고 기억하는 일은 그리 흔치 않다. 리비스주의자들은 18세기에 '살아 있는' 유기적 대중문화가 사라지고 저질스러운 '대중 문명'이 대신 등장해 '소수 문화'를 심각하게 위협한다고 보고 그 문제에 몰두했는데, 문화연구는 부분적으로 이러한 관점을 계승했다. 문화연구는 또한 부분적으로는 보수적 문화 비평가와 민중적 문화 비평가 사이에 벌어진 '대중문화' 논쟁의 틀도 계승했는데, 바로 여기서 이른바 '미디어 연구'가 시작되었다.[131] 사실 문화연구는 이 두 가지 논쟁의 틀과 비판적 관계 속에서 규정되었다. 문화연구는 〈스크루티니〉 비판이 근거로 삼은 본질적으로 엘리트주의 문화

131 '대중문화' 논쟁에서 미디어 연구의 기원을 찾는 시각을 요약한 글로는 Bramson, 1961, ch. 6을 보라.

강령을 거부했다. '대중문화' 논쟁의 양자택일식 관점도 거부했다.[132] 문화 연구는 특정한 텍스트의 내재적인 문학적, 문화적 가치 문제를 문화적 분류 관행에서 분리하려 했다. 유감스러운 일이지만, 현재의 '전범' 논쟁에 참여한 아주 식견 있는 기고자조차 이러한 기본적인 구분을 제대로 내리지 못하고 있다. (흔히 사회학은 나쁜 평판을 마땅히 받을 만한 처지에 있다. 하지만 약간의 사회학적 정교화는 때때로 나쁘지는 않은 일일 것이다.)

레이먼드 윌리엄스는 '선별적 전통'의 작동을 분석하고 이후에는 '문학'을 여러 글쓰기 양식으로 해체했는데, 이는 똑같은 논쟁의 맥락에서는 급진적 역할을 맡게 되었다(그중에서도 Williams, 1965b; 1977을 보라). 우리 중 다른 이들에게 어려운 문제를 단번에 효과적으로 해결해 준 것은 바로 '대중성'의 범주였다. 이는 일부 집단에서 흔히 그랬던 것처럼 대중주의를 무비판적으로 자축하는 방식을 통해서가 아니라, 이미 정착된 지형을 뒤집어 놓고, 다름 아니라 문화적 분류의 경계를 위반하는 방식을 통해서 이루어졌다. 모더니즘의 등장 이후, 그리고 '포스트모더니즘'의 시대에는 더욱 그렇지만, 고급과 저급을 분류 체계에서 각자 적절한 장소에 치밀하게 격리하는 일은 불가능하다. 우리는 '대중성'을 고정된 자질이나 주어진 내용의 측면이 아니라 **관계적으로**relationally, 즉 상징적 배제와 폐쇄 관행의 작동을 통해 '고가치'와 전범에서 배제되고 대립되는 형태와 실천으로 새롭게 파악하는 식으로 이분법적 고착 상태에서 탈피할 방안을 모색했다.[133]

132 이러한 이분법적 고착 상태에서 벗어나려는 초기의 노력으로는 Hall & Whannel, 1964를 보라.

133 이는 내가 Hall(1981)에서 개진한 주장이다. 이 문화적 분류 과정을 '관계적 relational'으로 접근한다고 했을 때 뜻한 바는 한 가지 예로 가장 잘 설명할 수 있다. 18세기에는 소설이 '저급하고' 통속적인 형태로 간주되었다. 20세기에 와서는 18세기의 소설이 '진지한' 문학의 시금석이 되었다. 그럼에도 불구하고 새로 나온 소설에 대

1975년 현대문화연구소는 '전후 영국의 청년 하위문화'에 관한 논문 모음집을 출판했다. 물론 이 책은 해당 분야에서 아주 큰 영향력을 미쳤고, 수많은 추가 연구를 유발하긴 했지만, 아주 조잡한 초기 작업에 불과했다. 이 책을 여기서 언급하는 이유는 상대적으로 잊혀 가는 존재를 되살리기 위해서가 아니라, 위반, 상징적 전복, 문화적 투쟁 개념이 어떻게 재개념화되었는지에 관해 이 책이 시사하는 점이 많기 때문이다.

그 책의 제목은 《의례를 통한 저항*Resistance through Rituals*》으로 되어 있는데, 제목에서 두 용어는 심사숙고 끝에 붙인 것이다(Hall & Jefferson, 1976). 여기서 '저항'이란 (청년과 연계된 신사회 운동처럼), 어떤 면에서는 지배 질서에 대한 저항이자 타협이면서도 혁명적 계급 투쟁이라는 전통적 범주에 포함될 수는 없는 탈퇴 형태를 지칭했다. '의례'란 이 운동의 상징적 차원, 가령 사회 행동의 양식화, 기호와 상징의 '작동,' 일상생활의 무대에서 저항과 반복의 '소진,' 그리고 한 문화 담론에서 떨어져 나온 조각과 상징이 다른 곳에서 재조립되는 것을 말하는 '브리콜레르 효과bricoleur effect' 등을 지칭한다. 이는 또한 많은 전통적인 사회 비평가들이 제기한 질문, 즉 그러한 모든 저항 형태에는 태생적인 한계가 있지는 않은가 하는 질문에 대한 해답도 암시했다. 이러한 비판이 제기된 데는, 이 저항이 알맹이 없는 의례에 그친다거나, 사회 변혁의 고전적인 행위자들과 단절되어 있으며 — 이미 당시

해서는 고급/저급, 진지한/대중적 장르 구분에 따라 사실상 계속 등급을 매기고 있다. 여러 범주의 내용은 바뀌었지만, '차이의 체계' 내에서 문학을 자리 부여하는 관행은 남아 있다. 중요한 점은 '고급'과 '저급'이라는 범주의 내용이나 초월적인 문화적 가치가 고정되지 않고, 어떤 역사적 계기에서 '고급'이 '저급'과 관련되어 어떻게 정의되는가 하는 것이다. 이 주장은 Lévi-Strauss, 1978; Douglas, 1966; Turner, 1977과 같은 '상징적 분류' 연구에서 토대를 이룬다. Stallybrass & White, 1988에서도 이 연구들을 모두 참조했다.

의 언어로 표현되었듯이 — 마치 '마술적인 해결책'으로서의 지위를 지닌 것처럼 제시되었다는 점 때문이다. 이는 심각한 문제 제기로, 바흐친 자신도 '대다수의 사례에서는 어떤 일관된 연계도 형성되지 않는다'는 점을 인정했다. 하지만 이러한 식의 표현은 또한 상징적 요소는 2차적이고, 종속적인 범주 이상이 될 수 없다는 믿음이 아직 남아 있음을 보여 준다.

이러한 논의 맥락에서 지금 가장 중요해 보이는 것은 어떻게 하면 《의례를 통한 저항》이 '혁명적 투쟁'이라는 고전적 은유뿐 아니라, 개혁/혁명의 이분법과 적극적으로 거리를 두면서, 그 대신에 사회적 균열에 대해 **확장된** 개념 정의를 제공하게 되었는가 하는 문제다. 여기서는 '계급 투쟁'이라는 단순한 이분법 대신에 그람시식의 '저항의 목록' 개념을 제시하였는데, 이러한 저항은 항상 국면적으로 정의되고 역사적으로 구체성을 띤다고 주장했다. 이러한 접근은 이 목록의 기반을 바로 고전적인 계급 갈등의 양자택일식에 두지 않고, 그람시가 헤게모니 투쟁의 분석에서 개발한 '세력 관계의 균형' 분석에 두었다.

> 타협, 저항, 투쟁. 즉 종속된 문화 구성체와 지배적 문화 구성체 양자 간의 관계는, 혹은 이 스펙트럼 안에 속하는 한 어떤 관계든 항상 철저하게 능동적이며 구조적 측면에서 저항적이다. (이는 심지어 이 '저항'이 잠재적이거나 단순히 정상 상태인 것처럼 경험될 때에도 그렇다……). 그 결과는 주어지는 게 아니라 형성된다. 종속 계급은 이 '투쟁의 무대'에 다양한 전략과 대응 목록을, 즉 저항 방식뿐 아니라 극복 방안까지 가져온다. 이 목록에서 각 '전략'은 일정한 물질적, 사회적 (그리고 상징적) 요소를 동원한다. 각 전략은 이 요소들을 그 계급이 지속적인 종속의 삶을 영위하고 [타협하며] 저항하는 다양한 방식을 지탱하는 수단으로 구축한다. 모든 전략의 비중이 똑같지는 않으며, 모두 대항 헤게모니로서의 잠재력을 지니지도 않는다(Hall &

Jefferson, 1976: 44).

이는 이 문제를 공식화하는 아주 초기 단계에 불과하며, 그 속에서는 일종의 '계급 환원주의'의 흔적을 여전히 발견할 수 있다.[134] 이 책에서 흥미로운 점은 다양한 저항 형태 개념이 '계급 투쟁'의 선차성을 대체해 나가는 방식이라든지, '저항의 목록'을 덜 결정론적이고 더 국면적인 방식으로 이해하는 쪽으로 바뀌고 있다든지, 상징적 차원에 중심적 역할을 부여한다는 데에 있다. 그람시는 이러한 공식화에 가장 중요한 이론적 영향을 미친 인물이다. 주장에서 환원론의 흔적을 제거하는 데 도움을 준 것은, 적어도 다른 사회적 투쟁 유형에서 '상대적으로 자율적인' 문화적, 헤게모니적 투쟁의 지형으로서의 '국민적-대중성'이라는 그람시의 개념이었다.

세 번째 예는 이데올로기 담론 분석에서 나온 것이다. 1970년대 현대문화연구소에서는 이데올로기의 개념적 범주, 이데올로기의 메커니즘, 수많은 다양한 영역에서 이데올로기의 자리매김 등에 관해 새롭게 사고하고 작업하려는 노력에 엄청난 주의를 기울였다. 이 작업은 수많은 이론적 난제에 의해 규정된 구체적인 개념적 공간 내에서 수행되었다. 첫째, 마르크스의 저작에서는 언어와 이데올로기에 관해 적절한 이론이나 개념화가 근본적으로 부재했으며, 특히 '토대-상부 구조' 은유를 초월할 필요가 있었다는 점이다. 둘째, 폭넓게는 '알튀세르 학파'라고 정의할 수 있는 이론적 접근에서 그동안 부재한 이론적 틀을 제공하려는 시도가 나왔다는 점이다. 셋째, 문화 이론의 토대를 바꿔 놓기 시작한 언어와 기호학의 새로운 이

134 로절린드 카워드Rosalind Coward(1977)는 '계급 환원론'이라는 이 비판을 정교화했다. 또한 Chambers, Clarke, Connell, Curti, Hall, & Jefferson(1977~1978)의 반박문도 보라.

론들과 접하게 되었다는 것이다. 넷째, 가용한 이론 중에서는 '사회적,' '상징적' 요소 간의 관계를 어떤 설득력 있는 혹은 구체적인 방식으로 동시에 파악할 수 있는 적절한 이론이 없었다는 사실이다.[135]

여기서도 그람시는 중요한 구실을 했다. 그러나 의심의 여지없이 핵심적인 텍스트는 V. N. 볼로시노프V. N. Vološinov(Vološinov, 1973)가 쓴 《마르크스주의와 언어 철학*Marxism and the Philosophy of Language*》이었는데, 이 책은 1973년 세미나 출판사Seminar Press에서 영어로 간행되어 우리의 작업에 결정적이고 광범위한 영향을 미쳤다. 첫째, 이 책은 이데올로기의 명확하게 담론적인 성격을 입증했다. "이데올로기 영역은 기호 영역과 일치한다"고 볼로시노프는 썼다. "이 둘은 서로 동등하다. 기호가 있는 곳에는 어디든 이데올로기도 존재한다. 모든 이데올로기 과정은 기호학적 가치를 지닌다."

둘째, 이 책은 한편으로는 계급과, 다른 한편으로는 별도의 자율적이고 자족적인 '계급 언어,' 이데올로기적 세계, 혹은 루카치의 용어를 쓰자면 '세계관' 사이의 상응 관계를 결정적으로 끊어 버린 데 특징이 있다.

> 계급은 기호 공동체, 즉 동일한 세트의 기호와 이데올로기적 커뮤니케이션 이용자의 총체와 일치하지 않는다. 따라서 다양한 계급이 동일한 언어를 이용하게 될 것이다. 그 결과, 모든 이데올로기적 기호에서는 지향성이 다양한 여러 강조점이 교차하게 된다. 기호는 계급 투쟁의 장이 된다(Vološinov, 1973: 10, 23).

135 이 시기에 이 영역에 관해 나온 저작의 설명으로는 Hall et al., 1980을 보라.

셋째, 이 책은 다음과 같은 핵심적 주장을 제시했다. 동일한 기호 내에서 다양한 강조점이 공존하기 때문에, 의미를 둘러싼 투쟁은 하나의 자족적 계급 언어를 다른 것으로 대체하는 형태를 취하지 않고, 동일한 기호 내에서 다양한 이데올로기적 강조점을 탈접합하고 재접합하는 형태를 띠게 되었다는 것이다. 이 때문에 의미는 최종적으로 고정할 수 없는 것이 되고, 볼로시노프가 표현했듯이 모든 이데올로기적 기호는 '다강조점을 지닌' 것이 되며, 그 결과 언어 내에서 이처럼 지속적인 담론의 '작용'이나 의미 변화는 이데올로기 투쟁이 가능해지는 조건을 조성해 준다. "사회적 투쟁의 압력으로 퇴출된 기호는 필연적으로 영향력을 상실하고, 알레고리로 전락해 살아 있는 사회적 명료함의 대상이 아니라 단순히 철학적 이해의 대상으로 바뀌게 된다"(Vološinov, 1973: 23). 이를 또 다른 식으로 표현하자면, 아마 이데올로기 담론이 구사하는 '논리'의 무한한 역전 가능성을 인정하는 일이 될 것이다. 그 담론의 논리는 계몽 시대의 이성의 법칙보다는 프로이트식 꿈의 작업에서의 대체와 농축의 '법칙'에 의해 훨씬 더 많이 지배되기 때문이다. "살아 있는 이데올로기적 기호는 야누스적인 양면성을 지닌다." 이 "기호의 내적 방언적 특성"은 "삶의 일상적 조건" 속에 늘 존재하지만, "사회적 위기와 혁명적 변동의 시대"에는 특히 관련성이 높다(Vološinov, 1973).

넷째, 《마르크스주의와 언어 철학》이 명쾌하게 일깨워 준 부분은 말하자면 이데올로기가 '하는' 일이란 어떤 이미 형성된 계급적 시각을 다른 더 약한 시각에 강제하는 게 아니라는 점이다. 이데올로기란 그보다는 언어를 보편적 의미에 맞춰 안정화, 동결, 봉합하기 위해, 자의적으로 언어의 흐름을 고정시키고, 언어의 대화적 흐름에 개입하여, 언어의 무한한 기호학적 '작용' 범위에 걸쳐 이데올로기의 '영향'을 유도하고, '담론 구성체'의 경계와 규제적 질서를 규정하는 일도 한다는 점을 깨우쳐 주었다.

하지만 이데올로기적 기호를 활기 있고 변경 가능하게 해 주는 똑같은 속성은 또한 그 기호를 굴절시키고 왜곡하는 미디어로도 만들어 준다. 지배 계급은 초계급적이고 영구적인 특징을 이데올로기적 기호에 부여하고, 그 기호 속에서 발생하는 다양한 사회적 가치 판단 사이의 투쟁을 진화하거나 은폐하며, 그 기호가 단일한 강조점을 지니도록 만들려고 애쓴다(Vološinov, 1973).

볼로시노프가 보기에, 모든 언어 구성체는 사실상, 앨런 화이트의 구절을 인용하자면, "장르, 명부, 사회적 방언, 지방어, 그리고 이러한 여러 형태가 상호 활성화된 것"으로 구성된다.

그러므로 일반적인 이론이 변형된 버전의 '토대-상부 구조' 은유에 대해 약간이나마 남아 있던 미련에서 벗어나 완전히 담론과 권력의 측면에서 이데올로기를 개념화하는 방식으로 옮아가는 데 《마르크스주의와 언어 철학》은 핵심적인 역할을 했다.[136] 하지만 이 텍스트에는 당시에는 이해하지 **못한** 대단히 중요한 점이 있었다. 사실, 이데올로기적 기호의 다강조점과 의미에 저항하고 변화시키려는 투쟁 — 모든 사회적 적대 관계에서 상징적 쟁취 대상으로서의 의미 — 에 관한 이처럼 중요한 공식화는 훨씬 더 폭넓은 철학적 맥락에 속하면서 거기서 이론적, 은유적 힘을 얻었다. 볼로시노프의 처방은 다소 '기술적으로' 해석되는 경향이 있는데, 그보다는 반드시 상호텍스트적으로, 다시 말해 사회 변동에 관한 더 폭넓은 모델이나 여러 은유의 맥락에서 '해독'해야 한다. 이는 특히 바흐친이 제시한 **대화적 원칙**과 '카니발'의 거대한 주제들과 관련지어 보아야 한다. 볼로시노프

136 예컨대 Hall, 1983에서도 이 점을 인정한다.

의 설명은 한편으론 언어에서 의미를 고정하고 동결시키려 시도하면서 규범의 강제를 통해 문화 권력을 행사하는 방식과 대비되는 새로운 방식을 제시했다. 새로운 의미의 끊임없는 분출, 이어성heteroglossia[137]의 유동성, 의미의 내적 불안정성과 이질성이 언뜻 '완결된' 것처럼 보이는 언어의 특성을 탈구시키고 대체하는 방식 등이 이에 해당한다. 그러나 이러한 설명은 바흐친의 '카니발' 개념을 소규모로 압축해서 반영하고 있다. 세계를 수직선을 따라 위와 아래, 더 높은 데와 낮은 데로 배치된 존재로 보는 — '모든 것을 위를 향해, 또 시간의 운동과 무관한 데로 투사하는, 놀랄 정도로 일관된 수직적 특성' — 중세적 우주관의 이미지를 지닌 것도 그렇고, 이와 대칭적으로 대중성의 '하향' 추진력, 즉 '세계의 수평성'의 잠식을 배치해 다른 시공간을 가동시킬 뿐 아니라 스스로 절대적이고 완성된 체 하는 모든 것을 상대화하는 방식도 그렇다.

볼로시노프의 텍스트에 나온 주장에 담긴 더 심오한 은유적 반향을 우리가 간파하지 못한 데는 이런 이유가 있다. 볼로시노프가 바흐친 학파의 일원이었다는 점은 알았지만, 《마르크스주의와 언어 철학》의 '진짜' 저자가 실제로 누구였는가 하는 문제의 복잡성을 당시에는 충분히 간파하지 못했고, 만족스럽게 해결하지도 못했다는 점이다. 이 텍스트는 재능 있는 언어학자이자 그러한 저작을 집필할 능력을 완벽하게 갖춘 볼로시노프가 썼는가? 아니면 현재 많은 사람이 믿듯이, 볼로시노프의 이름으로 출판된 바흐친의 텍스트였는가, 아니면 볼로시노프의 글에 바흐친의 텍스트를

137 이어성은 다어성polyglossia과 더불어 바흐친의 대화주의 이론에서 핵심 요소다. 다어성은 단일한 문화 체계 내에서 여러 가지 언어가 동시에 공존하는 현상을 말한다. 반면에 이어성은 동일한 언어 내에서 사회적 신분이나 계층, 지역에 따라 여러 유형으로 세분화되는 현상을 가리킨다. 말하자면 같은 언어 내에서라도 사회적 맥락이나 조건에 따라 의미가 분화되는 현상을 말한다. — 옮긴이

추가해 볼로시노프가 수정한 것인가? 비평가들은 논란거리가 된 바흐친의 텍스트에 얽힌 이 복잡한 이야기를 잘 안다. 1920년대 러시아에서는 여러 해에 걸친 치열한 대화 토론의 시기에 이러한 문학적, 언어적, 철학적 문제를 놓고 긴밀하게 공동 작업하고, 논쟁하고 토론을 벌인 뛰어난 지식인 집단이 있었는데 비평가들은 이들에 관해서도 잘 안다.[138]

실로 역설은 여기서 끝나지 않았다. 미하일 바흐친에게는 젊은 시절 자신의 분신과 같은 니콜라이라는 형제가 있었다. 둘은 공통된 사상뿐 아니라 긴밀한 사적 관계도 공유했는데 — '똑같은 증오가 다른 두 영혼, 즉 나의 적과 형제에게 미치리라' — 혁명기 동안 서로 이별을 하게 되었다. 니콜라이는 케임브리지에서 비트겐슈타인 학파의 일원이 되었을 뿐 아니라 버밍엄대학교에서 여러 해 동안(1939~1950) 가르쳤다. 니콜라이는 지금 케임브리지에서 가르치는 이전의 두 동료와 친분 관계를 통해 이 대학에 오게 되었다. 이 둘은 고전 전공 교수인 조지 톰슨George Thompson과 독일 전공 교수인 로이 파스칼Roy Pascal인데, 그중에서도 파스칼은 현대문화연구소의 확고한 친구이자 협력자·지지자로서 나중에 그 대학교에서 언어학과를 창설했다.[139]

카테리나 클라크Katerina Clark와 마이클 홀퀴스트Michael Holquist는 저서 《미하일 바흐친*Mikhail Bakhtin*》에서, 《마르크스주의와 언어 철학》뿐 아니라 지금까지 볼로시노프의 저술로 간주되었던 《프로이트주의: 비판적

138 Clark & Holquist, 1984에 나온 바흐친 학파에 관한 설명을 보라.

139 A. 던컨 존스A. Duncan Jones가 Bakhtin, 1963에 쓴 서문을 보라. 버밍엄 인맥에 관해서는 Clark & Holquist, 1984에서 자세히 서술하고 있다. 이 버밍엄 인맥과 대학 도서관의 바흐친 아카이브의 존재에 관해서 나에게 처음 알려 준 이는 피터 데이비슨Peter Davidson 교수다. 비트겐슈타인 학파 내에서 이 다양한 인물 간의 관계에서 관해서는 Eagleton, 1986을 보라.

개요*Freudianism: A Critical Sketch*》까지도 모두 바흐친이 썼다는 견해를 확고하게 갖고 있었다. 바흐친의 미망인을 포함해 바흐친 학파의 많은 구성원들도 이 견해에 동의했다. 하지만 주지하다시피 바흐친은 1975년 자신의 요청에 의해 저자 확인 문제를 해결하기 위해 마련된 문서에 서명을 거부했고, 바흐친의 원고와 문서는 모두 폐기되었기 때문에, 이 쟁점은 앞으로도 최종 해결을 볼 것 같지 않다(Clark & Holquist, 1984: chap. 10을 보라).

저자 확인 문제를 둘러싼 '의혹'의 깊숙한 배후에는 심각한 측면이 존재하며, 이는 비정통파적인 지적 작업에 대한 위협이라는 맥락 속에서 이해해야 한다. 스탈린주의의 먹구름이 닥쳐오면서, 바흐친은 은둔 상태에 들어갔고 결국에는 종교 활동을 이유로 체포되어 유형에 처해졌다. 그러나 바흐친에게 늘 그렇듯이, 이 비극적 측면에는 풍자적이고 카니발적인 측면이 '함께' 있었다. 바흐친 학파 구성원은 농담, 게임, 언어적 위트, 재치, 유희를 사랑했고, 구성원 사이의 철학적 사변과 지적 대화 교환에서 모두 '대화'와 이어성의 원칙과 이론이 지배했는데, 이 사건 역시 이러한 맥락에서 이해해야 한다. 대화적 원칙에 따르면, 자아는 타자와의 관계 속에서 구성될 뿐 아니라 모든 이해는 그 속성상 대화적이다. '의미란 화자 사이의 위치를 차지한 단어에 속하며,' 대화적 관계에서 협력자 간의 합의는 '함께 목소리 내기co-voicing'로 정의된다. 바흐친은 일찍이 《대답 가능성의 지식 체계론*Architectonics of Answerability*》이라는 미완성 텍스트에서 이미 '저자 확인 문제,' 나와 타자 간의 유동적 관계, 간접 화법, 인용의 정치 같은 문제에 관해 숙고했고, 이 문제들은 후기 저작에서도 계속해서 연구 주제가 되었다. 클라크와 홀퀴스트가 지적하듯이, 대화론dialogism은 "타자성alterity을 찬양한다…… 세상에 의미를 부여하기 위해서 나의 타자성이 필요하듯이, 나도 자아를 정의하거나 정체성을 부여하는 데 타자들의 권위가 필요하다"(Clark & Holquist, 1984: 65). 돌이켜 보건대, 만일 《마르크스주의와 언어 철학》에 담긴 사상이 누구 '소유'인가 하는 문제가 바흐친과 그의 공동 발의자들 사이에서 단순한 문제로 결론이 났다면 아마도 오히려 뜻밖의 일이었을 것이다.

대화성 원칙을 완벽하게 수용하지 않았기에, 우리는 '볼로시노프'를 더 좁게 해석하여, 언어와 사회 변혁 사이의 관계를 비환원론적으로 새롭게 사고하는 토대로 삼게 된 경향이 있었다. 그러면서도 이러한 행동을 어떤 면에서는 '변증법적' 시각의 복원으로 여겼다. 주지하듯이, 이는 또한 프레드릭 제임슨이 《정치적 무의식》에서 마르크스주의 해석학을 발전시키는 데 바흐친을 활용하고 굴절시키는 맥락이 되기도 했다. 돌이켜 보건대, 이러한 시각은 '계급 적대의 변증법'에서 '다강조점의 대화론'으로 은유가 바뀌면서 일어나는 변화를 상당 부분 평가절하하게 된다. 이 두 논리는 상호 배타적이지는 않다. 그러나 양자는 이런 식으로 서로 일방적으로 포섭하거나 대체 가능한 것도 아니다. 고전적인 시각에서는 변증법의 틀이 다양한 사회 세력 간의 복잡한 교체의 토대가 되고 변증법을 지배 논리이자 메타서사로 삼는 데 비해, 대화론에서는 변증법적인 '결별'보다는 유동적으로 바뀌는 적대 관계의 틀이라든지, 동일한 담론 지형 내에서 다양한 '강조점' 간의 교차를 강조한다. 고전적인 시각에서는 계급 적대의 위치가 '정해진' 것으로 파악하는 것과 반대로, 대화론은 의미 작용에서는 보장된 논리나 '법칙'이 없다고 보고, 발화 장소의 위치성은 끊임없이 변화하며 움직인다고 단호하게 선언한다. 접합/탈접합 개념은, 고전적인 계급 투쟁 개념에서는 변혁의 원형적 상징이던 계급 투쟁 논리가 지니는 이원론이나 이분법적인 고정된 도식화를 차단한다. 가역성reversibility 개념이라든지, 과거의 흔적이 미래에 지울 수 없이 각인된 역사적 변화 개념이라든지, 동시에 그리고 항상 낡은 것의 복귀에 갇혀 있는 새로움의 단절rupture이란 개념을 대화론은 거부한다.

그람시는 초기 형태의 혁명적 계기의 성격을 시저리즘Caesarism[140]의 경험에 비추어 새롭게 파악했다는 점을 상기해 볼 필요가 있다. A가 B에 완전한 승리를 거두거나, B가 A를 격퇴하며, 양자는 각기 자족적으로 '총체적으로 진보적이고 총체적으로 반동적'이란 성격을 띠는 그런 일은 없다. 그 대신에 현대에는 양자가 모두 그람시가 '혁명/복고의 변증법'('State and civil society' in Gramsci, 1971: 219ff)이라 부르는 상태에 갇혀 있다. 여기서 파괴는 기계적으로가 아니라 '파괴이자 재건'이란 적극적인 과정으로 파악해야 한다. 이 모순어법식의 토대는 적대적 세력 간의 대화적 관계를 잘 포착하여, 그람시가 제시한 '기동전'에서 '진지전'으로의 역사적 이행을 미리 예견하였다. 그람시의 제안은 변혁의 은유에 관한 또 하나의 중요한 변화로서 당시의 비판적 이론화에 영향을 미쳤을 뿐 아니라 그와 같은 방향으로 변화를 유도하였다.

140 시저리즘은 일반적으로 지배자가 헌법이나 야당의 제약을 받지 않고 절대적인 권한을 행사하는 통치 형태를 지칭한다. 하지만 그람시는 시저리즘을 이렇게 규정한다. 시저리즘이란 '갈등하는 세력들이 파국적인 방식으로 서로 균형짓는 상황을 표현하는 것이라고 할 수 있다. 다시 말하여 세력들 간의 갈등이 계속되면 결국 서로 파괴함으로써 종식될 수밖에 없게끔 균형이 취해진 상황을 말한다…… (시저리즘은) — 그것이 비록 언제나, 파국을 향하는 세력 간 균형으로 특징지어지는 역사 정치적 상황에 대한 해결책으로서 어떤 위대한 인물에게 "중재"의 임무를 위임하는 것을 표현하는 것이라 할지라도 — 어떠한 경우에서나 똑같은 역사적 뜻을 갖지는 않는다. …… (시저리즘은) 진보적 세력이 승리하는 데에 카이사르(위대한 인물 일반)의 개입이 도움이 될 때에는 비록 그 승리가 어떤 타협과 제한성으로써 한계가 주어진 것이라 할지라도 진보적이다. (시저리즘은) 카이사르의 개입이 반동적인 세력이 승리하는 데 도움이 된다면…… 반동적이다. 카이사르와 나폴레옹 1세는 진보적 카이사르의 경우이고 나폴레옹 3세와 비스마르크는 반동적 (시저리즘의) 경우다. Gramsci, *Prison Notebooks*, 이상훈 옮김, 《그람시의 옥중수고 1》, 거름, 1999, pp.256~257. — 옮긴이

'은유적인' 방식을 제외하면, 이러한 변혁의 은유에서 일어난 변화가 어떤 내용으로 구성되는지 포착하기란 어렵다. 단순히 한 가지 은유를 거부하고 다른 '더 나은'(즉 이론적으로 더 옳은) 은유로 대체하는 방식이 아닌 것은 확실하다. 그보다는 똑같은 아이디어의 두 가지 변종 딱 한가운데 갇혀, 여러 은유 사이에 묶여 있고 어떤 한 가지를 초월하지 못한 채 버리게 되며, 다른 쪽을 완전히 포섭하지 못한 채 그쪽을 향해가는 그런 문제인 셈이다. 이른바 '대화론'으로의 이동에 따르는 변화는 지금까지 농축의 은유로 포착했던 갈등과 적대 관계의 계기를 '공간화'한 것이다. 대화론은 어떤 초월이라는 순수한 개념을 포기했다. 오히려 그보다는 모든 전복의 계기 내에는 항상 과거의 흔적이 은밀하게 되돌아오고 있다고 주장한다. 어떤 균열 내부에든 예기치 않게 새로운 중복, 반복, 양가성의 효과가 발생한다. 전복과 초월이란 농축된 은유들의 '공간'에 양가성과 모호성이 추가되면 이를 단초로 은유적 담론 내부의 이러한 움직임에서 진행되는 것처럼 보이는 불완전한 대체로 이어지게 된다고 믿는다. 분명히, '대화론'이 적대 관계 개념을 거부하지는 않는다. 그러나 적대 관계를 항상 '순수한' 계기 이상의 것으로 사고하도록 유도하며, 한편으로는 과잉, 잉여, 보충성의 경제라는 측면에서, 혹은 다른 한편으로는 과소 결정, 부재와 결핍의 측면에서 '카니발'을 재정의하도록 유도한다.

'대화론'의 시각 내에서 재구성된다면 '피억압층의 축제,' '거꾸로 뒤집힌 세계'라는 요소를 포함하는 변혁의 은유 중에서 그 어떤 것도, 그 은유로 포섭하거나 재현하려는 적대 관계의 양극단을 충분히 적절하게 재현해내지 못할 것이다. 미처 설명하지 못하거나 남겨둔 부분이 항상 존재하게 된다. 심리적 삶의 징후, 재현과 마찬가지로, 이것들은 과잉 결정되거나 과소 결정될 운명에 처해 있다. 여기서 '징후' 모델을 언급한 것은 우연이 아니다. 여기서는 주로 바흐친과 관련해서 주장을 전개했다. 그러나 다른 곳에서도 흔히 그랬던 것과 마찬가지로, 프로이트라는 인물과 정신 분석 담론은 스탤리브래스와 화이트의 책에서도 변화를 초래하는 데에서 결정적인 요소였음이 드러났다.

이것들은 불완전하게 표현되고 공식화된 아이디어 중 일부 사례로, 완만하고 불균등하긴 했지만, 1970년대 문화연구에서 이론적 틀과 작업의 주된 은유를 바꿔 놓기 시작했다. 분명 1980년대의 책에 속하는 《위반의 정치와 시학》은 이러한 불균등한 움직임을 몇 단계 뛰어넘는 이론적 진전을 이루어 냈다. 그러나 내가 보기에 이는 똑같은 나사의 회전에 불과하다. 스탤리브래스와 화이트가 바흐친을 어떻게 새롭게 작업하고 확장하려 했는지를 검토해 보면, 둘 사이의 평행 관계와 '선택적 친화성'은 강하게 드러난다. 특히 인상적인 부분은 두 사람이 어떻게 바흐친의 '카니발' 은유를 **도구로** 삼으면서도 동시에 그 은유를 작업 **대상으로** 잘 활용할 것인지에 관해 뛰어난 능력을 보여 주었다는 점이다. 이들은 바흐친의 풍부한 함축적 가능성을 진정으로 활용하였고, 바흐친에 대한 비판(즉 이원론과 '유토피아적인 포퓰리즘') 진지하게 수용하면서도 동시에 수정하려 노력하였다는 점에서도 돋보인다. 이는 모범적인 이론적 작업으로서, 현재 이루어지는 많은 이론적 작업이 주로 '주인의 목소리'를 앵무새처럼 재탕하는 데 그치는 것과 뚜렷한 대조를 보인다. 그 결과 저자들이 다음과 같은 주장을 하는 것도 무리는 아닌 듯하다. 즉 "오로지 논쟁의 기반을 완전히 옮겨 놓고 카니발의 '문제 틀'을 바꿔 놓을 때에만" 비로소 "카니발"이란 단지 "일반화된 위반의 경제, 그리고 전 사회 구조에 걸친 고급/저급 간의 관계의 재코드화를 보여 주는 한 가지 심급"에 불과함을 입증할 수 있다는 것이다(Stallybrass & White, 1988: 19). 이들은 바흐친의 저작을 기반으로 삼으면서도 그의 저작에서 확인된 한계점을 피해 가려고 노력했는데, 이 점에서 상당한 성공을 거두었다. 바로 이 점을 감안하면 《위반의 정치와 시학》이 대변하듯이 '현재 바흐친에게 자극받아 이루어지는 연구의 홍수에 대한 개입'이 어느 정도 중요한지 잘 알 수 있다.

고전적인 변혁의 은유에 담긴 이분법과 뒤집기식의 구조가 비판받으면서 뒤이어 그 대신 그것들을 폐기하고 더 평면적이거나 수평적인 은유를 채택하게 되는 패턴이 일반적이었다. 이런 식의 움직임이 비판이론에서 하도 유행하다 보니 거의 진부함의 위상에 이를 정도가 되었다. 대중문화 논쟁에서 이른바 고급/저급 구분에도 확실히 이런 운명이 닥쳤다. 예컨대, 콜린 매케이브Colin MacCabe는 〈대중문화의 정의Defining Popular Culture〉라는 논쟁적인 글에서 다음과 같이 말했는데, 이는 분명히 옳은 주장이다. 매케이브는 "전통과 테크놀로지가 결합해 수용자를 만들어 내는 복잡한 방식"의 중요성에 주목해야 한다면서, "이처럼 다양한 수용자의 형성"은 고급 문화와 대중문화 옹호자들의 입장에 모두 근본적으로 영향을 미치면서 충격을 주게 된다고 주장한다(MacCabe, 1986: 8). 계급 대 계급식으로 문화를 해석하는 방식은 유럽 좌파를 황폐화했는데, 바로 그람시의 개념이 이전의 시각을 어떤 식으로 극복했는지 매케이브는 정확하게 지적했다. 그람시의 '국민적-대중성' 개념은 1970년대 '대중성'에 관한 논쟁을 바꾸어 놓는 데 매우 큰 역할을 했다. 하지만 그람시는 헤겔주의식 마르크스주의 문화 이론에서 벗어나려 노력했으나 어떤 면에서는 그 속에 갇혀 있었다고 매케이브는 말했는데, 이는 실로 옳은 지적이다. 매케이브는 (내가 "'대중성'의 해체"에서 제시한) 대안도 거부했는데, 이렇게 생각하는 것도 당연할지 모르겠다. 매케이브에 따르면 그러한 대안에서는 "사회가 중첩되는 투쟁 지형으로 이론화되고, 대중문화는 단순히 지배 이데올로기 형태들에 대한 저항 영역을 구체화하는 방식에 그치게 된다"(MacCabe, 1986: 4)라는 것이다. "아무리 수백만 번에 달할 정도로 많은 매개를 거친다 하더라도" 이러한 입장은 자신의 문제점을 해결하려 애쓰는 과정에서 그 입장의 바로 그 약

점을 재생산하게 된다고 매케이브는 말한다(MacCabe, 1986).[141]

유일하게 남은 대안은 그 입장을 폐기하는 일뿐인 것 같다. "내가 보기에 대중문화에 대한 헌신에서 긍정적인 부분"은 "고급/저급, 엘리트/대중 간의 구분에 의존하는 모든 공식화와 확고하게 단절하려는 그 요소"(Hall, 1981: 8)라고 매케이브는 주장한다. 존 코지John Caughie는 "즐거움 간의 구별이라든지, 대중성의 유통에 갇힌 엄청난 욕망의 장치에 대한 이해"를 매케이브의 주장에 추가하는데, 그 역시 같은 책 뒤편에 실린 글에서는 똑같은 결론에 도달한다(Caughie, 1986).

문제는 그 시각을 폐기한다는 게 무슨 뜻인지에 달렸다고 대답할 수밖에는 없다. 데리다의 말을 빌리자면 '삭제 대상under erasure'으로 둔다면 그것은 좋다. 하지만 그것을 완전히 폐기한다면, 그것은 반대한다. 그동안 고급/저급의 구분은 자연주의적이고 초역사적인 관점에서 제시되었는데, 그런 식의 구분이라면 분명히 설득력이 없으며 이는 이전에도 늘 그랬다. 시각을 '폐기'하면 원래 지칭하던 문제점을 — 스탤리브래스와 화이트가 지적했듯이, 유럽 문화에는 "인간의 신체, 심리 형태, 지리적 공간, 사회구성체를…… 서로 관련되고 상호 의존적인 고급과 저급의 위계 내에" 자리 배치하려는 경향이 일관되게 나타났다는 점 — 이미 초월한 셈이라는 주장이라면, 그 전략에 대해 의심해 보아야 한다.

어쨌든 스탤리브래스와 화이트는 그러한 방향으로 가지는 않는다. 오히려 이들은 고급과 저급이란 이 무지막지한 도구에 의한 등급 매기기와 분류 과정이야말로 유럽 문화 내에서는 어떤 문화 영역이든 정치성 구성에 핵심적인 근본적인 문화 과정이라고 간주한다. 양가성, 혼종성, 상호의존

141 하지만 Hall(1981)은 '매개' 개념에 관한 글도 아니고 그 개념을 사용하지도 않는다.

성 개념들이 문화의 장에서 고급과 저급이란 이분법적, 위계 질서화의 안정성을 흔들어 놓고 위반하기 시작하기는 했지만, **문화에서 위계적 원칙을 작동시키는 힘을 파괴하지는 않는다**고 우리는 주장했다. 이는 마치 '인종'은 타당한 과학적 범주가 아니지만 "인종의 상징적, 사회적 효과성을 결코 잠식하지는 않는" 것과 비슷하다고 할 수 있다("Introduction" to Donald & Rattansi, 1992: 3). 고급과 저급은 원래 차지하던 전범적 지위는 지니지 못할지 몰라도, 문화적 실천을 조직화하고 규제하는 근본적인 방식으로 계속 남아 있을 것이다. '이것들의 대체'가 뜻하는 바는 폐기가 아니라, 그 범주 '자체'를 문화적 가치의 보고로 여기던 데서 벗어나 문화적 분류 과정 자체로 이론적 주목의 초점을 옮긴다는 것이다. 이를 통해서, 문화적 위계란 필연적으로 자의성을 띠며, 한 영역의 코드를 다른 영역으로 옮겨 놓는 방식으로, '위'와 '아래'라는 은유의 모든 힘을 활용해, 위계적 상향순으로 '문화'를 고착화, 안정화, 규제하려는 시도라는 사실을 깨닫게 된다.

카니발성의 작동을 통해, 또한 즐거움, 유희, 욕망의 위반을 통해, 문화 영역을 고급과 저급이라는 자족적이고 외관상 선험적인 구분으로 분류한 것은 문화적 규제의 행사에 불과하다는 사실이 드러난다. 또한 이 구분은 문화적 실천을 하나의 **구성체**로 고착화하여 문화 권력의 여러 전략에 의해 이분법적 형태로 유지될 수 있도록 고안되었다는 점도 폭로된다. 설혹 문화의 장이 이런 식으로 정착될 수 없다고 해서, 다른 장소, 다른 시간대에 경계 구축의 시도가 다시 이루어지지 않는다고 할 수는 없다. 문화적 실천은 결코 권력의 작동에서 벗어나 있지 않다. 그리고 외관상 탈중심화된 문화 영역에서 권력이 작동하는 한 방식은 문화를 길들이고 강제를 부과하며, 다양한 위반 형태와 에너지를 규범적, 혹은 전범적 이분법의 구조와 논리 안에서 규제, 봉쇄하려는 투쟁을 통해 이루어진다. 내가 이미 다른 곳에서 주장하려 했듯이(Hall, 1981), 이러한 문화적 작동은 문화적 헤게모니의 메커니즘과 항상 어떤 식으로든 연결되어 있으며, 현재의 훨씬 다변화된 포스트모던 문화에서조차도 그러한 연계는 계속 유지된다.[142] 현재 — 현대의 고급/저급 문화 논쟁에 해당하는 — '다문화주의'와 전범 관련 논쟁은 학자 간의 이해관계 없는 대화이며, 문화적 권위 문제와 혹은 사회적, 종족적, 젠더적, 성적 혼종성에 담긴 위반적 위험의 억제와 무관하다고 믿는다면, 너무나 순진한 생각이다.

이러한 주장은 스탤리브래스와 화이트의 결론에서 다음과 같이 대단히 명쾌하게 제기된다.

> 이 책 전체에 걸쳐 추진하고자 한 목표는, 그간 제대로 주목받지 못한 부분이긴 했지만, 아주 두드러지게 구분되는 두 가지 부류의 '기괴함' 사이의 미끄러짐에 관해 성찰해 보는 일이다. 하나는 정의를 내리는 집단이나 자아의 '타자'의 속성인 '기괴함'이고, 다른 하나는 혼종화나 뒤섞임이란 경계 현상으로서의 기괴함인데, 후자에서는 차별이 없고, 이질적이며 위험할 정도로 불안정한 구역에서 자아와 타자가 서로 얽혀 있다. 처음엔 **단순히** 자아에게 생소한 상징적 문제를 혐오하거나 거부하는 데서 시작하지만, 이는 곧 항상 **복합적인** 효과를 낳는 무의식적 내향화와 부정의 과정을 촉발하게 된다. 이 복합성, 혹은 집단 정체성에 필요한 경계 구축의 이 내부 동학을 가늠하기 위해서는, 두 가지 다른 기괴함의 형태를 하나로 합치는 일은 피해야 한다. 만일 두 가지를 혼동하게 되면, 정체성 형성의 근본적인 메커니즘이 첫 번째 것을 배제하려는 바로 그 투쟁을 통해 정치적 무의식의 수준에

142 Hall(1981)의 주장은 이렇다. 문화가 '고급/저급'으로 분류되는 것을 헤게모니를 둘러싼 투쟁과 관련지어 본다고 해서 반드시 각 범주의 내용을 물신화하거나 사회적, 상징적 요소 간의 관계를 계급 상응식으로 해석할 필요는 없다는 것이다.

서 두 번째의 혼종적 기괴함을 **생산해내게 된다**는 사실을 간파할 수 없게 된다…… 여기서 중요한 요지는, 첫 번째 수준에서의 사회적 정체성 형성에 필요한 배제는 이와 동시에 상상계 수준에서의 생산, 나아가 경계를 설정하고, 사회적 집단성을 통일하고 정화하려는 바로 그 시도에서 생겨나는 복잡한 혼종적 판타지의 생산이기도 하다는 점이다…… 집단성의 정체성과 가장 밀접한 관련이 있는 일반적 분류 과정은 상상계의 이질적 상징계와 떼놓을 수 없는 존재다. 바로 이러한 점에서 무의식은, 제임슨이 주장하듯이, **필연적**으로 정치적 무의식이다. 왜냐하면 범주적인 자아 정체성을 확립하려는 투쟁에서 다른 사회 집단과 계급의 배제는, 문제가 되는 공유된 계급의 상상계 내에서는 마치 특수한 대화론이나 여러 목소리 간의 경연 — 심지어 때로는 **주장** — 에 불과한 것처럼 보이기 때문이다. 집단 정체성의 개별성을 달성하려는 바로 그 움직임은 그와 동시에, 다양한 혼종적 상징, 경쟁적인 주권들과 과도한 요구로 이루어지는 무의식적 이질성을 생산해낸다 (Stallybrass & White, 1988: 193~194).

어떤 것은 사회적으로는 주변적이지만 상징적으로는 중심적인 부분을 차지할 수도 있다(Stallybrass & White, 1988: 23; Babcock, 1973: 32에서 재인용). 문화적, 상징적 변혁에 관해 단순한 이분법적 은유를 사용하던 데서 벗어나 위에서 설명한 것처럼 더 복잡한 상징으로 이행한 것은 문화 이론에서는 절대적으로 근본적인 '전환'에 해당하며, 이는 수많은 다양한 분야에서 확인할 수 있다. 《위반의 정치와 시학》은 이러한 일반적인 움직임을 전형적으로 보여 주는 사례다. 앨런 화이트는 작업과 집필로 보낸 삶의 기간이 비극적일 정도로 짧았는데도 불구하고 이러한 변화에 기여할 수 있었는데, 돌이켜 보면 우리는 그의 기여를 이제야 막 제대로 이해하기 시작한 셈이다.

8

뉴 타임스의
의미

The Meaning of New Times

● "The Meaning of New Times," in David Morley & Kuan-Hsing Chen (eds.), *Stuart Hall: Critical Dialogues in Cultural Studies*, London: Routledge, 1996, pp.223~237. 이 글은 원래 Stuart Hall & Martin Jacques (eds.), *New Times*, London: Lawrence & Wishart, 1989, pp.116~133에 수록된 것이다.

이 '뉴 타임스New Times'란 게 얼마나 새로운 것인가? 새 시대의 여명인가 아니면 단지 구시대의 소문에 불과한가? 여기서 '새로운' 게 무엇인가? 여기서 드러나는 서로 모순된 경향을 어떻게 평가할 것인가? 뉴 타임스는 진보적인가 퇴행적인가? 이는 '뉴 타임스'라는 모호한 담론이 제기하는 질문 중 일부다. 이러한 질문이 제기해 볼 만한 가치가 있는 이유는, '뉴 타임스'가 그 질문에 대한 확실한 해답이라거나 그 아이디어에 내재한 모호성을 분명하게 해소할 방안이어서도 아니다. 그보다는 이 질문을 통해 좌파는 사회가 어떻게 변화하는지를 놓고 토론을 새로 시작하고, 자신이 극복하고 변혁하려 애쓰는 사회 조건에 관해 새로운 설명과 분석을 제공하는 데 자극을 얻을 수 있기 때문이다. 다른 것은 전혀 이루지 못해도 이 과업만 달성한다면, '뉴 타임스'의 은유는 제몫을 다한 셈이 될 것이다.

앞의 질문들이 암시하듯이, '뉴 타임스'란 단계가 정말 무엇을 의미하는지는 상당히 모호하다. 하지만 지난 10년간 영국, 미국, 유럽 일부에서 생겨난 신우익의 득세와 관련이 있는 것처럼 보인다. 그러나 정확히 이 관련이란 무슨 뜻인가? 예컨대, '뉴 타임스'는 '대처 혁명'의 산물인가? 정말로 대처리즘이 결정적이고 근본적인 요인이었나? 그리고 만약에 그렇다면, 좌파가 살아남으려면 포스트대처리즘이란 변화된 정치 지형과 의제에 적응하는 것 외에는 대안이 없다는 뜻인가? 이는 '뉴 타임스'를 너무 부정적으로 해석한 것이다. '뉴 타임스'를 이렇게 해석하는 사람들은 이 모든 것을 격심한 중력 이동에 가까울 정도로 좌파가 우경화하는 데 대해 연막을 치는 것 정도로 간주하는 이유도 쉽게 이해할 만하다.

하지만 다른 식의 해석도 있다. 이에 따르면 대처리즘 자체가 부분적으로는 '뉴 타임스'에 의해 생성된 것이라고 한다. 이 해석에 의하면, '뉴 타임스'는 여러 서구 자본주의 사회에서 현재 일어나는 더 심층적인 종류의 사회적, 경제적, 정치적, 문화적 변화를 지칭한다. 이 변화는 우파든 좌파든 모든 정치 전략의 형성에 영향을 주는 필수적인 맥락이자 물질적, 문화적 존재 조건을 이룬다고 한다. 이 관점에서 보면 사실상 대처리즘은 그 나름대로 주변 여건을 장악해서 자신의 정치적 프로젝트에 유리하게 활용하려는 하나의 (단지 부분적으로만 성공을 거둔) 시도다. 이 여건은 대처리즘 자신이 조성한 것도 아니고, 대처리즘보다 역사와 궤적이 훨씬 오래되었으며, 그 속에 반드시 '신우익'의 정치 의제가 각인되었다고 할 수도 없다. 어떤 부류의 '뉴 타임스'를 수용하는지에 따라 결과는 크게 달라진다.

'뉴 타임스'라는 아이디어를 분해해 보면, 이는 단일한 은유의 테두리 안에 사회 변화의 수많은 다양한 측면을 포착하려는 시도임을 알 수 있다. 물론 이 측면들은 서로 어떤 필연적인 관련도 맺고 있지 않다. 현재 진행되는 논쟁에서는, 변화의 이 다양한 차원을 가장 잘 묘사하는 영예로운 자리를 차지하기 위해 수많은 다양한 용어가 경쟁하고 있다. 여기에는 '탈산업적,' '포스트포드주의적,' '주체의 혁명,' '포스트모더니즘' 등이 포함된다. 이 중 어떤 것도 완전히 만족스럽지는 못하다. 각 용어는 우리가 어디로 가는지를 깨우쳐 주기보다는 어디서 탈피하게 되는지를 (모든 것에 대한 '포스트'인가?) 더 뚜렷하게 일깨워 줄 뿐이다. 하지만 각 용어는 '뉴 타임스' 논쟁에 관해 무엇인가 중요한 점을 표현해 준다.

알랭 투랭Alain Touraine이나 앙드레 고르André Gorz 같은 '탈산업적' 학자는 '고전적인' 규모의 경제, 통합된 노동 과정, 선진화된 분업 구조, 산업적 계급 갈등 등 산업 자본제 생산의 기술적 조직화에서 일어나는 변화로 논의를 시작한다. 이들은 새로운 생산 체제로의 추이가 점점 더 가속화해서 사회 구조와 정치에도 필연적으로 영향을 미치게 될 것이라 예측한다. 따라서 투랭은 이전의 계급 투쟁이란 형태가 신사회 운동으로 대체되는 과정에 관해 썼다. 그리고 고르는 자신의 책에 《노동 계급의 종언*Farewell to the Working Class*》이란 가장 도발적인 제목을 붙였다. 이러한 형태로 파악하자면. '뉴 타임스'는 이미 좌파를 심각하게 분열시킨 논쟁들과 관련이 있다. 비록 일종의 기술 결정론에 빠진다는 비판의 여지가 있긴 하지만, 분명히 이 일부 주장은 현대 산업 생산 체제의 사회적, 기술적 지형 변화에 관해 중요한 지적을 했다.

대량 생산 시대는 제품 표준화, 자본 집중, '테일러주의Taylorism'[143] 형태의 노동 조직과 규율 등으로 특징지어지는데, '포스트포드주의'는 이 대량 생산 시대와 뚜렷이 구분되는 완전히 새로운 시대를 지칭하는 폭넓은 용어다. '포스트포드주의'에 관해서는 여전히 뜨거운 논쟁이 벌어지고 있다. 과연 그런 게 실제로 존재하는지, 만일 존재한다면 정확히 어떤 것이며 얼마나 광범위한 현상인지, 어떤 단일 경제 단위 내에서 일어나는지, 아니면 서

143 테일러주의는 과학적 관리Scientific management 기법이라고도 하는데, 1880년대와 1890년대에 미국의 프레데릭 테일러Frederick Taylor가 창안하여 1910년대 이후의 대량 생산 시대에 큰 영향을 미친 경영 이론이다. 이 이론은 제조업에서 경제적 효율성, 특히 노동 생산성 제고를 목표로, 작업 흐름에 대한 정밀한 진단과 공학적 기법 적용을 통해 노동 과정에서 구상과 실행의 분리, 작업 과정의 표준화, 작업 동작의 효율화 등의 기법을 창안했다. — 옮긴이

구의 선진 산업 경제 단위 전체를 관통해서 진행되는 추세인지가 그러한 쟁점들이다. 그럼에도 불구하고 이 용어가 적어도 변화의 다음 특징 중 일부는 포괄한다는 데 대해서는 대다수의 논평자도 아마 동의할 것이다. 19세기에서 20세기로 넘어가는 전환기 이후 진행된 '2차' 산업 혁명을 계기로 미국, 독일, 일본의 경제는 주도적 위치로 부상한 반면, 영국 경제는 상대적으로 '낙후'되고 쇠퇴하기 시작했다. 그런데 2차 산업 혁명의 추진력이었던 화학, 전기 기반의 테크놀로지에서 '정보 테크놀로지' 중심으로 가는 변화가 일어나고 있다. 둘째, 이전에 비해 더 유연 전문화, 탈집중화한 노동과정과 노동 조직 형태로 변화가 이루어지는데, 그 결과 과거의 생산 기지(그리고 이와 연계된 지역과 문화까지)가 몰락하고, '선구적,' 컴퓨터 기반의, 하이테크 산업과 관련 지역이 성장했다. 셋째, 지금까지 기업 단위에서 '내부적으로' 제공되던 기능과 서비스의 분리, 혹은 외주화가 이루어지고 있다. 넷째, 소비가 주도적인 역할을 하게 되었는데, 이러한 추이는 가령 선택과 제품 세분화를 더 강조하고, 마케팅과 패키지화, 디자인을 중시하게 되었다든지 하는 데도 반영되고 있다. 또한 호적 등기소Registrar General의 사회 계급 범주보다는 라이프스타일, 취향, 문화별로 소비자를 '타깃화'하게 된 데서도 이 추이를 알 수 있다.

다섯째, 숙련, 남성, 육체 노동 계급의 비율이 줄어들고 이에 맞추어 서비스와 화이트칼라 계급이 점차 증가했다. 유급 노동 영역 자체만 보더라도, 노동력의 '여성화'와 '다종족화'와 더불어 유연 근무제와 시간제 노동이 늘어났다. 여섯째, 다국적 기업에 의한 경제 지배가 확대되어, 새로운 국제적 분업이 강화되고 국민 국가의 통제로부터 자율성은 커졌다. 일곱째, 새로운 금융 시장의 '글로벌화'가 이루어지고 있다. 마지막으로, 사회적 구분이나 균열의 새로운 패턴이 등장하고 있다. 특히 '공적' 영역과 '사적' 영역 간의 구분이라든지, 한편에는 기대치를 더 높여 가는 3분의 2와, 다른 한편에는 모든 중요한 사회적 기회의 차원에서 배제된 '신빈곤층'과 하층 계급이라는 3분의 1 간의 구분이 좋은 예다.

'포스트포드주의'가 경제적 조직과 구조에서 중요한 문제를 부각하기는 하지만, 이보다 더 광범위한 사회적, 문화적 중요성도 지닌다는 점은 분명하다. 예를 들면, 포스트포드주의는 사적 소비를 통한 개인적 선택의 극대화뿐 아니라 사회적 파편화와 다원주의의 강화, 과거의 공동체적 유대와 집단 정체성 약화의 전조가 되기도 하는데, 이것들 역시 '포스트포드주의'로 가는 변화에서 똑같이 중요한 차원들이다.

개념으로서의 '포스트포드주의'란 과거의 폐기된 토대-상부 구조 혹은 경제 결정론적 모델로 되돌아가, 경제가 모든 것을 결정하고 나머지는 단지 그 '토대'의 반영으로만 '자동 해석'하게 되는 것을 의미한다고 비판하는 이도 일부 있다. 하지만 '포스트포드주의'의 비유는 반드시 그러한 함축을 담고 있다고 할 수는 없다. 실제로 이는 이전의 세기 전환기에 자본제 문명의 전면적인 변화를 함축하기 위해 그람시가 사용한 '포드주의'란 단어에 근거한다(물론 분명히 그람시는 그러한 변화를 경제적 토대의 단순한 현상으로 환원하지는 않았다). '포스트포드주의' 역시 훨씬 폭넓은 방식으로 해석해야 한다. 실제로 이는 정반대 방향으로 해석해, 어떤 경제 체제와의 관계에서 사회적, 문화적 관계가 수행하는 구성적 역할을 암시한다고 풀이해도 무리는 없을 것이다. 내가 이해하기로는 포스트포드주의가 경제에 대해 사전에 어떤 결정적인 위치를 확고하게 부여하지는 않는다. 그러나 가장 극단적인 담론 이론가와 문화주의자 외에는 모두 인정하듯이, 경제 생활에서 이 정도의 변화라면 우리의 현재 상황 분석에 관한 어떤 분석에서든 진지하게 받아들여야 할 것이라고 이 개념은 강조한다.

최근 현대의 문화적 변화라는 주제로 글을 쓴 마셜 버먼은 이렇게 말했다. "현대의 환경과 경험은 지리와 종족성, 계급과 국적, 종교와 이데올로기의 모든 경계를 관통하는데," 그것을 완전히 파괴하지는 않고 약화하거나 전복하면서, 지금까지 우리의 사회적 정체성을 안정시켰던 연속성의 선들을 잠식해 나간다.

주체의 귀환

'뉴 타임스'가 확실히 폐기한 하나는 변화의 '객관적' 차원과 '주관적' 차원 간의 경계선이다. 이는 이른바 '주체의 혁명' 측면에 해당한다. 계급이나 국가 혹은 종족 집단처럼 집단적 사회 주체가 점점 파편화, '다원화'하면서 개별 주체는 더욱 중요해졌다. 이데올로기가 실제로 어떻게 기능하며, 복잡한 사회에서 정치적 동원이 실제로 어떻게 발생하는지에 대해 사회 이론가들이 더 관심을 갖게 되면서, 이러한 과정의 '주체'를 더 진지하게 받아들일 수밖에 없었다. 그람시가 이데올로기에 관해 언급했듯이 "이데올로기는 역사적으로 필요한 정도만큼, '심리적' 타당성을 지닌다"(Gramasci, 1971: 377). 동시에 '주체'에 관한 우리의 모델도 바뀌었다. 우리는 더 이상 '개인'을 총체적이고, 중심화되고 안정적이며 완성된 에고나 자율적이고 합리적인 '자아'의 측면에서 파악하지 않는다. '자아'는 더 파편화되고 불완전하고, 우리가 거주하는 다양한 사회 세계와 관련해서 형성된 복수의 '자아'나 정체성으로 구성된 존재이며, 역사를 지닌 실체이자, 과정 속에서 '생산'된 존재로 개념화된다. '주체'는 다양한 담론과 실천에 의해 다양하게 자리잡거나 **위치지어진다**.

이는 새로운 개념적 혹은 이론적 지형이다. 그러나 '주체'의 이러한 부침은 또한 '뉴 타임스'로 가는 경로에서 여러 핵심적인 에피소드에 해당하는 자신만의 역사를 갖고 있다. 여기에는 1960년대의 문화 혁명을 비롯해 여러 가지가 포함된다. 정치는 '무대'라는 인식을 강하게 지녔고, '의지'와 '의식'을 강조했던 '1968년' 자체가 있고, '개인적인 것인 정치적이다'라고 주장한 페미니즘도 있으며, 주관성의 무의식적 뿌리를 재발견한 정신분석학에 대한 관심의 부활이 있었으며, 언어, 담론, 재현에 관심을 기울인 기호학, 구조주의, '후기 구조주의' 등 1960년대와 1970년대의 이론적 혁명도 있었다.

이처럼 '주관적 측면의 귀환'이 일어났다는 것은, 이전처럼 변화의 객관적, 주관적 측면 간의 구분을 존중하는 식의 언어로 '뉴 타임스'를 기술하는 데 만족할 수 없다는 뜻이다. '뉴 타임스'는 '외부에서' 삶의 조건을 바꿔 놓으면서도 동시에 '내부에서' 우리 자신에게도 영향을 미친다. 어떤 면에서는 '다시 만들어지고' 있는 것은 바로 우리 자신이다. 그러나 그러한 개념적 이동은 좌파에게 특히 여러 가지 문제점을 던져 준다. 좌파의 전통적인 문화와 담론은 '인간의 배후에서' 작동하는 '객관적 모순,' '익명의 구조'와 과정을 강조했는데, 이 때문에 우리는 어떤 식으로든 아주 일관성 있게 정치의 주관적 차원에 대처할 능력을 상실해 버렸다.

어떤 점에서 문제는 우리가 사용하는 바로 그 언어와 개념에 있다. 오랫동안 사회주의자가 된다는 것은 모든 것을 '구조'의 언어로 옮겨 놓는 능력과 동일시되었다. 그러나 이는 언어의 문제만은 아니다. 또 어떤 점에서 문제는, 심지어 좌파까지도 포함해 **모든 사람**은 흔히 남성들이 만든 범주를 통해 사물을 경험한다는 데 있다. 주관적 차원의 '귀환'을 목격할 때마다 남성들은 늘 아주 맥빠져했다. 문제점은 이론에도 있다. 고전 마르크스주의는 '경제'와 '정치' 사이에 상응 관계가 성립한다는 가정 위에 서 있었다. 말하자면 경제적 계급 위치에서 정치적 태도와 객관적인 사회적 이해관계와 동기를 자동적으로 해독해낼 수도 있었다. 오랫동안 이러한 상응 관계는 좌파의 이론적 분석과 시각을 정체시켰다. 하지만 '정치'와 '경제'

사이에 어떤 형태든 단순한 상응 관계는 지금은 실천적으로나 이론적으로나 붕괴해 버린 부분이다. 이 때문에 정치 언어에서 균형이 문화적 측면에 더 기울어지게 되는 효과가 발생했다.

'포스트모더니즘'은 '뉴 타임스'에서 이처럼 **문화적인** 성격을 상대적으로 더 강조하는 용어로서 선호되고 있다. 20세기 초반 수십 년간 예술과 건축, 문화적 상상력을 지배했고 '모더니티' 자체의 겉모습과 경험을 대표했던 '모더니즘'은 끝났다고 포스트모더니즘은 주장한다. 이제 모더니즘은 고속도로, 유리로 뒤덮인 고층 건물, 국제 공항 등의 국제적 스타일의 특징 정도로만 흔적이 남았다. 모더니즘의 혁명적 추진력은 한때 초현실주의, 다다Dada, 구성주의constructivism, 추상화와 비구상 시각 문화 운동 등에서 발견할 수 있었으나, 이제는 순화되어 박물관에 갇힌 처지로 전락했다. 모더니즘은 원래의 혁명적이고 '대중주의적' 추진력을 배반하고 아방가르드 엘리트의 영역으로 변질했다.

이와 대조적으로 '포스트모더니즘'에서는 미학이 일상생활에 침투하고 대중문화가 고급예술을 누르고 부상하는 것을 특징으로 한다. 프레드릭 제임슨과 장프랑수아 료타르 같은 이론가들은 '포스트모던적 조건'의 특징 중 많은 부분에 의견 일치를 보인다. 이들은 이미지, 겉모습, 심층부보다는 표면 효과surface-effect의 지배 등에 관해 언급한다(로널드 레이건은 대통령이었나 아니면 B급 영화 배우였나, 실세 인물인가 혹은 명목상의 허수아비에 불과했나, 실존 인물인가 아니면 꼭 빼닮은 가짜인가?). 미디어로 포화된 세계에서는 이미지와 현실의 경계가 모호해진다고 이들은 지적한다(이란의 콘트라Contra 전쟁[144]은 실제인가 아니면 텔레비전에서만 일어나는 것인가?). 리얼리즘이나 자연주의

144 이란 콘트라 사건은 1987년 미국 레이건 행정부가 스스로 적성 국가라 규정한 이란에 불법적으로 무기를 판매하고 그 대금으로 니카라과의 산디니스타 좌파 정부

처럼 더 긍정적인 예술적 재현 양식보다는 (과거의 스타일을 계속 재구성하고 인용한 데 불과한) 패러디, 노스탤지어, 키치, 패스티시pastiche가 선호되고 있다고 이들은 말한다. 또한 건축과 디자인에서도 브루탈리스트brutalist[145]적이거나 기능적 양식보다는 대중적이고 장식적 스타일이 선호되고 있다고 이들은 지적한다. '포스트모더니즘'에는 더 철학적인 측면도 있다. 료타르, 보드리야르와 데리다는 강한 역사 의식의 소멸, 지금까지 고정되어 있던 의미의 미끄러짐, 차이의 중식, 이와 더불어 최근까지 서구 철학과 정치의 기반이던 진보, 발전, 계몽, 합리성, 진리 등 (료타르의 말을 빌자면) '거대 서사grand narrative'의 종말을 거론한다.

하지만 포스트모더니즘은 '자본의 새로운 문화적 논리'이기도 하다고 제임슨은 아주 설득력 있는 주장을 펼친다. 즉 "역사상 등장한 것 중 가장 순수한 자본 형태이자, 지금까지 아직 상품화되지 않은 영역에 대한 거대한 확장"(Jameson, 1984: 78)이라는 것이다. 우리가 특징을 파악하려고 애쓰는 이 문화적 동학에서의 변화가 현대적 자본의 혁명적 에너지와 분명하게 연계되어 있음을 제임슨의 공식화는 일깨워 준다. 이 자본은 우리가 자본주의의 '가장 고도화된 단계'(제국주의, 조직화된 혹은 조합적 자본주의)라 부르던 것 이후의, 심지어 '후기 자본주의'보다 **더 이후의** 단계라는 것이다.

를 전복하기 위해 콘트라 반군을 지원한 정치 스캔들이다. — 옮긴이

145 브루탈리즘은 1950년대 영국에서 발생한 건축 양식이자 사조로, 근대 건축에서 일반화한 스타일을 거부하고 파격적인 양식을 선보였다. 브루탈리즘은 건축의 기본 원리에 충실하고 인간의 감성과 지각에 충실한 건축을 추구해야 한다고 보고, 건축 요소의 기능별 분리, 건축 재료를 적나라하게 드러내기, 설비나 서비스 공간의 노출, 이미지와 형태의 정직한 표현을 표방한다. 배관이 그대로 노출되거나 거친 시멘트의 질감을 그대로 살리는 파격적인 스타일은 브루탈리즘의 가시적인 특징에 속한다. — 옮긴이

'포스트산업주의,' '포스트포드주의,' '포스트모더니즘'은 모두 모더니티와 자본주의 사이의 연계가 이처럼 극적이고 심지어 가혹한 수준으로 재개되었음을 다양한 방식으로 특징화하거나 설명하려는 시도다. 마르크스는 비록 계급이 혁명의 원동력이 될 것이라는 예측에서는 틀렸을지 몰라도, 자본에 관해서는 마치 복수하듯이 옳은 진단을 내렸다고 일부 이론가들은 주장한다. 자본의 '글로벌한' 확장은 1980년대에 새롭게 힘을 받으며, 영향권에 있는 모든 것을 지속적으로 변혁시키고 모든 사회와 사회관계를 상품화와 교환 가치의 법칙에 복속시켜가고 있다. 스탈린주의와 사회민주주의적 대안이 실패하고 공산주의 세계 전역에서 변혁과 소요가 발생하는 상황에서 자본은 새로운 삶의 시간을 얻게 되었다고 주장하는 이도 있다.

우리는 단지 자본제 팽창의 새로운 N. D. 콘트라티에프N. D. Kondratiev식 '장기 주기long wave' 곡선에서 초기 절반에 해당하는 상승 단계에 있을 뿐이라고 일부 경제학자들은 주장한다(이 단계 이후에는 필연적으로 하향이나 경기 침체가 뒤따를 것이다). 앞서 인용한 미국의 사회 비평가인 마셜 버먼은 '뉴타임스'를 "끊임없이 팽창하면서 급격하게 부침을 거듭하는 자본제 세계의 시장"과 관련짓는다(Berman, 1983: 16). 다른 이들은 전 지구적 규모의 자본이 지니는 한계와 불균등 발전의 측면에 더 주목하면서, 지구상 전역에서 새로운 방식의 국제 분업, 빈곤과 부의 재배치, 종속과 과잉 발전 등이 어떤 주기로 끊임없이 전개되는지를 더 강조한다. 이 과정에서 생겨나는 희생자 중 하나는 어떤 동질적인 '제3세계'라는 해묵은 개념이다. 홍콩이 새로운 금융 시장을 갖추었듯이, 오늘날에는 포모사Formosa로 불리든 타이완이라 불리든 대만은 선진 자본제 경제로 이미 편입되었다. 반면에 에티오피아, 수단, 혹은 방글라데시는 이와 전혀 다른 '세계'에 속한다. 바로 글로벌한 세력으로서 자본의 새로운 형태와 동학은 이처럼 지구 전역에 새로운 구분선을 긋고 있다.

하지만 이 중 어떤 설명을 최종적으로 채택하든 간에 정말로 놀라운 사실은, 이러한 뉴 타임스는 주관성의 마지노선을 넘어 지구 전역을 동시에 관통해 가는 자본의 행군으로 구획된 시간대에만 속한다는 점은 분명한 것 같다.

버먼은《공산당 선언*Communist Manifesto*》의 구절을 인용해 자신의 책에《확실한 것은 모두 소멸되다》라는 제목을 붙였는데, 이 제목은 마르크스야말로 자본주의와 모더니티 간의 혁명적 관련성을 파악한 가장 초기 인물 중 한 사람이었음을 일깨워 준다. "생산의 끊임없는 혁신, 모든 사회관계의 무자비한 파괴, 영원한 불안정과 동요"야말로 "부르주아 시대를 이전의 모든 시기와" 구분 짓는다고 마르크스는《공산당 선언》에서 말했다. "모든 고정되고, 고착된 관계는 거기 내재한 일련의 고상한 관념이나 의견과 함께 휩쓸려 가 버리고, 모든 새로 형성된 관계는 화석화하기도 전에 무용지물로 변해 버린다. 모든 확실한 것은 공기 속으로 사라져 버린다."

버먼이 지적하듯이 실제로 마르크스는 자신의 초기 저작을 지배한 프로메테우스적이고 낭만적인 사회적 개인 개념, 즉 앞으로 인간의 잠재력을 다면적으로 개발할 가능성이 있는 인간상을 실현하는 데는 현대적 산업과 생산의 혁명이 필수적인 전제 조건이라고 간주했다. 이러한 맥락에서 마르크스가 깊은 인상을 받은 부분은 부르주아가 창조해낸 상품이라기보다는 "인간의 생명과 에너지의 과정, 힘, 표현에 있었고, 자연과 자신으로 노동하고, 움직이고, 계발하고, 소통하고, 조직화하고 재조직화하는 인간에 있었다"(Berman, 1983: 93). 물론 마르크스는 모더니티와 이 발전의 산물인 현대적 유형의 개인이 갖는 일방적이고 왜곡된 특성, 즉 부르주아 전유 형태가 스스로 만들어 낸 인간적 잠재력을 어떻게 파괴했는지도 이해했다. 그러나 이 부분에서 마르크스는 모더니티를 거부하지는 않았다. 단지 마르크스는 자본주의가 원래 시작한 모더니티 혁명을 **오로지 사회주의만**이 완수할 수 있을 것이라고만 주장했다. 버먼이 표현했듯이, 마르크스는 "더 완벽하고 심오한 모더니티를 통해 모더니티의 상처를 치유"하기를 희망했다.

좌파가 '뉴 타임스'에 관해 느끼는 당혹스러움은 바로 여기에 있다. 20세기 말에 이르면 모더니티의 '밝은 전망'은 상당히 더 모호해졌고, 모더니티와 사회주의, 좌파 사이의 연계는 훨씬 더 약해졌다. 모더니티는 논란의 여지가 크고 양날의 성격을 띠는 것임을 우리는 더 잘 인식하게 되었다. 이는 바로 테오도르 아도르노가 계몽의 "부정의 변증법negative dialectic"이라 부른 현상이다. 물론 '모던'하다는 것은 지금까지 늘 다음과 같은 의미를 지녔다.

> 패러독스와 모순의 삶을 살고…… 경험과 모험의 새로운 가능성을 포착하며, 그렇게 많은 현대의 모험이 도달하게 되는 허무주의적 심층(가령 니체와 바그너에서 죽음의 수용소로 이르는 노선)에 공포를 느끼며, 심지어 모든 것이 녹아내리는데도 무엇인가를 창조하고 거기에 매달리고 싶어 하는 것.

일부 이론가들 — 위르겐 하버마스는 그중 한 명이다 — 은 이는 '계몽'을 너무 비관적으로 해독하는 것이라며, 모더니티의 프로젝트는 아직 완수되지 않았다고 주장한다. 그러나 20세기 말에 이르러 모더니티의 패러독스가 심지어 더 극단화하는 것처럼 보인다는 사실을 부정하기는 어렵다. '모더니티'는 엄청나게 불균등하고 모순된 특성을 띠게 되었다. 한편으로는 물질적 풍요가 넘쳐나고, 다른 곳에서는 빈곤과 이민이 생겨나며, 다양성과 선택은 확대되지만 흔히 상품화, 파편화와 고립이라는 대가를 치르고 있다. 참여 기회는 더 늘어났지만, 시장 법칙에 굴복하는 희생 위에서 가능하다. 창의성과 혁신은 꽃피우지만 흔히 허구적 욕구에 불과해 보이는 데서 추진력을 얻는다. '서구'는 풍요를 누리는 반면, 남반부는 기근에 시달리고 있다. 여러 '발전' 형태는 창조하는 것보다 더 빠른 속도로 파괴하고 있다. 보들레르나 발터 벤야민에게 도시는 원래 현대적 경험이 실현되는 특권화된 시나리오였지만, 지금은 익명의 도시, 대책 없이 팽창하는 도시, 도심이 공동화한 도시, 폐허화한 도시 등등으로 전락했다.

특히 좌파의 입장에서 보면 이처럼 가혹한 패러독스들은 뉴 타임스의 추세와 경향에 대해 확고한 판단이나 평가를 주저하게 만든다. 뉴 타임스가 개척해 주는 새로운 가능성을 보고 이를 환영해야 하는 것인가? 아니면 무서운 참사(지금 현재로는 생태학적 참사가 가장 먼저 생각난다), 그리고 뉴 타임스의 영향으로 초래될 최종적 결말의 두려운 가능성을 이유로 거부해야 할 것인가? 최근 테리 이글턴Terry Eagleton은 다음과 같은 문제를 논의하면서 이 딜레마를 비교의 관점에서 제기했다.

> 이 폐허더미에서 벗어나 더 풍족한 인간의 삶으로 이르게 할 만한 길이 어느 쪽인지, 반면에 어떤 새로 유행하는 비합리주의적 야만주의라는 고려할 가치조차 없는 종점으로 빠지는 길은 어디인지 매우 뚜렷한 감각도 아직 없는 상태에서, 마치 갈수록 소진되는, 수치스럽고 역사적으로 퇴출된 자율적 인간이라는 이데올로기(이는 사회주의적 인간형의 가장 가까운 친척이다)에서 빠져나오려는 듯이 발버둥치는 이행기의 진정한 난제, 곤경, 판단 불능 상태 말이다(Eagleton, 1987: 47).

특히 우리 좌파는 이처럼 극단적이고 양립 불가능한 대안들 사이에서 영원히 진퇴양난 상태에 빠져 있는 것 같다.

좌파는 이 도저히 믿기 어려운 곤경, 이처럼 양립 불가능한 양자택일 상태를 넘어서야만 한다. (비록 더 최신의 것은 많지만) 그람시의 〈미국주의와 포드주의Americanism and Fordism〉라는 글처럼 출발점으로 삼기에 좋은 것은 없다. 이 글은 기이할 정도로 거칠고 '미완성'의 텍스트이긴 한데도, 이 논쟁과 관련해 대단히 영향력 있고 중요한 문건이다. 〈미국주의와 포드주의〉는 20세기 훨씬 초반에 지금과 아주 비슷하게, 우리가 그냥 벗어나도록 되어 있는 그러한 시대 — '포드주의' — 의 탄생이 좌파에게 어떤 위험과 가능성이 있는지 기술하고 평가하려고 시도했다. 좌파가 지금과 아주 비슷한 정치 여건에 처해 있던 무렵에 이러한 시도를 했는데, 노동 계급 운동의 쇠퇴와 위축, 파시즘의 득세, '경제적 착취와 권위주의적인 문화적 표현의 강화'와 함께 등장한 새로운 자본의 물결 등이 그러한 여건의 예다.

만일 〈미국주의와 포드주의〉의 함의를 수용한다면 '미국주의가 새로운 역사적 시기에 해당하는지' 판단하는 데 관련해 그람시가 제시한 '가장 중요하거나 흥미로운 문제의…… 목록'은 '산업 생산에 직접 토대를 둔 금융 자본의 축적과 배분의 새로운 메커니즘'으로 시작한다는 점을 주목해야 한다. 그러나 그람시가 '포드주의'의 특징으로 규정한 항목에는 이 에세이에서 다룬 다른 폭넓은 사회적, 문화적 현상도 포함되었다. 예컨대 유럽의 인구학적 구성의 합리화, 내부적, 외부적 변화 간의 균형, 대량 소비와 '고임금' 현상, '정신분석학과 전후의 엄청난 확산,' 국가에 의한 '도덕적 강제'의 증가, '모더니즘'과 관련된 예술적, 지적 운동, 그람시가 '초도시super-city'와 '초시골super-country' 간의 대비라고 부른 현상, 페미니즘과 남성주의, '성문제' 등이 열거되고 있다. 오늘날 좌파에서 뉴 타임스의 문제점과 전망을 다루면서 이에 버금갈 정도로 종합적이고 폭넓게 접근할 정도로 자신감을 지닌 인물이 있는가? 슬픈 사실이지만, 오늘날 조직화된 정치적 좌파 모임에서 이처럼 '새로운 문제'의 목록을 제시하면 이에 대한 반응으로 아마 대부분 조롱과 분파주의적 험담이 쏟아지는 가운데 '변절자'라는 익숙한 고함소리가 터져 나올 가능성이 클 것이다!

이처럼 좌파 측에서 지적 대담함이 부족한 것은 부분적으로는 분명히 다음과 같은 사실에서 기인할 것이다. 뉴 타임스와 관련된 모순된 요인들은 과거에도 한동안 우파의 확고한 권역 아래에, 또 그 후원하에 있었고 지금도 여전히 그렇다는 사실이다. 우파는 이러한 추세를 활용해 자신의 정치적 과업이 마치 필연적인 것처럼 보이도록 각인시켰다. 하지만 앞서도 주장했듯이, 이러한 시도는 사실을 호도한 것일 수도 있다. 말하자면 현재 진행되는 것은 자본의 득세, 신우익의 헤게모니 장악, 상품화의 거침없는 전개 등이 서로 뗄 수 없이 맞물린 어떤 단일하고 단선적인 논리의 전개가 아니다. 비록 1980년대 우파의 지배 때문에 다소 자연스럽고 불가피한 것처럼 보이게 되긴 했지만, 이것들은 시간 척도가 서로 다른 **이질적인** 과정들에 불과하다.

뉴 타임스가 주는 교훈 중 하나는 역사란, 베네딕트 앤더슨의 표현을 빌리자면, '텅 비어 있고, 동질적인 시간'이 아니라 시간적 척도와 궤도가 이질적인 여러 과정으로 구성된다는 점이다. 이것들은 동일한 국면에 집결될 수도 있다. 그러나 이러한 부류의 역사적 국면은 계속 복합적인 것이지, 단순하지 않다. 다시 말해 어떤 단순한 의미에서 '결정되는' 게 아니라 **중층적으로 결정된다**(말하자면, 여러 이질적인 과정과 모순이 서로 융합하거나 수렴하면서도 각기 나름대로 효과성, 즉 '작동의 구체적인 양식'을 유지하는 데서 생겨나는 효과다)(Althusser, "Contradiction and over-determination"). 그람시가 명쾌하게 보여주었듯이, '새로운 국면'이 진정으로 의미하는 바는 바로 이것이다. 대처리즘과 뉴 타임스의 역사와 시간대는 분명히 중첩되었다. 그럼에도 이것들은 모두 이질적인 시간성에 속하는지도 모른다. 정치적 시간, 체제와 선거의 시간은 단기적이다. '정치에서 한 주는 긴 시간이다.' 경제적 시간, 사회학적 시간은 말하자면 장기 **지속**의 성격을 더 띤다. 문화적 시간은 더욱 느리고 완만하다. 물론 그렇다고 해서 우리가 지금까지 계속 글의 주제로 삼은 대처리즘이나 그 정치적 개입의 규모가 지니는 중요성이 감소하지는 않는다. 대처 혁명에서 느리거나, 완만하거나, '수동적인' 부분은 전혀 없으며 오히려 반대로 잔인할 정도로 신속하고, 간결하며 압축적이었던 것으로 보인다.

그럼에도 불구하고 뉴 타임스의 더 장기적인 지속의 관점에서 보면 대처리즘의 프로젝트는 더 장기적이고, 더 심층적이며, 더 엄청난 변화의 움직임이라는 기반 위에서 작용하는 현상으로 파악할 수 있다. 이러한 변화는 언뜻 마치 대처리즘의 노선에 따라 진행되는 것처럼 보일 수도 있으나, 실제로는 대처리즘이 지난 10년간 단지 간헐적으로, 순간적으로만 이를 장악했을 뿐이다. 대처리즘이란 사실상 이러한 더 심층적인 경향을 장악해 자신의 '퇴행적 근대화regressive modernization' 프로젝트 내부의 헤게모니로 끌어들이고, 반동적 정치 의제에 전유하고, 구체적이고 한정된 사회적 관심사의 이익과 번영에 결부시키려는 시도라고 간주할 수 있다. 일단 대처리즘과 뉴 타임스 간의 차이를 분석적으로 파헤치고 나면, 사회주의와 모더니즘 사이에 끊어진 대화를 재개하거나 재현할 가능성이 생길 수도 있다.

좌파 인사들이 끊임없이 서로 괴롭히며 당혹스럽게 하는 또 한 가지 질문을 생각해 보라. 도대체 어떤 종류의 '이행'을 말하며, 이는 어느 정도 총체적, 혹은 완전한 수준의 것인가? 질문을 이런 식으로 제기하면 양자택일식의 답변이 나올 수밖에 없다. 새로운 시대가 **도래했거나** 아니면 아무것도 변한 게 없어야 한다. 그러나 그것만이 유일한 대안은 아니다. 그 유명한 봉건제에서 자본주의로의 이행과 같은 부류의 **획기적** 이행을 놓고 논의하는 것은 분명히 아니다. 자본주의 내에서도 하나의 축적 체제에서 다른 체제로 옮아가는 것처럼 이행에는 여러 유형이 있는데, 그 결과는 엄청나게 범위가 넓다. 예컨대 마르크스가 말한 절대적 잉여 가치와 상대적 잉여 가치 간의 이행이라든지, 기계적 생산에서 '현대적 산업'으로의 이행을 생각해 보라. 아니면 세기 전환기에 레닌 등을 사로잡았고, '미국주의와 포드주의'에서 그람시가 다룬 그러한 이행을 생각해 보라. 뉴 타임스가 지칭하는 이행이란 후자의 부류에 속한다.

이 이행이 어느 정도 철저한 것인가 하는 문제에 관한 의견은 이렇다. 이처럼 노상강도식으로 사안을 평가하는 방식 자체는 이미 폐기되기 시작한 과거의 총체화 방식의 논리가 낳은 산물이다. 지금처럼 영원한 이행의 시대에는 불균등, 모순된 결과, 탈구, 지연, 우연성, 미완의 과제가, 새로 부상하는 과제와 중첩되는 상황을 **기대해야** 한다. 마르크스의 《자본론》은 자본제 '세계 시장'의 확장이 완료가 아니라 시작하던 시기를 다루며, (가내 생산에서 공장 생산으로의 이행 같은) 이전의 이행도 자세히 살펴보면 이론에서 제시한 것보다 더 오랜 시간이 걸리고 불완전하게 이루어졌음을 우리는 알고 있다.

변화는 완료된 기반에서가 아니라 '변화가 처음 시작되는 최첨단의' 상태에서 평가를 내려야 한다. 음식 산업은 맥도널드의 빅맥에 들어가는 모든 햄버거와 감자 칩의 크기, 모양, 성분에 대해 도쿄에서 [짐바브웨의] 하라레에 이르기까지 전 세계적으로 표준화를 보장할 수 있는 지점에 막 도달했다. 음식 산업은 분명히 이제 막 '포드주의'의 정점에 접어든 셈이다. 하지만 이 산업의 노동력과 매우 유동적이고 '유연한' 탈숙련 노동 패턴은 일부 포스트포드주의의 패턴에 더 근접해있다. 포드주의 시대라는 이름은 원래 자동차에서 유래했다. 그런데 자동차는 (패션과 소프트 산업처럼) 모든 모델과 시장 전문화에 수많은 변형을 가미해, 적어도 일부 영역에서는 더 포스트포드주의적인 형태로 옮아가고 있다. 우리가 제기해야할 질문은 항상, '최첨단적 변화'가 어디서 시작하고 있으며, 어떤 방향으로 향하는지를 다루어야 한다.

문화적 차원

뉴 타임스의 복잡성과 모호성을 풀어나가는 데 필요한 또 한 가지 주요 사항은 우리 시대의 혁명이 지니는 철저하게 문화적인 특징을 편견 없이 그냥 인정하는 일이다. 만일 '포스트포드주의'가 존재한다면, 그것은 경제적 변화만큼이나 문화적 변화에 관한 기술이다. 사실 그러한 구분은 이제 전혀 쓸모가 없다. (과연 그런 적이 있었는지는 의심스럽지만) 문화는 더 이상 생산과 사물이라는 '확실한 세계'를 장식하는 부록이나, 물질적 세계의 부수 요소가 아니다. 이제 단어는 세상만큼이나 '물질적'이다. 디자인, 테크놀로지, 스타일링을 통해서 '미학'은 이미 현대적 생산의 세계에 침투해 있다. 마케팅, 설계와 스타일을 통해 '이미지'는 현대의 소비가 엄청나게 의존하는 신체를 재현하고 허구적 서사화하는 양식을 제공해 준다. 현대 문화는 그 실천과 생산 양식에서 철두철미하게 물질적이다. 그리고 상품과 테크놀로지의 물질적 세계는 철저하게 문화적이다. 흑인이든 백인이든 젊은이라면 비록 '포스트모더니즘'의 철자는 쓸 줄 몰라도 컴퓨터 테크놀로지, 록 비디오, 전자 음악의 시대에 성장했기 때문에, 이미 머릿속으로는 그러한 세계에서 살고 있다.

이는 단지 상품화한 소비 문화에 불과한가? 아니면 반드시 통속적 유행에 대한 집착Trivial Pursuits[146]이라고 보아야만 하는가? (또는 좀 더 이해하기 쉽게 설명하자면, 〈오늘의 마르크스주의〉처럼 진지한 좌파 잡지라면 영원히 거부해야 하

146 'Trivial Pursuits'는 원래 1979년 캐나다인 크리스 헤이니Chris Haney가 고안한 보드 게임에서 유래한 것으로서 주로 2명 이상이 일반적 상식이나 특히 대중문화 지식을 놓고 겨루는 식으로 진행된다. 이 게임에서 필요한 자질을 갖추기 위해서는 대중문화계에서 일어나는 최신의 소식이나 유행에 민감해야 한다는 뜻에서 이렇게 번역했다. — 옮긴이

는 — 아니면 비난하는 게 더 마땅한 — 자본주의 폐기물에 대한 첨단의 '최신 유행 탐닉'에 불과한가?) 상당 부분 — 아마, 심지어 대부분 — 그렇다. 하지만 그 저변에서는, 현대의 **물질적** 삶을 변혁시키는 리듬과 세력에 개인이 노출되는 것을 우리가 파악하지 못한 것은 아닌가? 혹시 이러한 거래에서 단기적으로 누가 이익을 얻는지(물론 엄청난 규모의 이익이 창출되고 있다)에 사로잡혀, **또한** 잠재적으로 그 거래의 숨겨진 의제의 일부이기도 한 문화의 민주화 측면을 간과한 것은 아닌가? 비록 아무리 모순되고 '상품화한' 지형에 불과하다고 해도 대중적 즐거움의 지형에서 완전히 단절된다면, 21세기의 사회주의는 부활은 고사하고, 적어도 존속할 수나 있을까? 우리는 지금 충분히 변증법적으로 사고하는가?

뉴 타임스의 좀 더 문화적이고 주관적인 차원을 파악하는 한 가지 전략은 포스트포드주의의 객관적 특징에서 출발해 그 안팎을 뒤집어 보는 방식이 될 것이다. 새로운 테크놀로지의 예를 보자. 새 테크놀로지는 새로운 숙련도와 실천만 가져오지는 않는다. 나아가 새로운 사고방식까지 요구한다. 테크놀로지는 한때 '냉혹한' 것이었으나 지금은 '소프트'해졌다. 그리고 더 이상 한 가지 단일한 발전 경로나 순서를 따라 작동하지 않는다. 현대의 테크놀로지는 고정된 경로를 거치기는커녕 끊임없는 재협상과 재접합의 가능성에 열려 있다. 이처럼 새로운 테크놀로지 환경에서 '계획'이란 절대적 예측 가능성의 문제라기보다는 모든 측면에서 다원적인 결과가 도출되는 '체제'를 제도화하는 일과 관련이 있다. 말하자면 우연성을 위해 계획을 세우는 셈이다. 이러한 사고 양식은 어떤 결정론적 합리성의 유형이 종말을 고했음을 말해 준다.

아니면 '포스트포드주의' 생산의 특징인 모델과 스타일의 급증, 상품 세분화의 증가를 생각해 보라. 현대 서구의 삶에서 전형적으로 나타나는 사회적 세계와 사회적 '논리'의 다원화와 관련해서, 문화적 다양성과 분화의 더 광범위한 과정이 거기에 거울처럼 반영되고 있음을 발견할 수 있다.

사람들이 현재 활동하는 사회 세계의 다변화와 관련해 그간 '시민 사회'의 엄청난 확장이 이루어졌다. 현재 대다수의 사람들은 소비 매체를 통해서 이 세계와 관련을 맺을 뿐이다. 하지만 이러한 세계를 고도화된 수준에서 유지하기 위해서는 제한된 시장 논리를 훨씬 초월한 집단적 소비 형태가 필요하다는 점을 우리는 점차 이해하게 되었다. 더구나 이 각각의 세계는 또한 자신 나름의 행동 규약, 자신의 '무대,' '경제' 그리고 (트집을 잡지는 마시라) 자신의 '즐거움'을 갖고 있다. 이 세계는 거기에 접근 가능한 일부 개인들에게, 일상생활에 대해 어느 정도 선택과 통제를 회복하고, 삶의 더 표현적인 차원을 '다룰' 공간을 이미 어느 정도 허용해 주고 있다. 이처럼 사회적 삶의 '다원화'는 일상적인 노동과 사회적, 가족적, 성적 삶에서 (적어도 산업화된 세계에서는) 보통 사람들에게 가용한 위치와 정체성을 확장해 준다. 그러한 기회는 전 세계에 걸쳐 더 적게가 아니라 더 폭넓게 주어져야 할 필요가 있는데, 이것이 사적 전유에 의해 제약되는 방식으로 이루어져서는 안 된다.

이처럼 시간과 활동이 점자 '시민 사회' 쪽으로 옮아가는 추세는 여러 가지 문제에 관한 우리의 사고에 적지 않은 함의를 준다. 개인의 권리와 책임이라든지, 새로운 시민권 형태라든지, 전지전능한 국가를 거치지 않고 사회 질서와 규율을 확보하는 방안에 관한 문제를 생각할 때 많은 함의를 얻을 수 있다. 여기서 우리는 다양성과 차이를 두려워하기보다는 장려하는 '사회주의'가 필요하다는 사실을 알 수 있다.

물론 '시민 사회'란 순수한 자유가 구현되는 이상적인 장은 아니다. 시민 사회의 미시적 세계를 들여다보면 권력과 갈등의 지점이 증가하고, 이에 따라 착취, 억압과 주변화 역시 확대되고 있음을 볼 수 있다. 우리의 일상생활 중 점점 더 많은 부분이 이러한 권력 형태나 권력의 교차선상에 예속되어 가고 있다. 이 체제에 대한 저항이 전혀 없기는커녕, 새로운 대립 지형, 그 대립을 중심으로 조직화되어 저항하는 신사회 운동이 대거 늘어났고, 그리고 그 결과 지금까지 좌파가 정치와 무관하다고 간주하던 영역으로까지 '정치'가 일반화하고 있다. 가족, 건강, 음식, 섹슈얼리티, 신체의 정치가 그러한 예다. 단지 우리가 전체적으로 파악하지 못한 부분은 이 권력 관계가 어떻게 서로 연계되는지, 그 저항의 양상은 어떠한지에 관한 것이다. 아마 어쩌면 전통적 의미에서의 하나의 '파워 게임'이란 실체는 없고, 그보다는 오히려 여러 전략과 권력, 그것들의 접합이라는 네트워크가 존재하며, 이에 따라 늘 상대적일 수밖에 없는 정치가 작동하는지도 모른다.

이처럼 비판적인 '새로운' 정치의 장 가운데 하나는 사회적 재생산 영역이다. 좌파의 인물들은 노동력의 재생산에 관해서는 잘 알고 있다. 그러나 페미니즘을 제외하면 이데올로기적, 문화적, 성적 재생산에 관해 정말 우리가 아는 게 무엇인가? 이 '재생산' 영역의 특징 중 하나는 물질적이면서도 상징적이라는 점이다. 왜냐하면 우리는 신체 세포뿐만 아니라 문화 범주도 재생산하기 때문이다. 어떤 점에서는 재생산의 전유 영역이라 할 수 있는 소비조차도 물질적이라고 해서 덜 상징적이라 할 수는 없다. 현대 세계에서 대상은 기호이기도 하며, 우리는 사물의 세계와 도구적이면서 동시에 상징적인 양식으로 관계를 맺고 있다. 이 점을 깨닫기 위해 보드리야르(Baudrillard, 1977: 62)처럼 '대상은 아무것도 아니다'라고 하는 극단적 입장을 취할 필요까지는 없다. 희소성이 철저하게 지배하던 세계에서조차도, 사람들은 그럼에도 불구하고 실제 생활에서 물질적 생존에 필요한 부분뿐 아니라, 세계에서 자신들의 어떤 상징적 위치에 관한 인식, 즉 자신은 누구이며 자신의 정체성은 무엇인지에 관한 인식을 표현한다. 비록 현재 상황에서 유일하게 제공되는 무대란 1968년에 상황주의자Stuationsits[147]가 "상품의 물신화된 구경거리"라 부르던 범위를 넘어서지 못한다 할지라도, 이처럼 사람들이 사회성의 무대에 참여하거나 무대에 '오르려는' 욕구를 간과해서는 안 된다.

물론 소비와 스타일에 대한 집착은 너무 사소한 것처럼 보일 수도 있으며, 이는 남성에게 특히 그렇다. 여성에게 쇼핑은 운명이자 생활의 '노동'인데 비해, 남성은 쇼핑이나, 구매, 조달, 소비 따위의 시시한 과정에서, 말하자면 한 발짝 거리를 둔 채 스스로 '재생산'된다고 여기는 경향이 있어, 쇼핑을 여성보다 덜 진지하게 받아들인다. 그러나 사실은 점점 더 많은 사람이 (여성뿐 아니라 남성도) — 아무리 돈이 적다하더라도 — 사물을 활용하여 자신의 정체성을 표시하는 게임을 벌인다. 서구에서 사는 우리는 아주 빈곤한 사회의 사람들이 마치 문화와 무관한 세상에서 거주하는 것처럼 흔히 이야기한다. 하지만 오늘날의 '상품'은 원래 기능 외에 사회적 기호라는 역할도 하며 에너지뿐 아니라 의미도 생산한다는 점은 이런 사람들을 포함해 누구든지 알고 있다. 의미는 우리가 사는 사회에서 사회성의 본질적인 특징이다. 대안적인 사회주의 경제에서라고 해서, 사물을 의미 체제에 따라 '코드화'하는 우리의 성향이 **반드시** 사라질 것인지, 혹은 실로 그렇게 해야만 하는지에 대해서는 아무런 확실한 증거가 없다.

어떤 형태로든 '자연으로의 회귀'라는 식의 단순한 관념에 근거를 둔 사회주의는 끝났다. 이제 우리는 돌이킬 수 없이 문화가 자연을 압도하는 '2차적 우주' 속에 있다. 그리고 이 문화라는 점을 감안할 때 단순하고 투명한 '물질적 이해관계'의 근거에 호소하는 방식으로 어떤 주장을 해결하

147 1968년 월터 미셸Walter Mischel의 논문이 출간된 후, 인간의 행동 결정에서 내적 요인과 외적 상황 중 어느 것이 우선하는지를 놓고 논쟁이 벌어졌다. 상황주의자들은 인간 행동은 내적 속성이나 동기보다는 외적, 상황적 요인에 의해 주로 영향받는다는 입장을 취했다. — 옮긴이

는 방안은 점차 가능성이 약해지고 있다. 환경 위기는 자연과 문화 간에 엄청난 불균형이 발생한 결과로 나온 것이며, 이 불균형은 이윤 추구와 자본 축적의 동기에 모든 것을 종속시키려는 끊임없는 욕구에 의해 유발되었다. 그러나 이 환경 위기는 단순하게 자연으로 '되돌아가자'는 식으로는 해결할 수 없다. 이는 우리가 지금 의존하는 유한한 자원의 자연 세계를 더 인간적인 — 즉 사회적인 책임감을 지고 공동으로 대응하는 — 방식으로 **계발하는** 방식에 의해서만 해결할 수 있다. '시장'이 그러한 문제를 해결할 수 있다는 생각은 — 현재의 경험에 비추어볼 때 — 명백히 어리석을 뿐 아니라 설득력도 없다.

21세기의 어떤 사회주의든 확장된 문화적, 주관적 기반에 대한 인식에 근거해야 하는데, 이러한 인식은 상당히 의미심장한 방식으로 페미니즘, 혹은 이보다 더 나은 용어로는 '사회의 여성화'라고 부를 수 있는 가치와 관련이 있다. 이 페미니즘은 여성 운동 내에서 일부 경향이 내세운 '미래는 여성적이다'는 식의 단순화된 버전과 구분되어야 한다. 이 후자의 주장은 최근 린 세걸Lynne Segal의 설득력 있는 비판을 받았다. 페미니즘은 현대적 삶에서 여성의 위상이 주목할 정도로 또 돌이킬 수 없이 변화한 데서 유래한다. 이 변화는 노동과 착취 개념의 변화, 노동력에서 젠더 구성의 개편, 출산과 재생산에 대한 통제 확대뿐 아니라, 현대적인 페미니즘의 재탄생 자체에서 나온 결과였다.

페미니즘과 성정치를 둘러싼 사회 운동은 따라서 좌파의 이론적 세계에서 한때 '해결'되었다고 간주되던 모든 것을 뒤흔들어 놓는 효과를 가져왔다. 무엇보다 극적인 효과는 섹슈얼리티 문제를 정치 의제로 올려 좌파에 특징적인 대화의 중심을 분산시키는 위력을 발휘했다는 점이다. 이는 단순히 좌파가 여성이나 레즈비언, 게이 남성들에게 '우호적'으로 되거나 그들의 억압과 배제 형태 문제를 다루기 시작한다는 문제를 넘어섰다. 이는 그보다는 좌파에서 일어난 사고 자체의 혁명과 관련이 있다. 좌파의 정치를 포함해서 **모든** 사회적 실천과 지배 형태는 항상 성적 정체성과 자리매김 속에 각인되어 있고 어느 정도는 그 정체성과 자리매김에 의해 확보된다는 인식은 이 사고 혁명에 큰 영향을 미쳤다. 만일 젠더화된 정체성이 어떻게 형성, 변화하며 정치적으로, 어떻게 전개되는지에 주목하지 않는다면, 우리 사회에서 권력의 제도화, 그리고 변화에 대한 은밀한 저항의 원천을 이해하는 데 활용할 만큼 충분한 설명력을 갖춘 언어를 절대로 구사할 수 없게 된다. 섹슈얼리티 문제는 아무도 어찌 다루어야 할지를 모르는 전류처럼 수많은 좌파 모임을 관통하고 있었다. 그러한 모임을 겪고 나면, **특히 좌파 쪽에서** 변화에 대한 저항이 완강하다고 말하고 싶은 충동을 느끼게 된다.

대처리즘은 확실히 정치에서 젠더와 정체성이 지니는 이러한 함의를 철저하게 인식했다. 대처리즘은 특정한 가부장제 형태와 문화적, 국가적 정체성을 중심으로 강력한 체제를 갖추었다. '영국스러움,' '대영제국인이 되는' 법, 혹은 영국인이 '다시 위대하다고' 느끼는 감정의 옹호는 대처리즘이 대중성을 얻은 예상치 못한 몇몇 원천의 핵심이었다. 문화적 인종주의는 대처리즘의 가장 강력하고, 지속력 있고, 효과적인 — 그리고 가장 거론되지 않은 — 힘의 원천 중 하나였다. 바로 이러한 이유로, 특권화되고 제약적인 문화적 정체성으로서 '영국스러움'은 사회 내에서 대처리즘에 의해 배제되었다고 느끼는 수많은 주변화된 종족, 인종 집단에게 투쟁의 장이 되고 있다. 이 집단은 (주류 영국인과 다른) 인종적, 종족적 동일시 형태를 고수하며, 뉴 타임스 시대에는 문화적 다양성을 사회의 목표로 삼아야 한다고 주장한다.

이처럼 예기치 않은 종족성의 귀환에 대해 좌파는 두려워하지 말아야 한다. 비록 수많은 곳에서 종족성은 계속해서 놀랄 정도로 생명력이 강하고 강력한 반동 세력이긴 하지만, **새로운** 형태의 종족성은 정치적으로 다양한 방향으로 접합된다. 여기서 우리는 '종족성'이란 단어를 이런 뜻으로 쓴다. 즉 특정한 공동체, 지역. 영토, 언어, 종교나 문화 중 어느 것에 관련해서든 세상에서 어떤 '장소'나 위치감을 개인에게 부여하는 그 모든 고착점이 경이로울 정도로 정치 의제로 부활한 것을 말한다. 오늘날 흑인 작가와 영화 제작자들은 흑인 주체에만 국한해 다루기를 거부한다. 그러나 자신들이 표현하고자 하는 것은 특정한 역사와 문화에서 나오며, 어떤 사람이든 전 지구적 권력 분포 내에서의 각자 위치로부터 발언한다는 사실을 모두 인식해야 한다고 주장한다. 그러나 이 위치는 변화하고 바뀌는 것이기 때문에, 정치란 항상 '진지전'으로 수행될 수밖에 없다.

이처럼 '자리매김'에 대한 강조는 사람들에게 좌표를 부여하게 되는데, 지금 사람들의 삶을 형성하는 과정 중 상당 부분이 엄청난 글로벌화와 초국가적 특성을 지니는 상황에서 이러한 좌표는 특히 중요하다. 뉴 타임스에서는 '글로벌화'와 '로컬화'가 동시에 진행된 것처럼 보인다. 그리고 모든 사람은 비록 '상상의 공동체'에 불과하다고 해도 그곳이 어디든 어떤 장소에서 왔고 어떤 식으로든 동일시와 소속감이 필요하다는 점을 종족성 문제는 일깨워 준다. 정체성과 동일시의 계기 — 물론 그것을 어떤 영구적이고 고정적이며 본질적인 것으로 여기지는 않더라도 — 를 간과하는 정치는 아마 뉴 타임스를 제압할 수 없게 될 것이다.

새로운 주체가 없는 뉴 타임스는 가능할까? 그 주체는 변하지 않고 꼭 그대로 남아 있는데 세상은 바뀔 수 있을까? 현대 세계의 구조를 바꿔 놓은 세력들이 그 과정의 주체들은 손대지 않고 남겨둔 것일까? **우리가** 바뀌지 않고 그대로 있는데도 변화는 가능한가? 이는 원래 가능성이 항상 없었으며, 지금도 확실히 성립할 수 없는 명제다. 이것은 마르크스가 정확하게 예측했듯이, 뉴 타임스가 조용히 공기 속으로 녹여 없애버리는 수많은 '고정되고 고착된 관계, 고상한 아이디어나 의견' 중 또 한 가지일 뿐이다.

3부

미디어와 이데올로기

9

'이데올로기'의 재발견:
미디어 연구에서
억압되어 있던 것의 복귀

The Rediscovery of 'Ideology': Return of the Repressed in Media Studies

● "The Rediscovery of 'Ideology': Return of the Repressed in Media Studies," in Michael Gurevitch et al. (eds.), *Culture, Society, and the Media*, London: Methuen, 1982, pp.56~90.

매스 커뮤니케이션 연구는 부드럽게 표현하자면, 지금까지 다소 변화무쌍한 경력을 거쳤다. 대략 20세기 초반 무렵 과학적 탐구와 연구라는 전문가 영역으로 시작된 이래 적어도 세 가지 뚜렷이 구분되는 단계를 확인할 수 있다. 가장 극적인 단절은 두 번째와 세 번째 단계 사이에 일어났다. 이것은 1940년대에 시작하여 1950년대와 1960년대에 이르기까지 그 분야를 지배한, 미국 '주류' 행동과학의 사회학적 접근 방식 내에서 오랫동안 수행된 연구 시기와, 그 접근 방법이 쇠퇴하면서 대안적인 '비판적' 패러다임이 등장한 시기를 구분한다. 이 글은 이러한 주요 패러다임 이동의 윤곽을 대략 그려 보고, '비판적' 접근 방식이 형성되는 과정에서 결합하게 된 몇몇 이론적 요소를 확인해내려 한다. 지금 단계에서는 이러한 단절에 관해 두 가지 기본적인 사항을 주장해야겠다. 첫째, 언뜻 보기에 '주류'의 접근 방식과 '비판적' 접근 방식의 차이는 주로 방법론과 절차에 관한 것으로 보일지 모르나, 우리가 보기에 이러한 외관은 거짓에 불과하다. 그보다는 이론적 시각과 정치적 계산의 근본적인 차이가 양자를 구분해 준다. 이 차이는 우선 미디어 분석과의 관계에서 나타난다. 그러나 이러한 직접적인 주목 대상의 배후에는 사회나 구성체 일반을 어떻게 분석할 것인가 하는 점에서 엄청난 차이가 존재한다. 둘째, '주류'의 시각에서 '비판적' 시각으로 어떻게 이동했는지 그 특징을 파악하는 가장 단순한 방법은, 본질적으로 행태주의적 시각에서 이데올로기적 시각으로 옮아갔다는 관점에서 보는 것이다.

'꿈이 실현되다': 다원주의, 미디어와 통합의 신화

'주류'의 접근 방식은 두 가지 의미에서 행태주의적이었다. 이 시기에 미국 미디어 사회학자들이 다룬 중심적인 문제는 미디어의 효과 문제였다. 미디어가 그것의 영향에 노출된 개개인의 행태에 어떠한 변화를 가져다주었는가 하는 측면에서 볼 때, 이 효과는 가장 잘 드러나고 분석 가능할 것이라고 가정했다. 또한 그 접근 방식은 좀 더 방법론적인 의미에서 보자면 '행태주의적'이었다. 미디어 효과에 관한 사변은 실증주의 사회과학의 특징인 경험적 검증을 거쳐야 했다. 1940년대 미국에서 미디어 연구가 꽃피면서 이 접근 방식은 지배적인 흐름으로 확립되었다. 주류 미디어 연구의 부상은 1950년대와 1960년대 초반의 전성기에 미국의 행태주의 과학이 전 세계적 규모로 제도적인 헤게모니를 잡은 것과 시기가 일치한다. 그리고 그 쇠퇴는 그러한 지적 헤게모니의 토대가 된 패러다임의 쇠퇴와 때를 같이한다. 이러한 방향 전환에서는 이론적, 방법론적 문제가 가장 중요하기는 했지만, 이 변화는 분명 그 역사적·정치적 맥락에서 분리해서 볼 수 없을 것이다. 따라서 다양한 연구 단계 사이의 이동을, 미국과 유럽 양극단이 번갈아 가며 지적 영향을 미친 것으로 파악하더라도 지나친 단순화라 볼 수는 없을 것이다.

주류의 행태주의가 헤게모니를 장악한 시기에 미디어 연구의 성격과 그 연구가 어떤 일련의 효과에 관심을 갖던 것을 이해하기 위해서는 반대로 행태주의가 미디어 연구의 첫째 단계와 어떤 관련이 있는지를 이해해야 한다. 이와 같은 행태주의적 효과에 관한 관심의 배후에는 현대의 미디어가 현대 산업 사회에 미치는 효과에 관해 몇 가지 어려운 명제를 사변적인 방식으로 제시한, 덜 과학적이고 덜 경험적인, 더 오래된 사유 전통이 존재한다. 기본적으로 유럽을 중심으로 진행된 이 광범위한 논쟁에서는 아주 강력하고 대개는 매개되지 않은 효과가 미디어에서 나오는 것으로 볼 수 있다고 가정했다. 이러한 작업에서는 후기 산업 자본주의 발전기의 어느 시점에서 현대 사회가 '대중 사회'로 이행했다는 가정을 전제로 한다. 매스 미디어는 이러한 진화의 도구이면서, 그 사회의 가장 당혹스러운 경향의 징후로 간주했다. '대중 사회/대중문화' 논쟁은 사실 적어도 멀리 18세기까지 거슬러 올라간다. 이 논쟁의 틀은 도시 상업 문화가 등장하던 시기에 처음 정해졌는데, 당시 대중문화는 시장용 문화 생산에 직접 의존했기 때문에 전통적인 문화 가치를 위협한다고 해석되었다. 그러나 논쟁은 특히 19세기 말에 격렬한 형태로 부활되었다. 산업 자본주의 발전과 연관된 이 문화적, 사회적 문제점을 논의하는 틀은 오늘날에는 일반적으로 대부분 평가절하되고 있고, 우리도 그러한 견해에 동의한다. 그럼에도 불구하고 대중문화 논쟁은 이 시기에 많은 선진 산업 자본주의 사회의 사회관계에서 일어난 심층적인 질적 변화를 잘 파악했다. 이러한 역사적 변혁의 성격을 '대중 사회' 명제의 관점 내에서는 제대로 파악하거나 적절히 이론화할 수 없었다. 하지만 오늘날 선진 자본주의 발전에서 독점 형태로의 이행으로 파악하는 변화가 시작되면서 '논쟁'이 다시 전면에 부상했을 때 지배적이던 관점은 바로 이 대중 사회 논쟁이었다.

좀 더 사변적인 이 접근 방식에서 가장 관심을 기울인 효과는 대개 세 가지 제목으로 분류할 수 있다. 일부는 문화적인 효과로 정의되었다. 새로운 미디어와 연관된 대중문화가 전파된 결과, 고급 문화가 대체되고, 타락하고, 신변잡기화한 현상이 이에 해당한다. 몇몇은 정치적인 효과로 정의되었다. 대중이 미디어의 거짓 호소, 선전과 영향에 쉽게 속아 넘어가게 된 현상이 이에 해당한다. 일부는 사회적인 효과로 정의되었다. 공동체 유대, 공동 사회gemeinschaft, 중간적인 면 대 면 집단 파괴, 대중이 미디어를 통해 엘리트의 상업적 영향력에 노출된 현상이 여기에 속한다. 이 시나리오에는 아주 구체적인 역사적 이미지가 압도하게 되는데, 바로 경제 공황과 파시즘의 이중적 습격에 따른 유럽 사회의 붕괴라는 이미지다. 특히 파시즘의 습격에서는 비합리적인 정치 세력이 풀려나 득세하고, 그 과정에서 선전 미디어가 핵심적인 역할을 했다는 측면에서 파악한다.

프랑크푸르트 학파는 이러한 비판에 날카로운 철학적 정교함을 더해주었다. (프랑크푸르트 학파의 저작과 대중문화 논쟁에 관해서는 Bennett, 1982에서 심도 있게 논의한다.) 파시즘이 등장하면서 프랑크푸르트 학파는 흩어지고 구성원들은 미국으로 망명했는데, 이때 대중 사회에 대한 비관적인 예감도 함께 가져갔다. 간단히 말해 이들의 메시지는 다음과 같다. “파시즘은 여기서도 발생할 수 있다.” 어떤 면에서는 이러한 대중 사회 비판의 초창기 형태를 이미 다룬 적이 있던 미국의 행동과학은 1940년대와 1950년대에 이 도전에 대해 일종의 대체된 해답을 계속 개발해냈다. 그 주장에 의하면 미국에서 대중 사회의 몇몇 경향이 나타나는 것은 분명하지만, 이를 상쇄하는 강력한 경향도 존재한다는 것이다. 1차 집단은 해체되지 않았다. 미디어 효과는 직접적이지 않으며, 다른 사회 과정에 의해 매개된다. 본질적으로 미국 사회가 서서히 다가오는 일종의 전체주의의 징후를 보인다는 비판에 대해, 미국의 사회과학자들은 다음과 같이 낙관적으로 대응했다. “여기서는 다원주의가 작동한다.”

아마도 미디어 효과에 관해 ‘비관적인’ 사회적 예측과 ‘낙관적인’ 예측의 구분보다 더 중요한 것은 두 학파의 이론적, 방법론적 접근 방식의 구분일 것이다. 유럽식 접근 방식은 역사적, 철학적으로 포괄적이고 사변적이며 의미심장하지만 지나치게 일반화된 일련의 가설을 제시했다. 미국식 접근 방식은 경험적이고, 행태주의적이면서 과학적이었다. 사실 한 가지 틀 안에서 제안된 여러 가설은 종종 완전히 다른 가설에서 검증되고 다듬어지고 보완되었다. 가설과 연구 결과가 일치하지 않는 것도 놀랄 만한 일은 아니다. 만일 사실 확인의 맥락이 되는 이론적 틀과 무관하게, 이미 정해지고 논쟁의 여지가 없는 사실이 존재하며, 그러한 사실은 보편적인 과학적 방법에 따라 경험적 증명이 가능하다고 믿는 사람이 있다면, 오로지 그런 사람만이 가설과 결과의 일치가 가능할 것이라고 기대할 것이다. 그런데 이 일이야말로 바로 미국의 행동과학이 스스로 하고 있다고 제시한 것이다. 여기서는 전반적으로 설명하는 대신에, 언급할 만한 가치가 있는 몇몇 흥미로운 과도기적 계기만 예시하겠다. 이 계기들은 두 이민자의 역사로 요약할 수 있다. 유럽의 저명한 방법론자이자 프랑크푸르트 학파의 본격적인 구성원은 아니지만 관련이 있던 라자스펠드는 사실 미국의 맥락에서 행태주의 방법론의 정상이자 주도적인 권위자가 되었다. (라자스펠드가 후기의 과제에서 성공을 거둔 것은, 이전에 유럽의 사변적 문제에 세심하게 관심을 기울인 것과 관계가 있을지 모른다고 사람들은 추측했다. 분명 라자스펠드는 좀 더 기술적인 다른 동료보다는 이론적으로 더 정교한 방법론자였다.) 반면 프랑크푸르트 학파에서 가장 막강한 이론가였던 아도르노는 사변적 비판을 경험적 연구 절차에 적용하려 했지만 두드러지게 성공하진 못했다. 《권위주의적 퍼스낼리티*The Authoritarian Personality*》(1950)는 바로 이러한 종류의 혼합된 괴물, 즉 혼혈에 부정한 혈통의 산물이다.

유럽식의 비판 이후에 나온 접근 방식에서는 주로 행태 변화에 초점을 두었다. 여기서는 만일 미디어가 '효과'를 미친다면, 개개인에 미치는 직접적인 영향으로 경험적으로 나타나야 하며, 행태의 전환으로 드러날 것이라고 주장했다. 선택의 전환 — 가령 광고된 소비재나 대통령 후보 중에서 — 은 측정 가능한 영향과 효과의 전형적인 사례로 간주되었다. 여기서 사용된 권력과 영향력의 모델은 패러다임상으로는 경험주의적이고 다원주의적이다. 그 주된 초점은 개인에 두었고, A가 B의 행태에 미치는 직접적인 영향이라는 관점에서 권력을 이론화했으며, (이러한 유형의 '정치학'이 그랬듯이) 의사 결정 과정에 몰두했다. 여기서 이상적으로 보는 실험적 검증은 사전/사후 검증이었으며, 이상적인 영향력 모델은 캠페인 모델이었다. 정치 캠페인 연구는 정치를 주로 투표, 또한 주로 캠페인의 영향력과 그 결과로 생기는 투표 선택이란 점에서의 투표 행위로 파악했다. 이것은 광고 캠페인과 정확하게 일치했다. 구체적인 수용자를 광고주에게 전해 주는 방법을 발견하기 위해 수많은 연구에 자금이 지원되었을 뿐 아니라 — 여기에는 '정책 연구'라는 고상한 이름이 붙었다 — 상업성이 더 희박한 순수 학계 분위기에서조차 상업적 모델이 이론을 지배하는 경향이 있었다. 더 광범위한 역사적 변천, 투표함 이전과 그 너머에 있는 정치 과정과 정치 구성체 문제, 사회적, 정치적 권력의 쟁점, 사회 구조와 경제적 관계의 쟁점은 그냥 사라졌는데, 이는 우연이 아니다. 그러한 주제는 이론적으로 **준거틀에서 벗어났기** 때문이다. 또한 그 접근 방식은 경험적인 연구에 근거하고 과학적이라는 점에서 선진적인 것이긴 하지만, 아주 구체적인 정치적, 이데올로기적 가정에 근거했기 때문이다. 그렇지만 이 가정은 이론 속에서 검증에 붙여지지 않고 검토되지 않은 일련의 공리로서 이론을 틀 지우고 지지했다. 이 접근 방식에서는 "다원주의는 작동하는가?" 또 "다원주의는 어떻게 작동하는가?" 하는 질문을 던져야 했다. 그 대신 거기서는 "다원주의는 작동한다"라고 주장했다. 그리고 나서는 다원주의가 어느 정도 잘 돌아가는지를 정확히 경험적으로 측정하는 작업으로 넘어갔다. 이와 같이 냉혹하고 완고한 행태주의적 실증주의의 모습을 취하는 예언과 희망의 혼합체는 스스로 오랫동안

'순수 과학'으로 통하는, 맹목적인 이론적 가공물을 만들어 냈다.

이 모델에서 권력과 영향은 동일하면서 서로 호환 가능한 용어였다. 이 둘은 의사 결정 지점에서 경험적으로 보여 줄 수 있는 것이었다. 가끔 이러한 환원론은 더 큰 화폭에 투사되어 미디어의 영향을 '사회' 전체라는 관점에서 논의하게 했다. 그러나 이러한 연계는 아주 구체적인 방식으로 실행되었다. 사회는 아주 제한된 방식으로 정의되었고, 대체로 사회를 문화적으로 정의할 수 있는 것으로 가정했다. 계급 구성체, 경제적 과정, 일련의 제도적 권력 관계는 대개 인정되지 않았다. 사회를 한데 묶어 주는 것은 그 규범이라는 데 합의가 이루어졌다. 다원적 사회에서는 모든 구성원 사이에서 규범에 대해 폭넓고도 근본적인 합의가 지배한다고 가정했다. 그렇다면 미디어와 이러한 규범적 합의 사이의 연결은 가치 수준에서만 가능했다. 이것은 다루기 까다로운 용어였다. 파슨스가 말하는 "사회 체제social system"(Parsons, 1951)에서 그러한 가치는 절대적으로 중심적인 역할을 했다. 사회 질서를 한데 묶어 주는 통합 메커니즘은 그 가치를 둘러싸고 조직되기 때문이다. 하지만 이러한 가치의 내용과 구조가 어떤 것인가, 이 가치가 어떻게 생산되는가, 혹은 아주 분화되고 동적인 현대 산업 자본주의 사회에서 '핵심적인 가치 체계'에 대해 포괄적인 합의가 어떻게 자발적으로 생겨나는가 하는 문제는 설명하지도 않았고 설명할 수도 없었다. 하지만 어쨌든 가치에 대한 합의는 존재한다고 가정했다. 에드워드 실즈(파슨스의 공저자)의 주장에 따르면, 이처럼 광범위한 가치는 스스로 성스러운 권력으로 격상되었다고 할 정도로 아주 폭넓게 공유되고 있다(Shils, 1961a: 117). 까닭을 알 수는 없지만 만일 어떤 집단이 합의 클럽의 구성원으로서 의무를 다하지 않는다면, 아직 그 속에 통합되는 과정에 있는 셈이다. 핵심부는 주변부의 좀 더 '야만적인' 문화를 점차 흡수할 것이다(Shils, 1961b). 따라서 정치사회 내에서 모든 시민에게 민주적으로 참정권을 주고, 자유 기업 경제 내에서 모든 소비자에게 경제적인 참정권을 주고 나면, 모든 집단이 중심부의 문화에 문화적으로 빠르게 흡수될 것이다. 다원주의는 이 세 가지 서로 보강하는 지주대에 의존했다. 순수한 형태의 다원주의는 어떤 구조적 장벽이나 계급의 한계든 이러한 문화적 흡수 과정을 막지는 못할 것이라고 장담했다. 모두 '주지하다'시피, 미국은 더 이상 계급 사회가 아니었기 때문이다. 어떤 것도 중심부를 향한 미국 대중의 긴 여정을 막을 수는 없었다. 이것은 흑인, 스페인계와 멕시코계 미국인, 미국 원주민, 뉴욕의 이탈리아계, 보스턴의 아일랜드계, 멕시코 불법 체류자, 캘리포니아의 일본계 주민, 블루칼라 노동자, 건설 노동자, 도시 부랑자, 남부의 백인 빈민, 그리고 미국의 용광로에서 아직도 부글거리는 다른 반항적 요소에게는 아주 반가운 소식이었음에 틀림없다. 이보다 더 반가운 것은(이는 냉전기가 극에 달했을 때 위안이 되는 생각이기도 했다), 다른 모든 사회가 '근대화'의 연속선continuum을 따라 진행하고 있다는 점이다. 이렇게 해서 다원주의는 단지 미국식의 특수주의를 정의하는 한 방식이 아니라, 사회과학 속에 각인된 사회의 모델 그 자체가 되었다. 이처럼 부실한 구상이 이론적 형식을 갖추어 제시되고, 세련된 방법론에 의해 경험적으로 검증되면서 발전하긴 했지만, 그 밑에 깔린 정치적 이데올로기적 결론은 착오의 여지가 없다. 대니얼 벨Daniel Bell은 《이데올로기의 종언*The End of Ideology*》(1960)에서 '이데올로기'라는 고전적인 문제는 마침내 극복되었다고 장담했다. 이해관계와 가치 사이에 다원주의적 갈등은 광범위하게 발생할 수도 있다. 그러나 이 갈등은 모두 다원주의적 합의와 '게임의 규칙'이라는 틀 안에서 해결될 수 있을 것이다. 또 다른 옹호자인 시모어 립셋Seymour Lipset이 힘주어 표현했듯이 이는 본질적으로 다음과 같은 이유 때문이다.

산업 혁명의 근본적인 정치적 문제는 해결되었다. 노동자는 산업적, 정치적 시민권을 얻었고, 보수주의자는 복지 국가를 수용했다. 전반적으로 국가 권력이 강화되면서 경제 문제에 대한 해결책이 되기보다는 자유에 더 큰 위협이 된다는 점을 민주 좌파는 깨달았다(Lipset, 1963: 406).

다원주의를 현대 산업 사회 질서의 **유일한** 모델로 설정한 것은 심각한 이론적, 정치적 봉쇄의 계기가 되었다. 하지만 다원주의는 1960년대 후반에 게토의 폭동, 대학에서의 봉기, 반문화 소요, 반전 운동 등의 시련기를 견뎌 낼 운명은 아니었다. 다원주의는 한동안 널리 득세했다. 사회과학이란 신임장에 의해 뒷받침되는 글로벌 이데올로기였기 때문이다. 나아가 전 세계에도 적극적으로 수출되었다. 이론적으로 옳으면 사실에서도 옳다는 점을 그럴듯하게 경험적으로 보여 줄 수 있다는 사실에서 다원주의의 설득력은 부분적으로 유래했다. 아메리칸 드림은 경험적으로 증명되었다. 개발 도상 국가에 대한 개입은 모두 근대화 경로를 빨리 거치도록 촉진한다는 명분으로 행해졌다. 정치적 해결과 이론적 헤게모니의 계기는 어떤 모습을 띠는가 하는 질문이 가끔 제기되는데, 이는 분명 좋은 질문이 되기에 충분한 자격이 있다.

미디어는 주로 두 가지 방식으로 이처럼 일반적인 사회과학 모델에 접합되었다. 캠페인과 의사 결정의 틀 안에서 그 영향력을 추적했는데 직접적으로는 개개인의 행태 변화에서 추적했고, 간접적으로는 두 번째 단계에서 경험적으로 관찰 가능한 행태 차이로 이어지는 의견에 미치는 영향에서 찾았다. 여기서 미디어 메시지는 커뮤니케이터의 의도와 편견이라는 관점에서 해독되고 기호화되었다. 메시지는 일종의 공허한 언어적 개념이라고 가정했기 때문에, 상대적으로 단순히 그 생산자의 의도를 반영한다고 간주했다. 메시지는 커뮤니케이터의 의도가 개별 수신자의 행태에 효과적으로 영향을 미칠 수 있는 수단에 불과했다. 미디어의 영향 모델을 좀 더 완전히 사회적인 것으로 발전시키려는 움직임이 때때로 선포되기도 했다. 그러나 이러한 시도는 대개 성취되지 못한 채 프로그램상의 약속 수준에 머물렀다. 방대한 규모의 메시지를 객관적이고 경험적 증명이 가능하게 코딩하고 처리하는 방법(내용 분석 방법)은 아주 정교하고 세련된 것이었다. 그러나 개념적으로 그 자체의 내부적 구조화와 복잡성을 갖춘 기호 전달체나 구조화된 담론인 미디어 메시지는 이론적으로 완전히 미개발 상태에 머물렀다.

더 폭넓은 수준에서 미디어는 대개 성취된 합의를 반영하거나 표현한다고 간주했다. 결국 미디어의 영향력이 그다지 크지 않다는 발견은, 대개 더 넓은 문화적 의미에서 미디어는 이미 폭넓은 합의의 기반을 확보한 가치와 규범을 보강한다는 신념의 전제에서 나왔다. 합의는 '좋은 것'이기 때문에, 미디어의 보강 효과는 관대하고 긍정적으로 해석되었다. 따라서 미디어가 제공하는 것에 대해 다양한 개개인이 나름대로 다양한 주목과 선별 구조를 보일 수도 있다는 사실을 설명하기 위해 선택적 지각 개념이 도입되었다. 그러나 이와 같이 분화된 해석을 다시 해독 이론이나 복잡한 이데올로기의 지도에 연결시키지는 않았다. 그 대신 이 현상을 기능적으로 해석했다. 다양한 개개인은 프로그램의 다양한 부분에서 다양한 만족을 끌어내고 다양한 욕구를 만족시킬 수 있다. 이러한 욕구와 만족은 보편적이며 범역사적이라고 가정했다. 요컨대 이 모든 것에서 파생되는 긍정적인 가정이 있는데, 바로 미디어는 사회의 핵심적 가치 체계와 일치되게 기능하고 그 가치를 보강해 주기 때문에 — 상업적 영향과 기타 영향에 노출되기는 하지만 — 대체로 사회에 기능적이라는 것이다. 미디어는 다원주의를 보장해 준 것이다.

일탈자와 합의

앞서 말한 패러다임의 지배가 끝나 가던 무렵에, 그러나 그 경계 바깥에서 더 근본적으로 도전받기 이전에, 이러한 이론적 종합 내부에서 일어나기 시작한 두 가지 종류의 단절을 확인할 수 있다. 첫째는 '합의'라는 용어 자체를 문제 삼게 된 것으로 요약할 수 있다. 앞서 주장했듯이, 통합되고 유기적인 합의라는 가정은 경험적으로 확인 가능한 어떤 집단을 제외했다. 우선 이 집단은 서로 갈등하는 구조적 혹은 이데올로기적 원칙에 따라 조직된 것으로 간주되지 않았기 때문에, 전적으로 합의로부터의 일탈이라는 관점에서만 정의되었다. 합의 밖에 있다는 것은 대안적인 가치 체계 속에서가 아니라 단지 규범 그 자체 밖에 있다는 것, 즉 무규범적이며 따라서 아노미 상태에 있는 것이었다. 대중 사회 이론에서는 아노미 상태를, 특히 미디어의 지나친 영향에 노출되기 쉬운 조건으로 보았다. 그러나 이 일탈체를 더 자세히 연구하기 시작하면서, 이것이 종종 대안적인 통합의 초점을 갖고 있음이 분명해졌다. 그래서 이처럼 고립된 지역은 '하위문화'로 정의되었다. 그러나 하위문화와 지배 문화의 관계는 계속해서 문화적으로 정의되었다. 다시 말해 하위문화적인 일탈은 핵심적 가치 체계 내에서 제도화된 것과는 다르거나 벗어난 '상황 정의'를 학습하거나 거기에 가맹하거나 지지하는 것으로 파악할 수 있었다. 일생 동안 하위문화 속에 있는 일탈자는 가령 지배적 합의에서 규칙에 어긋나는 것(까닭을 알 수 없지만 술과 담배는 미국의 중심적인 가치 체계에서 높고 긍정적인 프리미엄을 얻고 있기 때문에 여기서 예외다)으로 간주한 마약 복용에 대한 정의를 긍정적으로 받아들였다. 한동안 이와 같이 다양한 '상황 정의'는 그냥 공존하도록 방치되었다. 하위문화 이론가들은 일탈자 공동체가 더 큰 사회 체제와 어떤 연관을 맺는지에 관해 그다지 많은 질문을 제기하지 않으면서, 그 공동체의 의미심장한 하층 생활을 탐구하려 하였다. 로버트 머튼Robert Merton은 구조 기능주의자 혹은 '아노미' 시각에 속하는 입장에서 이 문제를 진지하게 다룬 몇 안 되는 사회학자 가운데 한 명이다(Merton, 1957).

그러나 이러한 이론적 다원주의는 오래 살아남을 수 없었다. '일탈'된 구성체와 '합의'를 이룬 구성체 사이의 이러한 구분은 술과 마리화나에 대한 상반된 태도를 비교해 보면 드러나듯이, 자연적인 것이 아니라 사회적으로 정의된다는 사실이 곧 드러났기 때문이다. 더구나 일탈과 합의의 구분은 역사적으로 가변적인 것이었다. 하위문화 이론가들이라면 독주와 킹사이즈 필터 담배의 습관적 이용이 미국의 남성다움에 대한 정의에서 필수 요소로 여겨지던 시절과 금주령 시절의 기억을 되살려 대비해 볼 만한 분별력은 갖추었을 것이다. 중요한 것은 술 마시는 사람이 마리화나 피우는 사람을 일탈자라고 정의할 권력을 보유했다는 점이다. 요컨대 합의에 대한 지지자와 일탈자라 불리는 사람 사이의 거래에는 문화적, 사회적 권력 — 모두 따라야 하는 게임의 규칙을 정의할 권력 — 의 문제가 연루되어 있다는 것이다. 일찍이 일탈 문제의 '중요성을 인식한 사람' 중 한 명인 하워드 베커가 "신뢰도의 위계"라고 부른 것이 존재했다(Becker, 1967). 더구나 그러한 정의는 조작적인 것이었다. 여기서는 일탈자를 적극적으로 찾아내서 이름 붙이기를 했는데, 이름 붙이기 과정은 이들에 대한 도덕적 질책과 사회적 제재를 가동하는 구실을 했다. 이것은 — 오늘날 뒤르켐의 프로그램 가운데 잊혀진 부분을 기억해낸 사람이라면 인정했듯이 — 도덕 공동체의 내부적 유대를 보강하는 결과를 낳았다. 뒤르켐이 말했듯이 "범죄는 곧은 양심을 결집시키고 집중시킨다"(Durkheim, 1960: 102). 그러나 범죄는 또한 사회의 규칙에서 벗어난 사람을 처벌하고 낙인을 찍어 사람들이 규칙에 더 잘 순응하도록 보강하는 구실도 했다. 물론 도덕적 질책의 한계 너머에는, 사회를 위해 일탈 범죄자를 처벌하는, 모든 엄격한 법률적 처리와 집행 관행이 존재했다. 그렇다면 누가 누구를 정의할 권력을 갖는가 하는 문제가 생겨났다. 그리고 이와 더 관련된 것은, 정의하는 자와 당하는 자 사이의 권력 배치는 누구의 이익을 위한 것인가 하는 문제였다. 합의는 어떤 이익을 위해 '작동'했는가? 그리고 구체적으로 어떤 유형의 특수한 질서를 유지하고 지지했는가?

사실 여기서 쟁점이 된 것은 사회적 통제와 사회 질서 유지에서 사회적 통제가 수행하는 역할이었다. 그러나 사회 통제란 단지 대다수가 '기본 사항에 합의'하기 위해 자발적으로 맺은 협정에 명백히 표현된 사회 질서 형태에만 그치지 않았다. 강화된 것은 단지 '사회적 유대'만이 아니었다. 사회 통제는 특정한 사회 질서에 대한 동의였으며 특정한 사회 형태에 관한 합의였는데, 가령 아주 한정된 일련의 사회적, 경제적, 정치적 구조의 규칙 안에 통합되고 거기에 순응하는 것을 들 수 있다. 직접적인 뜻에서든 간접적인 뜻에서든 규칙이 '작동'한다고 말할 수 있는 것은 이러한 속성 때문이었다. 이렇게 되면서 사회 질서는 이제 다소 다른 명제처럼 보였다. 사회 질서는 사회적, 정치적, 법적 규율을 수반했다. 이 질서는 이미 존재하는 것, 즉 기존의 주어진 계급, 권력과 권위의 배치, 사회의 확립된 기관에 접합되었다. 이러한 인식의 결과 '합의' 개념 전체가 근본적으로 문제 제기의 대상이 되었다.

나아가 이제는 합의가 자생적으로 그냥 생겨난 것인지, 혹은 사회적 구성과 정당화의 복잡한 과정의 결과인지에 관해 질문을 던질 수도 있게 되었다. 어떤 사회가 공식적인 조직으로서는 민주적이면서도 동시에 경제 자본과 정치 권력의 집중 때문에 부와 권위의 엄청나게 불균등한 분배를 낳게 된다면, 기존의 구조와, 그 구조를 지지하고 보장하는 가치, 그 체제의 계속적인 존속에 대해 대중의 동의를 계속 생산해내는 일에는 큰 이해관계가 걸리게 된다. 그러나 이 때문에, 미디어의 사회적 역할에 대해 의문이 제기된다. 만일 미디어가 단지 이미 성취된 합의를 반영하거나 '표현'하지 않고, 그 대신 기존의 구조를 편들고 정당화하는 상황 정의를 재생산하는 경향이 있었다면, 처음엔 단지 보완적인 데 불과해 보이던 미디어의 역할이 이제는 합의 형성 과정에서 어떤 역할을 하는가 하는 관점에서 다시 개념화되어야 했다.

두 번째 단절은 '상황 정의'라는 개념을 둘러싸고 생겨났다. 이 용어가 시사해 주는 것은, 동의 생산에서 중추적인 요소는 사물을 어떻게 정의하는가 하는 문제라는 점이다. 하지만 이 용어 때문에, 미디어의 반영 역할 — 사물을 단지 있는 그대로 보여 주는 역할 — 에 의문이 제기되었고, 미디어에서 가정하는 자연주의의 토대가 되는 투명한 언어 개념 역시 의문의 대상으로 떠올랐다. 더 이상 현실은 단지 주어진 사실로만 볼 수 없을 것이며, 현실을 특정한 방식으로 구성한 결과로 생겨난 것이기 때문이다. 미디어는 '현실'을 단지 재생산할 뿐 아니라 정의하기도 했다. 현실의 정의는 '현실성'에 대한 선택적 정의가 재현되는 수단이 되는 모든 (넓은 의미에서의) 언어적 실천을 통해 유지되고 생산되었다. 그러나 재현은 반영과는 아주 다른 개념이다. 재현은 선택과 제시, 구조화와 형태 결정의 능동적인 작업을 암시한다. 말하자면 단지 이미 존재하는 의미를 전달하는 데 그치지 않고 **사물이 의미를 갖도록 만드는** 좀 더 능동적인 노동이다. 재현은 의미의 실천이자 생산, 따라서 '의미 작용 실천'으로 정의된 것이다. 미디어는 의미 작용의 수행자였다. 이러한 의미 작용 과정이 유지되게 해 주는 완전히 새로운 상징적 실천 개념이 '내용 분석'의 무고한 낙원에 개입했다. 이제 메시지는 그 명시적인 '메시지'라는 관점에서가 아니라 이데올로기적 구조화라는 측면에서 분석해야 했다. 여기서 몇 가지 문제가 뒤따라 나왔다. 가령 이러한 이데올로기적 구조화는 어떻게 성취되었는가? 사회 구조의 다른 부분과 맺는 관계를 어떻게 개념화할 것인가? 피터 바취라크Peter Bachrach

와 모턴 바라츠Morton Baratz의 말을 빌리자면, 미디어가 체계적이고 일관성 있게 다른 사람을 희생하면서 어떤 사람과 집단에게 유리하게 작용하는 "일련의 우세한 가치, 신념, 의식과 제도적 절차"(게임의 규칙)를 체계적으로 보증하는 것처럼 보이는 것은 중요한 문제인가?(Bachrach & Baratz, 1970: 43~44). 현실에 의미 작용할 수 있고 '현실성'으로 통하는 것을 정의할 수도 있는 미디어의 힘을 진지하게 받아들이려는 이러한 움직임에서는, '이데올로기의 종언'이란 명제에 대해서도 근본적으로 문제를 제기했다.

부분적으로 이러한 질문에 얽힌 문제는 주류 다원주의의 무력한 우주에 권력 문제가 부활했고, 권력 개념 자체에도 변화가 일어났다는 점이다. 스티븐 루크스Steven Lukes(1976)가 시사했듯이, 다원주의는 '영향' 개념에 근거한 권력 모델을 갖고 있었다. A는 B에 영향을 미쳐 X라는 결정을 내리게 했다. 분명히 이것은 권력의 한 형태다. 어떤 의사 결정 상황에서든 A는 다양했고, 이들이 내린 다양한 결정은 어떤 단일한 지배 구조 내에서 일관성을 띠지 않으며, 어떤 단일한 이해관계를 일방적으로 편들지도 않는다. 따라서 다원주의는 권력 자체가 이처럼 상대적으로 '다원화'했음을 보여주어, 이 권력 형태가 지속될 만한 충분한 자격이 있는 것처럼 보이게 했다. 권력 분산과 결정의 무작위성은 다원주의 사회에 상대적으로 뚜렷한 권력 중심이 형성되지 않게 해 주었다. ('순수한' 다원주의 모델을 개량하고 오늘날의 현실과 더 잘 들어맞게 하기 위해, '민주적 엘리트주의' 이론을 조심스럽게 전개해 이러한 무작위적 권력 이론의 허점을 틀어막으려는 시도가 있지만 그다지 설득력은 없다.) 이것은 매우 행태주의적이고 일차원적인 권력 모델이라고 루크스는 꿰뚫어 본다. 그러나 합의 이론에 대한 비판에서 생겨나는 권력 개념과, 가령 바취라크와 바라츠의 다음 주장은 성격이 아주 다른 것이다. "정치 과정에서 공식적인 고려 대상의 범위를, A에게 비교적 해롭지 않은 쟁점에 국한하는 사회적 정치적 가치와 제도적 관행을 만들어 내거나 보강하는 데 A가 주력할 때도 역시 권력은 행사된다"(Bachrach & Baratz, 1970: 7). 이 서술은 이데올로기 문제를 완곡하게 표현했다. "바로 (어떤 개인의) 욕구에 영향을 주고, 욕구를 형성하고 결정함으로써"(Lukes, 1975: 16) 행사되는 권력을 지칭할 때, 루크스는 이러한 2차원적 모델을 더 뚜렷이 표현한다. 사실 이것은 완전히 다른 차원의 문제로서, 행태주의적이고 다원주의적인 가정 때문에 산산이 깨져 버린 3차원적 모델에 해당한다. 여기서 말하는 권력은 "사회적 행위자가 기존 질서 내에서 자신의 역할을 받아들이도록 지각과 인지, 선호를 형성"하는 데서 발생하는 권력이다. "이는 이 행위자가 기존의 질서를 대체할 만한 아무런 대안을 찾거나 생각해내지 못하기 때문이거나, 그 질서를 자연적이며 불변의 것으로 보거나, 아니면 그 질서를 신성하게 정해지거나 유익한 것으로 소중히 여기기 때문이다"(Lukes, 1975: 24). 어떤 다른 이름을 붙이든 간에, 이것이 '이데올로기적' 권력 모델이다. 다원주의적 미디어 연구 모델이 비판적 모델로 옮아간 변화의 핵심에는 현대 사회의 권력에 대한 파악이 1차원적 모델에서 2차원적 모델로, 다시 3차원적 모델로 바뀌어 간 그러한 변화가 자리 잡고 있다. 미디어의 관점에서 볼 때 쟁점이 되는 부분은, A가 B에게 이렇게 혹은 저렇게 하라고 정해 주는 구체적인 메시지를 지시한다는 사실이 더 이상 아니라, 이데올로기적 환경 전반을 형성한다는 것이다. 다시 말해 제한적인 시각이 보편적이고 자연적이며 '현실' 자체와 일치해 보이도록, 자연적인 혹은 신성한 필연성을 부여해 주는, 사물의 질서에 대한 재현 방식이 쟁점이 된다. 세계에 대한 부분적이고 특수한 설명이 보편적 타당성과 정당성을 얻도록 하고, 이러한 특정한 구축물이 '현실성'의 당연함 속에 뿌리 내리게 하려는 목적을 지향하는 이 움직임이야말로 '이데올로기성'의 특징이자 정의 메커니즘이다.

비판적 패러다임

미디어 연구에서 비판적 패러다임의 전환점이 된 것은 이데올로기 차원의 재발견이다. 여기에는 두 가지 측면이 연관되는데, 두 가지를 따로 논의하겠다. 이데올로기 과정은 어떻게 작동하며, 그 메커니즘은 어떠한 것인가? 어떤 사회구성체 내의 다른 실천과 연관시켜 볼 때 '이데올로기성'을 어떻게 파악해야 할 것인가? 논쟁은 이 두 가지 전선에서 동시에 진행되었다. 첫째는 이데올로기 담론의 생산과 변형에 관한 것인데, 이데올로기 담론의 상징적, 언어적 성격 — 이데올로기의 정교화가 적절하고 특권적으로 접합되는 영역은 (넓은 의미의) 언어라는 관점 — 에 관한 이론에 의해 설득력 있게 형성되었다. 둘째는 어떤 사회구성체 내의 이데올로기적 심급을 어떻게 개념화할 것인지에 관한 것인데, 이 영역 역시 이론적으로나 경험적으로나 엄청나게 발전했다.

비판적 패러다임을 지탱하는 이 두 가지 요소를 논의하면서, 특정 학문 분야, 예컨대 언어학, 현상학, 기호학, 정신분석학이 구체적으로 어떤 이론적 기여를 했는지 자세히 확인하는 작업은 하지 않을 것이며, 이처럼 다양한 접근 방식 사이에 어떤 내부적 논쟁이 오갔는지 자세히 다루지도 않을 것이다. 어떠한 개념과 학문 분야가 어떤 순서로 어떻게 이 패러다임에 통합되었는지를 엄밀한 연대기식으로 설명하지도 않겠다. 그보다는 대략 어떤 노선을 통해 '이데올로기성'이 다시 개념화되었으며, 어떤 핵심적인 이론적 요소가 패러다임 자체의 일반적 틀 속에 통합되었는지를 가려내는 데에만 주력하려 한다.

우선 이데올로기가 어떻게 작동하는지 검토하겠다. 여기서는 언어 인류학에서 사피어와 워프의 가설이 미친 영향에서 논의를 시작하려 한다. 자세히 논의된 적은 없지만 이 가설은 새로운 패러다임과 특히 이전의 사회 인류학에서 나온 몇몇 저작 사이에 몇 가지 중요한 연속성이 있다고 주장한다. 에드워드 사피어Edward Sapir와 벤저민 리 워프Benjamin Lee Whorf의 가설은 문화마다 각기 세계를 분류하는 방식이 다르다고 주장했다. 이 가설은 이러한 틀이 각 사회의 언어 구조나 의미 구조에 반영될 것이라고 강조했다. 레비스트로스도 비슷한 아이디어를 갖고 작업했다. 하지만 레비스트로스는 각 사회의 분류 체계가 갖는 문화적인 구체성에는 점차 흥미를 잃고, 인지 기능, 정신의 법칙, 사고 자체와 연관된 의미 작용의 보편적 '법칙,' 즉 모든 문화 체제에 공통된 보편적인 문화적 변형 '문법'의 윤곽을 그리는 데 더 몰두하게 되었다. 레비스트로스는 이른바 '원시' 사회, 그의 용어에 의하면 "역사 없는 사회"의 문화 체계와 신화에 관해 그러한 분석을 했다. 이 예들은 레비스트로스의 보편주의에 아주 잘 들어맞았다. 이 사회들의 문화 체계는 흔히 매우 반복적이고, 아주 제한된 동일한 분류 '세트'를 다양하게 변형시켜 얻은 것으로 구성되었기 때문이다. 이 접근 방식은, 분명히 더 지속적이고 광범위한 역사적 변혁이 진행되는 사회에는 잘 적용되지 않았지만, 일반적인 아이디어는 아주 생산적이라는 점이 판명되었다. 이 접근 방식은 어떻게 해서 외관상 '자유롭게' 구성된 것처럼 보이는 특정한 이데올로기 담론이 동일한 기본적인 이데올로기의 틀을 토대로 변형된 것이라고 간주할 수 있는지를 보여 주었다. 여기서 레비스트로스는 일반적인 '기호의 과학'인 기호학semiology, 즉 "사회생활의 핵심에 있는 기호의 삶"(Lévi-Strauss, 1967: 16)에 관한 연구를 해야 한다고 본 소쉬르의 주장(Saussure, 1960)을 따랐다. 레비스트로스는 이 접근 방식이 잠재적으로 모든 사회와 아주 다양한 문화 체제에도 적용될 수 있다고 주장했다. 이와 같이 '기호의 과학'을 확장시킨 것과 가장 두드러지게 연관되는 이름은 롤랑 바르트인데, 현대의 신화에 관한 저작인 《신화론*Mythologies*》은 신화, 언어와 이데올로기의 교차에 관한 연구에서 표준처럼 되었다. 언어와는 별도로 사회와 사회적 실천 전체까지도 '언어 모델에 입각해서' 분석할 수 있다고 보게 됨으로써, 이 시각은 이후에 특히 마르크스주의적 구조주의에 의해 더욱더 발전되었다. 물론 이 발상의 기원은 원시 사회의 친족 관계를 이러한 방식으로(즉 재화, 메시지와 여성의 교환과 같은 커뮤니케이션 모델에 입각해서) 분석한 레비스트로스에서 찾을 수 있기는 하지만 말이다.

구조주의의 조류는 분명히 이 발전에서 이론적으로 가장 중요한 것이다. 그러나 구조주의의 세계와 전혀 연관이 없는 이론적 접근 방식에서도 유사한 지침을 발견할 수 있음을 알아야 한다. 이러한 지침은 피터 버거와 토마스 루크만(Berger & Luckmann, 1966)이 발전시킨 "현실의 사회적 구성"식의 접근 방식에서도 존재했다. 일찍이 상호작용론적 일탈 이론이 '상황 정의'와 '누가 누구를 정의하는가?'라는 문제를 처음으로 제기했다고 주장한 적이 있는데, 이 이론 역시 더 잠정적이기는 하지만 지향하는 방향은 똑같다. 데이비드 마차David Matza의 저서인 《일탈자 되기*Becoming Deviant*》는 흥미롭게도 "의미 작용"이라는 제목의 이상하고 엉뚱한 절로 끝을 맺었다(Matza, 1969). 이와 연관된 작업으로 민속학적 방법론자들도 있다. 이들은 일상적 상황의 이해와 관련된 전략에 관심을 두었고, 사회 구성원이 어떠한 실제적 설명 형태를 통해 자신을 이해시키는 데 사용하는 사회적 지식을 생산하는지에도 관심을 기울였으며, 대화 전략에도 점차 더 세심하게 주목했다.

구조주의적 접근 방식에서 쟁점은 의미 작용 문제로 향했다. 이미 밝혔듯이 현실 세계의 사물과 사건은 언어를 통해 단순히 전달되는 그 나름의 통합되고 단일한 고유의 의미를 담거나 제시하지는 않는다는 뜻이다. 의미는 사회적 생산, 즉 실천이다. 세계는 의미하도록 만들어져야 한다. 언어와 상징화는 의미가 생산되는 수단이다. 이전의 내용 분석에서는 특정한 용어나 문장의 의미는 단순히 현실 세계에서의 지칭 대상을 살펴보면 확인할 수 있다고 보았다. 이 접근 방식은 내용 분석이 전제로 삼은 것과는 달리, 언어의 지칭 기능이 중심적인 역할을 한다는 점을 부인했다. 그 대신에 언어는 구체적인 의미가 생산되는 미디어라고 보아야 했다. 그렇다면 이러한 통찰력이 쟁점으로 부각한 것은, 특정 사건을 둘러싸고 어떤 종류의 의미가 체계적이고 정규적으로 구축되는가 하는 문제였다. 의미는 주어지지 않고 만들어지기 때문에, 똑같은 사건에 대해서도 다양한 종류의 의미를 부여할 수도 있게 되었다. 따라서 어떤 의미가 규칙적으로 생산되기 위해서는, 스스로 일종의 신뢰성, 정당성을 얻거나 당연시될 수 있어야 했다. 여기에는 대안적인 구축을 주변화하거나 격하하거나, 그 정당성을 박탈하는 행위도 포함된다. 선호되는 범위의 의미가 갖는 힘과 신뢰도를 감안할 때, 글자 그대로 생각할 수도 없거나 드러내 놓고 말할 수도 없는 부류의 설명이 분명히 존재했다(Hall et al., 1977을 보라). 여기서 두 가지 문제가 따라 나온다. 첫째, 지배적인 담론이 어떻게 자신을 **유일한** 설명으로 확인시키고, 대안적인 혹은 경쟁적인 정의를 계속 제한, 금지, 배척할 수 있는가? 둘째, 세상의 사건을 기술하고 설명하는 것을 책임지는 기관이 — 현대 사회에서는 단연코 매스 미디어다 — 지배적인 커뮤니케이션 체제 내에서 선호되는 혹은 제한된 의미의 범위를 어떻게 성공적으로 유지하는가? 이와 같이 어떤 의미에 적극적으로 특권적 지위를 부여하거나 선호하는 작업이 실제로는 어떻게 달성되었는가?

이 때문에 이전에는 순수하게 기술적으로만 분석했던, 실제 미디어 관행의 많은 측면에 주목하게 되었다. 미디어 내용에 관한 전통적인 접근 방식은, 선택과 배제, 전반적인 내용 편집, 어떤 설명의 '스토리'화, 특정한 서사적 설명 유형의 사용, 또 가령 텔레비전의 언어적 담론과 시각적 담론이 결합되어 어떤 의미를 갖게 되는 방식 등의 문제가 모두 기술적인 쟁점에 불과하다고 여겼다. 편집을 제대로 하지 못했거나 설명 방식이 복잡해 시청자가 잘못 이해할 우려가 있다든지, 어떤 사건의 의미나 방송인의 명확한 커뮤니케이션 의도가 중단 없이 혹은 투명하게 수용자에게 전달되지 못할 우려가 있는 경우에만, 전통적 접근 방식은 미디어의 사회적 효과 문제에 손을 댔다. 그러나 의미 작용의 시각에서 볼 때, 이는 모두 사회적 실천의 요소이거나 기본적인 형태다. 그리고 특정한 설명이 구성되는 수단이었다. 미디어 기관 내에서는 생산자(방송인)가 자신의 뜻대로 의미 생산 수단(기술적 장비)을 채택하고 실제적으로 사용해 (위에서 밝힌 의미 작용 요소의 결합) 어떤 산물(구체적인 의미)을 생산해낼 수 있게 해 주는 특정한 형태의 사회 조직이 발달했기 때문에, 의미 작용은 사회적 실천의 하나였다(Hall, 1975를 보라). 그러므로 미디어 기관의 구체성이란, 바로 **상징적 산물**을 생산하기 위해 **사회적 실천**이 어떻게 조직되는지를 말한다. **다른** 방식 대신에 이 방식의 설명을 제시하려면, 어떤 수단을 구체적으로 선택하고(선택), 의미 생산의 실천을 통해 접합시켜야(결합) 했다. 일찍이 소쉬르나 야콥슨 같은 구조 언어학자는 선택과 결합이 일반적인 의미 생산에서 두 가지 필수적인 메커니즘이라고 보았다. 몇몇 비판 연구자들은 위에서 설명한 대로, 생산자가 일정 수단을 사용해 원료를 구체적인 방식으로 결합해 생산물로 만들어 내는 것처럼 의미 작용은 다른 어떤 미디어 노동 과정과도 아주 흡사하다고 묘사해도 무방할 것이라고 가정했다. 이 접근 방식에서는 어떤 통찰을 얻을 수 있었다. 하지만 사회적 실천이 생산해낸 결과물은 담론의 대상이라는 점 때문에, 의미 작용은 현대의 다른 노동 과정과는 다른 것이었다. 그렇다면 의미 작용을 별개의 실천으로 구별 지어 주는 것은

— 단 여기서 이러한 구분이 주장 전개의 목적을 위해 허용된다면 — 바로 사회적 요소와 상징적 요소의 접합이었다. 물론 자동차는 그 자체의 사용 가치와 교환 가치 외에도 우리 문화에서는 상징적 가치도 지닌다. 그러나 의미 구축 과정에서 교환 가치와 사용 가치는 메시지가 포함하는 상징적 가치에 달려 있다. 실천의 상징적 성격은 비록 유일한 요소는 아니지만 지배적인 요소다. 메시지를 그냥 또 다른 종류의 상품으로 분석할 수 있을 것이라고 주장한 비판 이론가라면 핵심적인 구분을 파악하지 못한 셈이다 (Garnham, 1979; Golding & Murdock, 1979).

의미 작용의 정치학

사람들의 행동 방식은 부분적으로는 그들이 행동하는 상황이 어떻게 정의되는지에 달려 있다는 점을 인정하고, 모든 사물에 자연적 의미가 있다거나 사물의 의미에 보편적인 합의가 이루어지거나 하는 일은 불가능하다고 가정해 보자. 앞서 주장했듯이, 그렇게 되면 될수록, 어떤 사건이 반복해서 특정한 방식으로 의미를 띠게 되는 과정은 사회적으로 또 정치적으로 더욱 중요해진다. 세상의 사건이 논란의 여지가 있는 경우(즉 예상치 못한 부분일 경우), 세상에 대해 우리가 예전에 가졌던 기대의 틀을 벗어나는 경우, 강력한 사회적 이해관계가 연루된 경우, 혹은 아주 상반되거나 갈등하는 이해관계가 작용하는 경우에 이 점은 특히 잘 적용된다. 여기서 연관된 권력은 이데올로기적 권력, 즉 사건에 대해 특정한 방식으로 의미 작용할 수 있는 권력이다.

명백한 예를 들어 보자. 모든 산업 분규는 국가 경제에 대한 위협으로, 따라서 '국익'에 반하는 것으로 의미 작용될 수 있다고 가정하자. 그러한 의미 작용이라면, 현재의 경제 전략에 일관되게 유리하도록, 또 생산의 연속성을 유지해 준다면 어떤 것이든 지지하도록, 경제적, 산업적 갈등의 쟁점을 구축 또는 정의할 것이다. 한편 그러한 의미 작용은 생산의 연속성을 저해하는 데 대해서는 낙인을 찍고, 생산이 중단되면 아무 소득이 없는 고용주와 주주의 일반적인 이익을 편들고, 파업권을 박탈하거나 노사 협상의 입지와 노동조합의 정치적 힘을 약화시키려는 구체적인 정부 정책에 신뢰를 보낼 것이다. (이후의 주장 전개의 목적을 위해 그러한 의미 작용은 국익의 내용을 당연하게 받아들일 때에만 가능하다는 데 주목하라. 이러한 의미 작용은 우리를 노동 대 자본의 대립으로 분열시키는 불평보다는 노동과 자본을 결속해 주는 유대가 더 강하고 정당성을 갖는 사회에 우리 모두 살고 있다는 가정에 근거한다. 말하자면 이러한 종류의 의미 작용은 담론이 적용되는 주제를 구성하는 기능, 가령 '노동자 대 고용자'를 주제로 하는 담론을 집단적인 '우리, 민중'이란 주제의 담론으로 번역하는 기능을 한다.) 대체로 산업 분규가 이러한 의미를 갖게 된다는 점은, 이후 연구 결과가 《나쁜 뉴스*Bad News*》(1976)와 《더 나쁜 뉴스*More Bad News*》(1980)로 출판된 글래스고 미디어 그룹Glasgow Media Group의 자세한 분석이 뒷받침하는 결론이다. 그런데 물론 산업 분규에는 어떤 단일한, 주어진 의미는 없다. 산업 분규는 그 대신에 모든 자본주의 경제에 필요한 특징이자, 노동자가 자신의 노동 철회라는 양도할 수 없는 권리의 일부이자, 노동 계급의 생활 수준에 필수적인 방어 장치를 의미하게 될 수도 있다. 노동자들은 노동조합을 설립하기 위해 오랫동안 격렬한 역사적 투쟁을 전개해야 했는데, 노동조합의 목적은 바로 이 권리를 위한 것이다. 그렇다면 우리 사회에서 산업 분규가 구성되는 방식 가운데 어떻게 해서 첫 번째 의미 작용 방식이 계속 선호되는가? 앞서 열거한 대안적 정의가 어떻게 해서 배제되는가? 어느 쪽으로도 치우치지 않아야 하는 미디어는 이 분규에서 체계적으로 한쪽에 유리하게 산업 분규를 정의하면서도, 어떻게 그 정의를 균형 있고 공정한 사건 보도라는 주장과 조화시키는가? 이러한 방향의 주장에서는 의미 작용의 권력이 사회에서 중립적인 세력이 아니라는 점이 강력하게 부각된다. 의미 작용은 실재하는 분명한 사회적 세력으로서, 논란거리이자 갈등하는 사회적 쟁점에 개입하여 그 결과에 영향을 미친다. 사건에 대한 의미 작용은 집단적, 사회적 이해가 만들어지는 수단이며, 따라서 특정한 결과물에 대해 효과적으로 동의를 얻어 낼 수 있는 수단이기 때문에, 투쟁 대상의 일부가 된다. 이 시각에 따르면 이데올로기는, 오래된 표현을 쓰자면 '물질적 세력material force'이며, 그 효과가 '현실적real'이기 때문에 현실적이다. 그뿐만 아니라 이데올로기는 (경쟁하는 여러 정의 사이의) 투쟁의 장이면서, 특정한 투쟁의 수행에서 판돈 — 따야 할 상금 — 이 되었다. 이데올로기가 더 이상 독립 변인, 즉 정신 속에서 사전에 주어진 현실의 단순한 반영이라고 볼 수 없다는 뜻이다. 어떤 단순한 결정론적 논리에서 도출해서 그 결과물을 예측할 수도 없다. 그 결과물은 어떤 특정한 역사적 국면에서 세력 간의 균형, 가령 '의미 작용의 정치'에 의존한다.

특정한 범위의 특권화된 의미가 어떻게 유지되는가 하는 문제에서 중심적인 것은 분류와 틀짜기framing 문제였다. 레비스트로스는 변형 언어학 모델에 근거해서, 의미 작용은 특정한 개별적 용어의 고유한 의미에 의존하지 않고, 어떤 담론 내에서 서로 연관된 요소가 조직된 묶음에 의존한다고 주장했다. 가령 색채 스펙트럼 내에서 색채의 범위는 문화마다 다양한 방식으로 세분될 것이다. 에스키모인은 영어에서 '눈snow'이라고 부르는 대상에 대해 여러 개의 단어를 갖고 있다. 영어에서는 '쥐rat'와 '새앙쥐mouse'로 구분되는 동물에 대해 라틴어에는 mus라는 한 가지 단어 밖에 없다. 영어에서 '나무wood'라고만 부르는 것을 이탈리아어는 legno와 bosco로 구분한다. 이탈리아어에는 bosco와 foresta라는 두 용어가 있는데 비해 독일어에는 wald라는 단어 하나밖에 없다. (이 예는 움베르토 에코Umberto Eco의 〈기호 체계로서의 사회생활Social Life as a Sign System〉, 1973에서 인용했다.) 이 단어들은 자연적인 구분이 아니라 문화적인 구분이다. 의미 작용의 관점에서 볼 때 중요한 것은, 어떤 단일한 색채 용어 — 가령 엷은 자줏빛 — 의 통합적인 의미가 아니라 특정한 분류 체계 내에서 모든 색깔 사이의 차별성의 체계이며, 특정한 언어에서 한 색깔과 다른 색깔의 차이가 발생하는 지점을 어디에 정하느냐 하는 점이다. 어떤 언어 체계에서 용어의 내부 체계(기표signifiers)와 채택된 지칭 체계(기의signifieds)가 등가성을 갖게 된 것은 이러한 차별성의 작동을 통해서였다. 언어는 자연의 연속체를 끊어 문화 체제로 옮겨 의미를 구성했다. 그러므로 그러한 등가 관계, 혹은 상응 관계라면 다양하게 정해질 수도 있다. 따라서 어떤 단어와 그 지칭 대상은 전혀 자연적으로 일치하지 않았다. 모든 것은 언어 사용 관습과, 언어가 자연을 이해하기 위해 자연에 개입하는 방식에 의존했다. 이 주장에서 적어도 두 가지 다소 다른 인식론적 입장을 이끌어 낼 수 있음을 알아야 한다. 그러므로 칸트주의나 신칸트주의의 입장이라면, 언어나 담론 속에서 또 언어나 담론 때문에 존재하는 것 외에는 어떤 것도 존재하지 않는다고 말할 것이다. 또 다른 해석은 비록 세계가 언어를 벗어나 존재하지는 않지만, 그 세계는 담론 속에 끌어올 때에만 이해할 수 있다는 것이다. 최근 몇 년간 이러한 입장을 둘러싸고 상당한 인식론적 대격전이 벌어졌다.

사실 의미 작용은 특정 용어를 어떤 세트 내에서 자리매김하는 것이었다. 각 자리매김은 관련 분류틀 안에서 해당되는 차이를 나타냈다. 레비스트로스는 여기에 좀 더 구조주의적인 사항을 추가했다. 분석 대상이 되는 것은 발언자의 특정한 발화utterances가 아니라, 그러한 발화 밑에 깔려 있고 거기서부터 발화를 일련의 다양한 변형체로 생산하는 분류 체계라는 것이다. 따라서 특정한 신화의 표면적인 내러티브에서 벗어나 그것을 만들어 내는 생성 체제나 구조로 옮아가면, 겉으로 보기에 (표면의 수준에서) 다른 여러 신화가 어떻게 해서 사실 (심층 구조의 수준에서는) 똑같은 신화의 가계나 집단에 속하게 되는지를 보여 줄 수 있다. 만일 저변에 깔린 것이 다양하게 결합될 수 있는 한정된 요소들의 집합이라면, 표면의 변종들은 그 특정한 단어가 뜻하는 바대로 무한하게 변화될 수 있고 자생적으로 만들어질 수도 있다. 어떤 측면에서 이 이론은, 어떻게 해서 언어가 자유롭고 자생적이면서도 동시에 규칙적이고 '문법적'일 수도 있는지를 보여 주려 한 노엄 촘스키Noam Chomsky의 언어 이론과 그대로 일치한다. 따라서 의미의 변화는 관련된 분류 체계에 달려 있고, 다양한 요소가 선정되고 결합해서 다양한 의미를 생성해내는 방식에도 달려 있다. 하지만 어떤 문장의 표면적 의미가 다양하게 변한다는 사실 자체만으로는, 그것이 똑같은 분류 세트의 변형인가 아닌가 하는 문제를 해결할 수는 없을 것이다.

이와 같이 내용에서 구조로, 혹은 드러난 의미에서 의미 규칙의 수준으로 옮아간 것은 비판적 접근 방식에서 절대적으로 특징적인 움직임이다. 여기서는 이데올로기가 무엇인가, 혹은 적어도 이데올로기가 어떻게 작용하는가 하는 문제도 다시 정의되었다. 이 요점을 엘리세오 베론Eliseo Verón이 다음과 같이 명확하게 표현했다.

> 만일 이데올로기가 구조라면…… '이미지'도 아니고 '개념'도 아니며(그것들은 내용이 아니라고 말할 수 있을 것이다) 이미지와 개념의 조직과 작용을 결정하는 일련의 규칙이다…… 이데올로기는 현실을 기호화하는 체계이지 일련의 결정된, 기호화된 메시지가 아니다…… 이렇게 이데올로기는 의식이나 그 행위자의 의도와의 관계에서 자율적이게 된다. 이 행위자들은 자신들이 사회적 형태에 대해 갖는 관점은 의식하면서도 이러한 관점을 가능하게 해 주는 의미의 조건(규칙, 범주와 기호화)은 의식하지 못할 수도 있다. 그렇다면 이러한 관점에서 볼 때, '이데올로기'란 것은 메시지를 만들어 내는 의미 규칙 체계라고 정의 내릴 수 있다…… 이데올로기는 메시지 의미 관련 속성의 관점에서 볼 때, 메시지 조직의 수많은 수준 가운데 하나다……(Veron,

1971: 68).

비판자들은 이러한 접근 방식이 메시지의 저변 구조를 찾아내기 위해 특정한 메시지의 내용을 지나치게 많이 버리게 된다고 주장했다. 또한 이 접근 방식은 발언자 자신이 세계를 어떻게 해석하는지 전혀 고려하지 않고 있다는 것이다. 비록 발언자의 해석이 개개 행위자/발언자와 발언의 배경인 담론 구성체 사이를 매개해 주는, 공유된 일련의 의미 틀에서 항상 벗어나지 못한다 하더라도 말이다. 그러나 명제를 지나치게 구조주의적인 방향으로 전개시키지만 않는다면, 이 접근 방식은 이데올로기를 새롭게 개념화할 수 있는 생산적인 방법을 마련해 준다. 레비스트로스는 문화의 분류 체계를 일련의 '순수하고' 공식적인 요소로 보았다(하지만 이전의 저작에서 레비스트로스는 그 요소들이 결합해 작용하면서 생성되어, 신화 속에 나타나는 사회 모순에 더 관심을 보였다). 이후의 이론가들은 어떤 특정 사회의 이데올로기 담론도 이와 비슷하게 기능한다는 이론을 내세웠다. 그러므로 이 견해에 따르면 어떤 사회의 분류틀은 이데올로기적 요소나 전제로 구성된다고 말할 수 있을 것이다. 특정한 담론 구성체는, 표면적 내용이 명백히 편향되거나 왜곡되었기 때문이 아니라, 제한된 이데올로기적 모체나 집단으로부터 만들어졌거나 거기에 토대를 두고 변형되었기 때문에 이데올로기적일 수 있다. 마치 신화를 전해 주는 사람은 자신이 이야기하는 특정한 신화를 만들어 낸 모태인 기본 요소를 모를 수도 있듯이, 방송인도 자신이 의존하는 틀과 분류 체계가 그 사회의 이데올로기적 선택 목록을 재생산한다는 사실을 깨닫지 못할 수도 있다. 모국어 사용자는 보통 자신의 언어를 사용할 때, 문법적으로 맞는 문장을 만들어 낼 수 있다. 그렇지만 자신의 문장을 규칙에 맞고, 다른 사람이 이해할 수 있게 하며, 형식이 문법에 맞도록 해 주는 문장론의 규칙이 어떻게 사용되는지는 거의 설명할 수 없을 것이다. 마찬가지로 어떤 진술이 무의식적으로는 사회의 이데올로기적 틀과 분류 체계에 의존하고 그것을 재생산하면서도 — 따라서 그 진술은 이데올로기적인 '문법에 맞는' 것처럼 보인다 — 진술자는 자신이 그렇게 한다는 사실을 모를 수도 있다. 말과 개별적인 말하기 행위는 개인의 문제일 수는 있지만, 언어 체계(요소, 결합의 규칙, 분류 장치)는 사회 체제이며, 발언자가 언어를 사용하는 것과 마찬가지로 언어가 이들을 사용한다고 구조주의자들이 주장한 것은 바로 이러한 뜻에서였다. 담론의 규칙은, 마치 발언자가 자신이 말한 것의 의도적인 저자author인 것처럼 발언자를 자리매김하는 기능을 한다. 하지만 이러한 저자 정하기authorship가 의존하는 체제는 근본적으로 계속 무의식적인 것이다. 이러한 시각은 '나'라는 저자를 탈중심화해, 주체를 통해 말하는 언어 체계에 의존하게 만들었지만, 이후의 이론가들은 이 시각에 공백이 생겨났음을 발견했다. 이 공백은 바로 이전에는 데카르트적인 주체 개념, 즉 모든 것을 포괄하는 '나'가 자리 잡았던 곳이었다. 프로이트와 라캉의 정신분석학에서 영향을 받은 (또한 레비스트로스에도 의존하는) 이론에서 발언자, 즉 발화의 주체가 언어 속에 어떻게 자리매김하는가 하는 문제는, 단지 이데올로기를 표현해 주는 메커니즘의 하나에 그치지 않고 이데올로기의 주된 메커니즘 자체다(Coward & Ellis, 1977). 하지만 더 일반적으로 레비스트로스의 명제 — "발언자는 의미를 만들어 내지만, 자신이 만들지 않았으며 무의식적으로 자신을 통해 언어 속에 이어지는 여건의 토대 위에서만 그렇게 한다" — 를 더 고전적인 마르크스주의 명제 — "인간이 역사를 만들지만, 다만 자신이 만들지 않았으며 자신의 등 뒤에서 일어나는 한정적 여건 속에서만 그렇게 한다" — 에 어떻게 통합시킬 수 있을지 파악하기는 어렵지 않다. 이후의 전개 과정에서는 이러한 이론적 유사성을 철저히 이용하기도 하고 발전시키기도 했으며, 거부하기도 했다.

구조를 역사화하다

물론 레비스트로스의 접근 방식과 유사점도 있었지만 상당한 차이점도 있었다. 특정한 의미 작용이 생겨난 출처가 된 선택 목록을 단순히 요소나 규칙의 형식적인 틀이 아니라 이데올로기적인 요소의 집합으로 파악한다면, 이데올로기적 모체의 개념은 역사화해야historicized[역사적 맥락에서 근본적으로 파악해야] 한다. 어떤 명제의 '심층 구조'는 오래되고 역사적으로 다듬어진 담론에서 이끌어 낸 요소, 전제, 가정의 연결망으로 파악해야 했다. 이러한 담론은 해가 갈수록 점차 축적되고, 그 속에는 그 사회구성체의 역사 전체의 앙금이 남는다. 이제 이 심층 구조는 가령 방송인이, 새로 일어난 골치 아픈 사건의 의미를 구성하는 작업을 할 때 의존할 수 있는 주제와 전제의 저장소가 되었다. 그람시는 우리의 실제적 지식에서 당연시되는 요소를 제공해 주는 전통적 관념, 에피소드적 사고 형태를 이보다는 다소 덜 도식적으로 지칭하면서 '상식'으로 불렀다.

> 설명이 필요한 부분은, 어떻게 해서 모든 시기에 많은 철학 사상의 체제와 조류가 공존하고, 어떻게 이러한 조류가 태어나고, 어떻게 확산되며, 왜 확산 과정에서 어떤 노선을 따라 또 여러 방향으로 쪼개지는가 하는 점이다…… 어떻게 해서 여러 세기에 걸쳐 사상이 정교해졌으며, 이 모든 과거 역사 — 모든 어리석음과 실수를 포함해서 — 를 포함하고 흡수한 오늘날의 사유 방식이 만들어지는 데 어떠한 집단적인 노력이 들어갔는지를 보여주는 것은 바로 이 역사다(Gramsci, 1971: 327).

또 다른 맥락에서 그람시는 다음과 같이 주장했다.

> 모든 사회적 층은 그 나름의 '상식'과 '양식'을 갖고 있는데, 상식은 기본적

> 으로 삶과 인간에 관해 가장 보편화된 관념이다. 모든 철학적 조류는 어떤 '양식'의 앙금을 남겼는데, 이는 그 조류의 역사적 효과성을 증명해 준다. 상식은 엄격하고 불변의 것이 아니라 계속 변화하며, 과학적 관념과 철학적 견해를 일상생활에까지 파급시켜 풍부해진다…… 상식은 미래의 민속을 만들어 낸다. 다시 말해 어떤 주어진 장소와 시점에서는 비교적 엄격한 단계의 대중적 지식으로 된다(Gramsci, 1971: 326).

구조주의가 제시한 형식주의적인 '문화적 선택 목록' 개념은 이와 같이 완전히 역사화하기 전까지는 적절한 이데올로기 개념을 정교화하는 데 이론적으로 도움이 되지 못한 것 같다. 레비스트로스가 시작한 문화의 보편적 '문법'에 대한 관심은 완전히 역사화되고 나서야, 특정한 사회의 지식을 서로 다른 이데올로기적 선택 목록으로 구분하고 분류해 주는 역사적 문법을 파악하는 데 통찰력을 던져 주기 시작한다.

사회적 세계에 관한 지식을 분류하고 틀짜기 하는 방식이 존재할 뿐 아니라, 어떤 목록의 요소가 세상에 관한 스토리나 명제를 만들어 내는 방식에 뚜렷한 논리가 있다는 점을 신화에 관한 구조적 연구는 보여 주었다. 레비스트로스에 의하면 '의미 작용을 하는' 것은 어떤 신화의 특정한 내용이라기보다 '배열의 논리'다. 바로 이 수준에서 관련된 규칙성과 반복성을 가장 잘 관찰할 수 있다. 여기서 '논리'란 것은 서구의 합리주의가 채택한 철학적 의미의 논리가 아니었음은 분명하다. 레비스트로스의 의도는 서구의 합리주의란 것이, 가능한 수많은 유형의 담론적 배열 중 하나에 불과하며 작용 방식의 측면에서 볼 때 이른바 과학 이전의 사유, 혹은 신화적 사유와 본질적인 차이가 없음을 보여 주려는 것이었다. 여기서 논리란 단순히 명제와 전제 사이에 외관상 존재하는 것처럼 보이는 필연적인 관계의 연쇄를 의미했다. 서구의 논리에서는 명제가 어떤 추론과 연역의 규칙을 따를 경우 논리적이라고 말한다. 문화 분석가들이 논리라고 부르는 것은 단순히, 사회 세계에 관한 모든 이데올로기적 명제도 마찬가지로 전제, 서술, 추론에 의존한다는 뜻이다. 이데올로기적 명제는 비록 논리적 연역의 검증을 통과하지 못했다 할지라도, 서로 연결된 명제의 틀을 갖추었다. 어떤 전제에 의존하는 명제가 성립하려면 그 전제가 옳다고 가정해야 했다. 이와 같이 '명제의 (필연적인) 수반entailment'이란 개념, 혹은 의미학자들이 말하듯이 명제가 다른 전제에 뿌리박고 있다embeddedness of statements는 관점은 이데올로기 분석을 발전시키는 데 아주 귀중한 것이었다. 이 주장을 극단적인 형태로 표현하자면, "지금 레이랜드 공구 제작공의 파업은 영국의 경제적 위치를 더욱 약화시켰다"라는 명제는 경제가 어떻게 돌아가고, 국익이 무엇인가 등에 관해 우리가 당연시하는 모든 명제를 전제로 삼는다. 이 명제가 신뢰성을 얻으려면, 자본제 생산의 전체적인 논리가 옳다고 가정해야 했다. 전통적인 뉴스난의 어떤 기사에도 아주 똑같은 이야기를 할 수 있을 것이다. 즉 밝히지 않은 모든 전제, 혹은 세계에 관해 당연시되는 지식이 없다면, 모든 서술적인 명제는 글자 그대로 전혀 이해가 불가능할 것이다. 그러나 어떤 명제를 이데올로기적으로 '문법에 맞게' 만든 이 전제의 '심층 구조'는 그것을 이용해 세상을 이해하는 사람에게나 세상을 설명해야 하는 사람에게 좀처럼 뚜렷이 드러나지 않고 대개 무의식적으로 존재했다. 서술적이고 기술적인 명제 형태는 명제가 뿌리박고 있는 함축된 논리를 드러나지 않게 했다. 이 때문에 명제는 이의의 여지없이 자명하고 명백한 진릿값을 갖게 되었다. 사실상 사물의 이치에 관한 명제는 사라지고 그 대신에 단순히 기술적 명제, 즉 '사실'의 존재로서 인정받게 된 것이다. 그 명제가 수반하게 되는 논리는 은폐되고, 명제는 말하자면 스스로 작용하는 것처럼 보이게 되었다. 그것은 명제가 아니라, '현실'에 관해 자연적이고 자연 발생적인 인정인 것처럼 보이게 되었다.

현실 효과

이렇게 해서 비판적 패러다임은 담론의 '현실'을 해부하기 시작했다. 언어를 지칭 기능의 측면에서 보는 접근 방식에서는, 언어가 '현실 자체'의 진실을 투명하게 반영한다고, 다시 말해 이 원래의 의미를 수신자에게 단순히 이전한다고 생각했다. 현실 세계는 그 세계에 관한 어떤 명제의 기원이면서 그 명제가 옳음을 보장해 주는 것이기도 했다. 그러나 관습적인 혹은 구성주의적constructivist 언어 이론에서는 그 대신에 현실을 사물에 대한 의미 작용이 이루어진 방식의 결과나 효과로 이해하게 되었다. 어떤 명제가, 수신자에게 단순한 경험적 명제로 받아들여지거나 '읽혔다'는 일종의 '인지 효과recognition effect'를 조성했기 때문이다. 그 명제를 만들어 낸 공식화 작업은, 실제 사용되는 지식의 범위를 확정 짓게 해 주었다. 그러나 이러한 인지 효과는 단어 배후에 있는 현실에 대한 인지가 아니라, 담론이 조직되는 방식과 그 명제가 사실상 의존하는 배후의 전제가 자명하고 당연시됨을 확인하는 것에 해당한다. 만일 자본제 경제의 법칙을 고정되고 불변의 것으로 간주한다면, 그 사회의 관념은 자연적이고 불가피한 성격을 띠게 된다. 따라서 그러한 기반을 가진 어떤 명제는 단순히 '사물의 실제적 이치'에 관한 명제처럼 보일 것이다. 요컨대 담론은 어떤 '매듭짓기closures'를 유지하는 효과, 세계에 대한 가정과 진실이라고 할 수 있는 것 사이에 일종의 등가 체제를 확립하는[즉 양자가 같은 것처럼 보이게 만드는] 효과를 가져왔다. '진실'이라는 것은 신뢰할 만하거나 적어도 사실에 관한 명제로서 신뢰성을 얻을 수 있는 것임을 말한다. 세계에 대해 당연히 그러하리라는 기대치에 어긋나는, 새롭고 논란의 여지가 있거나 골치 아픈 사건이 발생하면, 다른 경우에 '실제로' 쓰인 설명 형태를 끌어와서 '설명할' 수 있을 것이다. 따라서 이러한 뜻에서 알튀세르는, 과학과 반대로 이데올로기는 폐쇄된 범위 내에서 계속 움직이며, 지식이 아니라 우리가 이미 아는 사물에 대한 인지를 생산해낸다고 주장했다. 벌써 의문을 제기했어야 할 바로 그 전제를 이미 확정된 사실로 받아들였기 때문이다. 이후에도 이 이론은 정신분석학적 주체 이론에 의해 보완되는데, 이 이론은 어떻게 어떤 종류의 서사적 설명이, 담론의 중심부에 주체를 위해 경험적 지식의 공간이나 위치 — 거기서 바라볼 때에만 담론이 '의미가 통하는' 그러한 위치나 관점 — 를 마련해 주는지 보여 주려 했다. 따라서 이 이론은 어떤 담론에서 경험적, 실용적 의미를 확정해 주는 서사적인 절차를 모두 '리얼리즘' 담론에 속하는 것으로 정의했다.

좀 더 일반적으로 이 접근 방식은, 담론이란 이미 객관화된 사회적 지식('이미 알려진 것') 구조와 연결될 뿐 아니라, 시청자가 실용적pragmatic 지식과 더불어 담론 자체의 '현실'에 대해 공모자적인 관계를 맺는다고 주장했다. '관점'은 물론 시각적인 텍스트에 국한되지 않고, 문자 텍스트 역시 선호되는 지식의 위치를 갖는다. 그러나 관점이라는 비유는 시각적 성격을 띠기 때문에, 특히 시각적 담론이 지배적인 것으로 보이는 미디어에 적합하게 되었다. 그러므로 그 이론은 영화와 관련된 부분이 가장 발달했지만, 우리 사회에서 지배적인 사회적 담론과 재현 미디어인 텔레비전에도 적용되었다. 텔레비전의 의미 작용 능력의 상당 부분은 그 미디어의 시각적 다큐멘터리의 성격에, 즉 텔레비전이 사물을 실제 그대로 보여 주기만 하는 '세상을 향한 창'으로 자처한 데 있다. 텔레비전이 제시한 명제와 설명은 그 담론을 이와 같이 '현실성'에, 즉 눈으로 본 증거에 근거하게 하는 방식으로 보강되었다. 그러므로 텔레비전 담론은 특히 사실, 진술, 서술이라는 자연주의적 담론인 것처럼 보이게 되었다. 하지만 위에서 간단히 설명한 이론적 주장의 관점에 비추어 볼 때, 이 미디어의 전형적인 담론은 자연주의적이라기보다 자연시된 것, 자연에 근거한 것이 아니라 말하자면 그 담론의 진실성을 보장하기 위해 자연을 만들어 낸다고 정의하는 게 더 적절할 것이다. 이와 같이 시각적 담론은 특히 취약하다. 시각적 담론이 이용하는 시각적 인지 체제는 어떤 문화에서든 널리 통용되므로, 기호화, 선택 혹은 배열이 개입한 것처럼 보이지 않기 때문이다. 시각적 담론은 자신이 전달하는 이미지 속에 현실의 실제 흔적을 재생산하는 것처럼 보인다. 물론 이것은 환상 — '자연주의적 환상' — 에 불과하다. 언어적 담론과 시각적 담론이 결합해서 이와 같이 '현실' 효과를 만들어 내려면 가장 숙련되고 정교한 기호화 절차, 가령 여러 요소를 설치하고 연결하고 꿰매어 '뜻이 통하는' 서사나 설명 체제로 만드는 작업이 필요하다.

분명히 이 주장은 이데올로기가 어떻게 작용하는지에 관한 고전적 유물론의 정의와 연결된다. 이데올로기란, 단순히 사물의 표면적인 모습에만 근거를 두는 것처럼 보이기 때문에 작동한다고 마르크스가 주장한 것은 여러분도 기억할 것이다. 그렇게 하면서 이데올로기는 모든 사회관계가 의존하는 역사적 조건이 우연적인 것임을 인식하지 못하게 막는다. 그 대신에 이데올로기는 그 조건이 역사 밖에 있는[역사적으로 결정되지 않는], 말하자면 불변적이고 불가피하며 자연적인 것처럼 재현한다. 또한 이데올로기는 그 전제가 마치 이미 알려진 사실인 것처럼 위장한다. 따라서 고전파 정치경제학은 과학적 발견을 이루었음에도 불구하고, 결국 '이데올로기적'이라고 마르크스는 묘사했다. 사회관계와 자본제적 경제 조직 형태를 유일하고 불가피한 종류의 경제 질서로 받아들였기 때문이다. 그러므로 고전파 정치경제학은 자본제 생산을 '역사와 상관없는 영원한 자연 법칙에 안치된' 것처럼 제시했다. 그리고는 부르주아적 관계를 '추상적인 사회의 토대가 되는 불가침의 법칙'으로 슬며시 끌어들였다. 마르크스는 이처럼 역사적 조건과 역사적 변동을 영구화, 자연화한 것을 '망각'이라고 불렀다. 그 결과로 속류적인 부르주아적 상식의 범주를 경제 이론의 핵심에 재생산하는 효과를 가져왔다고 마르크스는 주장했다. 따라서 경제적 관계에 관한 명제는 조건부적이고 전제에 근거한 것이 아니라 단순히 '사물의 이치'와 함축적으로 '영원히 통용되는 이치'에서 생겨난 것처럼 보이게 되었다. 그러나 이러한 '현실 효과reality effect'는 바로 재현 과정 자체가 순환 논리적 성격을 가지며, 전제가 없는데도 스스로 만들어져 스스로 승인하는 성격을 갖는 데서 생겨났다.

'언어 속의 계급 투쟁'

미셸 페쇠Michel Pêcheux 같은 이론가들은 이후에 좀 더 언어적인 접근 방식의 틀 안에서, 특정한 담론의 논리와 의미가 어떻게 담론 내에서 이처럼 사전에 구성된 요소 간의 연결 관계에 의존하는지 보여 주려 했다(Pêcheux, 1975). 또한 어떻게 해서 어떤 담론의 서술과 제시 체제 속에는 그 결론이 미리 마련되어 있어, 추론의 연쇄나 논리 내에서 어떤 잠재적인 의미를 실현하면서, 다른 가능성을 배제할 수 있게 해 주는지도 입증하려 했다. 어떤 특정한 담론의 가닥이든 담론의 장 전체나 기존 담론의 복합체('상호담론inter-discourse') 내에 뿌리박고 있으며, 이 담론 복합체는 그 명제나 발화의 사전에 정해진 의미 구실을 하게 된다고 이 이론가들은 설명했다. 분명 '사전에 구성된 것pre-constituted'이란, 그람시가 좀 더 역사적인 의미에서 '상식'의 목록이라 부른 것을 언어적으로 확인하는 방식이었다. 따라서 다시 말해 이데올로기 분석에서는 한편으로 언어적 혹은 기호학적 관심사와, 다른 한편으로는 '상식' 담론 구성체의 역사적 분석을 서로 연결시켰다. '이미 알려진 것'을 그 서술 체제 안에 끌어들이면서, 이데올로기적 담론은 사회의 상식적인 지식 속에서 스스로 정당화하고 그 지식을 선택적으로 재생산했다.

의미란 더 이상 '사물의 이치'에 의존하지 않고 사물에 어떻게 의미 작용을 부여하는지에 달려 있기 때문에, 이미 말했듯이 똑같은 사건이라도 그 의미는 다양해질 수 있다는 결론이 나온다. 의미 작용은 실천이고, 실천은 "어떤 한정된 원료를 한정된 산물로 변형시키는 과정, 한정된 ('생산') 수단을 이용해 한정된 인간 노동의 결과로 생겨난 변형"(Althusser, 1969: 166)이라고 정의된다. 따라서 의미 작용은 한정된 노동 형태, 구체적인 '작업' — 이 경우 의미 생산의 작업 — 을 포함한다는 결론도 따라 나온다. 그러므로 의미는 말하자면 현실 자체의 구조에 의해 결정되지 않고, 사회적 실천을 통해 성공적으로 수행되는 의미 작용의 작업에서 제약을 받는다. 그리고 이러한 작업의 결과가 반드시 성공적이어야 할 필요는 없다는 결론도 나온다. 의미 작용은 '한정적인' 노동 형태이기 때문에 부수적인 여건의 영향을 받는다. 의미 작용의 작업은 민속학적 방법론의 용어를 잠시 빌리자면 사회적 성취물social accomplishment이었다. 주어진 현실에서 그 결과를 엄격히 예측 가능하거나 필연적인 방식으로 이끌어 낼 수는 없다. 이 점에서 부상 중인 이론은 상당한 차별성을 보이는데, 이는 실증주의 이론에서 구체화된 반영 혹은 지칭적인 언어 이론과 비교해도 그럴 뿐 아니라, 고전 마르크스주의의 언어와 상부 구조 이론에 함축된 반영 이론과도 상당히 다른 것이었다.

이와 같이 여러 초창기 언어 이론과 단절하는 바람에 세 가지 중요한 발전 방향이 형성되었다. 첫째, 어떻게 해서 언어가 현실 세계에 대해 이처럼 여러 가지 지칭적 의미를 가질 수 있게 되었는지를 설명해야 했다. 여기서 언어의 다의미적polysemic 성격 — 똑같은 기표라도 그 의미의 강조점을 다양하게 할 수 있다는 사실 — 은 아주 가치가 있음이 드러났다. 볼로시노프는 다음과 같은 구절에서 이 점을 아주 잘 표현했다.

> 기호 속에 반영된 존재는 단순히 반영되지 않고 굴절된다. 이와 같이 이데올로기적 기호 속에 굴절된 존재는 어떻게 결정되는가? 그것은 지향점이 서로

> 다른 사회적 이해관계들이 모든 이데올로기적 기호에서 교차함으로써 이루어진다. 기호는 계급 투쟁의 영역이 된다. 이와 같이 이데올로기적 기호가 사회적으로 다강조점을 갖는 것은 매우 중요한 측면이다…… 사회적 투쟁의 압력 때문에 철회된 기호, 말하자면 계급 투쟁의 범위 밖으로 벗어난 기호는 필히 힘을 잃게 되고 알레고리로 전락하여, 생생하게 사회적으로 이해할 수 있는 대상이 아니라 철학적 파악의 대상이 된다(Vološinov, 1973: 23).

볼로시노프는 이 언급에서 두 번째 주장도 덧붙여 제기한다. 일단 의미를 문제 삼게 되면, 의미는 세계를 언어 속에 기능적으로 재생산한 결과물이 아니라, 어떤 종류의 사회적 강조점이 지배하고 신뢰성을 얻어야 하는지를 둘러싸고 벌어지는 사회적 투쟁 — 담론의 주도권을 둘러싼 투쟁 — 의 결과임에 틀림없다. 이 주장은 언어와 의미 작용의 '작업'을 고려하면서, "지향점이 다양한 사회적 이해관계"의 개념과 "투쟁 영역"으로서의 기호라는 개념을 다시 끌어들였다.

이데올로기에 관한 일반 이론에다 이러한 종류의 사고를 일부 도입한 알튀세르는 그 과정이 지나치게 단일한 강조점으로 되어 있을 뿐 아니라 지배 이데올로기의 재생산에 지나치게 기능적으로 적응하는 것처럼 제시하는 경향이 있었다(Althusser, 1971). 이 이론의 시각에서 볼 때 어떻게 담론 속에서 '지배 이데올로기' 이외의 그 어떤 것이 재생산될 수 있는지 판단하기는 매우 어려웠다. 볼로시노프와 그람시의 저작은 이데올로기와 언어 영역에 '의미를 둘러싼 투쟁' 개념(이것은 볼로시노프가 기호의 다강조점에 관한 주장을 통해 이론적으로 구체화했다)을 다시 도입해 이러한 기능주의를 상당히 교정했다. 볼로시노프의 주장에 따르면, 담론의 의미를 둘러싼 투쟁에서 승리할 경우 얻어지는 효과나 결과 중 가장 관련성이 있는 것은, "이데올로기적 기호에 초계급적이고 영원한 성격을 (부여하여), 그 속에서 발생하는 사회적 가치 판단 사이의 투쟁을 진정시키고 자제시키며, 기호가 단일한 강조점을 갖게 만드는 것”(Vološinov, 1973: 23)이다. 현실 효과에 관해 앞서 했던 주장으로 잠시 되돌아가 보자. 볼로시노프의 요점은, 단일한 강조점을 가지는 것uni-accentuality — 여기서는 사물에는 단 하나의 주어진, 불변의 ‘초계급적’ 의미만 있는 것처럼 보인다 — 은 매듭짓는 실천practice of closure의 결과였다. 그러한 실천은 언어와 현실 사이에 확정된 등가 체제를 설정하는 것인데, 의미를 둘러싼 투쟁에서 효과적으로 승리한 결과 생겨난 효과 중 가장 관련성이 있는 것이었다. 하지만 이러한 등가 관계는 현실에서 주어진 것이 아니었다. 이미 보았듯이 똑같은 지칭이라도 의미 체제에 따라 다르게 의미 작용을 부여할 수 있기 때문이다. 그리고 어떤 체제는 다른 체제가 전혀 인식할 수도, 강조할 수도 없는 차이를 구성해낼 수 있기 때문이다. 그렇다면 등가 관계는 담론적인 실천을 통해 확보된 것이었다. 그러나 이것은 또한 그러한 실천이 조건부로 가능함을 의미했다. 그 실천은 어떤 조건의 달성 여부에 달려 있다. 서로 효과적으로 짝짓기된 의미는 또한 연결을 끊을 수도 있다. ‘담론 속의 투쟁’은 바로 이러한 담론적 접합과 탈접합 과정으로 구성된다. 그 최종적인 결과가 어떻게 나오느냐 하는 것은 ‘투쟁 중인 세력’의 상대적인 강도, 어떤 전략적 계기에서 그 사이의 세력 균형, 그리고 ‘의미의 정치’의 효과적인 수행에 달려 있다. 이와 관련된 많은 역사적 예를 생각해 볼 수 있다. 어떤 특정한 계기에서 사회적 투쟁을 수행할 수 있느냐 하는 것은, 바로 어떤 핵심적인 용어 — 가령 ‘민주주의,’ ‘법의 지배,’ ‘시민의 권리,’ ‘국가,’ ‘민중,’ ‘인류’ 등 — 가 예전에 지녔던 의미를 효과적으로 떼어 내고(탈접합) 거기에 새로운 의미를 부여하여 새로운 정치적 주체의 부상을 대변해 주는지에 달려 있다.

세 번째 요점은 기호와 언어 내부에서 ‘투쟁’을 가능하게 해 주는 메커니즘에 관한 것이다. 때때로 언어 영역에서의 계급 투쟁은, 가령 ‘이민자’라는 용어 대신 '흑인'이라는 용어로 대체하려는 투쟁처럼 두 가지 다른 용어 사이에서 벌어졌다. 그러나 흔히 투쟁은 **똑같은** 용어에 강조점을 다르게 주는 형태를 띠었다. 가령 경멸적인 색깔인 '흑인black'이, 고양된 가치를 갖는 '흑인Black'('검은 것이 아름답다'에서처럼)으로 바뀐 과정을 예로 들 수 있다. 후자의 경우 투쟁은 용어 자체가 아니라 용어의 내포적 의미를 둘러싸고 벌어진다. 바르트는 《신화론》이라는 글에서, 어떤 단어가 갖는 의미 연상의 장 — 그 단어에서 내포적 의미 지칭의 장 — 이야말로 이데올로기가 언어 체계에 침투하는 영역이라고 주장했다. 이러한 현상은 언어의 연상적이고 가변적이고 함축적인 '사회적 가치'를 최대한 이용하기 때문에 가능했다. 한동안 이 주장은 어떤 담론의 외연적인 혹은 상대적으로 고정된 의미가 여러 강조점을 가할 수 있는 대상이 아니라 '자연적인' 언어 체계가 되며, 담론의 내포적 수준만이 다양한 이데올로기적 굴절의 대상이 된다고 주장하는 것처럼 오해되었다. 그러나 이것은 단지 오해에 불과했다. 물론 외연적 의미 역시 기호화되지 않는 것은 아니며, 내포적 의미와 꼭 마찬가지로 분류와 인식 체제를 수반한다. 외연적 의미는 자연적인 기호가 아니라 '동기화된motivated' 기호다. 외연과 내포의 구분은 분석적인 것이지 실질적인 것은 아니었다(Heck, 1980; Hall, 1980a를 보라). 단지 언어의 내포적 수준이 더 불확정적이고 연상적이기 때문에, 상반되거나 모순되는 이데올로기적 굴절의 영향을 특히 받기 쉽다는 점을 이 구분은 시사했을 뿐이다.

헤게모니와 접합

앞서 언급한 것보다 정말 더 날카로운 지적은, 볼로시노프의 주장에서 크게 주목을 끌지 못한 부분을 확대 해석한 것이다. 만일 똑같은 기호를 둘러싸고 언어 영역에서 사회적 투쟁을 벌일 수 있다면, 기호(그리고 확대하자면 기표의 연쇄 전체, 담론 전체)는 투쟁에서 어느 한편에 한정된 방식으로 영원히 속한다고 볼 수 없을 것이기 때문이다. 물론 모국어는 계급, 사회 경제적 지위, 성별, 교육과 문화와 상관없이 모두 똑같이 사용하지는 않는다. 언어 구사 능력의 분포도 무차별적이지 않다. 언어 사용과 잠재적 구사 능력은 계급뿐 아니라 성별에 따라서도 사회적으로 분포된다. 핵심적인 기관들 — 이 점에서는 가족과 교육의 두 기관 — 은 문화 '자본'의 사회적 배분에서 아주 중요한 구실을 하는데, 바실 번스타인Basil Bernstein 같은 교육 이론가나 피에르 부르디외Pierre Bourdieu 같은 사회 이론가가 보여 주었듯이, 여기서 언어는 핵심적인 역할을 수행했다. 그러나 모든 사람이 똑같은 언어 체계를 마음대로 이용할 수 있다고 해서, 볼로시노프가 "언어 영역에서의 계급 투쟁"이라고 부른 투쟁이 중단되지는 않는다. 물론 가령 '흑인'이라는 똑같은 단어가 피억압자와 억압자의 어휘에 동시에 속할 수도 있다. 투쟁 대상이 되는 것은 그 용어의 '계급적 귀속성'이 아니라, 그 단어가 겪게 될 수도 있는 굴절이나 그 단어의 함축적 지칭의 장이다. 흑인 운동의 담론에서는, '흑인 = 경멸 대상 인종'이라는 내포적 의미가 '흑인 = 아름다운 것'이라는 정반대 의미로 뒤집힐 수도 있다. 따라서 '언어 영역에서의 계급 투쟁'은 있었지만, 그러한 투쟁에서 모든 담론이 모든 사회 계급이나 사회 집단에 의문의 여지없이 배당될 수 있는 것은 아니었다. 따라서 볼로시노프는 다음과 같이 주장했다.

> 계급은 기호 공동체, 즉 똑같은 기호를 이데올로기적 커뮤니케이션에 사용하는 이용자 전체로 이루어지는 공동체와 일치하지는 않는다. 따라서 여러 다른 계급도 하나의 똑같은 언어를 사용할 것이다. 그 결과 어떤 이데올로기적 기호에서든 지향점이 다른 여러 강조점이 교차한다. 기호는 계급 투쟁의 영역이 된다(Vološinov, 1973: 23).

이것은 아주 중요한 진일보다. 여기서 파생되는 것을 아래에서 간략히 추적해 보겠다. 그러나 여기서는 바로 두 가지 점을 추정해 볼 수 있다. 이데올로기란 똑같은 언어적 기호에서 의미의 강조점을 다르게 하여 실현되기 때문에, 비록 이데올로기와 언어가 밀접하게 연관되기는 하지만 둘은 똑같은 하나가 될 수 없다는 결론이 나온다. 두 용어는 분석적으로 구분할 필요가 있다. 어린아이가 언어 문화에 들어가는 것은 그 아이가 그 사회의 이데올로기에 들어가는 것과 똑같은 메커니즘이라고 본 이후의 이론가들도, 이 점을 보여 주는 일은 게을리 했다. 두 과정은 분명히 연결되기는 하지만(어떤 언어를 배우면서 그 언어에 통용되는 이데올로기적 굴절을 전혀 배우지 않을 수는 없다), 이를 동일시하거나 아주 일치하는 것으로 볼 수는 없다. 이데올로기 담론은 이미 언어를 익힌 주체, 즉 기존 담론의 범위 내에 이미 자리매김된 주체, 완전히 사회적인 언어 구사자를 이데올로기 담론이 세계를 재현하는 방식으로 끌어들일 수 있다. 이 때문에 그 대신에 언어와 담론 속에서 또 언어와 담론을 통해 이데올로기의 '접합'을 고려해 볼 필요성이 절실해졌다.

둘째, 비록 담론이 사회적 투쟁 영역이 될 수도 있고, 모든 담론이 세계에 관해 어떤 명확한 전제를 수반하기는 하지만, 이데올로기를 고정되거나 필연적인 혹은 한정된 방식으로 계급에 귀속시킬 수 있다는 뜻은 아니다. 이데올로기적 용어와 요소는 반드시 이와 같이 명확한 방식으로 계급에 '소속되지' 않는다. 그리고 반드시 또 필연적으로 계급적 위치에서 파생되지도 않는다. 예컨대 '민주주의'라는 똑같은 기본적인 용어도 다른 요소와 접합되어 아주 다른 이데올로기로 농축될 수도 있다. 가령 자유 서방the Free West의 민주주의와 독일 민주공화국German Democratic Republic[구동독을 뜻함]을 예로 들 수 있다. 똑같은 용어라도 원래 어떤 담론에서 차지하던 위치에서 탈접합[즉 분리]시켜 다른 위치에 접합시킬 수 있다. 가령 영국 여왕은 '국민her people'의 충성이라는 의미를 '민중the people' 혹은 '대중적the popular' — 이것은 엘리트, 권력층, 지배층, 권력 블록을 함축하는 어떤 것과도 반대되는 의미를 갖는다 — 이라는 의미와는 대립되는 것으로 받아들인다. 중요한 것은 서로 다른 사회적 이해 집단이나 세력이 어떤 기표를 하나의 선호되는 혹은 지배적인 의미 체제에서 탈접합시켜, 또 하나의 다른 함축적 의미의 연쇄 내에서 재접합시키려는 이데올로기 투쟁을 어떻게 수행하느냐 하는 것이다. 도식적으로 보면 이 투쟁은 다양한 수단을 통해 성취할 수 있을 것이다. '흑인 = 경멸 대상'에서 '흑인 = 아름다운 것'으로 바꾸는 것은 뒤집기로 성취할 수 있다. '돼지 = 더러운 습관을 가진 동물'이 1960년대의 급진적 운동에서는 '돼지 = 잔인한 경찰'로 바뀌었고, 페미니즘 언어에서는 '돼지 = 남성 우월주의자'로 바뀐 것은 환유metonymic 메커니즘에 의해 부정적 의미가 내포 의미적 기표의 연쇄를 따라 변해 간 것이다. 이와 같이 이데올로기적 요소의 '필연적인 계급 귀속성을 부정'하고 의미를 접합/탈접합시키는 이데올로기 투쟁의 가능성이 있다고 보는 이론은 주로 그람시의 저작에서 끌어온 통찰이지만 라클라우(Laclau, 1977) 같은 이론가가 최근의 글에서 상당히 발전시킨 부분이기도 하다.

그러나 '의미를 둘러싼 투쟁'은 다양한 이데올로기 요소가 겪게 되는 담론적 농축에서만 전적으로 수행되지는 않는다. 또한 의미 작용 수단에 대한 접근권을 놓고 벌어지는 투쟁도 있다. 한편으로는 공적인 담론의 세계에 당연한 것처럼 특권적으로 접근할 자격을 인정받은 증인이자 대변인에 해당하는 사람들이 있는데, 이들의 진술은 대표성과 권위가 있어 어떤 주장의 일차적인 틀이나 조건을 정할 수 있다. 이들과는 대조적으로 공적 담론의 세계에 접근하려면 투쟁해야만 하는 사람도 있는데, 이들의 '정의定義'는 항상 더 부분적이고, 단편적이며 정당성을 박탈당한 것이다. 이들은 접근권을 얻었을 때도 **이미 확립되어 작동 중인 문제 틀의 조건에 따**

라 수행해야 했다.

오늘날 미디어 담론에서 이 점을 잘 보여 주는 단순하면서도 반복되는 예로는, 영국 흑인 이주민에 관한 논쟁의 틀을 '숫자에 관한' 문제로 정한 것을 들 수 있다. 자유주의든 급진주의의 대변인이든, 물리적으로 미디어를 끌어다 쓸 수 있다. 그러나 이들이 '숫자 게임'을 문제에 관한 **특권적인** 정의로 받아들이는 논쟁의 지형 안에서 토론을 해야 한다면, 심한 제약을 받을 수밖에 없다. 이러한 조건 아래 논쟁에 참가하는 것은 — 가령 "인종 간의 긴장은 이 나라에 흑인이 너무 많기 때문이지 백인의 인종차별주의 문제가 아니다"라는 식의 — 지배적인 문제 틀에 신뢰성을 부여하게 된다. '숫자 게임' 논리가 작용할 때에도, 발언자는 대립되는 주장을 한도 내에서는 최대한 격렬하게 전개할 수 있다. 그러나 그 조건은 어떤 주장이 '합리적'인지를 정해 주고 담론이 '자유롭게' 전개될 가능성도 제한한다. 숫자가 그다지 많지 않다는 반론은 정반대의 주장이긴 하지만, **역시 정해진 주장의 틀을 재생산**할 수밖에 없다. 이 반론은 주장이 '숫자에 관한 것'이어야 한다는 전제를 받아들인다. 대립되는 주장을 펴기는 쉽다. 그러나 토론의 조건을 바꾸기는 극히 어렵다. 지배적인 문제의 정의는 반복됨으로써 또 정의를 제안하거나 지지하는 사람들의 비중과 신뢰성에 힘입어 '상식'으로 정당화되기 때문이다. 이와 같은 문제의 정의를 고수하는 주장은 '논리적인' 귀결을 따르는 것으로 설명된다. 준거의 조건을 바꾸려는 주장은 '논점을 벗어난' 것으로 해석된다. 그래서 투쟁의 일부는 문제가 형성되는 방식, 다시 말해 논쟁의 틀과 그 틀에 수반하는 '논리'를 둘러싸고 벌어진다.

이와 유사한 사례는, 경기 후퇴와 극단적인 통화주의 시대에 '복지 국가 문제'가 어떻게 해서 '법적으로는 혜택을 요구할 자격과 필요성이 있으면서도 요구하지 않는 수많은 사람의 문제'보다는 "남을 등쳐 먹고 사는 사람들의 문제"로 정의되었는가 하는 것이다. 물론 각각의 틀은 실제로 사회적인 결과를 가져다준다. 첫째 것은 '흑인 문제'에 관한 일반인의 인식이 형성될 수 있는 기본선을 정해 준다. 말하자면 해묵은 설명을 새로운 측면에 연결시키는 것이다. 그러므로 그다음에 흑인과 백인 사이에 폭력 사건이 발생하면 그것 역시 '숫자 문제'로 보기 때문에, "흑인을 모두 고국으로 돌려보내야 한다"든지, 이민 통제를 강화해야 한다든지 하는 정치 강령을 내세우는 사람을 신뢰하게 해 준다. 복지 국가를 "불법적인 권리 청구자 문제"로 정의하는 것은, "복지를 시행할 형편이 안 된다," 복지는 "국가의 도덕적인 성격을 약화시킨다," 따라서 공공 부문의 복지 지출을 급격하게 감축해야 한다는 주장을 납득시킬 필요가 있는 사회에서는 상당한 직무를 수행하는 셈이다. 똑같은 과정의 다른 측면 — 예를 들면 일반인이 주목해야 할 범위의 쟁점을 정하는 것(혹은 흔히 알려져 있듯이, 누가 "국가적인 의제를 정하는가?" 하는 문제) — 도 바로 의미 작용이 사회적 투쟁의 장소라고 했을 때 의도한 것을 확대하고 보완하려는 관심사의 일환으로서 정밀하게 다듬어졌다.

어떤 사회 집단이나 개인의 이데올로기적 위치를 계급적 위치에서 바로 읽어 낼 수는 없으며, 의미를 둘러싸고 어떻게 투쟁이 수행되는지 설명해야 한다는 사실은, 이데올로기가 다른 곳에서 (예를 들면, 경제적 투쟁의 수준에서) 벌어지거나 결정된 투쟁을 더 이상 단순히 반영하지 않는다는 뜻이었다. 이 때문에 이데올로기는 상대적 독립성이나 '상대적 자율성'을 갖게 되었다. 이데올로기는 더 이상 사회적 투쟁에서 종속 변인에 머물지 않게 되었다. 그 대신에 이데올로기 투쟁은 그 나름의 구체성과 타당성을 갖게 되어 그 고유의 조건 속에서 분석할 필요가 있고, 또 구체적인 투쟁의 결과에 실제로 효과를 미친다. 이 때문에 관념이 전적으로 다른 결정적인 요인(가령 계급 위치)에 의해 결정된다는 고전적인 개념은 약화되었고, 끝내는 완전히 타도되었다. 우리는 이데올로기가 제공해 주는 재현과 담론을 통해 "상상적인 방식으로, 우리의 현실적 존재 조건과 관계"를 맺으며 살아가는지도 모른다(Althusser, 1969: 233). 그러나 이데올로기는 결과물에 영향을 미치기 때문에, 이른바 비이데올로기적인 실천만큼이나 철저하게 '현실적' 혹은 '물질적'이었다. 이데올로기는 **그 효과가 현실적**이기 때문에 '현실적'이었다. 그렇지만 다른 조건이 충족되는 데 의존하기 때문에 한정적이었다. '흑인'은 단지 그렇게 되기를 바란다고 해서 '흑인 = 아름다운 것'으로 전환될 수는 없다. 그렇게 되기 위해서는 조직화된 투쟁의 실천의 한 부분이 되어야 하며, 새로운 형태의 흑인 의식이 발전할 뿐 아니라 흑인이 집단적 형태의 저항을 반드시 강화해야만 한다. 그러나 동시에 이데올로기 역시 결정적이다. 이데올로기 투쟁이 어떻게 수행되었는지에 따라, 물질적인 결과도 긍정적인 혹은 부정적인 영향을 받을 것이기 때문이다. 전통적으로 노동조합의 역할은 구성원의 물질적 여건을 확보, 개선하는 일이다. 그러나 노동조합 운동이 이데올로기 투쟁에서 패배하고 '국익의 적'이라는 악역을 성공적으로 떠맡게 된다면, 손쉽게 법적, 정치적 수단에 의해 제한하고 견제하고 위축시킬 수 있게 될 것이다. 노동조합은 사회적 무대에서 다른 세력에 비해 상대적으로 취약한 위치에 처하게 되고, 따라서 노동계급의 생활 수준을 지키기 위한 투쟁을 성공적으로 수행하기가 더 어려워질 것이다. 비판적 패러다임이 나오고 있던 바로 그 시기에 우리는 이러한 교훈을 어렵게 얻어야 했다. 노동조합 운동은 투쟁의 정치적, 이데올로기 차원을 희생하고 오로지 경제적 목표만 추구했다. 하지만 극우파가 아주 강력하고 교묘하게 또 끈기 있게 벌인 철저한 이데올로기 캠페인에 의해 바로 세력 균형과 투쟁의 조건이 근본적으로 바뀌어 버린 정치적 국면에 노동조합 운동이 굴복해야 했을 때 그 한계가 적나라하게 드러났다. 노동 계급은 가령 민주 사회주의, 노동당, 노동조합 운동에 영원히 필연적으로 결부되어 있다는 이론이 있었지만, 1979년 영국 총선에 앞서 대처가 집중적으로 벌인 캠페인을 통해 바로 노동 계급 투표의 주요 부문을 전략적으로 또 결정적으로 잠식했을 때 그러한 이론은 살아남을 수 없었다(Hall, 1979; Hall, 1980b). 그리고 이데올로기 투쟁에서 핵심적인 전환점의 하나는, 1978~1979년의 '불만의 겨울Winter of Discontent'[148] 동안 인플레이션에 항의하며 일어난 저임금 공공 서비스 노동자 폭동을 생활 수준의 잠식과 협정 임금차를 지키려는 노력으로 해석하지 않고, 무방비의 병자, 노인, 중환자 그리고 사망 후 매장도 못한 '보통 사람'을 향해, 거만한 '노조의 힘'을 냉담하고 비인간적으로 휘두른 것으로 해석하도록 의미 작용을 부여하는 데 성공한 사례다.

사회구성체 속의 이데올로기

이제는 주장에서 잠시 두 번째 가닥으로 넘어가기에 편리한 시점이 된 것 같다. 바로 이데올로기를 어떤 사회구성체 내의 다른 실천과 어떤 관계에 있는 것으로 파악하는지에 관한 문제다. 이 주장의 요점은 대부분 이미 대강 소개했다. 복잡한 사회구성체는 경제적, 정치적, 이데올로기적 제도와 실천을 통해 정교화한다는 관점에서 분석해야만 했다. 이 각 요소에 대

148 '불만의 겨울'은 1978~1979년 겨울 영국에서 발생한 사태를 지칭한다. 당시 노동당 제임스 캘러헌James Callaghan 정권이 임금 억제 정책을 추진한 데 반발해 노동조합이 대대적인 파업에 들어갔다. 파업은 민간 산업 부문에서 시작해 공공 부문까지 번졌으며, 이 때문에 시민들의 일상생활에까지 큰 불편을 끼쳤다. 파업은 1979년 2월에 중단되었지만, 정부가 파업 대책에서 보여 준 무능함은 대처 여사가 1979년 선거에서 승리하고 노조의 권한을 규제하는 법안을 통화시킬 수 있는 바탕이 되었다. '불만의 겨울'은 셰익스피어의 《리처드 3세》 서두에 나오는 표현으로 〈더 선*The Sun*〉의 편집인 래리 램Larry Lamb이 사설에서 인용하면서 유명해졌다. "지금은 불만의 겨울이네Now is the Winter of Discontent / 요크의 이 태양에 의해 찬란한 여름이 되고Made glorious summer by this sun of York……" — 옮긴이

해서는 특정 국면의 최종 결과를 결정할 때 차지하는 구체적인 비중을 매겨야 했다. 이데올로기 문제는 몇 가지 유형의 고전 마르크스주의가 주장했듯이 어떤 다른 수준, 가령 경제에서 추정해 이끌어 낼 수는 없을 것이다. 그러나 가치에 대한 합의 문제를, 다원주의가 가정했듯이 관념 수준에서 이미 달성된 합의를 단순히 실천에 반영하는 종속된 과정으로 가정하거나 간주할 수도 없을 것이다. 어떤 사건을 설명할 수 있게 되려면 경제적, 정치적, 이데올로기적 조건을 확인하고 분석해야 했다. 나아가 이미 앞서 밝혔듯이 경제적 현실이 관념 수준에 반영된다고 보는 대신, 직접적인 '계급적 결정'이 이루어질 것이라는 가정 역시 잘못되고 오해의 소지가 있는 경로임이 드러났다. 이러한 가정은 이데올로기 과정의 상대적 자율성, 혹은 이데올로기가 다른 실천에 미치는 현실적 효과를 충분히 인식하지 못했다. 이러한 가정은 계급을 마치 '역사적으로 주어진 것'처럼 간주했는데 — 계급의 이데올로기적 '통일'은 이미 경제 구조에서 차지하는 위치에 의해 정해졌다 — 반면에 새로운 시각에서는 이데올로기를 포함해 모든 수준의 사회적 실천에서 벌어지는 다양한 형태의 사회적 투쟁을 성공적으로 수행할 때에만 생겨나는 복합적인 결과가 계급이라고 이해해야 했다. 이렇게 해서 현대 사회에서 사회적 의미 작용의 지배적인 수단인 미디어를 둘러싸고 벌어지는 투쟁은, 이전의 이론에서는 없던 구체성과 중심성을 차지하게 되었다. '의미 작용의 정치' 문제에 관한 어떤 분석에서든 미디어는 중심적이며 상대적으로 독립적인 위치로 부상했다.

이러한 주장 역시 유물론적 틀 안에서 짜이기는 했지만, 분명 마르크스주의 문제를 표현함에 있어 어떤 전통적인 방식과는 획기적으로 달랐다. 마르크스와 엥겔스는 그 문제에 관해 가장 자세하게 다룬 텍스트인 《독일 이데올로기》에서 다음과 같이 말했다. "어떤 시대든 지배 계급의 관념이 지배적 관념이다. 즉 지배적인 물질적 세력인 계급은 동시에 지배적인 지적 세력이기도 하다"(Marx & Engels, 1970: 64). 이 구절은 사실 저 고전적이며 잊을 수 없는 서문에서 제시하는 것보다 훨씬 교묘하고 적절한 것이다. 하지만 이 구절이 보여 준 것처럼 단순한 형태로는 — 앞에서 부분적으로 대략 설명한 이유로 — 더 이상 지탱할 수 없었다. 어떤 이론가는 이 구절을, 따라서 지배 계급과 지배적 관념 사이에 존재하는 어떤 관계든지 폐기해야 한다는 뜻으로 받아들였다. 개인적 소견으로는 이러한 해석은 두 가지 의미에서 마치 목욕물과 함께 아기까지 버리는 것과 같다고 본다. 이 해석은 다음과 같이 근거는 없지만 외관상으로는 설득력 있어 보이는 발상에 기반을 둔다. '관념'에는 어떤 **필연적인** '계급 귀속성'도 부여할 수 없기 때문에, 사회에서 이데올로기가 생겨나는 과정과, 계급과 다른 사회적 세력의 구체적인 배치에 기반을 두고 이루어지는 지배적인 동맹이나 권력 블록의 구성 사이에는 아무런 관계도 있을 수 없다는 발상이다. 그러나 분명 이데올로기 이론을 필연주의적인 논리에서 해방시키면서 그렇게까지 극단적으로 나갈 필요는 없었다. 좀 더 만족스러운 접근 방식은, '필연적인 계급 귀속성의 부정'이라는 요점을 받아들이고, 그러고 나서는 이데올로기의 계급적 접합이 어떤 조건에서 어떤 메커니즘을 통해 적극적으로 달성되는가 하는 의문을 제기해 보는 것이었다. 예를 들면 '자유'라는 용어는 부르주아지에 반드시 귀속되지는 않지만, 역사적으로 볼 때 오랜 기간에 걸쳐 그 용어에는 분명히 어떤 계급적 접합이 효과적으로 이루어졌다. 이 용어는 '자유'를 개개인의 자유, '자유' 시장과 자유주의의 정치적 가치와 접합시켰지만, 노동자가 자신의 노동을 철회할 '자유,' 혹은 '자유의 투사' 중 '자유'라는 담론에서 농축될 수 있는 가능성으로부터는 자유란 용어를 탈접합시켰다. 이러한 역사적 자취는 필연적이지도 않고 최종적인 형태로 결정되지도 않았다. 그러나 그러한 접합은 역사적으로 계속 이루어졌다. 그리고 이에 따라 효과도 발생한다. 양자가 동일한 것처럼 계속 인정되면, 그러한 접합은 다른 담론, 사회적 실천과 제도, '자유로운 사회'에서 계속 재생산된다. 이러한 전통적인 짝짓기, 혹은 그람시의 용어를 따르자면 '흔적traces'은 똑같은 요소를 이용해서 이후의 담론을 만들어 낼 수 있는 방식에 대해 전통으로서 강력한 힘을 발휘한다. 이러한 짝짓기는 그 용어에게, 절대적으로 결정된 계급적 성격이 아니라 경향적인 계급적 접합을 부여한다. 어떻게 하면 단순한 계급 환원론에 다시 빠지지 않고, 이데올로기 담론을 특정 계급 구성체에 접합시키는 것을 개념화할 수 있는가 하는 문제에 관해서는 그동안 중요한 저작이 나왔다(다시 말해 이 글의 앞에서 언급한 라클라우의 저작은 획기적인 것이다).

둘째, 지배 계급/지배 관념 명제를 완전히 포기하면 물론 '지배성dominance' 개념을 완전히 포기하게 될 우려가 있다. 그러나 다원주의 명제에 의문을 제기하기 위해서는 지배는 핵심적인 것이다. 그리고 이미 밝혔듯이 비판적 패러다임은 비환원론적 지배 개념을 이데올로기 이론의 맥락에서 어떻게 만들어 낼 수 있을 것인지를 보여 주려고 많은 노력을 기울였다. 하지만 그 발상을 살리려면, 지배를 파악하는 방식에 중요한 수정을 가해야 했다. 우격다짐으로 혹은 이데올로기적 강제로써 한 가지 틀을 종속된 계급에 직접 강요하는 것을 뜻하는 그러한 지배 개념은, 현실의 실제적인 복잡성에 부합할 정도로 정교하지 못했다. 또한 지배는 의식 수준뿐 아니라 무의식 수준에서도 달성된다는 점도 깨달아야 했다. 지배는 개개인의 노골적이거나 의도적인 편견이라기보다 관련된 관계의 체제가 갖는 속성으로 보아야 한다. 또 이론적으로 적절한 지배 개념을 만들어 내려면, 언어와 담론을 통해 기능하는 규제와 배제의 바로 그 행동 속에 지배가 작동하고 있음을 깨달아야 한다. 이 논쟁은 대부분 외부로부터 관념을 강제하는 것이나, '헤게모니' 개념을 확대해 모든 것을 '지배 관념'에 포함하는 방식을 의미하는 (분석) 틀의 전면적인 교체를 둘러싸고 전개되었다. 헤게모니란 어떤 구성체의 지배가 이데올로기적 강제에 의해서가 아니라 문화적 리더십에 의해 확보된다는 사실을 함축했다. 헤게모니는 사회의 일차적인 경제적 과정을 효과적으로 장악한 지배 계급 동맹이나 지배 블록이 사회에 대한 장악의 범위를 확장하고 확대하는 모든 과정을 규정했다. 여기서 지배 블록은 직접 발생하는 이익을 어떤 특정 계급의 좁은 이해관계에 유리하게 돌리지 않으면서도 지배적인 사회적, 생산적 생활 체제 전체의 발전과 확대에 도움이 되는 방향으로 생활 방식, 관습과 개념화, 즉 바로 문화와 문명의 형태와 수준을 변형하고 재편할 수 있도록 힘쓴다. 이러한 '리더십' — 이것은 그람시가 가장 두드러지게 기여한 부분이다 — 개념에서는, 헤게모니 역시 합법적이고 정당한 강제 수단이라는 적정한 조치를 배제하지 않기는 하지만, 주로 그 속에 종속된 계급과 집단의 적극적인 동의를 얻어 성취되는 것으로 파악한다는 점이 중요하다.

'합의의 반영'에서 '동의의 생산'으로

이것은 아주 중대한 쟁점이자 핵심적인 수정이었다. 이전의 마르크스주의 입장의 약점은 바로 자본주의 아래에서 피지배 계급이 통치 계급의 리더십에 보여 준 '자유의사에 따른 동의'의 역할을 설명해 줄 수 없었던 데 있었기 때문이다. 비록 동의에 대해 매우 관념론적이고 권력 배제적인 방식으로 주석이나 해석을 붙이기는 했지만, 다원주의 이론의 커다란 가치는 바로 이러한 동의의 요소를 포함시켰다는 점이다. 그러나 특히 미국과 영국을 전형적인 사례로 들 수 있는, 공식적으로 민주주의적인 계급 사회에서 설명해야 할 부분은, 바로 권력 계급의 지속적인 지배와 힘없는 다수의 능동적인 혹은 피동적인 동의의 **결합**에 관한 것이다. 지배 계급/지배 관념의 공식은 분명히 그러한 사회에서 안정을 조성하는 가장 두드러진 요소인 동의를 충분히 설명하지 못했다. 하지만 '합의 이론'은 이 요소를 문제의식 없이 해석했는데, 비록 동의라는 측면을 인식하기는 했지만 이와는 보완적인 권력과 지배 개념을 억압해야 했다. 그러나 헤게모니는 동시에 두 가지 측면을 갖고 있는 사회에서 권력이 어떻게 기능하는지 적어도 대략적으로나마 설명을 시도했다. 그렇다면 '리더십' 문제는 단지 이데올로기 이론에 사소한 단서를 붙인 데 그치지 않고, 더 적절한 설명틀과 그렇지 못한 것의 주된 차이점이 되었다. 우리에게 중요한 점은 권력 독점과 동의 확산을 동시에 설명하려는 어떤 이론에서든 이데올로기의 위치와 역할 문제는 절대적으로 중요해진다는 것이다. 그렇다면 다원주의 이론에서는 합의 문제를 잘못되었다기보다는 부정확하거나 부적절하게 제기한 셈이다. 이론적 문제에서 흔히 볼 수 있듯이, 부적절한 전제를 지적하고 그 근거가 되는 검토되지 못한 조건을 밝혀내면, 관념의 전체 지형을 드러내 보여 줄 수도 있다. 그러므로 이론가들이 다음과 같은 질문을 제기한 바로 그 지점에서 '단절'은 생겨난다. "그러나 합의를 누가 만들어 내는가?" "합의는 누구의 이익을 위해 기능하는가?" "합의는 어떠한 조건에 달려 있는가?" 여기서 미디어와 다른 의미 작용 기관들이 다시 문제로 떠올랐는데, 이 기관들은 단순히 합의를 반영하고 유지하는 데 그치지 않고 합의를 생산해내는 데 기여하고 동의를 만들어 내는 존재로 부상했다.

미디어 기관들이 직접적인 강제에서 '자유롭고' 권력층의 직접적인 매수 시도로부터도 '독립'해 있으면서도, 어떻게 지배 이데올로기 생산과 재생산에 접합될 수 있는지 보여 주는 데 이러한 접근 방식을 사용할 수 있을 것이다. 그러한 기관들이 정치적 혹은 경제적 이해관계의 직접적인 작용이나 국가로부터 독립해 있다는 주장이 완전히 거짓이 아니라는 바로 그 이유 때문에, 이 기관들은 강력하게 동의를 확보한다. 이 주장은 거짓이기 때문이 아니라 자유와 공정성을 가능하게 해 주는 모든 조건을 적절히 파악하지 못하기 때문에 이데올로기적이다. 이 주장은 부분적인 설명을 하면서도 마치 종합적이며 적절한 것인 양 행세하기 때문에 ― 이 주장은 부분을 전체로 받아들인다(물신 숭배) ― 이데올로기적이다. 그럼에도 불구하고 이 주장은 사실의 측면에서는 실재하며 순전한 허구는 아닌 부분적인 진리를 전체인양 착각하는데, 그 주장의 정당성은 바로 이 부분적 진리에 달려 있다.

이러한 통찰은, 어떻게 해서 미디어 기관들이 사실상 직접적인 강제와 제약에서 자유로우면서도 권력층의 헤게모니에 유리한 상황 정의 주변에 체계적으로 자유롭게 접합되는 일이 가능한지 보여 주려는 모든 저작의 토대가 되었다. 이 점을 예시하려고 온갖 복잡한 내용을 여기서 늘어놓을 수는 없지만, 합의와 관련된 한 가지 주장만은 해야 할 것 같다. 이렇게 표현해 볼 수 있겠다. 형식적으로, 자본주의 사회에서 지배 계급의 계속된 리더십과 권위가 정당성을 갖는 것은, 다수 대중의 의견, 즉 '국민의 주권적 의지'에 책임을 지기 때문이다. 선거와 보편적인 참정권의 형식적 메커니즘에서 지배 계급은 주기적인 간격으로 다수의 의지나 합의에 복종해야 한다. 그러므로 권력층이 동의와 정당성을 확보한 상태에서 계속 지배를 유지할 수 있는 수단 가운데 하나는, 어떤 특정한 계급이나 권력 블록의 이익을 다수의 일반적 이익에 부합하거나 일치하게 만들 수 있느냐 하는 것이다. 일단 이와 같이 일치하는 것처럼 보이도록 만드는 체제가 달성되고 나면, 다수의 이익과 다수의 의지는 '일치된' 것으로 볼 수 있다. 양자는 합의에서 수렴되었고, 거기에 모두 동의한 것처럼 재현할 수 있기 때문이다. 바로 합의라는 미디어이자 조정자를 통해 이처럼 필요한 대로 권력과 동의를 일치시킬(혹은 동일시 할) 수 있게 된다. 만일 다수의 합의를 권력층의 의지와 일치하도록 형성할 수 있다면, 특정한 (계급적) 이해관계를 국민의 합의된 의지와 똑같은 것처럼 재현할 수 있다. 하지만 여기에는 동의의 형성, 교육, 훈련이 필수적이다. 여기에는 또한 위에서 대략 설명한 모든 재현 과정도 포함된다.

이제 미디어라는 재현 수단을 생각해 보라. 미디어는 일상적인 작업에서 공정하고 독립적이려 하기 때문에, 권력층의 지시를 받거나 세계에 관한 설명을 의식적으로 왜곡해서 지배적 정의에 일치시키려 한다고 볼 수는 없다. 그러나 미디어는 '모든 사람이 동의하는 것,' 즉 합의의 경계나 틀에 민감하게 반응해야 하고, 그 속에서 작동할 때에만 정당성을 갖춘 채 존속할 수 있다. 이전에 BBC 총국장이던 찰스 커런Charles Curran 경은 "BBC는 의회 민주주의의 조건 밖에서는 존재할 수 없을 것"이라고 언급했는데, 이때 커런 경은 영국의 다른 모든 국가 기관처럼 방송도 그 사회의 근본적인 정치 체제 형태에 동의해야 한다는 사실을 지적하려 했다. 방송은 사회 자체의 토대이며, 다수의 의지에 의해 정당성을 얻었기 때문이다. 방송인들이 자부심을 갖는 독립성과 공정성은 이처럼 폭넓은 의미에서, 방송의 공식적인 의정서와 그것을 허가해 주는 국가와 정치 체제 형태가 일치하는 데 의존한다. 그러나 '합의'에 적응하고 동시에 합의를 형성하려 하며 합의를 형성하는 데 영향을 미치면서, 미디어는 '동의 생산'이라는 변증법적 과정 — 미디어는 동의를 반영하면서 동의를 형성한다 — 의 일부가 된다. 이 과정은 국가 내에 대변된 지배적인 사회적 이익 세력의 장 내에 미디어를 순응시킨다.

여기서 특정한 정당이나 경제적 이익 세력이 아니라 '국가'라고 말한 데에 주목하라. 만일 미디어가 격론에 휩싸인 공적인 혹은 정치적인 쟁점을 다루면서, 특정한 정당이나 자본가 이익 세력의 특정한 분파의 시각을 체계적으로 채택했다면 정파적인 행위로 간주해야 마땅할 것이다. (1) 이 정당이나 이익 세력이 국가 내에서 정당성을 갖고 세력을 얻었거나, (2) 그러한 득세가 '다수의 의지'의 공식적인 행사를 통해 정당성 있게 얻어졌을 경우에만, 이 집단의 전략이 국익과 일치하는 것처럼 재현할 수 있으며, 이에 따라 미디어는 정당한 근거나 토대, 틀을 확보할 수 있다. 따라서 미디어의 '공정성'이 성립하려면, 국가의 매개, 말하자면 특정한 이해관계가 보편화하고 '국가'의 동의를 얻어 정당성의 표지를 갖추게 되는 과정이 반드시 필요하다. 이렇게 해서 특수한 이익이 '일반적 이익'으로, 또 '지배적인' 것으로서의 일반적 이익인 것처럼 재현된다. 이것은 매우 중요한 사항이다. 어떤 비판자들은 미디어의 작용이 국가의 매개에 의존한다는 주장을 너무 고지식하게 해석해서, 마치 그 기관이 국가 통제 아래 있느냐 아니냐 하는 문제에 불과한 것처럼 받아들이기도 했기 때문이다. 그리고는 그 주장은 "[상업 방송인] ITV보다 BBC의 사례에 더 잘 적용된다"는 식으로 말했다. 그러나 정치적 문제에서 미디어의 작동 방식을 정당하고 공정한 것으로 만들어 주는 이와 같은 연결 관계는 제도적인 문제가 아니라 국가가 사회적 갈등을 중재하면서 맡게 되는 역할과 같은 좀 더 폭넓은 문제임은 분명해졌다. 미디어를 '이데올로기적 국가 장치'라고 (그럴듯하게 — 이 용어는 여전히 모호하기는 하지만) 부를 수 있는 것은 이 수준에서다. (이 구절은 알튀세르의 것인데, 알튀세르는 자신의 주장을 충분히 발전시키지 못하는 바람에 부당하게도 모든 이데올로기적 기관을 국가에 포함시켰으며, 기능주의적인 해석에 머물렀다는 비난을 받을 여지를 남겼다.)

이러한 연결은 체제 차원의 것으로, 체제와 구조가 일치하고 중복되는 수준에서 작동한다. 이미 앞서 보여 주려 했듯이, 이 연계는 방송인의 의식적인 의도와 편견 수준에서 기능하지는 않는다. (오늘날 같은) 통화주의 시대에 어떤 방송 인터뷰 기자가 질문을 만들어 내면서 임금 인상 요구를 인플레이션의 유일한 원인으로 당연시한다면, 공중을 위해 '질문을 자유롭게 구성'하면서도, 동시에 사회의 지배적 이익 세력과 양립하는 논리를 전개하는 셈이다. 그리고 이것은 특정한 방송인이 평생 좌파 트로츠키주의를 신봉했든 아니든 간에 상관없이 사실일 것이다. 이것은 단순한 예지만, 그 요점은 비판적 패러다임에서 이데올로기는 수행자의 의도라기보다 담론의 기능이요, 사회 과정의 논리의 한 기능을 뜻한다는 주장을 뒷받침하려는 것이다. 방송인이 자신의 일에 대해 갖고 있는 의식 — 자신이 하는 관행적 작업을 스스로 어떻게 설명하는가, 자신의 '자유로운' 행동과 작업 결과에 대한 체계적인 추론 경향 사이의 관계를 어떻게 설명하는가 — 은 흥미롭고 중요한 문제다. 그러나 이 의식은 지금 논의하는 이론적 쟁점에는 그다지 실제적으로 영향을 미치지 못한다. 이 경우에는 담론이 그 방송인을 통해 스스로 표현했기 때문에 이데올로기가 '작동'한 것이다. 알지 못하는 사이에 또 무의식적으로 방송인은 지배적인 이데올로기 담론의 장의 재생산을 지지하는 역할을 한 셈이다.

비판적 패러다임은 결코 완전하게 발전된 상태가 아니다. 모든 면에서 이론적으로 확고하지도 않다. 비판적 패러다임의 설명틀이 적절함을 보여주고, 미숙한 식견을 세련되게 정교화하고 발전시키려면 다방면의 경험적 작업이 필수적이다. 의심할 수 없는 것은 이 패러다임이 이미 엄청난 이론적 혁명을 가져왔다는 점이다. 비판적 패러다임은 미디어 분석과 연구를 아주 새로운 문제 틀의 토대 위에 올려놓았다. 전통적인 분석틀이 명백히 붕괴되고, 전성기 '미디어 연구'의 완고한 경험적 실증주의가 거의 말문이 막힐 정도로 곤경에 처했을 때, 비판적 패러다임은 미디어 연구에서 새로운 출발을 촉진했다. 이 패러다임의 가치와 중요성은 바로 이런 데 있다. 이러한 패러다임 이동의 중심에 있는 것은 이데올로기, 언어의 사회적, 정치적 중요성, 기호와 담론 정치의 재발견이었다. 이데올로기의 재발견이라 할 수 있는데, 그보다는 억압되어 있던 것의 복귀the return of the repressed라고 말하는 게 더 적절할 것 같다.

10

기호화와
기호 해독

Encoding/Decoding

"Encoding/Decoding," in S. Hall et al. (eds.), *Culture, Media, Language: Working Papers in Cultural Studies*, 1972~1979, London: Hutchinson/CCCS, 1980, pp.128~138.

전통적으로 매스 커뮤니케이션 연구는 커뮤니케이션 과정을 순환 회로식으로 개념화했다. 이 모델은 송신자/메시지/수신자로 이어지는 단선적 구조로 구성되었다는 점, 메시지 교환 수준에만 집중했다는 점, 여러 다른 요소를 복합적인 관계 구조로 구조화해 파악하지 못했다는 점 때문에 비판받았다. 그러나 이 과정을 서로 관련되면서도 구분되는 여러 요소, 즉 생산, 순환, 배포/소비, 재생산 등의 접합을 통해 만들어지고 유지되는 구조로도 볼 수 있을 뿐 아니라 그렇게 보는 것이 편리하다. 아마 이것은 그 과정을 서로 연결된 실천 간의 접합을 통해 유지되는 '복합적인 지배 내 구조complex structure in dominance'로 보는 관점 정도가 될 것이다. 이 실천들은 서로 연결되기는 하지만, 각기 고유의 특징과 구체적인 양식, 고유의 존재 형식과 조건이 있다. 이 두 번째 접근 방식은 마르크스가 《정치경제학 요강》이나 《자본론》에서 상품 생산의 분석틀로 제시한 것과 비슷한데, 생산–분배–생산을 잇는 연속적인 회로가 '형태 바꾸기[형태의 이행]passage of forms'를 통해 어떻게 유지될 수 있는지를 예리하게 보여 준 것도 또 다른 장점이다(마르크스의 주장이 주는 방법론적 함의에 관한 설명과 논평으로는 Hall, 1974를 보라). 이는 또한 과정의 산물이 각 요소 속에 '드러나게' 되는 구체적인 형태를 부각하고, 이에 따라 우리 사회와 현대 미디어 체제에서 담론 '생산'이 다른 생산 유형과 어떻게 구분되는지도 밝혀 준다.

이 실천의 '대상'은 구체적인 종류의 기호 전달체 형태를 띠는 의미와 메시지인데, 이 기호 전달체는 다른 커뮤니케이션이나 언어 형식과 마찬가지로 통합체적인syntagmatic[149] 담론의 고리 내에서 의미 규칙이 작용함으로써 조직된다. 따라서 생산의 기구, 관계와 실천은 어떤 계기('생산/유통'의 계기)에서는 '언어' 규칙 내에서 구성되는 상징적 전달 매체 형식을 띠게 된다. '산물'의 유통은 바로 이러한 담론 형태로 진행된다. 따라서 생산 지점에서 보자면 커뮤니케이션 과정이 이루어지려면 물질적 도구, 즉 그 '수단'뿐 아니라 그 특유의 사회적 (생산) 관계, 즉 미디어 장치 내에서 여러 실천의 조직화와 결합이 반드시 이루어져야 한다. 그러나 그 산물은 **담론** 형식으로 다양한 수용자에게 배포되고 유통된다. 일단 이 과정이 이루어지고 난 후 순환 회로가 완성되고 효과를 얻기 위해서는, 담론이 다시 사회적 실천으로 번역, 다시 말하면 변형되어야 한다. 만일 아무런 '의미'가 전달되지 못했다면, '소비'도 전혀 발생할 수가 없다. 즉 의미가 실천으로 명시화되지 못한다면 아무런 효과도 발생하지 않는다. 이 접근 방식이 가치가 있는 것은 바로 다음과 같은 이유 때문이다. 의미의 명시화 과정을 이루는 각 요소는 모두 순환 회로 전체가 유지되는 데 필요하기는 하지만, 어느 한 요소도 그것과 연결되는 다음 요소가 반드시 일어나도록 확실히 보증해 주지는 못한다. 각 요소는 그 나름의 존재 양식과 조건을 갖기 때문에, '형태의 이행'

149 통합체란 일정한 규칙에 따라 결합된 기호의 배열을 말한다. 통합체적인 분석의 예로는 러시아 민속학자 블라디미르 프로프Vladimir Propp의 민담 분석을 들 수 있다. 프로프는 이야기(서사 구조)를 '기능'이라고 하는 핵심적인, 혹은 기본적인 단위로 쪼개서 분석했다. — 옮긴이

을 스스로 끊거나 중단시킬 수도 있는데, 이러한 이행의 연속성 없이는 효과적인 생산(즉 '재생산')의 흐름이 유지될 수 없다.

따라서 "내용 분석 같은 연구만을 본떠서 따라 할"(Halloran, 1973) 생각은 결코 없지만, 다음과 같은 사실은 인식해야 할 것이다. 즉 메시지의 담론 형태는 (유통의 관점에서 볼 때) 커뮤니케이션 교환 행위에서 특권적인 위치를 차지한다. 또 '기호화encoding'와 '기호 해독decoding'은 커뮤니케이션 과정 전체에 대해서는 '상대적으로 자율적'인데 불과하지만, '한정적'인 요소다. 가령 텔레비전 뉴스 보도가 '정리되지 않은' 역사적 사건을 **그 형태 그대로** 방송할 수는 없다. 사건은 텔레비전 담론의 시청각적 형식 속에서만 의미를 갖게 된다. 어떤 역사적 사건은 담론의 기호가 되는 과정을 거치는 순간, 언어의 의미 작용을 규제하는 모든 복잡한 공식적 '규칙'의 지배를 받게 된다. 역설적으로 표현하자면, 어떤 이벤트가 **커뮤니케이션 이벤트**로 되기 위해서는 먼저 '스토리'로 구성되어야 한다. 이 계기에서 담론을 지배하는 공식적 하위 규칙은, 물론 이렇게 의미를 갖게 된 역사적 사건을 소멸시키지 않고도 '지배적 위치in dominance'에 있게 되며, (의미) 규칙의 작용을 받는 사회관계나 그 사건의 사회적, 정치적 결과도 이러한 방식으로 의미를 갖게 된다. '메시지 형태'는 어떤 사건이 소스에서 수신자에게 넘어가는 과정에서 필연적으로 갖게 되는 '외관적 형태form of appearance'다. 어떤 내용(의미)을 '메시지 형태'(혹은 상징적 교환 양식)로 바꾸거나 이 형태를 다시 의미로 옮기는 일은, 우리 편의대로 취하거나 무시해 버릴 수 있는 무작위적인 '계기'는 아니다. 또 다른 수준에서 메시지 형태는 커뮤니케이션 체제의 표면 운동만을 포괄하면서도 또 다른 단계에서는 그것이 속한 커뮤니케이션 과정 전반의 사회관계 속에 통합되어야 한다. 그럼에도 불구하고 '메시지 형태'는 한정적 요소다.

이러한 일반적 관점에서 텔레비전 커뮤니케이션 과정의 특징은 대략 다음과 같이 정리할 수 있다. 방송 프로그램을 생산하기 위해서는 제작 관행과 네트워크, 조직 관계, 기술적 하부 구조를 갖춘 제도적 구조가 필수적이다. 《자본론》에 나오는 비유를 들자면, 이 생산은 담론 양식으로 진행되는 '노동 과정'이다. 여기서 생산이 메시지를 만들어 내는 것이다. 그렇다면 어떤 의미에서는 순환 회로가 여기서 시작된다. 물론 생산 과정에 '담론적' 성격이 없는 것은 아니다. 생산 과정 역시 전 과정에 걸쳐 의미와 관념에 의해 틀이 구성된다. 일상적 생산 공정, 역사적으로 정의되는 기술적 숙련도, 전문 직업 이데올로기, 제도적 지식, 정의와 가정, 수용자에 관한 가정 등등에 관해 실제 사용되는 지식이 이 생산 구조를 통해 프로그램 구성 방식의 틀을 정하게 된다. 나아가 텔레비전 생산 구조에서 텔레비전 담론이 유래하기는 하지만, 이 구조는 폐쇄된 체제가 아니다. 텔레비전 생산 구조는 자신이 속한 사회 문화적, 정치적 구조 내의 다른 소스나 다른 담론 구성체에서 소재나 처리 방법, 의제, 사건, 인력, 수용자의 이미지, '상황 정의' 따위를 끌어온다. 필립 엘리엇Phillip Elliott은 더 전통적인 이론틀을 사용해, 수용자가 텔레비전 메시지의 '소스'이면서도 어떻게 동시에 '수용자'도 되는지를 논의하면서 이 점을 간결하게 표현했다. 따라서 마르크스의 용어를 빌리자면 유통과 수용은 텔레비전에서 생산 과정을 구성하는 계기이며, 수많은 굴절되고 구조화된 '피드백'을 거쳐 생산 과정 자체로 다시 통합된다. 물론 생산 과정은 메시지가 '실현되기 위한 출발점'이기 때문에 더 '비중이 크기는' 하지만, 텔레비전의 소비나 수용 역시 넓은 의미에서는 그 자체가 생산 과정의 한 '계기'다. 그러므로 텔레비전 메시지 생산과 수용은 똑같지는 않으면서도 서로 연관되어 있다. 즉 양자는 커뮤니케이션 과정 전체의 사회관계에 의해 형성된 총체성 내에서 이 총체성을 구성하는 분화된 계기들이다.

하지만 어떤 시점에서는 방송 구조가 의미 있는 담론 형식으로 기호화된 메시지를 만들어 내야 한다. 생산물이 '실현'되려면 생산 제도와 생산의 사회관계가 언어의 담론적 규칙을 따라야 한다. 이 때문에 그 내부에서 담론과 언어의 공식적 규칙이 지배적 위치를 차지하는 요소가 하나 더 분화되어 나오게 된다. 이 메시지가 (어떻게 정의하든지 간에) '효과'를 낳거나, (수용자의) '욕구'를 충족시키거나, (수용자가) 메시지를 '이용'할 수 있게 하려면, 수용자가 우선 메시지를 의미 있는 담론으로 받아들여야 하고 그 의미를 해독해야 한다. '효과를 낳고,' 영향을 미치고 오락, 교육, 설득 기능을 하며, 매우 복잡한 지각, 인지, 정서, 이데올로기적 혹은 행태상의 결과를 낳는 것은 바로 이 해독된 의미다. 어떤 '한정적' 계기에서 구조는 의미 규칙을 채택해서 '메시지'를 만들어 낸다. 또 다른 한정적 계기에서 '메시지'는 기호 해독을 거쳐 사회적 실천의 구조로 끝나게 된다. 메시지가 어떻게 해서 수용자의 수용과 '이용'과 같은 실천으로 다시 들어가게 되는지를 단순히 행태적 용어로 파악할 수 없다는 점을 우리는 잘 안다. 고립된 요소, 즉 효과, 이용, '충족' 등에 관한 실증적 연구가 발견해낸 전형적 과정은 그 자

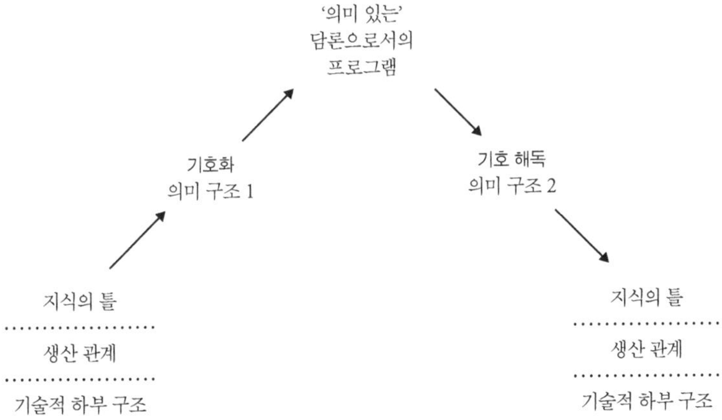

체가 이해의 구조에 의해 그 틀이 규정된다. 또한 이 과정은, 메시지가 수용 단계에서 '실현'되는 방식을 정하고 이와 더불어 담론에 담긴 의미가 (사회적 사용 가치나 정치적 효과를 얻기 위해) 실천이나 의식으로 옮겨지도록 해 주는 사회적, 경제적 관계에 의해 생산된다.

앞의 그림에서 '의미 구조 1'과 '의미 구조 2'로 이름 붙인 두 부분이 똑같지 않을 수도 있다는 점은 분명하다. 이 둘은 '직접적으로 동일한 것'이 되지 않을 수도 있다. 기호화와 기호 해독을 지배하는 의미 규칙은 완벽하게 대칭을 이루지 않을[즉 똑같지 않을] 수도 있다. 대칭성의 정도, 즉 커뮤니케이션 교환 행위에서 '이해'와 '오해'가 어느 정도 발생하는지는 '의인화personifications'된 위치들 사이, 즉 기호화의 주체 – 생산자와 기호 해독자 – 수용자 사이에 성립하는 대칭성/비대칭성의 정도(등가 관계)에 달려 있다. 그러나 이는 또한 두 의미 규칙이 어느 정도 동일한지, 혹은 차이가 있는지에도 달려 있다. 이 차이는 전달 내용을 완전하게 혹은 불완전하게 하거나, 중단시키거나 체계적으로 왜곡시키는 원인이 된다. 의미 규칙 사이의 차이는 방송사와 수용자의 관계나 위치가 구조적으로 서로 다른 것과 관련이 있다. 그러나 이 차이는 의미 규칙에서 담론 형태가 생겨나고, 담론 형태에서 다시 의미 규칙이 변형되는 단계/계기에서 '송신자'와 '수신자'가 사용하는 의미 규칙이 서로 다른 것과도 관련이 있다. '왜곡' 혹은 '오해'로 불리는 현상은 바로, 커뮤니케이션 교환 행위에서 쌍방 간에 **부등가 관계가 성립**하기 때문에[lack of equivalence. 즉 의미의 차이를 정치경제학적 비유로 표현한 것] 생겨난다. 다시 말해 담론 과정에 메시지가 들어오고 나가고 하는 것이 '상대적 자율성'과 더불어 '한정적 성격'을 띤다는 뜻이다.

이상과 같이 기초적인 패러다임을 적용하게 되면서, 좀 더 오래된 용어를 쓰자면 텔레비전 '내용'을 이해하는 방식이 이미 바뀌기 시작했다. 또한 수용자의 수용, '읽어 내기reading'와 반응을 이해하는 방식에도 변화가 일어날 수 있음은 점점 분명해졌다. (이러한 시각의) 시작과 종말은 이전의 커뮤니케이션 연구에서 이미 선포되었기 때문에 주장하기에 조심스럽기는 하다. 그러나 전혀 새로운 종류의, 이른바 수용자 연구에서 새롭고 흥미로운 단계가 시작되었다고 생각할 만한 근거는 있는 것 같다. 커뮤니케이션의 양쪽 어느 단계에서든[송신자 쪽이든 혹은 수신자 쪽이든] 기호학적 패러다임을 사용한다면, 특히 내용 연구에서 그렇게 오랫동안 매스 미디어 연구에 붙어 다녔던 행태주의를 추방할 수 있을 것이다. 텔레비전 프로그램이 마치 무릎 관절을 치는 것 같은 행태적인 입력이 아님을 잘 알고 있음에도 불구하고, 전통적 연구자들은 커뮤니케이션 과정을 개념화할 때마다 저질스러운 행태주의의 변종에 빠져들곤 했던 것 같다. 조지 거브너George Gerbner가 언급했듯이, 텔레비전 화면에 나타나는 폭력은 "폭력이 아니라 폭력에 관한 메시지"(Gerbner et al., 1970)임은 잘 알면서도, 가령 폭력 문제를 연구할 때 이러한 인식론적 구분을 이해하지 못한 것 같은 태도를 보인 것도 사실이다.

텔레비전 기호는 복합적인 것이다. 이는 두 가지 유형의 담론, 즉 시각적 담론과 청각적 담론이 결합해 구성된다. 더구나 이 기호는 (그 기호가) "재현하고자 하는 사물의 속성 가운데 일부를 갖고 있기"(Peirce, 1931~1958) 때문에, 찰스 퍼스Charles S. Peirce의 용어로는 도상적 기호iconic sign에 해당한다. 이 현상은 상당한 혼란을 초래했을 뿐 아니라 시각적 언어 연구에서 격렬한 논쟁거리가 되었다. 시각적 담론은 3차원 세계를 2차원의 평면으로 옮기기 때문에 그 담론의 의미 작용 대상이 되는 지칭물referent이나 개념이 될 수는 없다. 영화 속의 개는 짖을 수는 있지만 물 수는 없다! 현실은 언어 바깥에 존재하지만, 언어에 의해 또 언어를 통해 매개된다. 그리고 우리가 알고 말할 수 있는 것은 담론 속에서 또 담론을 통해 만들어져야 한다. 담론적 '지식'은 언어 속에 '현실'이 투명하게 재현된 결과물이 아니라, 언어가 현실적 관계와 조건에 접합된 것이다. 따라서 의미 규칙이 작동하지 않으면 어떤 담론도 이해할 수가 없다. 그러므로 도상적 기호에서는 의미 규칙이 여타 기호와는 다르게 작용하기는 하지만, 도상적 기호 역시 기호화된 것이다. 언어에서 절대적인 영도degree zero란 없다. 얼핏 사물이나 개념을 충실하게 재현한 듯 보이는 자연주의와 리얼리즘은 언어가 '현실'에 어떤 구체적인 방식으로 접합되면서 생겨난 결과나 효과일 뿐이다.

물론 어떤 의미 규칙은 어떤 구체적인 언어 공동체나 언어 문화에서 아주 널리 통용되고 아주 어릴 적부터 익히기 때문에 인위적으로 만들어진 것, 즉 기호와 지칭물이 접합해 생겨나는 효과가 아니라 '자연적으로' 주어진 것처럼 보인다. 얼핏 '자연적인' 것으로 보이는 시각적 기호도 문화에 따라 특유한 차이가 있다는 증거가 있지만, 단순한 시각적 기호는 이러한 뜻에서 '거의 보편성'을 띠는 것처럼 보인다. 그러나 그렇다고 해서 아무런 의미 규칙도 개입하지 않는 것은 아니다. 의미 규칙이 극도로 **자연시되었다**는 것이다. 자연시된 의미 규칙이 작용한다는 것은 언어가 투명하거나 '자연스럽다'는 뜻이 아니라, 사용되는 의미 규칙이 깊이가 있고 친숙해졌으며 거의 보편적 성격을 갖게 되었다는 뜻이다. 이 때문에 사람들은 사물을 '자연스러운' 것으로 인식하는 태도를 갖게 된다. 이러한 자연스러움은 현재 사용되는 기호화 관행을 숨기는 (이데올로기적) 효과를 가져 온다. 그러나 겉모습에 속아서는 안 된다. 사실 자연스러워진 의미 규칙이 보여주는 것은 의미 교환에서 기호 생산자와 기호 해독자 측이 서로 근본적으로 일치하면서 상호성을 유지할 때 — 등가 관계를 달성할 때 — 어느 정도 (의미가) 관습화될 수 있는가 하는 점이다. 기호 해독자 측에서 볼 때 의미 규칙은 자연시된 지각 형태로 빈번하게 기능할 것이다. 이것은 '소'라는 시각적 기호를 (소라는 동물을 **재현**하기보다) 바로 소라는 동물 그 **자체**라고 생각하게 할 것이다. 그러나 만일 가축 교본에 시각적으로 재현된 소와, 한 걸음 더 나아가 '소'라는 언어적 기호를 생각해 본다면, 이 기호가 재현하는 동물이라는 개념에 비추어 볼 때 정도 차이는 있지만 두 가지 다 **자의적**임을 알 수 있다. 시각적이든 언어적이든 자의적 기호가 지칭물 개념과 접합하게 되는 것은 자연이 아니라 관습의 산물이며, 담론의 관습주의가 자리 잡기 위해서는 의미 규칙의 개입과 지지가 필수적이다. 따라서 도상적 기호는 "보는 이에게 지각의 조건(즉 의미 규칙)을 재생산해내기 때문에 현실 세계의 대상처럼 보인다"라고 에코(Eco, n.d.)는 주장했다. 하지만 이 '지각의 조건'이란, 비록 사실상 무의식적인 것이긴 하지만 고도로 기호화된 일련의 작용, 즉 기호 해독의 결과다. 이 점은 어떤 다른 기호에서나 마찬가지로 사진 이미지나 텔레비전 이미지에도 적용된다. 그러나 도상적 기호는 특히 자연적인 것으로 '읽히기' 쉽다. 시각적 지각의 의미 규칙은 아주 널리 통용되고, 이러한 종류의 기호는 언어적 기호보다 덜 자의적이기 때문이다. 가령 '소'의 시각적 기호는 묘사 대상물의 속성을 **어느 정도** 갖춘 반면에, '소'의 언어적 기호는 그러한 속성을 **전혀 갖고 있지 않다**.

이상의 설명은 오늘날 언어 이론의 (이론적) 혼동을 해결하고, 이 글에서 몇 가지 핵심적인 개념이 어떤 뜻으로 쓰이는지를 엄밀하게 정의하는 데 도움이 될지도 모르겠다. 언어 이론에서는 흔히 '외연적 의미denotation'와 '내포적 의미connotation'를 구분한다. '외연'이라는 용어는 어떤 기호의 글자 그대로의 의미로 널리 통용된다. 이 글자 그대로의 의미는 특히 시각적 담론을 전개할 때는 거의 보편적으로 인식되기 때문에, '외연적 의미'는 흔히 '현실'을 언어 속에 그대로 옮긴 것, 따라서 '자연적 기호'이며 의미 규칙이 개입하지 않고 생겨난 것처럼 혼동되었다. 반면 '내연적 의미'는 단순히 덜 확정적이어서, 좀 더 관습화되고 가변적이며, 연상적인 의미를 지칭하는 데 쓰인다. 이 의미는 수시로 바뀌며, 따라서 의미 규칙의 개입에 의존해야 한다.

우리는 '외연적 의미'와 '내포적 의미'를 이렇게 구분하지 **않는다**. 우리가 보기에 이러한 구분은 **분석적인** 데에 불과하다. 분석에서는 기호의 여러 측면, 즉 어떠한 시점의 어떠한 언어 공동체에서든 '글자 그대로' 통하는 의미(외연적 의미)와 여기서 발생할 수 있는 기호의 연상적 의미(내포적 의미)를 구분하는 대략적인 잣대를 적용할 수 있다면 아주 편리할 것이다. 그러나 분석상의 구분과 현실 세계에서의 구분을 혼동해서는 안 된다. 담론 속의 기호가 '글자 그대로의'(즉 거의 보편적인 합의가 이루어진) 의미**만을** 지칭하는 경우는 아주 드물 것이다. 실제 담론에서는 대다수의 기호가 (위에서 다시 정의한 바와 같이) 외포적 의미와 내포적 의미의 **측면**을 동시에 가질 것이다. 그렇다면 도대체 **왜** 이러한 구분을 버리지 않는가 하는 질문이 나올 수 있다. 그것은 대개 분석상의 가치 문제다. 기호는 '연상적' 의미 수준에서(즉 내포적 의미 수준에서) 완전한 이데올로기적 가치를 얻게 되고, 더 폭넓은 이데올로기 담론이나 의미와 접합될 수 있는 것처럼 보이기 때문이다. 여기서 '의미'는 자연적 지각에 고정되어 붙어 있지는 **않는** 것 같고(즉 의미는 완전히 자연화되지 않는다), 그래서 의미와 연상의 유동적 성격을 더 충분히 이용하고 변형시킬 수 있다(Hall, 1972a를 보라). 그래서 기호가 갖는 내포적 의미 수준에서 상황 이데올로기는 의미 작용을 개조, 변형시킬 수 있다. 이 수준에서 우리는 이데올로기가 담론을 통해, 또 담론에 대해 능동적으로 개입하는 것을 더 뚜렷이 볼 수 있다. 즉 여기서 기호는 새로운 강조점을 얻을 수도 있게 되고, 볼로시노프(Vološinov, 1973)의 용어로는 의미를 둘러싸고 벌어지는 투쟁, 즉 언어 영역에서의 계급 투쟁에 완전히 들어가게 된다. 이것은 외연적 의미나 '글자 그대로의' 의미가 이데올로기 바깥에 있다는 뜻은 아니다. 정말 의미가 너무 완전히 보편화되고 '자연시'되었기 때문에 의미의 이데올로기적 가치가 굳건히 **고착**된다고 말할 수도 있을 것이다. 그렇다면 '외연적 의미'나 '내포적 의미'라는 용어는 구체적 맥락에서 언어 속에 이데올로기가 있는지 없는지 구분할 때가 아니라, 이데올로기와 담론이 교차하는 다양한 수준을 구분하는 데 유용한 분석틀이다(비슷한 설명으로는 Heck, 1980: 122~127을 보라).

시각적 기호의 내포적 의미는, 의미와 연상이 발생하는 다양한 담론의 장에서 기호가 어떠한 맥락에 있고 어떻게 자리매김하는지에 따라 정해지는 의미 수준이다. **이미 부호화된** 기호는 바로 이곳에서, 어떤 문화의 깊은 의미 규칙과 교차하여 더 적극적으로 작용하는 이데올로기 차원을 덧붙여 갖게 된다. 광고에서 그 예를 들 수 있을 것이다. 여기서도 '순수하게 외연적인' 재현은 없고, '자연적'인 재현도 분명히 없다. 광고에서 모든 시각적 기호는 내포적 의미가 어떻게 자리매김되는지에 따라 질, 상황, 가치 혹은 추정을 함의나 함축적 의미로 암시한다. 바르트가 사용한 예를 들자면, 스웨터는 항상 '따뜻한 의류'(외연적 의미)와, 따라서 '보온'의 행동/가치를 뜻한다. 그러나 더 내포적인 의미 수준에서는 '겨울이 다가옴'을 뜻하거나 '추운 날'을 의미할 수도 있다. 패션에 관한 전문적인 하위 의미 규칙에서 스웨터는 멋진 고급 패션 스타일이나 그 대신에 비공식적인 의상 스타일을 함축할 수도 있다. 그러나 적절한 시각적 배경에서 낭만적인 하위 의미 규칙에 따라 설정한다면, 스웨터는 "가을 숲 속에서의 긴 산책"(Barthes, 1971)을 함축할 수도 있다. 분명 이러한 종류의 의미 규칙은 기호가 어떤 사회에서 더 광범위한 종류의 이데올로기와 관계를 맺도록 해 준다. 권력과 이데올로기는 이러한 의미 규칙을 수단으로 의미 작용을 하게 된다. 이 규칙은 어떤 문화를 분류 정리한 '의미 지도'를 참조하여 기호가 사용되게 해 준다. 이 '사회적 현실의 지도'에는 모든 종류의 사회적 의미, 실천, 사용 방법, 권력과 이해관계가 '기입written in'되어 있다. 바르트에 의하면, 기표의 내포적 의미 수준은 "문화, 지식, 역사와 긴밀하게 커뮤니케이션하고, 이 의미 수준을 통해 외부 환경은 언어와 의미 체계에 침투하게 된다. 이 의미 수준은 이데올로기의 단편적 조각이라고 불러도 괜찮을 것이다"(Barthes, 1967a).

텔레비전 기호의 이른바 외연적 의미 **수준**은, 어떤 매우 복잡한(하지만 제한적이거나 '닫힌') 의미 규칙에 의해 고정된다. 그러나 텔레비전의 내포적 의미 **수준** 역시 제한이 있기는 하지만, 더 개방적이고, 기호가 다의미적 polysemic 가치를 가진다는 점을 이용해 더 능동적인 **변형**이 가능하다. 그리고 이와 같이 이미 구성된 기호는 하나 이상의 함축적 의미 지형으로 변형될 수 있는 잠재력이 있다. 하지만 다의미성을 다원주의와 혼동해서는 안 된다. 함축적 의미 규칙은 서로 동등하지 **않다**. 어떤 사회나 문화든지 폐쇄성의 정도 차이는 있지만, 사회적, 문화적, 정치적 세계에 대해 나름대로 분류 체계를 강요한다. 이 체계는 지배적인 문화 질서를 이루는데, 물론 이 질서가 통일된 목소리를 유지하거나 저항의 여지를 남기지 않는 것은 아니다. 이와 같은 '지배 내 담론 구조' 문제는 아주 중요한 사항이다. 다양한 사회생활 영역은 담론 영역에 정밀하게 표시가 되고 위계적으로 조직화되어 **지배적 혹은 선호되는 의미**를 이루게 되는 듯하다. 우리의 기대에 어긋나거나 '상식적 틀'에 반대되는, 혹은 사회 구조에 관해 '당연시'되는 지식에 어긋나는 새로운 사건, 문제의 소지가 있는 골치 아픈 사건이 발생하면, 기존의 담론 영역에 비추어 보아야 이 사건을 제대로 '이해할' 수 있게 된다. 가장 흔한 (의미의) '자리 부여mapping' 방식은 새로 발생한 사건을 기존의 '문제되는problematic 사회 현실을 (정리한) 지도' 속의 해당 영역에 분류, 할당하는 것이다. 그러나 항상 어떤 사건의 의미를 하나 이상의 '자리 부여' 속에서 정리, 분류, 할당, 해독할 수 있기 때문에, (이렇게 얻어진 의미가) **지배적**인 것이라고는 할 수 있어도 '결정된' 것이라고는 말할 수 없다. 그렇지만 어떤 '선호된 읽기preferred reading' 방식은 존재하기 때문에, 이것을 '지배적인' 의미라고 부를 수는 있다. 그리고 이 두 가지에는 모두 제도적/정치적/이데올로기적 질서가 각인되었고 이 자체가 제도화된다.[150] '선호되는 의미' 영역에는 사회 질서 전체가 의미, 실천이나 신념 형태로 뿌리박혀 있는

데, 가령 사회 구조에 관한 일상적 지식이나, '이 문화에서는 세상사가 실제로 어떤 식으로 돌아가는지,' 권력과 이해관계의 위계 순위는 어떻게 되어 있는지, 정당화, 제한이나 허용의 구조는 어떻게 되어 있는지에 관한 일상적 지식 등이 그 예다. 따라서 내포적 의미 수준에서 생겨날 수 있는 '오해'의 소지를 분명히 하기 위해서는, 의미 규칙을 **통해** 사회생활이나 경제적 정치적 권력, 이데올로기의 명령에 주목해야 한다. 또한 이러한 자리 부여가 '지배 내 구조화'되긴 하지만 폐쇄적으로 되지는 않기 때문에, 커뮤니케이션 과정은 모든 시각적 항목을 사전에 정해진 일련의 의미 규칙 안에서 주어진 위치에 기계적으로 할당하지 않고, **실행 규칙**, 즉 능력과 이용, 실용 논리의 규칙을 따른다. 이 규칙은 어떤 의미 영역을 다른 영역 대신에 **채택**하여 **집행**하려 하고, 대상 항목을 해당 의미 세트에 포함하거나 제외하려는 적극적인 역할을 한다. 도식적인 기호학은 이러한 **해석 작업**이라는 현실을 너무 자주 무시했는데, 사실 이 작업이야말로 텔레비전 방송의 실제를 이루는 현실적 관계다.

그렇다고 해서 **지배적 의미**라는 것이 마치 모든 사건의 의미 작용이 이루어지는 방식을 지배하는 일방적인 과정인 것처럼 이야기하려는 것은 아니다. 어떤 사건의 **기호 해독**은 지배적인 정의의 한계 내에서 이루어지고, 그 속에서 함축적 의미를 얻게 되는데, (지배적인 의미란) 이러한 해독을 집행하고 그럴 듯하게 보이도록 하며, 정당성을 얻을 수 있도록 하려면 꼭 필요한 '작업'으로 이루어진다. P. 터니P. Terni는 다음과 같이 말했다.

읽어 내기란 단어는 어떤 개수의 기호를 확인하고 해독하는 능력을 뜻할 뿐

150 '선호된 의미'의 개념을 자세히 비판한 글로는 O'Shea(n.d.)를 보라.

> 아니라, 이 기호가 다른 기호와 창조적인 관계를 맺게 하는 주관적 능력, 즉 자체만으로도 총체적인 주위 환경을 완전히 파악해내기 위한 조건이 되는 그런 능력을 의미하기도 한다(Terni, 1973).

여기서 논란이 되는 것은 '주관적 능력'이란 개념인데, 이것은 마치 텔레비전 담론의 지칭 대상물은 객관적인 사실인 반면, 해석 수준은 개인적이고 사적인 문제라는 인상을 준다. 사실은 이와 정반대인 것 같다. 어떤 담론에서도 각 기호가 서로 맺게 되는 바로 그 관계에 대해 텔레비전의 관행은 '객관적인'(즉 체계적인) 책임을 진다. 또한 (이 텔레비전 관행은) 이 항목이 '총체적인 주위 환경에 대한 완전한 파악' 속에서 어떻게 배열되는지를 계속적으로 재조정하고, 그 한계를 정하고, 규정한다.

여기서는 오해 문제도 논의해 볼 필요가 있다. 자신이 제작한 텔레비전 메시지로 '성공을 거두지 못한' 제작자는 흔히 커뮤니케이션의 연쇄 고리의 결함을 바로잡아서 자신이 시도하는 커뮤니케이션의 '효과'를 높이려 한다. '정책 지향적 분석'이 객관적이라고 주장하는 많은 연구는, 수용자가 메시지를 어느 정도 기억하는지 발견해내고, 수용자의 이해 정도를 개선해 이러한 행정적 목표를 재생산해내게 된다. 글자 그대로 오해가 존재한다는 것은 틀림없는 사실이다. 시청자가 사용되는 용어를 모를 수도 있고, 주장이나 설명의 복잡한 논리를 따라잡지 못할 수도 있고, 사용되는 언어가 익숙하지 않다고 느낄 수도 있고, 사용되는 개념이 너무 생소하거나 어렵다고 볼 수도 있으며, 설명의 이야기 구조에 헷갈려 할 수도 있다. 그러나 방송 종사자는 자신의 의도대로 수용자가 이해하지 못했을까 염려하는 경우가 더 많다. 방송인이 정말로 말하고자 하는 바는 시청자가 '지배적' 혹은 '선호되는' 의미 규칙 내에서 작동하지 않고 있다는 것이다. 방송인의 이상은 '완전히 투명한 커뮤니케이션'이다. 하지만 그 대신에 직면해야 하는 것은 "체계적으로 왜곡된 커뮤니케이션"(이 구절은 하버마스의 글에서 인용했는데, 여기서는 좀 다른 뜻으로 사용했다. Habermas, 1970)이다.

최근에 와서는 보통 이러한 불일치를 '선택적 지각selective perception'이라는 개념으로 설명했다. 아직도 남아 있는 다원주의는 고도로 구조화되고 비대칭적이며 불평등한 과정과 같은 피할 수 없는 요인을 이 개념을 통해 외면할 수 있다. 물론 사적이고 개인적인 차원에서 다양한 읽기는 항상 가능하다. 그러나 '선택적 지각'은 이 개념이 암시하는 것처럼 선택적이고, 무작위적이거나, 개인적인 활동에 그치는 사례는 거의 없다. 개별적으로는 다양하지만 정형을 만들어 보면 의미 있는 군집이 형성된다. 그러므로 수용자 연구를 새롭게 접근하려면, '선택적 지각' 이론을 비판하는 데서 출발해야 할 것이다.

앞에서 다음과 같이 주장한 바 있다. 즉 기호화와 기호 해독이 반드시 일치하지는 않기 때문에 기호화 단계에서는 기호 해독 단계에서 어떤 의미가 '선호'되어 채택되도록 시도할 수는 있지만, 그러한 의미가 채택되도록 규정하거나 보장할 수는 없다는 것이다. 기호 해독은 나름대로 존재 조건이 있다. 기호 해독이 완전히 엉뚱하게 이루어지지 않는다면, 기호화는 기호 해독이 일어날 수 있는 한계와 척도를 어느 정도 정해 주는 정도로 영향을 미칠 것이다. 만일 그러한 한계가 정해지지 않는다면 수용자는 어떤 메시지의 의미를 마음대로 읽을 수 있을 것이다. 이러한 종류의 완전한 오해가 존재하는 것도 틀림없는 사실이다. 그렇지만 이와 같이 광범위한 해석이 가능함에도 불구하고 기호화와 기호 해독의 계기 사이에는 어느 정도 상호 관계가 있으며, 만일 그렇지 않다면 효과적인 커뮤니케이션 교환 행위는 전혀 불가능할 것이다. 하지만 이러한 '양자 일치'는 그냥 주어지지 않고 (인위적으로) 만들어진다. 다시 말해 '자연적'인 것이 아니라 서로 구분되는 두 계기가 접합해 생겨나는 산물이다. 그리고 기호화 단계는 기호 해독 단계에서 어떤 의미 규칙이 사용될 것인지 — 단순한 의미에서 — 결정하거나 보장할 수 없다. 만일 그렇지 않다면 커뮤니케이션은 양자 간에 완전히 동등한 순환 회로를 이루며, 모든 메시지는 '완전히 투명한 커뮤니케이션'을 보여 주는 예가 될 것이다. 그렇다면 기호화와 기호 해독이 결합해서 이룰 수 있는 다양한 접합 양식은 어떤 것일지 생각해 보아야 한다. 이 점을 발전시켜 '아무런 필연적인 상응 관계가 없다'[151]는 점을 확실히 보여 주기 위해, 몇 가지 가능한 해독 위치를 가상해서 분석해 보겠다.

텔레비전 담론을 해독하는 시각을 제공하는 **세 가지** 입장을 가상적으로 생각해 볼 수 있다. 이것들은 경험적으로 검증하고 손질할 필요가 있다. 그러나 기호화에서 기호 해독이 반드시 따라 나오지 않으며 이 양자는 똑같지 않다는 주장은, '필연적인 상응 관계는 없다'는 주장을 재확인해 준다. 이 주장은 또한 '오해'가 가지는 상식적 의미를 '체계적으로 왜곡된 커뮤니케이션'의 이론이라는 관점에서 분해해 보는 데 도움이 된다.

첫 번째의 가상적 위치는 **지배적-헤게모니적**dominant-hegemonic 위치다. 시청자가 가령 텔레비전 뉴스 보도나 시사 프로그램에 깔린 내포적 의미를 완전히 그대로 받아들이고, 메시지 기호화의 준거틀이 된 의미 규칙에 따라 그 메시지를 해독한다면, **지배적인 의미 규칙 내에서 움직인다**고 말할 수 있다. 이러한 해독은 '완전히 투명한 커뮤니케이션'의 이상형적인 사례이거나 '실제로' 접할 가능성이 높은 사례에 가깝다. (지배적인 의미 규칙 내에서도) **전문 직업적 의미 규칙**professional code이 만들어 낸 위치를 세분할 수 있다. 이러한 위치는 아마도 '메타의미 규칙metacode'의 작동이라고 간주할 만한 것에 의해 만들어지는데, **이미** 헤게모니적 방식으로 의미 작

151 여기서 제시한 입장과 어느 정도 비슷하지만 담론 이론에 관한 주장은 유사하지 않은 사회학적 이론화로는 Parkin(1971)을 보라.

용이 이루어진 메시지를 기호화할 때 전문 방송인들은 이 위치를 취한다. 전문 직업적 의미 규칙은 특히 기술적, 실제적 성격을 띠는 나름대로 고유한 기준을 적용하고 변형 작업을 한다는 점에서, 지배적 의미 규칙에서 '상대적으로 독립적인' 것이다. 그러나 전문 직업적 의미 규칙은 지배적 의미 규칙의 '헤게모니' **안에서** 작용한다. 이 (전문 직업적) 의미 규칙은 지배적인 정의의 헤게모니적 성격을 부차적인 것으로 숨기고, 그 대신 시각적 질, 뉴스와 전달 기법적인 가치, 영상 미디어적 질, '전문 직업주의professionalism' 등과 같은 외관상 중립적, 기술적으로 보이는 문제를 중시하는 전문 직업적 기호화 방식으로 대체, 운용하여 지배적인 정의를 재생산하는 역할을 한다. 가령 북아일랜드의 정치나, 칠레의 쿠데타, 혹은 노사 관계 법안 등에 관한 헤게모니적 해석은 주로 정치와 군사 엘리트가 만들어 낸다. 즉 전달의 기회나 포맷을 구체적으로 어떻게 정하는가, 인력을 어떻게 선정하고, 이미지를 어떻게 선택하는가, 토론을 어떻게 연출하는가 하는 문제는 전문 직업적 의미 규칙을 이용해서 선정하고 종합적으로 결정한다. 어떻게 해서 방송 전문인이 '상대적 자율성이 있는' 의미 규칙에 따라 일하면서도 동시에, (비록 모순되지 않는 것은 아니지만) 사건에 대해 헤게모니적 의미 작용을 재생산해 내도록 행동할 수 있는가 하는 것은 여기서 더 이상 자세히 설명할 수 없는 복잡한 문제다. 여기서는 다음과 같은 설명으로 충분할 것이다. 방송 자체가 제도적으로 '이데올로기 장치'(Althusser, 1971을 보라)로 자리 잡고 있기 때문만이 아니라, **접근**access 구조(즉 선택된 엘리트 인력과 이들의 '상황 정의'가 체계적으로 텔레비전에 '과잉 접근'하는 것)에 의해서도 전문인들은 정의를 주도하는 엘리트와 연결되어 있다. 또한 전문 직업적 의미 규칙은 헤게모니적인 정의가 지배적인 방향에 편향되게 작용하도록 **드러나지 않게** 왜곡해 헤게모니적인 정의를 재생산하는 역할을 한다고까지 말할 수 있다. 그러므로 여기서 이데올로기적 재생산은 무심코, 무의식적으로, '사람의 등 뒤에서'(이 주장을 발전시킨 것으로는 Hall, 1972b; 1976을 보라) 이루어진다. 물론 지배적 의미 작용과 전문 직업적 의미 작용, 그리고 의미 작용 수행자/기구 사이에는 갈등이나 모순, 심지어 오해까지도 규칙적으로 발생한다.

두 번째로 제시하려는 위치는 **타협된 의미 규칙**negotiated code 혹은 위치다. 지배적인 의미 규칙에 따라 정의되고 전문 직업적인 규칙에 따라 의미가 부여된 것에 대해, 아마도 대다수의 수용자는 아주 적절하게 이해할 것이다. 하지만 지배적 정의란 바로 이 '지배 내 위치'에 있는 (즉 전체적인global) 상황과 사건의 정의를 재현하기 때문에 헤게모니적인 것이다. 지배적인 정의는 개별 사건을, 은밀히 혹은 노골적으로, 총체적인 해석(거대한 총체화)에, 또 거대한 통합체적인 세계관에 연결시킨다. 지배적 정의는 쟁점을 '거시적인 시각'으로 바라본다. 비록 연결이 불완전하게, 거꾸로, 혹은 신비화해서 이루어진다 해도, 지배적인 정의는 개개 사건을 '국익'이나 지정학地政學 수준에 연결시킨다. 헤게모니적인 시각을 정의해 보면 다음과 같다. (1) 어떤 문화나 사회 내에서 가능한 의미나 모든 관계의 부문으로 이루어진 정신적 지평이나 우주를 헤게모니적인 시각의 관점 내에서 정의한다. (2) 헤게모니적인 시각은 정당성이라는 딱지를 붙이고 있으며, 사회 질서에 관해 '자연적이고,' '불가피하며,' '당연시되는' 것과 비슷해 보인다. 타협된 규칙 내에서 이루어지는 기호 해독에는 순응적 요소와 저항적 요소가 혼재한다. 이러한 기호 해독은 헤게모니적인 정의가 (추상적 차원에서) 높은 차원의 의미 작용을 하는 것이 정당하다고 인정하지만, 반면 좀 더 한정된 상황의 수준에서는 그 나름의 기본 원칙을 정한다. 말하자면 규칙에 예외를 인정하는 것이다. 이러한 해석은 지배적인 정의에게 특권적 위치를 부여하기는 하지만, '국지적인 상황'에 좀 더 타협된 적용을 할 권리는 좀 더 조합주의적인 corporate 위치에 맡겨 둔다. 이와 같이 타협된 형태의 지배 이데올로기는 모순으로 점철되었긴 하지만, 이 모순은 어떤 특정한 기회에만 완전히 드러나게 된다. 타협된 의미 규칙은 이를테면 구체적 혹은 상황적 논리를 통해 작용한다. 즉 이 논리는 권력의 담론과 논리와 갖가지 형태로 불균등한 관계를 맺음으로써 유지된다. 타협된 의미 규칙의 가장 간단한 예로는, 파업권을 제한하려는 노사 관계 법안의 취지나, 임금 동결을 요구하는 주장에 대해 노동자들이 보이는 반응을 지배하는 의미 규칙이다. '국익'에 관련된 경제 논쟁 수준에서 기호 해독자는 '인플레이션과 싸우기 위해 우리 모두 스스로 임금을 적게 받아야 한다'는 데 동의하면서 헤게모니적 정의를 받아들일 수도 있다. 하지만 (이러한 태도는) 작업장이나 노조 조직 수준에서 이 노동자가 임금과 노동 여건 개선을 위해 파업에 기꺼이 참여하거나, 노사 관계 법안에 반대하려는 자세와는 별 관계가 없거나 전혀 관계가 없을 수도 있다. 이른바 '오해' 가운데 대다수는 헤게모니적-지배적 기호화와 타협된-조합주의적 기호 해독이 서로 모순되거나 어긋나기 때문에 일어나는 것이 아닌가 한다. 정의定義를 결정하는 엘리트와 전문 직업인이 '커뮤니케이션의 실패'를 겪도록 하는 가장 큰 요인은 바로 이 수준 간의 불일치다.

마지막으로 시청자는 어떤 담론이 주는 외연적 의미와 함축적 의미 변화를 모두 완전히 이해하면서도 메시지를 완전히 반대로 해독할 수도 있다. 시청자는 어떤 대안적인 준거틀 안에서 메시지를 재구성하기 위해, 선호되는 의미 규칙에 따라 만들어진 메시지를 해체한다. 임금 규제의 필요성에 관한 논쟁에 귀를 기울이면서 '국익'이 언급될 때마다 이를 '계급 이익'으로 '읽는' 시청자의 사례가 이에 해당한다. 이 시청자는 **대항적 의미 규칙**oppositional code으로 불리는 규칙에 따라 행동한다. 중요한 정치적 계기(이는 또한 명백한 이유로 방송 조직 자체가 위기에 처한 시점과 일치한다) 중 하나는, 보통 타협적 방식으로 의미 작용과 기호 해독이 이루어지던 사건에 대해 시청자들이 대항적 해독을 하기 시작하는 시점이다. '의미 작용의 정치' — 담론 영역에서의 투쟁 — 는 여기서 시작된다.

11

미디어 권력의 딜레마

Media Power: The Double Bind

"Media Power: The Double Bind," *Journal of Communication*, vol. 24, no. 4, 1974, pp.19~26.

영국의 방송 기구는 공식적으로는 국가와 정부로부터 상당한 자율성을 누리지만, 방송할 권한을 국가에서 받았기 때문에 결국 국가에 대해 책임을 진다. 보통 '방송에 대해 외부에서 작용하는 영향력'으로 파악되는 것은 사실상 방송 운영의 일상적 맥락에 해당한다.

그러므로 그러한 구체적인 '영향력 있는 요인'에 관한 연구는 방송과 권력 사이의 매개를 검토하는 데는 부적합한 모델이다. 그러한 연구는 방송의 공식적인 자율성과 편성상의 자율성을 액면 그대로 받아들이는 방송 모델에 근거한다. 여기서는 외부적인 영향력이 이러한 자유의 영역을 침해하는 것으로 본다.

방송인들이 받는 압력, 영향, 검열의 구체적인 요인을 부인한다는 뜻은 아니다. 하물며 일상적인 실천에서 방송이 누리는 상대적 자율성을 부인하려는 것은 더더구나 아니다. 그럼에도 불구하고 이 모델은 방송, 권력, 이데올로기 사이의 실제적 관계를 완전히 신비화한다. 한 가지 어려운 점은 공식적으로 민주적인 유형의 사회에서 권력과 영향력이 어떻게 작용하고, 상대적인 제도적 통합이 어떻게 달성되는지 파악할 방법이 별로 없다는 것이다. 기관들은 국가 통제나 지배 아래 있기 때문에 국가 권력의 복합체 내에 속하거나 아니면 자유롭고 자율적인 존재로 파악된다. '외부적 영향력' 모델로는 시민 사회 내의 다양한 기관 사이에서 발생하는 결합과 결별의 구체적인 영역을 예측하거나 파악할 수 없다. 따라서 어떤 구체적인 경우에는 방송인들이 명백한 정치적 압력에 대항해서 편성상의 독립을 주장하면서도, 동시에 방송인과 권력 기관 사이에 상호 조정 과정, 이해관계와 정의定義의 상호성이 날마다 이루어진다는 사실은 설명할 수 없게 될 것이다.

최근 북아일랜드 사태에 관한 보도는 내부적인 경계와 외부적인 제약을 엄청나게 받았다. 구체적으로 말하자면, 이 보도는 방송인이 IRA의 대변인과 인터뷰할 권리를 염두에 두고 진행되었다. 여기서 방송인은 분명히 '외부적인 영향과 압력'과 **더불어** 내부적인 제도적 자체 검열을 **함께** 겪었다. 그러나 방송인이 그 쟁점의 재현에 관해 어떠한 지침도 받지 않았다고 가정하더라도, 북아일랜드 상황에 관한 시사 문제 보도에서 IRA와 그 동조자가 제시한 상황 정의를 자발적으로 체계적으로 우선시하는 경우를 상상할 수 있을까? 방송 조직 내에 그러한 실천이 확산될 수 있을 가능성은 거의 요원하다고 보지만, 단 한 가지 우발적인 경우는 생각해 볼 수 있을 것 같다. 정부 정책에 강력히 반대하는 의견이 형성되어 국가 자체의 권위 대신에 외부적인 권위, 즉 '여론'을 인용하게 되는 경우다. 그렇지 않다면, 얼스터Ulster 문제에 관한 방송 보도에 국가가 직접 개입해 검열을 하든지 않든지 간에, 방송 조직 내의 지배적인 경향은 지배적인 상황 정의 내에서 스스로 적응하는 것이었다. 방송인이 IRA 대변인과 인터뷰하지 않기로 결정했다면, 그 결정은 IRA를 '불법적인 조직'으로 규정한 국가의 정의를 프로그램의 상징적 내용 내에 '자유롭게' 재생산한 것이다. 즉 영국의 양대 정당은 얼스터 사태에서 IRA가 정당한 정치적 행위자에 해당하지 않는다고 규정했는데, 방송의 이상과 같은 결정은 이 정당들의 결정을 거울처럼 반영하고 증폭한 데 불과하다.

이보다는 좀 더 간단하지만, 그릇된 방향으로 오도할 가능성이 있는 모델이 정치적 우파와 좌파 양쪽에서 흔히 제시된다. 우파 쪽에서 '선동-선전의 취향'이라고 부르는 현상이 미디어에 나타나는 것은 방송 기관에 채용되는 사람의 좌파 성향 때문이라고 우파의 대변인들은 설명하려 한다. 좌파 쪽 사람도 정반대이기는 하지만, 거의 똑같은 주장을 내세운다.

텔레비전은 분명히 극도로 제한된 사회적 층에서 인력을 선발하며, 텔레비전 종사자는 방송 기관의 기질과 기풍에 철저하게 사회화된다. 그러나 텔레비전의 고질적인 편견을 개별 종사자의 노골적인 정치 성향 — 좌파든 우파든 — 으로 설명할 수 있다고 믿지는 않는다. 이보다 훨씬 더 중요한 것은, 개개인은 아주 다양한 부류와 여건에 속하는 데도, 날마다 다루는 다양한 뉴스와 설명을 제한된 해석 틀 안에서 처리하도록 제약하는 체계적인 방식이 작용한다는 점이다. 제한적이거나 대개 예외적인 사례를 제외하면, 방송인이 외부 출처에서 체계적으로 검열과 압력을 받는다고는 믿지 않는다. 광고주가 거래 철회로 편집자를 노골적으로 몇 번이나 위협했는지를 갖고 언론에서 광고의 영향력을 '정확히 측정'할 수 없는 것과 마찬가지로, 정부 관리가 방송 기관에 얼마나 직접 관여하는지를 갖고 텔레비전이나 라디오에서 실제적인 이해관계의 구조를 '측정'할 수도 없다. 분명히 면밀한 검사 체제가 아주 엄정하게 적용되는 쟁점과 영역도 있으며, 이러한 것이 어디에 있고 어떤 것인지 찾아내는 일은 중요하다. 그러나 방송 기관의 상대적 자율성이 단순히 겉치레에 불과하지는 **않다**. 말하자면 그러한 자율성은 우리가 사는 사회 같은 곳에서 권력과 이데올로기가 매개되는 방식의 중심을 이룬다고 믿는다.

방송은 수많은 중요한 관련 개념을 통해 권력과 이데올로기의 연결망에 스스로 적응한다. 이 개념은 방송인과 권력의 관계를 매개한다. 그러한 개념을 정당화 구조로 삼아, 방송인들이 전반적인 헤게모니에 거스르지 않으면서도 상당 정도 편성에서 일상적인 통제권을 행사할 수 있게 된다. 이와 동시에, 그렇다고 해서 헤게모니 이데올로기 내에 이처럼 방송을 적응시키는 과정이 완전히 규제되고 완전히 통합된 1차원적 체제는 **아니라**는 점을 반드시 인식해야 한다. 방송과 권력-이데올로기 복합체의 관계를 매개해 주는 중심적인 개념은 균형, 불편부당성impartiality, 객관성, 전문직주의와 합의다.

최근까지 제작자는 단일한 프로그램 내에서 균형을 유지하도록 되어 있었고, 주제에 논란의 여지가 있을 때마다 이 기본 규칙은 좀 더 엄격히 적용되었다. 이 밖의 경우에 이 규칙은 좀 더 융통성 있게 — '적당한 기간에 걸쳐' 보았을 때 균형을 이루어야 하는 식으로 — 해석되었다. 따라서 방송인은 이해관계와 의견의 갈등이 존재한다는 점을 **반드시 인식해야** 한다. 논쟁은 화젯거리가 되며 방송을 훌륭하고 생생하게 만들기 때문에, 논란거리의 프로그램이 화면에 넘쳐나게 된다.

따라서 방송은 단선적이거나 획일적인 것의 정반대, 즉 개방적이고 민주적이며 논란거리인 것처럼 보인다. 하지만 균형은 핵심적으로 정치 권력 분포에 관한 전반적인 가정의 틀 안에서 행사된다. 여기서 갈등은 면밀하게 규제된다. 노동당과 보수당 대변인 사이의 논쟁 — 이것은 행정적이며 비공식적인 제재를 받는 영역이다 — 자체는 합의에 의해 **틀이 짜이는데**, 이러한 합의는 다른 곳에서 정해지지만 스튜디오에서, 텔레비전의 전달 장치에서, 그리고 바로 텔레비전 담론 속에서 재생된다.

정치적 균형은 본질적으로 의회 제도 내에서 정당성을 갖는 대중 정당 사이에 적용된다. 합의 외부의 집단이 참여하게 될 때는 균형을 유지하기가 어려워진다. 이때 갈등의 토대는 정치적 정당성의 지형 자체가 되기 때문인데, 이러한 쟁점에서는 노동당이든 보수당의 대변인이든 모두 힘을 합쳐 외부 세력과 싸우려 한다. 이와 같은 방식으로 텔레비전은 한 가지 시각만 편애하는 것이 **아니라** 정치에 관한 한 가지 정의를 편애**하고** — 그리고 재생산하며 — 다른 정의를 배제, 억압하거나 중립화한다. **어떤 주어진 구조 내에서** 균형을 유지함으로써 텔레비전은 정치적 질서에 관한 지배적 정의를 묵시적으로 유지한다. 하나의 동일한 계기 내에서 텔레비전은 갈등을 표현하면서도 억제한다. 텔레비전은 체제가 의존하는 제도화된 계급적 갈등 구조를 깨닫지 못하는 사이에 재생산한다. 그렇게 해서 텔레비전은 '정당 간의 균형'을 엄격히 지키면서도 지배적인 이해관계의 구조를 정당화한다. 또한 이에 덧붙여 말하자면 텔레비전은 어떤 체제가 갈등과 대안적 시각에 개방적인 것처럼 보여 주어, 그 체제에 우호적인 이미지를 조성해 준다. 바로 이 마지막 장치가 구조를 유연하고 신뢰성 있게 유지해 준다.

방송인은 논란이 되는 쟁점에 관해 개인적 의견을 표현하지 못하도록 되어 있다. 방송인은 서로 갈등하는 집단 사이에서 엄정한 중립성을 지킨다. 물론 실제로는 모든 방송인이 견해를 갖고 있다. 실제적인 타협안은, 의견을 표명하더라도 방송인은 제일 마지막에 해야 한다는 것이다. 그러나 훌륭한 제작자라면 다 알듯이 어떤 프로그램을 편집하는 방식은 여러 가지가 있다. 제작자들은 아주 능숙하게 '균형 잡힌' 스튜디오 팀을 꾸려 내는 기법을 익혔다. 가령 화면에서 버나뎃 데블린Bernadette Devlin[152] 같은 사

152 원래 이름은 조세핀 버나뎃 데블린 맥알리스키Josephine Bernadette Devlin McAliskey(1947~)로 흔히 버나뎃 데블린이나 버나뎃 맥알리스키로 불렸다. 아일랜드 출신의 사회주의자이자 공화주의 정치운동가로 1969~1974년에 하원 의원을 지냈다. 1972년 북아일랜드 '피의 일요일' 사건 때 의회에서 내무장관 모들링의 발언에 분노해 뺨을 때린 사건으로 유명해졌다. — 옮긴이

람 몇 명을 모아 편집해야 이언 페이슬리Ian Paisley[153] 같은 인물이 만들어지는지 정확하게 계산해내는 일은 모든 제작자가 직관적으로 숙달되게 해낼 수 있는 편집 행위 중 하나다.

하지만 중립성 관행은 몇 가지 불가피한 결과를 낳는다. 이 때문에 방송은 어떤 쟁점에서 잘못된 대칭성을 유지해야 하는 곤경에 빠질 수 있다. 논란의 여지가 있는 모든 문제에는 반드시 쌍방이 있어야 **하며**, 보통 이 쌍방에는 대략 비슷한 비중을 부여한다. 양측은 책임을 함께 지며, 양측은 각각 어느 정도 칭찬이나 질책을 받는다. 이와 같이 대립의 대칭성은 **형식적으로 달성된 균형**이다. 즉 현실 세계의 사례에서는 각 측이 상대적으로 불평등한 비중을 갖게 되는 것과는 별 상관이 없거나 아무런 관련이 없다. 만일 어떤 노동자가 유독물 공장에서 방출된 물질에 중독되었다고 주장한다면, 회사 사장도 화면에 나와서 할 수 있는 모든 주의 조치를 취했다고 발언하도록 해 주어야 한다. 이와 같이 주장을 대칭되게 배치하는 것은 방송인의 중립성을 확보해 주기는 하지만, 진실을 가려내지는 못한다.

관행적 실천으로서의 중립성은 방송인/전달자가 체질적으로 타협과 갈등 해결에 관심을 갖도록 한다. 중립성은 방송인에게 실용적인 정치관을 갖도록 한다. 방송인이 논쟁에 적극적으로 개입할 수 있는 유일한 방법은 스튜디오에서 타협자, 중개자 역할을 흉내 내서 연출하는 것뿐이다. 방송인이 정당하게 개입할 수 있는 유일한 방식은 자신의 앞에서 대립하는 확고한 입장들에서 어느 정도 '최소 공통분모'를 건져 내는 일뿐이다. 그래서

153 이언 페이슬리(1926~2014)는 북아일랜드의 정치적, 종교적 지도자였다. 1971~2008년까지 북아일랜드의 대표적 정당인 민주통일당Democratic Unionist Party의 지도자를 지냈고, 신교인 북아일랜드 자유장로교회의 창시자이자 핵심 지도자이기도 했다. — 옮긴이

모든 갈등은 타협의 언어로 번역된다. 타협할 수 없는 것은 모두 비타협적 태도, 극단주의, 커뮤니케이션의 실패를 보여 주는 징후다. 갈등을 중립화할 수 있는 다른 방법은 갈등하는 여러 입장을 누르는 어떤 더 큰 이익을 주장하는 것이다. 따라서 모든 방송인은 파업자의 행위에 '충분한 사유가 있기'는 하지만 영국의 위험한 경제적 상황 때문에 어떤 산업 분규든 옳지 않다고 위험 부담 없이 주장할 수 있다.

이와 같이 방송인이 갈등 해결에 이해관계를 갖는 것은 갈등 중인 요소에서 '현실주의적인' 요소 — 어떤 일반적인 사례에서 추상화해내어 어떤 '패키지' 속에 포함시킬 수 있는 것 — 를 정당화하는 기능을 한다. 본질적으로 이 과정을 따르지 않는 사례는 '비현실적'이며 '비합리적'이다.

따라서 방송은 자신이 취급하는 갈등을 초월해 그 위에 있다. 방송은 스스로 보도하고 논평하는 이해관계의 현실적인 작동 바깥에 서 있는 것처럼 보인다. 프로그램 제작자 역시 자신이 보도하는 갈등 한복판에 있는 실제적인 사회적 개인이다. 그렇지만 프로그램의 '객관성'에서는 이러한 주관적 차원이 억압된다. 제작자의 프로그램은 이러한 갈등에서 벗어나 있다. 그 갈등에 관해 생각해 보고 판단하기는 하지만, 갈등에 참여하지는 않는다. 이와 같이 방송이 갈등을 초월하는 경향은 특히 시청자에게 해롭다. 시청자는 전달자와 동일시하도록 자극을 받는데, 이 때문에 당파적이고 열정적인 투쟁에 대해 자신이 중립적이고 냉정한 위치에 있는 것처럼 — 갈등이라는 구경거리를 쳐다보는 아무 상관없는 구경꾼처럼 — 생각하게 되기 때문이다.

객관성은 중립성과 마찬가지로 조작적인 허구에 불과하다. 모든 촬영과 편집은 — 선별적으로 지각되고, 해석되고, 의미 작용된 — 원료의 조작이다. 텔레비전은 어떤 사건의 전체를 포착할 수 없다. 텔레비전이 현실을 순수하게 베낀 것이라든지, 사실 앞에서는 카메라가 중립적이라든지

하는 생각은 환상이자 유토피아일 뿐이다. 현실에 관한 모든 촬영된 설명은 선별적이다. 모든 편집되거나 조작된 상징적 현실에는 가치, 시각, 함축적 이론화, 상식적 가정 등이 스며들어 있다. 어떤 사건의 **저** 측면 대신에 **이** 측면을 선택해서 촬영하는 행위는 재료 자체에 새겨지지 않은 기준을 따르는 것이다. 이를테면 **저** 측면이 아니라 **이** 측면이 중요하며, 무언가 특별하고 특이하며 예상을 벗어나는 독특한 것을 보여 준다. 이 모든 개념은 당연시되는 이해 방식을 배경으로 작동하며, 그 맥락 속에서만 의미를 갖는다. 이 필름 조각을 저 조각과 연결해, 편집된 자료의 단편적 조각으로부터 담론을 만들어 내려는 어떠한 결정도 **설명의 논리**logic of exposition 내에서만 의미가 통한다. 사회적 행위자와 세계 내에서 그들이 추구하는 목표를 식별하는 일은 우리가 사회적 현상을 인식하고 해독하기 위해 규칙적이면서도 은밀히 도입하는 지배적인 해석틀을 배경으로 해서 이루어진다. 그러한 작업에서는 인간이 자신의 세계와 그 속에서 일어나는 사건을 이해하는 데 늘 동원하는 축적된 사회적 지식을 함께 사용한다. 그러한 축적된 지식은 중립적인 구조가 아니며, 거기에는 이전부터 앙금으로 쌓인 사회적 의미가 깊이 배어 있다.

'현실'이라는 환상이 구축되려면 그러한 의미 맥락, 그러한 인식과 해석의 배경적 틀이 있어야 한다. 광부 파업에서 찍은 한 장면이 뉴스나 시사 다큐멘터리 프로그램에 사용된다면, 과연 어느 정도 '객관적'인가? 우리가 보는 이미지는 충분히 현실성이 있으며, 카메라맨과 기자가 현장에 있었고, 사건을 목격했고, '일어난 그대로' 보여 주려 한다는 점을 아무도 의심하지는 않는다. 하지만 이 외연적으로 부각된 사건에서 뽑아 낸 일부 장면은 극도로 압축된 정보 항목으로서 풍부한 함축적 의미를 갖는다. 그 장면은 다음과 같이 그것이 속해 있는 여러 맥락 내에서 볼 때에만 의미를 갖는다. (파업자의 시각에서 볼 때) 피켓은 파업이 진행 중인 한에는 피켓 라인을 유지할 수 있는 노조의 힘의 지표에 해당하고, (탄광위원회의 시각에서 볼 때) 피켓은 일반 대중 차원에서 저항의 힘과 효과를 상징하며, (정부의 시각에서 볼 때) 피켓은 정부 임금 정책의 후퇴에 기여할지도 모르는 요소이고, (정치적 시각에서 볼 때) 피켓은 계급 갈등이 고양되는 지표이며, (경찰의 입장에서 볼 때) 피켓은 계급 갈등을 단속하는 데 잠재적인 문젯거리로 해석된다. 그 뉴스 항목에 논평이 덧붙여지든 않든 간에, 그 뉴스를 '실제 상황의' 토대로 삼아 스튜디오 토론이 이루어지든 않든 간에, 뉴스의 의미는 관련된 의미 맥락 안에서 그 뉴스가 **지표로서의** 중요성을 어느 정도 갖는지에 따라 정해진다. 외연적 이미지 자체에서 그 뉴스의 중요성을 그대로 '바로 읽어 낼' 수는 없으며, 이와 같이 파악의 맥락이라는 관점에서, 또 메시지의 함축적 의미 생산력이라는 관점에서 보아야 뉴스의 중요성을 **해독할 수 있다**. 어떤 공적인 담론에서 이처럼 객관적으로 전달되는 뉴스가 의미를 갖는 맥락이 되는 다양한 해석 논리는 중립적인 의미의 연결망이 아니며, 어떤 방송 프로그램이든 그러한 논리의 맥락 속에서야 비로소 어떤 뉴스를 보도할 수가 있게 된다.

방송의 전문직주의는, 방송인이 민감한 영역에 관해 프로그램을 제작할 때마다 경쟁적으로 영향력을 행사하려는 세력으로부터 방송인을 격리해 주는 방어막 구실을 하는 것 같다. 전문직주의는 종종 일종의 전문적 피신주의professional retreatism이자 중립화의 한 기법이 된다. 실체에 관한 쟁점을 기술적인 용어로 바꾸거나, 주로 프로그램을 수행하는 기술적 능력에만 스스로 책임지도록 하기 때문에, 제작자는 전달하는 쟁점 중 문제 있는 내용에서 초연한 위치에 있게 된다. 방송인이 관심을 갖는 것은 '훌륭한 텔레비전'을 이루는 요소를 찾아내는 일, 즉 잘라서 편집하는 작업을 전문가답게 마무리하고, 스튜디오 안에서나 프로그램 요소 간에 진행을 매끄럽게 관리하고, 사건과 드라마로 가득 찬 '훌륭한 그림'을 만드는 일 등이다.

이와 같이 준기술적인 구조 속에 가장 깊이 침투한 것은 **뉴스 가치** 자체다. 신문 기자와 마찬가지로, 미디어 저널리스트는 '냄새를 맡을 때 이미 좋은 뉴스거리임을 안다.' 그러나 이러한 개념 속에 어떠한 기준이 통합되어 있는지 정의할 수 있는 사람은 거의 없다. 하지만 뉴스 가치는 인공적인 것이고 가치가 담긴 연관성의 체제다. 그 체제는 부담이 과중한 일정표에 따라 움직이는 여건에서 편집인이 기본 원칙을 다시 참조하지 않고도 일을 마칠 수 있게 해 주기 때문에 실용성이 아주 높다. 그러나 이와 같이 의미의 앙금이 쌓인 사회적 지식이 중립적이라는 생각, 즉 일련의 기술적 원칙에 불과하다는 생각은 환상일 뿐이다.

합의는 통상적인 사회생활에서 연속성과 기본적인 약속의 토대가 된다. '합의'란 공중 일반에 퍼져 있는 상식 이데올로기와 신념의 구조다. 공식적인 민주주의 사회에서 사회 질서를 결속시켜 주는 것의 상당 부분은, 헌법적 문서와 서류에 공식적으로 명시된 것보다는 '상식 이데올로기' 수준에 새겨지고, 근본적인 쟁점에 관해 묵시적으로 공유된 합의로 구성된다.

하지만 어떤 구체적인 쟁점에 관한 '합의'는 극히 유동적이며 정의하기 어렵다. 아마 아주 몇몇 개개인의 의견이라면 그러한 합의와 정확히 일치할 수도 있을 것이다. 하지만 '근본적인 사항에 관해' 어느 정도 공유된 협상이나 타협을 이루었다는 인식이 없다면, 공식적인 민주주의 사회에서 통치나 방송은 어려울 것이다.

오늘날의 복잡한 관료적 계급 사회에서 합의는 이상적인 민주주의 이론에서는 '여론'에 맡겼던 역할을 수행한다. 실제로는 대다수 사람이 결정이나 정보를 실질적으로 또 날마다 접하지 못하기 때문에, 상식 이데올로기는 흔히 사회의 수동적이고 확산된 수준에서 작동하면서 지배 이데올로기를 혼합해서 반영한다.

비록 '합의'를 찾아낸다는 것이 극히 어렵기는 하지만, 합의의 존재는 방송인이 날마다 기능을 수행할 수 있게 승인하고 보장해 준다. 여론 '동향'에 대한 방송인의 감각은 자신의 작업에 대해 일종의 보증하는 역할을 한다. 그러한 감각은 '어떤 쟁점에 관해 일반인이 생각하고 느끼는 것'을 조잡하게나마 참조하게 해 준다. 하루하루의 직업적 실천에서 방송인은 어떤 다른 요인보다도 수용자에 대한 인식에 의해 **더 지속적으로** 규제받는다는 인상을 받았다.

그러나 이미 주목했듯이 합의란 사실 기껏해야 극히 유동적이며 가치가 통일되지 않은ambivalent 구조다. 실제로 정부와 통제 기구 종사자는 공식적으로는 국민/선거구민/여론/수용자에 책임을 지지만, 바로 그 이유 때문에 합의 영역을 마치 자신의 행동과 정책, 정의와 전망에 대해 동의나 승인을 **얻어 내는** 영역인 것처럼 취급하게 된다.

엘리트는 다음과 같은 이유 때문에 동의를 얻어 낼 수 있는 강력한 위치에 있다. 즉 (1) 쟁점을 구체화하는 과정에서 지배적인 역할을 하기 때문에, (2) 자신이 선호하는 해석을 뒷받침하는 자료와 정보를 제공하기 때문에, (3) 기존의 공적 지식과 감정이 체계화되지 못한 상태에 있는 점을 이용해 타성에 의해 기존 상황이 지속되도록 방조한다는 일종의 묵시적인 합의를 조성할 수 있기 때문이다. 따라서 권력 엘리트가 자신의 행동을 정당화하기 위해, 사전에 강력하게 틀을 짜놓은 합의에 계속 호소하게 되는 아주 역설적인 상황에 우리는 처해 있다. 그래서 여론 형성과 태도 구체화의 과정은 지금까지 논의한 다른 많은 과정과 마찬가지로 '지배 내 구조화된' 과정이다.

방송 자체가 왜 그렇게 핵심적이면서도 모호한 위치에 있는지 아마 이제는 이해할 수 있을 것이다. 미디어와 지배적인 커뮤니케이션, 의식 형성 기관 자체가 여론을 구체화하고, 태도와 지식의 일차적인 **출처**가 되면서 지배 계급과 수용자 간의 주된 **채널**이 되기도 하기 때문이다.

이와 동시에 사회의 도덕적－정치적 합의에서 균열이 점차 커져 가면, 합의는 더 이상 방송인에게 고유의 이데올로기적 나침판을 제공해 주지 못하게 된다. 그래서 지배 엘리트는 자신이 선호하는 설명과 해석에 유리하도록 합의를 형성할 수 있는 채널을 독점하는 데 직접 관여해 헤게모니를 확장하려고 한다. 또한 엘리트는 미디어 자체에 맡겨 두었을 때, 그 미디어가 엘리트를 위해 엘리트의 헤게모니에 유리한 잠정적인 합의 구조를 스스로 재생산해내도록 보장하는 데 기득권을 갖고 있다. 그러한 계기에서는 미디어 자체가 헤게모니 이데올로기와 반헤게모니 이데올로기를 정교화하는 **장소**site이자, 이데올로기 수준에서 사회적, 계급적 갈등이 벌어지는 **지형**terrain이 된다.

텔레비전의 두 기능 모두 이 과정에 연루되어 있다. 한편으로는 때때로 텔레비전이 나름대로 세계에 대한 해석과 설명을 만들어 내기도 한다. 다른 많은 경우에는 텔레비전이 편향된 접근 구조를 통해 공인된 목격자[헤게모니를 장악한 계급]의 지위를 재생산하고 정당화해야 하기 때문에, 텔레비전은 반드시 이들의 견해를 주목하고 존중하며, 이들이 '다른 곳에서'(의회, 학회, 회의장, 법정에서) 한 발언을 전달해 준다. 만일 미디어가 합의 외부에 존재하는 목격자와 설명에 미디어 접근권을 어느 정도 부여하지 않는다면, 미디어에 대한 대중의 신뢰를 오래 유지할 수 없다. 하지만 방송이 그렇게 하는 순간, 정치적 질서에 대한 대중적 감정의 균형을 은연중에 편향되게 만든다고 공격하는 비판자 때문에, 방송은 즉시 위험에 처하게 된다. 자신의 활동 상황을 좀 더 유리하게 재정의하기 위해, 자신의 해석에 사람들이 좀 더 귀를 기울이게 하려고 애쓰는 양측의 전략에 방송은 노출된다. 이것이 바로 방송의 딜레마다.

12

뉴스 사진의 결정

The Determinations of News Photographs

● "The Determinations of News Photographs," in Stanley Cohen & Jock Young (eds.), *The Manufacture of News: Social Problems, Deviancy and the Mass Media*, rev. ed., London: Constable, 1981, pp.226~243.

사진의 의미 작용 수준

오늘날의 신문에서도 아직은 텍스트가 핵심적이며 사진은 선택적인 요소다. 하지만 사진이 지면에 나타날 때에는, 텍스트에 새로운 차원의 의미를 추가해 준다. 롤랑 바르트가 주목했듯이, "사진은 글보다 더 강력하다. 사진은 의미를 분석하거나 희석하지 않고 단번에 강요한다"(Barthes, 1972).

내포적 의미의 의미 규칙

첫째로는 의미 작용을 가능하게 해 주는 **의미 규칙**codes에 주목해야 한다. 여기서 우리의 관심사는 주로 내포적 의미의 의미 규칙이다. 내포적 의미 규칙이란 어떤 기호가 외연적 지칭 이외에, **다른 부가적으로 함축된 의미**를 의미 작용할 수 있게 해 주는 의미의 배치 형태configuration를 말한다. 이와 같은 의미의 배치 형태는 사회적 실천, 제도에 관한 지식, 신념과 정당화 등에서 도출된 사회적 지식 형태인데, 이러한 지식은 사회 내에서 분산된 형태로 존재하면서 지배적인 의미 유형의 관점에서 그 사회가 세계를 파악하도록 해 준다. 외연적 의미 규칙은 엄격하고, 글자 그대로의 의미로서 모호함이 없다. 스웨터의 사진 이미지는 입을 수 있는 대상**이며**(외연적 의미), 스웨터로 인식되지, 코트나 모자, 지팡이로 인식되지는 않는다. 내포적 의미 규칙은 좀 더 다양한 해석의 여지를 남겨 둔다. 일상적 대화의 내포적 의미 영역에서 스웨터는 '보온,' '따뜻한 옷'을 함축할 수도 있는데, 따라서 좀 더 정교화하면 '겨울이 다가옴,' '추운 날' 등을 함축할 수도 있다. 그러나 전문화된 패션 담론(하위 의미 규칙)에서 스웨터는 '멋진 최신 유행 스타일,' 어떤 '비공식적인 의상 스타일' 등을 함축할 수도 있다. 적절한 배경을 정하고 낭만적인 담론 영역 속에 자리매김한다면, 스웨터는 "가을 숲 속의 긴 산책"(이 예는 Barthes, 1967a에서 따온 것이다)을 함축할 수도 있다.

표현 수준에서 볼 때 사진은 독자가 속한 문화에서 보편화한 표현적 특성의 어휘 목록 안에서 의미 작용한다. 이 어휘 목록은 사진이나 시각적 재현 영역에 국한되지는 않는다. 사진 피사체의 표현적 특성을 해독할 수 있게 해 주는 '단서'는 거의 모든 사람이 일상적인 대상과 사건을 표현적인 방식으로 '읽을' 때도 사용한다. 표현의 의미 규칙은 동작이나 비언어적 속성(기표)을 어떤 구체적인 표현적인 의미 배치expressive configuration(기의)로 해석할 수 있는 능력 구비 여부에 의존하는데, 이 능력은 문화적으로 얻어지는 것이지 기술적인 것이 아니다. 그것은 어떤 문화에서든 '늘 사용되는 축적된 사회적 지식'의 일부이며, 신체적 혹은 물리적 특성은 이 지식 속에서만 의미 파악이 가능한 표현의 지표에 해당한다. 어떤 문화의 구성원은 실제 대상(사람)과 직접 대면하든지, 그 대상의 시각적 재현을 접하든지 간에 이 '지식'을 구사할 능력을 갖추었다. 주된 차이점이 있다면 표현 유형을 구분할 수 있게 해 주는 의미 작용의 단서를 사회적 상황에서 우리가 더 풍부하게 갖고 있다는 점이다. 즉 우리는 신체 자세, 얼굴 표정, 동작 이외에도 움직임, 상황, 상호 작용이나 말도 접할 수 있다. 그러므로 사진은 이러한 문화적 의미 규칙의 **요약판**에 해당한다.

레지널드 모들링Reginald Maudling[154]이 폴슨Poulson 사건으로 사임하던 날, 신문 1면에 실린 그의 사진은 이 점을 보여 주는 좋은 예가 된다. 가령 〈데일리 메일*Daily Mail*〉은 모들링이 '성난' 것으로 해석, "모들링 — 성난 사나이"라는 제목을 붙였다. 손으로 턱을 고인 얼굴만 보여 준 사진은 분명 이러한 해석을 뒷받침하지만, 다르게 묘사한다 해도 — 가령 "사려 깊은" 혹은 "참을성 있게 귀를 기울이는" 등으로 — 마찬가지로 그럴 듯하다. 그러므로 이 해석은 표제 — "분노, 혐오, 격노에 찬 레지널드 모들링" — 에 의해 보강된다. 여기서 표제는 가능한 해석 중 하나를 선택, 선호해서 증폭한다. 하지만 〈선*The Sun*〉지는 모들링의 사임을 '비극'으로 해석해서 "모들링의 비극"이라는 표제를 붙였다. 여기서는 〈데일리 메일〉과 거의 똑같은 사진을 사용했고, 분명히 같은 장소에서(보수당 회담에서?) 촬영한 것으로 보인다. 그러나 촬영 각도, 또 무엇보다 머리 위치를 약간 바꾸고, 눈을 약간 아래로 향하게 하고, 약간 '눈시울이 흐린' 것처럼 보이게 해 해석

154 레지널드 모들링(1917~1979)은 영국의 저명한 보수당 정치인이다. 1950년 의회에 진출한 후 재무장관, 내무장관 등 요직을 거쳤고 보수당 소속 수상감으로 꼽히던 인물로 실제로 두 차례 물망에 올랐다. 내무장관 재직 시 북아일랜드 사태를 주로 담당했는데, 1972년 1월 북아일랜드의 런던데리에서 북아일랜드인권협회가 주도한 시위대에 영국군이 발포해 13명이 사망하는 이른바 '피의 일요일Bloody Sundy'이란 대형 사건이 터져 위기에 몰렸다. 그런데 이 무렵 엉뚱하게도 모들링이 이사회장으로 있던 존 폴슨사의 뇌물 영업 스캔들이 터지는 바람에, 모들링은 결국 장관직을 사임했다. 모들링은 불명예 퇴진을 했지만, 당시 언론의 보도는 그에게 상당히 우호적 태도를 보였다. — 옮긴이

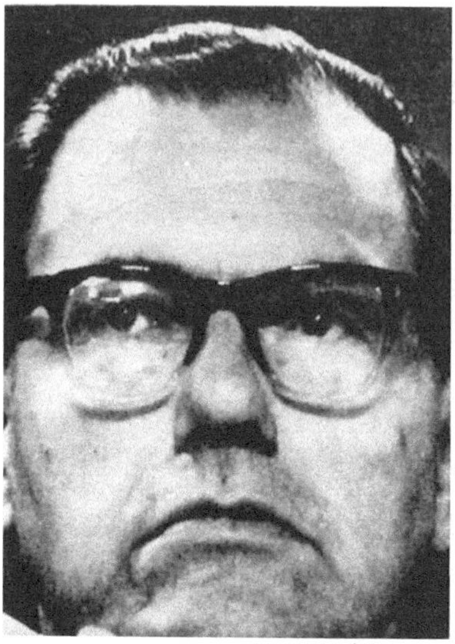

© Associated Newspapers

〈데일리 메일〉

© United Press International

〈선〉

© London Express

〈익스프레스〉

© United Press International

〈미러〉

을 '분노'에서 '비극' 쪽으로 기울게 하고 있다. 〈익스프레스*The Express*〉의 기사 — "레지널드 모들링은 어제 정치 생명이 끝났다" — 역시 비극의 색채를 띠지만, 그 기사의 표제와 부표제 — "그만두겠다." "혼자 차를 타고 나가다" — 는 덜 암시적이다. '혼자 차를 타고 나가는' 모들링의 사진은 — 긴장한 채 멍하니 '한쪽을' 바라보며 내적인 동요에 빠진 — 〈선〉의 사진보다 덜 비극적으로 읽힌다. 그러나 〈익스프레스〉의 1면에 실린 '비극적' 얼굴은 모들링의 사진이 아니라 히스[155]의 사진이다! "하원에서의 발표 직후의 히스"(이것은 아주 심각한 표정을 한 히스의 사진 밑에 붙은 캡션인데, 이번에는 수상이 '감정이 격해져 눈시울이 흐려지려' 한다). 〈미러*Mirror*〉와 〈텔레그래프*Telegraph*〉는 똑같은 사진을 선택했는데, 〈텔레그래프〉는 외연적으로 사진을 사용했고, 〈미러〉는 '해독'을 뒷받침하기 위해 사용했다. 그러나 이 사진은 폭넓은 범위의 표현과 연결시킬 수 있을 정도로 일반화되었기 때문에, 〈미러〉의 경우 부가적으로 캡션 — "사임 시 모들링의 모습" — 으로써 언어적 의미 고정이 필요했다. 피사체의 표정을 정확히 어떻게 **해석해야 하는지**에 관해 뉴스 사진의 캡션으로 설명하는 것은 아주 흔히 사용되는 관행이다.

다섯 사진에서 모두 사용된 설명 유형은 '머리와 어깨만' 확대한 것이다. 몸통과 배경처럼 꼭 필요하지 않은 다른 세부 사항을 배제한 구도와, 신체 부위 중 표현력이 가장 강한 부분인 얼굴과 눈을 강조하는 확대는 표현 차원의 효과를 증가시켜 준다. 이 표현 방식은 스토리를 정치적 측면에서 분리해 모들링의 다른 측면, 즉 **인간**으로서의 모들링 쪽으로 변화시키

155 에드워드 히스 경Sir Edward Heath(1916~2005)은 1970~1974년에 보수당 내각의 수상을 지낸 인물이다. 히스는 집권 중 에너지 위기 발생으로 조업 단축, 유럽 경제 공동체(EEC) 가입, 북아일랜드 사태 격화 등 다양한 파란을 겪었다. 인플레이션 억제를 위해 임금 억제 정책도 시행했는데 이에 대한 반발로 전국 광부노조의 대규모 파업(1973~1974)이 일어나는 바람에 결국 실각했다. — 옮긴이

© The Times

〈타임스〉

거나 대체하도록 표현의 의미 규칙을 활용하는 기능을 하기 때문에 이데올로기적인 중요성을 띤다. 이 설명은 은연중에 다음과 같은 질문을 제기하는 것처럼 보인다. "이 시점에서는 모들링 사건에 관해 어떤 점이 가장 궁금한가?" 이 설명은 은연중에 질문에 대해 다음과 같이 대답을 한다. "**모들링의** 기분은 어떠한가?" "**모들링의** 반응은 어떠한가?" 예외적으로 〈타임스*The Times*〉는 이와 같은 방식으로 보도하지 않았다. 이 신문은 '중대한 결정을 내린 후 집에서 쉬고 있는 공인'이라는, 이제는 고전화한 사진을 실었다. 모들링 스스로 사직서에서 "가족의 사생활까지도 삼켜 버리는 유명세"를 언급해, 이 시각에 리드[신문 기사의 머리글]감을 제공했다. 그러고 나서 〈타임스〉는 이 해석을 택해 정교화한다. 이 신문의 사진 — "어제 내무 장관직에서 사임한 모들링 씨가 지난해 허트포셔의 에센던 자택에서 부인과 함께 찍은 사진" — 은 모들링이 체크 무늬 반팔 셔츠를 입고 과일, 후추 등이 놓인 아침 식탁 앞에서 고양이를 안은 부인과 함께 서 있는 모습을 보여 준다. 이 사진은 다른 자세한 사회적인 함축적 의미를 풍부하게 담았지만, 이데올로기적인 주장도 제시한다. 바로 공적 인물/사적인 인간이라는 고전적인 대립항을 만들어 내는데, 이 대립항은 고위 공직의 일과 부담에 짓눌리다가 해방된 사람들에 관한 통념적 지혜 중 아주 핵심적인 신화다. 이러한 효과는 **감상적 효과**sentimental effect라고 이름 붙일 만한데, 피통치자와 통치자층을 묶어 주는 가장 설득력 있는 유대 중 하나다.

그렇다면 위에서 예로 든 신문은 모두 표현의 의미 규칙을 활용해 기사의 '뉴스 앵글'을 다소 다르게 굴절시킨 셈이다. 그러나 각 사례는 단일하고 공통된 주제를 굴절시킨 것, 즉 '주체의 범주를 통해' 정치적 사건을 대체하거나 신비화한 것이다. 이것이야말로 의인화 이데올로기의 핵심이다. 감정을 표현하는 의미 규칙은 뉴스 사진의 수사학에서 의인화에 의한 변형personalizing transformations을 만들어 내는 가장 강력한 미디어 가운데 하나다.

뉴스의 의미 작용

뉴스의 의미 작용에서는 두 가지 측면을 구분할 필요가 있다. 첫째 것은 사진 기호의 뉴스 가치다. 두 번째 것은 사진 기호의 이데올로기 수준이다. '뉴스 가치'란 뉴스에 관한 전문 직업 이데올로기의 관점에서 기사(사진 + 텍스트)를 정교화하는 것으로서, 신문 담론에서 어떤 것이 뉴스인지에 관해 우리가 상식적으로 이해하는 것이다. 이데올로기 수준은 기사의 함축적 주제와 해석의 관점에서 기사를 정교화한 것이다. **공식적인**formal 뉴스 가치는 신문의 세계와 담론에, 전문 직업 집단으로서의 뉴스 종사자에게, 또 뉴스 제작의 제도적인 장치에 속한다. **이데올로기적** 뉴스 가치는 사회 내 도덕적 정치적 담론 영역 자체에 속한다. 각 신문이 택하는 특정한 구축 방식에 따라 이데올로기적 주제는 다양한 방식으로 굴절될 것이다. 역으로 이러한 **굴절**은 그 신문의 정책, 정치 성향, 기사 선택의 가치 기준, 전통과 신문 자신의 셀프 이미지 등의 지배를 받을 것이다. 그러나 어떤 특정한 뉴스 '앵글'을 특정하게 굴절시키는 것의 배후에는 '우리 사회에서 어떤 것이 뉴스로 통하는지'에 관한 '공식적인' 가치뿐 아니라, 사회 자체의 이데올로기적 주제도 작용한다. 따라서 윈저 공Duke of Windsor[156]의 죽음은 예상치 못한 일이고 극적이며 최근의 사건으로 고위층 인사에 관한 것이기 때문에 '공식적인 뉴스 가치'가 요구하는 사항을 충족한다. 그러나 이데올로기 수준에서 이 사건은 다음과 같이 강력하면서도 반향을 불러일으키는 주제를 함축한다. '매력 있는 왕자,' '국민을 사랑하는 왕,' '사

156 1936년 12월 영국 국왕 에드워드 8세는 미국의 이혼녀 월리스 심슨과 결혼하기 위해 퇴위를 발표해 큰 파장을 불러일으켰다. 에드워드 8세가 퇴위한 후 받은 작위 이름이 윈저 공이다. — 옮긴이

랑하는 여인을 위해 왕위를 포기한' 군주, 은퇴한 윈저 가 명사들의 생활, 만년에 여왕과의 화해, 죽음과 국장國葬, 즉 '고국에 돌아온 왕' 등의 주제를 들 수 있다.

여러 신문은 이러한 이데올로기적 주제 가운데 하나나 그 이상을 택해 뉴스 스토리를 다양하게 굴절시킬 것이다. 그럼에도 불구하고 일반적으로 이러한 특정한 '뉴스 앵글' 가운데 **어떤 것이든** 커다란 이데올로기적 주제 — **군주제 자체** — 와 서로 직접 만나게 된다. 이 점은 저 영국 이데올로기의 훌륭한 연대기 기록자인 월터 배젓Walter Bagehot이 소중히 여길 만한 것이다.

> 왜 군주제가 강력한 정부 형태인지 가장 잘 설명해 주는 것은, 이해하기 쉬운 정부라는 점이다. 대중은 군주제는 이해하지만 어떤 다른 정부 형태도 결코 이해하지 못한다. 인간은 자신의 상상력에 의해 지배된다고 흔히 말하는데, 인간은 자신의 상상력의 취약점에 의해 지배를 받는다고 말하는 것이 더 옳을 것이다…… 특별한 테러와 별도의 입법으로 억누를 노예가 우리에겐 없다. 그 대신에 우리에겐 모두 헌법이란 관념을 이해할 수 없고, 비인격적인 법률에 조금도 애착을 느끼지 못하는 계급만이 있을 뿐이다…… 공화정은 정부 내에 어려운 관념만 갖추었을 뿐이다. 그러나 입헌 군주제는 쉬운 관념도 갖추었다. 입헌 군주제는 따지고 드는 소수를 위해 복잡한 법률과 개념을 구비했을 뿐 아니라, 멍청한 다수를 위해 이해하기 쉬운 요소도 갖고 있다(Bagehot, 1959).

'뉴스 가치' 구조는 뉴스 생산에서 중립적이고 기능적으로 작용하는 수준인 것처럼 보인다. 그것은 스토리와 사건을 사람들과 '자연스럽게' 연결해 준다. 말하자면 익명의 사건에다 사회 세계에서의 특성, 지위, 위치를 덧붙인다. 뉴스 가치 구조는 비인격적인 역사적 세력의 배후에서 '드라마,' '인간적 관심사'를 찾아낸다. 하지만 이러한 기능적인 가치는 결국 중립적이지 않다. 알튀세르가 주장했듯이 어떤 담론이 이데올로기적으로 될 수 있는 것은 바로 "**주체** 범주"를 갖고 작동하고, 독자가 "친숙한 것으로 인식"하게 하기 때문이다(Althusser, 1971).

그렇다면 뉴스 사진은 이차적으로 이데올로기적 주제를 의미 작용할 수 있게 되기 이전에, 우선 이른바 '공식적인 뉴스 가치'라는 수준에서 활용될 수 있어야 하는 것처럼 보인다. 따라서 경찰을 걷어차는 시위자의 사진은 극적이고, 특이하며, 논란거리인 최근의 사건을 증언해 주기 때문에 뉴스 가치가 있다. 그리고 말하자면 이 '완성된 메시지'를 어떤 해석과 연결지어, 다음과 같이 강력한 이데올로기적 내용을 갖는 '이차적 의미'를 만들어 낼 수 있다. 가령 "그리고 이들은 도발이라고 말한다!"(《스케치*The Sketch*》), "경관들이 직면했던 것"(《익스프레스》), "경찰의 승리"(《텔레그래프》), "경찰이 멋졌던 날"(《미러》) 등을 예로 들 수 있다. (키스톤 에이전시의 프리랜스 사진 작가가 찍은) 이 '걷어차는 사진'이, 어떻게 해서 앞에서와 같은 해석 — 베트남전에 반대하는 시위가 '폭력적'일 것이라는 해석 — 과 어떤 구체적인 '뉴스 앵글' — '경찰을 기사의 중심으로 삼기로 한 편집상의 결정' — 을 다 같이 선별적으로 보강하는지에 관해 제임스 할로란James D. Halloran, 필립 엘리엇과 그레이엄 머독Graham Murdock은 잘 관찰했다(Halloran, Elliott, & Murdock, 1970; 또한 Murdock, 1981도 보라). 뉴스 가치의 관점에서 경찰은 기사의 '중심부'로 의미 작용된다. 즉 '걷어차는 사진'을 기반으로 해서, 경찰은 **공식적인** 뉴스로 이용된다. 이데올로기적 관점에서 경찰은 기사의 **주인공**으로 의미 작용되는데, 이 해석은 사진에 의해 함축적으로 증폭된다.

실제로 뉴스 생산의 이 두 측면은 거의, 아니 어쩌면 전혀 구분할 수 없을지 모른다. 편집자는 사진의 효과, 극적인 의미, 특이성, 논란, 의미 작

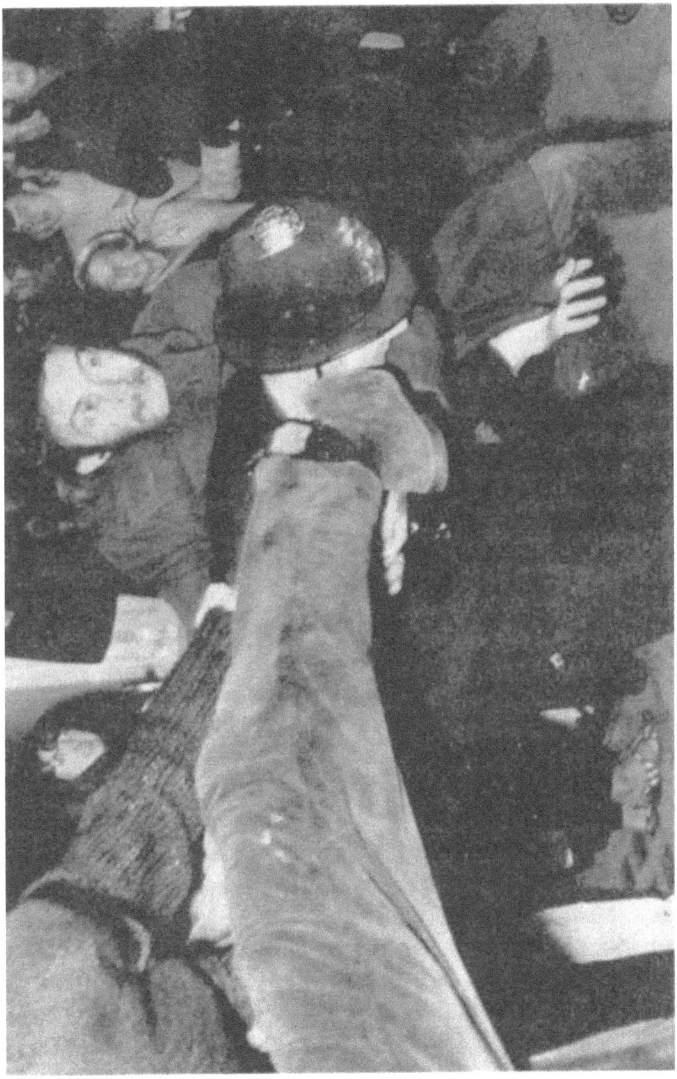

© Keystone Agency

경찰을 '걷어차는 사진.'

용된 사건의 반향 등(공식적 뉴스 가치)의 측면에서 사진을 보고 선별할 뿐 아니라, 동시에 이러한 가치를 어떻게 취급하고 어떤 '앵글을 부여할' 것인지, 말하자면 어떻게 해석적으로 기호화할 것인지도 고려한다.

신문의 내부적 담론을 사회의 전체 이데올로기 영역에 연결해 주는 것은, 바로 이 이중적 접합 — 공식적인 뉴스 가치와 이데올로기적 취급 — 이다. 바로 이 이중적 접합을 통해 신문의 제도적 세계 — 신문의 명시적 기능은 뉴스 가치의 교환으로 이윤을 얻는 것이다 — 는 사회의 주요한 이데올로기적 주제를 '지배적인 위치에 있도록' 재생산하는 잠재적 기능에 결속된다. 따라서 '뉴스'가 성립하는 데 꼭 필요한 공식적 요소는 신문에서 이데올로기가 재생산되도록 해 주는 '작동자'인 것처럼 보인다. '뉴스 앵글'을 통해 신문은 부르주아 사회의 핵심적 주제를 **이해 가능한 재현**으로 구체화해서 표현한다. 신문은 사회 질서의 정당화를 얼굴, 표정, 주체, 배경, 전설로 **번역해 준다**. 배젓이 말했듯이, "왕실은 정치에 멋지고 아름다운 사건을 적절하게 덧붙여 정치를 달콤한 것으로 만든다. 왕실은 정부의 임무에 관련 없는 사실을 끌어들이지만, 그 사실은 '사람의 가슴'에 호소하여 그들의 생각을 사로잡는다."

신문은 뉴스 기사로 장사를 한다. 그러나 물론 수많은 다양한 기사와 이미지를, 뉴스 가치 교환을 통한 이윤 창출에 종속시켜야 할 필요성이 '최후의 심급에서는 결정적'이긴 하지만, 이 경제적 동기는 결코 스스로 드러나지 않는다. 사진 기호의 이데올로기적 기능은 사진의 교환 가치 속에 항상 은폐된다. 뉴스/이데올로기적 의미는 이러한 기호 전달체가 교환될 때 취하게 되는 **형태**다. 물론 다른 곳에서와 마찬가지로 여기서도, 경제적 변증법이 '상징적' 가치의 생산과 전유appropriation를 결정하기는 하지만, 그것은 '결코 순수한 상태로 작용하지는 않는다.' 사진 기호의 교환 가치는 필연적으로 중층적으로 결정된다.

뉴스 가치

편집자들이 인화된 사진을 놓고 작업할 때, 어떤 것이 '뉴스'에 해당하는지에 관해 '축적된 지식'에 의거해서 사진을 선택하고 등급을 매기고 분류하고 다듬도록 해 주는, 작업 관행이라는 뜻으로 뉴스 가치라는 용어를 사용하겠다. '뉴스 가치'란 현대 사회에서 가장 불투명한 의미 구조 가운데 하나다. '진짜 저널리스트'라면 모두 갖추었다고 가정하지만, 뉴스 가치가 무엇인지 가려내고 정의할 수 있는 사람은 거의 없다. 그렇게 하려는 사람도 거의 없다. 저널리스트는 마치 사건이 저절로 선택되기나 하는 것처럼 '뉴스'에 관해 이야기한다. 나아가 마치 어느 것이 '가장 중요한' 뉴스 기사인지, 어떤 '뉴스 앵글'이 가장 두드러지는지는 신성한 영감에 의해 알 수 있는 것처럼 말한다. 하지만 세상에서 날마다 발생하는 수백만 건의 사건 중 극히 일부만이 '잠재적인 뉴스 기사거리'로 가시화하며, 이 중에서도 아주 일부만이 실제로 뉴스 미디어에서 그날의 뉴스로 만들어진다. 그렇다면 우리는 직업상 이용 방법을 가장 잘 아는 사람에게조차도 선별 장치로서의 기능이 드러나 보이지 않는 '심층 구조'를 다루는 것 같다.

어떤 기사, 보도, 사진이 뉴스로서 의미 작용을 하도록 사용되려면, 일간지에서는 적어도 **세 가지** 기본적 기준을 충족해야 하는 것 같다. 기사는 어떤 이벤트나 사건과 연결되거나 연결시킬 수 있어야 한다. 그 사건은 최근에, 가능하다면 어제, 더 바란다면 오늘 몇 시간 전에 일어난 것이어야 한다. 그 사건이나 '뉴스에 나오는' 인물은 '뉴스 가치가 높아야' 한다. 뉴스 기사는 **행동, '시간적으로 최근의 것,' '뉴스 가치가 높은 것'**에 관한 것이다.

뉴스로서의 가시성news visibility에 관한 이 세 가지 기본적 규칙에 따라 뉴스 수집과 선별 관행이 정해진다. 이 규칙은 신문과 그 하부 구조 — 원격지 특파원, 통신원, '자유 기고가' — 사이에서 필터 구실을 한다. 일단 이 기본적 규칙이 충족되면, 좀 더 복잡한 척도가 가동된다. 이는 기사를

공식적 뉴스 가치에 비추어 다듬을 때 적용된다. 최근 몇 년 동안 공식적 뉴스 가치에 관해 많은 토론이 있었지만, 거의 모든 경우 단순히 공통적인 속성이 무엇인가 하는 관점에서 토론이 이루어졌다. 따라서 가장 뉴스 가치가 높은 사건은 결과가 논란거리이거나 알려지지 않은, 특이하고 예상치 못한 사건이라고 E. 오스트가르드E. Ostgaard는 주장한다(Ostgaard, 1968). 요한 갈퉁Johan Galtung과 마리 루게Mari Ruge는 더 많은 속성을 나열한다(Galtung & Ruge, 1965). 그 목록에는 시간적 새로움, 강렬함, 희귀성, 예측 불가능성, 명료성, 민족 중심성 등이 포함되고, 연속성, 조화, '엘리트' 인물과 '엘리트' 국가, 의인화 등 좀 더 표현상의 속성에 속하는 것도 들어가 있다. 이 목록은 뉴스 생산에서 공식적인 요소를 가려내는 데는 도움이 되지만, 이러한 '규칙'이 무엇의 지표가 되고 무엇을 대변하는 것인지는 말해 주지 않는다. 뉴스 가치는 중립적이고 틀에 박힌 관행으로 나타나지만, 공식적인 뉴스 가치를 이데올로기적인 구조로도 파악할 필요가 있다. 이러한 규칙은 **뉴스의 이데올로기**를 공식화하고 구체적으로 정의한 것이라고 볼 필요가 있다.

뉴스 가치는 '(아직) 널리 알려지지 않은 것,' 다시 말해 희귀하고 드문 것, 예측하기 어려운 사건과 관련이 있다. 프랑스어에서 뉴스란 단어 — les nouvelles — 는 글자 그대로 '새로운 것'을 의미한다. 이는 뉴스 가치가 수용자의 구조화된 무지를 배경으로 작동함을 말한다. 뉴스 가치는 권력에 대한 사람들의 접근이 제한적이라는 사실을 당연시하고, 이러한 결핍을 매개한다. 뉴스 기사는 흔히 예기치 못한 것, 논란거리를 중심으로 이루어진다. 그러나 어떤 사건은 단지 '우리가 세상에 대해 갖고 있는 예상에 어긋난다는' 이유 때문에 예상 밖의 것이 된다. 사실 뉴스 기사는 대부분 사회생활과 제도의 예상 가능한 연속성 속에서 일어나는 사소하고 예상치 못한 사건을 보도한다. 뉴스는 세계에 관해 우리가 이미 알거나 예측할 수 있는 것을 **늘려 준다**. 그러나 뉴스란 것이 우리가 정말로 모르는 것을 극적으로 표현한 것이든지, 혹은 이미 알려진 것에 단순히 예상 밖의 요소를 조금 덧붙인 것이든 간에, 중요한 사실은 뉴스 가치가 배후에 숨겨진 '심층 구조'의 표면 구조 역할을 한다는 점이다. 오늘날 대다수의 독자가 세계에 대해 갖고 있는 신념과 해석 방식을 배경으로 뉴스 가치는 지속적으로 작용한다. 다시 말해 뉴스 가치는 세계에 관해 **합의된 지식**을 필수적으로 요구한다. 뉴스가 변화/연속성에 집착하는 것은 — 가령 IRA의 휴전협정 위반, 혹은 모터쇼에서 최신형 차 앞덮개 위에 앉은 최신 (여성) 모델처럼 — 중요한 수준에서 기능할 수도 있고 사소한 수준에서 기능할 수도 있다. 완전히 비전형적인 것(IRA)이나 지나치게 전형적인 것(모터쇼) 모두 '뉴스'거리가 된다. '심층 구조' 수준에서 볼 때, 가시적인 뉴스 기사를 가장 체계적으로 생산하는 것은 사회 질서의 불안정성이나 안정성이기 때문이다 (Young, 1973).

이와 같이 합의된 배경 지식 — 우리가 '사회 구조에 관해 갖고 있는 정형화된 지식' — 없이는 기자이든 독자이든 표면에 나타난 뉴스 기사를 파악하거나 이해할 수 없을 것이다. 신문 지면은 '엘리트 인물'의 행동, 상황과 속성으로 가득 차 있다. 명사들은 뉴스 생산에 필요한 멋진 구경거리의 일부이며, 그 환경 속에 자리를 차지하면서 그 환경을 안정시킨다. 그러나 '엘리트 인물'이란 바로 그 개념 속에는 '사회 구조에 관해 정형화된 지식'이 새겨져 있다. 수상은 행사하는 정치적, 제도적 권력 때문에 '엘리트 인물'이다. 명사들은 사회 전체를 위해 역할 모델 노릇을 하고 추세를 정해 주기도 하기 때문에 텔레비전 출연자는 '뉴스 가치가 높다.' 권력, 지위, 명성은 우리 사회의 제도적 생활에서 독점적인 것이기 때문에, '엘리트 인물'은 뉴스거리가 된다. C. 라이트 밀즈C. Wright Mills의 구절을 빌면, "엘리트 인물"은 우리 사회에서 "역사를 만들 수 있는 수단"을 식민지화했다(Mills, 1956). '엘리트 인물'의 말, 속성, 행동, 소유물 — 그들의 존재 모습 자체 — 을 자연적으로 뉴스 가치가 높도록 만드는 것은 이처럼 계급 사회의 제도적 생활 전반에 보편화된 지위, 권력, 위신의 분포다. '엘리트 국가'에 관해서도 똑같이 말할 수 있다. 만일 영국이 전 세계와 맺고 있는 역사적 관계, 혹은 선호되는 권력 관계의 지도에 관해 아무것도 모른다면, 영국 신문에서 외신 보도 구조가 아주 편향되어 있는 것을 설명하기 어려울 것이다. 가장 논란거리가 되는 사건의 관점에서 날마다 세상을 설명하는 데 있어, 신문은 항상 **이미 알려진 것**이, 지금 존재하는 구조이거나 더 이상 존재하지 않는 것이라고 **추정**해야 한다. '이미 알려진 것'은 중립적인 사실이 아니다. 그것은 일상적 신념 수준에서 사회를 결속시켜 주는, 세계에 **관한** 상식적 설명과 이데올로기적 해석이다.

신문은 규칙적으로 사건을 의인화해 뉴스 가치를 드러내 보인다. 물론 사람들은 흥미로운 존재이고, 이미지를 이용해 생생하고 구체적으로 묘사할 수 있으며 질적인 면을 가지는 등등의 장점이 있다. 하지만 의인화는 이러한 것이 아니다. 의인화는 어떤 인물을 관련된 사회적, 제도적 맥락에서 격리하거나, 개개 주체가 마치 여기서 검토하는 역사의 유일한 추진력인 것처럼 제시한다. 특히 사람들 — 인간 주체 — 이야말로 뉴스 사진과 피처 사진의 내용을 이루기 때문에, 사진은 이러한 형태의 의인화에서 핵심적인 역할을 한다. "구체적인 주체 없이는 이데올로기도 없고, 이데올로기의 목표는 주체에 의해서만, 즉 **주체의 범주에 의해서** 또 그것이 작동할 때에만 가능해진다"(Althusser, 1971). 신문은 어떤 사건에 개별적 인물을 덧붙이거나 사회적 맥락에서 격리된 인간적 속성을 도입해 기사와 연관된 해설로 추가해, 그 사건을 설명하거나 그 설명을 깊이 있게 만들 수 있다. 개별적 인물은 이러한 측면에서 어떤 보편적인 "동기의 문법grammar of motives" — "인간성"의 보편적 자질을 억압된 주체로 삼고, 개개인의 "소유적 개인주의possessive individualism"라는 관점에서 주체를 조작하는 문법 — 을 제공해 준다(MacPherson, 1962; O'Neil, 1972에서 재인용).

정치 뉴스 영역에서 가장 두드러지게 사용되는 '뉴스 가치'는 분명히 폭력이라는 뉴스 가치다. 본질적으로 폭력적이지 않은 사건은 폭력적인 것처럼 만들면 뉴스 가치를 키울 수 있다. 대다수의 뉴스 편집자는 정치적 맥락에서 폭력이라는 의미 작용을 하는 사진을 더 좋아할 것이다. 폭력은 갈등을 나타내며, 독자의 흥미를 끌고, 행동으로 가득 차 있으며, 중대한 결과를 낳는다는 이유를 들어 편집자는 자신의 선택을 옹호할 것이다. 폭력은 공식적인 뉴스 가치다. 그러나 '심층 구조' 수준에서 볼 때, 정치적 폭력은 **있어서는 안 되는** 정치의 세계를 의미(의미 작용)하기 때문에 — 비록 규칙적으로 발생하는 것이긴 하지만 — '이례적인' 것이다. 폭력은 체제 내의 가장 극단적인 지점에서의 갈등을 보여 준다. 그리고 우리 사회에서 갈등은 규제되어야 하는 것으로 여겨지며, 정치란 바로 '폭력에 호소하지 않는 사회적 갈등의 연장'이기 때문에, 이 정치적 폭력은 우리의 '기대에 어긋나는' 것이다. 우리 사회에서 사회 질서의 정당성은 절대 어겨서는 안 되는 '법치'의 원칙을 지키느냐에 달려 있다.

공식적인 뉴스 기준은 직업 언론인이 '대략적인 원칙'으로 사용하는 것이긴 하지만, 이러한 처리는 인식하지 못하는 상태에서 이루어지기 때문에 적지 않게 이데올로기적인 영역에 뿌리박고 있다. 사건은 뉴스 제작 과정에 반영되는 순간 이데올로기 영역으로 들어가게 된다. 만일 사회 구성원들이 자신들의 사회에 관해 예측 가능하고 '옳은' 것이라고 '정상적으로 또 자연적으로' 받아들이는 것이 무엇인지 밝혀 내지 못한다고 가정하자. 그렇다면 '예측 불가능성'을 폭력 등의 관점에서 의미화하는 일이 왜 본질적으로, 또 저절로 '뉴스'의 기준 역할을 할 수 있는지 알 수 없게 된다.

이데올로기 수준

이데올로기 수준은 뉴스 구성의 두 번째 측면, 즉 뉴스 사진이나 기사를 해석의 관점에서 정교화하는 것과 직접 연관된다. 이미 공식적인 뉴스 기준을 충족하고 그러한 기준에 따라 제시된 사진은, 그 사진의 내포 의미적 가치를 이용하는 해석과 여기서 연결된다. 수사학적으로 뉴스 사진의 이데올로기적 증폭은 바르트가 '현대의 신화'를 설명한 것과 똑같은 방식으로 기능한다고 주장하고자 한다(Barthes, 1972). 기호(사진)의 내포적 의미를 통해, 그 기호가 어떤 이데올로기적 주제의 지표index 역할을 할 수 있게 해 주는, 일련의 주제상의 해석틀 속에 사진을 삽입한다는 뜻으로 이데올로기적 정교화elaboration란 용어를 사용하고자 한다. 이데올로기적인 뉴스 가치는, 이미 (외연적 수준에서) 의미 작용을 하는 어떤 이미지에 이데올로기적인 유형의 이차적 의미 작용 수준을 추가로 제공해 준다. 완성된 기호를 일련의 주제나 개념과 연결시켜 사진은 이데올로기적인 기호가 된다. 바르트는 프랑스 군복을 입고 삼색기에 눈을 고정시킨 채 경례를 하는 흑인 병사의 사진을 예로 든다. 이 기호는 이미 다음과 같은 의미를 전달한다. '어느 흑인 병사가 프랑스식의 경례를 하고 있다.' 그러나 이 완성된 기호가 — 프랑스적인 것, 군대 정신이라는 — 이데올로기적 주제와 연결될 때, 이차적인 의미 작용의 연쇄 속에서 첫 번째 요소가 되는데, 이것이 전달하는 메시지는 다음과 같다. 프랑스는 위대한 제국이고, 프랑스의 아들은 피부색의 차별 없이 국기 아래 충실하게 복무하고 있으며, 식민주의라고 단정하고 비방하는 사람들을 반박하는 데는 이 흑인이 자신의 '압제자'를 섬기면서 보여 준 열의보다 더 좋은 해답은 없다는 것이다. 그렇다면 이 사진 기호는 시각적/외연적 연쇄의 마지막 부분이면서 동시에 신화적/이데올로기적 연쇄의 첫 번째 부분 역할을 한다. 이 모델에 의하면, 모든 뉴스 사진은 사진 의미 규칙 중 기표를 사용해서 그 피사체의 외연적 의미에 해당하는 것을 만들어 낸다. 그러나 이 기호가 뉴스 상품이 되기 위해서는 개념이나 주제와 연결되어 해석 혹은 이데올로기의 차원을 갖추어야 한다.

여기서는 두 가지 예를 들 수 있다. (1) 하나는 백악관 정원에서 팔짱을 낀 채 걷고 있는 닉슨 대통령 부부의 사진이다. 대통령은 미소를 지으면서, '괜찮다'는 '적절한' 제스처를 취한다. 여기서 이데올로기적 메시지는 거의, 혹은 더 이상의 설명이 필요 없다. 대통령은 기분이 좋으며, 세계적인 저명인사가 보통 사람과 마찬가지로 휴식하고 있고, 행복의 절정에 있다. 여기에는 텍스트 없이 캡션만 붙어 있다. 이 캡션은 등장 인물과 상황(닉슨의 딸 트리시아의 결혼식)을 밝힌 것 외에, 불필요하게 다음과 같은 이데올로기적 주제를 다시 한번 비추어 준다. '정원에 있는 모든 것이 사랑스럽다.' 이것은 두 번째 예 — (2) '걷어차는 사진' — 와 아주 큰 차이가 있다. 여기서는 외연적 메시지 — '군중 속의 어떤 사람이 경찰을 걷어차고 있다' — 가 다음과 같이 이데올로기적으로 '읽힌다.' '극단주의자들이 폭력적인 행동으로 법과 질서를 위협하고 있다,' 혹은 '반전 시위자는 국가를 위협하고 경찰을 부당하게 공격하는 폭력적인 사람이다.' 이 2차적 메시지는 캡션과 표제에서 완전히 증폭된다. 그러나 그 메시지는 각 개별적 신문의 입장이나, 편집상의 전통, 역사와 자기 이미지에 맞추어 약간 굴절된다는 점도 주목하라. 이데올로기적인 메시지는 사진을 **폭력**, **극단주의자와 법과 질서**, **대립** 등의 주제와 연결시켜 만들어졌다. 그러나 각 신문에서 이러한 굴절은 서로 약간 다른 형태를 띤다. 가령 〈타임스〉에서는 그것을 **공식적으로** 굴절시켜, "그로스비너 광장의 전투에서 경찰이 승리하다"라고 제목을 붙였다. 〈익스프레스〉는 시위자들의 '주변적인' 성격을 강조하면서, 다음과 같이 **선정적으로** 표제를 붙였다. "일부 광신자들이 대규모 시위에서 좌절되다." 〈미러〉는 다음과 같이 **은근한 경의를 표하는** 제목을 붙였다. "경찰이 훌륭했던 날." 여기서 텍스트는 이데올로기적 주제와 메시지를 '결론짓는' 데 중요하다.

어떤 사진을 이데올로기적인 기호로 바꾸어 주는 주제가 어떻게 또 어디서 생겨나는지 정확히 꼬집어 내기는 어렵다. "개념은 신화를 구성하는 요소다. 신화를 해독하려면, 개념들의 이름을 어느 정도 들 수 있어야 한다"고 바르트는 주장한다. 그러나 바르트는 "신화적인 개념은 전혀 고정되어 있지 않으며, 생겨나서 변화하고 해체되고 완전히 사라질 수도 있음"을 인정했다. 주제나 개념이 모여 이루는 지배 이데올로기는 극히 유연하고, 분산된 것이며, 외관상 역사적인 구조처럼 보이기 때문이다. 그람시가 주장했듯이 이데올로기는 1000가지의 다양한 방식으로 짜깁기하는 식으로 배열하고 재배열해서 변형시킬 수 있는 "잔여적인 것" 혹은 이전에 형성된 요소로 구성되는 것처럼 보인다(Gramsci, 1971; 또한 Harris, 1968도 보라). 따라서 흔히 어떤 사회의 지배 이데올로기는 불필요한 것처럼 보인다. 우리는 그것을 이미 알고 있고, 이전에도 본 적이 있으며, 수많은 다양한 기호와 메시지가 똑같은 이데올로기적 의미를 나타내는(의미 작용하는) 것처럼 보인다. 지배 이데올로기는 바로 우리가 그 속에서 살아가고 세상을 경험하는 정신적 환경이다. 우리는 이데올로기라는 "필연적으로 상상적인 왜곡"을 통해 "개개인이, 생산 관계와 거기서 파생되어 나오는 관계와 맺게 되는 [상상적인] 관계"를 자신에게 계속 재현해 준다(Althusser, 1971). 그렇다면 신문의 사진과 텍스트에 구체화되는 이데올로기적 개념은 세상에 관해 새로운 지식을 만들어 내지 않는다. 그보다는 우리가 세상을 자신의 것으로 만들기 위해 이미 배운 바 있는, 세상에 관한 인식, 즉 '따분하게 사소한 것, 혹은 의례, 기능이 없는 신조'를 만들어 낸다.

가령 '프랑스적인 것,' '이탈리아적인 것' 같은 흉측한 신조어를 사용해 보면 이러한 이데올로기적 개념을 성찰적으로 파악할 수 있게 된다고 바르트는 주장한다(Barthes, 1971). 아니면 가령 군사주의, 폭력, '법치,' 성공의 절정에 도달한 상태 등 아주 일반적인 본질에 이름을 붙여 보아도 비슷한 효과를 얻을 수 있다. 그러한 개념들은 '분명히 연상의 장에서 엮어진' 것처럼 보인다. 따라서 '이탈리아적인 것'은 '프랑스적인 것,' '독일적인 것,' 혹은 '스페인적인 것'과 더불어 어떤 국민성의 축에 속한다. 그렇다면 어떤 특정한 경우든, 사진이나 텍스트 같은 항목은 그 개념이 정교화하는 이데올로기의 주제를 완벽하게 드러내는 지표가 된다. 그러나 그 개념이 일반적으로 지칭하는 영역은 널리 퍼져 있다. 그래서 거기에 존재하기도 하지만 존재하지 않기도 한다. 어떤 지배 이데올로기의 일반적인 구조는 성찰적으로든 분석적으로든 **전체적으로** 파악하기가 거의 불가능한 것처럼 보인다. 지배 이데올로기는 항상 바로 구체성 속에 또 구체성을 통해 유포되는 것처럼 보인다. 그러므로 이데올로기는 어떤 사진이나 텍스트가 **구체화하는** 구체적인 해석이면서, 동시에 그 속에서 이데올로기 담론 자체가 수행되는 일반적인 분위기다. 바로 이데올로기의 이러한 성격 때문에 알튀세르는 구체적인 이데올로기는 역사를 갖고 있지만 이데올로기 자체에는 역사가 없다고 주장하게 되었다.

이데올로기적 주제는 분리해내기 어렵게 만드는 또 한 가지 성격을 보여 준다. 이 주제는 **두 가지** 전혀 다른 수준을 연결하거나 결합하는 형태를 취하는 것 같다. 한편으로는 직접적인 정치적, 도덕적 가치 기준에 따라 세계를 분류하여, 사건이 지금 이곳에서 구체적인 이데올로기적 지칭 대상을 갖도록 한다. 따라서 이데올로기적 주제는 어떤 주제가 어떤 사건 **속에** 기반을 두도록 한다. 즉 그 사건에 얼굴과 이름, 행동, 속성, 성격을 부여한다. 이데올로기적 주제는 행위자와 배경을 구비하고 무엇보다 주체 영역에서 작동한다. 따라서 시위자와 경찰의 사진은 그 사진이 특정성을 갖기 때문에, 구체적인 사건과 관계를 맺기 때문에, 어떤 특정한 역사적 국면과 시간상으로 연관되고 직접 관련이 있기 때문에 **구체화된다**. 이 사회의 정치사에서 '거리의 정치'가 가장 치열했고, 의회 외부의 저항 운동의 득세를 저지하기 위해 공적인 담론과 거부의 온갖 수단이 동원되었던 그러한 계기에 나온 그 사진에서는, '법치'라는 일반적인 배경적 이데올로기 가치와 '폭력적 수단에 의한 갈등'에 부정적인 태도를 보이는 일반화된 기풍이 **활용되었다**. 하지만 바로 그 계기에서 이데올로기적 주제는 거리를 두고 보편화, 즉 **신화화한다**. 사건이나 주체가 구체적으로 갖는 특정성의 배후에서나 내부에서 그 형태를 보편화하는 좀 더 원형적인, 심지어는 고고학적-역사적이기까지 한 지식의 일시적인 형태가 얼핏 보이는 것 같다. 말하자면 신화 형태는 좀 더 직접 관련이 있는 정치적 메시지 내부에 맴도는 듯하다. 닉슨의 웃는 얼굴을 찍은 사진은 바로 특정한 시간과 계기의 것, 즉 미국 대통령이 정치 경력 중 특정한 시점에서 특정한 역사적 계기에 의해 제기된 거센 논란과 반대의 조류에 자신 있게 대처하는 모습을 보여 준다. 그러나 그 배후에는 딸의 결혼식이 진행되는 정원에서 부인과 팔짱을 끼고 춤추는, 어느 시대에나 있는 평범한 가정적인 남성의 보편적 모습이 존재한다. 〈타임스〉는 '걷어차는 사진'을 취급하면서, 다음과 같이 직접적으로 정치 이데올로기적인 주제를 선택해서 명시화한다. "그로스비너 광장의 전투에서 경찰이 승리하다." 그러나 이 메시지 내에서 〈미러〉는 다음과 같이 수많은 다양한 사진의 토대가 될 수도 있는, 좀 더 신화적이고 보편적인 주제를 찾아내서 정교화한다. 바로 '훌륭한 우리 영국 경찰'이라는 신화다.

여기서는 이데올로기적 담론 내에서 진행되는 이중적인 움직임을 다루는 것 같다. 하나는 선전을 지향하려는 움직임이고, 다른 하나는 신화를 지향하려는 움직임이다. 이데올로기적 담론은 한편으로는 선호되는 정치적/도덕적 설명 영역 쪽으로 사건을 옮겨 놓는다. 이데올로기적 담론은 어떤 사건을 '이데올로기적으로 해독'하거나 해석한다. 바르트는 이데올로기가 특정한 사회의 이해관계와 어떻게 일치하게 되는지에 주목하면서, 이데올로기적 기호가 신화의 인식틀schema과 역사를 연결해 준다고 말함으로써 이 점을 표현했다. 이 수준에서 내포적 의미의 수사는 사건의 세계를 이데올로기적 의미로 가득 채운다. 동시에 그 수사는 이러한 연결을 은폐하거나 다른 것으로 **대체한다**. 이 수사는 역사에 부과된 특정한 굴절이 마치 역사적으로 **항상 그래왔던** 것인 양, 다시 말해 보편적이고 '자연적인' 의미인 것처럼 우리가 생각하도록 요구한다. 이데올로기적 기호는 동기화된 성격을 지닌다는 점을 숨기기 위해, 신화는 세계를 탈역사화한다고 바르트는 주장한다. 신화는 '역사적 현실을 드러내 보이지' 않고, 역사를 굴절시키고, '자연인 것처럼 바꿔 놓는다.' 이데올로기 수준에서 뉴스 사진은 계속 완전히 다른 것인 양 자처한다. 뉴스 사진은 역사적 사건을 이데올로기적으로 해석한다. 그러나 사실과 역사에 기반을 둔다는 바로 그 행위 때문에, '보편적' 기호이자 원형적인 메시지의 거대한 창고의 일부가 되며, 역사가 아니라 자연, '현실'이 아니라 신화가 된다. 시각적 기호의 해독이 극도로 복잡하게 되는 것은 바로 직접적이고, 정치적이며, 역사적이면서 신화적인 성격을 띠는 이 국면 때문이다.

뉴스 사진이 자연의 일부 측면으로 통할 수 있게 되는 구체적인 방법이 있다. 사진은 '현실 세계'를 그대로 시각적으로 베낀 것처럼 자처해 자신의 이데올로기 차원을 감춘다. 뉴스 사진은 재현하는 사건의 **실제성** actuality을 증언해 준다. 어떤 사건의 사진은 다음과 같은 메타메시지를 그 속에 담는다. '이 사건은 실제로 일어났고, 이 사진이 그 증거다.' 인물 사진 — '여권' 사진 같은 종류와 그만한 크기의 사진까지도 — 역시 다음과 같이 **의미 확정**과 **증거 제시** 기능을 보강해 준다. '이 사람이 바로 우리가 말한 그 사람이고, 그는 실제로 존재한다.' 그렇다면 사진은 글자 그대로 '사실'의 기록처럼 보이며, 증거가 필요 없다. 바르트가 모든 사진은 "현장에 갔던" 성격을 지닌다고 말한 것은 바로 이 부분을 지칭한다(Barthes, 1971). 뉴스 사진은, '이것은 실제로 일어났던 것입니다. 자, 직접 보세요'라고 하는 숨겨진 기호 아래 작동한다. 물론 어떤 사건의 다른 계기 대신에 **이** 계기를 선택한 것, 저 사람 대신에 **이** 사람을 선택한 것, 다른 앵글 대신에 **이** 앵글을 선택한 것, 즉 사건과 의미의 복합적인 전체 연쇄를 대표하는 것으로 이 사건의 사진을 선택한 것은 아주 이데올로기적인 절차다. 그러나 뉴스 사진은 사건을 **실제** 그대로 재생하는 것처럼 제시하기 때문에, 선택적/해석적/이데올로기적 기능을 한다는 사실을 축소한다. 사진은 '현실 세계'라는 이미 주어진 중립적인 구조가 의문이나 해석의 여지가 없는 것임을 보증해 주려 한다. 이 수준에서 뉴스 사진은 신문이 신뢰할 만한 정확한 미디어임을 뒷받침해 줄 뿐 아니라, 신문의 **객관성**을 보장하고 승인해 준다(즉 뉴스 사진은 신문의 이데올로기적 기능을 중립화한다). 이러한 '객관성 이데올로기' 자체는 다음과 같이 자유주의 이데올로기의 가장 근본적인 신화 가운데 하나에서 유래한다. '사실과 해석의 구분'처럼 신문의 관행에서 상식화된 '규칙'으로 나타나고 있는 사실과 가치의 절대적인 구분으로, 이 신화는 경험주의적 환상이자 자연주의의 이상에 불과하다.

따라서 뉴스 사진의 이데올로기적 메시지는 흔히 **실제화**된 모습으로 대체되어 나타난다. 이는 언뜻 역설적인 것처럼 보인다. 모든 점에서 사진은 역사적 시간 속에 위치하는 경향이 있다. 그러나 발전과 구조, 이해관계, 적대 관계를 설명해 주는 역사적 시간은 신문 담론에서 단축된 시간으로 나타나는 '실제성 시간actuality time'과는 양식modality이 다르다. 뉴스 사진의 특징적인 **시제는 역사적 순간**이다. 모든 역사는 현재 이 순간의 관점에서 환산하고 설명할 수 있는 '오늘'로 전환된다. 똑같은 계기에서 모든 역사는 신화화, 즉 즉각적인 신화화 과정을 거치게 된다. 이미지는 원래 동기를 상실한다. 그 대신에 마치 저절로 선택된 것처럼 '자연적으로' 보이게 된다.

그러나 그처럼 전혀 동기를 갖지 않는 뉴스 사진은 거의 없다. "얼스터는 도허티의 송환을 원한다"라는 제목으로 실린 IRA 임시 지도자 도허티에 관한 기사는, 아일랜드 공화국 내에 IRA 인사들에 대한 거부 움직임이 있다든지, 수배범을 보호하지 말라고 잭 린치Jack Lynch 행정부에 압력이 가해지고 있다는 등등의 추정을 기사 텍스트에 포함한다. 그러나 그 기사에는 문제되는 인물의 사진이 얼굴과 어깨 부위만 '여권 사진' 크기로 조그맣게, "'네덜란드인' 앤서니 도허티Anthony 'Dutch' Doherty"란 간단한 제목과 함께 실렸을 뿐이다. 하지만 '수배 인물,' 죄수, 도망자의 내포적 의미를 갖는 '여권 사진'에 이데올로기적인 중요성이 없는 것은 아니다. 이 사진은 그 자체만으로는 이데올로기적인 주제를 만들어 낼 수 없을지 모른다. 그러나 일단 만들어지고 나면, 일종의 상호적인 **거울 효과**에 의해 이데올로기적 주제를 **강화**, **설정** 혹은 **구체화**할 수 있다. 그 기사가 누구에 관한 것인지, 그가 뉴스에서 어떤 모습을 하고 있는지 우리가 알고 나면 — 텍스트가 이미지에 주제를 덧붙이고 나면 — 사진은 또 다른 수준에서 이데올로기적 주제를 굴절시키면서 다시 독립된 역할을 하게 된다. 바싹 크라핑cropping[157]을 한 꽉 짜인 구도, 험악하고 음침한 얼굴, 강경해 보이는 입과 눈, 검은 턱수염, 사람이 구부정하고 의도적으로 수그린 것처럼 보이도록 앵글을 기울여 찍은 것, 검은 옷, 씁쓸한 표정 등의 의미를 이제 '읽을' 수 있다. 이러한 공식, 구도와 표현상의 의미는 이데올로기적 메시지를 강화하고 증폭한다. 여기서 사진의 모호함은 캡션에 의해 해결되지 않는다. 그러나 일단 이데올로기적 주제가 암시되고 나면, 사진은 그 자신의 의미 작용력을 갖추어 이데올로기적 주제를 추가하거나 설치하고 또 다른 수준에서 확정한다. 사진이 전하는 바에 의하면, 이것이 '폭탄 투척자와 총잡이' 중 한 명의 얼굴이며, 바로 벨파스트 도심에서 발생한 또 하나의 '무분별한' 폭발 사고에 관

157 크라핑은 사진에서 불필요한 부위를 잘라 내고 확대하여 강조하는 기법을 말한다. — 옮긴이

해 신문 머리기사로 실린 내용이다. 이 사진이 바로 그 사건의 주체이자 장본인이다. 이 사진은 **또한** 다음과 같이 보편적인 신화의 기호, 즉 역사 속의 모든 '냉혹한 인간'의 얼굴이며, 모든 인간을 '위험한 수배범'으로 묘사한 기호다.

4부

정체성과 문화정치

13

인종과 종족성 연구에서 그람시의 함의

Gramsci's Relevance for the Study of Race and Ethnicity

● "Gramsci's Relevance for the Study of Race and Ethnicity," in David Morley & Kuan-Hsing Chen (eds.), *Stuart Hall: Critical Dialogues in Cultural Studies*, London: Routledge, 1996, pp.411~440. 이 글은 원래 *Journal of Communication Inquiry*, 10(2), 1986, pp.5~27에 수록된 것이다.

I

이 글 모음은 다음과 같은 목적으로 마련되었다.[158] '지금까지 제대로 조명되지 않았던 인종주의 현상에 관해 더 정교한 검토 작업을' 촉진하고, '불관용과 인종주의에 관해, 또 여기서 제기되는 문제점의 복잡성과 관련해서…… 인문·사회과학의 이론적 공식화, 패러다임과 해석틀이 적절한지 검토'하는 데 목적이 있다. 이처럼 일반적인 조항 덕분에 그람시의 저작에 관한 연구가 더 폭넓은 과제에 어떤 기여를 할 수 있는지 더 정확히 파악할 수 있다. 내가 보기에, 그람시의 저작은 광범위한 여러 역사적 사회에 걸친 사회 현상의 비교 분석에 적용할 만한 **일반적인** 사회과학을 제공하지는 **않는다**. 그람시의 잠재적인 기여는 더 제한적이다. 그럼에도 불구하고 그의 기여는 계속 엄청난 중요성을 지닌다. 그람시의 저작은 정확히 말

158 이 논문은 원래 유네스코의 인권 평화 분과가 주최하여 1985년 파리에서 열린 'Theoretical Perspectives in the Analysis of Racism and Ethnicity'에 관한 콜로키엄에서 발표한 것이다. (이 논문의 원래 제목은 "Gramsci's relevance to the analysis of racism and ethnicity"였다.)

해 '정교성을 갖춘' 부류의 것이다. 넓게 보면 그람시는 마르크스주의 패러다임 안에서 작업한다. 하지만 자신의 이론적 틀이 20세기 현대 사회관계에 관련성을 지닐 수 있도록, 이론적 틀의 많은 측면을 철저하게 수정하고 혁신하고 정교화했다. 따라서 그람시의 저작은 기존 사회 이론들의 '적절성'이라는 문제와 직접적인 관련이 있다. 왜냐하면 바로 '기존의 여러 이론과 문제를 복잡하게 다듬는' 방향을 추구한 데서 그람시의 가장 큰 이론적 기여를 확인할 수 있기 때문이다. 그람시의 이론적 기여를 상당 부분 정리하고 평가하기 전에, 이 점을 더 명확하게 설명할 필요가 있다.

그람시는 '일반 이론가'는 아니었다. 실제로 어떤 부류의 학자나 학술 이론가로 활동한 적도 없다. 생애 내내 그람시는 이탈리아 정치 현장에서 정치적 지식인이자 사회주의 활동가였고, 계속 그런 삶을 영위했다. 그람시의 '이론적' 저술은 이처럼 자신이 살고 있던 사회와 시대에 대한 좀 더 유기적인 참여에서 개발해낸 것으로, 항상 추상적인 학문 용도가 아니라 '정치적 실천에 도움을 주는 지식'의 목적으로 이루어졌다. 그러므로 그람시의 개념이 작동하는 응용 수준을 잘못 이해해서는 안 된다. 그람시 자신은 주로 사적 유물론의 폭넓은 테두리 안에서 작업했다. 이러한 사적 유물론은 대략 마르크스와 엥겔스의 저작에 의해, 또한 20세기 초반 수십 년 동안에는 레닌, 로자 룩셈부르크Rosa Luxemburg, 트로츠키, 안토니오 라브리올라Antonio Labriola, 팔미로 토글리아티Palmiro Togliatti 등의 인물에 의해 규정된 마르크스주의 학문 전통 안에 머물렀다. (마르크스주의 사상 내에서 그람시의 준거틀을 예시하기 위해 이 여러 이름을 거론하며, 이 구체적인 여러 인물과 관련해서 그람시의 정확한 입장이 무엇인지 밝히려는 것은 아니다. 이 후자의 문제를 확정하는 것은 더 복잡한 쟁점이다.) 이는 곧 그람시의 이론적 기여는 항상 넓은 의미에서 마르크스주의 지형 위에서 작동한다는 점을 이해한 채 해석해야 한다는 뜻이다. 다시 말해, 그람시는 마르크스주의가 제공하는 일반적 범위 내에서 개발, 정교화, 수정, 진전, 추가 사고, 새로운 개념, 독창적 공식화를 시도했다. 하지만 그람시는 교조적, 정통파적, 혹은 '종교적' 의미에서는 결코 '마르크스주의자'가 아니었다. 그람시는 마르크스 이론의 일반적 틀은 끊임없이 이론적으로 발전시켜야 하고, 새로운 역사적 조건에 적용해 보아야 하고, 마르크스와 엥겔스가 아마 예견하지 못했을 사회 발전과 관련지어야 하며, 새로운 개념을 추가해 확장하고 정교화해야 한다고 이해했다.

따라서 그람시의 저작은 이미 완성된 정통파 마르크스주의의 체계에 대한 '주석'도 아니고 정통파 교리의 의례적인 되새김질도 아니다. 만일 그렇게 한다면, 이는 이미 잘 알려진 '진리'를 생산한다는 점에서 순환 논리에 그칠 뿐이기 때문이다. 마르크스주의 이론에서 통찰력의 많은 부분을 새로운 질문과 조건을 제기하는 방향으로 발전시킨다는 점에서, 그람시는 진정하게 '열린' 마르크스주의를 실천한다. 무엇보다도 그람시의 저작은, 고전 마르크스주의가 제공하지 않은 개념들을 가동시킨다. 만일 그러한 개념이 없다면, 현대 세계에서 부닥치는 복잡한 사회 현상을 제대로 설명할 수 **없을 것이기** 때문이다. 만일 기존의 '인문·사회과학에서 이론적 공식화, 패러다임, 해석틀'이라는 배경 속에 그람시의 저작을 위치시키려 한다면, 이 점을 반드시 이해해야 한다.

그람시의 저작은 말하자면 막스 베버나 에밀 뒤르켐 같은 '창시자'의 저작 같은 반열의 **일반** 사회과학 저술이 아닐 뿐더러, 어떤 부분에서도 그렇게 파악할 수 있을 만큼 일반적이고 종합화된 형태로 나와 있지도 않다. 그람시의 이론적 아이디어의 알맹이는 그의 간헐적인 에세이와 논쟁적 글 여기저기에 흩어져 있고, 물론 《옥중수고*Quaderni del carcere*》라는 뛰어난 선집에도 실려 있다. 그람시는 활발하게 활동하고 많은 글을 써내는 정치적 저널리스트였기 때문이다. 《옥중수고》는 그람시가 무솔리니에게 체포된 후 토리노의 감옥에 수감된 동안이거나(1928~1933), 혹은 석방되기는 했으나 이미 위독한 상태에서 공식 요양소에 있던 기간에(1934~1935), 도서관이나 다른 참고서도 이용할 수 없는 상태에서 집필한 것이다. 《옥중수고》를 포함해서 이처럼 여러 단편적인 글은 현재 로마 소재 그람시연구소Istituto Gramsci에서 볼 수 있는데, 여기서 그람시의 중요 저작을 정리한 권위 있는 판본 출판을 위한 작업이 진행되고 있다.[159]

그람시의 글은 여기저기 흩어져 있을 뿐 아니라, 흔히 일관되고 '완성된' 글이라기보다는 단편적인 형태로 되어 있다. 《옥중수고》에서 그랬던 것처럼, 그람시는 흔히 가장 악조건하에서, 가령 감옥의 엄격한 검열관의 감시하에서, 기억을 되살릴 다른 책도 없는 상태에서 집필했다. 이러한 여건을 감안할 때, 《옥중수고》는 탁월한 지적 업적이다. 그럼에도 불구하고, 이런 방식으로 글을 생산할 수밖에 없었다는 점, 이미 쓴 글을 시간을 두고 다시 살펴보면서 비판적 성찰을 할 수 없었다는 점에 따르는 '대가'는 엄청났다. 《옥중수고》는 사람들이 말하는 바로 그대로 노트에 불과하다. 짧은 글도 있고 더 긴 글도 있지만, 지속적인 담론이나 일관성 있는 텍스트로 짜이지는 못했다. 그람시가 전개한 가장 복잡한 주장 중 일부는 주 텍스트에서 떨어져 나와 긴 각주에 들어가 있다. 어떤 구절은 잘 공식화된 상태이지만, 현존하는 판본 중에서 그람시가 어느 것을 더 '최종적인' 텍스트

159 원래 계획된 8권짜리 핵심 저작 선집 중에서 몇 권은 이 글의 집필 중 이미 에이나우디Einaudi출판사가 *Scrit*라는 제목으로 출판했다. 영어로 된 그람시 저작 선집은 다양한 제목으로 많이 나와 있는데, 여기에는 G. Nowell & Q. Hoare, *Selections from the Prison Notebooks*(New York: International Publications, 1971)라는 훌륭한 판본 외에도, 2권짜리 선집인 *Political Writings 1910~1920, 1921~1926*(New York: International Publications, 1977, 1978), 더 최근에는 D. Forgacs & G. Nowell Smith (eds.), *Selections from Cultural Writings*(Cambridge: Harvard University Press, 1985) 등이 있다. 이 글에 언급된 문헌과 인용문은 모두 위에서 인용한 영어 번역판에 의존했다.

로 간주했는지에 관한 지침은 거의 없다.

마치 '단편성'의 이러한 측면만으로도 어려움이 충분하지 않는다는 듯이, 그람시의 저작은 또 다른 더 심오한 측면에서 단편성을 드러내는 듯하다. 그람시는 구체적인 역사적 사례나 정치적 문제를 조명하기 위해 '이론'을 지속적으로 사용했다. 혹은 구체적이고 특수한 상황에 어떻게 적용할 것인가 하는 관점에서 큰 개념으로 사고했다. 따라서 그람시의 저작은 종종 거의 **너무** 구체적으로 보이기도 한다. 너무 역사적으로 구체적이고, 지칭 대상이 너무 한정적이고, 너무 '기술적으로' 분석적이며, 너무 시간과 맥락 구속적이라는 것이다. 그람시의 가장 뛰어난 아이디어와 공식화는 전형적으로 이처럼 국면적 부류의 것이다. 이것을 일반적인 데 활용하기 위해서는, 그 구체적이고 특수한 역사적 맥락의 구속에서 조심스레 떼어 내어 상당한 주의와 인내심을 갖고 새로운 토양에 이식해야 한다.

그람시에게는 고도의 개념적 일반성, 즉 '이론적 아이디어'가 기능하도록 되어 있는 높은 수준으로까지 개념을 발전시킬 시간도 의사도 없었기 때문에, 그람시의 개념들은 이처럼 구체성 수준에서 작동한다고 일부 비평가들은 단정했다. 따라서 시점은 다르지만, 알튀세르와 폴란차스는 모두 불충분하게 이론화된 그람시의 텍스트에 관한 '이론화'를 제시했다. 내가 보기에 이러한 견해는 잘못된 것이다. 여기서 인식론적 관점에서 볼 때, 개념들은 아주 다양한 추상화 수준에서 작동할 수 있으며, 종종 의식적으로 의도를 갖고 그렇게 하기도 한다는 점을 반드시 이해해야 한다. 중요한 것은 한 가지 추상화 수준을 다른 수준으로 '잘못 해독'해서는 안 된다는 점이다. 고도의 추상화 수준에서 작동하도록 설계된 개념을 다른 더 구체적인 '낮은' 작동 수준으로 옮겨 놓을 때에도 자동적으로 똑같은 이론적 효과를 낳는 것처럼 '무심코 해석'하려 한다면 심각한 오류를 범하게 된다. 대체로, 그람시의 개념들은 아주 명확하게 역사적 구체성이라는 낮은 수준에서 작동하도록 설계되었다. 그람시는 '더 높게' 목표를 설정해 이론적 표적을 벗어나지는 않았다! 그보다는 이처럼 역사적-구체성을 띠는 기술성의 수준은 그람시와 마르크스주의의 관계라는 측면에서 이해해야 한다.

앞서도 말했듯이, 그람시는 마르크스의 이론이라는 일반적 틀 안에서 아이디어를 발전시켰다는 점에서 '마르크스주의자'로 계속 남아 있었다. 예컨대 그람시는 '자본제 생산 양식,' '생산력과 생산 관계' 등의 개념을 당연시했다. 마르크스는 이 개념들을 가장 일반적인 추상화 수준에서 제시했다. 말하자면, 자본주의의 역사적 발전에서 **어떤** 단계나 계기에서든 자본제 생산 양식은 그 적나라한 본질적 요소로 환원할 수 있는데, 이 개념들은 이러한 자본제 생산 양식을 조직화하고 구조화하는 과정을 파악하고 이해할 수 있게 해 준다. 이 개념들은 그 범위와 준거에서 '획기적인' 것이다. 하지만 특수한 역사적 사회구성체, 자본주의 발전의 특수한 단계에 있는 특정한 사회에 이 개념들을 적용해야 하는 순간이 되면, 이론가는 '생산 양식'의 수준에서 더 낮고 구체적인 적용 수준으로 반드시 옮겨가야 한다고 그람시는 이해했다. 이러한 '조치'를 취하기 위해서는 단지 역사적 구체화를 더 자세하게 시행하는 데 그치지 않고, 마르크스 자신도 주장했듯이, 자본과 노동 사이의 단순한 착취 관계에 관한 분석 외에도, 새로운 개념과 추가적인 결정 수준들을 반드시 적용해야 한다. 왜냐하면 전자(단순한 착취 관계)는 가장 고도의 준거 수준에서만 '자본제 양식'을 구체화하는 역할을 하기 때문이다. 마르크스는 자신의 가장 정교화된 방법론 텍스트(《정치경제학 요강》의 1857년도 서문)에서 '사고에서 구체성의 생산'은 연이은 분석적 근접화를 통해서 발생한다고 보았는데, 이 근접화 작업은 고도의 분석적 추상화 수준에서 형성되어 필연적으로 개략적이고 추상적일 수밖에 없는 개념에 추가적인 결정의 수준을 덧붙여 준다는 것이다. 마르크스는 이러한 연쇄적인 추상화 수준을 통해서만 '사고의 구체화'가 가능해질 것이라고 주장했다. 왜냐하면 구체성은 현실에서 '수많은 결정'으로 구성되는데, 우리가 구체성에 관해 사고하기 위해 활용하는 추상화 수준은 당연히 사고에서 이러한 결정과 비슷해져야 하기 때문이다. (이 마르크스주의 인식론 문제에 관해서는 Hall, 1974를 보라.)[160]

그람시가 (가령 《자본론》에서 대략 파악할 수 있는) 마르크스의 성숙기 개념들의 일반적 지형에서 구체적인 역사적 국면으로 옮아가면서도, 여전히 계속해서 마르크스의 준거틀 '내에서 작업'할 수 있는 것은 바로 이 때문이다. 그러나 만일 말하자면 1930년대 이탈리아 정치 상황이라든지, 제국주의와 대중 민주주의 등장 이후 '서구'의 계급 민주주의 체제의 복합성에서 일어난 변화라든지, 유럽 내에서 '동구'와 '서구' 사회구성체 간의 구체적인 차이라든지, 파시즘 세력의 등장을 저지할 수 있는 정치 유형이라든지, 혹은 현대 자본제 국가에서의 진전에 의해 가동된 새로운 정치 형태 등에 관해 자세하게 논의하게 될 경우, 이야기는 달라진다. 그때에는 반드시 마르크스의 개념을 새롭고 독창적인 개념으로 개작하고 발전시키며 보충해야 할 필요성이 있다고 그람시는 이해한다. 첫째, 마르크스는 좀 더 구체적인 역사적 수준에서보다는 (《자본론》에서 볼 수 있듯이) 고도의 응용 수준에서 아이디어를 개발하는 데 집중했기 때문에, 물론 시사점이 큰 통찰력은 많기는 하나 19세기 영국 국가의 구체적인 구조에 관한 진짜 분석이라 할 만한 부분은 전혀 없다. 둘째, 그람시가 글쓰기 대상으로 삼은 역사적 조건은 마르크스와 엥겔스가 살면서 글 쓰던 대상으로 삼은 시기와 달랐다(그람시는 이론적 생산의 역사적 조건에 관해 예리한 감각을 지녔다). 셋째, 마르크스의 이론적 저작 자체가 가장 개략적이고 불완전함을 보인 바로 그 수준에서 그

160 원문에는 1977년 발간으로 되어 있는데, 1974년의 서지 오류인 듯하다. — 옮긴이

람시는 새로운 개념화의 필요성을 느꼈기 때문이다. 이는 구체적인 역사적 국면 분석 수준이나, 정치적, 이데올로기적 측면의 수준으로, 고전 마르크스주의 사회구성체 분석에서는 지나치게 간과했던 차원이다.

이러한 지적은 단지 그람시가 마르크스주의 전통과 어떤 관련이 있는지 '위치 설정'하는 데 도움이 되는 데 그치지 않고, 그람시의 저작이 어떤 수준에서 긍정적으로 작용하며, 이처럼 엄청난 수준의 변화에는 어떤 변혁이 필요한지 명쾌하게 적시해 준다. 그람시의 저작은 특히 1870년대 이후 시기의 사회구성체의 정치적, 이데올로기적 측면 분석과 관련해 새로 등장한 개념, 아이디어와 패러다임 집단과 가장 밀접한 관련성을 보여 준다. 물론 그람시가 사회의 경제적 토대와 그 관계라는 핵심적 요소를 망각하거나 간과했다는 뜻은 **결코** 아니다. 그러나 그람시는 바로 **그** 분석 수준에 대해서는 독창적 공식화 방식으로 기여한 부분이 상대적으로 매우 적다. 하지만 국면 분석, 정치, 이데올로기와 국가처럼 그간 매우 소홀히 해 온 영역이나, 다양한 정치 체제 유형의 특징, 문화적, 국민적-대중성 문제의 중요성, 사회 내 다양한 사회 세력 간의 관계 균형의 변화에서 시민 사회가 수행하는 역할 등, 바로 **이러한** 이슈들에 관해서는 그람시가 기여할 부분이 엄청나게 많다. 역사적 조건에 관한 '마르크스주의 이론'은 20세기 후반을 지배하게 되는데, 그람시는 바로 그러한 독창적인 이론가 중 한 사람이다.

그럼에도 불구하고, 구체적으로 **인종주의**에 관해 그람시가 독창적으로 기여한 부분을, 그의 저작의 기존 맥락에서 그냥 도매금으로 옮겨올 수는 없다. 현대적인 의미나 구현 형태로서의 인종, 종족성, 혹은 인종주의에 관해 그람시가 쓴 글은 없다. 현대 세계에서 특징적인 '인종주의' 경험이나 관계가 상당 부분 생겨나는 맥락이 되는 식민지 경험이나 제국주의에 관해서 심층적으로 분석한 적도 없다. 그람시의 주된 관심은 자신이 태어난 이탈리아였고, 그 배후에는 '서구'의 발전된 자본제 사회에서 혁명이 일어나지 못한 것, 1, 2차 세계 대전 사이의 시기에 파시즘 등장이 제기한 위협, 헤게모니 구축에서 당의 역할 등에 관심을 기울였다. 피상적으로 보면, 이 모든 특징은 페리 앤더슨이 말한 이른바 '서구 마르크스주의자'라는 명사 집단에 그람시가 속하는 것처럼 시사한다. 하지만 서구 마르크스주의는 더 '선진적인' 사회에 관심을 기울였기에, 주로 비유럽 세계나, 자본제 '중심부'의 제국주의 국가와 글로벌화의 대상이 되어 식민화된 주변부 사회 간의 '불균등 발전' 관계에서 발생하는 문제점들에 대해 적절한 시사점은 거의 주지 못한다.

내 견해로는 그람시를 이런 방식으로 해독하는 것은 (물론 앤더슨의 해독 방식처럼 몇 가지 단서 조항을 붙인 형태이긴 하지만) 자유주의의 오류를 범하는 일이라 생각한다. 실제로 그람시는 인종주의에 관한 글을 쓰지도 않았고 이 문제들을 구체적으로 다루지도 않았지만, 이 영역에서 기존 사회 이론 패러다임의 적절성을 곰곰이 검토해 보려는 우리의 시도에 그람시의 개념은 여전히 유용할 수도 있다. 더구나 한 번만 훑어보아도 피상적으로나마 알 수 있듯이, 그람시의 지적 관심사뿐 아니라 개인적 경험과 형성 과정은 사실 이 문제들과 그다지 멀리 떨어져 있지 않았다.

그람시는 1891년 사르디니아에서 태어났다. 사르디니아는 이탈리아 본토와 '식민지' 관계를 맺고 있었다. 그람시가 급진적 사회주의 사상과 처음 접한 것은 이탈리아 본토 군대에 의해 무자비하게 진압된 사르디니아 민족주의의 성장이라는 맥락 속에서였다. 토리노로 이주해 토리노 노동 계급 운동에 깊숙이 관여하게 된 후 초기의 '민족주의'와 결별하긴 했지만, 어린 시절 체득하게 된, 농민 문제와 계급과 지역 요인 간의 복잡한 변증법에 대한 관심을 결코 버리지 않았다(Smith & Hoare, 1971). 그람시는 산업화되고 현대화된 이탈리아 북부와 농민 중심의 미개발된 종속적 '남부' 사이의 뚜렷한 구분선을 예리하게 파악하고 있었다. 그람시는 '남부 문제'로 알려지게 된 문제에 관한 논쟁에 엄청나게 기여했다. 1911년 토리노에 도착하던 무렵, 그람시는 이른바 '남부주의' 입장을 지지한 게 거의 확실하다. 그람시는 '북부'와 '남부'를 연계하는 종속과 불균등 관계, 즉 도시와 농촌, 농민과 프롤레타리아트, 후견주의clientism[161]와 모더니즘, 봉건적 사회 구조와 산업 사회 구조 간의 복잡한 관계에 대한 관심을 생애 내내 유지했다. 계급 관계에 의해 규정된 구분선은 지역적, 문화적, 국가적 차이의 교차 관계에 의해, 또한 지역적 혹은 국가적 역사 발전 속도의 차이에 의해 어느 정도 복잡해지는지 그람시는 철저하게 인식하고 있었다. 그람시는 1923년 이탈리아 공산당 발기인 중 한 명으로서 당 기관지 제목으로 〈통일*Unitá*〉를 제안하면서, 그 이유를 "우리는 남부 문제를 특히 중시해야 하기 때문"이라고 밝혔다. 1차 세계 대전 전후 기간에 그람시는 토리노 노동 계급의 정치적 삶의 모든 측면에 철저하게 참여했다. 이 경험을 통해 유럽 산업 '공장' 프롤레타리아트 계급의 가장 선진화된 한 계층에 관해 깊이 있는 내부 지식을 얻게 되었다. 그람시는 현대 노동 계급의 이 선진 부문과 관련된 일에서 적극적이고 지속적인 커리어를 쌓았는데, 처음에는 사회당 주간지인 〈민중의 외침*Il Grido del Popolo*〉에 소속한 정치 저널리스트로서, 그다음에는 토리노에서 소요의 물결이 몰아치던 시기에(이른바 '붉은 시절Red Years') 공장 직업과 노동평의회로, 마지막으로는 〈새 질서*Ordien Nuovo*〉 저널의 편집인으로서 이탈리아 공산당 창립에 이르기까지 다양한 활동을 했다. 그럼에도 불구하고 이 기간 내내, 그람시는 다양한 유형의 투쟁을 구체적으로 **통합**할 수 있는

161 후견주의란 유권자와 정치인 사이에 후견인과 고객 관계에 기반을 둔 정치적 거래 행위가 일반화한 것을 말하는데, 특히 이탈리아 남부 지역에서 가장 보편화한 정치 관행이다. 유권자는 후견 관계를 맺은 정치인에게 선거에서 충성스러운 지지를 보내고, 정치인은 이 표에 대한 반대급부로 공공 부문의 일자리 창출 등 갖가지 방식으로 지지층에게 이익을 제공하게 된다. — 옮긴이

정치적 행동과 조직의 전략과 형태를 놓고 계속 고심했다. 그람시는 구체적으로 현대 이탈리아 국가 설립을 위해 다양한 사회 계층 간의 복잡한 동맹과 상호 관계를 구축할 수 있는 토대를 어디서 찾을 수 있는가 하는 문제에 몰두해 있었다. 지역적 특수성, 사회적 동맹과 국가의 사회적 토대 문제에 관한 관심은 또한 그람시의 저작을 오늘날이라면 '동/서' 문제뿐 아니라 '북부/남부' 문제로 간주할 수 있는 부분과 직접 연계시키게 된다.

1920년대 초반 그람시는 새로운 정치 '정당' 형태를 개념화하는 어려운 문제, 그리고 소비에트 기반의 코민테른에 의한 헤게모니화의 압력에 맞서 이탈리아의 **국가** 조건에 특수한 발전 경로를 차별화하는 문제에 몰두해 있었다. 이 모든 노력의 결과 이탈리아 공산당은, 동과 서에 걸친 다양한 사회의 아주 다양하고 구체적인 역사 발전과 관련해 '국가적 특수성'의 조건을 이론화하는 데 결국 크게 기여하게 되었다. 하지만 1920년대 후반 그람시의 관심사는 결국 1929년 무솔리니 세력에 체포되어 구금될 때까지 주로 파시즘의 위협 증가라는 맥락에서 틀지어졌다. (이 문제와 다른 전기적인 세부 사항에 관해서는 Smith & Hoare, 1971을 보라.)

이렇게 보면, 비록 그람시가 인종주의 문제에 관해 직접 글을 쓰지는 않았지만, 그의 저작에서 지배적인 주제는, 그의 글을 피상적으로 훑어볼 때 받는 인상과 달리 훨씬 더 많은 현대의 쟁점과 더 심오한 지적, 이론적 연결 고리를 갖고 있다.

II

그렇다면 이처럼 심오한 연결 고리와 그것들이 이 분야의 더 적절한 이론화 추구에 미치는 풍부한 효과 문제로 돌아가 보고자 한다. 그리고 그람시의 저작에서 이 방향을 지향하는 핵심 개념 중 몇 가지를 조명해 볼 것이다.

어떤 점에서는 그람시 저작의 연대기 연구자가 보기에는 상대적으로 생애 더 후반에 위치한 쟁점으로 시작해 보겠다. 이는 바로 고전 마르크스주의 내부에서 '경제주의'와 '환원론'의 모든 잔재에 대한 철저한 공격이다. 이미 충분히 설명했다고 생각하지만, '경제주의'라는 용어를 통해, 사회적 삶의 전체 체제를 형성하고 구조화하는 데 사회 질서의 경제적 토대 혹은 사회의 지배적인 경제 관계가 수행하는 강력한 역할을 무시하려는 의도는 없다. 그보다 이 용어는 사회의 경제적 토대를 **유일한** 결정 구조로 해석하는 경향을 보이는 특수한 이론적 접근 방식을 의미한다. 이 접근 방식은 사회구성체의 다른 모든 차원이 또 다른 접합 수준에서 '경제'를 단순히 반영하며 나름대로 다른 결정적 혹은 구조화하는 힘을 행사하지 못하는 것으로 보는 경향이 있다. 간단히 말해 이 접근 방식은 사회구성체의 모든 것을 경제적 수준으로 환원하며, 다른 모든 사회관계 유형을 경제에 직접 그리고 즉각적으로 '상응하는' 것처럼 개념화한다. 이는 다소 문제가 있는 마르크스주의 공식화를 — '마지막 심급에서 결정' 요인으로서의 경제 — 경제가 최초, 중간, 마지막 심급에서 즉각적으로 결정한다는 환원론적 원칙으로 더 망쳐 놓는다. 이러한 의미에서 '경제주의'는 이론적 환원론이다. 이는 사회구성체의 구조를 단순화하고, 수직적이든 수평적이든, 그 접합의 복잡성을 단일한 결정 경로로 환원해 버린다. 이는 (마르크스에게는 실제로 매우 복합적인 개념이던) '결정'이란 바로 그 개념을 기계적인 기능 개념으로 단순화해 버린다. 사회의 다양한 수준 사이의 모든 매개를 평면화해 버리는 셈이다. 이는 알튀세르의 용어를 빌리자면 사회구성체를 '단순한 표현적 총체성'으로 제시하는데, 여기서 모든 접합의 수준은 다른 모든 수준에 상응하며, 이 총체성은 한쪽 끝부터 다른 쪽 끝까지 구조적으로 투명하다. 이는 마르크스의 저작을 엄청나게 조잡하게 만들고 단순화한 것이라 망설임 없이 단언하고 싶은데, 이러한 식의 단순화와 환원론을 보고 마르크스는 낙담하여 “만일 그런 것이 마르크스주의라면 나는 마르크스주의자가 아니다”라고 말했다. 하지만 마르크스의 저작 일부에서는 이러한 방향을 지칭하는 단서도 분명히 존재한다. 제2차 인터내셔널 시절에 신성시되었고, 오늘날까지도 종종 ‘고전 마르크스주의’의 순수한 교리로 제시되는 정통파 버전의 마르크스주의와 이는 꼭 일치한다. 그러한 사회구성체 개념, 그 속의 다양한 접합 수준 간의 관계 개념은, 인종, 종족성, 민족성과 젠더를 둘러싸고 발생하는 사회적 구분과 모순 같은 다른 사회적 분화 유형의 개념화 방식은 말할 것도 없고, 정치적, 이데올로기 차원을 개념화할 수 있는 어떤 이론적 여지도 전혀 혹은 거의 남겨두지 않는다.

그람시는 처음부터 이러한 유형의 경제주의를 반대했고, 생애 후반에는 고전 마르크스주의 전통 내에서 바로 이를 신성시하는 데 맞서 일관되게 이론적으로 비판했다. 이 점을 예시하는 데는 그람시의 저작에서 두 가지 다른 흐름에서 두 가지 예를 인용하는 것으로 충분할 것이다. “현대의 군주The modern prince”라는 글에서 그람시는 특정한 역사적 국면 분석에 착수하는 방법을 논의한다. 경제적 결정에서 정치적, 이데올로기적 진전을 ‘자동적으로 읽어 내는’ 환원론적 접근 방식 대신에, 그람시는 훨씬 복합적이고 분화된 유형의 분석으로 대체한다. 이는 ‘일방적 결정’이 아니라 ‘세력 관계’의 분석에 근거를 두며 그러한 국면의 발전에서 ‘다양한 계기나 수준’을 (동일한 것으로 단순화하기보다는) 분화시키려 한다(Gramsci, 1971: 180~181). 그람시는 스스로 ‘구조에서 복잡한 상부 구조 영역으로의 결정적인 이행’이라 표현한 관점에서 이 분석 과제를 정확히 짚어낸다. 이렇게 해서 정치적, 이데올로기적 상부 구조 영역을 경제 구조나 ‘토대’로 환원하려는 어떤 경향과도 단호히 맞선다. 그람시는 이를 환원론과의 투쟁에서 가장 핵심적인 장으로 이해한다. "특정한 시기의 역사에서 작동하는 세력들을 정확히 분석하고 그 사이의 관계를 판정하려면, 바로 구조와 상부 구조 간의 관계 문제를 정확히 제기해야 한다"(Gramsci, 1971: 177). 경제주의는 이처럼 핵심적인 관계를 제기하는 데 이론적으로 부적합한 방안이라고 덧붙인다. 이는 무엇보다도 ('여기서 누가 직접 이익을 얻는가' 하는 질문 형태의) "즉각적인 계급 이익"에 근거한 분석 대신에 '모든 내재적 관계를 갖춘…… 경제적 계급 구성체'(PN, 163)에 관한 더 완전하고 구조화된 분석으로 대체하는 경향이 있다. "**즉각적인** 경제적 위기 자체만으로 근본적인 역사적 사건을 만들어 낼"(강조점은 필자가 추가) 가능성은 배제할 수 있다고 그람시는 주장한다. 이는 역사적 위기의 진전에서 경제가 아무런 역할을 하지 않는다는 뜻인가? 그런 뜻은 전혀 아니다. 그러나 경제의 역할은 "이후 국가적 삶의 모든 진전과 관련해 일정한 사고 양식과 일정한 문제 제기와 해결 방식을 전파하는 데 더 유리한 지형을 조성"(Gramsci, 1971: 184)하는 일이다. 요컨대, 어떻게 '객관적인 경제 위기'가 사회적 세력 균형에서 관계의 변화를 거쳐, 실제로 국가와 사회의 위기로 발전하고, 윤리적, 정치적 투쟁 형태로도 발생하며, 정치적 이데올로기를 형성하여, 대중의 세계관에 영향을 미치는지도 보여 주어야, 비로소 구조와 상부 구조 사이의 결정적이고 돌이킬 수 없는 '이행'에 근거한 제대로 된 분석을 했다고 할 수 있다.

경제적 환원론의 영향으로 생겨나는 그런 부류의 즉각적 무오류성이란 '한 푼의 가치도 없는' 것이라고 그람시는 주장한다. 이는 이론적 가치가 전혀 없을 뿐 아니라 정치적 함의나 실천적 실효성도 매우 적다. "대체로, 이는 오로지 도덕주의적 훈계와 끊임없는 퍼스낼리티 문제만 생산해낸다"(Gramsci, 1971: 166). 이는 '종교의 믿음처럼 사전에 정해진 목적론에 대한 믿음과 함께, 자연 법칙과 비슷한 종류의 객관적 역사 발전 법칙이 존재한다는 철통같은 확신'에 근거하는 개념이다. '헤게모니 문제의 구체적인 제기'

를 제외하면 이러한 단순화를 대신할 수 있는 대안은 없으며, 그동안 마치 이런 것이 사적 유물론인 것처럼 동일시한 것은 잘못이라고 그람시는 주장한다.

이 구절에 나타난 주장의 일반적 요지에서 파악할 수 있는 점은 이렇다. 그람시는 자신의 핵심 개념(가령 헤게모니)과 특징적 접근 방식(예컨대, '사회적 세력 관계' 분석을 통한 접근) 중 많은 부분을, 몇 가지 버전의 마르크스주의에서 두드러진 경제적 환원론의 경향과 맞서는 방어막으로 의식적으로 이해했다는 것이다. 그람시는 '경제주의' 비판을 마르크스주의 내부의 실증주의, 경험주의, '과학주의'와 객관주의라는 관련된 경향들과 연계했다.

이 점은 "마르크스주의의 문제점The problems of Marxism"에서 더 뚜렷하게 드러나는데, 이는 분명히 니콜라이 부하린Nikolai Bukharin의 《사적 유물론 이론: 대중 사회학 교본*Theory of Historical Materialism: A Manual of Popular Sociology*》에 내재한 '속류 유물론' 비판으로 집필한 텍스트인 것 같다. 부하린의 책은 1921년 모스크바에서 출판되었는데, 셀 수없이 판을 거듭해 나왔고, 흔히 '정통' 마르크스주의의 사례로 인용되기도 했다 (비록 레닌이 부하린은 불행하게도 '변증법에 무지'하다고 말할 정도로 이 책에 부정적이었지만 말이다). "대중 사회학 시도에 관한 비판적 노트Critical notes on an attempt at popular sociology"는 "마르크스주의의 문제점"이란 글의 2부에 해당하는데, 여기서 그람시는 경제주의, 실증주의의 인식론과 더불어 과학적 보증 추구의 허황됨에 대해 지속적으로 비판을 가했다. 이것들은 잘못된 실증주의 모델에 근거한다고 그람시는 비판한다. 사회과학자들이 자연과학적 세계를 지배하는 법칙의 '객관성'으로 (우리도 알다시피 허황되게) 인식한 내용에 직접 근거해 사회와 인간 역사 발전 법칙의 모델을 구축할 수 있다고 믿고 있다는 것이다. '규칙성,' '필연성,' '법칙,' '결정' 등의 용어는 '자연과학에서 파생된 것이 [아니라] 정치경제학의 지형에서 탄생한 개념을 정교화한 것'으로 간주해야 한다고 그람시는 주장한다. 따라서 '결정된 시장'은 **실제로는** '생산 장치의 결정된 구조에서 사회 세력들의 결정된 관계'를 의미해야 하며, 이 관계는 '결정된 정치적, 도덕적, 법적 상부 구조'에 의해 보증되는(즉 영구화하는) 것이어야 한다. 그람시의 공식화가 분석적으로 환원된 실증주의 공식에서 벗어나 사회과학으로 틀지어진 더 풍부하고 더 복잡한 개념화로 옮아갔다는 점은 이 대체를 보면 더할 나위 없이 명확하다. 이를 감안하면 그람시의 시각을 압축한 다음과 같은 주장은 엄청난 중요성을 갖게 된다.

> 정치와 이데올로기의 모든 부침은 구조(즉 경제적 토대)의 즉각적인 표현으로 제시하고 해석할 수 있다는 주장이 사적 유물론의 본질적 기본 교리인 것처럼 제시되는데, 이 주장은 이론적으로는 원시적 소아병으로 거부해야 하며, 실천적으로는 구체적인 정치적, 역사적 저작의 저자인 마르크스의 진정한 증언을 도구로 삼아 배격해야 한다.

그람시 자신이 마르크스주의 지형 내에 이룩하려고 애쓴 이러한 방향 전환은 아주 자의식적으로 달성되었으며 그의 이후 사상에서도 결정적인 전반적인 주제 구실을 했다. 이러한 이론적 출발점 없이는 그람시가 마르크스주의 학문 전통과 맺는 복잡한 관계를 제대로 규정할 수가 없다.

그람시가 환원론의 단순성과 단절했다면, 어떻게 더 적절한 사회구성체 분석에 착수하게 되었을까? 조심스럽게 하기만 한다면 여기서 약간 우회해 보면 도움이 될 것 같다. (그람시에게서 엄청난 영향을 받은) 알튀세르와 그의 동료들은 《자본론 읽기》(Althusser & Balibar, 1970)에서 '생산 양식'과 다른 한편으론 자신들이 '사회구성체'라 부르는 두 개념 사이에 중요한 구분을 제시한다. 여기서 생산 양식이란 어떤 사회를 특징짓는 경제 관계의 기본 형태를 지칭하는데, 어떤 사회도 경제만으로는 기능할 수 없으므로 분석적 추상화에 불과한 개념이다. 후자의 용어로 이들이 의미하는 바는, 사회란 필연적으로 복잡하게 구조화된 총체성으로서, 다양한 접합 수준(경제, 정치, 이데올로기적 심급)이 다양하게 결합되는 양상을 보이며, 여기서 각 결합은 사회 세력들의 다양한 형태와 이에 따라 다양한 사회 발전 유형을 낳게 한다는 점을 깨우쳐 주는 것이다. 《자본론 읽기》의 저자들은 어떤 사회구성체 내에는 한 가지 이상의 생산 양식이 결합될 수도 있다는 사실을 '사회구성체'의 두드러진 특징으로 제시하는 경향이 있었다. 그러나 이 점이 물론 사실이고 (특히 우리가 나중에 다룰 탈식민 사회에는) 중요한 함의를 지닐 수도 있기는 하지만, 내 견해로는 이것이 두 용어 사이의 가장 중요한 구분점은 아니다. '사회구성체'에서는 경제적, 정치적, 이데올로기적 관계로 구성되는 복잡하게 구조화된 사회를 다루게 되는데, 여기서 다양한 접합 수준은 결코 서로 단순하게 상응하거나 '반영'하지 않으며, 알튀세르의 적절한 은유를 빌리자면, 서로 '중층 결정'하게 된다(Althusser, 1969). '생산 양식' 개념과, 필연적으로 더 구체적이고 역사적으로 특수한 '사회구성체' 개념 간의 차이를 구성하는 것은 단지 한 가지 이상의 생산 양식의 존재가 아니라 이처럼 다양한 접합 수준 간의 복잡한 구조화다.

그런데 사회구성체는 그람시 자신이 제기한 **바로 그** 개념이다. '구조'와 '상부 구조'의 관계, 혹은 경제적 '토대'에서 윤리적-정치적 관계에 이르는 전 사회구성체를 관통하는 어떤 유기적인 역사적 움직임의 '이행'은 어떤 비환원론적 혹은 비경제주의적 분석 유형에서든 핵심이 되어야 한다고 그람시가 말했을 때 그가 뜻한 바는 바로 이것이다. 만일 **그러한** 문제를 제기하고 해결할 수 있다면, 어떤 사회구성체에서 다양한 사회적 실천 간의 복잡한 중층적 결정 관계에 관한 적절한 이해를 토대로 분석을 시행할 수 있게 된다.

그람시는 '현대의 군주'에서 자신의 특징적인 '상황 분석' 방식을 대략적으로 제시했는데, 이때 바로 이러한 절차를 따랐다. 세부 사항은 너무 복잡해서 여기서 모든 미묘한 사항을 다 채워 놓을 수는 없지만, 더 '경제주의적'인 혹은 환원론적 접근 방식과 비교의 목적을 위해서라도 대략적인 개요는 설명할 만한 가치가 있다. 그람시는 이를 '정치의 과학과 예술에 관한 초보적인 설명'으로 [간주했고], 유효한 현실에 대한 관심을 일깨우고 더 엄정하고 철저한 정치적 통찰을 자극하는 데 유용한 실질적인 연구 규칙이자 자세한 관찰의 주요 부분으로 파악했으며,' 아울러 **전략적** 특성을 지녀야 하는 논의라고 덧붙였다.

무엇보다도, 사회 내에서 기본적 구조인 객관적 관계, 혹은 '생산력의 발전 정도'를 이해해야 하는데, 왜냐하면 이것들이 역사 발전의 전반적인 양상에 가장 기본적인 한계와 조건을 설정하기 때문이라고 그람시는 주장했다. 여기서 이런 혹은 저런 발전 경로에 우호적일 **가능성이 높은** 어떤 주된 경향선이 등장한다. 그렇다면 환원론의 오류는 이러한 경향과 제약을 즉시 절대적으로 결정된 정치적, 이데올로기적 효과로 번역해 놓거나, 그 대신 그 경향을 추상화하여 어떤 '절대적 필연성의 법칙'으로 만드는 데 있다. 사실 이 경향과 제약은 역사적 세력이 작동하는 지형을 규정하거나 가능성의 지평을 규정한다는 의미에서만 구조화하고 결정한다. 그러나 이 경향이나 제약이 최초의 심급에서든 최후의 심급에서든 정치적, 경제적 투쟁의 내용을 완전히 결정할 수는 없으며, 그러한 투쟁의 결과를 객관적으로 확정하거나 보증하는 일은 더더구나 불가능하다.

분석에서 다음 조치는 사회 깊숙이 침투해서 상대적으로 장기 지속하게 되는 '유기적인' 역사적 움직임과, 더 '간헐적이고, 즉각적이며, 거의 우연적인 움직임'을 구분하는 일이다. 이 점에서, 만일 유기적인 '위기'라면 수십 년간 지속할 수도 있다고 그람시는 일깨워 준다. 위기는 정적인 현상이 아니라 끊임없는 운동, 논쟁, 저항 등으로 점철되는 현상인데, 이는 다양한 진영이 나름대로 위기를 극복하거나 해결하려고 노력할 뿐 아니라 자신의 장기적인 헤게모니에 유리한 방식으로 그리하고자 하기 때문이다. '사실 간접적으로 작용하는 데 불과한 원인을 직접 작용하는 것처럼 제시하고, 즉각적인 원인만이 유일하게 효과를 미치는 요인이라고 주장하는 데'에 이론적 위험성이 도사리고 있다고 그람시는 주장한다. 첫 번째 오류는 경제주의의 과잉을 낳고, 두 번째는 이데올로기주의의 과잉으로 이르게 된다. (그람시는 특히 패배의 계기를 맞아, 현실에서 서로 역전된 형태를 반영하는 데 불과한 이 두 양극단이 번갈아 등장하며 치명적 효과를 미치는 데 관심을 갖고 있었다.) 어떤 필연적인 법칙이 경제적 원인을 반드시 즉각적인 정치적 효과로 바꿔 놓을 것이라고 보장해 주는 어떤 '법칙 같은' 게 존재하기는커녕, 오로지 이처럼 저변의 원인이 새로운 현실로 실현될 때**에만** 분석은 성공하고 '진짜'가 될 수 있다고 그람시는 강조했다. 실증주의적 확실성 대신에 조건부적 시제로 대체하는 것이 핵심적인 조치다.

그다음, 위기의 기간과 복잡성은 기계적으로 예측할 수 없으며, 더 장기적인 역사적 기간에 걸쳐서 발전한다는 사실을 그람시는 역설했다. 위기는 상대적 '안정화'의 시기와 급속하고 급격한 변화의 시기를 번갈아가며 등장한다는 것이다. 따라서 **시대 구분**은 분석에서 핵심적 측면이다. 이는 그람시가 이전에 역사적 특수성에 관심을 기울였던 것과 맥을 같이 한다. "한편으로는 구조와 상부 구조 간의 관계와, 다른 한편으로는 구조에서 유기적 움직임과 국면적 움직임의 발전 간의 관계를 새롭게 구축할 수 있게 된 것은 바로 빈도가 다양한 이러한 '간격'에 관한 연구 덕분이다." 그람시가 보기에 이 '연구'에서 기계적이거나 관행처럼 인정된 부분은 전혀 없다.

이렇게 해서 동적인 역사 분석의 틀을 마련하기 위한 기초 작업을 마친 후, 그람시는 정치적, 사회적 투쟁과 발전의 실제 지형을 구성하는 역사적 세력의 움직임, 즉 '세력 관계' 연구에 착수한다. 여기서 그람시는, 우리가 추구하는 것은 한 진영의 다른 진영에 대한 절대적 승리가 **아니고**, 한 세력에 의한 다른 세력의 철저한 포섭도 아니라는 중요한 개념을 도입한다. 그보다 분석은 관계적인 문제, 즉 '불안정한 균형' 개념 혹은 '불안정한 균형의 지속적 형성과 대체 과정'이란 개념을 활용해 **관계적으로**relationally 해결해야 하는 질문이 된다. 여기서 핵심 문제는 '**이러한 혹은 저러한 경향에 우호적이거나 비우호적인 세력 관계**'다(강조는 필자가 추가). 이처럼 '관계'와 '불안정한 균형'을 강조한 것은, 어떤 특정 역사적 시기에 패배한 사회 세력이 그 때문에 투쟁의 지형에서 사라지지는 않으며, 그러한 여건에서 투쟁이 중단되지도 않는다는 점을 우리에게 일깨워 준다. 예컨대, 부르주아가 노동 계급에 대해 '절대적'이고 완벽한 승리를 거둔다든지, 노동 계급이 부르주아 프로젝트에 완전 포섭된다는 발상은, 비록 학문적 논평에서는 자주 혼동되기는 하지만, 그람시의 헤게모니 개념과는 전혀 무관하다. 중요한 것은 항상 세력 관계에서 경향적 균형일 뿐이다.

그리고 나서 그람시는 '세력 관계'를 다양한 계기로 구분한다. 그람시는 이 여러 계기 사이에 어떤 필연적인 목적론적 진화를 가정하지 않는다. 첫째는 다양한 사회 세력의 공간과 위치를 규정하는 객관적 조건에 대한 평가와 관련이 있다. 두 번째는 정치적 계기, 즉 "다양한 사회 계급이 달성하는 동질성, 자의식과 조직화의 정도"(Gramsci, 1971: 181)와 관련이 있다. 여기서 중요한 점은 이른바 '계급적 통일'을 결코 **선험적으로 가정**하지 않는다는 점이다. 여러 계급은 어떤 공통된 존재 여건을 공유하긴 하지만 이처럼 실제적인 역사적 형성 과정에서 이해관계의 갈등에 의해서 교차되고, 역사적으로 분단화, 파편화되기도 한다고 이해한다. 따라서 계급 간의 '통일'은 필연적으로 복잡성을 띠며, 구체적인 경제적, 정치적, 이데올로기적 실천의 결과로서 **생산**, 즉 구축, 조성되어야 한다. 이는 결코 자동적이거나 '주어진' 것처럼 간주할 수가 없다. 이처럼 근본주의 마르크스주의의 핵심에 자리 잡은 자동적 계급 개념을 급진적으로 역사화함과 동시에, 그람시는 마르크스의 '즉자적 계급'과 '대자적 계급' 구분을 더 정교화한다. 그람시는 계급 의식, 조직화, 통일은 제대로 된 여건하에서는 여러 단계를 거쳐 발전한다고 본다. 우선 '경제적 집단화economic corporate' 단계가 있는데, 여기서는 특정한 전문적, 혹은 단순 직업 집단들이 기본적인 공동의 이익을 인식하지만 더 폭넓은 계급 유대 의식을 갖고 있지는 않다. 그다음 '계급적 집단화class corporate'의 계기에서는 이해관계에 관한 계급적 유대는 생겨나지만, 오로지 경제적 분야에서만 이루어진다. 마지막으로, '헤게모니'의 계기가 있는데, 이는 순수하게 경제적 유대의 집단적 한계를 초월하여 다른 종속 집단의 이해관계를 포괄하면서 "사회 전체에 확산되기" 시작하고, 경제적, 정치적 통일뿐 아니라 지적, 도덕적 통일도 초래하고, "투쟁 전개의 중심이 되는 문제도 제기하며…… 따라서 여러 종속 집단에 대한 어떤 근본적인 사회 집단의 헤게모니를 조성하게" 된다. 특정한 역사적 블록의 '헤게모니'를 구성하는 것은 바로 이처럼 지배 집단의 이익을 다른 집단의 일반적 이익과 국가 전체의 생명과 조정하는 과정이다(Gramsci, 1971: 182). 오로지 그러한 '국민적-대중적' 통일의 계기에서만 그람시가 말하는 '집단의지'의 형성이 가능해진다.

하지만 이처럼 현저한 정도의 유기적 통일조차도 구체적인 투쟁의 결과를 **보장**하지는 않으며, 이러한 투쟁은 군사적, 정치-군사적 세력 관계의 결정적인 전술적 쟁점의 결과로 승리할 수도 패배할 수도 있다고 그람시는 일깨워 준다. 하지만 "정치는 군사적 측면보다 우선권을 지녀야 하며, 오로지 정치만이 기동과 운동의 가능성을 조성한다"(Gramsci, 1971: 232)고 그람시는 강조한다.

이 공식화에서 세 가지 사항에 특히 주목해야 한다. 첫째, '헤게모니'는 사회의 생애에서 아주 특정하고, 역사적으로 특수하며, 일시적인 '계기'다.

이러한 정도의 통일이 달성되어, 어떤 특정한 사회 세력의 형성이나 집단의 지도하에 어떤 사회가 아주 새로운 역사적 의제를 설정할 수 있게 되는 일은 아주 드물다. 그러한 '해결'의 시기는 영원히 지속될 가능성이 낮다. 여기에는 자동적으로 주어지는 부분은 없다. 이것들은 능동적으로 구축되고 적극적으로 유지되어야 한다. 위기란 이러한 상태의 해체가 시작되었음을 보여 준다. 둘째, 헤게모니의 다차원적이고 다영역적 특징에 주목해야 한다. **한 가지** 투쟁 전선(가령, 경제)만으로 헤게모니를 구축하거나 유지할 수는 없다. 헤게모니란 다양한 '진지'를 전반적으로 동시에 어느 정도 장악하고 있다는 뜻이다. 장악이란 특성상 단순히 부과되거나 지배적인 형태일 수가 없다. 이는 사실상 상당한 정도로 대중적 동의를 획득하는 데서 비롯한다. 따라서 이는 직접적인 지지자뿐 아니라 사회 전반에 걸쳐 엄청난 정도의 사회적, 도덕적 권위를 확립했다는 뜻이다. 사회 전반에 걸쳐 지적, 도덕적, 정치적, 경제적 집단 의지를 한동안 '전파'할 수 있게 되는 것은 이러한 '권위' 덕분이며, '리더십'이 행사되는 장이 폭넓고 다양하기 때문이다. 셋째, 어떤 헤게모니의 시간 동안 '주도'하는 것은 전통적 언어에서처럼 '지배적 계급'이 아니라, 역사적 블록으로 묘사된다. 이는 분석의 결정 수준으로서 '계급'을 비판적 준거로 삼긴 하지만, 계급 전체를 통일된 역사적 행위자로서 정치적-이데올로기적 무대로 직접 옮겨 놓지는 **않는다**. 어떤 역사적 블록에서 '주도적인 요소들'은 지배적인 경제 계급의 극히 일부에 불과할 수도 있는데, 예를 들면 산업 자본보다는 금융 자본, 국제 자본보다는 국민 자본이 이에 해당한다. 이와 관련해서 '블록' 내부에는 하위의 피지배 계급층도 존재할 수 있는데 이들은 특수한 양보와 타협을 통해 회유당해 사회적 대집단의 일부를 이루긴 하지만 종속적 역할에 머무는 집단이다. 이러한 분파의 '회유'는 특정한 리더십하에서 역사적 블록을 결집하는 '확장적이고 보편화하는 동맹' 결성의 결과로 이루어진다. 따라서 각 헤게모니 구성체는 나름대로 특수한 사회적 구성과 형태를 지니게 될 것이다. 이는 흔히 느슨하게 그리고 부정확하게 '지배 계급'으로 지칭되는 현상을 아주 다른 방식으로 개념화한 것이다.

그람시는 물론 **헤게모니**란 용어의 창안자가 아니었다. 러시아에서 사회주의 국가를 건설하려는 투쟁에서 프롤레타리아트가 농민층에 대해 확립해야 했던 리더십을 지칭하는 분석적 의미에서 레닌은 이 용어를 사용했다. 이는 그 자체로 흥미로운 사실이다. 《자본론》에서 마르크스는 자본주의로 이르는 '고전적인' 발전 경로의 모범적 사례(즉 영국의 사례)를 들었다. 그런데 이러한 경로를 거치지 않은 개발 도상의 사회 연구에서 제기되는 핵심 질문 중 하나는 국가적, 경제적 발전을 위한 투쟁에서 다양한 사회 계급의 균형과 그 사이의 관계다. 상대적으로 낮은 산업 발전 수준으로 특징지어지는 사회에서는 엄격하게 정의할 경우 산업 프롤레타리아트의 중요성이 상대적으로 낮다는 점도 들 수 있다. 무엇보다도 농민 계급이 국민 국가를 설립하는 투쟁에서 엄청나게 주도적인 요소로 활동하고, 어떤 상황에서는 **주도적인** 혁명 계급 역할을 했다는 점도 쟁점이다(중국이 두드러진 예이지만, 쿠바와 베트남도 중요한 사례다). 그람시는 1920년에 쓴 '남부 문제에 관한 노트'에서, 이탈리아의 프롤레타리아트는 '자본주의와 부르주아 국가에 맞서 노동 인구의 대다수를 통원할 수 있게 해 주는 동맹 체제의 결성에 성공하는 [한에서만] …… 즉 광범위한 농민 대중의 동의를 획득하는 데 성공하는 한도까지만' '주도적' 계급이 될 수 있을 것이라고 주장했다.

사실 이는 이미 이론적으로 정교하고 풍부해진 공식화다. 이 공식화가 함축하는 바는, 어떤 유기적 위기의 계기에서 결정적 구실을 하는 실제 사회, 정치 세력은 단일한 동질적 계급으로 구성되지 않고 복잡한 사회적 구성을 특징으로 할 것이라는 점이다. 둘째, 그 통일의 토대는 경제적 생산양식에서의 위치에 의해 주어지는 자동적인 통일이 아니라, '동맹 체제'에 의해 달성된다는 점도 암시된다. 셋째, 그러한 정치적, 사회적 세력은 사회의 근본적인 계급 구분에 뿌리를 두지만, 실제 정치 투쟁 형태는 **더 폭넓은** 사회적 특징을 지니게 될 것이며, 사회를 단지 '계급 대 계급'의 선에 따라 나누지 않고 가장 광범위한 적대 전선을 따라 ('노동 인구의 대다수') 양극화하게 된다. 예컨대, 한편에는 모든 대중 계급이, 다른 편에는 자본과 권력 블록의 이익을 대변하는 계급이 국가를 중심으로 결집하는 방식을 들 수 있다. 사실, 현대 세계의 국가적, 종족적 투쟁에서 실제적인 투쟁의 장은 흔히 바로 이처럼 더 복잡하고 분화된 방식으로 실질적으로 양극화되어 있다. 문제는 그런데도 흔히 실제 사회적 구성의 복잡성을, 이론적으로는 외관상 단순하고 동질적으로 보이는 두 계급 블록 간의 투쟁이라는 더 단순하고 기술적인 틀로 환원하는 식으로 계속 묘사하고 있다는 점이다. 나아가 그람시의 재개념화 덕분에, 강제가 아니라 '동의의 획득'을 토대로 국가적 투쟁에 농민 같은 계급을 끌어들이는 조건 등의 핵심적인 전략 문제가 확고한 의제로 부상하게 된다.

생애 후반부의 저술 과정에서 그람시는 이처럼 본질적으로 '계급 동맹' 식의 개념화에서 벗어나 헤게모니 개념을 더욱 확장해 나간다. 첫째, '헤게모니'는 **모든** 계급의 전략에 적용할 수 있는 일반적 용어가 된다. 그래서 프롤레타리아트의 전략만이 아니라 모든 주도적 역사 블록의 형성에 분석적으로 적용된다. 이런 식으로 해서 그람시는 이 용어를 더 일반적인 분석적 용어로 전환한다. 이처럼 더 일반적인 방식으로 헤게모니를 적용할 수 있음은 분명하다. 예컨대, 남아프리카공화국에서는 흑인에 대항해 백인 지배 계급의 이익과 백인 노동자의 이익 간의 동맹을 결성해서 국가가 유지되는 방식을 설명해 준다. 또는 남아프리카 정치에서는 도시, 산업 지역 흑인 대중에 대항한 동맹 결성 전략에서 일정한 하위 계급과 집단의 — 예컨대, 유색 계층이나 '부족적' 흑인의 — '동의 획득' 시도가 지니는 중요성도 규명해 준다. 또는 개발 도상의 탈식민지 사회에서 모든 탈식민 독립 투쟁의 '혼합된' 계급적 특성도 들 수 있다. 이 모든 그리고 다른 많은 구체적인 역사적 상황은 이 개념을 발전시키면 명쾌하게 설명할 수 있다.

그람시가 이룩한 두 번째 진전은 '지배하는' 계급과 '주도하는' 계급 간의 차이를 명확히 규명했다는 점이다. 지배와 강제는 어떤 사회에 대한 특정 계급의 득세를 유지할 수 있다. 그러나 그 '도달 범위'는 제한적이다. 이는 동의의 획득보다는 강제적 수단에 지속적으로 의존해야 한다. 이러한 이유로, 지배는 국가를 변혁하거나 사회를 혁신하려는 역사적 프로젝트에 다양한 사회 부문의 적극적인 참여를 동원할 수가 없다. 반면에 '리더십' 역시 나름대로 '강제적' 측면을 갖고 있다. 그러나 리더십은 동의 획득과 종속적 이익의 고려, 대중성을 확보하려는 시도에 의해 '주도'된다. 그람시가 보기에, 강제이든 동의이든 하나만의 순수한 사례는 없으며, 두 차원의 다양한 조합만이 존재할 뿐이다. 헤게모니는 경제적, 행정적 장에서만 행사되지는 않으며, 문화적, 도덕적, 윤리적, 지적 리더십의 핵심 영역을 포괄한다. 예컨대 사회를 근대화한다든지, 사회의 전반적인 성취 수준을 제고한다든지, 국가 정치의 토대를 변혁한다든지 하는 어떤 장기적인 역사적 '프로젝트'가 효과적으로 역사적 의제로 상정되는 것은 바로 이러한 조건하에서만 가능하다. 바로 여기서 그람시의 '헤게모니' 개념이 수많은 구분을 전략적으로 활용해 **확장되고** 있음을 알 수 있다. 예컨대, 지배/리더십, 강제/동의, 경제적–조합적/도덕적–지적 요소 간의 구분이 그러한 구분의 예다.

이러한 확장의 저변에는 그람시의 근본적인 역사적 명제의 하나에 근거한 또 다른 구분이 존재한다. 이는 국가와 시민 사회 간의 구분이다. 〈국가와 시민 사회〉라는 에세이에서 그람시는 이 구분을 몇 가지 방식으로 정교화했다. 첫째, 그람시는 두 가지 투쟁 유형을 구분했다. 우선 '기동전'에서는 모든 것이 하나의 전선과 하나의 투쟁 계기로 압축되며, '적의 방어진'에 대한 단일한 전략적 침공만이 존재한다. 그리고 이러한 공격이 이루어지고 나면 새로운 세력은 '진입해서 확실한 (전략적) 승리를 획득'할 수 있게 된다. 둘째로는 '진지전'이 있는데, 이는 수많은 이질적이고 다양한 투쟁 전선에 걸쳐 장기적으로 수행되어야 하는 전투다. 여기서는 단번에 혹은 그람시의 표현으로는 "전격적으로"(Gramsci, 1971: 233) 전쟁에서 승리할 수 있는 단일한 돌파구는 거의 존재하지 않는다. 진지전에서 정말 중요한 것은 적의 (군사적 은유를 계속 사용하자면) '전방 참호'가 아니라 '야전군 배후 영토의 모든 조직적, 산업적 체제,' 즉 시민 사회의 구조와 제도를 포함해서 사회 구조 전체다. 그람시는 '1917년 혁명'이 아마도 성공한 '기동전' 전략의 마지막 사례일 것이라고 보았다. 이는 '정치의 예술과 과학의 역사에서 결정적인 전환점'에 해당했다.

이 구분은 다시 '동'과 '서'라는 두 번째 구분과 연결된다. 그람시에게 이 구분은 동유럽과 서유럽, 러시아 혁명 모델과 '서구'의 산업화된 자유 민주주의의 훨씬 어려운 지형에 적합한 정치적 투쟁 형태 간의 구분을 지칭하는 은유였다. 여기서 그람시는 아주 오랫동안 수많은 마르크스주의 학자가 회피해 온 중요한 이슈, 즉 '서구'에서의 정치 여건은 러시아에서 1917년 혁명을 실현한 조건과 일치하거나 상응하지 못했다는 문제를 제기한다. 이처럼 근본적인 차이(그리고 이 때문에 '서구'에서는 고전적 유형의 프롤레타리아트 혁명이 실패했다는 사실)에도 불구하고 마르크스주의자들은 '러시아 혁명식' 혁명, 정치 모델에 계속 집착했기 때문에, 이 문제는 실로 핵심적인 쟁점이었다. 그러므로 그람시는 혁명 이전의 러시아와 '서구' 사이에 핵심적인 분석적 구분을 제시한다. 혁명 전의 러시아에서는 현대화가 오랫동안 지연되었고, 국가 장치와 관료제는 비대했으며, 시민 사회는 상대적으로 저발전 상태에 있었고, 자본제 발전의 수준은 낮았다. 반면에 서구에서는 정치적 민주주의를 거치면서 대중 민주주의 형태, 복잡한 시민 사회, 대중적 동의의 공고화는 국가에게 합의 토대의 확대를 가져왔다.

> 러시아에서 국가는 모든 것이었으며, 시민 사회는 초보적이고 유동적이었다. 서구에서는 국가와 시민 사회 간에 적절한 관계가 자리 잡았고, 국가가 흔들릴 때에는 시민 사회의 탄탄한 구조가 즉시 드러났다. 국가는 외부 참호에 불과했고, 그 배후에는 요새와 보루의 강력한 구조가 버티고 있었다. 국가마다 숫자는 다소 차이가 있지만⋯⋯ 바로 이 점을 감안할 때, 각 개별 국가의 정확한 상황을 반드시 정찰할 필요가 있다(Gramsci, 1971: 237~238).

그람시는 단지 역사적 특수성의 차이를 지적하지는 않았다. 그보다는 역사적 **이행**을 기술한 것이다. 〈국가와 시민 사회〉에서 분명하게 드러나듯이, 모든 국가에서 차례로 '서구'의 여건이 점진적으로 현대 정치의 장을 규정하는 특징으로 되어감에 따라, '진지전'이 '기동전'을 점점 더 **대체해 가고** 있다고 보는 게 분명하다. (여기서 '서구'는 순수하게 지리적 정체성을 탈피하여, 국가와 시민 사회 형태의 등장과 그 사이의 새롭고, 더 복잡한 관계에 의해 조성된 새로운 정치 지형을 지칭하게 되었다.) 이처럼 더 '선진화된' 사회에서는 "시민 사회가⋯⋯ 직접적인 경제적 요소의 '침범'이라는 참사를 저지하는⋯⋯ 아주 복잡한 구조로 정착하여⋯⋯ [여기서는] 시민 사회의 상부 구조가 현대전의 참호 체제와 같은" 구실을 한다. 이러한 새로운 지형에는 전혀 새로운 유형의 정치 전략이 적합하다. "기동전은 전략적 기능보다는 전술적 기능으로 위축되고," '전선의 공격'은 "헤게모니의 전례 없는 집중"이 필수적인 '진지전'으로 바뀌게 된다. 진지전에서는 일단 승리를 거두면 '확실하게 승패가 갈리기' 때문에, "집중적이고 어려울 뿐 아니라 예외적일 정도의 인내와 창의성의 자질이 반드시 필요하다"(Gramsci, 1971: 238~239).

그람시는 이처럼 '한 가지 정치 형태에서 다른 형태로의 이행'의 근거를 역사적으로 설명한다. '서구'에서 이러한 이행은 1870년 이후에 발생하고, '유럽의 식민지 확장,' 현대적인 대중 민주주의의 등장, 국가 역할과 조직의 복잡화, '시민 헤게모니' 구조와 과정의 전례 없는 정교화로 식별된다. 여기서 그람시가 지적하는 것은 부분적으로는 사회적 적대의 다변화와 권력 '분산'이다. 헤게모니가 전적으로 국가의 강제된 도구성을 통해서 유지되지 않고, 시민 사회의 관계와 제도에 근거하는 사회에서 이러한 현상은 발생한다. 그러한 사회에서 시민 사회의 자발적 조직, 관계와 제도는 (가령 학교, 가족, 교회, 종교 생활, 문화 조직, 이른바 사적 관계, 젠더, 성적, 종족적 정체성 등등) 사실상 "정치의 목적으로는…… 진지전에서 전선의 '참호'와 영구적 요새"가 된다. 이것들은 "이전에는 전쟁의 '전체'에 해당하던 운동의 요소를 단지 '부분적'인 것으로 만들어 버린다"(Gramsci, 1971: 243).

그러므로 이 모든 것 저변에는 더 심오한 이론적 재정의 작업이 뒷받침되고 있다. 과거의 일부 마르크스주의에서는 국가를 본질적으로 지배계급의 강제적 도구로 환원할 수 있는 존재로 보고 전적으로 계급적 특성의 낙인을 찍었는데, 이러한 특징은 일격으로 '분쇄'할 때에만 변화시킬 수 있다고 보았다. 그람시는 일부 마르크스주의 버전에서 특징을 이루던 이처럼 제한된 국가 개념을 사실상 점진적으로 바꿔 놓고 있다. 그람시는 현대 시민 사회 형성의 복잡성뿐 아니라 이와 평행을 이루면서 전개되는 현대 국가 형성의 복잡성도 점차 강조하게 된다. 국가는 더 이상 단지 행정적, 강제적 장치로 인식되지 않는다. 국가는 '교육적, 형성적' 기구이기도 하다. (물론 국가는 헤게모니가 구축되는 유일한 장소는 아니지만), 바로 국가를 기점으로 해서 사회 전반에 대한 헤게모니가 궁극적으로 행사된다. 국가는 농축의 지점이기도 하다. 이는 모든 강제적 지배 형태가 반드시 국가 장치에서 파생되어 나오기 때문이 아니라, 국가는 그 모순된 구조 속에 다양한 이질적 관계와 실천을 한정된 '규칙 체제'로 **농축하기** 때문이다. 이러한 이유로 국가는 '경제적 생산 장치의 지속적 발전의 요구 사항에 문명과 가장 광범위한 대중의 도덕성을 적응'시키거나 순응시키는 (즉 정렬하는) 장이 된다.

그러므로 모든 국가는 "생산력 발전의 필요 사항, 그리고 당연히 지배 계급의 이익에 부응하는 특정한 문화적, 도덕적 수준(혹은 유형)으로 다수의 대중을 끌어올리는 일을 가장 중요한 기능의 하나로 삼는 한에서는 윤리적"(Gramsci, 1971: 258)이라고 그람시는 주장한다. 여기서 그람시가 권력과 정치의 새로운 차원, 적대와 투쟁의 새로운 영역, 말하자면 윤리적, 문화적, 도덕적 차원을 어느 정도 중시하는지 주목하라. 또한 그람시가 어떻게 해서 궁극적으로 더 '전통적인' 문제 — '생산력 발전의 필요 사항'이나 '지배 계급의 이익' — 로 되돌아가긴 하지만, 직접적으로나 환원론적으로는 전환하지 **않는지도** 주목하라. 이 문제는 오로지 간접적으로, 일련의 필연적인 대체와 '중계'를 거쳐, 즉 '구조에서 복잡한 상부 구조 영역으로의…… [돌이킬 수 없는] 이행'을 통해서만 접근할 수 있다.

바로 이러한 틀 안에서 그람시는 새로운 국가 개념을 정교화한다. 현대의 국가는 도덕적, 교육적 리더십을 행사한다. 국가는 '계획하고, 권유하고, 자극하고, 요청하고, 처벌한다.' 국가를 지배하는 사회 세력 블록은 바로 여기서 지배를 정당화하고 유지할 뿐 아니라 리더십과 권위를 통해 지배를 받는 계층의 적극적인 동의를 획득한다. 따라서 국가는 헤게모니 구축에서 중심적인 역할을 수행한다. 이러한 해독에서 국가는 다양한 사회적 투쟁의 장이기 때문에, 국가는 장악, 전복하거나 일격에 '분쇄'할 대상이 아니라, 현대 사회에서 수많은 다양한 전략과 투쟁의 초점이 되어야 하는 복합적인 **구성체**가 된다.

그람시의 사고에서 이러한 구분과 발전이 어떻게 '헤게모니'라는 기본 개념으로 되돌아가 그 개념을 충부하게 해 주는지 지금쯤이면 더 분명해졌을 것이다. 국가와 시민 사회에 관한 그람시의 실제 공식화는 그의 저작에서 장소에 따라 차이가 있어 약간의 혼동을 일으키기도 했다(Anderson, 1977). 그러나 그람시의 사고에서 이 문제에 관한 근본적인 요지가 무엇인지는 의문의 여지가 없다. 이는 확실히 현대 사회에서 국가와 시민 사회 간의 상호관계가 점점 복잡해지고 있다는 사실을 지칭한다. 종합적으로 보면, 이 관계는 여러 이질적인 전선에서 동시에 수행되는 다면적 정치 전략 유형의 대상이 되어야 하는 복합적 '체제'를 구성한다. 예를 들면 이른바 '탈식민 국가'에 관한 문헌은 흔히 단순한 지배적 혹은 도구적 국가 권력 모델을 가정해왔는데, 이러한 국가 개념의 사용은 그러한 문헌의 상당수를 완전히 바꿔 놓는다.

이러한 맥락에서 그람시의 '동/서' 구분은 너무 액면 그대로 받아들여서는 안 된다. 수많은 이른바 '개발 도상' 사회들은 이미 복잡한 민주 정치 체제를 갖추고 있다(즉 그람시의 용어로는 '서구'에 속한다). 다른 곳에서는, 국가가 더 폭넓은 교육적, '리더십' 역할과 기능을 흡수했는데, 이러한 역할과 기능은 산업화된 서구 자유 민주주의 체제에서라면 시민 사회에 속하는 것이다. 요지는 그러므로 그람시의 구분을 글자 그대로 혹은 기계적으로 적용하지 않고 그의 통찰력을 현대 세계에서 국가/시민 사회관계에서의 변화하는 복잡성과, 전략적인 정치 투쟁의 지배적 특성에서의 결정적인 변화를 분석하는 데 활용하는 것이다. 이 변화는 본질적으로 이러한 역사적 변혁의 결과, 국가뿐 아니라 시민 사회도 투쟁의 종합적인 영역으로서 포함되게 된 현상을 말한다. 그람시는 어느 시점에서 (정의를 다소 확대하여) 확장된 국가 개념은 "정치 사회와 시민 사회," 혹은 "강제의 갑옷에 의해 보호된 헤게모니"(Gramsci, 1971: 263)를 포괄해야 한다고 주장한다. 파시스트 국가에는 다양한 영역이 통합되는 데 비해, 어떻게 해서 이러한 구분들이 사회에 따라, 가령 자유 의회 민주주의 국가에 특징적인 '권력 분립' 형태로 분화되어 다양하게 구현되는지에 그람시는 특히 주목한다. 또 다른 시점에서 그람시는 "다수의 대중을 특정한 문화적, 도덕적 수준"으로 끌어올리는, 국가의 윤리적, 문화적 기능과, "학교('긍정적 교육 기능')와 법정('억압적, 부정적 교육 기능')과 같은 핵심 기관의 교육적 기능"을 강조한다. 이러한 강조를 통해 광범위한 새로운 제도와 투쟁 영역이 국가와 정치에 관한 전통적인 개념화에 포함되게 된다. 이는 이러한 장들을 특수한 전략적 투쟁의 중심으로 구성하게 된다. 그 결과 정치의 다양한 전선은 더 다원화하고 확장하게 되며, 다양한 종류의 사회적 적대 관계는 더욱 분화하게 된다. 다양한 투쟁 전선은 정치적, 사회적 적대의 다양한 장이 되고, 정치를 '진지전'의 형태로 파악할 경우, 현대 정치의 대상을 구성하게 된다. 전통적인 시각에서는 가령 학교, 문화적, 성적 정치, 가족과 같은 시민 사회 제도, 전통적인 사회 조직, 종족적, 문화적 기관 등을 중심으로 전개되는 분화된 투쟁 유형은 모두 작업장을 중심으로 압축된 산업적 투쟁의 부속 요소로 간주되거나, 노동조합과 혁명적 혹은 의회 정치 형태 중에서의 단순한 선택으로 환원되었다. 이러한 관점은 여기서 체계적으로 비판받고 단호하게 뒤집히게 된다. 이것이 정치 개념 바로 그 자체에 미치는 효과는 거의 충격적일 정도다.

그람시의 저작에서 고려할 만한 수많은 다른 흥미로운 소재와 주제 중에서 마지막으로 이데올로기, 문화, 지식인의 역할, 그리고 그람시가 '국민적-대중성'이라 부른 현상의 특징에 관한 영향력 있는 저작을 선택하고자 한다. 그람시는 처음에는 아주 전통적 정의로 보일 수도 있는 이데올로기 개념을 채택하여, "문화적 운동, '종교,' '신념'이 되는 세계관, 어떤 철학"으로 보는데, 이는 "어떤 철학을 은밀한 이론적 '전제'로 포함하는 실천 활동이나 의미 형태를 생산해냈다." "예술, 법률, 경제 활동, 그리고 개인적, 집단적 삶의 모든 구현 형태에서 은밀하게 구현되는 세계관이라는 가장 좋은 의미에서 그 단어를 사용한다는 조건으로…… 이데올로기라고 말할 수 있을 것"이라고 그람시는 덧붙인다. 이 정의 이후 이데올로기가 제기하는 문제를 그 사회적 기능이라는 측면에서 명쾌하게 공식화하려는 시도가 뒤따른다. "문제는 그러한 이데올로기가 공고화하고 통일하는 데 봉사하는 전체 사회적 블록의 이데올로기적 통일성을 보존하는 일이다"(Gramsci, 1971: 318). 이 정의는 겉으로 보이는 것처럼 그리 단순하지 않다. 왜냐하면 한편으로는 어떤 독특한 이데올로기나 세계관 중심에 있는 철학적 핵이나 전제와, 다른 한편으로는 필요에 따라 그러한 개념을 문화 운동, 정치적 경향, 신념 혹은 종교 모양으로 폭넓은 사회 대중에게 영향을 미치는 실제적, 대중적 의식 형태로 정교화한 것 사이에 본질적인 연계 관계가 있다고 이 정의는 가정하기 때문이다. 그람시는 **결코** 이데올로기의 철학적 핵심에만 관심을 두지는 않았다. 그람시는 항상 유기적 이데올로기를 다루는데, 이 이데올로기가 유기적인 이유는 실제적이고, 일상적인 상식과 관련이 있고 "인간 대중을 조직화하며 인간이 움직이고 자신의 위치, 투쟁 등등에 관한 의식을 획득하는 지형을 조성하기" 때문이다.

이는 그람시가 '철학'과 '상식' 간의 핵심적 구분을 내리는 토대가 된다. 이데올로기는 두 가지 구분되는 '층위'로 구성된다. 어떤 이데올로기의 일관성은 그 전문화된 철학적 정교함에 흔히 의존한다. 그러나 이러한 형태적 일관성이 이데올로기의 유기적인 역사적 유효성을 보장해 주지는 않는다. 철학적 흐름이 대중의 실천적, 일상적 의식이나 대중적 사고에 침투해 그것을 변형하고 변화시킬 때, 또한 그 변화가 이루어지는 곳에서만 그러한 유효성을 발견할 수 있다. 후자는 바로 그람시가 '상식'이라 부르는 것이다. '상식'은 일관성이 없다. 상식이란 보통 '탈구되고 일화적이며' 단편적이고 모순된다. 그 속에는 더 일관성 있는 철학적 체제의 흔적과 '퇴적층'이 아무런 이름의 목록도 남기지 않은 채 오랜 시간에 걸쳐 가라앉아 있다. 상식은 '전통적인 지혜나 과거의 진리'로 자처하지만, 사실 뿌리 깊은 역사의 산물이자, '역사적 과정의 일부'다. 그렇다면 왜 상식은 그렇게 중요한가? 왜냐하면 국민 대중의 실천적 의식은 실제로 이 개념과 범주의 지형 위에서 형성되기 때문이다. 이는 이미 형성되고 '당연시되는' 지형으로 더 일관성 있는 여러 이데올로기와 철학은 이 지형을 장악하려 서로 투쟁을 벌인다. 또한 만일 새로운 세계관이 대중의 세계관을 형성하고 그러한 방식으로 역사적인 효과를 발휘하려 한다면, 상식은 새로운 세계관이 고려하고 투쟁하며 변혁시켜야 하는 기반이기도 한다.

> 모든 철학적 흐름은 '상식'의 퇴적층을 남기게 되는데, 이는 그 철학적 흐름의 역사적 유효성의 기록이기도 하다. 상식은 엄정하고 불변의 것이 아니라 계속해서 스스로 변화하면서, 일상적 삶에 진입한 과학적 개념과 철학적 견해를 추가하면서 풍성해진다. 상식은 어떤 주어진 시공간에서는 상대적으로 엄밀한 대중적 지식 단계에 해당하는 미래의 민속을 창조해낸다 (Gramsci, 1971: 362, fn.5).

그람시가 이데올로기를 다루는 방식에서 독특한 점은 바로 이처럼 **대중적 사고**의 구조에 관심을 기울인다는 점이다. 따라서 모든 사람은 생각하는 한에서는 철학자이거나 지식인이라고 그람시는 강조한다. 왜냐하면 (비록 모든 사람이 '지식인'의 전문화된 기능을 갖고 있지는 않지만) 모든 사고, 행동, 언어는 성찰적이고, 의식적인 도덕적 행위 노선을 갖고 있으며, 이에 따라 특정한 세계관을 견지하기 때문이다.

이 밖에도, 어떤 계급은 자신이 공통적으로 겪는 기본적 삶의 조건과 제약의 성격, 착취 형태에 관해 항상 자생적이고 생생하지만, 일관성을 갖추거나 철학적으로 다듬어지지 않은 상태에서 본능적으로 이해할 것이다. 그람시는 이를 "양식good sense"이라 묘사했다. 그러나 이 대중적 사고의 구축, 즉 '상식'을 더 일관된 정치 이론이나 철학적 흐름으로 혁신하고 명료하게 만들기 위해서는 항상 추가로 정치 교육과 문화정치 작업이 필요하다. 이처럼 '대중적 사고의 고양'은 집단 의지가 구축되는 과정의 본질적 부분이며, 여기엔 어떤 헤게모니적 정치 전략에든 필수불가결한 부분인 방대한 지적 조직화 작업이 반드시 필요하다. 대중적 신념, 민중의 문화는 스스로 알아서 하도록 내팽개쳐 둘 수 있는 투쟁 영역이 아니라고 그람시는 주장한다. 이는 "자체가 물질적 세력이다"(Gramsci, 1971: 165).

따라서 여기엔 헤게모니 형성에 필수적인 지적, 윤리적 통일을 초래하거나 실현하기 위해 철저한 문화적, 이데올로기 투쟁이 꼭 필요하다. 이 투쟁은 "정치적 헤게모니 간의 투쟁이고 대립하는 방향 간의 투쟁으로, 처음에는 윤리적 장에서, 그다음엔 정치 자체에서 전개된다"(Gramsci, 1971: 333). 이는 우리가 민족주의, 반식민주의, 반인종주의 운동이라 부르는 그러한 사회적 투쟁 유형과 아주 직접적인 관계가 있다. 이러한 아이디어를 적용하면서 그람시의 접근 방식은 결코 극도로 단순화된 '진보적' 입장을 취하지 않는다. 예컨대, 이탈리아의 사례에서는 대중적인 집단 의지 형성의 손쉬운 토대가 될 만한 진정한 대중적 민족 문화가 존재하지 않는다는 점을 인정한다. 문화, 대중 문학, 종교에 관한 그람시의 저작 다수는 이탈리아의 삶과 사회에서 그러한 발전의 토대가 될 만한 잠재적 지형과 경향을 탐색한다. 예를 들면, 이탈리아의 사례에서 대중적 가톨릭 신앙은 엄청난 정도로 진정한 '대중적 세력'으로 될 수 있고 실제로도 그렇게 되었다며, 전통적인 대중 계급 형성에서 가톨릭 신앙에 독특한 중요성을 부여한다. 이는 부분적으로는 가톨릭교회가 사상의 조직화에, 특히 철학적 사상이나 교리가 대중의 삶이나 상식과 제대로 관련을 맺도록 하는 데 세심한 주의를 기울인 덕분이라고 그람시는 보고 있다. 자생적으로 아무런 지도 없이 사상이 변화하고 이데올로기가 발전한다는 모든 관념을 그람시는 거부한다. 시민 생활의 모든 다른 영역처럼, 종교도 조직화가 필요하다. 종교 역시 특수한 발전의 장과, 특수한 변혁의 과정, 특수한 투쟁 실천을 갖고 있다. "상식과 철학 상층부의 관계는 '정치'에 의해 보증된다"라고 그람시는 주장한다(Gramsci, 1971: 331). 이 과정에서 주요 행위자는 물론 문화적, 교육적, 종교적 제도, 가족과 자발적 조직이지만, 이데올로기적, 문화적 구성체의 중심부이기도 한 정당도 여기에 포함된다. 여기서 주된 행위자는 문화와 이데올로기의 유통과 개발을 전문적으로 책임지는 지식인이다. 이들은 사회적, 지적 세력의 기존 성향과 손을 잡거나 ('전통적' 지식인), 아니면 부상하는 대중 세력과 손잡고 새로운 사상의 흐름을 정교화하려 한다('유기적' 지식인). 이탈리아 사례에서는 고전적, 학술적, 종교적 기관과 손잡은 전통적 지식인이 어떤 핵심적 기능을 했으며, 신생 지식인층은 어느 정도 상대적으로 취약했는지를 그람시는 설득력 있게 설명한다.

이 문제에 관한 그람시의 사고에는 이데올로기의 **주체**를 개념화하는 독창적이고 급진적인 방안이 포함되는데, 이 문제는 현대에 와서 중요한 이론화 대상이 되었다. 그람시는 사전에 정해진 통일된 이데올로기적 주체라는 개념은 어떤 것이든 단연코 거부하는데, 예컨대 '올바른' 혁명적 사상을 지닌 프롤레타리아트라든지, 이미 보증된 현재의 반인종주의 의식을 지닌 흑인이라는 개념이 여기에 해당한다. 그람시는 이른바 사고와 사상의 '주체'를 구성하는 자아나 정체성의 '다원성'을 인정한다. 이처럼 의식의 다면적 속성은 개인적 현상이 아니라 집단 현상이며, 사회의 문화 지형을 구성하는 이데올로기 담론과 '자아' 간의 관계의 결과라고 그람시는 주장한다. "퍼스낼리티는 기묘하게도 복합적인 것"이라고 그람시는 지적한다. 이는 "석기 시대의 요소와 더 첨단 과학의 원칙, 과거 역사 단계의 편견…… 미래 철학의 통찰력……"(Gramsci, 1971: 324)을 포함하고 있다. 의식에는 아무리 순간적이라 할지라도 행동으로 실현되는 세계관과, 말이나 생각으로 확증되는 세계관 사이에 모순이 존재한다는 데 그람시는 주목한다. 이처럼 복합적이고 단편적이며 모순된 의식 개념은 더 전통적인 마르크스주의 이론이 '허위의식'이란 방식으로 설명한 데 비해 상당한 진전이었다. 의식에 관한 지금까지의 설명은 자기기만에 의존한 것으로, 그람시가 이를 부적절하다고 간주한 것은 당연한 일이다. '사전에 정해진' 통일된 이데올로기적 계급 주체라는 전통적 개념은 이 영역에서 수많은 전통적인 마르크스주의 이론화의 핵심을 차지했다. 이 개념에 대해 그람시가 가한 무언의 공격의 중요성은, 앞서 언급했듯이 그람시가 기존의 국가 개념을 사실상 해체한 데 필적한다.

이데올로기 문제는 항상 집단적이고 사회적이지 개인적인 현상이 아니라고 인식했다는 점에서, 이데올로기의 장은 필연적으로 복합성과 상호담론적 특성을 띨 수밖에 없다는 점을 그람시는 뚜렷하게 천명한 셈이다. 모든 곳에 침투해 있는 유일하고 단일하며, 통일되고 일관성 있는 '지배 이데올로기'란 것은 결코 존재하지 않는다. 이 점에서 그람시는 니콜라스 애버크롬비Nicholas Abercrombie 등(Abercrombie et al., 1980)이 "지배 이데올로기 명제the dominant ideology thesis"라고 부른 데 대해 동의하지 않는다. 그람시의 이데올로기 개념은 한 집단이 다른 집단의 이데올로기에 완전히 포섭된다는 개념이 아니며, 이들이 그람시를 이러한 사상가의 부류에 포함한 일은 내가 보기에 근본적으로 잘못된 것이다. '수많은 철학적 사상의 체제와 흐름이 공존한다.' 그러므로 분석 대상은 모든 것과 모든 이를 흡수하는 '지배적 사상'의 단일한 흐름이 아니다. 그보다는 다양한 담론의 흐름과, 그것들이 서로 결합하고 분리되는 지점, 그 사이의 권력 관계로 이루어지는 분화된 지형으로, 요컨대 이데올로기적 복합체, 총체, 혹은 담론 **구성체**로서 이데올로기를 분석하는 것이다. 문제는 '이 이데올로기적 흐름들이 어떻게 확산되며, 확산 과정에서 왜 일정한 노선을 따라 일정한 방향으로 분절되는가' 하는 점이다.

비록 그람시가 보기엔 이데올로기의 장이 항상 다양한 사회적, 정치적 위치에 접합되어 있긴 하지만, 그 모양과 구조가 사회의 계급 구조를 정확히 반영하거나, 일치, 혹은 '되풀이'하지는 않는다는 점은 이러한 주장 방향에서 명쾌하게 도출해낼 수 있다고 믿는다. 이데올로기는 그 경제적 내용이나 기능으로도 환원될 수 없다. 이념에는 "형성과, 확산, 전파, 설득의 중심부"(Gramsci, 1971: 192)가 존재한다고 그람시는 주장한다. 이것들은 각 개인의 머릿속에서 '자생적으로 탄생'하지도 않는다. 심리 분석적이거나 도덕주의적 특성도 띠지 않으며, '구조적이고 인식론적'일 뿐이다. 이것들은 시민 사회와 국가의 제도 내에서 물질적 형태로 유지되고 변형된다. 따라서 이데올로기란 하나의 전체적인, 이미 형성된 세계관을 다른 것으로 대체하는 식이라기보다는 '이미 존재하는 행동을 혁신하고 중요하게 만드는' 방식으로 변형, 변화된다. 그람시는 예컨대 오래된 세계관이 어떻게 다른 사고 양식에 의해 점진적으로 대체되고 내부적으로 재편되고 변형되는지 서술했는데, 이때 이데올로기 장의 다강조점적이고 상호담론적인 특징을 명시적으로 인정한 셈이다.

> 중요한 것은 그러한 이데올로기 복합체가 받게 되는 비판이다. …… 이를 통해 오래된 이데올로기 요소들이 갖고 있던 상대적 비중이 변화하고 세분화하는 과정이 가능해진다. …… 이전에는 부차적이고 종속적인 데 불과하던 것이 새로운 이데올로기적, 이론적 복합체에서는 핵심으로 바뀐다. 종속된 요소들이 사회적으로 발전하기 때문에, 오래된 집단 의지는 모순된 요소로 해체될 것이다.

이는 요컨대 이데올로기 투쟁의 실제 과정을 훨씬 더 독창적이고 생성론적 방식으로 파악하는 것이다. 이 시각은 또한 문화를 역사적으로 형성된 지형으로 이해하는데, 모든 '새로운' 철학적, 이론적 흐름은 이러한 지형 위에서 작용하며, 그 지형을 수용해야만 한다. 그람시는 그 지형의 이미 정해지고 한정적인 특성에 주목하면서, 다양한 담론 요소 사이에서, 또 사회적 세력과 이념 사이에서 오래된 정렬선이 해체되고 새로운 정렬선이 도출될 수 있도록 해 주는 해체와 재건 과정이 복잡한 성격을 띤다는 점을 강조한다. 이는 이데올로기적 변화를 대체나 부과의 측면에서가 아니라 이념들의 접합과 탈접합의 관점에서 파악한다.

III

이제 인종주의와 관련 사회 현상 분석에서 기존의 이론과 패러다임을 변형하고 재구성하는 데 이 그람시의 시각을 잠재적으로 어떻게 활용할 수 있는지를 일부나마 대략적으로 그려 보고자 한다. 다시 말하지만, 이러한 작업은 그람시의 특정한 개념을 이 문제에 직접 옮겨 놓는 문제는 **아니라**는 점을 강조한다. 그보다 이는 이 분야를 규정하는 중요한 이론적, 분석적 문제와 관련된 두드러진 이론적 **시각**을 도입하는 문제다.

첫째, 역사적 구체성을 강조하고자 한다. 인종주의에 일정한 일반적 특징이 있다는 데는 의심의 여지가 없다. 그러나 더 중요한 문제는 이 일반적 특징이 작용하는 맥락과 환경의 역사적 특수성에 의해 이 특징이 어떤 방식으로 변형, 변화되는가 하는 점이다. 인종주의의 특수한 역사적 형태 분석에서는 더 구체적이고 역사화된 추상화 수준에서 작업하는 게 아마 더 나을 것이다(말하자면 인종주의 일반이 아니라 여러 형태의 인종주의). 내가 가장 잘 아는 제한된 사례 내에서도(즉 영국), '전성기' 제국주의 시대의 영국

인종주의와 현재 영국 사회구성체를 특징짓는 인종주의 간에서도 유사성보다는 차이가 더 크고 중요하다고 주장하고 싶다. 현재는 상대적인 경제 쇠퇴기로, 인종주의의 이슈를 식민지 배경이 아니라 국내 경제 내부의 토착 노동력과 축적 체제의 일부로서 직면하고 있기 때문이다. 그런데 인종주의는 어디서든 근본적으로 반인간적이고 반사회적 실천이며 따라서 그 형태나, 다른 구조와 과정과의 관계에서나 효과에서 어디서든 다 **똑같다**는 견해도 있는데, 알맹이 없는 의례에 불과한 사실을 근거로 이처럼 잘못된 견해를 흔히 갖게 될 수도 있다. 이러한 동질화를 단호하게 차단하는 데 그람시는 도움을 준다고 믿는다.

둘째, 그리고 관련된 문제는 이탈리아의 역사적 경험에서 유래해 강조하게 된 것인데, 그람시는 중요한 결정 수준으로서 **국가적** 특성과 **지역적** 불균형에 상당한 비중을 두게 되었다는 점에 주목하고 싶다. 어떤 사회구성체의 모든 측면에 걸쳐 균등하게 영향을 미치는 동질적인 '발전의 법칙' 같은 것은 없다. 역사 발전의 불균등한 속도와 방향에 의해 생성되는 긴장과 모순을 더 철저하게 이해할 필요가 있다. 인종주의와 인종주의적 실천, 구조는 사회구성체의 모든 부문이 아니라 일부에서 빈번하게 발생한다. 인종주의의 영향은 깊숙한 것이지만 균등하지 않다. 영향의 바로 그 불균등성이야말로 이처럼 모순된 부문 내 적대를 심화하고 악화시키는 데 기여할 수도 있다.

셋째, 계급과 인종 간의 상호 관계와 관련된 문제에 대해 비환원론적 접근 방식을 강조하고 싶다. 이는 결국 제기하기에 가장 복잡하고 어려운 이론적 문제점 중 하나로 드러났으며, 이 때문에 어떤 극단적 입장의 하나를 채택하는 결과로 이어지는 일도 빈번했다. 이 중 어떤 입장은 저변에 깔려있는 계급 관계에 '특권적 위치를 부여'하고 모든 종족적이나 인종적으로 분화된 노동력은 자본 내에서 똑같은 착취 관계에 놓이게 된다고 강조한다. 혹은 사회의 근본적인 계급적 구조화를 무시하고 종족적, 인종적 범주와 구분의 중심성을 강조하는 입장도 있다. 비록 두 극단은 서로 양극단에 위치한 것처럼 보이지만, 사실 상대방을 서로 뒤집어 놓은 거울 이미지에 불과하다. 왜냐하면 **양자**는 어떤 것을 특권화된 기호로 삼아야 하는지에 대해서는 의견이 일치하지 않지만, 결정에서 계급이든 인종이든, 단일하고 배타적인 접합의 원칙을 반드시 만들어 내야 한다고 느끼기 때문이다. 그람시는 어떤 특수한 사회구성체이든 철저하게 역사적으로 형성된다고 파악하며 동시에 계급 문제도 비환원론적으로 접근하는데, 이러한 사실은 인종/계급 문제를 비환원론적으로 접근할 때 방향 모색에도 도움이 된다고 믿는다.

이와 더불어 어떤 역사적으로 특수한 사회에서든 계급 형성은 문화적으로 특수한 자질을 갖게 된다고 표현할 수 있는 부분에 그람시가 주목했다는 점에서도 더 풍부한 함의를 얻을 수 있다. 일반적인 가치 법칙은 자본제 시대를 통틀어 노동력을 동질화하는 경향이 있기 때문에, 어떤 구체적인 사회에서든 이러한 동질화가 존재하는 것처럼 가정할 수 있다고 믿는 오류를 그람시는 결코 범하지 않는다. 실제로 그람시의 전반적인 접근은 전통적 형태로 된 이 일반 법칙의 타당성에 대해 의문을 품도록 해 주었다고 믿는다. 왜냐하면 이 법칙은 다름 아니라 가치 법칙이 실제로 작동하는 방식을 간과하도록 조장했기 때문이다. 고전적 이론이 제시하는 바와 달리, 가치 법칙은 단지 국가 내 규모가 아니라 글로벌한 수준에서 작동하기 때문에, 노동력의 문화적으로 특수한 특징을 통해, 또한 그러한 특징 **때문에** 작동한다. 그럼에도 불구하고 마치 전 세계적이고, 획기적인 역사적 경향의 필연적인 한 부분으로서 이러한 구분이 체계적으로 잠식되는 것처럼, 고전 이론은 우리에게 설득하려 한다. 확실히 '유럽 중심적' 자본제 발전 모델에서 탈피할 때마다 (그리고 심지어 그 모델 내부에서조차도), 자본은 다양한 방식으로 기본적인 궤도를 유지하고 거기에 적응하며, 노동력의 특수한 자질을 장악해 활용하며, 체제 속으로 편입하고 있음을 실제로 발견할 수 있다. 노동력의 종족적, 인종적 구조화는 젠더화된 구성과 마찬가지로 자본제 발전 경향을 합리주의적으로 파악하는 데에는 방해가 될 수도 있다. 하지만 이 구분은 그동안 자본제 양식의 글로벌한 확장에서 유지되었고, 실제로 **발전되고 정교화되었다**. 이러한 구분은 분절화한 노동력의 다양한 부문에 대해 착취 형태를 세분화하는 수단이 되었다. 이러한 맥락에서 그 경제적, 정치적, 사회적 효과는 엄청났다. 만일 역사적으로 이질적이고 특수한 노동 형태의 문화적, 사회적, 민족적, 종족적, 젠더적 구성 문제를 좀 더 진지하게 받아들였더라면, 자본의 체제가 어떻게 유사성과 동일성보다는 분화와 **차이**를 통해서 기능할 수 있는지 이해하는 방향으로 더 진전을 이룰 수 있었을 것이다. 비록 그람시는 자본제 양식에 관한 일반 이론가는 아니지만, 흔들림 없이 우리를 그 방향으로 인도한다.

더구나 그람시의 분석은 동일한 사회구성체 내부에서 다양한 생산 양식이 어떻게 **결합될** 수 있는지에 관해서도 주목한다. 그리고 지역적 특수성과 불균등뿐 아니라 자본의 사적 체제 내부에서 이른바 '후진적' 부문을 포섭하는 양식의 분화에 대해서도 지적한다(예를 들면, 이탈리아 구성체 내부에서 남부 이탈리아, 산업화된 유럽의 더 선진화된 '북부' 부문 내에서 '지중해 지역' 남부, 종속적 자본제 발전 경로에 있는 아시아, 라틴 아메리카 사회에서 배후지의 '농민' 경제, 모국 자본제 체제 발전 내부의 '식민지적' 고립지, 역사적으로 보면 모국 권력의 원시적 자본제 발전에 통합된 한 측면인 노예 사회, 국내 노동 시장 내부의 '이주' 노동력, 이른바 잘 발달된 자본제 경제 내부의 '흑인 거주지' 등을 들 수 있다). 이론적으로 주목할 필요가 있는 부분은, 바로 **이러한** 특수하고 분화된 '포섭' 형태는 인종주의, 종족적 파편화를 비롯해 다른 유사한 사회적 특징의 등장과 어떻게 지속적으로 연계되었는가 하는 점이다.

넷째로는 '계급 주체'의 비동질적 특성 문제가 있다. 노동 계급이나 농민층의 인종적 구조화를 거부하고 계급에 특권적 지위를 부여하는 접근 방식은 흔히 다음과 같은 가정에 근거한다. 자본과 관련된 착취 양식은 똑같기 때문에 그러한 어떤 착취 양식에서의 '계급 주체'든 경제적으로뿐 아니라 정치적, 이데올로기적으로 통일되어야 한다는 것이다. (위에서) 이미 주장했듯이, 다양한 노동력 부문에 대한 착취 양식의 작동은 '**똑같다**'는 주장에 유보 조항을 달 만한 이유가 충분히 있다. 어쨌든 그람시의 접근 방식은 조건적 과정, 다양한 '계기'를 세분화하고, '즉자적 계급'에서 '대자적 계급'으로의 이행이라든지, 사회 발전의 '경제적 집단화' 계기에서 '헤게모니적' 계기로의 이행이 지니는 우연적 특성도 구분한다. 그런데 그람시의 접근 방식은 (앞서 언급한) 그러한 단순한 통일 개념을 근본적으로, 또 단호하게 문제시한다. 심지어 '헤게모니적' 계기조차도 더 이상 **단순한** 통일의 계기로 개념화되지 않고, (결코 완전히 성취되지는 않는) 통일화 과정으로 개념화된다. 이 통일화 과정 역시 각 부문이 갖고 있던 정해진 정체성이 아니라 다양한 부문 간의 전략적 동맹에 근거를 둔다. 경제적, 정치적, 이데올로기적 실천 간에 어떤 자동적인 정체성이나 상응 관계도 발생하지 않는다는 기본 가정에 의해 그 계기의 특성은 정해진다. '생산 수단'의 소유와 전유에 관해 대략 유사한 형태의 착취 형태를 경험하는 어떤 계급 **내부에서** 어떻게 종족적, 인종적 차이가 일련의 경제적, 정치적, 혹은 이데올로기적 적대로 구축될 수 있는지가 이를 통해 설명이 가능해지기 시작한다. 위의 개념은 거의 마술적인 부적에 해당하는 존재로서 계급에 관한 마르크스주의식 정의를 더 다원주의적인 계층화 모델과 정의로부터 구분해 주는 구실을 했다. 하지만 계급 내부의 다양한 부문과 분절 내부나 그 사이에서 전개되는 실제적이고, 구체적인 역사적 동학을 설명하는 문제에 이르면 이제 이론적 효용성을 상실한지 오래되었다.

다섯째, 그람시의 모델에서는 경제적, 정치적, 이데올로기 차원 간에 상응 관계를 가정하지 않는다고 이미 언급했다. 그러나 여기서는 특별히 강조하기 위해 이 비상응 관계의 정치적 효과를 자세히 다뤄 보고자 한다. 이러한 시각 덕분에 현실의 역사적 조건에서 계급이 **실제로** 어떻게 행동하는지에 관한 구체적인 연구 대신에 이들이 이상적으로 또 추상적으로 어떻게 정치적으로 행동해야 **하는지**를 도식적으로 구축하는 습관을 어쩔 수 없이 버리게 되는 이론적 효과가 발생했다. 정치적 세력**으로서** 계급과 다른 관련 사회 세력의 분석, 그리고 정치 지형 자체의 연구가 다소 자동적이고 도식적이며 잔여적인 활동으로 되어 버린 것은 흔히 낡은 상응 관계 모델의 결과였다. 물론 만일 다른 결정 요인에 대한 경제의 '선차성'과 더불어 '상응 관계'가 성립한다면, 정치란 단지 대체되고 종속적인 방식으로 경제의 결정을 '최후의 심급에서' 반영하는 데 그칠 뿐인데 왜 굳이 정치 지형을 분석하느라 시간을 소비하는가? 그람시라면 분명히 그러한 부류의 환원론을 잠시라도 고려하지는 않을 것이다. 그람시는 자신이 단순하고 투명한 구성체가 아니라 구조적으로 복합적인 구성체를 분석하고 있음을 알고 있다. 정치란 나름대로 '상대적으로 자율적인' 형태, 속도, 궤도를 갖추고 있으며, 이것들은 각기 나름대로 독특한 개념으로, 실제적인 또 소급적인 효과에도 주목하면서 각기 나름대로 연구할 필요가 있음을 그람시는 알고 있다. 더구나 그람시는 이 영역을 이론적으로 세분화하는 데 도움이 되는 어떤 여러 핵심 개념을 작동시켰는데, 이 중에서 헤게모니, 역사적 블록, 폭넓은 의미의 '당,' 수동적 혁명, 변형주의, 전통적/유기적 지식인, 전략적 동맹 같은 개념들은 단지 아주 독특하고 독창적인 부류의 출발점에 불과할 뿐이다. 이처럼 새롭게 형성된 개념들의 엄격한 적용에 의해 인종적으로 구조화되거나 지배되는 상황에서의 정치에 관한 연구를 어떻게 긍정적으로 조명할 수 있을 것인지 예시하고자 한다.

여섯째, 국가에 관해서도 유사한 주장을 할 수 있을 것이다. 인종적, 종족적 계급 투쟁과 관련해 국가는 그동안 일관되게 전적으로 강제적이고, 지배적이며 음모론적 방식으로만 정의되었다. 전과 마찬가지로, 그람시는 이 세 가지와 모두 단호하게 결별한다. 국가의 '교육적' 역할, '이데올로기적' 특성, 헤게모니 전략 구축에서의 위치 등과 더불어 그람시가 제시한 지배/지도 구분은 — 비록 초기의 공식화는 아무리 엉성하다 할지라도 — 인종주의 실천과 국가의 관계나 이와 관련된 '탈식민 국가' 현상의 연구를 모두 바꿔 놓을 수 있을 것이다. 그람시가 세심하게 활용한 국가/시민사회 구분은 — 심지어 자신의 저작에서조차 일관성이 없을지라도 — 극도로 유연한 이론적 도구이며, 인종적으로 구조화된 사회구성체에서 이른바 '시민 사회'의 제도와 과정에 대해 연구자들이 과거에 그랬던 것보다는 더 진지하게 주목하게 유도할 수 있다. 학교, 문화 조직, 가족과 성 생활, 시민단체의 패턴과 양식, 교회, 종교, 공동체 혹은 조직 형태, 종족적으로 특수한 제도, 그리고 수많은 다른 유사한 장은 다양한 사회를 인종적으로 구조화된 형태로 생산, 유지, 재생산하는 데 절대적으로 불가결한 역할을 수행한다. 그람시에게 영향을 받은 분석이라면 어떤 것이든, 이러한 문제를 분석에서 더 이상 허울뿐인 위치에 내팽개치지는 않을 것이다.

일곱째, 똑같은 사고의 방향을 따라 가보면, 그람시의 분석은 사회 발전에서 항상 **문화적** 요인에 중심적인 역할을 부여하고 있음을 깨달을 수 있을 것이다. 여기서는 어떤 특수한 역사적 사회의 실천, 재현, 언어, 관습의 토대를 이루는 실제적 지형이라는 뜻으로 문화라는 용어를 사용한다. 문화는 또한 대중적 삶에 뿌리 내리고 있으면서 그 삶을 형성하는 데 도움이 되는 모순된 '상식' 형태를 의미한다. 또한 그람시가 '국민적-대중성'이라는 제목 아래 뭉뚱그린 독특한 문제의 전체 범위도 포함하고 싶다. 이 문제들은 대중적 헤게모니 구축에 중요한 장이 된다고 그람시는 이해한다.

정치적, 이데올로기 투쟁과 실천의 대상이 되는 핵심적인 이권이기도 하다. 또한 새로운 집단 의지의 발전에 잠재적인 장벽이 될 뿐 아니라 변화에 필요한 국가적인 자원이 되기도 한다. 예를 들면 이탈리아의 특수한 조건하에서 대중적 가톨릭 신앙은 어떻게 해서 세속적이고 진보적인 '국민적-대중적' 문화 발전을 저해하는 가공할 만한 대안이 되었는지, 이탈리아에서 가톨릭은 단순히 사라지길 기원하는 데 그치지 않고 어떻게 상대해야 할 것인지 그람시는 완벽하게 잘 파악했다. 마찬가지로 수많은 다른 사람들은 그리하지 못했지만, 그람시는 이탈리아에서 이탈리아 국민적-대중성 문화의 후진성을 '헤게모니화'하고 그것을 재편하여, 진정한 대중적 토대와 지지를 확보한 상태에서 반동적인 국가 형성에 편입하는 데에서 파시즘이 어떤 역할을 했는지 잘 파악했다. 인종과 종족성이 늘 강력한 문화적, 국민적-대중적 함축을 지니는 다른 비교 가능한 상황으로 옮겨 놓을 경우, 그람시의 강조 사항은 아마 엄청난 시사점을 주게 될 것이다

마지막으로, 이데올로기의 장에서 그람시의 저작을 인용하고자 한다. '인종주의'는 비록 전적으로 이데올로기적 현상은 아니지만, 중요한 이데올로기 차원을 지니고 있음은 분명하다. 따라서 유물론적 이데올로기 이론의 상대적 조잡함과 환원론은 이 영역에서 필요한 분석 작업에 상당한 걸림돌이었음이 밝혀졌다. 특히 동질적이고 비모순적 의식과 이데올로기 개념 때문에 분석이 상당히 축소되었으며, 대다수의 논평가들은 어떤 현상을 반드시 설명해야만 하는 상황에서 사실상 무방비 상태에 처하게 되었다. 가령 노동 계급이나 노동조합과 같은 관련 기관은 추상적으로는 반인종주의 입장에 헌신해야 마땅한데, 왜 이들 내부에 인종주의 이데올로기의 도입이 가능한지 설명하기 어렵다. '노동 계급의 인종주의' 현상은 설명이 필요한 **유일한** 부류는 결코 아니지만, 분석하기 대단히 어려운 부분이었다.

이데올로기 장의 형성과 변형, 대중 의식과 그 형성 과정 문제에 대한 그람시의 접근 방식 전체는 이 문제점을 결정적으로 완화해 준다. 다음과 같은 표현을 통해 종속적 이데올로기는 필연적으로 또 불가피하게 모순될 수밖에 없음을 그람시는 보여 준다. "석기 시대의 요소와 더 첨단 과학의 원칙, 과거 모든 역사 단계의 편견…… 미래 철학의 통찰력……" 이러한 이데올로기적 구성체를 지지하는 이른바 '자아'가 어떻게 해서 통일된 주체가 아니라 모순된 주체이자 사회적 구성물에 불과한지 그람시는 보여 준다. 이리하여 그람시는 '인종주의'에서 가장 흔하면서도 설명이 가장 덜된 특징 중 하나를 이해하는 데 도움을 준다. 이는 바로 자신들을 구속하고 제한하는 바로 그 인종주의 이데올로기를 신비화하는 데 인종주의 희생자들을 '복속'시킨다는 것이다. 그람시는 다양하고 흔히 모순되기까지 한 여러 요소가 어떻게 다양한 이데올로기 담론 내부에 엮여서 통합될 수 있는지 보여 준다. 또한 대중적 이념과 대중의 '상식'을 변화시키려 노력하는 이데올로기 투쟁의 속성과 가치에 대해서도 보여 준다. 인종주의 이데올로기를 분석하고 그 내부의 이데올로기 투쟁을 핵심으로 부각하는 데 이 모든 것은 엄청난 중요성을 지닌다.

더 자세히 살펴보면, 외관상 '유럽 중심적' 입장을 취하는 한계에도 **불구하고**, 이 모든 다양한 방식으로 (그리고 아마도 시간이 부족해 내가 미처 발전시키지 못했을지도 모르는 다른 방식으로도) 그람시는 현대의 인종적으로 구조화된 사회구성체 연구에서 가장 덜 알려져 있고 가장 이해되지 않았긴 하지만 이론적으로 가장 풍성한 새로운 아이디어, 패러다임, 시각의 원천임을 알 수 있다.

14

새로운 종족성

New Ethnicities

"New Ethnicities," in David Morley & Kuan-Hsing Chen (eds.), *Stuart Hall: Critical Dialogues in Cultural Studies*, London: Routledge, 1996, pp.441~449. 이 글은 원래 Kobena Mercer (ed.), ICA Documents 7: Black Film, British Cinema, 1989에 수록된 것이다.

그동안 내가 언급한 부분은 흑인 문화정치에서 진행되었고 (여전히 진행 중인) 중요한 추이를 찾아내고 특징지으려는 시도에 초점을 맞추었다. 손쉽게 서로 대치시킬 수 있을 정도로 확연하게 구분되는 두 단계가 있는데, 이 중 하나는 이미 끝난 과거에 속한 단계이고 다른 하나는 막 시작한 새로운 단계다. 이 점을 감안하면 이 추이는 최종적인 것이 아니다. 오히려 이 추이는 똑같은 움직임에서 두 단계가 서로 끊임없이 중첩되고 얽힌 상태라 할 수 있다. 이 둘은 똑같은 역사적 국면에 의해 틀지어졌고 반인종주의 정치와 전후 영국 흑인의 경험에 뿌리를 두고 있다. 그럼에도 불구하고 두 가지 다른 '계기'를 식별해낼 수는 있으며, 양자 사이의 차이는 의미심장하다고 생각한다.

이 계기들의 특징을 명확하게 지적하기는 어렵지만, 첫 번째 계기는 특정한 정치적, 문화적 분석에 기반을 두었다고 말하고 싶다. 정치적으로 볼 때, 이는 영국에서 인종주의와 주변화라는 공통된 경험을 지칭하는 한 가지 방안으로 '흑인'이라는 용어가 고안된 계기를 말한다. 이리하여 이 용어는 사실상 역사와 전통, 종족적 정체성이 매우 이질적인 여러 집단과 공동체 사이에서 새로운 저항의 정치를 조직화하는 범주를 제공하게 되었다.

정치적으로 보자면 바로 이 계기에서 말이다. '흑인이라는 경험'은 이질적인 공동체 사이에서 종족적, 문화적 차이를 가로질러 단일하고 통일된 정체성을 구축하는 틀의 구실을 했다. 그래서 물론 다른 종족적, 인종적 정체성이 사라지지 않은 상태라 할지라도, 이 흑인이라는 경험은 다른 정체성을 압도하는 '헤게모니적' 힘으로 작용했다. 지금까지 흑인은 압도적으로 백인 위주의 미학적, 문화적 담론에서 침묵하고 보이지 않는 '타자'로 설정되었는데, 문화적으로 볼 때 이 분석은 바로 이 방식에 대한 비판의 측면에서 형성되었다.

이 분석은 영국 문화에서 흑인이라는 경험이 주변화되었다는 점을 전제로 삼았다. 이 경험은 단순히 주변부에서 우발적으로 일어난 현상이 아니다. 그보다는 영국 사회에서 재현과 담론의 공간을 규제하고, 지배하며 '정상화'하는 아주 구체적인 여러 정치적, 문화적 관행의 결과로 생겨난 것이다. 이 경험은 처음에는 음악과 스타일, 나중에는 문학적, 시각적, 영화적 형태 분야에서 지배적인 재현 체제에 도전하고 저항하며, 가능하다면 변혁하려고 하는 문화정치의 존재 조건을 이루었다. 이 공간에서 그동안 흑인은 전형적으로 재현 실천의 대상이었을 뿐 주체가 되는 일은 드물었다. 재현을 장악하려는 투쟁은 흑인 주체의 재현에서 너무나 두드러진 특징이기도 한 물신화, 대상화, 부정적 형상화에 대한 비판을 전제로 했다. 단지 흑인 경험의 부재나 주변화를 우려하는 데 그치지 않고 흑인의 경험을 단순화하고 스테레오타입적인 특징화하는 현상 자체를 문제 삼았다.

이러한 비판을 중심으로 전개된 문화정치와 전략은 여러 가지 측면을 지니지만, 다음과 같이 두 가지를 주 대상으로 삼는다. 첫째는, 흑인 예술가와 문화 노동자 자신이 재현의 권리에 대한 **접근권**을 확보하는 문제다. 둘째는 '긍정적인' 흑인 이미지를 대안으로 제시하면서, 기존의 흑인 이미지에서 주변화, 스테레오타입화, 물신화된 속성에 **저항**하는 문제다. 이 전략이 변화의 주 대상으로 삼는 것을 나는 '재현의 관계'라고 부르고 싶다.

최근에 와서 우리는 또 하나의 새로운 단계로 접어들고 있다는 느낌을 강하게 받는다. 그러나 이 '새로운' 단계를 무슨 뜻으로 사용하는지 아주 명확하게 밝힐 필요가 있다. 왜냐하면 하나의 새로운 단계를 언급하는 순간, 한 가지 유형의 정치를 다른 것으로 **대체**하게 된다는 뜻이라고 사람들이 즉시 상상하기 때문이다. 분명히 밝히건대 나는 이러한 용어의 변화라는 뜻으로 말한 게 아니다. 비록 문제를 이런 식으로 '단계화'하려 안달하는 집단이나 사람도 일부 있기는 하지만, 정치란 반드시 이런 식으로 일련의 대립과 역전의 방식으로만 전개되지는 않는다. 이러한 문제를 낳은 여건, 즉 듀스베리 형태의 문화적 인종차별주의[162]가 지속될 뿐 아니라 대처리즘하에서 오히려 적극적으로 세를 떨치는 상황에서는, 지배적인 인종과 재현 관계, 그리고 그것을 중심으로 전개되는 정치에 대한 초기의 비판은 소멸하지도 않았을 뿐 아니라 아마 그렇게 될 수도 없을 것이다. 흑인 문화정치에서 하나의 새로운 단계가 이전 단계를 대체한다는 것은 말이 안 된다. 그럼에도 불구하고 투쟁이 진전을 이루어 새로운 형태를 취하게 되면, 서로 관련된 다양한 문화적 전략 사이에서 어느 정도 **대체**하고, 재조직화하고 위치 조정을 하게 되는 것은 사실이다. 만일 이를 '재현의 책임'이라는 측면에서 파악할 수 있다면, 요지를 이런 형태로 표현하겠다. 흑인 예술가와 문화 노동자는 이제 하나의 전선이 아니라 **두 가지** 전선에서 투쟁해야

162 요크셔의 듀스베리라는 도시에서는 아시아계 학생이 압도적으로 많은 지역 학교에서 백인 학부모들이 자녀의 등교를 거부하는 바람에 전국적인 주목을 끌게 되었다. 학교 커리큘럼에서 '잉글랜드' 문화를 더 이상 가르치지 않는다는 이유로 학부모들이 이 난리를 피웠다. 다문화 교육에 대한 우파의 저항은 브래드포드Bradford 교장인 레이 허니포드Ray Honeyford를 둘러싸고 벌어진 논란에서도 저변에 깔려 있었다. Gordon(1987)을 보라.

한다는 것이다. 만일 실로 그러한 변화가 이미 일어났거나 지금 일어나고 있다는 데 모두 동의한다고 치자. 그리고 이분법적 대립과 대체의 언어로는 더 이상 충분치 않게 되었다고 치자. 그렇다면 문제는 어떻게 이러한 변화의 특징을 규정할 것인가 하는 점이다. 내가 제시하고자 하는 특징 규정은 잠정적인 데 불과하며, 이 글의 맥락에서 몇몇 관련 이슈를 점유하기보다는 주로 검토, 규명하기 위해 제안한 것이다.

이 변화는 재현 관계를 둘러싼 투쟁에서 재현 자체의 정치로 옮아갔다는 관점에서 파악하는 게 가장 정확하다. 그러한 '재현의 정치'는 그 다양한 구성 요소로 분해해서 보면 도움이 될 것이다. 지금 우리는 모두 재현이라는 단어를 사용하지만, 아시다시피 이는 매우 까다로운 고객이다. 한편으로 보면 재현은 단순히 사물을 재현하는 수단 '외부'에 존재하는 현실을 묘사하는 방식을 달리 표현한 것에 불과할 뿐인데, 이는 재현은 모방이라는 이론에 근거한 개념이다. 다른 한편으로는 이 용어는 이처럼 재현 개념을 무비판적으로 받아들이는 생각을 아주 급진적으로 바꿔 놓은 것일 수도 있다. 개인적 소견으로는, 물론 사건, 관계, 구조는 담론의 영역 바깥에 존재 조건과 현실적 효과를 갖기는 하지만, 오로지 담론 내에서만 그리고 구체적 조건과 제약, 형태의 영향 아래에서 그 의미가 구성되거나 구성될 수 있다. 따라서 담론의 관할 영역을 무한정 확장하고 싶지는 않지만, 사물의 재현 방식, 그리고 어떤 문화에서 재현의 '장치'와 체제는 단순히 사건 이후의 반영 역할이 아니라 **구성적** 역할을 수행한다. 이 때문에 문화와 이데올로기의 문제, 그리고 — 주관성, 정체성, 정치 등으로 이어지는 — 재현의 시나리오는 사회적, 정치적 삶의 구성에서 단순히 표현하는 위치가 아니라 형성하는 위치에 있게 된다. 지금 흑인 문화에서 발생해서 재현의 정치를 바꿔 놓는 것은 바로 이 두 번째 의미의 재현을 향한 움직임이라고 생각한다.

이는 복잡한 이슈다. 첫째, 이는 흑인 문화정치가 (최근에 이르러 재현의 정치에 분석을 집중해 온) 유럽 중심의, 주로 백인의 비판적 문화 이론 담론과 이론적으로 대면하면서 생겨난 효과다. 이러한 만남은 비록 위험한 정도는 아니지만 항상 대단히 어려운 것이었다. (그중에서도 흑인들이 후기 구조주의, 포스트모더니즘, 정신 분석과 페미니즘과 대면하게 된 일을 들고 싶다.) 둘째, 이는 '순진함의 종말'이라 할 수밖에 없는 현상, 혹은 본질적인 흑인 주체라는 순진한 개념의 종말을 의미한다. 다시 말하면 본질적인 흑인 주체의 종말이란 사람들이 점차 더 깊이 숙고하기는 하면서도 아마 그 정치적 효과는 미처 충분히 생각해내지 못했을 만한 바로 그 무엇이다. 여기서 쟁점은 '흑인'이라는 범주를 구성하는 주관적 위치, 사회적 경험, 문화적 정체성이 엄청나게 다양하다는 점을 인정하는가 하는 문제다. 즉 기본적으로 '흑인'이란 정치적, 문화적으로 **구성된** 범주이어서, 일련의 고정된 초문화적, 혹은 추상적 인종 범위를 근거로 삼을 수 없으며, 따라서 자연에서 보증을 얻을 수 없다는 인식 말이다. 바로 이 때문에 흑인 주체의 역사적, 문화적 경험이 엄청나게 다양하고 갈래가 많다는 점을 인식하게 되었다. 또한 이 때문에 흑인이라는 용어와 관련된 '인종'이나 인종의 어떤 구성 개념이 어떤 문화적 실천의 유효성을 보장해 줄 것이라든지, 어떤 궁극적인 의미에서 그것의 미학적 가치를 결정할 것이라는 생각은 불가피하게 약화하거나 희석된다.

이 점을 가능하면 쉽게 설명해 보겠다. 어떤 영화는 흑인이 제작한다고 해서 반드시 좋다고 할 수 없다. 흑인의 경험을 다룬다는 사실만을 이유로 반드시 '진보적'으로 되지는 않는다. 본질적 흑인 주체의 종말이라는 정치 속에 일단 접어들고 나면, 끊임없이 불확실하고 보장 없는 정치적 논쟁과 토론의 소용돌이 속에 그대로 휘말리게 된다. 바로 비판적 정치, 비판의 정치 말이다. 그렇게 되면 과거의 나쁜 본질적 백인 주체 대신에 본질적으로 착한 새 흑인 주체로 바꿔치기 하는 식으로 단순히 몇 가지를 뒤집어 놓는 전략으로 흑인 정치를 수행하기란 더 이상 불가능해진다. 이제 그러한 공식화는 마치 정치 세계 전체의 붕괴를 초래할 것처럼 위협적으로 보일 수도 있다. 이와 반대로, 한때 불가피한 허구로만 보였던 것이 이제는 지나가 버렸다고 크게 안도하며 이를 반가워할 수도 있다. 말하자면 모든 흑인이 좋은 편일 수도 있고, 실로 모든 흑인이 다 **똑같은** 존재일 수도 있다는 것이다. 따지고 보면, '모두 똑같아 보이기 때문에 차이가 없어 보인다'는 점이 바로 인종주의의 속성 중 하나다. 이 점을 감안하면 차이를 대상으로 하면서도 차이를 통해 작동하는 정치를 어떻게 구축할 것인지 구상하기란 결코 쉽지 않다. 그러한 정치는 공동의 투쟁과 저항이 가능하도록 연대와 일체감의 형태를 구축하면서도 이해관계와 정체성의 진정한 이질성을 억압하지 않으며, 정치적 투쟁에 없어서는 안 되는 정치적 경계선을 효과적으로 설정하면서도 그 경계를 영원히 고착시키지 않는다. 그러기 위해서는 그람시가 '기동전'이라 부른 방식에서 '진지전,' 즉 위치 설정을 둘러싼 투쟁으로 흑인 정치 운동이 이행해야 한다. 그러한 정치를 개념화하기 어렵다고 해서 (그리고 일종의 끊임없이 부유하는 담론적 자유-다원주의로 빠져 버리고 싶은 유혹을 느낀다고 해서) 그러한 정치를 개발하는 과제의 책임이 우리에게 면제되지는 않는다.

또한 본질적 흑인 주체의 종말을 깨닫고 나면 다음과 같은 점을 인식하게 된다. 인종 관련 핵심 이슈들은 역사적으로 보면 늘 특정 구성체 안에서 다른 범주나 구분과 접합 상태에서 등장하며, 계급, 젠더, 종족성이라는 여러 범주와 끊임없이 교차하고 재교차한다는 것이다. (나는 여기서 인종과 종족성을 구분하는데, 이 구분은 나중에 다시 살펴볼 것이다.) 내가 생각하기에는, 예컨대 〈영역*Territories*〉(1984),[163] 〈기억의 열정*Passion of Remembrance*〉(1986),[164] 〈나의 아름다운 세탁소*My Beautiful Laundrette*〉(1985),[165] 〈새미와 로지 잠자리에 들다*Sammy and Rosie Get Laid*〉(1987)[166] 같은 영화는 이 변화가 상호 연계적인 현상임을 매우 뚜렷하게 보여 준다. 그리고 계급, 젠더, 섹슈얼리티, 종족성의 차원을 고려하지 않은 채 흑인 주체 문제를 제시할 수는 없다는 점도 보여 준다.

차이와 저항

이러한 재현의 정치에서 초래된 또 한 가지 결과는 우리가 의식 깊숙이에서는 동일시와 욕망 사이에서 오락가락한다는 점을 점차 깨닫게 되었다는 것이다. 우리는 보통 동일시가 단순한 과정으로 고정된 '자아'(이는 우리에게 속하거나 속하지 않거나 둘 중 하나일 뿐이다)를 중심으로 구조화되어 있다

163 아이작 줄리언Isaac Julien이 영국의 흑인 문화에 관해 제작한 실험적 다큐멘터리로, 전통적 미디어가 흑인을 재현하는 방식이나, 노팅힐 카니발을 저항에 관한 이벤트로 변질해서 재현하는 방식을 비판하고 있다. 이 영화는 흑인의 삶에 작용하는 인종, 계급, 섹슈얼리티 등의 다양한 의제를 예시하기 위해 복수의 '영역*Territories*'이라는 제목을 붙였다. — 옮긴이

164 모린 블랙우드Maureen Blackwood와 아이작 줄리언이 제작한 영화로 흑인 경험의 총체성과 다양성을 주제로 삼았다. 영국 내 영화 제작자 한 세대가 경험하고 상상한 흑인이라는 경험의 다양한 차원을 모자이크식으로 재현해 호평을 받았다. — 옮긴이

165 스티븐 프리어스Stephen Frears 감독이 파키스탄 출신 작가인 하니프 쿠레이시의 원작을 영화한 것이다. 파키스탄 출신의 두 젊은이가 망해 가는 세탁소를 인수하는 과정에서 일어난 일을 소재로 삼아, 영국의 인종 문제와 경제 상황을 예리하게 뚫어본 영화로 평가받고 있다. — 옮긴이

166 하니프 쿠레이시의 원작을 토대로 스티븐 프리어스 감독이 제작한 영화다. 사생활이 난잡한 동거 커플의 집에 아버지가 갑자기 찾아오면서 일어난 에피소드를 다룬 영화인데, 전통적이고 보수적인 아버지와 자유분방한 자식 세대 간의 갈등을 통해 당대 영국의 사회적, 성적 무질서를 조명했다. — 옮긴이

고 생각한다. 인종주의의 구성을 가능하게 해 주는 정체성과 차이의 작동 방식은 흑인을 열등한 종으로 위치지우는 데서 추진력을 얻을 뿐 아니라, 이와 동시에 표현할 수 없는 부러움과 욕망에 의해서도 힘을 받게 된다. 바로 이 점을 인식하고 나면 우리가 지금까지 갖고 있던 고정된 정치적 범주 중 많은 부분을 근본적으로 **폐기**하게 된다. 왜냐하면 이러한 인식은 동일시와 타자성의 과정이, 지금까지 상상한 것보다 훨씬 더 복잡하다는 사실을 암시해 주기 때문이다.

물론 인종주의는 인종적으로 구성된 여러 범주 사이에 넘을 수 없는 상징적 경계를 구축하는 방식으로 작동한다. 인종주의에 전형적인 이분법적 재현 체제는 속함과 타자 사이의 차이를 끊임없이 부각하고는 그 차이를 고착화하고 자연화하려 애쓴다. 이러한 경계를 따라서 가야트리 스피박Gayatri Spivak(1987)이 — 제국주의, 피식민화, 오리엔탈리즘, 이국적, 원시적, 인류학적, 민속적 담론 등 — 타자 담론의 "인식론적 폭력epistemic violence"이라 부르는 현상이 발생한다. 그 결과 반인종주의 담론은 흔히 식민주의 담론의 '마니교적 미학Manichean aesthetics'[167]을 반대로 뒤집어 놓는 식의 역전과 자리바꿈 전략을 근거로 삼아왔다. 하지만 프란츠 파농Frantz Fanon이 끊임없이 일깨워 주었듯이 인식론적 폭력은 외부적이면서 동시에 내부적이며, 균열의 양쪽, 즉 내부와 외부 양쪽을 모두 균열시키는 과정을

167 여기서 마니교적 미학이란 아프리카 케냐 출신의 포스트식민주의 이론가인 압둘 R. 잰모하메드Abdul R. JanMohamed가 1983년 출판한 《마니교적 미학: 식민지 아프리카 문학의 정치*Manichean Aesthetics: The Politics of Literature in Colonial Africa*》를 지칭하는 듯하다. 이 저자는 프레드릭 제임슨의 '정치적 무의식'이라는 관점에 입각해, 아프리카의 식민주의와 노예제 역사의 모순된 역사적 환경이 아프리카 문학에서 식민주의와 아프리카 문학 전통 간의 적대적이고 모순된 관계로 어떻게 나타나고 있는지를 분석했다. — 옮긴이

통해 작동한다. 바로 이러한 이유 때문에 이는 '검은 피부'의 문제일 뿐 아니라 '검은 피부, 하얀 가면'의 문제, 다시 말해 타자로서의 자아 내면화 문제이기도 하다. 남성성이 여성성을 늘 — 동시에 성모이자 매춘부라는 — 이중성으로 구성하는 것과 꼭 마찬가지로, 인종주의 역시 흑인 주체를 고귀한 야만인이자 폭력적 복수를 노리는 존재로 구축한다. 이러한 짝짓기에서 공포와 욕망은 상호 연계되고 타자성의 여러 구조를 가로질러 작동하기 때문에 그것의 정치는 복잡해진다.

최근 로버트 매플소프Robert Mapplethorpe의 사진 텍스트, 특히 그의 흑인 남성 누드 묘사에 관한 몇몇 논문을 읽었는데 이는 모두 흑인 비평가나 문화 실천가가 쓴 글이었다(Mercer, 1987; Bailey, 1986에 실린 여러 편의 논문). 이 논문들은 적절하게도 매플소프의 작품에서 물신화의 수사, 흑인 이미지의 파편화와 대상화를 찾아내는 작업으로 시작해 이것들을 백인, 게이의 시선 안에 전유하는 형태로 간주한다. 그러나 내가 읽은 바로는 이 텍스트의 생산과 해독에서 모두 다른 무엇인가도 일어나는 것 같다. 매플소프를 백인 물신주의적, 게이 사진 작가로 위치 매김할 수 있다고 해서 그의 작품을 둘러싼 끊임없는 탐색이 끝나지는 않는다. 왜냐하면 이 작품에는 욕망의 은밀한 귀환의 흔적도 나타나있기 때문이다. 바로 이처럼 동일시에서 깊숙이 작용하는 이중적 태도는, 이전에 흑인 문화정치와 흑인 문화 텍스트에 관해 사고하고 논쟁할 때 사용한 범주들의 타당성을 근본적으로 흔들어 놓는다. 이 때문에 다음과 같이 반갑지 않은 사실이 표면화하게 된다. 인종과 종족성 문제와 직접 관련해서 구축되고 제기되고 개발된 흑인 정치의 상당 부분이, 젠더와 섹슈얼리티의 범주는 늘 변함없고 고정되고 확정된 상태로 머물러 있을 것이라는 가정에 입각해 있었다는 사실 말이다. 새로운 재현 정치가 하는 일은 이에 의문을 제기하고, 인종주의 문제를 섹슈얼리티 문제와 돌이킬 수 없을 정도로 서로 교차시키도록 하는 일이다. 〈기억의 열정〉에서 우리의 고착된 정치적 습관에 마지막까지 그렇게 거슬리는 부분은 바로 그것이다. 이처럼 이중적인 파괴에는 다른 종류의 정치가 필요하다. 왜냐하면 주지하다시피 흑인 급진 정치는 그동안 흔히 특정한 흑인 남성성 관념을 중심으로 고착되었는데, 현재에 와서야 흑인 여성과 흑인 게이 남성이 이 남성성에 대해 의문을 제기하고 있기 때문이다. 또한 어떤 지점에서는 계급에 관해서는 근본적인 부재 혹은 더 전형적으로는 회피적 침묵이 흑인 정치의 기조를 이루었다.

새로운 재현의 정치에 깊이 내재하는 또 다른 요소는 종족성 문제와 관련이 있다. 나는 개념으로서 '종족성'이 지니는 모든 위험을 잘 알고 있다. 그리고 영국스러움이라는 문화적으로 구성된 인식 형태의 종족성, 특히 폐쇄적이고 배타적이며 퇴행적인 형태의 영국 국가 정체성으로서의 종족성은 오늘날 영국 인종주의의 핵심적 특성 중 하나라는 사실에 관해 스스로 글을 쓴 적도 있다(Hall, 1978b). 반인종주의의 정치는 종종 '다종족성 multi-ethnicity'이나 '다문화주의'에 대한 반대의 측면에서 구축되기도 했다는 사실도 잘 알고 있다. 반면에, 흑인 주체를 둘러싼 재현의 정치가 변화함에 따라, '종족성'이란 용어 자체의 의미를 놓고 새롭게 벌어지는 투쟁을 우리는 목격하기 시작하게 될 것이라고 생각한다.

만일 흑인 주체와 흑인의 경험이 자연이나 어떤 다른 본질적 보장에 의해 고착되지 않는 것이라면, 역사적으로, 문화적으로, 정치적으로 구축되어야 마땅한데, 이를 지칭하는 개념이 바로 '종족성'이다. 종족성이란 용어는 모든 담론이 장소, 위치, 상황에 기반하며, 모든 지식이 맥락적이라는 사실을 인정할 뿐 아니라, 주체성과 정체성 구성에서 역사, 언어, 문화의 역할도 인정한다. 의미 규칙은 역사성이 있고 특정한 공간과 시간의 담론 구성체 내부에 위치하는데, 모든 발언은 항상 이러한 의미 규칙 내부에서 생산된다는 바로 그 이유 때문에 재현이 가능해진다. 서구의 '중심화'된 담론은 보편주의적 속성을 띤다고 주장할 뿐 아니라, 스스로 모든 곳에 존재하면서도 어떤 곳에도 존재하지 않는 실체로서 모든 세계를 대표하는 초월적 주체라고 주장하는데, 이 담론을 폐기하면 이 주장에도 의문이 제기될 수 있다. 인종주의 담론에서는 이처럼 차이에 근거해 종족성을 파악하는 방식을 인종주의와 억압의 현실을 부인하는 수단으로 활용한 게 사실이다. 하지만 그렇다고 해서 이 용어를 영구적으로 식민화의 대상으로 방치할 수 있다는 뜻은 아니다. 그러한 전유는 투쟁의 대상으로 삼아야 할 것이며, 그 용어는 '다문화주의' 담론의 위치로부터 탈접합하고 초코드화해야 하는데, 이는 마치 우리가 이전에 '흑인'이란 용어를 부정적 등가 체제에서의 원래 위치에서 탈환해야 했던 것과 마찬가지다. 그러므로 새로운 재현의 정치는 '종족성'이란 용어를 둘러싸고 이데올로기 투쟁도 작동시킨다. 하지만 그러한 운동을 한 단계 더 나아가 추진하기 위해서는 **차이** 개념을 다시 이론화해야 할 것이다.

흑인 문화 생산의 다양한 실천과 담론에서 바로 그러한 새로운 종족성 개념의 구축이 눈에 띠기 시작하는 것 같다. 이는 **차이**를 억압하기보다는 차이와 씨름하고, 부분적으로는 새로운 종족 정체성의 문화적 구축에 의존하는 그러한 새로운 문화정치다. 재현과 마찬가지로 차이 역시 까다롭고 유동적인 개념이며, 따라서 투쟁 대상이 되는 개념이다. 한편으론 급진적이고 극복할 수 없는 단절을 만들어 내는 '차이'가 있다. 상대적이고 조건부적이며 국면적인 차이도 있는데, 이는 데리다의 차연differance 개념에 가깝다. 물론 정치성을 유지하려 한다면 기표의 무한한 미끄러짐이라는 관점에서만 차이를 정의할 수는 없기는 하지만 말이다. 그간 지배 담론에서는 종족성이 바로 민족주의, 제국주의, 인종주의와 국가 등과 짝짓기를 해 동일한 반열에서 작동했는데, 이 개념들은 독특하게 영국적인, 혹은 더 정확하게는 잉글랜드적인 종족성의 구축을 가능하게 해 주는 착근점 구실을 했다. 이러한 단어들에서 종족성을 **떼 내기** 위해서는 여전히 할 일이 아주 많다. 그럼에도 불구하고 그러한 프로젝트는 가능할 뿐 아니라 필수적이라고 생각한다. 실로 국가의 폭력에서 종족성을 분리하는 일은 〈기억의 열정〉, 〈핸드워스의 노래*Handworth Songs*〉(1986)[168] 같은 영화에서 진행되는 몇몇 새로운 문화적 실천 형태에도 함축되어 있다. 요새화되고 헤게모니적인 '영국스러움'이란 개념에 대항하여 비강제적이면서도 더 다양한 종족성 개념을 재현하는 방안에 관해 우리는 고민하기 시작했다. 과거 대처리즘하에서 보듯이 영국스러움이란 종족성은 지배적인 정치적, 문화적 담론의 너무나 많은 부분을 고착화하려 하며, 헤게모니 세력이기도 하기 때문에 아예 자신을 종족성으로 표방하지도 않는다.

이제 투쟁은 단순히 반인종주의와 다문화주의 사이에서 벌어지지 않고 종족성 개념 자체의 **내부에서** 벌어지기 때문에, 투쟁의 지점이 진정으로 변화해야 한다. 여기서 필요한 것은 두 가지 종족성 개념을 분리하는 일이다. 한편으로는 종족성을 국가와 '인종'으로 연결해 주는 지배적 개념이 있고, 다른 한편으로는 내 생각엔 변방, 주변부의 긍정적 종족성 개념의 시작에 해당하는 부분이 있다. 말하자면, 우리는 모두 특정한 장소로부터, 특정한 역사, 특정한 경험과 특정한 문화에 근거하되, '종족 예술가'나 영화 제작자라는 그 위치에 의해 제약을 받지 않은 채 발언한다는 인식 말이다. 그러한 의미에서 우리는 모두 **종족적으로** 위치지어졌고 종족적 정체성은 우리가 누구인지를 주관적으로 깨닫는 데 필수적이다. 그러나 또한 영국

168 존 아콤프라John Akomfrah가 영국 버밍엄의 핸드워스 구역과 런던 도심에서 일어난 소요를 소재로 삼아 만든 실험적 다큐멘터리로, '채널 4'에서 방영되었으며 여러 차례 관련 상을 수상하는 등 호평을 받았다. 이 다큐멘터리는 당시의 소요를 영국 사회에서 흑인에 대해 장기간 행해진 억압, 더 멀게는 산업 침체와 몰락에 대한 불만과 연결지었다. — 옮긴이

스러움이 그랬듯이 이는 다른 정체성을 주변화하고 추방하고 대체하고 망각하는 방식으로만 존속할 운명에 있는 종족성은 아니라는 점도 인식해야만 한다. 이는 바로 차이와 다양성을 기반으로 하는 종족성의 정치다.

내가 생각하기에 이 새로운 재현의 정치에 필요한 마지막 사항은 다음과 같은 문제에 관해 자각하게 되는 것과 관련이 있다. 즉 흑인의 경험을 **디아스포라**의 경험으로 자각하고, 이 경험이 흔들어 놓기, 재결합, 혼종화, '잘라 붙이기' 과정, 요컨대 그 경험이 함축하는 문화적 (매끄럽지는 않지만 신조어로 표현하자면) **디아스포라화**에 초래하는 여러 효과를 자각하는 일이다. 우리가 논의 중인 영국의 젊은 흑인 영화와 영화 제작자의 사례를 보자면, 디아스포라의 경험은 분명 다음과 같은 곳에서 엄청나게 영향을 받고 풍부한 자양분을 얻었다. 예를 들자면, 제3세계 영화의 등장이라든지 아프리카의 경험이 그런 영향을 미쳤고, 아프리카계 카리비아인의 경험도 관련이 있으며, 아시아와 아프리카 문화에서 심오한 유산으로 물려받은 정교한 재현 체제와 미학적 전통도 그랬다. 그러나 이처럼 풍부한 여러 문화적 '뿌리'에도 불구하고, 새로운 문화정치는 새롭고 아주 독특한 기반, '영국인'의 의미를 놓고 벌어지는 투쟁을 기반으로 삼아 전개되고 있다. 이 문화정치가 과거와, 또한 그 다양한 '뿌리'와 맺는 관계는 아주 깊지만 복잡한 것이다. 이 관계란 단순하거나 비매개된 것일 수가 없다. (〈꿈꾸는 강*Dreaming Rivers*〉[169] 같은 영화가 일깨워 주듯이) 이는 기억, 환상과 욕망에 의해 복잡하게 매개되고 변형된 것이다. 혹은 심지어 〈핸드워스의 노래〉처럼

169 마틴 아틸Martin Attille 감독이 1988년 영국에서 제작한 30분짜리 단편 영화로, 이민의 경험이 현대 가족의 삶에 어떤 영향을 미치는지를 보여 준다. 영화에서 카리브 출신 미스 T의 남편과 자식은 각자 꿈을 찾아서 떠나고, 자신은 작은 아파트에서 혼자 살고 있다. 미스 T가 사망한 후 가족과 친구들이 모여 단편적인 기억을 교환하며 이 여성의 삶을 엮어 내는 식으로 영화는 전개된다. — 옮긴이

노골적으로 정치적인 영화조차도 뚜렷하게 보여 주듯이, 이 관계는 상호텍스트적이어서 다른 다양한 '텍스트'를 통해 매개된다. 그러므로 현재의 범주를 통해 재경험되지 않고 단순한 선조식의 과거의 '복원'이나 '회복'이란 것은 존재할 수가 없다. 다시 말해 현재의 여러 테크놀로지와 정체성에 의해 변형되지 않고 전통적 형태를 단순히 복제하는 형태로 창조적 표현을 한다는 발상은 불가능하다. 이 점은 이미 일찍이 〈블랙 브리타니카*Blacks Britannica*〉(1978)[170] 같은 영화에서 단초를 제시한 것이며 아주 최근에는 폴 길로이(1988)의 중요 저서인 《유니언 잭에는 흑인이 없다*There Ain't No Black in the Union Jack*》에서도 제시한 아이디어다. 15년 전만 해도 영국의 국기에 흑인이 포함되든 말든 신경 쓰는 사람도 없었고, 적어도 나 역시 그랬다. 하지만 이제 우리는 이 문제에 신경을 쓰고 있으며, 그리 **해야만 한다**.

또한 이 마지막 지적은 나라면 흑인 문화정치에서 어떤 비판적 무지의 종말이라 부를 그러한 시대가 가까워지고 있음을 시사해 준다. 그리고 몇 달 전 살만 루슈디Salman Rushdie와 내가 〈가디언*Guardian*〉 지면에서 벌인 토론을 여기서 잠시 살펴보는 게 아마 적절할 듯하다. 당시의 토론은 〈핸드워스의 노래〉나 〈기억의 열정〉이 훌륭한 영화인지 아닌지에 관한 것이 아니었다. 왜냐하면 내가 발언한 바에 비추어 보자면, 일단 이 특정한 문제틀 안으로 들어서고 나면, 좋은 영화란 무엇이며 어느 부분이, 왜 훌륭한가 하는 문제는 비평의 정치에서 대상이 되기 때문이다. 일단 본질주의적 범주를 폐기하고 나면 비평의 정치 외에는 대안이 없어지며, 흑인 문화에

170 데이비드 코프David Koff가 보스턴 공영 텔레비전 방송사용으로 제작한 1시간짜리 다큐멘터리다. 영국의 흑인 이민에 대한 차별 문제를 경제적 구조와 영국 정치 상황과 관련지어 마르크스주의적 시각에서 접근하고 있어, 논란을 일으켰다. 특히 과격한 시각을 우려한 방송사에서 별도의 편집판으로 만들어 방영하는 바람에 창작의 자유와 검열 문제를 둘러싸고 뜨거운 논쟁이 뒤따랐다. — 옮긴이

서 비평의 정치로 진입한다는 것은 곧 더 성숙해져 비판적 무지의 시대에서 탈피한다는 뜻이다.

내가 문제 삼은 부분은 살만 루슈디의 특정한 판단이 아니라 그가 문제를 접근하는 방식이었다. 내가 보기에 루슈디는 〈가디언〉의 다른 논평자처럼 안정되고 잘 짜인 비평 기준에 따라 영화를 살펴보는 것 같았다. 아마 그리 설득력 있게 받아들여진 것 같지는 않지만 내가 말하려는 바는 이런 내용이었다. 내 생각에 이는 정치적 비평의 근거로서 부적합할 뿐 아니라, 이 영화 제작자들이 작업하는 데 가해지는 제약, 그리고 바로 혁신의 그 징후를 읽어 내지 못한다는 것이다. 대안적인 접근 방식으로는 어떤 게 가능할지는 규정하기 어렵다. 흑인이 만들었기 때문에 좋은 영화라 생각한다고 살만 루슈디가 말하기를 바란 것은 확실히 아니었다. 그러나 '우리 창조적 예술가들은 모두 어떤 게 좋은 영화인지 알기' 때문에, 이건 별로라고 생각한다고 루슈디가 말하길 원치도 않았다. 왜냐하면 이 초월적이고 전범 수준의 문화 범주를 활용해 미학적 가치 문제를 해결할 수 있다고는 더 이상 믿지 않기 때문이다. 이 밖에 또 다른 시각도 가능하다고 생각하는데, 흑인의 재현을 둘러싼 지속적인 투쟁과 정치 **내부에** 위치하면서도, 주제, 재현 형태, 재현의 소재, 그리고 무엇보다 재현 체제에 관해 지속적으로 비판적 담론을 개척해 줄 수 있는 시각 말이다. 당시에는 새로운 흑인 영화 제작과 관련해 그 비판적 접근 양식을 검토하고 바로 세우기 위해 개입하는 일이 중요하다고 생각했다. 그런데 그것은 아시다시피 대단히 어려운 일이다. 왜냐하면 늘 그렇듯이 그렇게 개입하는 과정에서 나 역시 접근 양식을 잘못 선택했기 때문이다! 그의 〈가디언〉 기사와 관련해 〈핸드워스의 노래〉에 관한 살만의 판단은 구제 불능일 정도로 틀렸다고 생각하지만, 그렇다고 해서 《한밤의 어린이*Midnight's Children*》[171]의 수준에 관한 내 판단이 결코 나빠지지는 않는다는 사실을 나는 제대로 전달하지 못했다. 비평의 정치는 양면을 파악할 수 있어야 한다는 바로 그 이유 때문에도, 제대로 하지 못한 네 대해 유감을 느낀다.

그러한 식의 비평 정치는 (예를 하나만 들자면) 〈나의 아름다운 세탁소〉가 왜 근년에 흑인 작가가 만든 가장 매력적이고 중요한 영화 중 하나이면서도 왜 바로 다음과 같은 특징 때문에 논란거리가 되었는지 동시에 말할 수 있어야 한다. 이 영화는 영국에서의 흑인이라는 경험을 획일적이고 자족적이고 성적으로 안정되고 항상 '올바른,' 다시 말해 항상 그리고 오로지 '긍정적인,' 혹은 하니프 쿠레이시Hanif Kureishi가 "격려성 허구cheering fictions"라고 부른 존재로 재현하길 거부했다.

> [여기서] 작가는 홍보 담당자이자 고용된 거짓말쟁이다. 만약에 인종과 피부색이 뒤섞여 있고 히스테리와 절망이 지배하는 현재의 영국을 진지하게 이해하려는 시도가 가능하려면, 이 현상에 관한 글쓰기는 정교해야 한다. 변호하려고 해서도, 이상화해서도 안 된다. 감상에 빠져서도 안 되며, 단 하나의 집단이 덕성을 독점하는 것처럼 묘사해서도 안 된다(Kureish, 1985).

〈나의 아름다운 세탁소〉는 텍스트가 젠더, 인종, 종족성, 섹슈얼리티, 계급 간의 경계를 가로지르고 있어, 특히 메시지에 대한 장악이나 파악 면에서도 중요한 영화다. 〈새미와 로지 잠자리에 들다〉는 어떤 면에서는 일관성이 떨어지고, 방향 감각이 뚜렷하지 않고, 거의 통제 불능의 냉혹한 분노에 휘둘리기도 했지만, 이 역시 대담하고 모험적인 영화다. 우리는 바로

171 루슈디가 1981년에 발표한 소설이다. 이후 2012년에 이를 토대로 같은 제목의 영화가 만들어졌고, 밴쿠버 국제 영화제, 토론토 국제 영화제 등에서 상영되어 호평을 받았다. — 옮긴이

이러한 비판적 판단을 제시하고 끝가지 고수해야 하지만, 흑인 재현의 정치라는 프로젝트에 대한 본질적인 헌신을 약화시키지 않으면서도 의견을 수정할 수 있어야 한다.

15

흑인 대중문화에서 이 '흑인'이란 무엇인가

What is This 'Black' in Black Popular Culture?

"What is This 'Black' in Black Popular Culture?" in David Morley & Kuan-Hsing Chen (eds.), *Stuart Hall: Critical Dialogues in Cultural Studies*, London: Routledge, 1996, pp.465~475. 이 글은 원래 Gina Dent (ed.), *Black Popular Culture*, Seattle: Bay Press, 1992에 수록된 것이다.

이런 질문으로 시작해 보자. 지금 어떤 부류의 계기에서 흑인 대중문화 문제를 제기하는가? 이 계기들은 항상 국면적 성격을 띤다. 거기엔 역사적 구체성이 있다. 그리고 비록 이런 질문을 제기하게 된 계기와 유사성이나 연속성을 항상 보인다 할지라도, 서로 똑같은 계기란 결코 없다. 유사성과 차이점의 결합은 계기의 구체성뿐 아니라 질문의 구체성도 규정한다. 이에 따라 우리가 대중문화에 개입하려 할 때 사용하는 문화정치 전략, 그리고 그러한 조합과 보조를 맞춰야 하는 문화 이론과 비평의 형태와 스타일도 규정된다. 코넬 웨스트Cornel West는 〈차이의 새로운 문화정치The New Cultural Politics of Difference〉(1990: 19~36)라는 중요한 논문에서, 이 계기의 성격에 관한 계보학, 즉 현재의 계보학을 제시하는데, 이는 탁월하게 간결하면서도 통찰력 있는 분석이다. 웨스트의 계보학은 내가 이전에 집필해 다소 악명을 떨치게 된 글(Hall, 1988: 27~31)에서 제시한 입장을 어느 정도는 따르고 있다. 그러나 이 계보학은 또한 그 계기를 미국의 맥락에 대입하고, 그 계기와 맞물린 인지적, 지적, 철학적 전통과 관련지어 파악한다.

웨스트에 따르면, 계기, 다시 말해 이 계기에는 세 가지 일반적 좌표가 있다. 첫째는 유럽식의 고급 문화 모델, 보편적 문화의 주체로서의 유럽, 과

거의 아놀드식으로 마지막 도피처로 문화 자체를 해독하던 방식을 (이 밖에 다른 악당들도 거의 입 밖에 뱉을 뻔 했으나 그게 누군지는 말하지 않겠다) 폐기한 것이다. 적어도 이런 식의 문화가 무엇을 거부했는지는 우리도 안다. 가령 야만인을 거부하는 문화관, 닫힌 문을 흔드는 민중을 겨냥해 무정부라며 지루한 구절을 끊임없이 되풀이하는, 아놀드의 펜 끝에서 나온 그러한 문화관말이다. 두 번째 좌표는 미국이 세계적 권력으로 부상하고 이에 따라 전지구적 문화 생산과 유통의 중심으로 부상하게 된 일이다. 이러한 부상은 문화의 **정의**에서 하나의 치환이자 헤게모니의 변동에 해당한다. 이는 고급문화에서 벗어나 미국의 주류 대중문화와 그것의 대중문화적이고 이미지 매개적이며 기술적인 형태로 옮아가게 된 변화다. 세 번째 좌표는 탈식민화한 감수성의 등장에 의해 문화적으로 뚜렷이 드러나듯이, 제3세계의 탈식민 문화다. 그리고 나는 제3세계의 탈식민화를 프란츠 파농의 의미에서 해석한다. 즉 인권 투쟁과 흑인의 투쟁이 흑인 디아스포라 상태에 있는 민중의 정신을 탈식민화하는 데 미친 영향을 여기에 포함한다.

이 일반적인 그림에 몇 가지 단서를 붙이고자 하는데, 이 단서는 다름 아니라 내 소견으로는 흑인 대중문화에 관한 질문을 던진다는 점에서 현재의 이 계기는 매우 독특한 성격을 띤다는 점이다. 첫째, 유럽에서 미국으로의 중심 이동은 여러 가지 모호성을 안고 있다는 점을 일깨워 주고 싶다. 왜냐하면 예컨대 미국이 유럽의 고급 문화와 맺는 관계도 모호할 뿐 아니라, 미국이 자체 내부의 종족적 위계와 맺는 관계 역시 그러하기 때문이다. 서유럽에는 최근까지 어떤 종족성도 존재하지 않았다. 혹은 그런 것의 존재를 인정하지 않았다. 미국에는 항상 일련의 종족성이 존재했고, 이 때문에 종족적 위계의 구성이 항상 미국의 문화정치를 규정했다. 그리고 물론 침묵을 강요당하고 인정받지는 못했지만, 미국 대중문화라는 엄연한 사실 자체는 항상 그 안에, 침묵을 강요당하든 않든, 미국 흑인의 대중적인 고유의 전통을 담고 있었다. 미국 외부에서 볼 때 미국의 주류 대중문화는 흑인 문화 고유의 전통으로 돌릴 수밖에 없는 특정한 전통을 늘 포함했다는 점은 떠올리기 어려울지도 모르겠다.

두 번째 단서 조항은 지금 진행되는 문화적 글로벌화 시대의 속성과 관련이 있다. 나는 '글로벌 포스트모던'이라는 용어를 정말 싫어하는데, 이 용어는 알맹이도 없고 손에 잡히지도 않는 기표로서, 사실상 원하는 아무 의미나 지칭하는 것으로 해석할 수도 있다. 그리고 분명히 흑인은 전성기 모더니즘과 맺고 있던 관계만큼이나 포스트모더니즘과 애매한 관계를 맺고 있다. 그 범유럽적이고, 환멸을 느낀 마르크스주의적이며, 프랑스 지식인스러운 기원을 탈피해서 더 소박한 기술적 지위로 위축된 후에도, 포스트모더니즘은 과거 전성기 모더니티 시대의 중심부–주변부들이 지속적으로 재등장하는 무대가 되는 하나의 현상으로 극히 불균등하게 발전한 상태에 있다. 진정으로 포스트모던한 종족적 요리를 경험할 수 있는 유일한 장소는 맨해튼과 런던이지 캘커타가 아니다. 하지만 내가 문화적 지배성이라 부르고자 하는 영역에서 발생하는 일정한 스타일적인 변동을 '글로벌 포스트모던'이란 용어가 포착하는 한, 그 용어를 완전히 거부하기는 불가능하다. 만일 포스트모더니즘이 새로운 문화적 시대가 아니라 길거리의 모더니즘에 불과하다고 할지라도, 그 자체만으로도 대중성을 향해 — 대중적 실천, 일상적 실천, 국지적 서사, 과거의 위계와 거대 서사의 탈중심화를 향해 — 문화 지형에서 일어나는 중요한 변동에 해당한다. 이러한 탈중심화나 치환은 새로운 저항 공간을 개척해 주고, 고급 문화에서 대중문화 관계의 중대한 변동에 영향을 미치며, 이에 따라 대중문화의 장에서 전략적이고 중요한 개입의 기회를 제공해 준다.

셋째, 성적 차이, 문화적 차이, 인종적 차이, 그리고 무엇보다 종족적 차이 등, 포스트모더니즘의 차이에 대한 집착에서 드러나는 깊숙하면서도 모호한 성격을 유념해야 한다. 유럽의 고급 문화는 전반적으로 종족적 차이에 대해 맹목성과 적개심을 확실히 입증해 주었는데, 심지어 종족성의 효과를 뚜렷하게 수용하고 있을 때에도, 그것을 제대로 인정하지 못했다. 이와 정반대로 어떤 부류의 차이보다 글로벌 포스트모더니즘이 더 사랑하는 것은 없다. 약간의 종족성, 약간의 이국적임, 잉글랜드식으로 표현하자면 '약간의 타자성'(이 표현은 영국에서는 종족적 함축 외에도 성적 함축을 담고 있다)이 그 예다. 미셸 월러스Michele Wallace는 〈아프리카계 미국인 문화에서 모더니즘, 포스트모더니즘과 비주얼의 문제Modernism, Postmodernism and the Problem of the Visual in Afro-American Culture〉라는 중요한 논문에서 다음과 같이 아주 타당한 질문을 던졌다(1990: 39~50). 이처럼 차이의 무한 증식이 다시 등장하고 어떤 부류의 글로벌 포스트모던이 부상한 것은 과연 한때 모더니즘이 원시주의를 대상으로 벌였던 '눈속임' 게임의 재탕이 아닌가? 이는 또 다시 다른 종족이 흑인의 신체에 대한 서구의 매료에 관해 광범위하게 침묵한 대가로 얻은 게 아니라고 할 수 있는가? 그리고 포스트모더니즘의 변화하는 지형 내에서 다음과 같은 문제에 관해 지속되는 침묵에 관해서도 질문을 던져야 한다. 즉 이러한 차이의 증가가 부정하면서도 동시에 유도하고 허용하는 시선의 허가 형태들이, 베네통이나 〈페이스*The Face*〉에 나온 온갖 남성 모델과 마찬가지로, 어떤 식으로도 차별성이 없는 그러한 식의 차이가 아닌가 하는 질문 말이다.

월러스의 글에서도 인용했지만, 핼 포스터Hal Foster는 "원시성은 현대의 문제이자, 문화적 정체성의 위기"(Foster, 1985: 204)라고 썼는데, 그렇다면 모더니즘에 의한 원시주의의 구성이나, 원시적 차이에 대한 물신론적 인정과 부정 역시 마찬가지다. 그러나 이러한 해결책은 퇴행에 불과하다. 원시성은 우리의 정치적 무의식 속으로 지연되었다가, 그것이 정치적으로 퇴색하는 것처럼 보이는 순간 신비롭게 부활한다. 이처럼 모더니즘에 의해 관리되던 원시주의의 단절은 또 하나의 포스트모던적인 사건으로 된다. 실제로 차이는 없을지 모르나, 글로벌 포스트모더니즘의 한복판에서 종족성의 애매모호한 등장으로 구현되는 차이에서 이러한 관리는 분명하게 드러난다. 그러나 단지 이것만은 아니다. 왜냐하면 무엇보다 서구에서 특히 그렇지만 다른 곳에서도 비슷하게, 우리의 생애 동안에 주변부의 목소리 내기에 의해 문화적 삶이 얼마나 변화했는지 잊어서는 안 된다.

비록 더 폭넓은 주류에서는 주변적인 데 불과했지만, 문화 내부에서 주변성이 지금처럼 생산적인 공간이었던 적은 없었다. 그리고 이는 단순히 지배성 내부에서 외부 세력이 점유할 수 있는 공간의 개방에 그치지 않는다. 이는 또한 차이의 문화정치, 차이를 둘러싼 투쟁, 새로운 정체성의 생산, 정치적, 문화적 무대에 새로운 주체의 등장에 따른 결과이기도 하다. 이는 인종에만 해당하지 않는다. 새로운 부류의 문화정치의 결과로 페미니즘, 게이와 레즈비언 운동에서의 성정치를 비롯해 다른 주변화한 종족성에서도 일어난 현상이다. 물론 우리 자신의 영원한 주변화라는 스토리에 우리가 쟁취한 어떤 값싼 승리감을 반대급부로 던져줄 수 있다고 주장하고 싶지는 않다. 저 끝없이 이어지는 두 가지 거대 대항 서사는 이제 신물이 난다. 이 서사 안에 머문다는 것은 완전 승리냐 완전 포섭이냐 하는 저 끝없는 양자택일식 선택에 사로잡히는 셈이 되는데, 그러한 일은 문화정치에서 거의 절대로 일어날 수 없는 일이라 할 수 있는데도 문화 비평가들은 항상 이에 쉽게 넘어가기도 한다.

우리가 말하고자 하는 바는 바로 문화적 헤게모니를 둘러싼 투쟁인데, 이는 오늘날 다른 곳과 마찬가지로 대중문화에서도 전개되고 있다. 고급 문화와 대중문화 간의 구분이야말로 바로 글로벌 포스트모던이 해체하는 대상이다. 문화적 헤게모니란 결코 완전한 승리나 완전한 지배에 관한 것이 아니다(이 용어가 의미하는 바는 그것이 아니다). 이는 문화적인 제로섬 게임이 결코 아니다. 그보다는 항상 문화 관계에서 일어나는 권력의 균형 이동에 관한 문제다. 그리고 문화 권력에서 벗어나는 문제가 아니라 그 권력의 경향과 양상을 변화시키는 일이다. 말하자면 '아무것도 변하는 건 없다, 체제는 늘 이긴다'는 식의 태도가 있는데, 이러한 말을 하기는 미안하지만, 이는 미국의 문화 비평가들이 흔히 취하는 냉소적인 방어막 구실을 한다고 생각한다. 이런 식의 방어적 태도를 취하게 되면 차이를 실현할 수 있는 문화 전략의 개발이 불가능해질 수도 있다. 간헐적으로 겪을 수도 있는 패배로부터 자신을 보호하려면, 마치 매사를 꿰뚫어 볼 수 있는 체 해야 하는데, 그러다 보면 마치 늘 패배를 겪은 거나 마찬가지로 되고 만다.

그래서 차이를 구현할 수 있는 문화 전략, 바로 그것이 나의 관심사이며, 이는 바로 차이를 실현하고 권력의 배치를 바꿔 놓을 수 있는 전략이다. 차이 구현을 위해 '쟁취'한 공간은 너무 적으며, 그나마 아주 치밀한 감시와 규제를 받고 있다는 점은 인정한다. 물론 한계도 있다고 믿는다. 나의 쓰라린 경험에 비추어 볼 때, 여기엔 그나마 엄청나게 재원이 부족하고, 차이와 위반의 칼날이 구경거리화하면서 무뎌질 때 포섭이라는 대가가 항상 따른다는 점도 안다. 비가시성을 대신해 등장하는 것은 일종의 치밀하게 규제되고 고립화한 가시성이라는 사실도 안다. 그러나 이에 대해 '똑같다'고 조롱해 봐야 전혀 도움이 안 된다. 이런 식의 조롱은 우리가 고수하는 특정한 문화정치 모델을 반영할 뿐이다. 이 모델은 정확히 말해 그들의 모델을 우리 모델로 대체하고 그들의 정체성 대신에 우리 정체성으로 교체하는 식의 제로섬 게임에 근거한다. 그런데 사실 유일하게 시도해 볼 만한 게임은 문화적인 '진지전'뿐인데도 불구하고, 이 모델은 안토니오 그람시의 용어를 빌리자면 문화란 결국에는 '기동전'이라는 관점에 근거한다.

그람시의 용어로 고쳐서 표현하자면, 내 관점에서 혹시 의지의 낙관론이 지성의 비관론을 완전히 압도해 버린 것은 아닌가 하는 인상을 불식하기 위해, 이 계기에 관해 설명해 주는 네 번째 요소를 추가하겠다. 만일 글로벌 포스트모던이 모호하긴 하지만 차이와 주변부에 이르는 길을 열어 주어, 말하자면 서구의 서사를 탈중심화할 잠재적 가능성을 조성했다면, 이에 덧붙여 문화정치의 바로 핵심부에서 저항 역시 생겨났다. 이를테면 차이에 대한 호전적인 저항, 서구 문명의 기준을 부활시키려는 시도, 직접적이든 간접적이든 다문화주의에 대한 공격, (민족 정체성과 민족 문화를 떠받치는 세 가지 거대 기둥인) 역사, 언어, 문학에서 거대 서사로의 회귀, 대처와 레이건 시절의 두드러진 특징이던 종족적 절대주의와 문화적 인종주의의 옹호, 그리고 미래의 유럽을 집어삼키려 하는 새로운 외국인 혐오증 등이 이에 해당한다. 결단코 해서는 안 될 일은 바로 문화 변증법이 이제는 끝났다고 말하는 행위로 보인다. 문제는 대중문화의 공간이 어떤 곳인지 우리 모두 망각하고 있다는 데에도 있다. 이 변증법은 역사적이지 잘못된 믿음의 문제가 아니며, 흑인 대중문화 역시 이 변증법에서 예외가 아니다. 그러므로 대중성은 완전히 해체해 볼 필요가 있다. 대중성을 구성하는 요소에 관해 이전 같은 순진한 견해로 이제는 되돌아갈 수가 없다.

대중문화에서는 '대중성the popular'이라는 단어가 유난히 눈에 띄기 때문에 긍정적인 후광이 작용한다. 그리고 어떤 점에서 대중문화는 항상 민중의 경험, 즐거움, 기억, 전통에 근거를 둔다. 대중문화는 평범한 사람들의 일상적 실천과 경험인 국지적 희망과 국지적 열망, 국지적 비극과 국지적 시나리오와 연계된다. 따라서 대중문화는 미하일 바흐친이 "세속적the vulgar"이라 부른 것, 즉 대중적이고, 비공식적인 것, 보이지 않는 면, 기괴함과 연결된다. 바로 이러한 이유로 대중문화는 항상 엘리트 문화나 고급문화와 대척점에 위치하며 이에 따라 대안적 전통의 장이 된다. 지배적 전통이 항상 대중문화에 대해 의심을 품어온 것 역시 이 때문이며, 이는 아주 당연한 일이다. 이들은 바흐친이 "카니발성carnivalesque"이라 부른 요소에 압도당할지도 모른다는 의심을 품는다. 피터 스탤리브래스와 앨런 화이트는《위반의 정치와 시학》이라는 중요한 책에서 이처럼 고급 문화와 저급 문화 간의 근본적인 위상 구분을 네 가지 상징적 영역으로 도표화한다(Stallybrass & White, 1986: 3). 이들은 심리적 형태, 신체, 공간, 사회 질서에서 생겨나는 고급 문화와 저급 문화의 위상 설정에 관해 논의한다. 고급 문화와 저급 문화의 내용 차이를 규정하는 것은 하나의 역사적 계기에서 다른 계기로 옮아가는 완만한 과정에 불과한데도 불구하고, 고급과 저급의 구분은 유럽과 다른 문화 간의 서열화와 의미 부여 메커니즘에 근본적인 토대 구실을 한다고 두 사람은 주장한다.

여기서 중요한 부분은 여러 미학적 도덕이나 사회적 미학의 서열화, 문화의 서열화인데, 이러한 서열화는 단순히 특정 계기에서 고급 문화와 저급 문화의 차이를 목록화한 것으로 문화를 파악하는 데 그치지 않고, 문화를 권력의 작용권하에 두게 된다. 바로 이러한 이유 때문에 그람시는 무엇보다 상식의 기반 위에서 문화적 헤게모니가 조성, 상실되기도 하고 투쟁 대상이 되기도 한다고 보고 스스로 '국민적-대중성'에 엄청난 전략적 중요성을 부여했다. 대중문화에서 '대중성'은 대중적 형태의 신빙성을 확정해 주고 이 형태를 대중적 공동체의 경험에 근거하게 하여 거기서 추진력을 얻게 해 주는 역할을 한다. 대중적 형태란, 저속하고 외부적 존재로 전락시키려는 끊임없는 시도에 저항하는 특정 하위 단위의 사회적 삶을 표현하는 것으로 볼 수 있게 된 것은 바로 이 대중성 때문이다.

하지만 역사적으로 볼 때 대중문화가 지배적인 글로벌 문화 형태로 정착해감에 따라 이는 동시에 특히 상품화의 공간으로 변해 가고 있으며, 문화가 직접 지배적 테크놀로지의 회로, 즉 권력과 자본의 회로에 진입하는 산업화의 현장으로 바뀌어 가고 있다. 대중문화는 또한 동질화의 공간으로서, 여기서는 대중문화의 마수에 걸려든 재료와 경험은 무자비하게 스테레오타입화, 공식화되고 있고, 아무런 항변도 없는 상태에서 서사와 재현에 대한 통제는 기득권층인 문화 관료의 손아귀에 넘어가고 있다. 그러나 동시에 대중문화는 대중적 경험에 뿌리내리고 있어 재탈환이 가능한 대상이기도 하다. 이 점은 필연적이자 불가피한 사실이라고 주장하고 싶다. 그리고 이는 흑인 대중문화에도 똑같이 적용된다. 현대 세계의 모든 대중문화가 그렇듯이 흑인 대중문화도 모순적일 수밖에 없는데, 우리가 문화적 투쟁을 제대로 수행하지 못한 탓에 그런 것은 아니다.

당연히 흑인 대중문화는 모순적인 공간이다. 이는 전략적 투쟁의 광경이다. 아직도 습관적으로 투쟁을 단순한 이분법적 대립의 측면에서 파악하는 타성이 남아 있는데, 고급과 저급, 저항 대 포섭, 진정성 대 비진정성, 경험적 대 형태적, 양극화 대 동질화 등의 틀이 이에 해당한다. 그렇지만 이 투쟁은 단순화하거나 그런 이분법으로 설명할 수가 없다. 대중문화에서도 쟁취해야 할 진지는 늘 있지만, 우리 편이든 저편이든 대중문화 자체를 투쟁으로 장악할 수는 없다. 이는 왜 그럴까? 문화정치에 대한 개입 전략에 이 점이 가져다주는 효과는 무엇일까? 이는 흑인 대중문화의 기반을 어떻게 바꿔 놓을 것인가?

흑인, 흑인 공동체와 전통이 대중문화에서 등장하고 재현되는 형태가 아무리 기형적이고 체제 포섭적이며 진실하지 못하다 할지라도, 대중문화가 의존하는 인물이나 작품에서 우리는 그 배후의 경험을 계속해서 발견하게 된다. 흑인 대중문화의 표현성, 음악성, 구술성, 언어에 대한 풍부하고 심오하며 다양한 주목, 토속적이고 국지적인 성향, 풍부한 대항 서사 생산, 그리고 무엇보다도 음악적 어휘의 은유적 사용 등을 통해, 흑인 대중문화는 비록 일부 주류 대중문화의 혼성적이고 모순된 양식 내에서 이긴 하지만, 이질적인 담론 요소, 다른 삶의 형태나 다른 재현 전통의 부상을 가능하게 해 주었다.

이 디아스포라적인 전통의 독특성을 확인하고, 그 전통의 양식이라든지 그 전통에 담긴 역사적 경험과 기억의 의미를 탐구하는 데 학술적, 비판적, 창조적 삶을 바친 사람들의 작업을 반복해야 한다는 이야기는 아니다. 이 전통에서 부적절한 사항 세 가지만 지적하고자 한다. 왜냐하면 이 사항들은 내가 자세히 설명하고자 하는 요지와 밀접한 관련이 있기 때문이다. 첫째, 흑인 관련 목록 중에서 **스타일**은 어떻게 해서 **그 자체**가 현 상황의 주된 주제로 부상하게 되었는지에 모두 주목해 주었으면 좋겠다. 주류 문화 비평가들은 흔히 스타일이란 껍질이나 포장, 알약에 입힌 설탕 코팅에 불과하다고 믿는데, 이는 이러한 인식과 상반된 것이다. 둘째, 지금까지 언어 중심적logocentric 세계에서는 문화적 양식의 직접적인 습득이란 곧 글쓰기의 습득을 의미했고, 따라서 글쓰기에 대한 비평(언어 중심적 비평)과 글쓰기의 해체에 대한 습득을 뜻했다. 하지만 이 모든 것과 정반대로 흑인 디아스포라에 처한 사람들은 어떻게 언어 중심적 세계에서 탈피하여, 문화적 삶의 심오한 형태와 심오한 구조를 음악 속에서 발견하게 되었는지에 주목하라. 셋째, 이 문화들은 어떻게 해서 신체를 마치 (그리고 종종 실제로 그렇기도 했지만) 우리에게 남은 유일한 문화 자본인 것처럼 활용했는지 생각해 보라. 우리는 자신을 마치 재현의 화폭처럼 작업 대상으로 삼아 왔다.

여기에는 문화적 전승과 계승의 문제, 아프리카라는 기원과 디아스포라라는 돌이킬 수 없는 흩어짐 간의 복잡한 관계 같은 심오한 문제가 있는데, 이 문제들에 관해 여기서 더 깊이 다룰 수는 없다. 하지만 우리는 문화적 주류에서 배제되어 있기 때문에 흑인 대중문화의 이 목록은 종종 우리에게 남은 유일한 활동 공간일 때가 많았다. 흑인 대중문화의 이 목록은 적어도 두 가지 방향에서 중층적으로 결정되었다. 부분적으로는 과거에서 계승한 것에 의해 결정되었지만, 양자 간의 연결이 형성되는 배경이 되는 디아스포라적 조건에서도 결정적으로 영향을 받았다. 아프리카의 유산과 더불어 (여기에 코넬 웨스트가 다시 등장한다) 유럽의 다양한 이데올로기, 문화, 제도가 선택적으로 전유되고, 포섭되며, 재접합한 결과 다음과 같이 다양한 측면에서 언어적 혁신이 생겨났다. 가령 신체의 수사학적 양식화, 낯선 사회 공간의 점유 방식, 과장된 표정, 헤어스타일, 걷기나 서기, 말하기 방식, 우정과 공동체를 구성하고 지속하는 수단 등이 이에 해당한다.

중층적 결정, 즉 흑인의 문화적 목록이 두 가지 방향에서 동시에 결정된다는 점을 강조하는 것은 여러분이 생각하는 것보다 아마 훨씬 급진적인 성격을 띨 것이다. 이는 엄격히 말해, 또 민속지학적으로 말하자면, 흑인 대중문화에서 순수한 형태란 전혀 존재할 수 없다고 주장한다는 뜻이다. 이 형태는 항상 부분적 동시화의 산물이자, 여러 문화적 경계를 가로지르는 교전의 산물이며, 한 가지 이상의 문화적 전통이 융합한 결과다. 이는 또한 지배적 위치와 종속적 위치 간 타협의 산물이고, 은밀한 재코드화와 초코드화 전략의 결과이자, 비판적 의미 작용, 의미화의 소산이기도 하다. 이 형태는 항상 순수하지 못한 상태이며, 어느 정도는 토착적 기반 때문에 혼종의 성격을 띠게 된다. 따라서 단순히 그간 잃어버린 대화의 복원이자 새로운 음악 생산을 위한 단서를 담은 존재로만 여겨서는 안 된다. (왜냐하면 단순하게 과거로 돌아갈 수 있는 방법은 전혀 없기 때문이다.) 그보다는 이것들을 현재 있는 그대로, 즉 대중문화의 혼합되고 모순적이며 혼종적인 공간에 맞추어 변용된 상태로 받아들여야 한다. 이것들은 우리가 삶의 최종적인 준거로 삼을 수 있는 어떤 순수함의 복구는 아니다. 코비나 머서Kobena Mercer의 표현을 빌리자면 디아스포라 미학의 필요성에 따라, 우리는 바로 그런 것이 모던이라는 사실을 인정해야 한다.

대중문화 형태는 원칙적으로 모순되고, 그러므로 불순하며 포섭이나 배제의 위험에 처한 것처럼 보일 수밖에 없다. '흑인 대중문화'라는 용어에서 '흑인'이라는 기표가 지칭하는 것은 바로 대중문화의 여러 형태 **내부에**

존재하는 이러한 차이의 표지다. 이는 이러한 전통들이 유지되는 흑인 공동체를 의미하게 되었다. 흑인의 경험(흑인의 디아스포라라는 역사적 경험), 흑인의 미학(대중적 재현이 생산되는 토대가 되는 독특한 문화적 내용), 그리고 우리가 지금까지 대변하려 투쟁해 온 흑인의 대항 서사가 꾸준히 이어지는 과정에서 줄곧 흑인 공동체의 투쟁은 지속되었다. 여기서 흑인 대중문화는 앞서 내가 규정한 토대로 되돌아간다. '좋은' 흑인 대중문화란 진정성이라는 잣대를, 다시 말해 흑인의 경험과 흑인의 표현성이란 기준을 충족할 수 있어야 한다. 어떤 흑인 대중문화가 정말로 옳은 것인지, 어느 쪽이 우리 편이고 어느 쪽이 아닌지 판단하는 데 이것들은 확실한 준거 구실을 한다.

역사적으로 볼 때 그러한 차원들을 '흑인'이라는 기표에 농축시키는 전략 없이는, 주류 대중문화가 지배하는 장에 개입하거나 거기서 약간이나마 공간을 쟁취하는 일이 전혀 이루어지지 못했을 것이라는 느낌을 갖게 된다. 벨 훅스bell hooks가 이전에 지적했듯이, 약간의 본질주의가 없다면 우리가 어떤 처지에 있었겠는가? 혹은 가야트리 스피박이 전략적 본질주의라 부른 것은 필수적인 계기인가? 문제는 과연 우리가 그러한 계기에 더 이상 머물 필요가 있는가, 과연 그것이 여전히 새로운 개입 전략에 충분한 토대가 되는가 하는 점이다. 내가 보기엔 이 본질주의화 계기의, 그리고 거기서 파생되는 창의적이고 비판적인 전략들의 취약성이라 할 수 있는 부분을 가능한 한 설명해 보겠다.

이 계기는 몇 가지 의미에서 여러 차이를 본질주의화한다. 이는 차이를 '그들의 전통 대 우리 전통'의 측면에서 보는데, 상대적 위치의 관점에서 파악하지 않고 상호 배제적이고 자율적이며 자기 충족적인 방식으로 파악한다. 그리고 이 때문에 디아스포라 미학에서 본질적인 대화적 전략과 혼종 형태를 이해할 수가 없다. 이러한 본질주의를 넘어서려는 움직임은, 문화정치를 갖추지 않거나 차이를 강조하지 않는다면 미학적 혹은 비판적 전략이 될 수 없다. 이는 단지 재접합과 재전유 그 자체를 위한 게 아니다. 이 관점은 바로 차이를 본질주의화해 상호 대립적인 양자택일 문제로 파악하는 것을 피하려 한다. 이 관점은 바로 새로운 종류의 문화적 위치성 positionality, 새로운 차이의 논리로 옮아가려고 한다. 폴 길로이가 영국 흑인 정치의 정치적, 문화적 의제로 아주 강렬하게 부각한 내용을 정리하자면 이렇다. 이 역사적 계기에서 영국에서 디아스포라 상태에 있는 흑인이 흑인이냐 혹은 영국인이냐 하는 이분법을 거부해야 한다는 것이다. 흑인이 이 이분법을 거부해야 하는 이유는 여기서 '혹은'은 지속적인 투쟁의 정경으로 남아 있기 때문이다. 그 대신에 투쟁의 목표는 이 '혹은'을 '그리고 동시에'의 잠재력과 가능성으로 대체하는 일이 되어야 한다. 이는 이분법적 대립의 논리라기보다는 짝짓기의 논리다. 흑인은 흑인이면서 **동시에** 영국인이 될 수도 있다. 이 두 용어는 서로 반대되는 개념이 아니라 지금 '동시에'라는 연결어로 이어져 있지만, 이것조차도 우리의 정체성에서 모든 부분을 다 포괄하지는 못하기 때문이다. 이 특정한 투쟁에서는 우리의 정체성 중 일부만 가끔씩 포착될 뿐이다.

본질주의화 계기는 차이를 자연화하고 탈역사화하며, 역사적이고 문화적인 현상을 자연적이고, 생물학적이며 타고난 것으로 오도하기 때문에 취약성을 안고 있다. '흑인'이라는 기표를 그 역사적, 문화적, 정치적 맥락에서 떼 내어 생물학적으로 구성된 인종 범주로 설정하는 순간, 정반대로 우리가 지금까지 애써 해체하려 노력한 인종주의가 바로 그 기반을 안정시키게 된다. 이 밖에도 어떤 역사적 범주(젠더와 섹슈얼리티를 생각해 보라)를 자연화하게 될 때 생겨나는 일이듯이, 우리는 그 기표를 역사나 변화, 정치적 개입과 무관한 것으로 고착화하게 된다. 그리고 그것이 일단 고착화하고 나면 '흑인'이라는 용어의 사용은 그 자체만으로도 우리가 가치를 내걸고 수호하려는 어떤 정치의 진보적 성격을 보증해 주기에 충분한 것처럼 여기는 유혹에 빠질 수도 있다. 이는 마치 어떤 것이 흑인이냐 아니냐 하는 문제 외에는 주장하려는 다른 정치가 전혀 존재하지 않는 것처럼 행동하는 거나 마찬가지다. 마치 불순한 것을 정화하고, 무엇을 해야 할지 몰라 갈팡질팡하는 형제자매들을 정렬시키며, 어떤 경계가 — 이는 물론 정치적, 상징적, 상대적 위치의 경계다 — 마치 타고난 것인 양 여기며 감시 감독할 수 있게 해 주는 장치로 그 흑인이라는 기표를 제시하려는 유혹에 빠질 수도 있다. 이런 말을 해서 유감이지만 영화 〈정글 피버*Jungle Fever*〉(1991)를 나는 그런 식으로 해독했다. 여기서는 어떤 문화적 텍스트의 정치성을 보증하고 일탈을 측정하는 기준선으로 삼는 데 인종의 범주를 활용하여 마치 인종을 자연에서 정치로 번역해 놓을 수 있는 것처럼 보고 있다.

더구나 마치 흑인의 삶이 재현의 바깥에 있는 체험된 경험인 듯이, 우리는 경험 자체를 특권화하는 경향이 있다. 말하자면 우리는 자신이 어떤 사람인지에 관해 이미 아는 것을 표현하기만 하면 된다는 것이다. 그게 아니라 우리가 어떻게 구성되며 우리 자신은 누구인지 알게 되는 것은 오로지 우리가 자신을 재현하고 상상하는 방식을 통해서 가능하다. 재현의 정치에서 벗어날 방법은 없으며, '저 바깥에 존재하는 진짜 삶은 어떤 것인지'를 마치 특정한 문화 전략이나 텍스트의 정치적 옳고 그름을 판단하는 일종의 잣대인 듯이 휘두를 수는 없다. 현실에서 '흑인'이란 이 중 어디에도 해당하지 않는다고 내가 생각하는 게 여러분에게는 불가사의한 일도 아닐 것이다. 그것은 본질의 범주에 속하지 않으며, 따라서 현재 흑인 대중문화에서 부유하는 기표를 이런 식으로 이해해서는 안 된다.

물론 독특하게 역사적으로 규정된 흑인의 경험 중에는 이처럼 앞서 내가 언급한 대안적 목록에 도움이 될 만한 것이 아주 풍부하게 있다. 그러나 우리가 현재 창의적으로 집중해 주목해야 하는 부분은 흑인의 경험의 다양성이나 동질성이 아니다. 이는 단지 여러 공동체와 지역, 시골과 도시 내부와 그 사이에, 여러 국가 문화 사이에, 여러 디아스포라 유형 사이에 존재하는 역사적, 경험적 차이에 주목하는 데 그치지 않고, 흑인의 장소와 위치, 위상을 규정하는 다른 종류의 차이도 인정하는 것이다. 요지는 단지 인종적 차이가 우리 전체를 구성하지는 않으므로 우리는 항상 다를 수밖에 없고, 젠더, 섹슈얼리티, 계급 등 다양한 종류의 차이와 타협하고 있다는 주장에 그치지 않는다. 이와 더불어 이 적대 관계들은 일목요연하게 정렬할 수가 없고, 한마디로 말해 서로 환원할 수 없는 성격의 것이며, 단일한 차별화의 축을 중심으로 통합되지 않으려 한다. 우리는 다른 사람과 항상 똑같은 관계를 맺게 해 주는 어떤 단일한 부류의 대립 관계가 아니라, 여러 가지 다양한 상대적 위치성과 항상 타협해 나가는 상태에 있다. 각 관계에는 우리에게 나름대로 주관적 동일시가 가능한 지점이 있다. 그리고 여러 가지 정체성과 적대적 관계의 장이 이처럼 확대되는 데에서 가장 큰 난점은 바로, 이들이 흔히 서로 탈구되면서 엇박자를 이루고 있다는 것이다.

따라서 거칠게 표현하자면, 흑인 남성이 흑인의 남성성이라는 대항 정체성을 계속해서 실현하고, 대중문화의 공연장에서 흑인 남성성의 판타지를 재연하는 일정한 방식에도 문제는 있다. 다른 차이의 축에 따라 보면, 이는 여성에게 억압적이고 오로지 흑인 여성의 취약성과 게이 흑인 남성의 여성화라는 희생 위에서 자신의 강함에 대한 가시성을 주장하는 바로 그 남성적 정체성이다. 어떤 한 영역에서의 일탈적 정치는 다른 영역에서의 반동적 혹은 미지의 정치에 의해 끊임없이 봉합되고 안정화되기도 하는데, 이러한 방식은 이처럼 한 가지 정체성이 다른 정체성에 의해, 한 가지 구조가 다른 구조에 의해 계속 상호 탈구되는 것으로만 설명할 수 있다. 지배적 종족성은 늘 특정한 성 경제, 특정하게 형성된 남성성, 특정한 계급 정체성이라는 토대에 근거한다. 우리가 확신할 수 있다고 생각하는 어떤 본질화된 인종적 정체성을 추구할 때, 그것이 다른 모든 차원에서도 항상 상호 해방적이고 진보적 결과를 낳을 것이라는 보장은 없다. 그것은 쟁취할 수 있을 뿐이다. 거기서 정치란 투쟁을 통해 얻어야 할 **대상이다**. 그러나 확실한 보증인 그 배후의 흑인의 경험을 동원한다고 해서 그러한 정치를 달성하지는 못할 것이다. 우리가 흑인 디아스포라에 처하게 된 방식 때문에 종속의 구조는 매우 복잡한 양상으로 형성되었다. 실제로 이 점을 감안하면 현재 흑인 정치의 통일성을 파괴하려고 할 정도로 적대 관계와 차이가 다원성을 띠고 있다는 사실은 전혀 놀랄 일도 아니다.

바로 이러한 생각의 결과, 나는 잠시 방심한 순간에 흑인 주체의 순수함의 종말, 혹은 본질적인 흑인 주체라는 순진무구한 개념의 종말을 선언하게 되었다. 그리고 이러한 종말은 또한 하나의 시작이기도 하다는 점을 일깨워 주면서 이 글을 마무리하려 한다. 아이작 줄리언은 자신의 새 영화인 〈젊은 영혼의 반항자*Young Soul Rebels*〉(1991)[172]를 화제로 삼아 벨 훅스와 인터뷰를 진행하면서 자신의 작품을 통해 수없이 다양한 인종의 신체를 묘사하고, 다양한 범위에 걸쳐 흑인의 주체성을 구성하며, 수많은 이질적 유형의 흑인 남성성의 위치성을 다루어 보려고 했다고 말한다. 줄리언은 이렇게 말했다.

172 아이작 줄리언 감독의 작품으로, 해적 라디오 방송사에서 일하는 두 젊은이를 둘러싸고 벌어지는 사건을 소재로 한 버디 영화다. 1970년대 영국의 청년 문화 운동을 배경으로 스킨헤드, 펑크, 소울 보이 간에 벌어지는 사회적, 정치적, 문화적 긴장을 다루었다. 하지만 넓게 보면 이 영화에서는 이러한 하위문화 외에도 인종주의와 동성애 혐오와 같은 사회적 주제가 깔려있는데, 그럼에도 불구하고 서사 구조의 결말이 러브 스토리로 매듭지어지는 것은 계급과 인종 등을 넘어서는 화합과 통일에 대한 알레고리로 해석할 수 있다. — 옮긴이

> 기호로서의 흑인이라는 점만으로는 결코 충분하지 않다. 그 흑인 주체가 무슨 행위를 하고, 어떻게 행동하며, 정치적으로 어떤 생각을 하는지…… 흑인이라는 사실만으로는 정말 나에게는 충분하지 못하다. 나는 당신의 문화 정치가 과연 어떤 것인지 알고 싶다(hooks, 1990: 175).

이제 두 가지 생각으로 이 글을 마무리하려 하는데, 여기서 요지는 화제를 다시 대중문화라는 주제로 되돌아가게 한다. 첫째, 흔히 그렇듯이 대중문화는 상품화되고 스테레오타입화하여, 우리가 가끔 잘못 생각하는 것과 달리, 여기서는 우리의 진정한 모습, 즉 우리의 경험의 진실을 발견할 수가 없다는 점을 여러분에게 일깨워 주고 싶다. 대중문화는 **엄청나게** 신화적인 장이다. 이는 대중적 욕망의 무대이자, 대중적 판타지의 무대다. 바로 여기서 우리는 자신의 정체성을 발견하여 활용하기도 하고, 메시지 수용 대상이 아닌 저 바깥의 수용자뿐 아니라 맨 먼저 우리 자신에게 자신을 상상하고 재현하는 곳도 바로 여기다. 프로이트가 말했듯이, 섹스(그리고 재현)는 주로 머릿속에서 이루어진다. 둘째, 대중성의 지형은 단일한 대립항으로 구축되는 것처럼 보일지 모르지만, 실제로는 그렇지 않다. 문화적 공간은 고급과 저급의 측면에서 구조화되어 있다는 점, 또한 바흐친식의 카니발성의 위협의 중요성에 관해 이미 여러분에게 일깨워 주었다. 그간 바흐친은 엄청나게 잘못 해석되었다고 생각한다. 카니발성은 이항 대립적 틀 안에 갇혀 있던 두 가지를 단지 뒤집어 놓는 데 그치지 않는다. 여기에는 바흐친이 대화적이라 부른 것들도 관통하고 있다.

대중문화를 엄격하게 대립적 방식이 아니라 대화적 방식으로 이해하는 데에 어떤 함의가 있는지 설명하는 것으로 글을 매듭짓고자 한다. 스탤리브래스와 화이트가 쓴 《위반의 정치와 시학》에 나온 다음 글을 인용해 본다.

다음과 같이 비슷한 패턴이 반복해 등장하고 있다. '최상층'은 권위와 지위를 이유로 '최하층'을 거부하고 제거하려 하지만, 결국 자신이 어떤 식으로든 하위층의 타자에게 빈번하게 의존하고 있을 뿐 아니라…… 최상층은 자신이 갖는 판타지의 주된 성적 구성 요소로서 그 하위층을 상징적으로 **포함하고** 있다는 점을 발견하게 된다. 그 결과 주관성의 구성에서는 권력, 공포, 욕망이 유동적이고 갈등하면서 융합하게 된다. 즉 사회적 수준에서는 철저하게 거부하고 배제하는 바로 그 타자에게 심리적으로 의존하게 된다는 것이다. 사회적으로 주변적인 존재가 아주 빈번하게 **상징적으로는** 중심적 존재가 되는 것은 바로 이러한 이유 때문이다……(Stallybrass & White, 1986: 5).

참고 문헌

Abercrombie, N., S. Hill, & B. S. Turner (1980). *Dominant Ideology Thesis*. Boston: Allen & Unwin.

Adorno, T. W. (1956). "Television and the Patterns of Mass Culture," in B. Rosenberg & D. White (eds.), *Mass Culture*. Glencoe. IL: The Free Press.

——— et al. (1950). *The Authoritarian Personality*. New York: Harper & Bros.

Althusser, L. (1969). *For Marx*. London: Penguin Press/London: Allen Lane.

——— (1971). *Lenin and Philosophy and Other Essays*. London: New Left Books.

——— (1976). *Essays in Self-Criticism*. London: New Left Books.

——— & E. Balibar (1970). *Reading Capital*. London: New Left Books.

Anderson, P. (1969). "Components of the National Culture," in R. Blackburn & A. Cockburn (eds.), *Student Power*. Harmondsworth: Penguin.

——— (1976). *Considerations on Western Marxism*. London: New Left Books.

——— (1977). "The antinomies of Antonio Gramsci," *New Left Review*, no. 100.

Babcock, B. (1978). *The Reversible World*. Ithaca, NY: Cornell University Press.

Bachrach, P. & M. Baratz (1970). *Power and Poverty: Theory and Practice*. Oxford: Oxford University Press.

Bagehot, W. (1959). *The English Constitution*. in N. St. John Stevas (ed.). London: Eyre & Spottiswoode.

Bailey, D. A. (ed.) (1986). "An issue on 'Black Experience,'" *Ten. 8*, 22.

Bakhtin, M. (1984). *Rabelais and His World*. Bloomington, IN: Indiana University Press.

Bakhtin, N. (1963). *Lectures and Essays*. Birmingham: University of Birmingham.

Barrett, M. et al. (1979). "Representation and Cultural Production," in M. Barrett et al. (eds.), *Ideology and Cultural Production*. London: Croom Helm.

Barthes, R. (1967a). *Elements of Semiology*. London: Cape.

——— (1967b). *Système de la Mode*. Paris: Editions du Seuil.

——— (1970). "Sociology and Socio-logic," *Social Science Information*, CCCS translation.

——— (1971). "Rhetoric of the Image," *Working Papers in Cultural Studies*, no. 1.

——— (1972). *Mythologies*. London: Jonathan Cape.

Baudrillard, J. (1977). *The Mirror of Production*. New York: Telos.

Becker, H. (1963). *Outsiders*. Glencoe: The Free Press.

——— (1967). "Whose Side are We on?" *Social Problems*, vol. 14, Winter.

Bell, D. (1960). *The End of Ideology*. New York: Free Press.

Bennett, T. (1979). *Marxism and Formalism*. London: Methuen.

——— (1982). "Theories of the Media, Theories of Society," in M. Gurevitch et al. (eds.), *Culture, Society and the Media*. London: Routledge.

Benton, T. (1977). *Philosophical Foundations of the Three Sociologies*. London: Routledge & Kegan Paul.

Berger, P. (1963). *Invitation to Sociology*. Harmondsworth: Penguin.

——— & S. Pullberg (1966). "The Concept of Reification," *New Left Review*, no. 35.

——— & T. Luckmann (1966). *The Social Construction of Reality*. Harmondsworth: Penguin.

Berman, M. (1983). *All That Is Sold Melts into Air*. New York: Simon & Schuster.

Boggs, C. (1976). *Gramsci's Marxism*. London: Pluto Press.

Bramson, L. (1961). *The Political Context of Sociology*. Princeton, NJ: Princeton University Press.

Caughie, J. (1986). "Popular Culture: Notes and Revisions," in C. MacCabe (ed.), *High Theory/Low Culture*. Manchester: Manchester University Press.

Centre for Contemporary Cultural Studies (1982). *The Empire Strikes Back*. London: Hutchinson.

Chambers, I., J. Clarke, Ian Connell, L. Curti, S. Hall, & T. Jefferson (1977~1978). "Marxism and Culture," *Screen*, 18(4).

Clark, K. & M. Holquist (1984). *Mikhail Bakhtin*. Cambridge, MA: Belkap Press of Harvard University Press.

Clarke, J., S. Hall, T. Jefferson, & B. Roberts (1976). "Sub-cultures, Cultures & Class: A Theoretical Overview," in S. Hall & T. Jefferson (eds.), *Resistance Through Rituals*. London: Hutchinson/CCCS.

Coward, R. & J. Ellis (1977). *Language and Materialism*. London: Routledge & Kegan Paul.

——— (1977). "Class, 'Culture' and the Social Formation," *Screen*, 18(1).

Curtius, E. R. (1979). *European Literature and the Latin Middle Ages*. London: Routledge & Kegan Paul.

Cutler, A., B. Hindess, P. Hirst, & A. Hussain (1977/1978). *Marx's Capital and Capitalism Today*, vols. 1 & 2. London: Routledge & Kegan Paul.

Derrida, J. (1977). *Of Grammatology*. Baltimore: Johns Hopkins University Press.

Dews, P. (1979). "The 'Nouvelle Philosophie' and Foucault," *Economy and Society*, vol. 8, no. 2.

Donajgrodski, A. P. (ed.) (1977). *Social Control in Nineteenth Century Britain*. London: Croom Helm.

Donald, J. & A. Rattansi (eds.) (1992). *'Race,' Culture and Difference*. London: Sage & The Open University Press.

Douglas, J. D. (1967). *The Social Meanings of Suicide*. Princeton: Princeton University Press.

Douglas, M. (1966). *Purity and Danger*. London: Routledge.

——— (1970a). *Purity and Danger*. Harmondsworth: Penguin.

——— (1970b). *Natural Symbols*. London: Barry & Rockliff.

——— (1973). *Rules and Meanings*. Harmondsworth: Penguin.

Durkheim, E. (1938). *The Rules of Sociological Method*. London: Collier Macmillan.

——— (1960). *The Division of Labour in Society*. Glencoe: Free Press.

Eagleton, T. (1976). *Criticism and Ideology*. London: New Left Books.

——— (1986). "Wittgenstein's Friends," in *Against the Grain*. London: Verson.

——— (1987). "Identity," in L. Appignanensi (ed.), *The Real Me: Postmodernism and the Question of Identity*. London: Institute of Contemporary Arts.

Eco, U. (1973). "Social Life as a Sign System," in D. Robey (ed.), *Structuralism: An Introduction*. Oxford: Clarendon Press.

——— (n.d.). "Articulations of the Cinematic Code," *Cinematics*, no. 1.

Faris, R. E. L. (1967). *Chicago Sociology*. Chicago: University of Chicago Press.

Fine, B. et al. (eds.) (1979). *Capitalism and the Rule of Law*. London: Hutchinson.

Foster, H. (1985). *Recordings: Art, Spectacle, and Cultural Politics*. Port Townsend, Wash.: Bay Press.

Foucault, M. (1971). *Madness and Civilization*. London: Tavistock.

——— (1972). *The Archaeology of Knowledge*. London: Tavistock.

——— (1973). *The Birth of the Clinic*. London: Tavistock.

——— (1977a). *Discipline and Punish*. New York: Pantheon.

——— (1977b). *Language, Counter-Memory, Practice*. New York: Cornell University Press.

——— (1978). *The History of Sexuality*. vol. 1. London: Allen Lane.

——— (1980). *Power/Knowledge: Selected Interviews and Other Writings 1972-1977*. New York: Pantheon.

Galtung, J. & M. Ruge (1965). "The Structure of Foreign News," *Journal of International Peace Research*, no. 1.

Garfinkel, H. (1967). *Studies in Ethnomethodology*. Englewood Cliffs. NJ: Prentice Hall.

Garnham, N. (1979). "Contribution to a Political Economy of Mass Communication,"

Media, Culture and Society, vol. 1, no. 2, April.

Gerbner, G. et al. (1970). *Violence in TV Drama: A Study of Trends and Symbolic Functions*. The Annenberg School, University of Pennsylvania.

Giddens, A. (ed.) (1974). *Positivism and Sociology*. London: Heinemann.

Gilroy, P. (1988). *There Ain't No Black in the Union Jack: The Cultural Politics of Race and Nation*. London: Hutchinson.

Glasgow University Media Group (1976). *Bad News*. London: Routledge & Kegan Paul.

——— (1980). *More Bad News*. London: Routledge & Kegan Paul.

Golding, P. & G. Murdock (1979). "Ideology and Mass Communication: The Question of Determination," in M. Barrett, P. Corrigan, A. Kuhn, & J. Wolff (eds.), *Ideology and Cultural Production*. London: Croom Helm.

Goldmann, L. (1964). *Hidden God*. London: Routledge & Kegan Paul.

——— (1967). "The Sociology of Literature," *International Social Science Journal*, vol. 19, no. 4.

Gordon, P. (1987). "The New Right, Race and Education," *Race and Class* XXIX (3).

Gramsci, A. (1971). *Selections from the Prison Notebooks*. London: Lawrence & Wishart/New York: International.

Habermas, J. (1970). "Systematically Distorted Communications," in H. P. Dreitzel (ed.), *Recent Sociology*, 2. London: Collier Macmillan.

Hall, S. (1972a). "The Determinations of News Photographs," *Working Papers in Cultural Studies*, no. 3

——— (1972b). "The External/Internal Dialectic in Broadcasting," *4th Symposium on Broadcasting*. Manchester: University of Manchester.

——— (1974). "Marx's Notes on Method: A 'Reading' of the '1857 Introduction'," *Working Papers in Cultural Studies*, no. 6.

——— (1975). "Encoding and Decoding in the Television Discourse," *Education and Culture*, 6, Council of Europe, Strasbourg.

——— (1976). "Broadcasting and the State: The Independence/Impartiality Couplet," *IAMCR Symposium*. University of Leicester. (CCCS unpublished paper).

——— (1977). "Rethinking the 'Base/Superstructure' Metaphor," in J. Bloomfield (ed.), *Class, Hegemony and Party*. London: Lawrence & Wishart.

——— (1978a). "The Hinterland of Science: Ideology and the 'Sociology of Knowledge'," in S. Hall et al. (eds.), *On Ideology*. London: CCCS/Hutchinson.

——— (1978b). "Racism and Reaction," in *Five Views on Multi-Racial Britain*, Commission for Racial Equality.

——— (1979). "The Great Moving Right Show," *Marxism Today*, January.

——— (1980a). "Encoding and Decoding (revised extract)," in S. Hall et al. (eds.), *Culture, Media, Language*. London: Hutchinson/CCCS.

——— (1980b). "Popular-Democratic vs. Authoritarian-Populism," in A. Hunt (ed.), *Marxism and Democracy*, London: Lawrence & Wishart.

——— (1980c). "The Hinterland of Science," in Centre for Contemporary Cultural Studies, *On Ideology*. London: Hutchinson.

——— (1980d). "Cultural Studies: Some Problematics and Problems," in S. Hall et al. (eds.), *Culture, Media, Langguage*. London: Hutchinson/CCCS, pp.15~47.

——— (1981). "Notes on Deconstructing 'the Popular'," in R. Samuel (ed.), *People's History and Socialist Theory*. London: Routledge & Kegan Paul.

——— (1983). "The Problem of Ideology: Marxism without Guarantees," in B. Matthews (ed.), *Marx: A Hundred Years On*. London: Lawrence & Wishart.

——— (1988). "New Ethnicities," in K. Mercer (ed.), *Black Film/British Cinema: ICA Document 7*. London: Institute of Contemporary Arts.

——— et al. (eds.) (1980). *Culture, Media, Language*. London: Hutchinson/CCCS.

———, I. Connell, & L. Curti (1977). "The 'Unity' of Current Affairs Television," *Working Papers in Cultural Studies*, no. 9.

———, C. Critcher, T. Jefferson, C. Clarke, & B. Roberts (1978). *Policing the Crisis: Mugging, the State and Law and Order*. London: Macmillan.

——— & T. Jefferson (eds.) (1976). *Resistance through Rituals*. London: Hutchinson/CCCS.

———, B. Lumley, & G. McLennan (1978). "Politics and Ideology in Gramsci," in S. Hall et al. (eds.), *On Ideology*. London: Hutchinson/CCCS.

———, J. Slack, & L. Grossberg (forthcoming). *Cultural Studies*. London: Macmillan.

——— & P. Whannel (1964). *The Performing Arts*. London: Beacon.

Halloran, J. D. (1973). "Understanding Television," Paper for the Council of Europe Colloquy on '*Understanding Television*.' Leicester: University of Leicester.

———, P. Elliott, & G. Murdock (1970). *Demonstrations and Communication*. Harmondsworth: Penguin.

Harris, N. (1968). *Beliefs in Society*. London: Watts.

Heck, M. C. (1980). "The Ideological Dimensions of Media Messages," in S. Hall et al. (eds.), *Culture, Media, Language*. London: Hutchinson.

Hindess, B. (1977). "The Concept of Class," in J. Bloomfield (ed.), *Class, Hegemony and Party*. London: Lawrence & Wishart.

Hindess, B. (1978). "Classes and Politics in Marxist Theory," in Littlejohn, Smart, Wakeford, & Yuval-Davis (eds.), *Power and the State*. London: Croom Helm.

Hirst, P. (1976). *Social Evolution and Sociological Categories*. London: Allen & Unwin.

——— (1979). *On Law and Ideology*. London: Macmillan.

Hoggart, R. (1958). *The Uses of Literacy*. Harmondsworth: Penguin.

——— (1970). *Speaking to Each Other*. 2 vols. London: Chatto & Windus.

——— (n.d.). "Contemporary Cultural Studies," *CCCS Occasional Paper*.

hooks, b. (1990). "States of desire" (interview with Isaac Julien), *Transition 1*, no. 3.

Howe, I. (1956). "Notes on Mass Culture," in B. Rosenberg & D. White (eds.), *Mass Culture*. Glencoe, IL: The Free Press.

Hymes, D. (ed.) (1966). *Language in Culture and Society*. New York: Harper and Row.

——— (1972). *Directions in Ethno-Linguistics*. New York: Holt, Rinehart.

Jameson, F. (1981). *The Political Unconscious*. London: Methuen.

——— (1983). "The Cultural Logic of Capital," *New Left Review*, no. 146.

Johnson, R. (1978). "Thompson, Genovese and Socialist Humanist History," *History Workshop*, no. 6, Autumn.

——— (1979a). "Histories of Culture/Theories of Ideology," in M. Barrett, P. Corrigan, A. Kuhn, & J. Wolfe (eds.), *Ideology and Cultural Production*. London: Croom Helm.

——— (1979b). "Three Problematics," in J. Clarke, C. Critcher, & R. Johnson (eds.), *Working Class Culture*. London: Hutchinson/CCCS.

———, G. McLellan, & B. Schwarz (n.d.). "Economy, Culture and Concept: Three Approaches to Marxist History," *CCCS Stencilled Occasional Paper*, no. 50.

Kureish, H. (1985). "Dirty Washing," *Time Out*, 14~20 November.

Lacan, J. (1977). *Ecrits: A Selection*. New York: International.

Laclau, E. (1977). *Politics and Ideology in Marxist Theory*. London: New Left Books.

——— & Mouffe, C. (1985). *Hegemony and Socialist Strategy*. London: New Left Books.

Laing, R. D. & D. G. Cooper (1971). *Reason and Violence: A Decade of Sartre's Philosophy, 1950-1960*. London: Tavistock.

Leavis, F. R. & D. Thompson (1933). *Culture and Environment*. London: Chatto & Windus.

——— (1943). *Education and the University*. London: Chatto & Windus.

——— (1952). *The Common Pursuit*. London: Chatto & Windus.

——— (1948). *Mass Civilization Minority Culture*. reprinted as appendix 3 to Education and the University. London: Chatto & Windus.

Leavis, Q. D. (1932). *Fiction and the Reading Public*. London: Chatto & Windus.

Lévi-Strauss, C. (1966). *The Savage Mind*. London: Weidenfeld & Nicolson.

——— (1967). *The Scope of Anthropology*. London: Jonathan Cape.

——— (1969a). *The Elementary Structures of Kinship*. London: Eyre & Spottiswoode.

——— (1969b). *Totemism*. Harmondsworth: Penguin.

——— (1972). *Structural Anthropology*. London: Penguin.

——— (1978). *Mythologies: The Origins of Table Manners*. New York: Harper & Row.

Lichtheim, G. (1970). *Lukács*. London: Fontana.

Lipset, S. (1963). *Political Man*. London: Heinemann.

Lukács, G. (1962). *The Historical Novel*. London: Merlin Press.

Lukes, S. (1975). *Power: A Radical View*. London: Macmillan.

MacCabe, C. (1979). "On Discourse," *Economy and Society*, vol. 8, no. 3.

——— (1986). "Defining Popular Culture," in C. MacCabe (ed.), *High Theory/Low Culture*. Manchester: Manchester University Press.

MacDonald, D. (1956). "A Theory of Mass Culture," in B. Rosenberg & D. White (eds.), *Mass Culture*. Glencoe, IL: The Free Press.

Macherey, P. (1978). *A Theory of Literary Production*. London: Routledge & Kegan Paul.

MacPherson, C. B. (1962). *The Political Theory of Possessive Individualism: Hobbes to Locke*. Oxford: Oxford University Press.

Marx, K. (1954). *Capital*, vol. 1. London: Lawrence & Wishart.

——— (1963). *Early Writings*. London: C. A. Watts.

——— (1970). *Capital*, vol. 3. London: Lawrence & Wishart.

——— (1973). *Grundrisse*. London: Penguin.

——— (1982). *A Contribution to the Critique of Political Economy*. London: Lawrence & Wishart.

——— & F. Engels (1970). *The German Ideology*. London: Lawrence & Wishart.

Matza, D. (1969). *Becoming Deviant*. New Jersey: Prentice-Hall.

Mauss, M. (1970). *The Gift*. London: Routledge & Kegan Paul.

McLennan, G., V. Molina, & R. Peters (1977). "Althusser's Theory of Ideology," in S. Hall et al. (eds.), *On Ideology*. London: Hutchinson/CCCS.

Mercer, K. (1987). "Imaging the Black Man's Sex," in P. Holland et al. (eds.), *Photography/Politics: Two*. London: Comedia/Methuen.

Merton, R. (1957). *Social Theory and Social Structure*. New York: Free Press.

Mills, C. W. (1956). *The Power Elite*. Oxford: Oxford University Press.

Millum, T. (1975). *Images of Women*. London: Chatto & Windus.

Morley, D. (1980). "Texts, Readers, Subjectst," in S. Hall et al. (eds.), *Culture, Media, Language: Working Papers in Cultural Studies, 1972–1979*. London: Hutchinson/CCCS.

Mouffe, C. (1979). "Hegemony and Ideology in Gramsci," in C. Mouffe (ed.), *Gramsci and Marxist Theory*. London: Routledge & Kegan Paul.

Murdock, G. (1981). "Political Deviance: The Press Presentation of a Militant Mass

Demonstration," in S. Cohen & J. Young (eds.), *The Manufacture of News: Social Problems, Deviancy and the Mass Media*, (rev. ed.). London: Constable.

New Left Review (ed.) (1977). *Western Marxism: A Reader*. London: New Left Books.

O'Neil, J. (1972). *Sociology as a Skin Trade*. London: Heinemann.

O'Shea, A. (n.d.). "Preferred Reading," Unpublished Paper, *CCCS*, University of Birmingham.

Ostgaard, E. (1968). *Nyhetsvandering*. Stockholm: Wahlston & Widstrand.

Parkin, F. (1971). *Class Inequality and Political Order*. New York: Holt.

Parsons, T. (1949). *The Structure of Social Action*. Glencoe: The Free Press.

——— (1951). *The Social System*. New York: Free Press.

Pêcheux, P. (1975). *Les Verités de la Police*. Paris: Maspero.

Peirce, C. (1931~1958). *Speculative Grammar, in Collected Papers*. Cambridge, Mass.: Harvard University Press.

Poulantzas, N. (1975). *Political Power and Social Classes*. London: New Left Books.

——— (1979). *State, Power, Socialism*. London: New Left Books.

Rickman, H. P. (1979). *William Dilthey: Pioneer of the Human Studies*. London: Eleck.

Sartre, J. P. (1963). *The Problem of Method*. London: Methuen.

Saussure, F. de (1960). *Course in General Linguistics*. London: P. Owen.

Shils, E. (1961a). "Centre and Periphery," in *The Logic of Personal Knowledge*. London: Routledge & Kegan Paul.

——— (1961b). "Mass Society and Its Culture," in N. Jacobs (ed.), *Culture for the Millions*. New York: D. Van Nostrand.

Smith, A. C. H., T. Blackwell, & E. Immirzi (1975). *Paper Voices*. London: Chatto & Windus.

Smith, G. N. & Q. Hoare (1971). "Introduction," in Gramsci, *Selections from the Prison Notebooks*. London: Lawrence & Wishart.

Spivak, G. C. (1987). *In Other Worlds: Essays in Cultural Politics*. New York: Methuen.

Stallybrass, P. & A. White (1986). *The Politics and Poetics of Transgression*. Ithaca: Cornell University Press.

Stallybrass, P. & A. White (1988). *The Politics and Poetics of Transgression*. London: Methuen.

Stedman-Jones, G. (1971). "The Marxism of the Early Lukács," *New Left Review*, no. 70.

Terni, P. (1973). "Memorandum," Council of Europe Colloquy on '*Understanding Television*.' Leicester: University of Leicester.

Thompson, E. P. (1961). "The Long Revolution," *New Left Review*, no. 9 & no. 10, May/June & July/August, pp.24~33, 34~39.

——— (1965). "Peculiarities of the English," *Socialist Register 1965*. London: The Merlin

Press.

——— (1967). "Time, Work Discipline and Industrial Capitalism," *Past and Present*, no. 38, December.

——— (1968). *The Making of the English Working Class*. Harmondsworth: Penguin.

——— (1975). *Whigs and Hunters*. Harmondsworth: Penguin.

——— (1978). *The Poverty of Theory and Other Essays*. New York: Monthly Review Press/ London: Merlin Press.

Truzzi, M. (1974). *Verstehen*. Reading, Mass.: Addison Wesley.

Turner, V. W. (1977). *The Ritual Process*. Ithaca, NY: Cornell University Press.

Veron, E. (1971). "Ideology and the Social Sciences," *Semiotica*, vol. 3, no. 2.

Vološinov, V. N. (1973). *Marxism and the Philosophy of Language*. New York: Seminar Press.

Wallace, M. (1990). "Modernism, Postmodernism and the Problem of the Visual in Afro-American Culture," in R. Ferguson et al. (eds.), *Out There: Marginalization and Contemporary Cultures*. Cambridge, Mass.: MIT Press.

Weber, M. (1930). *The Protestant Ethic and the Spirit of Capitalism*. London: Allen & Unwin.

——— (1949). *Methodology of the Social Sciences*. Glencoe: The Free Press.

West, C. (1990). "The New Cultural Politics of Difference," in R. Gerguson et al., (eds.), *Out There: marginalization and Contemporary Cultures*. Cambridge: MIT Press in association with the New Museum of Contemporary Art.

Williams, R. (1961). *Culture and Society*. Harmondsworth: Penguin.

——— (1965a). *The Long Revolution*. Middlesex: Pelican.

——— (1965b). "The Analysis of Culture," in *The Long Revolution*. Harmondsworth: Penguin.

——— (1971). "Literature and Sociology: In Memory of Lucien Goldmann," *New Left Review*, no. 67, May/June, pp.3~18.

——— (1973a). *The Country and the City*. London: Chatto & Windus.

——— (1973b). "Base and Superstructure in Marxist Cultural Theory," *New Left Review*, no. 82.

——— (1976). *Keywords*. London: Fontana.

——— (1977). *Marxism and Literature*. Oxford: Oxford University Press.

——— (1979). *Politics and Letters*. London: New Left Books.

——— (1989). *The Politics of Modernism*. London: Verso.

Willis, P. (1977). *Learning to Labour*. Farnborough, Eng.: Saxon House.

——— (1978). *Profane Culture*. London: Routledge & Kegan Paul.

——— (1980). "Notes on Method," in S. Hall, D. Hobson, A. Low, & P. Willis (eds.), *Culture, Media, Language: Working Papers in Cultural Studies*, 1972~1979, London:

Hutchinson/CCCS, pp.88~95.

Women's Studies Group, CCCS (1978). *Women Take Issue*. London: Hutchinson/CCCS.

Work Group, CCCS (1976). "A Critique of 'Community Studies' and Its Role in Social Thought," *CCCS Stencilled Occasional Paper*, no. 44.

Young, J. (1973). "Mass Media, Drugs and Deviancy," in M. McIntosh & P. Rock (eds.), *Deviancy and Social Control*. London: Tavistock.

스튜어트 홀의 저술 목록

1953

"Our Literary Heritage," *The Daily Gleaner*, 3 January.

1955

"Lamming, Selvon and Some Trends in the West Indian Novel," *Bim*, vol.6, no.23, December, pp.172~78.

"Two Poems" *BIM*, vol.6, no.23, December, pp.150~151.

1956

"Crisis of Conscience," *Oxford Clarion*, vol.1, no.2, Trinity Term, pp.6~9.

"Oh, Young Men" in Edna Manley (ed.), *Focus: Jamaica, 1956*, Kingston/Mona: The Extra-Mural Department of University College of the West Indies, p.181.

"The Ground is Boggy in Left Field!" *Oxford Clarion*, vol.1, no.3, Michaelmas Term, pp.10~12

"Thus, At the Crossroads" in Edna Manley (ed.), *Focus: Jamaica, 1956*, Kingston/Mona: The Extra-Mural Department of University College of the West Indies, p.180.

(with Executive Members of the Oxford Union Society) "Letter: Christmas Card Aid," *The Times*, no.53709, 8 December, p.7.

1957

"Editorial: 'Revaluations'," *Oxford Clarion*, vol.1, no.5, pp.1~5.

"Review: Irving Howe, Politics and the Novel," *Universities & Left Review*, vol.1, no.2, pp.73~4.

"The New Conservatism and the Old," *Universities & Left Review*, vol.1 no.1, pp.21~4.

(with Gabriel Pearson et al.) "Editorial," *Universities & Left Review*, vol.1, no.1, pp.i~ii.

(with Gabriel Pearson et al.) "Editorial: Hungary, H-Bomb, Germany," *Universities & Left Review*, vol.1, no.2, p.3.

1958

"A Sense of Classlessness," *Universities & Left Review*, no. 5, pp.26~32.

"Big Sir and the Oranges and Lemons," *Universities & Left Review*, no.4, pp.79~80.

"Break-through," Combined Universities Campaign for Nuclear Disarmament, Oxford.

"Inside the Whale Again," *Universities & Left Review*, no.4, pp.14~5.

"Mr Raymond and the Dead Souls," *Universities & Left Review*, no.4, pp.81~2.

"The Deep Sleep of England/In the No Man's Land," *Universities & Left Review*, no.3, pp.86~7.

(with Graham Martin et al.) "A Commitment Dialogue with Christopher Logue as Protagonist," *Universities & Left Review*, no.4, pp.15~20.

(with Gabriel Pearson et al.) "Editorial," *Universities & Left Review*, no.4, p.3.

(with Gabriel Pearson et al.) "Editorial," *Universities & Left Review*, no.5, p.3.

(with Gabriel Pearson et al.) "The Habit of Violence," *Universities & Left Review*, no.5, pp.4~5.

(with Gabriel Pearson et al.) "I Dreamed I Stopped the Traffic...," *Universities & Left Review*, no.5, pp.76~8.

1959

"Absolute Beginnings: Reflections on the Second Modern Generation," *Universities & Left Review*, no.7, pp.17~25.

"Cultural Notebook: Roots," *Universities & Left Review*, no.7, pp.52~3.

"Cultural Notebook: Taste of the Real Thing; Perils of the West End?; Lambeth Walk," *Universities & Left Review*, no.6, Spring, pp.62~4.

"Editorial: ULR to New Left Review," *Universities & Left Review*, no.7, pp.1~2.

"Letter to the Editor: Labour and the New Left," *The Guardian*, 2 November, p.4.

"The Big Swipe: Some Comments on the 'Classlessness Controversy'" *Universities & Left Review*, no.7, pp.50~2.

"The Politics of Adolescence," *Universities & Left Review*, no.6, pp.2~4.

(with Gabriel Pearson et al.) "Editorial: Will Mr. Gaitskell Miss the Boat?" *Universities & Left Review*, no.6, p.1

1960

"Caliban in Exile: Review of The Pleasures of Exile," *Tribune*, 26 August, p.11.

"Crosland Territory," *New Left Review*, no.2, pp.2~4.

"Crowther in Cold Storage," *New Left Review*, no.3, pp.59~60.

"Editorial," *New Left Review*, no.1, pp.1~3.

"Lady Chatterley's Lover," *New Left Review*, no.6, pp.32~6.

"Sergeant Musgrave's Dance," *New Left Review*, no.1, pp. 50~51.

"The Supply of Demand," in E. Thompson (ed.), *Out of Apathy*, London: New Left Books.

"Twilight Situation: Review of Newcomers: The West Indians in London," *Morning Star*, 4 October, p.10.

"ULR Club at Notting Hill," *New Left Review*, no.1, pp.71~2.

"Unnamed Paper." *New Left Review*, no.1, p.1

N.A.T.O. and the Alliances, a CND London Regional Council Discussion Pamphlet, London: CND.

1961

"Antigone Unconquered," *Encore*, vol.8, no.1, pp.39~41.

"Commitment Dilemma," *New Left Review*, no.10.

"Don't Hang Back with the Brutes: Review of various works on and by Tennessee Williams," *Time & Tide*, 28 December, pp.2198~9.

"Editorial: The Learning Revolution," *New Left Review*, no.11, pp.38~44.

"Notes for Readers," *New Left Review*, no.11, inside cover.

"Student Journals," *New Left Review*, no.7, pp.50~51.

"The Kitchen: A Review," *Encore*, vol.88, no.5, pp.41~2.

"The New Frontier," *New Left Review*, no.8, pp.47~48.

"Verona Betrayed: Review of Peter Hall's Romeo and Juliet," *New Statesman*, 25 August.

"Welfare and Rebellion," *The Observer*, 15 October, p.31.

1962

"Apotheosis of a Critic: Review of Curtains," *Encore*, vol. 9, no. 1, pp.49~54.

"No Title: Review of Anuerin Bevan, Volume 1: 1897~1945," *Peace News*, 16 November.

(with Norman Fruchter) "Notes on the Cuban Dilemma," *New Left Review*, no.9, pp.2~11.

(with Perry Anderson) "Politics of the Common Market," *New Left Review*, no.10, pp.1~15.

(with Paddy Whannel) "Direct Action? A Discussion with Alan Lovell," *New Left Review*, no.8, pp.16~27.

The Bomb and You: Revised statement of the Policy of the Campaign for Nuclear Disarmament prepared for its Executive, London: CND, July.

1963

"CND and the Labour Party," *New Statesman*, no. 65, 12 April, p.514.

"End of the Grand Designs?," *War & Peace: The CND Quarterly*, vol.1, no.2, pp.14~18.

"The Cuban Crisis: Trial-run or Steps Towards Peace?" *War and Peace*, vol.1, no.1.

1964

"Liberal Studies," in Paddy Whannel and Peter Harcourt (eds.), *Studies in the Teaching of Film within Formal Education*, London: British Film Institute, pp.10~27.

"No Title," *Mermaid*, vol.31, no.1, pp.17~19.

"The Idea of An English School: Birmingham Centre for Contemporary Cultural Studies," *The Critical Survey*, Winter, pp.63~5.

(with Paddy Whannel) *The Popular Arts*, London: Hutchinson; and Boston: Beacon Press.

(with Richard Hoggart) "Local Radio: Why It Should not Be Commercial," *Peace News*, 14 August, n.p.

(with Richard Hoggart) "What Shall We Do with the BBC?: Against commercials," *Spectator*, 3 July, p.11.

1965

"A Question of Tone," *The Guardian*, 4 June, p.9.

"A Review of The Fifties," *New Society*, October, n.p.

"A Review of The Shocking History of Advertising," *New Society*, May, n.p.

"Centre for Contemporary Cultural Studies," *English in Education*, vol.A2 issue 1, pp.27~29.

"From 'Rock Island Line' to the Rolling Stones," *Birmingham Post*, 18 February.

"Home, Sweet Home: Review of Harold Pinter, The Homecoming," *Encore*, vol.12, no.4, pp.30~4.

"Identity in Family and Society," *Views*, no.8, Summer, pp.57~61.

"The Meaning of Mass Culture," *Birmingham Post*, 29 January.

"The Neutrals: Review of The Third World," *Sanity*, March, p.7.

1966

"A Convincing Performance," *People and Politics*, no date, pp.5~7.

"An Unsolved Paradox: Review of The Young Pretenders," *Youth Review*, no.5, pp.40~3.

"Class and the Mass Media," in Richard Mabey (ed.), *Class: A Symposium*, London: Blond.

"Freud's Little Space: Review of Philip Rieff, The Triumph of the Therapeutic," *The Listener*, no.1949, 4 August, p.174.

"Political Commitment," in Lawrence Bright and Simon Clements (eds.), *The Committed Church*, London: Darton, Longman & Tod, pp.3~25.

1967

"Cultural Analysis," *Cambridge Review*, 89, pp.154~7.

"Lodging-House Zone: Review of Race, Community and Conflict, and Spring Grove," *The Listener*, 23 February, p.266.

"People, Personalities and Personification," in Richard Hoggart (ed.), *Writers and Their Work*, London: London University Press, pp.109~120.

"The Condition of England," in Stuart Hall et al. (eds.), *The Condition of England Question*, a Special Issue of *People and Politics* (Easter 1967), pp.1~35.

"The World of the Gossip Column," in Richard Hoggart (ed.), *Your Sunday Paper*, London: London University Press, pp.68~80.

(with Raymond Williams and E. P. Thompson) (eds.), *New Left May Day Manifesto*, London: A Group of Socialist Workers.

The Young Englanders, London: National Committee of Commonwealth Immigrants.

1968

"The Hippies: An American Movement," *CCCS Stencilled Occasional Paper*, no.16.

"The New Revolutionaries," in Terry Eagleton and Brian Wicker (eds.), *From Culture to Revolution*, London: Sheed and Ward, pp.182~222.

"You a Fat Cat Now: Review of James Baldwin, *Tell Me How Long the Train's Been Gone*," *New Statesman*, no. 75, 28 June, p.871.

(with R. Williams and E. Thompson) (eds.), *May Day Manifesto*, 2nd ed. Harmondsworth: Penguin.

1969

"Blowing in the Wind," *Mermaid: University of Birmingham Magazine*, vol.37, no.3, pp.28~30.

"Popular Press and Social Change," *Rowntree Report*, London: Joseph Towntree Social Services Trust.

"The Hippies, an American Moment," in Julian Nagel (ed.), *Student Power*, London: Merlin Press, pp.170~202.

"The Real BBC Crisis," *New Statesman*, 18 July, pp.69~70.

"The Technics of Persuasion," *New Society*, 11 December, pp.948~9

1970

"A World at One with Itself," *New Society*, no.403, pp.1056~58.

"Black Britons, Part One: Some Problems of Adjustment," *Community*, vol.1, no.2, pp.3~5.

"Black Britons, Part Two," *Community*, vol.1, no.3.

"Black Britons: Some Teenage Problems," *Community*, vol.1, pp.12~14.

"General Introduction," in Trevor Blackwell et al., *The Popular Press and Social Change, 1935~1965, A Project for the Joseph Rowntree Memorial Trust*, Birmingham: University of Birmingham, CCCS, pp.1:1~1:46.

"Gogglebox Gigolos: Review of The New Priesthood," *New Society*, 19 November, pp.919~20.

"Kids' Stuff: Review of The Assault on Childhood," *New Society*, no.402, 11 June, pp.1015~16

"Leisure, Entertainment and Mass Communication," *Society and Leisure*, vol.2 no.2, pp.28~47.

"Some Notes on the Long Revolution and the Example of the 1840's," *Unveroffentlicht*.

"Watching the Box," *New Society*, no. 411, 3 August, pp.295~6.

1971

"Black and Boiled: Review of *The Murder Book*," *New Society*, 9 December, p.1162.

"Deviancy, Politics and the Media," *Birmingham CCCS: Stencilled Occasional Paper*.

"Drama Goes Pop: Review of A Sociology of Popular Drama," *New Society*, no.475, 4 November, p.900.

"Innovation and Decline in Cultural Programming on Television," *UNESCO Report*, Birmingham: CCCS, University of Birmingham.

"Introduction," "Response to People and Culture," *Working Papers in Cultural Studies*, no.1, pp.5~7, 97~102.

"Letters: Vince Viet Cong!," *The Listener*, no.2183, 28 January, p.116.

"Media and Message: The Life and Death of Picture Post: a Review of Picture Post, 1938~1950)," *Cambridge Review*, vol.92, no.2201, 19 February, pp.140~144.

"Mirror Love: Review of Picture Postcards of the Golden Age," *New Society*, 14 October, p.735.

"Moderation in All Things: Review of David Ayerst, Guardian: Biography of a Newspaper," *New Society*, 6 May, pp.780~1.

"Our Neighbours from the West Indies," in *Our Neighbours: Independent TV for Schools*, Manchester: Granada TV, Summer Term, pp.4~5.

"Sitting at the Footnote of Malcolm X," *The Guardian*, 26 August, p.9.

1972

"Advertising and its Ideology: Review of Fred Inglis, The Imagery of Power," *The Guardian*,

20 July, p.15.
"Black Britons," in E. Butterworth and D. Weir (eds.), *Social Problems of Modern Britain*, London: Fontana, pp.325~9.
"Cathode Kernel: Review of Television and the People," *New Society*, 18 May, pp.368~9.
"Devious Myths: Review of Mythologies," *The Guardian*, 2 March, p.15.
"External Influences on Broadcasting," *CCCS Stencilled Occasional Paper*, no.4.
"The Determination of News Photographs," *Working Papers in Cultural Studies*, no.3, pp.53~88.
"The Hippies: Dissent in America," in Peter Worsley (ed.), *Problems of Modern Society*, Harmondsworth: Penguin.
"The Limitations of Broadcasting," *The Listener*, vol.16, March 16, pp.328~9.
"The Social Eye of Picture Post," *Working Papers in Cultural Studies*, no.2, pp.71~120.
"TV Types: Review of The Making of a Television Series," *New Society*, 6 July, n.p.
"Zimbabwe "No" Has Changed the Scene", *Morning Star*, 12 February, p.2.
(with Paul Walton) "Introduction," in Paul Walton and Stuart Hall (eds.), *Situating Marx*, London: Human Context Books, pp.1~6.
(with Peter Abss et al.), "Letters: Leaving the BBC," *The Times*, 15 November, p.17.
Deviancy, Politics & the Media, Birmingham: Center for Contemporary Cultural Studies.

1973
"A 'Reading' of Marx's 1857 Introduction to the Grundrisse," *CCCS Stencilled Occasional Paper*, no.1.
"A World at One with Itself"; "The Determination of News Photographs," in Stanley Cohen and Jock Young (eds.), *The Manufacture of News*, London: Constable, pp.176~190.
"Black Images," *The Guardian*, 15 March, p.18.
"Encoding and Decoding in the TV Discourse," *Stencilled Occasional Paper* no.7, Birmingham: CCCS.
"The Limitations of Broadcasting," in Karl Miller (ed.), *The Second Listener Anthology*, London: BBC, pp.18~23.
"The Structured Communication of Events," *CCCS Stencilled Occasional Paper*, no.5.

1974
"Black Men, White Media," *Savacou*, 9/10, pp.97~100.
"Deviance, Politics and the Media," in Mary McIntosh and Paul Rock (eds.), *Deviance and Social Control*, London: Tavistock, pp.261~305.

"Deviancy, Politics and the Media," *CCCS Stencilled Occasional Paper*, no.11.

"Education and the Crisis of the Urban School," in John Raynor (ed.), *Issues in Urban Education*, Milton Keynes: Open University Press, pp.39~55.

"Marx's Notes on Method: A 'Reading' of the '1857 Introduction'," *Working Papers in Cultural Studies*, no.6, pp.132~71.

"Media Power: the Double Bind," *Journal of Communication*, vol.24, no.4, pp.19~26.

"Television Discourse-Encoding and Decoding," *Education and Culture*, no. 25, Council of Europe, Strassburg, pp.8~14.

(with A. Schuttleworth, C. Heck, and A. Lloyd) *Television Violence: Crime, Drama and the Analysis of Content*, Birmingham: CCCS.

(with Chas Critcher et al.) *Mugging: a Pamphlet*, Birmingham: The Paul, Jimmy and Mustafa Support Committee.

1975

"Between Two Worlds," in Theo Barker (ed.), *The Long March of Everyman: 1750~1960*, Harmondsworth/London: Penguin/BBC/André Deutsch, pp.273~94.

"Down with the Little Woman," *The Listener*, no.2415, 17 July, pp.71~2.

"Introduction," in A. C. Smith, *Paper Voices: the Popular Press and Social Change, 1935~1965*, London: Chatto and Windus, pp.11~24.

"Introduction," in David Selbourne, *An Eye to China*, London: Black Liberator Press, pp.i~viii.

"Letter: Moderate and Extremist," *The Listener*, no.2430, 30 October, p.588.

"Mugging: A Case Study in the Media', *The Listener*, vol.93, no.2404, 1 May, pp.571~2.

"Television as a Medium and Its Relation to Culture," *CCCS Stencilled Occasional Paper*, no.34.

"The Crisis: The Real Issues," *The Listener*, no.2407, 22 May, pp.658~9.

"The 'Structured Communication' of Events," in *Getting the Message Across*, Paris: UNESCO, pp.115~45.

"Will Annan Open the Box?" *The Listener*, no.2427, 9 October, pp.463~4.

(As Member of the CCCS Mugging Group), "Some Notes on the Relationship Between the Societal Control Culture and the News Media: The Construction of a Law and Order Campaign," *Working Papers in Cultural Studies*, nos 7/8, pp.75~80.

(with Chas Critcher et al.) "Newsmaking and Crime," *Stencilled Occasional Paper* no.27, Birmingham: CCCS.

(with John Clarke et al.) "Subcultures, Cultures, and Class: Some Definitions," *Working Papers in Cultural Studies*, nos 7/8, pp.9~74.

(with Tony Jefferson) "Mugging and Law 'n Order," *Stencilled Occasional Papers*, no.36, Birmingham: CCCS.

1976

"A Critical Survey of the Theoretical and Practical Achievements of the Last Ten Years," in F. Barker et al. (eds.), *Literature, Society and the Sociology of Literature*, Colchester: University of Essex, pp.1~7.

"Literature, Society and the Sociology of Literature: A Critical Survey," in F. Barker et al. (eds.), *Literature, Society and the Sociology of Literature: Proceedings of the Conference*, Colchester: University of Essex.

"Television and Culture," *Sight and Sound*, vol.45, no.4, pp.246~52.

"Violence and the Mass Media," in Norman Tutt (ed.), *Violence*, London: HMSO.

(with Ian Connell and Lidia Curti) "The 'Unity' of Current Affairs Television," *Working Papers in Cultural Studies*, no.9, Spring, pp.51~93.

(with John Clarke and Tony Jefferson) "Youth: A Stage in Life?," *Youth in Society*, no.17.

(with John Clarke et al.) "Subcultures, Cultures and Class: A Theoretical Overview," in Stuart Hall and Tony Jefferson (eds.), *Resistance through Rituals: Youth Subcultures in Post-War Britain*, London: Harper Collins, pp.9~74.

1977

"Culture, the Media, and the 'Ideological Effect," in James Curran et al. (eds.), *Mass Communication and Society*, London: Edward Arnold, pp.315~48.

"Journalism of the Air under Review," *Journalism Studies Review*, vol.1, no.1, pp.43~5.

"Notes on 'The Spectacle'," mimeo. *CCCS*, University of Birmingham.

"Pluralism, Race and Class in Caribbean Society"; "Continuing the Discussion," in *Race and Class in Post-Colonial Society*, Paris: UNESCO, pp.150~184, 457~8.

"Rethinking the 'Base and Superstructure' Metaphor," in Jon Bloomfield et al. (eds.), *Class, Hegemony and Party*, London: Lawrence & Wishart, pp.43~72.

"Talking About My Generation: The Development of Youth Culture," *Teaching London Kids*, no.10, pp.18~21.

"The Hinterland of Science: Ideology and the 'Sociology of Knowledge,'" *Working Papers in Cultural Studies*, no.10, pp.9~32.

"The 'Political' and the 'Economic' in Marxist Theory of Classes," in Alan Hunt (eds.), *Class and Class Structure*, London: Lawrence & Wishart, pp.15~60.

"The Report of the Committee on the Future of Broadcasting," *New University Quarterly*, vol.31, Summer, pp.263~74.

(with Bob Lumley and Gregor McLennan) "Politics and Ideology: Gramsci," *Working Papers in Cultural Studies*, no.10, pp.45~76.

(with Iain Chambers et al.) "Marxism and Culture: A Reply to Rosalind Coward," *Screen*, vol.18, no.4, pp.109~19.

Schooling and Society: A Review of Theories, Milton Keynes: Open University Press.

1978

"Classified Democracy," *New Internationalist*, no.60, pp.11~12.

"Marxism and Culture," *Radical History Review*, no.18, pp.5~14.

"Newspapers, Politics and Classes," in James Curran (ed.), *The British Press: A Manifesto*, London: Macmillan, pp.30~52.

"Race and Poverty," T. Blair (ed.), *The Inner Cities*, London: Central London Polytechnic Papers on the Environment, pp.15~24.

"Racism and Reaction," in *Five Views of Multiracial Britain*, London: Commission for Racial Equality, pp.23~35.

"Some Paradigms in Cultural Studies," *Estratto da Annali-Aglistica*, n.3, pp.13~48.

"Some Problems with the Ideology/Subject Couplet," *Ideology and Consciousness*, no.3, pp.113~21.

"The Hinterland of Science: Ideology and the 'Sociology of Knowledge'"; (with Bob Lumley and Gregor McLennan) "Politics and Ideology: Gramsci," in Stuart Hall et al. (eds.), *On Ideology*, Hutchinson/CCCS, pp.9~31.

"The Legislation of Consent," in *Social Legislation in the 1960s*.

"The Racist Within," *The Listener*, 20 July, pp.66~8.

"The Treatment of 'Football Hooliganism' in the Press," in R. Ingham (ed.), *Football Hooliganism: the Wider Context*, London: Inter-Action, pp.15~36.

"Who are the Vandals?," *Morning Star*, 28 October, p.4.

"Youth Cultures, Part One: Football and Punk Rock," *Hard Times*, nos 3/4, June, pp.18~27.

(with Chas Critcher et al.) *Policing the Crisis: 'Mugging,' the State, and Law and Order*, London: Macmillan.

1979

"Cultures of Resistance and 'Moral Panics': An interview with Stuart Hall," *Afras Review 4: Special Issue on Racism and Class Struggle*, University of Sussex, Autumn, pp.2~18.

"Racism and Reaction," *Schooling and Culture*, no. 4, pp.25~34.

"The Great Moving Right Show," *Marxism Today*, no.23 no.1, pp.14~20.

"The Social Eye of Picture Post (Extract)," in Photography Workshop (eds.), *Photography/ Politics: One*, London: Photography Workshop, pp.27~9.

(with Alan Hunt), "Political Parties and the Crisis of Marxism: Interviews with Nicos Poulantzas," *Socialist Review*, no.48 (vol.9, no.6), pp.57~74.

1980

"Cultural Studies and the Center: Some Problematics and Problems"; "Introduction to Media Studies at the Center"; "Encoding/Decoding"; "Recent Developments in Theories of Language and Ideology," in Stuart Hall et al. (eds.), *Culture, Media, Language: Working Papers in Cultural Studies, 1972~1979*, Hutchinson/CCCS, pp.15~47, 117~21, 128~38, 157~62.

"Cultural Studies: Two Paradigms," *Media, Culture and Society*, vol.2 no.2, pp.57~72.

"New Perspectives in the Links Between Social Science, History and Cultural Studies: Notes on Some Openings and Closures," *UNESCO Reports and Papers in the Social Sciences, vol. 48: Social Sciences in Latin America and the Caribbean*, pp.10~12.

"Nicos Poulantzas: State, Power, Socialism," *New Left Review*, no.119, pp.60~9.

"Popular-Democratic vs. Authoritarian-Populism: Two Ways of 'Taking Democracy Seriously,'" in Alan Hunt (ed.), *Marxism and Democracy*, London: Lawrence and Wishart, pp.157~85.

"Race, Articulation, and Societes Structured in Dominance," in *Sociological Theories: Race and Colonialism*, Paris: UNESCO, pp.305~45.

"Reformism and the Legislation of Consent," in John Clarke et al. (eds.), *Permissiveness and Control: The Fate of the Sixties Legislation*, London: Macmillan & the National Deviancy Conference, pp.1~43.

"Teaching Race," *Multi-Racial Education*, vol.9, no.1, pp.1~14.

"Thatcherism-A New Stage?" *Marxism Today*, February, pp.22~7.

"The Law's Out of Order," *The Guardian*, 5 January, p.9.

"The Message from the Box," *English Magazine*, pp.4~8.

"The Williams's Interview," *Screen Education*, no.34, pp.94~104.

(As Member of the Unofficial Committee of Enquiry), *The Death of Blair Peach: The Supplementary Report of the Unofficial Committee of Enquiry*, London: National Council for Civil Liberties.

(As Member of the Unofficial Committee of Enquiry], *Southall, 23 April 1979: The Report of the Unofficial Committee of Enquiry*, London: National Council of Civil Liberties.

1981

"A World at One with Itself"; "The Determinations of News Photographs"; (with C. Critcher et al.) "The Social Production of News: Mugging in the Media," in Stanley Cohen and Jock Young (eds.), *The Manufacture of News: Social Problems, Deviance and the Mass Media* (Revised edition), London: Constable/Beverly Hills: Sage, pp.147~56, 226~43, 335~67.

"Conformity, Consensus and Conflict: Introduction," in David Potter et al. (eds.), *Society and the Social Sciences: An Introduction*, London: Routledge & Kegan Paul, pp.221~5.

"Moving Right," *Socialist Review*, no.55, pp.113~37.

"Notes on Deconstructing 'the Popular'"; "In Defense of Theory,". in Raphael Samuel (ed.), *People's History and Socialist Theory*, London: Routledge and Kegan Paul, pp.227~40, 378~85.

"Representations of Race in the Media: Viewpoint 2," *Multi-Racial Education*, vol.9 no.2.

"Schooling, State and Society," in Roger Dale et al. (eds.), *Education and State*, vol. 1: Schooling and National Interest, Sussex: Falmer Press, pp.3~29.

"Summer in the City," *New Socialist*, vol.1, pp.4~7.

"Teaching Race in the School in the Multicultural Society," in A. James and R. Jeffcoate (eds.), *The School in the Multicultural Society*, London: Harper & Row/Open University Press, pp.58~69.

"The 'Little Caesars' of Social Democracy," *Marxism Today*, April, pp.11~5.

"The Whites of Their Eyes: Racist Ideologies and the Media," in George Bridges and Rosalind Brunt (eds.), *Silver Linings: Some Strategies for the Eighties*, London: Lawrence & Wishart, pp.28~52.

"Viewpoint 2," *Race and the Media, a Special Issue of Multiracial Education*, vol.9, no.2, pp.75~82.

(with Ian Connell and Lidia Curti) "The Unity of Current Affairs Television," in Tony Bennett et al. (eds.), *Popular Television and Film*, London: British Film Institute/Open University Press, pp.88~117.

(with Phil Scraton) "Law, Class and Control," in Mike Fitzgerald et al. (eds.), *Crime and Society*, London: Routledge & Kegan Paul, pp.385~416.

1982

"A Long Haul," *Marxism Today*, November, pp.16~21.

"Culture and the State," in *Popular Culture, the State and Popular Culture*, no.1, block 7, unit 28, Milton Keynes: Open University Press, pp.5~39.

"Redrawing the Map," (discussion with S. Aaronovitch and P. Jenkins) *Marxism Today*,

December, pp.14~22.
"The Battle for Socialist Ideas in the 1980s," in Ralph Miliband and John Saville (eds.), *Socialist Register*, vol.19, London: Merlin Press, pp.1~19.
"The Empire Strikes Back," *New Socialist*, July/August, pp.5~7.
"The Lessons of Lord Scarman," *Critical Social Policy*, vol.2, pp.66~72.
"The Rediscovery of 'Ideology': Return of the Repressed in Media Studies." in Michael Gurevitch et al. (eds.), *Culture, Society, and the Media*, London: Methuen, pp.56~90.

1983
"Education in Crisis," in AnnMarie Wolpe and James Donald (eds), *Is There Anyone Here From Education?: Education after Thatcher* (London: Pluto Press, 1983), pp.2~10.
"Ideologies, Racisms and the Populism of the New Right," *Hard Times*, 23, pp.16~21.
"Ideology in the Modern World," *La Trobe Working Papers in Sociology* (Bundoora, Vic.: Department of Sociology, La Trobe University), no.65.
"Punk in the UK: An Interview with Stuart Hall," *Shades*, pp.26~9.
"Teaching Race," in Mollie Lloyd (ed), *Aspects of Multiracial Education*, a Special Issue of *Early Child Development*, vol.10 no.4, pp.259~74.
"Thatcherism, Racism and the Left: An Interview by Lesley Johnson and Judith Brett," *Meanjin*, vol.42 no.2, pp.191~202.
"Thatcherism: Rolling Back the Welfare State," *Thesis Eleven*, 7, pp.6~19.
"The 'Little Caesars' of Social Democracy"; "The Great Moving Right Now"; (with Martin Jacques) "Introduction," in Stuart Hall and Martin Jacques (eds.), *The Politics of Thatcherism*, London: Lawrence and Wishart, pp.19~39, 309~321.
"The Problem of Ideology: Marxism without Guarantees," in Betty Matthews (ed.), *Marx 100 Years On*, London: Lawrence and Wishart, pp.57~85.
"Whistling in the Void," *New Socialist*, May/June, pp.8~12.
(with Martin Jacques) "Politics of Thatcherism: The Radical Right," *New Statesman*, 20 May, pp.12~13.

1984
"Conjuring Leviathan: Orwell on the State," in Christopher Norris (ed.), *Inside the Myth — Orwell: Views from the Left*, London: Lawrence & Wishart, pp.217~41.
"Face the Future," *New Socialist*, September, pp.37~9.
"Introduction," Block 1; "Unpacking Orwell," Block Unit 1; "The State in Question," Block 1, Unit 2; "Introduction: the State and Civil Society," Block 3; "The Representative-Interventionist State, 1880s to 1920s," Block 3, Unit 7' "Conclusion," Block 3, in (Open

University Course Blocks, Course D, 209) *The State and Society*, Milton Keynes: The Open University Press.
"Labour's Love Still Lost," *New Socialist*, January/February, pp.7~9.
"Reconstruction Work," *Ten-8*, no.16, pp.2~9.
"The Crisis of Labourism," in James Curran (ed.), *The Future of the Last*, Cambridge: Polity Press, pp.23~36.
"The Culture Gap," *Marxism Today*, January, pp.18~23.
"The Narrative Construction of Reality: An Interview with Stuart Hall." *Southern Review*, vol.17, no.1, pp.3~17.
"The Rise of the Representative/Interventionist State," in Gregor McLennan, David Held and Stuart Hall (eds.), *State and Society in Contemporary Britain*, New York: Polity Press, pp.7~49.
"The State in Question," in Gregor McLennan, David Held and Stuart Hall (eds.), *The Idea of the Modern State*, Milton Keynes: Open University Press, pp.1~28.
"The State-Socialism's Old Caretaker," *Marxism Today*, v.28, n.11, pp.24~29.

1985

"Authoritarian Populism: A Reply to Jessop et al," *New Left Review*, no.151, pp.115~124.
"Cold, Comfort, Farm," *New Socialist*, November, pp.10~2.
"Faith, Hope or Clarity," *Marxism Today*, January, pp.15~9.
"Realignment: For What?" *Marxism Today*, December, pp.12~7.
"Religious Ideology and Social Movement in Jamaica," in Robert Bocock and Kenneth Thompson (eds.), *Religion and Ideology*, Manchester: Manchester University Press, pp.269~96.
"Signification, Representation, Ideology: Althusser and the Post-Structuralist Debates" *Critical Studies in Mass Communication*, vol.2, no.2, pp.91~114.
"The Gulf Between Labour and Blacks," *The Guardian*, 15 July, p.18.
(with Bill Schwarz) "State and Society, 1880~1930," in Mary Langan and Bill Schwarz (eds.), *Crises in the British State, 1880~1930*, London: Hutchinson, pp.7~32.
(with Umberto Eco) "The Role of the Intellectual is to Produce Crisis: A Conversation," *The Listener*, no.2909, 16 May, pp.14~6.

1986

"Culture and Politics," *Art Monthly*, no.101, p.2.
"Dr Scruton and Mr Snide," *The Guardian*, 9 January, p.8.
"Foreword," in John Hargreaves, *Sport, Power and Culture*, London: Polity Press, pp.xi~xii.

"Gramsci's Relevance for the Study of Race and Ethnicity," *Journal of Communication Inquiry*, vol.10, no.2, pp.5~27.
"Introduction" to W. F. Haug, *Critique of Commmodity Aesthetics*, Minneapolis: University of Minnesota Press, pp.1~4.
"Introduction"; "Variants of Liberalism," in James Donald and Stuart Hall (eds.), *Politics and Ideology: A Reader*, Milton Keynes: Open University Press, pp.ix~xx, 34~69.
"Introduction," to David Morley, *Family Television: Cultural Power and Domestic Leisure*, London: Comedia, pp.7~10.
"Jesse Jackson: An Interview," *Marxism Today*, vol.37, no.3, pp.6~11.
"Media Power and Class Power," in James Curran et al (eds.), *Bending Reality: the State of the Media*, London: Pluto Press, pp.5~14.
"No Light at the End of the Tunnel," *Marxism Today*, December, pp.12~6.
"On Postmodernism and Articulation: An Interview with S. Hall." *Journal of Communication Inquiry*, vol.10, no.2, pp.45~60.
"Popular Culture and the State," in Tony Bennett et al. (eds.), *Popular Culture and Social Relations*, Milton Keynes: Open University Press, pp.22~49.
(As Member of the Review Panel), *A Different Reality: An Account of Black People's Experiences and Their Grievances Before and After the Handsworth Rebellions of September 1985*, Report of the Review Panel, Commissioned by The Race Relations and Equal Opportunities Committee of WMCC, Birmingham: West Midlands County Council.
(with B. Campbell et al.) (eds.), *Class and Politics after Thatcherism*, Cambridge: Polity Press.
(with James Anderson) "Absolutism and Other Ancestors," in James Anderson (ed.), *The Rise of the Modern State*, Brighton: Wheatsheaf, pp.21~40.
(with Martin Jacques) "People Aid: A New Politics Sweeps the Land," *Marxism Today*, July, pp.10~4.

1987

"Blue Election, Election Blues," *Marxism Today*, July, pp.30~5.
"Gramsci and Us," *Marxism Today*, June, pp.16~21.
"In Praise of the Peculiar," *Marxism Today*, April (Gramsci Supplement), pp.vi~vii.
"Popular Culture as a Factor of Intercultural Understanding," in *Human Rights Teaching*, vi, Paris: UNESCO, pp.27~38.
"The British Left after Thatcher," *Socialist Review*, vol.17, no.2, pp.39~54.
"The Mirror or the Lens?"; "Prospects," in Noelle Goldman and Stuart Hall, *Pictures of Everyday Life: The People, Places and Cultures of the Commonwealth*, London: Comedia, pp.9~15, 148~51.

"Urban Unrest in Britain," in John Benyon and John Solomos (eds.), *The Roots of Urban Unrest*, Oxford: Pergamon Press, pp.45~50.

"When It's the Only Game in Town, People Play It," *The Guardian*, 6 July, p.22.

1988

"Brave New World," *Marxism Today*, October, pp.24~9.

"Even Worms Turn," *New Statesman*, vol.115, March 25, pp.10~1.

"Migration from the English-Speaking Caribbean to the UK, 1950~80," in Reginald Appleyard (ed.), *International Migration Today, 1: Trends and Prospects*, Paris: UNESCO, pp.264~310.

"Minimal Selves," in Lisa Appignanesi (ed.) *Identity: The Real Me*, ICA Document 6, London: ICA, pp.44~6.

"New Ethnicities," in Kobena Mercer (ed.), *Black Film, British Cinema*, (ICA Documents 7), London: BFI/Institute of Contemporary Arts, pp.27~31.

"Only Connect: the Life of Raymond Williams," *New Statesman*, February 5, pp.20~21.

"Thatcher's Lessons," *Marxism Today*, March, pp.20~7.

"The Bitter Death of The Welfare State," *New Internationalist*, no.188, October, pp.8~10.

"The Game to Counter the Tories' Follow My Leader," *The Guardian*, 12 December, p.20.

"The Toad in the Garden: Thatcherism among the Theorists"; "Stuart Hall: Questions and Answer," in Cary Nelson and Lawrence Grossberg (eds.), *Marxism and the Interpretation of Culture*, Urbana: University of Illinois Press, pp.35~57, 58~73.

"The Work of Art in the Electronic Age: Interviews with Jean Baudrillard, Stuart Hall, and Paul Virilio," *Block*, no.14, pp.11~14.

(with Martin Jacques) "1968," *Marxism Today*, May, pp.24~7.

(with Martin Jacques) "A Turning Point in Europe's History," *The Guardian*, 2 May, p.19.

The Hard Road to Renewal: Thatcherism and the Crisis of the Left, London: Verso.

1989

"Authoritarian Populism," in Bob Jessop et al. (eds.), *Thatcherism*, Cambridge: Polity Press, pp.99~107.

"Cultural Identity and Cinematographic Representation," *Frame Works*, 36, pp.68~81.

"Ethnicity: Identity and Difference," *Radical America*, vol.23 no.4, pp.9~13.

"Foreword," in Independent Committee of Inquiry, *Policing in Hackney: 1945~1984*, London: Karia Press/Roach Family Support Committee, pp.12~18.

"Ideology and Communication Theory," in Brenda Dervin et al. (eds.), *Rethinking Communication: Vol. 1 Paradigm Exemplars*, Newbury Park: Sage, pp.40~52.

"Ideology," in *International Encyclopedia of Communications*, New York: Oxford University Press, pp.307~11.

"Introduction to the Afternoon Session," *Framework*, Issue 36, pp.29~32.

"New Times," *Irish Times*, December 30, p.21.

"Obituary: C.L.R. James: The Life of a Caribbean Historian," *New Statesman and Society*, vol.2 no.53, June 9, pp.21~7.

"Politics and Letters," in Terry Eagleton (ed.), *Raymond Williams: Critical Perspectives*, Cambridge: Polity Press.

"Sons and Daughters of the Diaspora: Review of Armet Francis," *Children of the Black Triangle, Artage*, Spring, pp.46~7.

"The 'First' New Left: Life and Times"; "Then and Now: A Re-evaluation of the New Left (discussion)," in Oxford University Socialist Discussion Group (ed.), *Out of Apathy: Voices of the New Left 30 Years On*, London: Verso, pp.11~38, 143~70.

(with David Held) "Left and Rights," *Marxism Today*, June, pp.16~23.

(with Martin Jacques) "Introduction"; "The Meaning of New Times"; (with D. Held) "Citizens and Citizenship," in Stuart Hall and Martin Jacques (eds.), *New Times: The Changing Face of Politics in the 1990s*, London: Verso, pp.11~22, 116~136, 173~88.

The Voluntary Sector under Attack? London: Islington Voluntary Action Council Pamphlet, pp.1~22.

1990

"Autoportraits: Black Narcissus (Extract from the Catalogue Essay)," *Autograph ABP Newsletter*, no.10, February–March, p.4.

"C.L.R. James, 1901~1989: Obituary," *History Workshop*, no.29, pp.213~5.

"Cultural Identity and Diaspora," in Padmini Mongia (ed.), *Contemporary Postcolonial Theory: A Reader*, London: Arnold, pp.110~121.

"The Emergence of Cultural Studies and the Crisis of the Humanities," *October*, no.53, pp.11~23.

"When Was the Post-Colonial?" in Dennis Walder (ed.), *Literature in the Modern World: Critical Essays and Documents*, New York: Oxford University Press/Open University Press.

(with Ernesto Laclau) "Coming up for Air," *Marxism Today*, vol.41, no.3, March, pp.22~7.

(with Fredric Jameson) "Clinging to the Wreckage: A Conversation," *Marxism Today*, September, pp.28~31.

(with Martin Jacques) "March without Vision," *Marxism Today*, December, pp.26~31.

(with Martin Jacques) "Revolution, Fifties-Style," *The Independent*, 10 December, p.19.

(with Paddy Whannel) "The Young Audience," in Simon Frith and Andrew Goodwin (eds.), *On Record: Rock, Pop, and the Written Word*, London: Routledge, pp.27~38. [Extract from The Popular Arts (1964)].

1991

"And Not a Shot Fired," *Marxism Today*, December 1991/January 1992, pp. 10~5.

"Brave New World: the Debate about Post-Fordism," *Socialist Review*, vol.21 no.1, pp.57~64.

"Chopping Logic: Jameson's Postmodernism or the Cultural Logic of Late Capitalism," *Marxism Today*: Review of Books, April.

"Europe's Other Self," *Marxism Today*, August, pp.18~9.

"Reading Gramsci," in Roger Simon, *Gramsci's Political Thought*, 2nd ed., London: Lawrence & Wishart, pp.7~10.

"Reconstruction Work: Images of Post-war Black Settlement," in Jo Spence and Patricia Hollan (eds.), *Family Snaps: The Meaning of Domestic Photography*, London: Virago, pp.152~64.

"Stuart Hall on Imaginary Identification and Politics," *UC-Santa Cruz Center for Cultural Studies Newsletter*, Winter, n.p.

"The Idea of the 'Social' in Social Science," in *Social Structures and Divisions*, D103/Block 2, Milton Keynes: OU Press.

"The Local and the Global: Globalization and Ethnicity"; "Old and New Identities, Old and New Ethnicities," in Anthony D. King (ed.), *Culture, Globalization and the World System*, London: Macmillan, pp.19~39, 41~68.

"You Can't Go Home Again," (review of Salman Rushdie's Imaginary Homeland), *Sight and Sound*, vol.1. no.3, pp.32~4.

(with Paul Gilroy and Homi Bhabha) "Threatening Pleasures," *Sight and Sound*, vol.1 no.4 (NS), pp.17~9.

1992

"C.L.R. James: A Portrait," in Paget Henry and Paul Buhle (eds.), *C.L.R. James's Caribbean*, Durham, NC: Duke University Press, pp.3~16.

"Cultural Identity and Cinematic Representation," in Mbye Cham (ed.), *Ex-iles: Essays on Caribbean Cinema*, London: Africa World Press, pp.220~36.

"Cultural Studies and Its Theoretical Legacies," in Lawrence Grossberg et al. (eds.), *Cultural Studies*, New York: Routledge, pp.277~94.

"European Cinema on the Verge of a Nervous Breakdown," in Duncan Petrie (ed.),

Screening Europe: Image and Identity in European Cinema, London: British Film Institute, pp.45~53.

"Introduction"; "The West and the Rest: Discourse and Power," in Stuart Hall and Bram Gieben (eds.), *Formations of Modernity*, The Open University Press/Polity Press, pp.1~16, 275~320.

"New Ethnicities," in James Donald and Ali Rattansi (eds.), *"Race," Culture and Difference*, London: Sage, pp.252~60.

"No New Vision, No New Votes," *New Statesman and Society*, vol.5, April 17, pp.14~5.

"Opening Up Our Vision," *New Times*, 27 June, pp.6~7.

"Our Mongrel Selves," (Part of a Supplement on: Borderlands), *New Statesman and Society*, vol.5, June 19, pp. Borderlands 6~8.

"Race and the Cinema: An Interview with Stuart Hall and Paul Gilroy," *Critical Sociology*, vol.19, no.3, pp.107~20.

"Race, Culture, and Communications: Looking Backward and Forward at Cultural Studies," *Rethinking Marxism*, vol.5 no.1, pp.11~8.

"What is This 'Black' in Black Popular Culture?" in Michelle Wallace and Gina Dent (eds.), *Black Popular Culture*, Seattle: Bay Press, pp.21~36.

(with David A. Bailey) "Critical Decade: An Introduction"; "Vertigo of Displacement: Shifts within Black Documentary Practices"; "Identity and the Black Photographic Image"; (with Images by Vincent Stokes) "Reconstruction Work," *Ten-8*, vol.20 no.3, Special issue on *Critical Decade: Black British Photography in the 80s*, pp.4~7, 14~23, 106~13.

(with David A. Bailey) "Critical Decade: Black British Photography in the 1980s," Introduction to *Screen*, vol.4 no.7, pp.3~4.

(with David Held and Gregor MlLennana) "Introduction"; "The Question of Cultural Identity," in Stuart Hall et al. (eds.), *Modernity and Its Futures*, Cambridge, UK: Polity Press/The Open University Press, pp.1~11, 273~316.

1993

"Basic Instinct Off Target," *The Guardian*, 24 November, p.24.

"Culture, Community, Nation," *Cultural Studies*, vol.7 no.3, pp.349~63.

"Deviancy, Politics and the Media," in Henry Abelove et al. (eds.), *The Lesbian and Gay Studies Reader*, London: Routledge, pp.62~90.

"For Allon White: Metaphors of Transformation"; "Introduction," to Allon White, *Carnival, Hysteria, and Writing*, Cambridge: Cambridige University Press, pp.1~25.

"Jamaica in England," *Standpoints* (The Jamaican Speech Issue), no.30, Centre National de

Documentation Pedagogue, Paris, pp.28～35.
"Making a Drama out of a Crisis," *History Today*, vol.43, October. pp.4～6.
"Obituary: Robin Rusher," *The Independent*, 29 March, Gazette, p.22.
"Thatcherism Today," *New Statesman and Society*, vol.6, November 26, pp.14～6.
"The New Europe," in Sunil Gupta (ed.), *Disrupted Borders*, London: Rivers Oram Press.
"The Television Discourse: Encoding and Decoding"; "Minimal Selves," in Ann Gray and Jim McGuigan (eds.), *Studying Culture*, London: Edward Arnold, pp.28～34, 134～9.
"The Williams Interviews," in Manuel Alvarado et al. (eds.), *The Screen Education Reader*, London: Macmillan, pp.304～18.
"Vanley Burke and the Desire for Blackness," in Mark Sealy (ed.), *Vanley Burke: A Retrospective*, London: Lawrence & Wishart, pp.12～5.
"Which Public, Whose Service?," in Wilf Stevenson (ed.), *All Our Futures: The Changing Role and Purpose of the BBC*, BBC Charter Review Series, London: British Film Institute.
Society and Social Science: Social Structure and Divisions. (OU Course D103), Milton Keynes: Open University Press.

1994
"Apocalypse Postponed: Eco, U. (book review)," *Sight and Sound*, vol.4, no.11, p.37.
"Interviewed by Ron Shillingford: Prophet of Our Age," *The Voice*, no.590, 8 March, pp.17～18.
"Reflections upon the Encoding/Decoding Model: An Interview with Stuart Hall," in Jon Cruz and Justin Lewis (eds.), *Viewing, Reading, Listening: Audiences and Cultural Reception*, Boulder: Westview Press, pp.253～74.
"Review: Umberto Eco," *Apocalypse Postponed'*, *Sight and Sound*, vol.4, no.11, p.37.
"Some 'Politically Incorrect' Paths through Political Correctness," in Sarah Dunant (ed.), *The War of Words: The Political Correctness Debate*, London: Virago, pp.164～83.
"Whose English?," in Cary Bazalgette (ed.), *Balancing Literature, Language and Media in the National Curriculum: Report of Commission of Inquiry into English*, London: British Film Institute, pp.69～83.

1995
"Black and White in Television," in June Givanni (ed.), *Remote Control: Dilemmas of Black Intervention in British Film and TV*, London: British Film Institute, pp.13～28.
"Cultural Studies: Two Paradigms"; "Interview with Roger Bromley'," in Jessica Munns et al. (eds.), *A Cultural Studies Reader: History, Theory, Practice*, London: Longman,

pp.194~206, 659~73.

"Fantasies, Identity, Politics," in Erica Carter et al. (eds.), *Cultural Remix: Theories of Politics and the Popular*, London: Lawrence & Wishart, pp.63~69.

"Formations of Modernity: Introduction"; "The West and the Rest: Discourse and Power"; "Modernity and Its Futures: Introduction"; "The Question of Cultural Identity" in Stuart Hall et al. (eds.), *Modernity: An Introduction to Modern Societies*, Malden: Blackwell, pp.3~18, 184~228, 595~634.

"Negotiating Caribbean Identies," *New Left Review*, no.209, pp.3~14.

"New Cultures for Old," in Doreen Massey and Pat Jess (eds.), *A Place in the World? Places, Cultures and Globalization*, Oxford: Oxford University Press, pp.175~215.

"Not A Postmodern Nomad: A Conversation with Stuart Hall," *Arena New Series*, No.5. pp.51~70, North Carlton, Australia.

"Obituary: Andrew Salkey," *The Independent*, 16 May.

"Parties on the Verge of a Nervous Breakdown," *Soundings*, no.1, Autumn, pp.19~33.

"Son of Margaret?" *New Statesman and Society*, vol.8, October 6, pp.23~6.

(with Doreen Massey and Mike Rustin) "Editorial: Uncomfortable Times," *Soundings*, no.1, Autumn, pp.5~18.

1996

"Drifting Into A Law and Order Society," in John Muncie et al. (eds.), *Criminological Perspectives*, London: Sage, pp.257~70.

"Editorial: Who Dares, Fails," *Soundings*, no.3, Summer, pp.116~18.

"Encoding/Decoding"; "Racist Ideologies and the Media"; (with Chas Critcher et al.) "The Social Production of News," in Paul Marris and Sue Thornham (eds.), *Media Studies: A Reader*, Edinburgh: Edinburgh University Press, pp.41~49, 160~8, 424~9.

"In Dialogue: Homi K Bhabha, Stuart Hall, bell hooks, Gilane Tawadros, Members of the Audience," in Alan Read (ed.) *The Fact of Blackness: Frantz Fanon and Visual Representation*, London/Seattle: Institute of Contemporary Arts/Bay Press, pp.38~45.

"Influences (Interview with Stuart Hall)," *New Statesman and Society*, February 9, p.25.

"Introduction: Who Needs Identity?" in Stuart Hall and Paul du Gay (eds.), *Questions of Cultural Identity*, Thousand Oaks: Sage, pp.1~17.

"Politics of Identity," in Terence Ranger et al. (eds.), *Culture, Identity, and Politics: Ethnic Minorities in Britain*, Aldershot; Brookfield, VT: Avebury.

"Race, Articulation and Societies Structured in Dominance"; "New Ethnicities"; "Minimal Selves"' "Cultural Identity and Cinematic Representation," in Houston A. Baker Jr. et al. (eds.), *Black British Cultural Studies: A Reader*, Chicago: University of Chicago

Press, pp.16~60, 114~119, 163~172, 210~22.

"Response to Saba Mahmood — Cultural Studies and Ethnic Absolutism: Comments on Stuart Hall's 'Culture, Community, Nation,'" *Cultural Studies*, vol.10, no.1, p.12~5.

"Technics of the Medium." in John Corner & Sylvia Harvey (eds.), *Television Times: A Reader*. London: Arnold, pp.3~10. (Excerpts from 'Television as a medium and its relation to culture," 1971, UNESCO).

"The After-Life of Franz Fanon: Why Fanon? Why Now? Why Black Skin, White Masks?" in Alan Read (ed.), *The Fact of Blackness: Franz Fanon and Visual Representation*, London: Institute of Contemporary Arts, pp.12~37.

"The Problem of Ideology: Marxism without Guarantees"; "On Postmodernism and Articulation: An Interview with Stuart Hall"; "The Meaning of New Times"; "Cultural Studies and Its Theoretical Legacies"; "For Allon White: Metaphors of Transformation"; "Cultural Studies and the Politics of Internationalization: An Interview with Stuart Hall"; "Gramsci's Relevance for the Study of Race and Ethnicity"; "New Ethnicities"; "What is This 'Black' in Black Popular Culture?"; "The Formation of a Diasopric Intellectual: An Interview with Stuart Hall," in David Morley and Kuan-Hsing Chen (eds.), *Stuart Hall: Critical Dialogues in Cultural Studies*, London & New York: Routlege, pp.25~46, 131~50, 223~37, 262~75, 287~305, 392~408, 411~40, 441~9, 465~75, 484~503.

"When was the 'Post Colonial'? Thinking at the Limit," in Iain Chambers and Lidia Curti (eds.), *The Post-Colonial Question: Common Skies, Divided Horizons*, London: Routledge, pp.242~60.

(with Doreen Massey and Mike Rustin) "Editorial: What is at Stake?," *Soundings*, no.2, Spring, pp.5~16.

1997

"Caribbean Culture: Future Trends," *Caribbean Quarterly*, vol.43, nos. 1/2.

"Culture and Power: An Interview by Peter Osborne and Lynne Segal," *Radical Philosophy*, no.86, pp. 24~41.

"Interview (with David Scott): Politics, Contingency, Strategy," *Small Axe*, 4, pp.141~159.

"Random Thoughts Provoked by the Conference 'Identities, Democracy, Culture and Communication in Southern Africa.'" *Critical Arts*, vol.11 nos.1/2, pp.1~16.

"Raphael Samuel 1934~1996," *New Left Review*, no.121, pp. 119~27.

"Subjects in History: Making Diasporic Identities," in Wahneema Lubiano. *The House That Race Built*, New York: Pantheon Books, pp.289~99.

"The Centrality of Culture: Notes on the Cultural Revolutions of Our time," in Kenneth

Thompson (ed.), *Media and Cultural Regulation*, Thousand Oaks: Sage, pp. 208~38.
"The Work of Representation,"; "The Spectacle of the 'Other'," in Stuart Hall (ed.). *Representation: Cultural Representations and Signifying Practices*, Thousand Oaks: Sage, pp.13~74, 223~90. (2nd ed. in 2013).
(with Alun Howkins et al.) "Raphael Samuel 1938~1996," *History Workshop Journal*, no.43, p.iv~xi.
(with Caryl Phillips) "Interview with Stuart Hall," *Bomb Magazine*, 58, pp.38~42.
(with Doreen Massey and Michael Rustin) (eds.), *The Next Ten Years: Key issues for Blair's Britain*, London: Soundings.
(with Doreen Massey) "Questions Which Remain," *Soundings*, no.5, Spring, pp.7~19.
(with Martin Jacques) "Cultural Revolution," *New Statesman*, 5 December, vol.126, Issue 4263, pp.24~26.
(with Martin Jacques) "Les Enfants de Marx et Coca-Cola," *New Statesman and Society*, 28 November, vol.126, issue 4362, pp.34~6.
(with Martin Jacques) "The Great Moving Centre Show," *New Statesman*, 21 November, vol.126, issue 4361, pp.26~8.
(with Martin Jacques) "Tony Blair: The Greatest Tory since Thatcher?," *The Observer*, 13 April, p.31.
(with Paul du Gay et al.), *Doing Cultural Studies: The Story of the Sony Walkman*, Thousand Oaks: Sage.

1998

"A Rage in Harlesden (Film Review: Babymother)," *Sight & Sound*, vol.8 no.9, pp.24~26.
"A Torpedo Aimed at the Boiler-Room of Consensus," *New Statesman*, 17 April, vol.127, Issue 4381, pp. 15~19.
"Aspiration and Attitude: Reflections on Black Britain in the Nineties," *New Formations*, no.33, pp.38~46.
"Breaking Bread with History: C.L.R. James and the Black Jacobins, An Interview with Bill Schwarz," *History Workshop Journal*, 46, pp.17~32.
"Rivers of Racism: Enoch Powell Thirty Years On," *New Statesman*, 17 April.
"Stuart Hall: Culture & Power, Interview," *Radical Philosophy*, Nov/Dec.
"The Great Moving Nowhere Show," *Marxism Today*, Nov.-Dec., pp.9~14.
"The Rediscovery of Ideology," in Julie Rivkin and Michael Ryan (ed.), *Literary Theory: An Anthology*, Malden, Mass.: Blackwell.
"The Windrush Issue: Postscript," *Soundings*, Issue 10, Autumn, pp.188~92.
"There's No Place Like Home," (Windrush Review). *Financial Times*. 13 June.

(with Gail Lewis and Eugene McLaughlin) *Evidence on "Racial Stereotyping In The Police"* to The Lawrence Inquiry.

(with Naoki Sakai) "A Tokyo Dialogue on Marxism, Identity Formation and Cultural Studies," in Kuan-Hsing Chen et al. (eds.), *Trajectories: Inter-Asia Cultural Studies*, London: Routledge, pp.360~78.

1999

"A Conversation with Stuart Hall," *The Journal of the International Institute*, vol.7 no.1. [http://www.umich.edu/-iinet/journal/past_journals.htm#v771].

"Cultural Compositions: Stuart Hall on Ethnicity and the Discursive Turn, An Interview with Julie Drew," in Gary A. Olson and Lynn Worsham (eds.), *Race, Rhetoric, and the Postcolonial*, New York: State University of New York Press, pp.205~240.

"Forward," in Philo Cohen (ed.), *New Ethnicities, Old Racism?* London: Zed Books.

"From Scarman to Stephen Lawrence," *History Workshop Journal*, no 48, pp.187~197.

"Have Cultural Studies, Will Travel: Some Conditions of Existence of Trans-National Dialogue," in T. Hanada, S. Yoshimi and C. Sparks (eds.), *A Dialogue With Cultural Studies*, Tokyo: Shin-yo-sha.

"Reinventing Britain (intorudction and afterword)," *Wasafiri: Journal of Caribbean, African, Asian and Associated Literatures and Film*, Spring, 29, pp.37, 43~44.

"Thinking the Diaspora: Home-Thoughts from Abroad," *Small Axe: A Caribbean Journal of Criticism*, 6, pp.1~18.

"Unsettling 'the Heritage': Re-imagining the Post-Nation." in Department for Culture, Media and Sport. *Whose Heritage?* London: HMSO.

(with Jessica Evans) "What Is Visual Culture?"; "Looking and Subjectivity: Introduction," in Jessica Evans and Stuart Hall (eds.), *Visual Culture: The Reader*, London: Sage/The Open University, pp.1~7, 309~14.

(with Peter Osborne and Lynne Segal) "Cultural and Power: Interview with Stuart Hall," in Rodolfo Torres et al. (eds.), *Race, Identity, and Citizenship: A Reader*, Malden, Mass.: Blackwell.

2000

"A Rage in Harlesden," *Sight & Sound*, vol.8, no.9, pp. 24~6.

"Forword." in Daniel A. Yon. *Elusive Culture: Schooling, Race, and Identity in Global Times. Albany*, NY: State University of New York Press.

"From Scarman to Macpherson," *Society* (Open University), 3, pp.8~9.

"Frontiers and Backyards: The Terms of Change"; (with Kuan-Hsing Chen) "The

Formation of a Diasporic Intellectual: An Interview with Stuart Hall," in Kwesi Owusu (ed.), *Black British Culture and Society*, London: Routledge, pp.127~129, 405~415.

"Multi-cultural Citizens, Monocultural Citizenship?" in Nick Pearce and Joe Hallgarten (eds.), *Tomorrow's Citizens: Critical Debates in Citizenship and Education*, London: Institute for Public Policy Research, pp.43~52.

"Occupying Britishness and Entrenching Change," *The Runnymede Bulletin*, no.325, pp.17~9.

"Prophet at the Margins," *The Guardian*, 8 July, pp.8~9.

"Reflections on British Decline: An interview by Richard English and Michael Kenny," in Richard English and Michael Kenny (eds.), *Rethinking British Decline*, London: Macmillan, pp.104~16.

"The Multicultural Question,"in Barnor Hesse. *Un/Settled Multiculturalisms: Diasporas, Entanglements, Transruptions*. London: Zed Books, pp.209~41.

"Who Needs 'Identity'?" in Paul du Gay et al. (eds.), *Identity: A Reader*, London: Sage/Open University Press.

"Whose Heritage? Unsettling the Heritage, Re-imagining the Post-Nations," *Third Text*, 49, Winter-Spring. London: Kala Press, pp.3~13.

(As Member of the Commission) *The Future of Multi-Ethnic Britain: Report of the Commission on the Future of Multi-Ethnic Britain*, London: Profile Books/The Runnymede Trust.

Impact of Homelessness, Scottish Council for Research in Education, 53 pages.

2001

"Conjoined Twin Flies Home After Deal," *The Guardian*, 18 June.

"Constituting an Archive," *Third Text*, no.54, pp.89~92.

"Democracy, Globalization and Difference," in Okwui Enwezor et al. (eds), *Documenta 11, Platform 1: Democracy Unrealized*, Ostfildern-Ruit: Hatje Cantz, pp.21~36.

"Foucault: Power, Knowledge and Discourse"; "The Spectacle of the Other," in Margaret Wetherell et al. (eds.), *Discourse Theory and Practice*, London: Sage, pp.72~81, 324~344.

"Museums of Modern Art and The End Of History"; (with Sarat Maharaj) 'Modernity and Difference', in Sarah Campbell and Gilane Tawadros (eds.), *Modernity and Difference* (Annotations 6), London: Institute for the International Visual Arts, pp.8~25, 36~57.

"Out of a Clear Blue Sky," *Soundings*, no.19, Autumn, pp.9~15.

(with Mark Sealey) *Different: Contemporary Photographers and Black Identity*, Phaidon Press.

2002

"Calypso Kings," *The Guardian*, 28 June, B1–B4.

"Forward," in Sarita Malik, *Representing Black Britain: A History of Black and Asian Images on British Television*, London: Sage.

"Globalisation from Below," in Richard Ings (ed.), *Connecting Flights: New Cultures of the Diaspora*, London: Arts Council England/British Council, pp.5～14.

"In but Not of Europe: Europe and Its Myth," *Soundings*, Winter 2002～2003, 22, pp.57～69.

"Political Belonging in a World of Multiple Identities," in Steven Vertovec and Robin Cohin (eds.), *Conceiving Cosmopolitanism*, Oxford University Press, pp.25～31.

"Race, Articulation and Societies Structured in Dominance"; "Reflections on 'Race, Articulation, and Societies Structured in Dominance'," in Philomena Essed and David Theo Goldberg (eds.), *Race Critical Theories: Text and Context*, Malden, Mass.: Blackwell, pp.38～68, 449～54.

"The Television Discourse: Encoding/Decoding," in Denis McQuail (ed.), *McQuail's Reader in Mass Communication Theory*, London: Sage.

2003

"Calypso Kings" in Michael Bull and Les Back (eds.), *The Auditory Culture Reader*, Oxford: Berg, pp.419～26.

"Chris Ofili in Paradise: Dreaming of Afro" in *Chris Ofili within reach, Chris Ofili and Thelma Golden*. Victoria Miro Gallery, London.

"Créolité and the Process of Creolization"; "Creolization, Diaspora and Hybridity," in Okwui Enwezor et al. (eds.), *Créolité and Creolization, Documenta 11, Platform 3: Créolité and Creolization*, Hatje Cantz Publishers, Germany, pp.27～42, 185～98.

"Maps of Emergency: Fault Lines and Tectonic Plates," in Gilane Tawadros and Sarah Campbell (eds.), *Fault Lines, Contemporary African Art and Shifting Landscapes*, Institute of International Visual Arts/ Forum for African Arts/ Prince Klaus Fund, London, pp.31～42.

"Marx's Notes on Method: A 'Reading' of the '1857 Introduction,'" *Cultural Studies*, vol.17 no.2, pp.113～49.

"New Labour Has Picked Up Where Thacherism Left Off: Blair's Project Has Been to Absorb Social Democracy into Neo-liberalism," *The Guardian*, 6 August.

"New Labour's Double-Shuffle," *Soundings*, no.24, pp.10～24.

"Preface," in Richard Hylton (ed.), *Doublethink*, London: Autograph, pp.6～7.

"Stuart Hall: An interview with Hans Ulrich Obrist," in Thomas Boutoux (ed.), *Hans*

Ulrich Obrist Interviews: Volume One, Milan: Edizioni Charta, pp.368~93.

"Tearing Down the Veil: In the Soul's of Black Folk, W. E. B. Du Bois Combined History, Philosophy and Music in an Attempt to Combat Racism', *The Guardian*, 22 February.

(with David A. Bailey) "The Vertigo of Displacement," in Liz Wells (ed.), *The Photography Reader*, London: Routledge, pp.380~86.

(with Karim Murj) *Culture, Media and Identities: D318 Course guide* (2nd ed.), Milton Keynes: Open University.

2004

"Beyond the Limits," with Photographs by Mitra Tabrizian, *Next Level*, vol.3, no.1, pp.108~113.

"For Edward Said," *Soundings*, no.26, pp.151~4.

"Obituary: Graham Martin, Literary Critic and Cultural Studies Innovator," *The Guardian*, 12 February.

"The Ironies of History: An Interview with Annie Paul," *Ideaz*, vol.3, nos.1~2, pp.53~80.

"The Way We Live Now" in Mitra Tabrizian, *Beyond the Limits*, Gottingen: Steidl/ Essen: Museum Folkwang, pp.7~22.

(with Michael Hardt) "Changing States: In the Shadow of Empire"; "Modernity and Difference"; "Museums of Modern Art and the End of History," in Gilane Tawadros (ed.), *Changing States: Contemporary Art and Ideas in an Era of Globalisation*, London: Institute of International Visual Arts, pp.132~7, 190~5, 286~91.

2005

"Assembling in the 1980s: The Deluge and After," in David A. Bailey et al. (eds.), *Shades of Black: Assembling Black Arts in 1980s Britain*, Durham: Duke University Press, pp.1~20.

"Culture is Always a Translation," *Caribbean Beat* (BWIA Airways), January/February, pp.36~7.

"David Scott," *Bomb*, 2004~2005 Winter, Issue 90, pp.54~9.

"Encoding/Decoding in the Television Discourse," in Daniell M. Hunt (ed.), *Channeling Blackness: Studies on Television and Race in America*, New York: Oxford University Press.

"From Representation: Cultural Representation and Signifying Practices," in Enora Brown and Kenneth Saltman (eds.), *The Critical Middle School Reader*, London: Routledge, pp.295~310.

"Negotiating Architecture," in David Adjaye, *Houses: Recycling, Reconfiguring, Rebuilding*, edited by Peter Allison, London: Thames and Hudson, pp.8~11.

"New Labour's Double-Shuffle," *Review of Education, Pedagogy & Cultural Studies*, vol.27 issue 4, pp.319~335.

"Thinking Diaspora: Home-Thoughts from Abroad," in Gaurav Desai and Supriya Nair (eds.), *Postcolonialisms: An Anthology of Cultural Theory and Criticism*, New Brunswick, NJ: Rutgers University Press, pp.543~560.

2006

"Black Diaspora Artists in Britain: Three 'Moments' in Post-war History," *History Workshop Journal*, no.61, pp.1~24.

"Cosmopolitan Promises, Multicultural Realities," in Richard Scholar (ed.), *Divided Cities: The Oxford Amnesty Lectures, 2003*, Oxford: Oxford University Press, pp.15~19.

"Culture's Revenge: An Interview with Laurie Taylor," *New Humanist*, vol.121, no.2, pp.14~17.

"Excerpts from 'The Work of Representation'," in Paul Cobley (ed.), *Communication Theories: Critical Concepts in Media and Cultural Studies*, vol.3, Routledge, pp.191~206.

"Popular Culture and the State," in Aradhana Sharma and Akhil Gupta (eds.), *The Anthropology of the State: A Reader*, Oxford: Blackwell, pp.360~80.

(with Chas Critcher, Tony Jefferson, John Clarke and Brian Roberts) "The Changing Shape of 'Panics'," in Chas Critcher (ed.), *Critical Readings: Moral Panics and the Media*, Maidenhead, England: Open University Press, pp.41~49.

(with John Clarke, Tony Jefferson and Brian Roberts) "Once More Around Resistance Through Rituals"; "Subcultures, Cultures and Class," in Stuart Hall and Tony Jefferson (eds.), *Resistance through Rituals: Youth Subcultures in Post-war Britain* (2nd ed.), London: Routledge, pp.vii~xxxii.

2007

"Afterword: The Legacies of Anglo-Caribbean Culture: A Diasporic Perspective," in Tim Barringer et al., *Art and Emancipation in Jamaica: Isaac Mendes Belisario and His Worlds*, New Haven: Yale Center for British Art in association with Yale University Press, pp.179~95.

"Epilogue: Through The Prism of an Intellectual Life" in Brian Meeks (ed.), *Culture, Politics Race and Diaspora: The Thought of Stuart Hall*, Kingston, Jamaica/London: Ian Randle, pp.269~91.

"Identity and Difference," in Erik Ching et al. (eds), *Reframing Latin America: A Cultural*

Theory Reading of the Nineteenth and Twentieth Centuries, Austin: University of Texas Press.

"Lives on Film," *The Guardian*, 15 October, G2, pp.6~15.

"Living with Difference: An Interview with Bill Schwarz," *Soundings*, 37, pp.148~58.

"Preface," in Paul Gilroy, *Black Britain: A Photographic History*, London: Saqi in association with GettyImages.

"Preface"; "A Response to 'People and Culture"; "A 'Reading' of Marx's 1857 Introduction to Grundirsse"; "The Hinterland of Science: Ideology and the Soicology of Knowledge'"; (with Bob Lumley and Gregor McLennan) "Politics and Ideology: Gramsci," in Ann Gray et al. (eds.), *CCCS Selected Working Papers*, vol.1, London: Routledge, pp.ix~xiv, 76~82, 83~111, 127~147, 278~305.

"Preface"; "The Hippies: An American 'Movement'"; (with John Clarke, John Critcher, Tony Jefferson and Brian Roberts) "Newsmaking and Crime"; (with Ian Connell and Lidia Curti) "The 'Unity' of Current Affairs"; "Encoding and Decoding in the Television Discourse," in Ann Gray et al. (eds.), *CCCS Selected Working Papers*, vol.2, London: Routledge, xi~xiii, 146~167, 313~325, 326~364 386~398.

"Richard Hoggart, The Uses of Literacy and the Cultural Studies," *International Journal of Cultural Studies*, vol.10 issue 1, pp.39~50.

"Stuart Hall, Professor of Cultural Theory and Sociology," in Juliet Solomon (ed.), *The Book of Regrets...thoughts, memories and revelations from a celebrated cast*, London: JR Books, pp.184~6.

"Universities, Intellectuals, and Multitudes," in Mark Coté et al. (eds.), *Utopian Pedagogy: Radical Experiments Against Neoliberal Globalization*, Toronto: University of Toronto Press.

"Will Life after Blair Be Different?" *British Politics*, vol.2 issue 1, pp.118~22.

(with Fredric Jameson) "Interview with Stuart Hall," in Ian Buchanan (ed.), *Jameson on Jameson: Conversations on cultural Marxism*, Durham, NC: Duke University Press, pp.113~22.

(with Tim Adams) "Cultural Hallmark: Stuart Hall Interview," *Guardian*, Sept. 23.

2008

"Cosmopolitanism, Globalisation and Diaspora: In conversation with Pnina Werbner," in Pnina Webner (ed.), *Anthropology and the New Cosmopolitanism*, Oxford: Berg, pp.345~60.

"Cultural Studies," in Steven Seidman and Jeffrey C. Alexander (eds.), *The New Social Theory Reader* (2nd ed.), London: Routledge.

"The Life of Raymond Williams," *New Statesman*, 2/25/2008, vol.137 issue 4885, p.62.

"The Way We Live Now," in Mitra Tabrizian et al., *Beyond the Limits*, Steidl.

(with Colin MacCabe) "An Interview with Stuart Hall," *Critical Quarterly*, vol.50 Issue 1/2, pp.12~42.

(with Chas Critcher et al.) "Excerpts from *Policing the Crisis*," in Howard Tumber (ed.), *Journalism* v.2 (Routledge Critical Concepts in Media and Cultural Studies), London: Routledge.

2009

"Charles Taylor in the Archive," *Critical Arts: A South-North Journal of Cultural and Media Studies*, vol.23 Issue 3, pp.374~376.

"Introduction"; "The 'West Indian' Front Room", in Michael McMilan, *Front Room: Migrant Aesthetics in the Home*, Black Dog Publishers, pp.16~23.

"Preface," in Roy Coleman et al. (eds.), *State, Power, Crime*, London: Sage, pp.xii~xviii.

"Richard Hoggart, The Uses of Literacy and the Cultural Turn," in Sue Owen (ed.), *Richard Hoggart and Cultural Studies*, New York: Palgrave Macmillan, pp.20~32.

"Should Nick Griffin Have Been Invited on Question Time?," *The Guardian*, 17 October.

"The Social Eye of Picture Post," in *Modern Typography in Britain: Graphic Design, Politics, and Society* (*Typography Papers* 8), Hyphen Press.

(with Les Back) "In Conversation: At Home and Not at Home," *Cultural Studies*, vol.23, no.4, pp.658~687.

2010

"Creolite and the Process of Creolization," in Robin Cohen & Paola Toninato (eds.), *The Creolization Reader: Studies in Mixed Identities and Cultures*, London: Routledge.

"Forward," in Helmut K. Anheier et al. (eds.), *Cultural Expression, Creativity and Innovation*, Los Angeles: Sage.

"Life and Times of the First New Left," *New Left Review*, Jan/Feb, Issue 61, pp.177~196.

"Terrains of Disturbance: Conversation with Stuart Hall," in Ann-Julie Raccoursier (ed.), *Time Action Vision: Conversation in Cultural Studies, Theory, and Activism* (Document Series 5), Zurich: JRP/Ringer; New York: Distribution, D.A.P.

"The Uses of Literacy and the Cultural Turn"; "The Problem of Ideology: Marxism without Guarantees," in David Oswell (ed.), *Cultural Theory* v.1 (Sage Bemchmarks in Culture and Society), Los Angeles: Sage.

(with Doreen Massey) "Interpreting the Crisis: Doreen Massey and Stuart Hall Discuss Ways of Understanding the Current Crisis," *Soundings*, Issue 44, pp.57~71.

(with Doreen Massey et al.) "Labour in a Time of Coalition: A Roundtable Discussion on What the Future Holds for Labour," *Soundings*, Issue 45, pp.19～31.

2011

"The March of the Neoliberals," *The Guardian*, G2, 13 September, pp.10～14.

"The Neo-Liberal Revolution," *Cultural Studies*, vol.25 no.6, pp.705～728.

"The Neoliberal Revolution," *Soundings*, no.48, pp.9～28.

"Trace Elements: interview with Laurie Taylor," *New Humanist*, vol.126, no.3, pp.40～43.

(with Les Back) "At Home and not at Home," in Claire Alexander (ed.), *Stuart Hall and 'Race,'* London: Routledge, pp.202～231.

2012

"A Life on the Left: interviewed by Zoe Williams," *The Guardian*, 11 February, pp.39～41.

"Avtar Brah's Cartographies: Moment, Method, Meaning," in Irene Gedalof and Nirmal Puwar (eds.), Recalling 'the Scent of Memory': Celebrating 100 Issues of Feminist Review, a Special Issue of *Feminist Review*, no. 100, pp.27～38.

"Jeremy Deller's Political Imaginary," in Jeremy Deller, *Joy in People*, London: Hayward Gallery, pp.81～90.

"Letter: Labour's Lack of Alternative Vision," *The Guardian*, 16 January.

"Speak Easy: Black in the '70s," in Dennis Morris, *Growing up Black*, London: AutographABP, pp.4～8.

"We Need To Talk About Englishness: interviewed by Jonathan Derbyshire," *New Statesman*, 24–30 August, pp.32～4.

(with David Scott) "Hospitality's Others," in Sally Tallant and Paul Domela (eds.), *The Unexpected Guest: Art, Writing and Thinking on Hospitality*, London: Art/Books.

2013

"Capital — Isaac Julien's Workshop," in Giuliana Bruno et al. *Isaac Julien: Root*, New York: The Museum of Modern Art.

"Interview with Stuart Hall," in Ian Buchanan (ed.), *Jameson on Jameson: Conversations on Cultural Marxism*, Durham, NC: Duke University Press.

"Stuart Hall Interview in 2011 by Hudson Vincent," *Cultural Studies*, vol.27 no.5, pp.757～777.

"The Neoliberal Victory Must Be Challenged. We Start Today," *The Guardian*, 24 April, p.30.

(in Conversation with Michael Calderbank et al.) "Straight Outta Kilburn," *Red Pepper*, no.189, pp.12~15.

(with Chas Critcher et al.) *Policing the Crisis: Mugging, the state and law & order*, 35th Anniversary Edition, London: Palgrave Macmillan.

(with James Hay) “Interview with Stuart Hall,” *Communication and Critical/Cultural Studies*, vol.10 no.1, pp.10~33.

(edited with Jessica Evans and Sean Nixon) *Representation* (2nd ed.), Los Angeles: Sage & Open University Press.

2014

“Stuart Hall on 50 Years of Pop Culture, Politics and Power,” *The Guardian*, G2, 21 April, p.8.

2015

(with Doreen Massey and Michael Rustin) “After Neoliberalism: Analysing the Present (Framing Statement)”; (with Alan O-Shea) “Common-sense Neoliberalism,” in Stuart Hall et al. (eds.), *After Neoliberalism? The Kilburn Manifesto*. London: Lawrence & Wishart, pp.9~23.

2016

Cultural Studies 1983: A Theoretical History. Durham, NC: Duke University Press.

2017

Selected Political Writings: The Great Moving Right Show and Other Essays. edited by Sally Davison et al.. Durham, NC: Duke University Press.

The Fateful Triangle: Race, Ethnicity, Nation. edited by K. Mercer. Cambridge, MA: Harvard University Press.

(with Bill Schwarz). *Familiar Stranger: A Life Between Two Islands*. Durham: Duke University Press.

2019

Essential Essays: v.1. Foundations of Cultural Studies. edited by David Morley. Durham, NC: Duke University Press.

Essential Essays: v.2. Identity and Diaspora. edited by David Morley. Durham, NC: Duke University Press

2021

Selected Writings on Marxism by Stuart Hall. edited by Gregor McLennan. Durham, NC: Duke University Press.

Stuart Hall: Selected Writings on Race and Difference. edited by Paul Gilroy and Ruth W. Gilmore. Durham, NC: Duke University Press.

Writings on Media: History of the Present by Stuart Hall. edited by Charlotte Brunsdon. Durham, NC: Duke University Press.

2024

Selected Writings on Visual Arts and Culture: Detour to the Imaginary, edited by Gilane Tawadros. Durham, NC: Duke University Press.

Credit

Chapter 1 Stuart Hall, "The Problem of Ideology: Marxism without Guarantees," in David Morley & Kuan-Hsing Chen (eds.), Stuart Hall: Critical Dialogues in Cultural Studies, London: Routledge, 1996, pp.25~46. Reprinted from the *Journal of Communication Inquiry*, 10(2), 1986, pp.28~44. This essay originally appeared in *Marx: 100 Years On*, B. Matthews (ed.), London: Lawrence & Wishart, 1983, pp.57~84.

Chapter 2 Stuart Hall, "Signification, Representation, Ideology: Althusser and the Post-Structuralist Debates," *Critical Studies in Mass Communication*, vol. 2, no. 2, 1985, pp.91~114.

Chapter 3 Stuart Hall, "Cultural Studies: Two Paradigms," *Media, Culture and Society*, 2, 1980, pp.57~72.

Chapter 4 Stuart Hall, "On Postmodernism and Articulation: An Interview with Stuart Hall," in David Morley & Kuan-Hsing Chen (eds.), *Stuart Hall: Critical Dialogues in Cultural Studies*, London: Routledge, 1996, pp.131~150. Reprinted from *Journal of Communication Inquiry*, vol. 10, no. 2, 1986, pp.45~60.

Chapter 5 Stuart Hall, "Cultural Studies and the Centre: Some Problematics and Problems," in S. Hall, D. Hobson, A. Lowe, & P. Willis (eds.), *Culture, Media, Language: Working Papers in Cultural Studies*, 1972~1979, London: Hutchinson/CCCS, 1980, pp.15~47.

Chapter 6 Stuart Hall, "Cultural Studies and Its Theoretical Legacies," in David Morley & Kuan-Hsing Chen (eds.), *Stuart Hall: Critical Dialogues in Cultural Studies*, London: Routledge, 1996, pp.262~275. Reprinted from Lawrence Grossberg et al. (eds.), *Cultural Studies*, London: Routledge, 1992, pp.277~286.

Chapter 7 Stuart Hall, "For Allon White: Metaphors of Transformation," in David Morley & Kuan-Hsing Chen (eds.), *Stuart Hall: Critical Dialogues in Cultural Studies*, London: Routledge, 1996, pp.287~305. Text of a Memorial Lecture given at the University of Sussex. Reprinted from A. White, *Carnival, Hysteria and Writing*, Oxford: Clarendon Press, 1993.

Chapter 8 Stuart Hall, "The Meaning of New Times," in David Morley & Kuan-Hsing Chen (eds.), *Stuart Hall: Critical Dialogues in Cultural Studies*, London: Routledge, 1996, pp.223~237. Reprinted from Stuart Hall & Martin Jacques (eds.), *New Times*, London: Lawrence & Wishart, 1989, pp.116~133.

Chapter 9 Stuart Hall, "The Rediscovery of 'Ideology': Return of the Repressed in Media Studies," in Michael Gurevitch et al. (eds.), *Culture, Society, and the Media*, London: Methuen, 1982, pp.56~90.

Chapter 10 Stuart Hall, "Encoding/Decoding," in S. Hall et al. (eds.), *Culture, Media, Language: Working Papers in Cultural Studies*, 1972~1979, London: Hutchinson/CCCS, 1980, pp.128~138.

Chapter 11 Stuart Hall, "Media Power: The Double Bind," *Journal of Communication*, vol. 24, no. 4, 1974, pp.19~26.

Chapter 12 Stuart Hall, "The Determinations of News Photographs," in Stanley Cohen & Jock Young (eds.), *The Manufacture of News: Social Problems, Deviancy and the Mass Media*, rev. ed., London: Constable, 1981, pp.226~243.

Chapter 13 Stuart Hall, "Gramsci's Relevance for the Study of Race and Ethnicity," in David Morley & Kuan-Hsing Chen (eds.), *Stuart Hall: Critical Dialogues in Cultural Studies*, London: Routledge, 1996, pp.411~440. Reprinted from *Journal of Communication Inquiry*, 10(2), 1986, pp.5~27.

Chapter 14 Stuart Hall, "New Ethnicities," in David Morley & Kuan-Hsing Chen (eds.), *Stuart Hall: Critical Dialogues in Cultural Studies*, London: Routledge, 1996, pp.441~449. Reprinted from Kobena Mercer (ed.), *ICA Documents 7: Black Film*, British Cinema, 1989.

Chapter 15 Stuart Hall, "What is This 'Black' in Black Popular Culture?" in David Morley & Kuan-Hsing Chen (eds.), *Stuart Hall: Critical Dialogues in Cultural Studies*, London: Routledge, 1996, pp.465~475. Reprinted from Gina Dent (ed.), *Black Popular Culture*, Seattle: Bay Press, 1992.

가타리, 펠릭스 Guattari, Felix 178
갈퉁, 요한 Galtung, Johan 466
거브너, 조지 Gerbner, George 423
고르, 앙드레 Gorz, André 331
골드만, 뤼시앵 Goldman, Lucien 134, 135, 144, 222, 230, 236, 237, 243, 298
그람시, 안토니오 Gramsci, Antonio 14, 22, 23, 27, 28, 29, 33, 34, 37, 40, 48, 50, 53, 71, 72, 73, 74, 75, 99, 101, 120, 136, 137, 152, 153, 156, 157, 178, 193, 227, 241, 245, 246, 247, 248, 249, 254, 256, 261, 262, 264, 268, 269, 270, 280, 281, 282, 283, 310, 311, 312, 319, 322, 333, 334, 342, 343, 345, 387, 393, 395, 400, 407, 408, 472, 483, 484, 485, 486, 487, 488, 489, 490, 491, 492, 493, 494, 495, 496, 497, 498, 499, 500, 501, 502, 503, 504, 505, 506, 507, 508, 509, 510, 511, 512, 513, 514, 515, 516, 517, 518, 519, 520, 521, 522, 523, 524, 525, 526, 527, 528, 536, 556, 558
길로이, 폴 Gilroy, Paul 286, 544, 563

네언, 톰 Nairn, Tom 139
니콜라우스, 마틴 Nicholaus, Martin 224, 225

뒤르켐, 에밀 Durkheim, Emile 143, 145, 217, 218, 235, 236, 238, 239, 370, 485
들뢰즈, 질 Deleuze, Gilles 178
딜타이, 빌헬름 Dilthey, Willhelm 217

라브리올라, 안토니오 Labriola, Antonio 484
라블레, 프랑수아 Rabelais, François 300, 303
라캉, 자크 Lacan, Jacques 54, 102, 103, 108, 111, 116, 153, 154, 187, 241, 245, 251, 252, 386
라클라우, 에르네스토 Laclau, Ernesto 24, 69, 70, 83, 121, 152, 180, 184, 185, 186, 189, 190, 400, 407
레닌, V. I. Lenin, V. I. 89, 344, 484, 497, 505
레드그레이브, 바네사 Redgrave, Vanessa 165
레비스트로스, 클로드 Lévi-Strauss, Claude 92, 101, 109, 142, 143, 144, 145, 146, 153, 234, 235, 236, 237, 238, 239, 240, 250, 376, 377, 382, 383, 385,

386, 387, 388
레인, 앨런 Lane, Sir Allen 201
로즈, 재클린 Rose, Jacqueline 284
료타르, 장프랑수아 Lyotard, Jean-François 161, 162, 163, 336, 337
루게, 마리 Ruge, Mari 466
루슈디, 살만 Rushdie, Salman 544, 545, 546
루카치, 죄르지 Lukács, György 53, 135, 221, 222, 230, 237, 243, 298, 312
루크만, 토마스 Luckman, Thomas 218, 377
룩셈부르크, 로자 Luxemburg, Rosa 484
리비스, F. R. Leavis, F. R. 128, 205, 207, 209, 214, 221, 302
리카도, 데이비드 Ricardo, David 50, 56, 57
립셋, 시모어 Lipset, Seymour 366

마르크스, 카를 Marx, Karl 19, 46, 48, 49, 50, 51, 52, 53, 54, 55, 56, 57, 58, 59, 60, 61, 62, 63, 64, 65, 66, 67, 68, 73, 81, 82, 83, 86, 87, 92, 96, 97, 98, 107, 109, 136, 138, 143, 144, 145, 148, 149, 151, 167, 184, 187, 188, 224, 231, 237, 239, 244, 278, 279, 298, 311, 338, 339, 340, 344, 345, 353, 392, 405, 417, 420, 484, 485, 488, 489, 494, 495, 498, 503, 505
마차, 데이비드 Matza, David 377
말리, 밥 Marley, Bob 121
매플소프, 로버트 Mapplethorpe, Robert 539
매클루언, 마셜 McLuhan, Marshall 162
매케이브, 콜린 MacCabe, Colin 322, 323
머독, 그레이엄 Murdock, Graham 462
머서, 코비나 Mercer, Kobena 561
머튼, 로버트 Merton, Robert 212, 370
모들링, 레지널드 Maudling, Reginald 443, 455, 457, 459
모스, 마르셀 Mauss, Marcel 145, 236
무페, 샹탈 Mouffe, Chantal 24, 121, 184, 185, 189, 190
미드, 조지 허버트 Mead, George Hebert 218
미첼, 줄리엣 Mitchell, Juliet 252
밀리밴드, 랠프 Miliband, Ralph 20
밀즈, C. 라이트 Mills, C. Wright 467

바라츠, 모턴 Baratz, Morton 373
바르트, 롤랑 Barthes, Roland 83, 106, 234, 377, 397, 427, 453, 470, 472, 474, 475
바바, 호미 Bhabha, Homi 276
바취라크, 피터 Bachrach, Peter 372, 373
바흐친, 미하일 Bakhtin, Mikhail 300, 301, 303, 304, 305, 310, 314, 315, 316, 317, 318, 320, 321, 322, 557, 567
배젓, 월터 Bagehot, Walter 461, 464
버거, 피터 Berger, Peter 218, 377
버먼, 마셜 Berman, Marshall 164, 333, 338, 339, 340
번스타인, 바실 Bernstein, Basil 398
베버, 막스 Weber,Max 217, 218, 220, 221, 280, 485
베커, 하워드 Becker, Howard 218, 370
벤야민, 발터 Benjamin, Walter 163, 171, 177, 206, 222, 228, 341
벨, 대니얼 Bell, Daniel 366
보드리야르, 장 Baudrillard, Jean 162, 168, 170, 171, 176, 178, 337, 349

볼로시노프, V. N. Vološinov, V. N. 28, 70, 124, 228, 312, 313, 314, 315, 316, 318, 394, 395, 396, 397, 398, 426
부르디외, 피에르 Bourdieu, Pierre 398
브라크, 조르주 Braque, Georges 175
브레히트, 베르톨트 Brecht, Bertolt 166, 175
브로델, 페르낭 Braudel, Fernand 33, 167
사르트르, 장폴 Sartre, Jean-Paul 222, 230, 235

사무엘, 라파엘 Samuel, Raphael 17, 20
사이드, 에드워드 Said, Edward 276, 289
사피어, 에드워드 Sapir, Edward 376
세걸, 린 Segal, Lynne 351
소쉬르, 페르디낭 드 Saussure, Ferdinand de 101, 116, 143, 235, 251, 376, 379
슈츠, 알프레드 Schutz, Alfred 218, 220
스미스, 애덤 Smith, Adam 56, 57
스탤리브래스, 피터 Stallybrass, Peter 299, 301, 302, 303, 306, 321, 323, 325, 558, 567
스프링스틴, 브루스 Springsteen, Bruce 173, 174
스피노자, 바뤼흐 Spinoza, Baruch 87, 92, 109, 150, 242
스피박, 가야트리 Spivak, Gayatri 538, 562
시니어, 낫소 Senior, Nassau 66
실즈, 에드워드 Shils, Edward 212, 365

아널드, 매슈 Arnold, Matthew 207
아도르노, 테오도르 Adorno, Theodore 163, 222, 340, 363
알튀세르, 루이 Althusser, Louis 22, 26, 27, 28, 29, 52, 53, 54, 81, 82, 83, 86, 87, 89, 90, 92, 93, 94, 95, 96, 97, 98, 99, 101, 102, 103, 104, 105, 106, 107, 108, 109, 111, 112, 113, 116, 123, 142, 143, 144, 145, 146, 152, 186, 187, 191, 223, 224, 232, 233, 237, 238, 239, 240, 241, 242, 243, 244, 245, 248, 252, 254, 279, 280, 311, 390, 395, 412, 462, 473, 487, 494, 498, 499
애버크롬비, 니콜라스 Abercrombie, Nicholas 518
앤더슨, 베네딕트 Anderson, Benedict 17, 343
앤더슨, 페리 Anderson, Perry 17, 46, 164, 212, 221, 491
야콥슨, 로만 Jakobson, Roman 235, 379
에코, 움베르토 Eco, Umberto 382, 425
엘리엇, 필립 Elliott, Phillip 420, 462
엥겔스, 프리드리히 Engels, Friedrich 48, 50, 52, 53, 82, 232, 233, 243, 405, 484, 485, 489
오스트가르드, E. Ostgaard, E. 466
워프, 벤자민 리 Whorf, Benjamin Lee 376
월러스, 미셸 Wallace, Michele 554
웨스트, 코넬 West, Cornel 551, 561
윌리스, 폴 Willis, Paul 215, 219, 252, 256
윌리엄스, 레이먼드 Williams, Raymond 13, 17, 25, 29, 128, 129, 131, 132, 133, 134, 135, 136, 137, 138, 140, 141, 144, 175, 203, 207, 208, 209, 210, 221, 226, 227, 230, 231, 273, 274, 287, 308
이글턴, 테리 Eagleton, Terry 341
제임슨, 프레드릭 Jameson, Fredric 304,

305, 306, 318, 326, 336, 337, 538
조이스, 제임스 Joyce, James 166, 175
줄리언, 아이작 Julien, Isaac 537, 566
지멜, 게오르크 Simmel, Georg 217, 221

촘스키, 노엄 Chomsky, Noam 384

코지, 존 Caughie, John 323
콘트라티에프, N. D. Kondratiev, N. D. 338
쿠르티우스, 에른스트 로베르트 Curtius, Ernst Robert 301, 302
크리스테바, 줄리아 Kristeva, Julia 251
클라크, 카테리나 Clark, Katerina 316, 317
클레, 파울 Klee, Paul 175

터니, P. Terni, P. 429
테일러, 찰스 Taylor, Charles 17
토글리아티, 팔미로 Togliatti, Palmiro 484
톰슨, E. P. Thompson, E. P. 20, 24, 92, 129, 130, 136, 137, 138, 139, 140, 141, 203, 204, 208, 209, 210, 220, 229, 233, 242
투랭, 알랭 Touraine, Alain 331
트로츠키, 레온 Trotsky, Leon 298, 484

파농, 프란츠 Fanon, Frantz 538, 552
퍼스, 찰스 S. Peirce, Charles S. 423
페쇠, 미셸 Pêcheux, Michel 393
포스터, 핼 Foster, Hal 554
포이에르바흐, 루트비히 Feuerbach, Ludwig 136
폴란차스, 니코스 Poulantzas, Nicos 71, 90, 91, 101, 243, 487
푸코, 미셸 Foucault, Michel 55, 83, 84, 85, 103, 151, 156, 157, 168, 169, 170, 232, 249, 250, 251, 274, 286
프로이트, 지그문트 Freud, Sigmund 54, 65, 87, 111, 116, 154, 166, 232, 241, 301, 313, 321, 386, 567
피카소, 파블로 Picasso, Pablo 166, 175

하버마스, 위르겐 Habermas, Jürgen 161, 162, 163, 222, 340, 431
하트필드, 존 Heartfield, John 175
할로란, 제임스 Halloran, James D. 462
허스트, 폴 Hirst, Paul 88, 116
헤겔, 게오르크 빌헬름 프리드리히 Hegel, Georg Wilhelm Friedrich 56, 64, 92, 237, 280, 300
헤어, 데이비드 Hare, David 165
호가트, 리처드 Hoggart, Richard 13, 25, 128, 130, 203, 213, 273
홀, 스튜어트 Hall, Stuart 13, 14, 15, 16, 17, 18, 19, 20, 21, 22, 23, 24, 25, 26, 27, 28, 29, 30, 31, 32, 33, 34, 35, 36, 37, 38, 39, 40, 160, 161, 168, 172, 176, 178, 185, 189, 190, 191, 192, 199, 232, 241
홀퀴스트, 마이클 Holquist, Michael 316, 317
화이트, 앨런 White, Allon 295, 299, 300, 301, 302, 303, 306, 314, 321, 323, 325, 326, 558, 567
훅스, 벨 hooks, bell 562, 566
훼널, 패디 Whannel, Paddy 25

가역성reversibility 318
감정의 구조structure of feeling 133, 135, 140
경제적 집단화economic corporate 503, 524
경제주의economism 21, 53, 129, 138, 187, 229, 232, 243, 246, 253, 278, 494, 495, 496, 497, 500, 501
경향적 역선lines of tendential force 180
경향적 일치tendential alignments 73
계급적 집단화class corporate 503
고전 마르크스주의 46, 48, 52, 53, 54, 61, 81, 82, 93, 134, 144, 180, 222, 233, 244, 279, 335, 386, 394, 405, 485, 490, 494, 495
고전파 정치경제학 56, 57, 58, 392
《공산당 선언*Communist Manifesto*》 339
공시성synchrony 91, 143
구조 기능주의 143, 211, 216, 220, 225, 236, 237, 370
구조주의structuralism 20, 25, 26, 27, 28, 29, 83, 86, 87, 90, 92, 96, 101, 102, 136, 142, 143, 144, 145, 146, 147, 148, 149, 150, 151, 152, 153, 154, 155, 156, 157, 185, 191, 192, 206, 226, 227, 232, 233, 234, 235, 236, 237, 238, 239, 242, 244, 245, 247, 252, 256, 280, 287, 335, 377, 383, 385, 386, 388
국면conjuncture 14, 22, 27, 33, 34, 37, 38, 40, 77, 84, 155, 179, 190, 205, 247, 248, 257, 258, 274, 275, 276, 281, 282, 286, 294, 310, 311, 343, 382, 403, 405, 473, 475, 487, 489, 490, 495, 501, 531, 541, 551
국민적－대중성national-popular 246, 257, 311, 322, 490, 513, 527, 558
권력 모델 373, 374, 512
《권위주의적 퍼스낼리티*The Authoritarian Personality*》 363
글래스고 미디어 그룹Glasgow Media Group 381
글로벌 포스트모던 553, 554, 555, 557
《기나긴 혁명*The Long Revolution*》 129, 130, 131, 133, 136, 137, 203, 208, 209, 210, 217, 230
기의signified 171, 383, 454
기표signifiers 84, 86, 273, 293, 383, 394, 397, 400, 427, 454, 470, 541, 553, 561, 562, 563, 564
기호학semiology 83, 98, 104, 105, 142, 153, 192, 228, 234, 249, 251, 256, 276, 287, 311, 312, 313, 335, 375, 376, 393, 423, 429
기호 해독decoding 419, 421, 422, 424, 425, 429, 431, 432, 434, 435
기호화encoding 171, 172, 367, 384, 392, 397, 419, 420, 421, 422, 424, 425, 431, 432, 433, 435, 464

내포적 의미connotation 132, 180, 182, 236, 397, 398, 425, 426, 427, 428, 429, 432, 453, 454, 470, 475, 477
《노동 계급의 종언*Farewell to the Working Class*》 331
노동 연구 그룹Work Group 252
《노동자 되기*Learning to Labour*》 215, 252
농축condensation 70, 77, 85, 87, 91, 99, 119, 187, 240, 313, 320, 399, 400,

406, 510, 511, 562
뉴스 가치 447, 448, 460, 461, 462, 464, 465, 466, 467, 468, 469, 470
뉴 타임스New Times 33, 329, 330, 331, 334, 335, 336, 338, 339, 340, 341, 342, 343, 344, 345, 346, 347, 352, 353

다강조점 124, 228, 313, 314, 318, 395, 519
다문화주의 37, 302, 325, 540, 541, 542, 557
다양성 속의 통일unity in difference 84
다원주의 211, 212, 224, 251, 275, 333, 360, 362, 364, 366, 367, 368, 370, 373, 374, 405, 407, 408, 409, 428, 431, 524, 536
다의미적polysemic 394, 428
단절rupture 23, 58, 62, 83, 88, 89, 91, 127, 128, 129, 130, 142, 144, 148, 164, 165, 166, 167, 175, 181, 182, 202, 203, 204, 205, 208, 209, 210, 211, 222, 223, 225, 231, 232, 236, 237, 239, 242, 249, 253, 257, 266, 283, 284, 309, 318, 323, 359, 369, 372, 394, 409, 498, 541, 555
담론 이론discourse theory 54, 83, 88, 103, 107, 111, 154, 184, 333, 432
대자적 계급class for itself 92, 153, 503, 524
대중 사회 128, 212, 222, 361, 362, 369
대중성 popular 161, 175, 178, 181, 257, 303, 304, 307, 308, 315, 322, 323, 352, 507, 553, 557, 558, 567
대중주의populism 148, 174, 257, 308, 336
대처리즘Thatcherism 21, 29, 30, 31, 32, 33, 34, 37, 38, 57, 329, 330, 343, 344, 352, 533, 542
대체displacement 87
대항적 의미 규칙oppositional code 435
대화론dialogism 276, 317, 318, 320, 326
대화성dialogic 305
도상적 기호iconic sign 423, 424, 425
《독일 이데올로기 *The German Ideology*》 50, 54, 93, 143, 231, 248, 405
〈등사판 논문*Stencilled Papers*〉 36, 202, 206
디아스포라diaspora 17, 23, 543, 552, 560, 561, 562, 563, 565, 566

라스타파리, 라스타파리아니즘Rastafari, Rastafarianism 121, 122
라이브에이드Liveaid 173
리비스주의 162, 206, 210, 307

《마르크스를 위하여*For Marx*》 52, 53, 86, 87, 89, 104, 113, 147, 186, 239
마르크스주의 17, 18, 19, 20, 21, 22, 23, 45, 46, 47, 48, 53, 54, 62, 63, 66, 70, 71, 75, 77, 82, 84, 87, 92, 93, 96, 97, 98, 102, 103, 104, 111, 129, 134, 135, 137, 138, 142, 143, 145, 151, 153, 154, 185, 186, 188, 189, 191, 192, 208, 209, 217, 218, 221, 222, 224, 227, 232, 233, 237, 238, 239, 240, 243, 245, 277, 278, 279, 280, 281, 282, 286, 305, 318, 322, 335, 377, 405, 408, 484, 485, 488, 489, 490, 491, 494, 495, 497, 498, 503, 508, 510, 518, 524, 544, 553
《마르크스주의와 문학*Marxism and*

Literature》 136
《마르크스주의와 언어 철학*Marxism and the Philosophy of Language*》 312, 313, 314, 315, 316, 317
모더니즘 162, 163, 164, 165, 167, 172, 174, 175, 176, 308, 336, 342, 344, 492, 553, 554
문제 틀problematic 54, 82, 92, 93, 102, 103, 104, 127, 128, 131, 136, 137, 151, 191, 194, 202, 220, 223, 224, 226, 232, 245, 254, 255, 256, 257, 265, 278, 280, 281, 284, 321, 401, 413, 544
문화 논쟁cultural debate 128, 134, 204, 257
〈문화연구 초고Working Papers in Cultural Studies〉 199
《문화와 사회*Culture and Society*》 128, 130, 203, 207, 208, 221
문화주의culturalism 25, 26, 27, 28, 29, 142, 143, 144, 146, 148, 149, 150, 151, 152, 153, 154, 155, 157, 220, 280
물신화fetishism 65, 91, 106, 227, 235, 325, 349, 532, 539
미국 문화연구 291, 293
미디어 연구 222, 225, 228, 256, 257, 307, 360, 361, 374, 375, 413, 423

발생적 구조주의genetic structuralism 135, 144
버밍엄 학파 13, 28, 36, 37, 38, 192
변형주의 525
《브뤼메르 18일*Eighteenth Brumaire*》 73, 186
비판적 패러다임 375, 390, 403, 407, 413
사피어-워프 가설 376
사회적 상호작용론 218
상대적 자율성 26, 91, 145, 151, 229, 232, 233, 239, 240, 242, 243, 402, 405, 422, 433, 439, 441
상상계the Imaginary 103, 108, 326
상상적 관계imaginary relation 104, 118, 145
상응 관계 51, 52, 61, 69, 76, 81, 88, 100, 114, 144, 156, 231, 236, 243, 298, 299, 312, 335, 336, 383, 524, 525
상호담론성inter-discursivity 169
상호담론의 장interdiscursive field 118
상호텍스트성intertextuality 169, 288
상황주의자Stuationsits 349, 350
선택적 지각selective perception 368, 431
선호된 읽기preferred reading 428
섹슈얼리티 284, 349, 351, 352, 537, 539, 546, 563, 565
수동적 혁명 525
〈스크루티니*Scrutiny*〉 128, 205, 221, 302, 307
시민 사회 85, 99, 101, 245, 246, 248, 254, 257, 348, 440, 490, 507, 508, 509, 510, 512, 513, 519, 526
시저리즘Caesarism 319
시카고 학파 218
《신문의 목소리*Paper Voices*》 215
신좌파New Left 18, 19, 20, 22, 130, 204, 277, 286
《신화론*Mythologies*》 377, 397
실천 일반praxis 134, 139, 140, 141, 143, 145, 150, 231, 235
심급instances 26, 77, 82, 85, 95, 136, 141, 149, 150, 156, 229, 232, 243, 254, 305, 321, 375, 499, 500

언어 속의 계급 투쟁 393
엘리트주의 134, 175, 177, 210, 214, 307, 373
MTV 172, 173
여성 연구 그룹Women's Studies Group 258
《여성이 이슈를 제기하다*Women Take Issue*》 252, 254, 285
역사 연구 그룹History Group 252
역사적 블록historical bloc 48, 75, 183, 246, 503, 504, 505, 525
《영국 노동 계급의 형성*The Making of the English Working Class*》 129, 139, 141, 203, 208, 209, 220
영국스러움Englishness 16, 29, 31, 352, 540, 542
《옥중수고*Quaderni del carcere*》 485, 486
외연적 의미denotation 397, 425, 426, 427, 428, 435, 454, 470
《위기 관리*Policing the Crisis*》 10, 32, 257, 286
《위반의 정치와 시학*The Politics and Poetics of Transgression*》 299, 301, 307, 321, 326, 558, 567
유기적 문화organic culture 206, 214
유기적 지식인organic intellectual 14, 34, 40, 270, 282, 283, 294, 525
《유니언 잭에는 흑인이 없다*There Ain't No Black in the Union Jack*》 544
유물론 47, 51, 55, 67, 73, 77, 97, 98, 112, 134, 154, 157, 187, 188, 222, 229, 244, 249, 392, 405, 484, 497, 498, 527
《의례를 통한 저항*Resistance through Rituals*》 10, 309, 310
의미 규칙codes 28, 29, 107, 109, 170, 171, 178, 234, 235, 239, 384, 418, 421, 422, 423, 424, 425, 427, 428, 429, 430, 432, 433, 434, 435, 453, 454, 455, 459, 470, 540
의미 작용 실천signifying practices 98, 144, 145, 153, 228, 372
의인화personifying 249, 422, 459, 466, 468
이데올로기적 국가 장치 95, 97, 99, 100, 101, 241, 412
이데올로기적 정교화elaboration 470
《이론의 빈곤*The Poverty of Theory*》 92, 139, 147
이론주의theoreticism 50, 92, 150, 223, 225, 242, 248, 258, 261, 267
이어성heteroglossia 315, 317
이중 접합double articulation 90, 119
인식론적 폭력epistemic violence 538
인종주의 31, 33, 74, 113, 122, 286, 352, 483, 490, 491, 493, 520, 521, 524, 526, 527, 528, 531, 536, 538, 539, 540, 541, 557, 563, 566
일탈 97, 216, 369, 370, 377, 564, 565
《읽고 쓰는 능력의 이용*The Use of Literacy*》 128, 203, 205, 206, 213, 217

자리매김positioning 31, 54, 91, 103, 110, 111, 115, 116, 148, 153, 174, 182, 186, 245, 294, 299, 311, 352, 353, 383, 386, 399, 427, 454
《자본론*Capital*》 49, 50, 63, 65, 96, 97, 100, 149, 186, 190, 237, 244, 345, 417, 420, 489, 505
《자본론 읽기*Reading Capital*》 52, 86, 87, 90, 92, 101, 112, 143, 186, 240, 242, 279, 498, 499

《자아비판론*Essays in Self-Criticism*》 53
자의적 마감the arbitrary closure 276
장기 지속long durée 34, 167, 343, 500
재생산 27, 28, 29, 52, 53, 54, 59, 61, 62, 90, 94, 95, 96, 97, 99, 100, 103, 105, 106, 117, 123, 124, 147, 149, 152, 171, 177, 199, 244, 245, 254, 261, 269, 323, 349, 350, 351, 372, 385, 386, 392, 393, 395, 401, 407, 409, 413, 417, 419, 425, 430, 433, 434, 440, 443, 450, 464, 526
재현representation 47, 50, 58, 62, 63, 67, 69, 72, 87, 94, 98, 104, 105, 106, 107, 108, 109, 111, 115, 118, 122, 145, 146, 164, 168, 170, 171, 172, 176, 216, 234, 241, 251, 259, 273, 287, 288, 290, 291, 293, 306, 320, 335, 337, 344, 346, 372, 374, 391, 392, 393, 399, 403, 410, 411, 412, 423, 424, 425, 427, 434, 440, 454, 464, 472, 475, 526, 532, 533, 534, 535, 537, 538, 539, 540, 541, 542, 543, 545, 546, 547, 559, 560, 562, 564, 567
전문 직업적 의미 규칙professional code 432, 433
접합articulation 22, 24, 72, 73, 74, 82, 85, 86, 87, 89, 90, 91, 95, 99, 114, 117, 118, 119, 123, 145, 150, 151, 157, 175, 176, 178, 179, 180, 181, 182, 183, 184, 186, 188, 189, 231, 234, 235, 240, 248, 250, 253, 257, 259, 268, 318, 349, 353, 367, 371, 375, 379, 380, 396, 397, 399, 400, 406, 407, 409, 410, 417, 423, 424, 425, 426, 432, 464, 494, 495, 499, 519, 520, 522, 536
정신분석학 20, 53, 54, 65, 83, 102, 103, 108, 110, 153, 154, 194, 241, 245, 249, 251, 284, 335, 342, 375, 386, 391
정체성 14, 16, 18, 19, 23, 31, 33, 39, 69, 74, 101, 110, 111, 112, 113, 122, 123, 165, 254, 287, 317, 325, 326, 333, 334, 348, 349, 350, 352, 353, 509, 510, 517, 524, 531, 532, 534, 535, 536, 538, 540, 541, 542, 543, 544, 554, 555, 556, 557, 563, 565, 567
《정치경제학 요강》 279
《정치적 무의식*The Political Unconscious*》 304, 318
《제국의 역습*The Empire Strikes Back*》 286
젠더 18, 22, 23, 28, 32, 33, 284, 285, 289, 293, 325, 351, 352, 495, 510, 523, 536, 537, 539, 546, 563, 565
종족성ethnicity 22, 23, 333, 352, 353, 490, 495, 527, 536, 537, 539, 540, 541, 542, 543, 546, 552, 554, 555, 565
주체subject 18, 20, 21, 23, 25, 26, 27, 31, 32, 33, 34, 39, 53, 54, 69, 74, 94, 99, 101, 102, 103, 110, 111, 115, 116, 122, 146, 153, 154, 165, 169, 174, 177, 179, 182, 183, 184, 185, 186, 241, 245, 284, 306, 334, 353, 386, 391, 396, 399, 422, 459, 462, 464, 468, 469, 473, 474, 478, 517, 518, 524, 528, 532, 535, 536, 537, 539, 540, 541, 551, 555
주체의 혁명 330, 334
중층적 결정overdetermination 82, 87, 118, 145, 150, 151, 232, 240, 241,

242, 243, 499, 561
즉자적 계급class in itself 91, 153, 503, 524
지배 내 구조structure in dominance 81, 82, 87, 99, 228, 231, 429, 449
지배성dominance 26, 27, 28, 52, 97, 168, 169, 227, 407, 553, 555
지배적 위치in dominance 52, 419, 421, 561
지배적–헤게모니적 위치dominant-hegemonic position 432
진지전war of position 27, 72, 319, 353, 508, 509, 510, 513, 536, 556

《철학의 빈곤》 50
체험된 문화lived cultures 207, 216
최후 심급, 최후 심급에서의 경제the economic in the last instance 51, 77, 155, 230, 464, 494, 500, 525

카니발/카니발성carnivalesque 300, 303, 304, 305, 314, 315, 320, 321, 324, 557, 567

타자성alterity 293, 317, 538, 539, 554
타협된 의미 규칙negotiated code 434, 435
탈접합dis-articulating 121, 313, 318, 396, 399, 400, 406, 520, 541
테일러주의Taylorism 331
토대와 상부 구조, 토대/상부 구조 53, 54, 88, 134, 135, 137, 138, 139, 144, 155, 157, 169, 170, 222, 229, 230, 231, 278
통시성diachrony 91
통일성unity 22, 83, 85, 86, 128, 150, 151, 157, 179, 224, 231, 232, 240, 514, 566
통합체적syntagmatic 418, 434
퇴행적 근대화regressive modernization 344

페미니즘 23, 103, 194, 252, 253, 254, 255, 258, 284, 285, 286, 292, 335, 342, 349, 351, 400, 535, 555
포드주의 333, 342, 344, 345
포스트마르크스주의 23, 24, 45, 88, 161, 190, 191, 281
포스트모더니즘 23, 24, 33, 84, 160, 161, 162, 163, 164, 165, 166, 172, 173, 174, 175, 177, 178, 308, 330, 336, 337, 338, 346, 535, 553, 554, 555
포스트산업주의 338
포스트포드주의 33, 330, 331, 333, 338, 345, 346, 347
표현적 총체성expressive totality 53, 76, 150, 231, 242, 494
프랑크푸르트 학파 222, 237, 247, 302, 362, 363
필연적인 상응 관계necessary correspondence 88, 90, 107, 432

하위문화subculture 28, 216, 219, 256, 307, 309, 369, 370, 566
해체주의deconstructionism 84, 292, 293
행태주의 360, 361, 363, 364, 373, 374, 423
허위의식false consciousness 31, 53, 55, 61, 64, 65, 67, 94, 155, 177, 236, 278, 518
헤게모니 22, 27, 28, 29, 30, 32, 33, 40, 54, 75, 99, 136, 193, 216, 226, 227,

246, 247, 248, 254, 256, 257, 281, 283, 284, 310, 311, 324, 325, 343, 344, 360, 367, 397, 407, 408, 409, 410, 433, 434, 435, 441, 442, 450, 491, 493, 497, 501, 502, 503, 504, 505, 506, 507, 509, 510, 511, 512, 516, 524, 525, 526, 527, 532, 542, 552, 555, 558
현대문화연구소Centre for Contemporary Cultural Studies 7, 10, 13, 35, 36, 275, 280, 284, 286, 287, 300, 307, 309, 311, 316
현실의 사회적 구성social construction of reality 218, 377
현실 효과reality effect 390, 393, 396
호명interpellation 53, 54, 102, 103, 111, 113, 115, 186, 241
《확실한 것은 모두 소멸되다*All That Is Solid Melts into Air*》 164, 339
환원론 23, 51, 52, 53, 61, 82, 86, 93, 104, 129, 138, 157, 180, 186, 187, 188, 189, 221, 243, 246, 253, 278, 311, 365, 407, 494, 495, 496, 497, 498, 500, 511, 525, 527
환유metonymy 65, 103, 400
후견주의clientism 492
후기 구조주의 23, 83, 88, 91, 102, 161, 184, 191, 287, 335, 535